经济管理学术文库 • 管理类

中国乡村振兴之路

The Road to Rural Revitalization in China

王文莉　吴艳霞　党兴华　薛伟贤／著

经济管理出版社
ECONOMY & MANAGEMENT PUBLISHING HOUSE

图书在版编目（CIP）数据

中国乡村振兴之路/王文莉等著．—北京：经济管理出版社，2023.9
ISBN 978-7-5096-9321-6

Ⅰ.①中…　Ⅱ.①王…　Ⅲ.①农村—社会主义建设—研究—中国　Ⅳ.①F320.3

中国国家版本馆 CIP 数据核字(2023)第 189631 号

组稿编辑：杨国强
责任编辑：杨国强
责任印制：许　艳
责任校对：张晓燕

出版发行：经济管理出版社
（北京市海淀区北蜂窝 8 号中雅大厦 A 座 11 层　100038）
网　　址：www. E-mp. com. cn
电　　话：（010）51915602
印　　刷：北京晨旭印刷厂
经　　销：新华书店
开　　本：720mm×1000mm/16
印　　张：30
字　　数：606 千字
版　　次：2023 年 11 月第 1 版　　2023 年 11 月第 1 次印刷
书　　号：ISBN 978-7-5096-9321-6
定　　价：198.00 元

目 录

绪论

2020 年，我国实现第一个百年奋斗目标——全面建成小康社会，进入了全面建设社会主义现代化的新时代，但当前仍存在诸多发展问题，其中农业现代化程度低、城乡发展差距大、耕地数量与质量流失严重、美丽乡村建设任务艰巨等“三农”问题尤为突出。党的二十大提出，十年来我国走出了一条中国特色乡村振兴道路，农业发展水平、农村建设水平、农民生活水平迈上新台阶，但要全面实现中国式现代化，最艰巨最繁重的任务与最广泛最深厚的基础仍然在农村，乡村振兴迫在眉睫。

乡村振兴战略是党的十九大提出的最重要战略，符合将“三农”作为全党工作的重中之重，是解决新时期中国社会重大矛盾的必然前提，助力实现全面建设社会主义现代化第二个百年目标和中华民族伟大复兴的梦想。

第一节　实现全面小康社会建设的成果及“三农”问题评估

一、全面小康社会建设的成果

作为世界上最大的发展中国家，我国已全面建成小康社会，具体成果体现在以下五个方面：

（一）经济层面——经济持续健康发展

全面小康的基础是经济发展，而将经济建设置于发展的中心位置是党的基本路线的要求。综合国力得到提升的表现是全面建成小康社会，具体包括以下几方面：

1. 经济实力大幅提升

1952 年，中国 GDP 是 679.1 亿元，人均 GDP 是 119 美元，到了 2021 年，中

国 GDP 已经增至 114.4 万亿元，人均 GDP 增至超 1 万美元，如图 0-1 和图 0-2 所示。中国实现了从低收入国家到中等偏上收入国家的伟大跨越。制造业生产总值常年居于世界第一位，超过 220 多种工业产品产量居于首位，这些数据无一不在证明中国已经是世界第一制造大国。

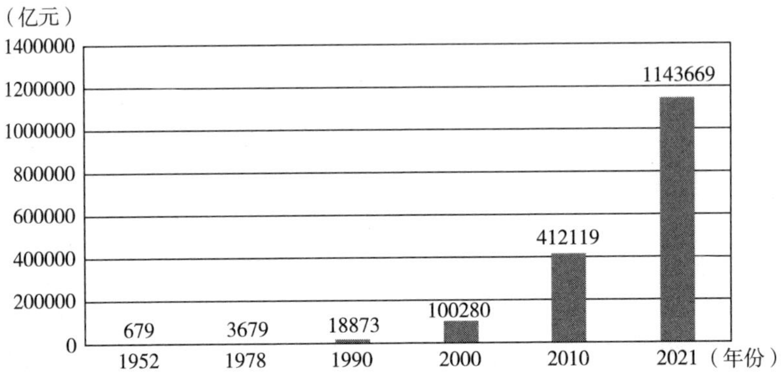

图 0-1　1952~2021 年国内生产总值增长情况

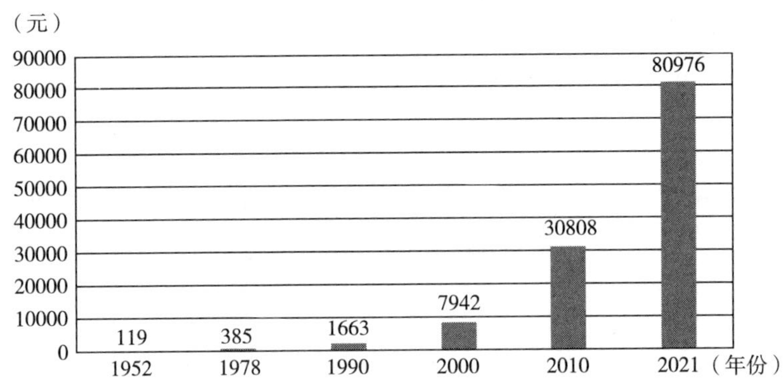

图 0-2　1952~2021 年人均国内生产总值增长情况

2. 科技实力跨越式发展

改革开放后我国持续增大科研投入量，2021 年，中国在研发方面支出达 2.8 万亿元，位居世界第二，投入强度达 2.44%。截至 2021 年底，国家重点实验室达 533 个，国家企业技术中心超 1600 家，国家级科技企业孵化器将近 1300 家，全年授予专利权超 460 万件，年增长率达 26.4%。此外，在政府治理和人民生活方面，科技发挥着重要作用，在政府、乡村治理方面，国家大力

推动数字化，外卖、移动支付、在线教育、远程医疗等已经在全国范围内得到普及。

3. 产业结构优化升级

由图 0-3 可知，我国产业结构逐步现代化，产业水平由低端向中高端迈进。1952 年，第一、第二、第三产业增加值比重为 50.5：20.8：28.7，但从 2021 年产业占比来看，三次产业增加值之比已经增至 7.3：39.8：53.3，我国已逐步从过去传统的农业大国发展转变为工业水平较高的国家，经济发展模式由以单一产业为主的模式转变为三产同力带动的模式。

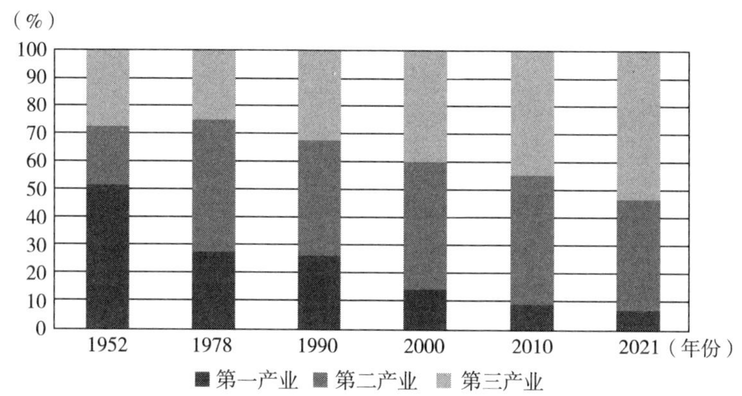

图 0-3　1952~2021 年三次产业增加值变化情况

4. 现代基础设施网络持续完善

截至 2020 年底，已经建成 41000 千米的高速铁路，有 153000 千米的铁路网在运行，处于世界领先地位，中国的铁路、高铁和公路网络是世界上最先进和普及率最高的。在陆运方面，中国的公路、铁路里程总数位居世界第一；在水运方面，中国的港口深水泊位数量位居世界第一；在空运方面，中国民航总周转量位居世界第一。水资源基础设施持续改善，中国用世界上 6%的淡水供养了世界上近 20%的人口。互联网普及率提高，网络覆盖面扩大、资费下降、网速提高是我国现代网络的真实写照。

（二）政治层面——人民民主不断扩大

全面小康不仅保障人民的经济权利，也使人民当家作主得到了落实，人民民主制度得到保障，社会公平正义不断彰显。人民民主生活丰富多彩的一切根源都是我国在中国共产党的领导下找到了一条适合自己的路——中国特色社会主义。

1. 人民享有广泛的民主权利

我国是人民当家作主的国家。党的十八大以来，公众直接或间接讨论法律草案共 187 部，300 多万条意见和建议被提出，中共中央或有关部门承担了 170 多次党内政治协商任务，各民主党派和党外人士提交了 730 多份书面提案，中国人民政治协商会议中国委员会收到 23089 份提案。人民通过自我管理、自我服务、自我教育、自我监督，广泛而直接地参与管理社会问题。

2. 人民民主有制度保障

以人民代表大会制度为根本政治制度，以中国共产党领导的多党合作和政治协商制度为一项基本政治制度，以民族区域自治制度为另一项基本政治制度，为维护人民利益奠定了坚实的制度基础。以职工大会为主要形式的企事业单位民主管理制度，保障了职工的合法权益和控制。以宪法为核心的中国特色社会主义法律体系，坚定地保证了人民当家作主。

3. 社会公平正义不断彰显

新中国成立以来，我国全面落实依法治国基本方略，依法治国、依法执政、依法行政共同推进，法治与德治融入国家、政府和社会，司法体制深入改革，人民群众的愿望得到体现，人民群众的权利得到保障，人民群众的生活得到改善。法治在增进人民福祉方面的重要性得到了体现。

4. 人民的民主生活丰富多彩

小到衣食住行，大到国家法之规定，中国人民都可以通过民主渠道参与讨论。通过民主听证会、网络议政、远程协商、“12345”、“小院议事厅”、“板凳民主”等方式，我国逐渐形成了民事民议、民事民定、民事民办的良好社会风气。

（三）文化层面——文化更加繁荣发展

全面小康既是物质层面的小康，也是精神层面的小康。在中国共产党的带领下，中国人民走上了中国特色社会主义文化道路，中国人民文化层面得到了极大的满足，凝聚力显著增强。

1. 人民共同奋斗的思想基础更加牢固

中国特色社会主义和中国梦已经融入到每个中国人民心中，新时代的主旋律萦绕在人民心中。各族人民道路自信、理论自信、文化自信日益增强。社会主义核心价值观深入人心，各族人民共同奋斗，建设中国特色社会主义文化。

2. 人民精神文化生活日益丰富活跃

文化事业蓬勃发展。截至 2021 年底，全国共有公共图书馆 3217 个、博物馆 3671 个、文化馆 3317 个、村级综合文化服务中心 57.5 万个。文化产业持续健康发展。截至 2021 年底，全国规模以上文化企业 6.5 万家，营业收入 119064 亿

元，文化及相关产业增加值45806亿元，占国内生产总值的比重为4.05%。截至2021年底，全国共有1.4万余家国家A级景区，其中AAAAA级景区318家。全民健身热潮悄然兴起，全国共有体育场馆397.1万个，占地面积34.1亿平方米。行政村“农民体育健身工程”基本实现全覆盖。

3. 中华优秀传统文化传承弘扬

经典影片、戏曲、音乐、舞蹈、书法和绘画正越来越多地进入学校和课堂。中国传统文化风正席卷全球。

4. 中华文化“走出去”步伐不断加快

中国优秀的传统文化包括中医、武术、京剧和茶道，已经传播到世界各地，中国电影也已经跨越了国界。中国文化在国际舞台上的重要性和吸引力逐步增强。

（四）社会层面——民生福祉显著提升

全面小康不仅是人民的小康，更是全社会的小康。14亿多中国人的获得感、荣誉感和安全感得到了显著的增强，养老权、扶助权得到更好实现。

1. 人民生活水平显著提高

如图0-4所示，全国人均年可支配收入从1978年的171元增加到2021年的35128元。城乡居民恩格尔系数逐年下降，2021年，城乡居民恩格尔系数分别降至28.6%和32.7%，城乡居民生活质量继续提高（见图0-5）。温饱问题解决后，人民消费模式逐渐从物质消费转变为精神享受。包括酒店、医疗、教育和旅游在内的服务消费继续快速增长，逐渐占到居民人均消费支出的一半左右。

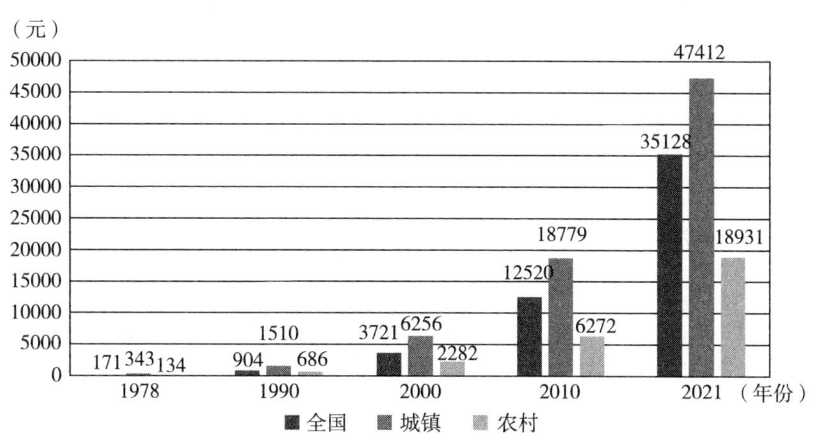

图0-4 1978~2021年全国城乡居民人均年可支配收入情况

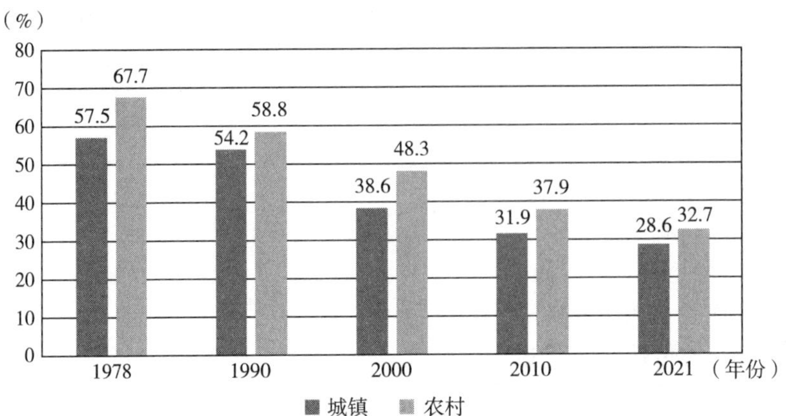

图 0-5　1978~2021 年城乡居民恩格尔系数变化情况

2. 就业质量显著提升

2021 年，全国就业人口数已达 7.4 亿多人。如图 0-6 所示，2021 年城镇就业人数占 62.6%。如图 0-7 所示，就业模式不断改变，就业结构不断调整优化。2021 年，中国技术人才储备已经达 2 亿人，劳动人口平均受教育年限为 10.8 年，就业人员素质水平显著提升。

从按需分配到市场就业和自主创业，从传统的就业模式到就业新模式，工人的就业观念发生了巨大的变化，就业空间越来越广阔，就业模式逐渐变得更加多样。

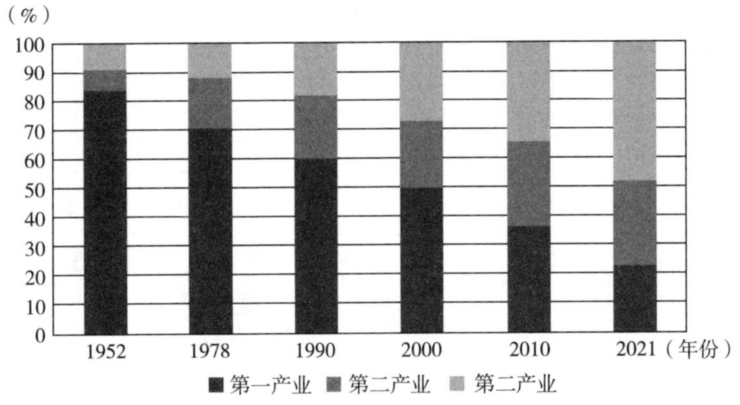

图 0-6　1952~2021 年三次产业就业结构变化情况

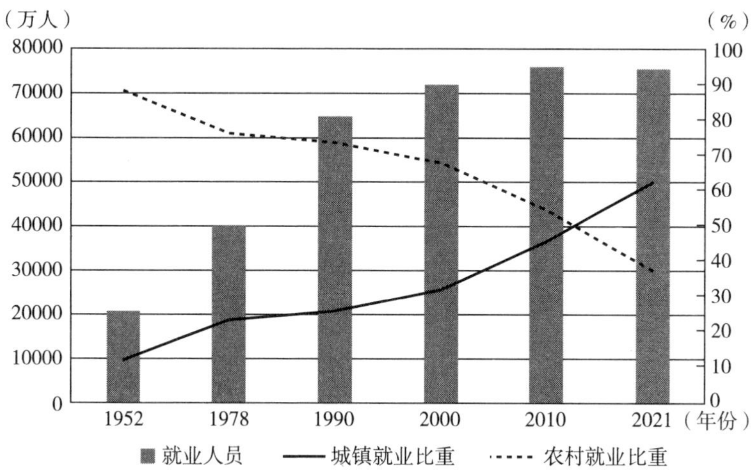

图 0-7　1952~2021 年城乡就业人员及结构变化情况

3. 教育事业蓬勃发展

中国建立了包括学前教育、小学教育、中等教育和高等教育在内的教育体系，整体教育现代化方面处于世界前列。2021 年，全国共建有各年级学校 52.93 万所，学生 2.91 亿人，专职教师 1844.37 万人。学前教育的普及率和普遍性都在 84%以上，九年义务教育的保留率在 95%以上，如表 0-1 所示。

表 0-1　各级教育普及情况　　单位:%

指标	1949 年	1978 年	2000 年	2021 年
学前教育毛入园率	0.4（1950）	10.6	46.1	88.1
小学学龄儿童净入学率	20.0	94.0	99.1	99.9
初中阶段毛入学率	3.1	66.4	88.6	102.5
高中阶段毛入学率	1.1	35.1	42.8	91.4
高等教育毛入学率	0.26	2.7	12.5	57.8

2021 年，高中阶段教育普及率达 91.4%，地区、城乡、学校之间的教育差距逐步缩小。大中专等技术教育不断发展，为社会发展提供了一大批高技能人才。特殊教育逐渐成形，残疾人享有平等的教育权利。同时，加快推进建设网络化、智能化、个性化、终身学习体系。截至 2021 年，全国中小学互联网普及率达到 100%。

4. 社会保障惠及全民

包括社会保险、社会援助、社会福利和特殊群体在内的中国社会保障体系，正朝着实现全民、基本、多样的目标迈进。截至2021年底，基本养老、失业、工伤保险参保人数分别达到10.1亿人、2.29亿人和2.28亿人。我国医疗卫生体系逐步完善，截至2020年底，全国共有103.1万家医疗卫生机构、957万张床位、1123万名卫生技术人员。中国人均预期寿命从1981年的67.8岁增至2019年的77.3岁。

（五）生态层面——环境发生历史变化

最有益、最辉煌、最普遍的小康是良好的生态环境。中国把资源保护和环境保护作为最重要的国家政策，大力推进美丽中国建设。我国生态环境逐步趋于稳定，环境质量不断得到提升，在环境污染治理攻坚战中取得了不菲的成绩，绿色发展模式正在逐步形成。

1. 污染防治攻坚战取得显著成效

2020年底，地级及以上城市空气质量改善取得显著进步，其中空气质量优良天数占全年的87.5%，相比于2015年，PM2.5平均浓度不达标率下降28.4%。居民饮用水水质合格率达94%以上。农田污染和土地污染安全利用率分别达到90%左右和93%以上，实现固体废物零进口目标。2021年，中国人民对生活环境水平满意率达90%左右。

2. 生态系统质量和稳定性不断提升

截至2021年底，中国退耕还林面积达到11.9亿亩，国有森林覆盖率达到24.02%，居世界首位，湿地保护率达到52.65%。全国共有468个城市继续推进国有森林建设，城市绿地面积达到38.7%，人均绿地面积达到14.87平方米。

3. 绿色发展方式和生活方式逐步形成

中国作为使用新能源第一大国和节能减排进步最快的国家，2021年单位GDP能耗比2012年下降26.4%。从农村厕所改革规划到生活垃圾和污水的清理，再到垃圾分类的推广，从处理城市黑臭水体到建设城市公园和绿地，人们的栖息地更加整洁、清洁，环境质量越来越好。从“光盘”行动到节能减排，再到绿色包装，“节俭风”席卷各家各户。

二、全面建成小康社会后仍存在的七大“三农”问题

全面建成小康社会后，我国综合实力显著增强，但在经济建设、政治建设、文化建设、社会及生态文明建设四个方面仍存在诸多短板问题亟待解决，这些问题在乡村更为突出。党的二十大提出新时代仍坚持全面乡村振兴建设，可见“三农”问题是全面建成小康社会后仍应重点关注的短板问题。本节从农业、农村、农民三个方面阐述农村地区的“三不充分、两个提升、两大突出”问题。

（一）农业发展问题——“三不充分”

1. 初级农产品供给不充分

农产品、能源和矿产等初级产品是整个经济的最基础部分。加强初级产品供

给，事关我国经济持续稳定发展，是一项现实需要和长期战略。发展农业要保证粮食产量，相比于发达国家，中国农业生产经营仍处于低下水平。截至2020年底，中国的机械化率达到77%，而发达国家的机械化率超过90%。作为世界第一人口大国，保证粮食安全是一个重大战略问题。

2. 耕地保护与利用不充分

保障粮食安全事关民生，实现藏粮于地、藏粮于技，意义重大。我们需要保护好耕地并提高其利用率，只有这样，粮食供应才能得到有效保障。我们还需与时俱进，在严格保护耕地的基础上发展自动化、标准化、机械化的农业。

分析图0-8可知，2021年我国农作物耕种收综合机械化率约为73%，近五年平均每年增长1.6个百分点，增长速度相较之前有所放缓。此外，农业发展中农副产品R&D经费投入强度可衡量农业科学化水平，通过分析可知，我国农业科技发展先快后慢，2021年为0.59%，与全行业2.44%相去甚远。由此可见，目前我国农业科学化水平较低，耕地利用不是很充分。

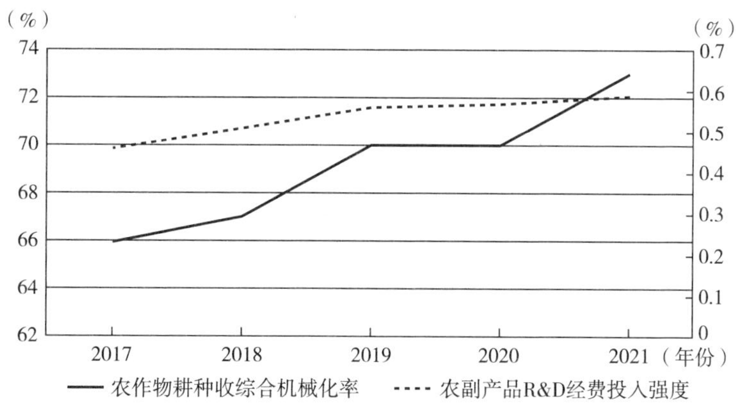

图0-8 我国农业生产现状

我们必须面对耕地资源可持续利用的严峻挑战。中国经济正处于高速发展期，城乡发展占用耕地也处于增长期。因此，要解决占用建设用地、防止占用耕地被破坏的问题，经济发展与保护资源必须协同发展。

3. 乡村体制机制改革不充分

在农村现代化发展过程中，生产力和生产关系在一定程度上不适应，导致小家庭经营和土地碎片化，阻碍了生产力的进一步发展。改革开放以来，农村积累了大量的集体资产。然而，村集体经济治理体系和农业经营体系仍有上升空间，如图0-9所示，首先，资本投入农业生产社会化服务的情况正在上升，但速度缓慢。其次，为了打破小农分散生产的旧模式，中国大力推进适度规模的农业经营，该比例受外界因素影响，波动发展，仍有很大的发展空间。

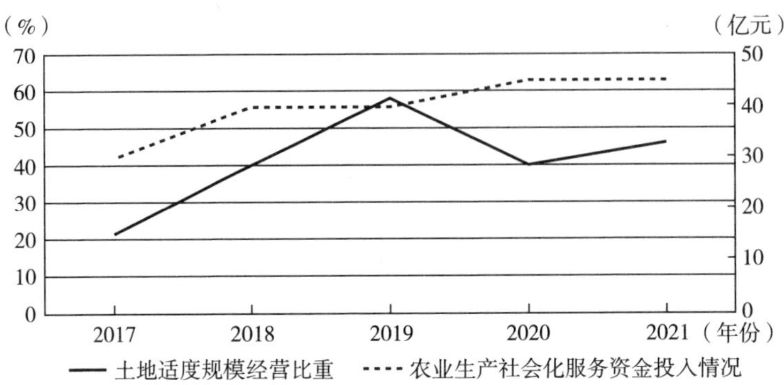

图 0-9　农业经营体系现状

同时，促进农村健康发展的相关机制也有待完善。一方面，绿色发展管理体系不健全，职能重叠，管理混乱，农民直接或间接参与率低；另一方面，以环境补偿机制为代表的绿色发展市场机制尚未建立，不能为碳排放交易、资源补偿利用、发展绿色农业和保护农村环境提供有效激励。

（二）农村发展问题——“两个提升”

1. 农村公共服务设施水平有待提升

目前，在农村基础设施方面，中国农村自来水普及率较高，但农村生活污水处理率仅为 28%，而城市污水处理率是农村的 3 倍。如图 0-10 所示，农村互联网普及率为 59.2%，城市互联网普及率为 79.5%。农村公共服务建设明显存在较大不足。由于农村村散的现状，导致现代基础设施和公共服务建设投入大，占地面积大，效率低，公共服务设施建设难度大。

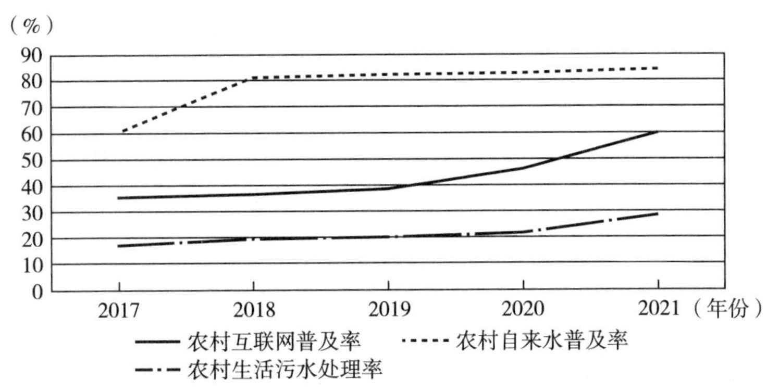

图 0-10　农业基础设施现代化现状

2. 美丽乡村与生态文明建设有待提升

当前，生态文明建设已成为中国发展的重点。要坚持把生态文明建设融入经济建设、政治建设、文化建设、社会建设的全过程。目前，区域建设效果显著，但农村地区在生态文明建设方面仍显不足，主要有三个原因：一是由于乡镇企业的生态意识不够，导致农村经济生态效益长期被忽视，生态资源开发不合理等，大量严重污染隐患的企业位于农村周边，威胁农村生态环境；二是基层政府工作人员生态文明意识不足，相关法律不完善，政策导向偏离了以生态文明为导向的经济建设；三是农民生态意识的主力军相对薄弱，主要是由于农村人才大量流失，导致农村社会缺乏生态文化氛围，受教育程度较低的农民传统生产生活方式缺乏生态意识，从而阻碍了农村生态文明建设，进一步制约了美丽乡村建设。

此外，美丽乡村建设不能停留在对“清洁卫生”的简单低级理解上。除了生态文明建设，更应该重视对当地文化的保护，从而改善和保留乡村。这要求政府部门和社会各界要有针对性地推进农村建设，保护传统村落、民族村寨、村落的原始风貌。在这一过程中，要特别注意对古迹和革命历史遗迹的保护。

（三）农民发展问题——“两大突出”

1. 城乡差别突出问题

中国发展的问题是发展不平衡不充分的问题，这在城乡中体现得更为突出。中国农村现代化的各类指标与城市发展水平还存在较大差距。2021 年，城镇居民人均可支配收入比农村居民高 28481 元，城乡居民收入差距仍然较高。此外，农村和城市在基础设施方面存在较大差距，说明城乡之间在就业收入和生活方式方面仍然存在较大差异。

事实上，城乡收入差距只是一个方面。农村的经济繁荣程度无法与城镇相比。从就业总量看，2014 年城镇就业人数超过农村。目前，城镇工业从业人员 4.34 亿人，农村从业人员 3.42 亿人。从就业质量看，农村就业多为临时性和不完全就业。此外，农村用水、天然气等基础设施落后，生活单调、枯燥。“农二代”和“农三代”已经成为农村建设的主力军与改善农村生活方式的主要需求者。

2. 乡村人才缺乏突出问题

我国农村居民的受教育水平和教育文化娱乐消费水平普遍低于城镇。2020 年，中国农村居民中初中及以上学历的比例仅为 2.5%左右，而全国这一比例为 34.71%，差距较大的同时也反映出我国农村人口大量涌入城市，造成受教育水平偏低。此外，农村地区的人口老龄化问题越来越严重。劳动力的老龄化正在加速。根据第三次全国人口普查，2016 年，33.6%的农业生产者和雇主年龄在 55 岁及以上。农业的吸引力在下降，中青年农民大量向城市地区迁移，年长的农民无法获得现代技术和创业技能，无法满足农村现代化的要求。而当农业工人转移到城市非农部门时，他们中大多数人的工作效率很低，只能从事简单的、机械的、低技能的工作，以换取短暂的停留。

由于城乡二元结构，中国农村的人力资本积累非常薄弱，许多人力资源从农村流向城市，农村人口外流问题日益明显。

第二节　社会主义现代化建设的重点与难点

中国共产党第二十次全国代表大会指出，如今的中心任务是团结和带领全国各族人民，奋力追逐第二个百年目标——全面建成社会主义现代化强国，促进中华民族在特殊国情条件下实现现代化的伟大复兴。当前阶段，拥有最广泛、最深厚基础的农村的发展建设仍然是建设社会主义现代化国家最繁重、最艰巨的任务。本部分详细论述社会主义现代化国家建设的重点内容，并分析现阶段建设的总体困难，强调农村建设是社会主义现代化建设的重要内容之一。

一、社会主义现代化建设的重点

在从全面小康到社会主义现代化建设的道路上，经济发展的水平和质量必须继续提高，同时要考虑到政治、社会、文化和环境协调发展，并结合社会主义现代化的关键因素，满足人民对美好生活的渴望。从物的现代化、治理现代化、人的现代化三方面剖析社会主义现代化建设的核心要义，得出现阶段社会主义现代化建设的重点是新型工业化发展、科技创新发展、绿色赋能发展、新型城镇化发展（物的现代化）、民主法治结构优化（治理现代化）、人的全面发展（人的现代化），如图 0-11 所示。

（一）新型工业化发展

2022 年召开的中国共产党第二十次全国代表大会提出，要全面建成现代化产业体系，要将经济发展的中心置于实体经济，这需要以新型的工业化进行实体经济的发展进程，即依靠更先进的技术，利用信息技术发展工业化，使之渗透到社会的各个部门，这是新型工业化的一个重要标志。在“世界主要国家寻求加强对高科技领域的利用并在未来竞争中获得领先地位”的背景下，中国需要积极有力地参与其中。因此，新型工业化的推进是转变当前经济发展方式的重要途径之一，是实现社会主义现代化的必由之路。

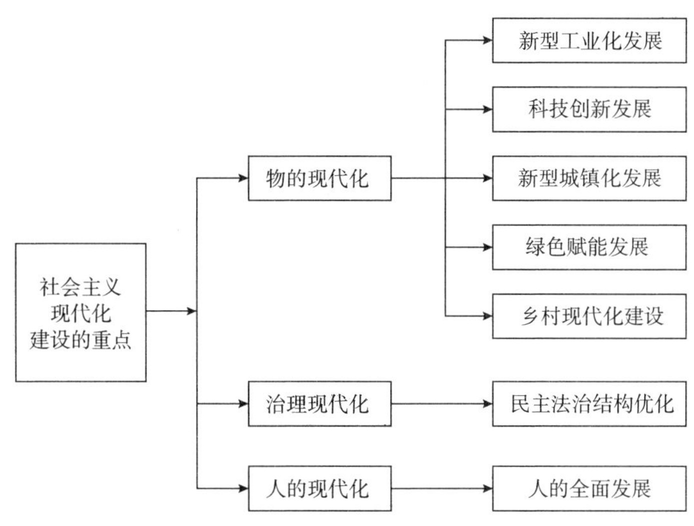

图 0-11　社会主义现代化建设重点框架

我国逐步进入工业化后期，产业结构逐步由最初的工业化经济向更高价值的服务型经济转变，以服务业为主的第三产业逐渐成为经济增长的重要增长极。产业结构服务化转型的目的在于通过深入推进融合信息化与工业化，开展生产性服务业，为传统产业的现代化做出贡献。在社会主义现代化建设的过程中，新型工业对数字化建设的依赖度逐渐提高，但我国这方面仍需要强化建设，如表 0-2 所示，在全球数字治理竞争力定量评估中，中国处于较靠后水平，排名第 24，无论是安全保障、服务管理还是市场环境方面都处于较低的水平，而同处于亚洲地区的新加坡得分为 87.05，与排名第 1 的美国差距约为 2 分。因此，我国亟须加快新型工业化建设，迈入全球产业链的高端环节。

表 0-2　2021 年全球数字治理竞争力对比　　单位：分

排名	国家	安全保障	服务管理	市场环境	数字治理竞争力
1	美国	96.68	79.76	94.1	90.18
2	新加坡	94.67	89.6	76.89	87.05
15	英国	91.24	88.3	61.81	80.45
24	中国	79.61	72.06	78.16	76.61
26	日本	88.45	78.93	61.5	76.29

（二）科技创新发展

过去几十年我国经济社会快速发展带来巨大的科技创新需求，这种由需求拉动的创新途径为中国市场在创新研发与应用方面做出巨大贡献，然而，在国际形势动荡和人口红利消失的背景下，单向需求对促进科技创新的影响较小。因此，必须强调科技创新是社会主义现代化的基础，只有掌握了关键技术才能实现经济复苏和社会主义现代化。在创新方面，需要通过创新研发新一代信息技术的应用，在中高端消费市场、绿色低碳经济等领域培育新引擎。在实际的经济生活中，可以通过创新的投入、人才的投入以及创新的产出衡量创新竞争力（见表 0-3），通过这三类指标综合得出了部分国家创新竞争力水平，其中，韩国位居第一，为 89.39 分，美国紧随其后位居第二，为 88.00 分，与韩国保持微弱差距的日本、德国和新加坡分别居第三、第四、第五位，中国以 80.56 分居第六位。虽然整体看中国的创新竞争力超过 80 分，处于第一梯度，但与排名靠前的国家仍然存在一定差距，因此，在大数据、云计算技术和商业模式逐渐趋于成熟的背景下，更要大力推进各行业的创新应用，构建数字经济设计，推动科技创新发展。

表 0-3 创新竞争力评估　　单位：分

排名	国家	创新竞争力
1	韩国	89.39
2	美国	88.00
3	日本	85.27
4	德国	83.29
5	新加坡	81.01
6	中国	80.56
7	英国	78.13
8	法国	78.08
9	澳大利亚	75.67
10	爱尔兰	74.72

（三）绿色赋能发展

党的二十大再次强调推动绿色低碳循环发展，促进人类社会与自然生态环境和谐共生，全力全面建设美丽中国。要考虑好经济与生态二者之间的关系，绿色赋能发展是这一出发点的产物。21 世纪以来，中国共产党始终追求经济高质量发展，把人民日益增长的美好生活需要作为执政逻辑出发点，以建设良好的生态环境为己任，着力推进绿色治理的制度化、现代化建设，全面推动绿色治理的理论创新，并着力于全球生态文明的建设，切实推动绿色治理体系更加成熟和完善。

（四）新型城镇化发展

党的二十大提出，要促进区域协调发展，深入实施新型城镇化等战略，优化区域经济结构和空间体系。城镇化是社会主义现代化的必由之路。在一定程度上，城市化发展中的工农关系、城乡关系的形成方式决定着社会主义现代化建设的优劣程度。如表 0-4 所示，对比不同国家的城市化发展阶段可以看出，中国的城市化起点较低，开始发展时间较晚，与发达国家存在较大差距，2021 年，中国的城市化率为 64.72%，还没有达到自我完善和发展的阶段，而英国和美国在 19 世纪就已经处于这一阶段。位于亚洲的日本，从 1970 年起也进入了这一阶段。然而，城市化的快速进展也带来了不利影响，如农村人口无节制地涌入城市，城市缺乏整体规划，空间布局无序，城市基础设施建设延误，无法适应快速增长的人口，环境破坏严重。

表 0-4 各国城镇化发展阶段

阶段	中国	英国	美国	日本
发起阶段	1978 年改革开放	18 世纪后期，1775 年工业革命的推动	1789 年联邦政府的建立	20 世纪 20 年代明治维新
初始阶段（城镇化率≤30%）	1978～1944 年	18 世纪末至 19 世纪初	1790～1890 年	20 世纪 30 年代至 50 年代
走向基本实现阶段（30%≤城镇化率≤50%）	1944～2011 年	19 世纪初至 19 世纪中叶	1890～1920 年	20 世纪 50 年代至 70 年代
完成过渡阶段（50%≤城镇化率≤70%）	2011 年至今	19 世纪初至 19 世纪末	1920～1960 年	20 世纪 50 年代至 70 年代
自我完善和发展阶段（城镇化率≥70%）	—	19 世纪末至今	1960 年至今	20 世纪 70 年代至今

因此，在城市化的全过程中引入绿色化、集约化、智能化、低碳化的新城市化，逐步成为中国未来经济发展的新增长引擎，成为扩大内需的重要手段，可摒弃传统城镇化粗放式的盲目扩张。把更多的注意力放在协同的空间发展上，以人类发展为核心，以经济振兴为基础。深刻认识新型城镇化的重要性，是社会主义现代化建设的重要意义之一。

（五）民主法治结构优化

第二十次全国代表大会宣布，新时代建设的主要内容和根本保证在于全面推进法治建设。中国共产党领导的执政体制的制度建设和现代化建设，不断取得巨大成就，在人类制度和文明史上创造了新型制度，也为第二个百年目标的整体建设奠定了良好的理论、实践和制度基础。

制度稳则国家稳，制度强则国家强。全面地看，建设社会主义现代化国家实质上包括发展制度建设和管理现代化的逻辑。现代化建立在特定制度基础上的现代化本身是各种制度的产品之一。中共中央第四次全体会议宣布，中国行政的一切工作和活动都是按照中国特色社会主义制度进行的，国家行政管理能力体系是中国特色社会主义制度和实施这一制度能力的集中体现。

（六）人的全面发展

社会发展的中心是围绕人发展的，人的现代化是现代化的中心，人的现代化是现代化的必备条件。社会发展和人类进步的每个阶段都创造了新的条件，赋予了新的推动力，为人的自由和全面发展引入了新的内容，不断丰富和完善全球人类发展的新内涵。

第一，在社会主义现代化建设阶段，要注重我国城乡区域发展和经济社会发展，重点解决收入差距大的问题，应采取多渠道多方法着力提高居民收入水平，尤其是农村居民。加大对教育、卫生等各社会保障方面的投入，奋力提高全体居民的生活水平。

第二，着力提高全社会的文明程度。人的素质、思维方式和思想观念的提升是人的现代化的重点与终点。在这个阶段，中国初步实现了“富起来”的伟大历史跨越，人民的物质需求得到了一定程度的满足。随着物质需求的发展的不断扩大，物质发展与精神发展、道德面貌、精神贫困现象相分离。

（七）乡村现代化发展

农村建设依然是当前中国式现代化建设的重中之重，其建设任务最为艰巨也最为繁重。乡村作为中国社会的基础，是国家政治建设、经济发展、文化演变和道德生活的根基所在。20 世纪 80 年代以来，伴随中国现代化进程的加快，学界关于现代化及其在理念、思维、价值与行动等哲学层面的关注和探讨日趋热烈。其中大多数讨论集中于现代化及现代性的内涵、表现及其所引发的危机与问题，随着我国完成扶贫攻坚任务，走上社会主义现代化国家全面建设小康社会的新征程，农村现代化已成为保持扶贫成果的关键。

从我国社会主义现代化建设历程视角辨析乡村现代化的重要性。新中国成立初期工业水平低，农业生产落后。1949 年，美国生产了 7000 万吨钢铁，而中国的钢铁产量仅占美国的 0.2%，即总共 15.8 万吨。在这方面，中国奉行“一化三改”的总方针，主要任务是实施国家工业化。随后一直到 20 世纪初，我国虽重视乡村、农业发展，但发展重点是城镇、工业发展。这段时间，我国发展政策特征体现在以下方面：第一，前期我国采取工农业产品的“剪刀差”策略，通过计划经济下政府的人为定价，将农产品价格定低，将工业产品价格定高。其中，工业价格高，工业产业的获利多，促进工业再生产，从而促进工业化发展；农产品价格低，由于谷贱伤农规律，使得从事农业的乡村人口获利少，进而阻碍农业发展。第二，计划经济时代，实施户籍管理制度，控制乡村人口流动，乡村人口无法向城市移动。第三，城乡土地政策的不对称性，使得乡村与城市无法公平地享受发展机遇带来的土地资源收益。此外，2021 年我国农村人口大约为 5.56 亿人，约占全国总人口的 40%，在二元经济结构的背景下，我国要想实现共同富裕的战略目标，要想建成社会主义现代化强国，就必须重视乡村发展。而目前不平衡不充分发展的主要国情又要求乡村现代化成为当前我国发展重点。

二、社会主义现代化建设的难点在于乡村现代化

党的二十大指出，农村当前依然是全面中国式现代化建设的重中之重，其建设任务最为艰巨也最为繁重。作为现阶段我国社会主义建设的重点，乡村现代化发展同样也是现阶段建设的难点。本节从乡村现代化内涵出发，构建乡村现代化评价指标体系，分析我国乡村现代化当下面临的问题和挑战，以此论证其为何为现阶段社会主义现代化建设的难点。

（一）乡村现代化内涵

推进农村现代化是党的十九大报告中“三农”工作的重要安排，学者们对此进行了探讨，认为党中央提出的推进农村现代化是全面推进农业和农村两个主体现代化，具体可分为农业现代化和农村现代化两大部分。通过系统分析农业和农村现代化两部分发展进程，可以看出，这是一个动态的发展过程，反映了中国从传统农业和农村向现代农业和农村过渡的历史进程，其内涵随着特定的历史时期而不断变化。在新的发展阶段，农业现代化主要包括生产单位规模、农业生产生态、生产技术机械化、农产品营销和品牌化、农业产品市场化等方面。农业现代化指农村从传统的农村向现代农村演变转化的过程。周加来（2001）提出，农村现代化是通过改变农业生产与农村生活方式使农村适应现代经济社会发展，实现城乡协调融合发展。李周等（2021）提出，农业农村现代化并不仅仅指由农业现代化部分与农村现代化部分简单加总的数学关系所组成的整体，而是两大组成部分具有一定内在逻辑关系，即农业农村现代化由二者有机耦合而成的彼此联系、相互促进、交融交织的有机整体。杜志雄（2022）提出农业农村现代化是其两大组成部分有机联系、相互促进的成果，前者是后者的上层建筑，是经济基础的前提，后者是前者的支持。大多数学者将该部分归属于农村现代化中，但社会主义现代化离不开人的现代化，“三农”问题的解决更无法脱离广大农民的现代化。因此，本书借鉴温铁军（2022）的观

点，将乡村现代化的科学内涵分为三个部分，即实现人的现代化、物的现代化和治理的现代化，人的现代化主要是培育适应时代发展的新型农民，提高农民综合素质；物的现代化主要指农业机械化装备化智能化、农村产业链条化以及农民居住环境及各项基础设施现代化；治理现代化指农村公共管理、公共服务、公共安全保障水平显著提升。因此，唯有先清楚认识农民现代化、农业现代化、农村现代化，才能理解辨知乡村现代化的深刻内涵。

1. 农民现代化

实现社会主义现代化必然要求人的现代化，农民现代化即农民要成为现代农民，具体表现在农民逐步职业化、思维观念现代化和思想科学化。解决“三农”问题，必须把农民放在第一位，同理，实现农村现代化也必须要求以农民现代化为首位。若未实现农民现代化，我国将很难实施现代农业。

2. 农业现代化

新中国成立后，中共中央提出了农业现代化的战略构念，其概念可分为狭义与广义两类。其中，前者指农业部门通过现代经济经营管理方法实现生产管理现代化，方法包括现代工业生产与管理方法、现代科学创新技术、材料管理技术等现代化；从后者角度看，农业现代化是包含农业、农村、农民三部分的现代化，主要包括农村物质生产水平、农村非农业部门的发展水平的提升，此外还涉及其他与农业部门发展紧密相关的社会经济要素。一般而言，农业现代化属于一个专门领域，相较于农村现代化，其主要侧重于农村生产与管理方式的提升及变革。农业现代化的关键是在科技创新与体制改革的基础上提升农业农村整体生产力水平，改善农村生产条件，使得农村建立一个适应当前社会经济发展的特色现代化农村产业体系。

3. 农村现代化

农村现代化是一个具体过程，包括从发展方式传统的农村地区向发展方式现代的农村地区发展的全过程。在当前的新时代背景下，我国重大社会矛盾影响了我国“三农”发展，具体表现为城乡发展不平衡与农村发展不足两大问题，需加快农村现代化建设进程以推进农村全面振兴。农村现代化不仅要求在农村发展与变革的基础上建立现代化，还需使农村在城乡逐步融合和发展的过程中能够获得新的形象，使每个村庄均完全城市化，并根据实际情况逐步调整，使得农业生产和农村生活不断适应现代化社会发展。

4. 乡村现代化内涵辨析

乡村现代化不是农业的现代化、农村的现代化、农民的现代化的简单叠加，而是由这三种连接、促进和混合的有机整体。其具体科学内涵如图 0-12 所示。

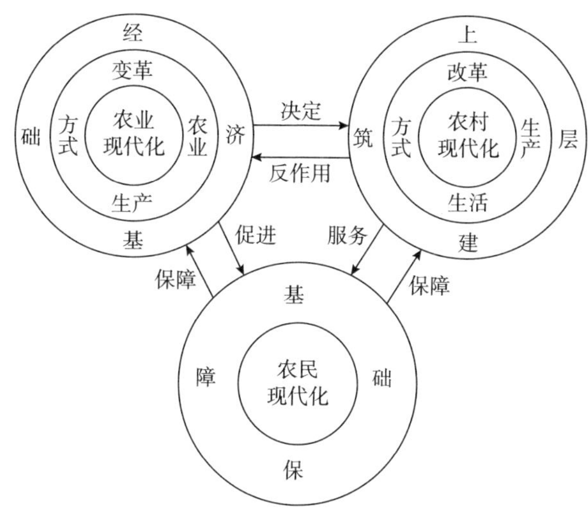

图 0-12　乡村现代化的科学内涵

乡村现代化是一个完整体系，包括农民现代化、农业现代化和农村现代化三部分。其中，农业现代化为农村建设与农民发展奠定了深厚的经济基础，农村现代化为农业发展奠定了稳固的上层建筑，农民现代化是实施两个现代化的基本保障。基于社会学视角，农业现代化的内涵实质为：农业生产通过不断升级，更好地满足现阶段社会经济环境和人民基本需要，逐步成为农业生产效率与农民经济效益高的现代化农业；农村现代化的最终目标是保持农村主体性，根据实际情况逐步改变和升级农村产业生产与村民生活方式，实现农村与城市协调发展，完成传统农村向现代社会的转变。从这个关系看，农业现代化是实施农村现代化的重要基础，确定农村现代化方向和农业生产、经营、管理现代化可为农村现代化发展创造丰富的物质条件基础。从空间角度看，农村现代化具有重要意义，其为农业现代化产业发展中所需的人口、土地和其他生产要素提供了空间手段。人是经济社会发展的基础，农民现代化是发展农业现代化和农村现代化的基本保障。反之，农业现代化起到拉动农民现代化的作用，农村现代化对农民发展起到了服务的作用。

因此，我国农村现代化建设必须从中国的特殊国情出发，根据党中央提出的农村振兴战略“五大目标”，为农村现代化建设贡献力量，逐步改变农村经济、文化、社会、环境条件，实现政治、经济、社会、文明、生态的全面提高。

（二）现阶段乡村现代化评价指标体系构建

1. 指标体系构建

立足我国现阶段乡村现代化的内涵，综合考虑我国发展历程、实际情况以及指标的代表性与数据可得性等因素，参考叶兴庆、程郁（2022）对乡村现代化的理解，乡村现代化评价体系由农业现代化、农村现代化和农民现代化三部分组成，一级指标农业现代化中包括农业产业体系现代化、农业生产体系现代化和农业经营体系现代化，农村现代化包括农村基础设施现代化和农村治理体系现代化，农民现代化包括农村居民思想观念现代化和农村居民生活质量现代化。总共16项指标，具体如表0-5所示。

表0-5 现阶段乡村现代化评价指标体系

一级指标	二级指标	三级指标	
		序号	指标名称
农业现代化	农业产业体系现代化	1	畜牧业产值占农林牧渔业总产值比重（%）
		2	农产品加工业产值与农业总产值之比（%）
		3	休闲农业与乡村旅游年接待人次（亿人）
	农业生产体系现代化	4	农副产品R&D经费投入强度（%）
		5	农作物耕种收综合机械化率（%）
	农业经营体系现代化	6	农业生产社会化服务资金投入情况（亿元）
		7	土地适度规模经营比重（%）
农村现代化	农村基础设施现代化	8	农村自来水普及率（%）
		9	农村互联网普及率（%）
		10	农村生活污水处理率（%）
	农村治理体系现代化	11	建立集体经济组织的村占比（%）
		12	建有综合服务站的村占比（%）
农民现代化	农村居民思想观念现代化	13	初中及以上学历农村居民比重（%）
		14	农村居民教育文化娱乐支出占比（%）
	农村居民生活质量现代化	15	农村居民人均可支配收入（元）
		16	农村每千人口卫生技术人员（人）

2. 数据来源

本书研究数据主要来源于2017~2021年的《中国统计年鉴》《中国科技统计年鉴》，以及国家与各省份农业农村部统计相关数据。除农产品相关加工业产值与农业总产值之比、建有综合服务站的村占比、我国农村中建立集体经济组织的村占比三个指标相关数据严重缺失外，其余数据研究阶段为2017~2021年，其中缺失值采用相邻值平均法与指数平滑法进行补齐。

（三）我国现阶段乡村现代化评价

1. 农业现代化评价

（1）农业产业体系现代化。

我国将建设现代农业，在现代工业体系的基础上，以乡村旅游、农产品加工等第二、第三产业为重点，发展优质、高附加值的长距离产业。该指标主要包括农业和乡村旅游的年度休闲活动数量、畜牧业产值在农、林、牧、渔业总产值比重，以及加工业农业生产价值与农产品总价值之比。前两个指标数据如图 0-13 所示。

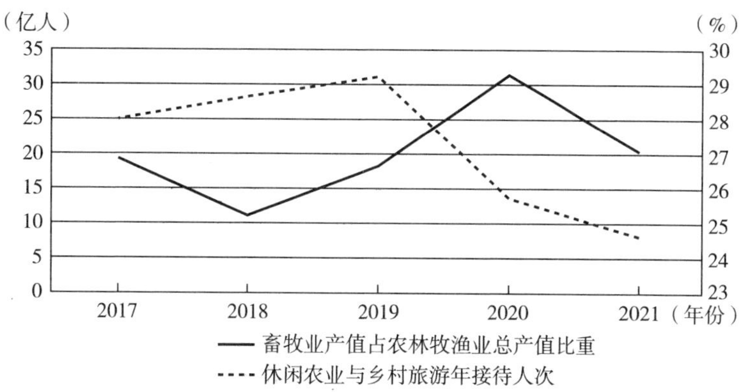

图 0-13　农业产业体系现代化现状

休闲农业与乡村旅游属于第三产业，其发展对环境压力小，且可体现出农业的文化传承与休闲观光的功能，是产业结构化转型的重要抓手。由图 0-13 可知，2017~2019 年休闲农业与乡村旅游呈现出稳步上升的态势，2019 年达 31 亿人次。而 2020 年与 2021 年发展受阻，2021 年仅 8.67 亿人次。

农业中的重要组成部分是畜牧业，其产值是农业现代化的重要体现，经数据分析可知，在发达国家农业产值结构中，畜牧业产值占比普遍在 50%以上，我国的畜牧业整体呈现出波动态势，主要在 27%左右波动，与发达国家相比还有一定差距。

发展现代化农业，须延长产业链条。而作为农业下游产业，农产品加工业的高效发展对农业现代化极为重要。2020 年，我国农产品加工业产值与农业总产值之比为 2.4，而发达国家普遍在 3.5 以上，最高者甚至达到了 8，我国与发达国家还具有一定差距。

（2）农业生产体系现代化。

作为第一产业，农业的生产劳动属性要求农业现代化在农田保护的基础上发展科技含量高、标准化高、机械化高的农业。该二级指标下包含农作物耕种收综合机械化率与农副产品 R&D 经费投入强度两个三级指标，如图 0-14 所示。

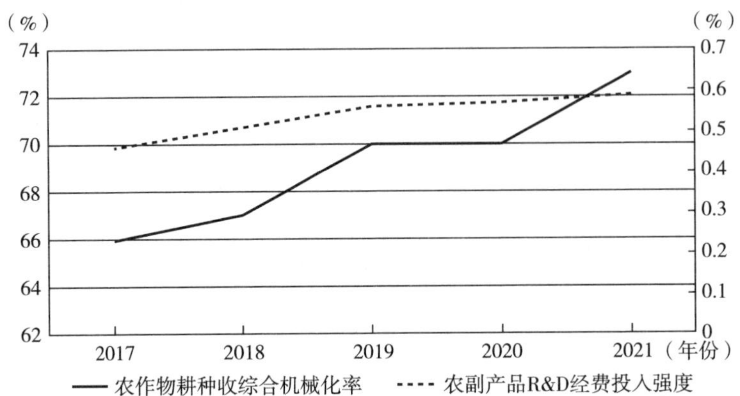

图 0-14　农业生产体系现代化现状

机械化是生产方式现代化的重要标志，我国机械化率从 2017 年的 66%增长至 2020 年的 71%，平均每年增长 1.6 个百分点，相较于 2010~2017 年平均每年增长 2 个百分点，增速略微放缓。其原因主要是我国地域范围大，各地农业生产呈现出不同特点，例如，黑龙江省机械化率达 98%以上，可与欧美发达国家媲美，但南部地区由于地形、人口因素，机械化率较低，仅为 60%左右。由此可见我国整体机械化水平较低，与发达国家（95%以上）尚有差距。

科技创新是第一生产力，农业发展中 R&D 经费投入强度可衡量农业科学化水平，由图 0-14 可知，我国农副产品 R&D 经费投入强度呈现出先快后慢的发展趋势，2021 年达到 0.59%。总体而言，发展较缓慢，且与全行业研究与开发经费投入强度 2.44%相比差距尚远，科技投入程度较低。

（3）农业经营体系现代化。

生产与经营脱不了关系，现代化农业要求农业经营体系拥有专业化的社会化服务且合理扩大的规模化农业。该二级指标下包含土地适度规模经营比重与农业生产社会化服务资金投入情况，具体如图 0-15 所示。

由于我国长期存在大量小农户，因此实现小农户发展多种形式的适度规模经营必然是我国农业现代化进程的必经之路。由此可知，土地适度规模经营比重指标对于基于我国国情的农业现代化评价体系具有重要意义，由图 0-15 可知，土地适度规模经营比重从 2017 年的 21.3%提升至 2019 年的 57.6%，呈现快速上升的态势，2020 年初又回到 40%，然后又缓慢上升至 2021 年底的 46%，仍有发展空间。

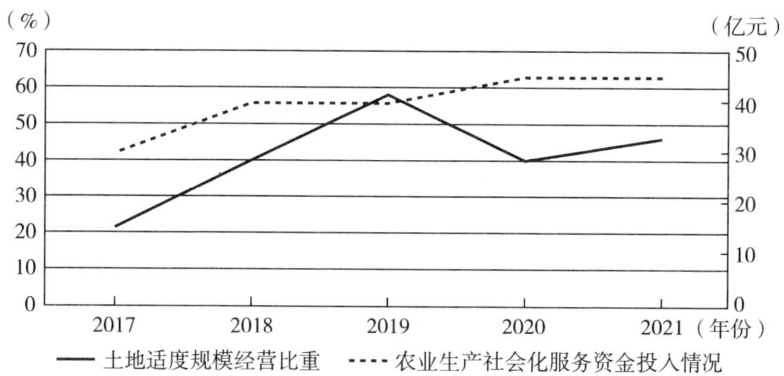

图 0-15　农业生产体系现代化现状

我国农业发展必须紧扎在我国长期存在小农户的基础上，小农户需通过合作与服务社会化道路完成农业现代化。我国农业生产社会化服务资金投入情况呈现缓慢上升态势，2021 年投入 45 亿元，较 2017 年的 30 亿元扩大了 1.5 倍。

（4）小结。

农业现代化的目的在于变革农业生产方式，重点是在严格保护耕地的基础上稳定粮食生产、确保国家粮食安全。经过前文分析可知，我国与发达国家农业现代化水平相比仍有差距，主要原因在于我国农业分散的生产方式影响了新技术的应用和推广，实现现代化规模生产仍有待努力。我国生产力水平较低主要表现在以下两个方面：

1）在耕地的利用与保护方面。近年来，由于耕地循环和耕地添加剂失衡，出现了“非粮化”和“边际化”现象，一些地区还出现了耕地边缘化和综合生产能力退化的迹象。

2）初级农产品的供应方面。我国农业生产体系不发达，可耕地利用率低，管理体制发展不力。随着我国经济总量持续增长，我国初级产品消费快速增长，我国对初级产品进口的依赖程度较高，但初级产品供应缺口严重。

2. 农村现代化评价

（1）农村基础设施现代化。

随着我国改革开放进程不断加深，农村发展迅速，农民经济收入持续增长，但城乡差距仍然较大。这主要是由于农村的互联网普及率、交通道路、快递建设等基础设施相对薄弱，对农村经济发展推动作用有限，具体如图 0-16 所示。

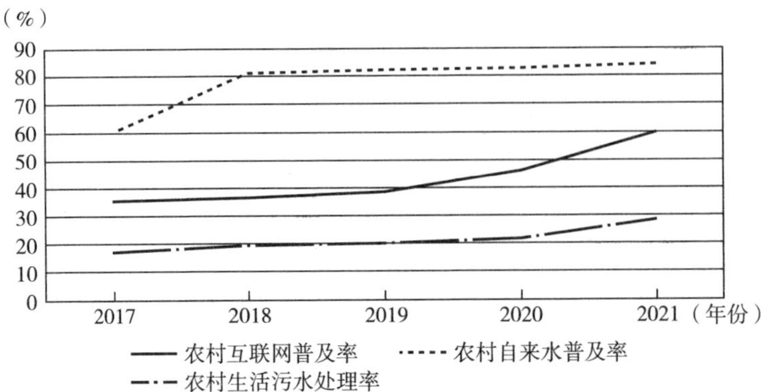

图 0-16 农业基础设施现代化现状

发展农村经济，增加农村用水，是造福国家和人民的重大工程，也是确保农村振兴的关键因素。据统计，2017~2021 年，中国农村自来水渗透率从 60%逐步提高到 84%。根据联合国儿童基金会和世界卫生组织的数据，中国农村自来水覆盖率在发展中国家处于前列。但应当注意的是，我国由于水情复杂，区域差异较大，一部分农村地区水量和水质问题仍然突出。

乡村振兴战略的提出为新时代抓好"三农"工作阐明了核心要义。改善农村生活条件是农村振兴战略的关键，迫切需要加强农村废水的防治。经《中国统计年鉴（2020）》统计，2019 年我国农村人口约为 7.21 亿，随着人均收入和生活水平的逐步提高，农村废水的产生量逐年增加，由于没有采取适当的处理措施，农村生活污水的任意排放导致农村环境卫生隐患严重。数据显示，2021 年中国农村废水处理率仅为 28%，许多村庄的废水得不到处理，对环境造成巨大影响。与发达国家相比，我国农村污水处理体系搭建还处于发展阶段。如果不对污水采取有效的措施，会影响当地居民的健康，成为农村振兴和全面建设小康社会的障碍。

在"互联网+"环境中，利用互联网技术创新发展农业是我国农业建设进程中的一个重要环节，是实施农业现代化的重要举措。我国农村互联网普及率从 2017 年的 35.4%到 2021 年的 59.2%，一直处于一个稳定增长的阶段。一方面，越来越多的乡村受益其中，推动了乡村振兴的发展；另一方面，由于一些偏远地区乡村基础设施极为不发达，网络覆盖较差。

（2）农村治理体系现代化。

乡村振兴战略作为一项重大的国家战略，与农村治理体系现代化密不可分，而农村治理体系现代化又与农村集体经济发展和农村综合服务平台息息相关。该二级指标包含建立集体经济组织的村占比与建有综合服务站的村占比两个三级指

标，该部分只以2020年数据为基础展开分析。

经济是社会发展的物质基础，农村集体经济则是农村整体振兴的物质基础，是乡村振兴的大前提。随着扶贫攻坚的完成，2021年中央文件提出把“巩固和扩大扶贫领域成果，切实把振兴农村与经济发展联系起来”作为主要任务，提出“全面推进农村振兴，动员全党和全社会力量加快农业和农村现代化建设”，推进重大建设部署，包括“继续提供工业援助和完善适合农村特点的人力资源开发机制”。到2020年，建立集体经济组织的村庄比例达到82.2%。中央发布的《关于建立健全城乡一体化发展的体制机制和政治制度的结论》也强调，“要吸引各类人才到农村去，建立面向相反方向的企业，使农村集体经济大小组织建立健全成熟完善的人才管理体系”。可见，振兴农村是实现未来繁荣共享的必由之路，人才仍然是农村振兴的重要内容，人才的复兴与农村集体经济的发展息息相关。

农村综合服务平台是县、市、村政府为广大乡村居民提供公共服务和社会资源管理的重要场所与媒介，是助力乡村振兴的新支撑点。此外，与2016年相比，2020年农村综合服务平台的比例提升了39.1%，达到了53.4%，增长迅速，对推动乡村振兴的发展起到了重要作用。

（3）小结。

农村现代化的目的在于改善农村生活方式，重点是保障农村基础设施及治理体系现代化，这要求乡村体制机制要与现阶段发展相适应。经过分析，我国现阶段农村现代化水平不高，与我国城镇发展尚有差距，且与发达国家相比仍有一定差距。主要表现在：

一是农业发展的社会化服务体系尚未建立，新发展阶段下乡村体制机制改革问题迫在眉睫。主要原因是我国长期存在小农户及我国乡村存在大量集体经济的国情，且我国乡村的土地、人口、资本以及科技等资源要素活力明显激发不足，支撑农业的现代化力度不够。

二是人居环境建设任务庞大复杂，涉及多个方面，乡村建设既要能改善实际人居环境又要能帮助乡民保留住故乡文化，保护传统村落。

三是我国地域广阔，分散的各个村落要建设现代化公共服务设施，需要大量投资且占地面积大，而当前建设效率较低。

3. 农民现代化评价

（1）农村居民思想观念现代化。

农业现代化是实现人的全面发展的基础。农民现代化首先体现在思想观念的现代化，思想观念表现在农村居民的受教育程度及其教育文化娱乐消费水平上，具体如图0-17所示。

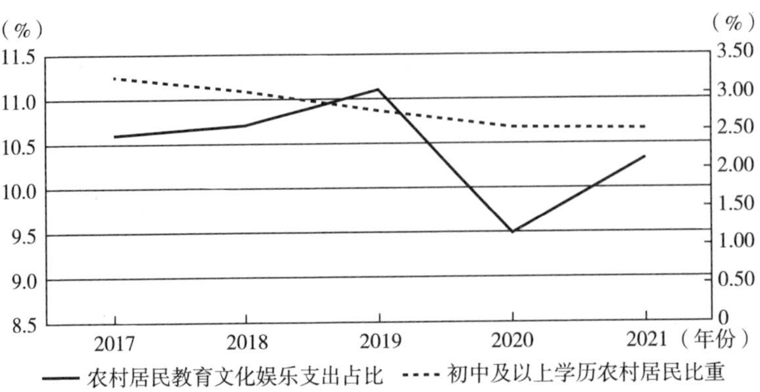

图 0-17　农村居民思想观念现代化现状

教育文化娱乐支出占总支出比重体现了农村居民对教育的重视程度，2019年以前整体呈现上升趋势，2020年出现拐点，大部分居民居家学习，国家出台双减政策，该方面支出减少。

2021年，我国初中及以上学历农村居民比重仅为2.5%，主要是因为大量年轻人流入城镇，乡村人口大多为中老年人。而发达国家农村平均受教育年限为13.7年，可见我国乡村发展人才缺失问题严重。

（2）农村居民生活质量现代化。

农民现代化不仅要求农民自身现代化，也对其生活质量提出要求，具体如图0-18所示。

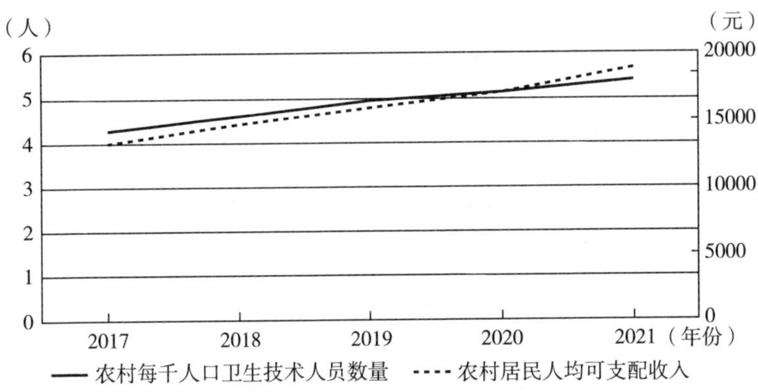

图 0-18　农村居民生活质量现代化现状

卫生技术人员数量也是体现农民生活质量的重要指标，我国农村整体卫生技术人员数量呈上升态势，但增长缓慢，近五年来维持在5人左右，而城市在2019年就达到了11.1人。可见我国城乡发展差距较大。

农村居民可支配收入指标体现了农民生活质量的现代化程度，我国农村居民人均收入呈现稳步上升态势，由2017年的13433元上升到2021年的18931元。而发达国家农民人均纯收入达3万元以上，由此可以看出，我国乡村发展与发达国家相比具有较大差距。

（3）小结。

农民现代化是乡村现代化的基础保障，目的在于实现农村居民的全面发展，重点在于提升农村居民的整体素质与生活质量。经过前文分析，我国农村居民在思想观念与生活质量上普遍水平不高，尤其是受教育方面，与发达国家相比，我国城镇相差甚远。按照全国第三次农业普查结果，2016年农业生产经营人员年龄在55岁以上的比例达到33.6%。可见农业对于青年的吸引力明显下降，青年农民务农积极性显著降低。而农村居民生活质量与城市差距大，更导致了乡村青壮年劳动力大规模向城镇转移，乡村人才资源严重缺乏。

第三节　实现乡村现代化在于乡村振兴

党和国家首次把农业现代化、农村现代化和农民现代化结合起来，把中国共产党的发展和思想融入“三农”问题，标志着我国“三农”问题进入了一个新的发展阶段。由前文分析可知，实现全面小康社会后我国仍存在诸多问题，其中乡村问题尤为突出。经过对社会主义现代化建设内涵及重难点的剖析，对厘清当前推进乡村现代化的实现路径具有重要意义，该路径即为乡村振兴战略。

党的二十大报告再次强调乡村振兴战略的重要地位，提出我国当前全面建设社会主义现代化国家的首要任务即为高质量发展，并指出全面推进乡村振兴是高质量发展的重要途径。本章首先论述乡村振兴战略的科学内涵，然后根据我国实际提出实现乡村振兴的具体路径。

一、乡村振兴内涵

乡村振兴战略参考蒋永穆（2018）的理解，总结其丰富内涵如下：

一是必须坚持“三农”的基本方向。作为全党工作最重要的任务，党的二十大强调，要把农业发展和农村建设放在首位，意味着我们要把“三农”问题作为全党工作的重中之重。目前，我国城乡二元结构还存在较大差距，城乡一体化发展难以实现，要优先发展农业和农村建设，促进城乡要素自由流动，加大基础设施建设力度，改善公共服务。

二是乡村振兴战略的总体目标是推进农业和农村现代化。这一总体目标明确了乡村振兴战略的目标和主要方向，同时明确了实施乡村振兴的基本战略，从“基本建立体制框架和政治体制”到“实现以农业为主的农村现代化目标”和“全面实现强农”，为第二个百年目标提供了坚实的物质准备。

三是坚持建设产业兴旺、生态宜居、乡风文明、治理有效、生活富裕的乡村人居环境。具体内容包括：坚持有效促进农村本地产业发展、激发产业活力；坚持推动乡村文化繁荣、加快发展乡村文化教育事业；坚持自治、法治、德治相结合，走中国特色乡村善治之路；坚持巩固乡村产业发展基础，稳步提升农民收入水平，促进农民全面发展。

二、乡村振兴总体框架

根据前文分析可知，我国乡村振兴战略的总体目标是实现农业和农村现代化，建设中国农村振兴，使农村达到产业繁荣、生态宜居、农村文明、治理良好、生活富裕的要求，从“五位一体”经济总体蓝图入手，构建乡村振兴战略布局总体框架。

一是在产业兴旺方面，首先，要加快推进农业现代化，包括推进农业产业体系现代化、农业生产现代化、农业经营现代化等内容，农业发展要注意保障国家的粮食安全，尤其是初级农产品供给问题；其次，针对我国存在大量小农户的国情，要大力推进小农户和现代农业有机结合，大力发展农业产业结构优化与农业产业多元化。为此，需加强社会化服务和政府相关政策帮扶。

二是在生态宜居方面，要建设宜居的乡村环境，基础设施、生态环境、社会公共服务方面的假设工作至关重要。首先，要根据各村基本情况，加强供水、电力、公路、网络等基础设施建设；其次，引导农业清洁生产与农民绿色生活，加大力度保护农村生态环境；最后，加强乡村养老、教育、医疗等设施及服务建设，提升乡村社会服务水平。

三是在乡风文化方面，精神文明建设对于“五位一体”中其他四方面建设有重大影响。首先，加强农民文化教育，寻找乡村文化基因，在保护好传统文化的基础上，注入新时代先进文化；其次，促进公共文化发展，加大乡村图书馆、艺术馆等建设，活跃乡村文化生活。

四是在治理有效方面，首先，要完善健全乡村各项政策制度，加强基层党组织建设工作，推进乡村治理体系和治理能力现代化；其次，加强乡村法治建设，约束乡村公共权力、规范基层事务、保障农民权利；最后，根据实际情况延续扶贫政策，防止返贫等现象发生，缩小贫富差距。

五是在生活富裕方面，首先，要保障农民收入持续增加，需促进乡村产业融合发展，创造更充足的就业岗位与机会；其次，改善农民收入结构，除提升农业收入来源外，需鼓励农民自主创业，增加其他类型收入，并在政策及法规上保障农民合法权益；最后，经过前文中各方面努力，切实提升农民生活质量。

总的来说，乡村振兴战略是一项综合性、系统性工程，需要从产业发展、生态宜居、精神文明、治理环境、农民生活五个方面系统考虑，总体布局。

三、乡村振兴实践路径逻辑探索

作为我国当前实现乡村现代化的重要路径，乡村振兴战略的实施成效对解决我国现存乡村发展问题及阻碍影响巨大。经前文分析可知，乡村振兴是一项复杂的系统工程，包括五个方面，覆盖内容较多。当前乡村振兴战略的实施必须依照我国国情，结合乡村振兴五项内涵内容与当前农村发展中的突出问题，实事求是，构建中国特色的乡村振兴实践路径体系。本部分结合前文分析得出目前我国农村发展短板与乡村振兴框架，找到目前乡村振兴的关键路径，并分析路径间逻辑关系，构建乡村振兴实践路径体系框架，从而为有效实施乡村振兴战略、实现乡村现代化提供参考。

（一）乡村振兴实践路径

综合前文对于乡村振兴内涵与总体框架的分析，借鉴毛锦凰、张挺等（2018）的研究，分析得出乡村振兴实践路径如下：

1. 城市化之路

经过前文对农业、农村、农民现代化的分析，直接表现出一个重要问题，即城乡发展差距大的问题，我国在乡村现代化的各个指标与我国城市发展水平相差甚远，城市发展快速吸引大量乡村人口涌入城市，导致乡村最重要资源之一的人才严重缺失，从而导致农村的资金、生产力等方面资源随之流失，城镇发展差距进一步变大。因此，解决好发展不平衡不充分问题，重点难点在“三农”，迫切需要补齐农业乡村短板弱项，推动城乡协调发展，实现乡村建设城市化。

2. 农业现代化之路

农业现代化是产业繁荣的重要因素，经过前文的分析，我国农业产业体制、生产体制、管理体制和发达国家都存在一定程度的差距，即农业发展相对较为落后，因此加快促进农业现代化极为重要。

3. 农村产业多元化之路

当前我国农村产业较为单一，2017~2021 年，农村总劳动力中非农从业人员占比呈现缓慢上升态势，但整体仍然较低，五年平均为 37%。各级政府需巩固脱贫攻坚成果，激发乡村发展活力，后方保障在“三农”，守好“三农”基础，探索乡村产业多元化。

4. 公共服务均等化之路

公共服务提供水平属于生态宜居和乡风文明的重要内容。公共服务主要指政府部门等主体按照社会需要、相关法律规定及自身职责要求，为公众提供帮助的行为。公共服务均等化主要指城乡服务均等化，缩小城乡公共服务提供水平差距，保障好农村人民基础生活，提高乡村文明程度。

5. 基础设施全覆盖之路

保障好农村基础设施建设对提升生态宜居水平与农民生活富裕水平有重要意义。前文分析得到，我国乡村基础设施建设近年来已不断完善，但仍与城市发展差距较大，且与发达国家的乡村发展水平尚有一定差距。因此，为实现农民富裕富足的高质量发展与建设宜居宜业的美丽乡村，需要加强乡村基础设施建设。

6. 人与自然和谐共生之路

党的二十大报告中再次强调了生态文明建设的重要性，且人与自然的和谐共处是建设生态能力的重要因素。改革开放以来，中国经济取得了长足的进步，但生态环境也受到严重影响。近年来，我国已开始重视生态保护与环境治理，并取得显著成绩，但农村仍存在农业碳排放年际波动明显、乡村规划建设不合理、农业废弃物资源化利用率低等问题，仍需贯彻新发展理念，推进生态文明治理，建设宜居乡村，并发展绿色农业，探寻人与自然和谐共生。

7. 制度、规范、政策的完善之路

制度、规范、政策的完善是乡村治理有效的重要内容。治理有效是乡村发展的保障，而当前乡村振兴制度、规范、政策的实施虽已见成效，但尚不健全，不能推动农业现代化更上一个台阶。因此，要求依靠自治、德治、法治实现乡村善治，努力营造“风清气正”的农村发展氛围，推动制度机制改革。

（二）乡村振兴实践路径逻辑框架

基于前文分析，要实施好乡村振兴战略，应从七条路径开展，即城市化之路、农业现代化之路、农村产业多元化之路、人与自然和谐共生之路、公共服务均等化之路、基础设施全覆盖之路与制度、规范、政策完善之路。其中，城市化之路主要指城乡融合发展，农业现代化之路与农村产业多元化之路属于产业振兴，人与自然和谐共生之路、公共服务均等化之路、基础设施全覆盖之路与制度、规范、政策完善之路属于农村建设振兴。

首先，城乡融合发展，以城市发展拉动农村建设振兴，加强农村基础设施、公共服务、法治与乡风文明建设，提升农民的生活水平。同时，农村建设进一步完善反过来推动农村的城市化水平。

其次，城乡融合发展加强产业发展基本服务，为农村产业提供更多发展空间，可起到拉动农村产业振兴的作用。反向来看，随着农村产业现代化水平升级，进一步推动农村城市化与现代化水平。

最后，农村产业不断升级，提升现代化与多元化水平，将拉动农村经济发展，促使人才回流，从而吸引更多资金投入农村建设。同时，农村建设不断加强，保障好产业发展各项基础设施与公共服务，如公路、快递、互联网等。

综合以上七条路径，最终实现乡村振兴中产业兴旺、生态宜居、乡风文明、治理有效、生活富裕五大目标。具体逻辑如图 0-19 所示。

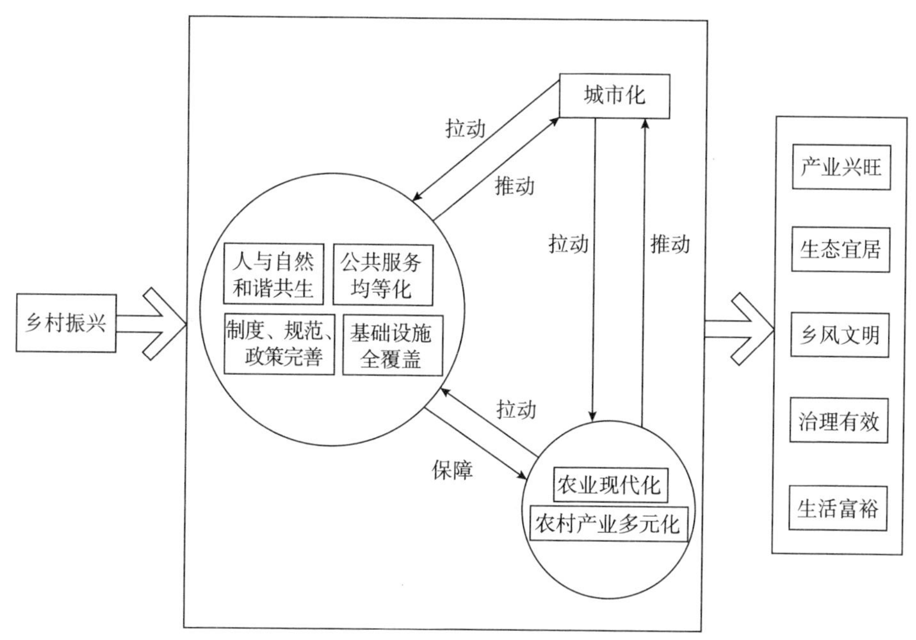

图 0-19　乡村振兴实践路径逻辑框架

四、乡村振兴实践路径

（一）城市化之路

前文分析得到，城市化对开展乡村振兴、实现乡村现代化至关重要，分析前人研究与联系实际可得出：城市化为乡村振兴提供动力，乡村振兴为城市化奠定基础。首先，我国当前经济总量虽已有质的飞跃，但经前文对农业现代化、农村现代化、农民现代化的分析，城乡发展不平衡问题依然显著——乡村劳动力大量流失，大城市人才、资源虹吸效应不断加剧，导致我国发展不平衡不充分的矛盾日益凸显，因此乡村振兴战略是攻克乡村发展问题、促进城乡均衡发展的关键。其次，城市化能起到聚集人口、汇集资本、增值资源的作用，可推动经济发展，为周边乡村提供资金、技术、人力等支持，拉动乡村发展。最后，乡村振兴可为城市化发展解除后顾之忧，防止城乡发展差距过大而引起发展问题，两者相辅相成。

（二）农业现代化之路

农业现代化指由传统农业向现代化农业转型的过程，其内涵随着社会背景变化不断发展，当前主要指：以新型农民为主体，依托于科技与现代要素，服务体系包装，使农业朝着世界先进水平迈进的过程。

农业现代化与乡村现代化水平的灰色关联度最大，为0.763，其对乡村振兴的影响最深。首先，推进农业现代化是按照“产业兴农”的总要求进行的，如何实现“产业繁荣”是实施农村振兴战略的重大问题，是乡村振兴的重要动力。党的十九大报告中阐述了实施乡村振兴战略的具体要求，指出农村振兴的主要内容是建设现代农业产业体系、生产体系和管理体系。其次，农业现代化发展是实现乡村振兴战略的重要基础。我国自古以来就是农业大国，为我国经济建设做出巨大贡献，农业现代化是农村发展中必不可少的一部分。再次，农业现代化为乡村振兴战略提供内在动力。农业产业化注重产业扶持，使乡村振兴战略不仅靠外部扶持，更靠内部动力拉动，从而实现更长远发展。最后，我国当前发展不平衡不充分很大程度体现在城乡发展不平衡，即农业发展相对较为落后，因此加快促进农业现代化极为重要。

（三）农村产业多元化之路

农业产业多元化内涵指由市场主导，依托于农业，以绿色发展为目标，以三次产业融合发展为核心，以科技创新为动力，推动农业产业多功能发挥及产业链延伸，使农业发展多样化，并在此过程中产生新价值。

农业产业多元化准则与乡村现代化水平灰色关联度较高，是乡村振兴必不可少的路径之一。首先，前者为后者提供强劲动力。乡村振兴中最为关键、最为根本的便是产业振兴，而农业产业多元化是产业振兴中的重要内容，为产业发展寻找新动能，为乡村振兴注入强劲动力。其次，前者为后者拓宽发展空间。农业产业多元化推动农业产业链纵向延伸、横向拓宽、各环节整合，有助于增进农产品附加值，优化农业产业结构，从而拓宽乡村振兴发展空间，寻找新的经济增长点。最后，农业相对于其他产业，周期长、附加值低，而我国自古以来就是农业大国，农业资源丰富，但利用率较低，因此作为农业产业发展重要路径之一的产业多元化道路需加快进程。

（四）公共服务均等化之路

公共服务均等化主要指城乡公共服务均等化，其内涵是让城乡居民享受到同等水平的基本公共服务，包括公共服务在数量与质量上的均等化。

在前文灰色关联中，公共服务均等化建设与乡村现代化水平联系密切，结合理论与实际，也可得到相同结论。第一，公共服务均等化通过提升乡村教育、文化、体育等公共服务水平从而加强乡风文明建设，以此促进乡村振兴；第二，公共服务均等化通过增强产业发展基础服务从而优化产业结构，以此促进乡村振兴；第三，公共服务均等化通过保障乡村居民的切身利益增强乡村的治理体系，以促进乡村振兴；第四，公共服务均等化通过增强乡村人民生活基础公共服务从而加强美丽乡村建设，以此促进乡村振兴。

（五）基础设施全覆盖之路

基础设施建设内涵有狭义与广义之分。狭义指用以保障生产生活、具有公共产品性质的物质工程设施，涵盖道路、交通、通信、电力等。广义包括法律、卫生、教育、科技、体育、文化等内容。乡村基础设施建设指保障农村居民日常生活的物质性基础设施与促进社会发展的服务性基础设施。

基础设施建设程度对乡村现代化水平影响极大，也是乡村振兴的重要路径。第一，乡村基础设施全覆盖通过建设完善农田水利、道路交通、电力通信等社会经济发展基础性、服务性设施，实现“产业兴旺”；第二，乡村基础设施全覆盖通过降低环境资源成本改善乡村居住环境，从而实现“生态宜居”；第三，乡村基础设施全覆盖通过完善道路交通、农田水利等生产生活环境，从而保障农民“生活富裕”；第四，当前我国乡村大部分基础设施已基本实现全覆盖，但大部分基础设施整体质量还有待提高，例如水电设施、道路交通，此外还存在部分基础设施仍需加强覆盖，如排涝、抗旱等设施。

（六）人与自然和谐共生之路

人与自然和谐共生之路指发展中国家建设绿色可持续发展体系的过程，其中，绿色可持续发展指经济发展与资源环境可持续的协调发展。

自然环境宜居水平与乡村现代化水平的灰色关联度为0.718，超过0.7，两者关系密切。人与自然和谐共生之路的目标是实现城乡发展系统的生态和谐，即要提高自然环境宜居水平。该路径的关键是走人与自然和谐共生之路，即要求在乡村振兴过程中开创一种新的发展模式，代替当前相对传统落后的发展模式，该模式在保障经济增长的同时提高资源利用率并减少环境污染。

（七）制度、规范、政策完善之路

制度、规范、政策完善之路主要指完善乡村振兴现有制度，包括农村基本经营制度、农村产权制度、农业支持保护制度、农村金融制度、城乡经济社会发展一体化制度以及农村民主管理制度。

在前文灰色关联分析中，乡村制度完善水平对乡村现代化水平的影响排列第二位，表明乡村制度的建设完善水平对于乡村振兴建设极为重要。当前我国乡村振兴战略实施过程中各项政策都在发挥积极作用，并取得历史性进步，但同时也存在不足，与城市相比，仍有差距。首先，农村土地经营制度不健全，存在土地产权制度尚不完善、土地流转规模较小等短板。其次，农业支持保护体系不完善，当前农业支持体系还未实现农产品产量、消费者利益与生产者利益三者协同发展，仍存在较多问题，打击了农民生产积极性。再次，农业供给侧改革不到位，存在新型农产品供给不足、农业专业生产人才短缺、农产品质量安全度不高等问题。最后，农村法律体系建设薄弱，主要是农村法律服务人员专业知识和业务水平与城市相比较低。综上，当前开展乡村制度完善建设至关重要。

第一章　城市化之路

第一节　城市化的内涵、特征及构成

一、城市化的内涵

“城市化”一词最早来源于西班牙学者赛达在1867年所著的《城市化基本理论》。伴随着一次次工业革命，社会快速发展，城市不断扩张，关于城市化的研究愈加深入。国内外不同领域的学者，对于城市化概念定义也有所不同：从人口学领域看，城市化指农村人口不断向城市聚集，城市人口所占总人口比例不断攀升的过程；从地理学领域看，城市化是指城市的人口数量不断增长、用地不断扩展、城市数量不断扩大的过程；从社会学领域看，城市化是指城市的生产生活方式、观念模式不断革新，农村人口不断弱化原有生产生活方式，接受新兴方式，最终向城市生活方式转变，发生质变的过程；从经济学领域看，城市化是指一个地区基于社会发展、科学技术的提升和产业结构的优化，从以农业为主慢慢转变为以工业和服务业等为主的过程①。

不难发现，这些关于“城市化”的定义着重点都在城市，这样所导致的后果是农村的发展被忽视，因而越来越落后于城市的发展。我国城市化的速度正在逐渐提高，在不久的将来甚至会达到一个顶峰，但如果因此就认为农村的发展无须重视，那么城乡之间的差距无疑会拉得更大。此外，毋庸置疑的是，由于我国人口基数大，即使城市化的水平与世界上发达国家持平，那么仍会有3亿~4亿人无法脱离农村。因此，以上这些关于城市化的定义与我国国情已经不太相符。

① 王艺．城市化进程中基础设施投资与经济增长的关系研究［D］．首都经济贸易大学博士学位论文，2020.

2007 年第一次有学者提出了“新型城镇化”的概念——要坚持以人为本，以新型工业化为动力，以统筹兼顾为原则，推动城市现代化。该定义的重点在于不能以牺牲农民利益和生态环境为代价，要着眼于农民，尽量以农村为出发点，实现城乡基础设施一体化和公共服务均等化，以实现真正的城乡一体化。由此可以看出，该定义是最贴合当下所倡导的“城市化”的定义，因此，本部分在这一观点的基础上提出城市化定义：以农民利益为核心①，实现城市、农村人口和产业在空间的集聚过程，争取在各类产业、各类基础条件以及生态环境的保障下，实现“城乡无差别发展”这一目标。

二、城市化的主要特征

“十四五”规划强调，要全面推进乡村振兴，坚持走中国特色城市化道路，加快农业转移人口市民化，在“十四五”时期要将常住人口城镇化率提高到 65%，同时，提升城市化发展质量，在保证生态环境不被破坏的情况下加快产业升级，以推动城乡之间的协调发展，促进城乡之间要素流动，实现资源优势互补，使城市化带动乡村振兴。

（一）以农业农村的发展为基础

城市化是人类发展的必然阶段。中国改革开放 40 多年的实践证明，中国的城市化不是单向的和直线式的，可能需要用几代人的时间才能完成一部分农村人真正融入城市、另一部分人留在乡村的城市化过程。历史地看，乡村不但是根脉、是亲情，更是中国几千年农耕社会奠定的“超稳态”社会底盘。农业农村在国家治理、政治稳定、社会和谐上的作用与意义远远大于其经济意义，不能单纯地用经济眼光、经济效益衡量农村所带来的益处。特别是 1949 年以来，在城市化进程中，每当遇到社会大变革、经济大调整、环境大紧缩时，农村就成为政治和社会稳定最基础的减压阀与稳定器，因此，在推进城市化的进程中，农业农村的发展便成了必不可缺的一环。

（二）推动产业结构升级

在城市化进程中，大量的农村人口迁入城市，其中大部分劳动力参与到城市的工业和服务业生产中来。这个过程促进了就业结构向第二、第三产业的调整，从而带动了产业结构由传统农业转向非农产业，优化了产业结构。同时，农村大量劳动人口流出，而这部分减少的劳动力需要高效率的农业技术替代，所以这个过程能在一定程度上促进了农业现代化的发展，实现农业机械化和规模化生产，使得第一产业的生产效率提高②。同时，在城市化的推进下，城市更好的基础设

---

① 李白．乡村振兴战略与新型城市化的思考［J］．中国市场，2020（13）：5-6.

② 李宾，孔祥智．工业化、城镇化对农业现代化的拉动作用研究［J］．经济学家，2016（8）：55-64.

施和教育资源为培养一批高素质人才提供了极大的便利条件，再加上国家政策重视对人才的培养，这些人力资源的流动对各产业的发展产生了一定影响①，从而加快了产业结构向高级化发展的步伐。

（三）人口要素作为重点

消费提高从而促进生产，生产提供更多就业机会，就业吸引更多的劳动力，最终形成人口集聚，无论是乡村振兴还是城市化建设都离不开人口要素的准备。一方面，中国农业和非农产业劳动生产率有差异，城乡居民收入差距仍然较大，城市化动力依然强劲，农民进城仍是大趋势。各种特色化、专业化城市的发展机会将会大量涌现，这将有利于城市化进程中区域协同、城乡融合战略的实施，并为大中小城市乃至小城镇和新农村创造更多扬长避短、错位发展、共同繁荣、共同富裕的机会。另一方面，城市化水平越高，对应的城市化规模越大，城市人口向外扩散的范围就会越广，对人才也有更大的包容空间，技术会得到更广泛的应用和发展，资本和企业的发展空间将更大，从而使我国的经济高效率地发展。

（四）“城乡统筹，乡村振兴”的理念突出

传统城市化将城市和乡村视为两个部分，是一种二元体制，造成了城乡悬殊。而城市化道路坚持城乡一体化理念，可实现城乡经济共同繁荣，以及市民、农民生活标准、方式和质量的同步发展，促进城乡融合。2022 年 5 月 6 日，中央发布《关于推进以县城为重要载体的城镇化建设的意见》，强调现阶段工作应以“县域”为重点，推动城乡融合发展，推进城市基础设施向乡村延伸、公共服务和社会事业向乡村覆盖，这不仅要求现代农业的发展，而且要求与现代农业紧密结合的现代休闲、旅游、文化等乡村产业的发展，这样的乡村产业发展与兴旺，必定是城市化引领和带动下的城乡融合发展的产业。

（五）为生态环境提供了资源保障

由于资源和人口的聚集效应，城市的污染状况可能会随着越来越快的工业发展而变得更严重，因此，严格监控并处理这些污染排放的情况对于推进城市化是极为重要的。而我国现如今倡导的城市化发展恰好改善了这一点，例如，政府提高了城市绿化面积，真正做到了退耕还林。除此之外，城市化的发展也提高了人们保护环境的意识，形成了良好的生活习惯，真正实现了“绿色且环保”，这对推动我国城市化的发展无疑有非常大的益处。② 当前，我国总体上已到了工业化和城市化的中期阶段，某些经济发达地区已到了中高阶段，在这样的阶段，生态

---

① 徐君，张娜，王育红．国外城镇化模式建设对中国的启示［J］．工业技术经济，2014（4）：137-142.

② 邵慧琳．江西省城市化、经济发展与生态环境耦合协调发展研究［D］．江西财经大学博士学位论文，2020.

效益、经济效益已越来越具有统一性，用“两山”理念和城乡融合发展理念带动乡村发展与振兴，提升乡村价值正逢其时。

第二节　城市化实现乡村振兴的理论依据

城市化建设与乡村振兴的关系是一个重要的思想理论问题和实践问题，二者具有协同性、一致性，党的十九大提出“五位一体”总体布局是城市化建设的重要工具，是城市化实现乡村振兴的必由之路。从最初的“两手抓”到“三位一体”和“四位一体”，再到“五位一体”，展现了中国特色社会主义建设实践不断丰富、城市化建设不断完善的过程。“五位一体”布局涵盖了城市化建设及乡村振兴的方方面面，本部分将从城乡文明融合、三产融合、人口流动、政府统筹发展以及生态保护五个方面阐述城市化实现乡村振兴的途径，分别对应“五位一体”布局中的文化、经济、社会、政治以及生态文明要求。

一、城乡文明融合实现乡村振兴

以往的中国乡村建设与治理运动是从农村和农业革命出发的。而乡村振兴、乡村建设与乡村治理运动是改革开放以来中国农村现代化建设遇到的一系列新矛盾、新问题、新需求后的一种必然选择与趋势，特别是与城市化进程相伴随的新农村建设和城镇化运动，是在城乡两种文明互相影响与建构中开展的。城市文明成果的借鉴，直接影响和建构了乡村文化治理体系的现代文明程度。

城市文化是由乡村文化衍生的，同时“青出于蓝胜于蓝”，铸成了改造乡村文化的一种强大的精神力量。中国传统文化是乡土文化，没有城市文化，这是历史的中国塑造的中华文明遗产。现代中国的城市文化是由工业文明进入中国之后才开始形成的。农耕社会的中国城市文化也是乡土文化，是乡村社会构造和乡土文化构造的集中化呈现方式，是乡村文化的空间形态与空间载体的典型标志。中国农耕社会的城市同时是一个政治和军事中心，是乡村治理的一种国家形式。它是实现有效乡村治理的重要体制和能力。虽然乡村治理一直以自治形态出现，一旦这种自治出现不可调和的矛盾与冲突，作为对这种矛盾与冲突的裁决依然是国家治理范畴和职权范围内的（胡惠林，2021）①。在推进国家文化治理体系的进程中，乡村文化治理在文化治理总体构成中是最大的一部分。这意味着文化治理能力优势建设的重中之

① 胡惠林．城乡文明融合互鉴——构建中国乡村文化治理新发展格局治理研究［J］．治理研究，2012（5）：86-93.

重是提升乡村文化治理能力，即习近平总书记所指出的："实现中华民族伟大复兴，最艰巨最繁重的任务依然在农村，最广泛最深厚的基础依然在农村。"乡村文化治理能力和治理水平的改善能够削减文化治理成本，增强和提升文化治理能力。

故乡村的文化治理要从城市文化治理中取其精华，去其糟粕，并非把城市的一套全盘复制于乡村中，这样只会产生适得其反的效果。乡村文化治理的核心内容及其本质应与城市文化治理有所区分，要增强二者文化之间的交融及互补，产生乡村治理体系和治理能力建构的新模式。

二、城市协同三产融合实现乡村振兴

《乡村振兴战略规划（2018—2022）年》中明确了"产业兴旺"是我国落实乡村振兴战略的发展重点，而乡村的招商引资及产业融合离不开城市的协作配合。

城市协同乡村产业振兴，一方面可以为乡村振兴提供可靠的物质保障，另一方面能提高乡村人居环境整治过程中的自主整治和建设能力，增加乡村就业岗位，而在增加农村群众实际收入的同时，可引导更多的社会群众回乡发展。"三产融合"是推进乡村产业振兴的根本途径。农村一二三产业融合发展是通过对农村三产之间的融合渗透和交叉重组，实现产业发展和发展方式转变，从而实现资源、要素、技术、市场需求在农村要素的整合重组，进而调整农村产业空间布局，把加工业和休闲旅游业作为融合的重点产业，延伸农业产业链和价值链，把创业创新作为融合的强大动能，实现融合发展（宋晓琳、蒋永宁，2022）①。

探索三大产业融合路径，促进有效市场与有为政府双驱动。加快农村三大产业融合，必须坚持市场导向，大力借助城市资源，要逐步改变"政府大包大揽、群众袖手旁观"的局面。政府主要起护航作用，做好协调服务。一是完善农村产权制度改革。农村土地三权分置和集体资产权属改革是一项政策性强、工作量大、涉及群众切身利益广的工作，要严格按照相关法律法规政策要求，做到方案严谨、程序到位、操作规范、尊重民意，确保农村集体产权制度改革顺利推进。引导企业和农户建立紧密的利益联结关系，形成风险共担、利益共享、命运与共的机制保障体系。二是完善多层次公共服务体系。支持农村信息化、创业孵化、产权流转等公共服务平台建设，扩大公共服务的覆盖面和受益面（葛继红、王猛、汤颖梅，2020）②。以"生态宜居"为目标，加快完善农村基础设施，联动联创优化提升人居环境，打造"生产在园区、生活在社区"的宜居环境。按照三产融合的发

① 宋晓琳，蒋永宁．云南省村集体经济推动乡村产业兴旺发展研究［J］．山西农经，2022（9）：3-4.

② 葛继红，王猛，汤颖梅．农村三产融合、城乡居民消费与收入差距——效率与公平能否兼待［J］．中国农村经济，2022（3）：50-66.

展要求，科学选址、合理布局，在园区建设中统筹完善道路、绿化、硬化、水电等配套设施。三是完善农村金融服务体系，推广产业链金融模式，增加对农村产业融合发展的金融供给，积极开展金融制度创新，提高农村金融的覆盖面，拓宽金融机构对农村信贷业务范围，支持新型农村合作金融组织健康发展。

乡村振兴，要按照“延伸产业链，提升价值链，完善利益链”的思路，充分利用城市资源，协助推进农村一二三产业融合发展，把农民增收嵌入到农村产业链的每个环节，把群众的积极性凝聚起来、发动起来，推动新时代农业转型发展、构建现代化体系、促进城乡发展一体化。

三、城市人口流动实现乡村振兴

城乡融合伴随着城乡人口流动，需要农民随着新型城镇化进程到城市就业，也需要城镇居民随着乡村振兴到农村创业。人口由农村迁移到城市是城镇化的重要标志。近代工业造就了传统农业无法比拟的极高的劳动生产率，因此获得了极高的经济效益。这必然导致农业劳动力向工业劳动力的转移。

城市是工业企业聚集的地方，于是出现劳动力由农村向城镇的转移。劳动力向城市转移越多，整个社会的劳动生产率越高。这种转移同时离不开农业劳动生产率的提高，一个社会能够有多少人从事非农产业，首先取决于农业能够养活多少人。如果农业劳动生产率很低，农民生产的粮食和农产品只能养活自己和家人，农村人口向城市人口的转移也是不可能完成的。

农业现代化管理技术极大地提高了农业劳动生产率，使得农村劳动力向城市大规模迁移成为可能。工业化达到一定程度后，传统的制造业劳动力富余出来了。城市化恰好为城市聚集了大量的人口和大量企业，这为第三产业的发展提供了良好的条件。因此，城市化在促使第一产业的劳动力转向第二产业后，又促进了第二产业的劳动力向第三产业转移。正是城市化的这种力量帮助农村地区减少了农民数量，提高了整个社会的劳动生产率。

城乡融合发展的核心在于人，只有让流动人口在新的居住地能够实现社会融入、享有平等的权益保障和发展机会，才能实现人的自由全面发展，减少社会矛盾，增进城乡融合（潘翠兰，2021）。[①] 因此，要疏通城乡人口流动渠道，健全农业转移人口市民化机制，深化户籍制度改革，保证城乡人口拥有平等权利。同时，建立城市人才入乡创业就业激励政策，鼓励人才下乡，为乡村振兴贡献力量。

四、城市政府统筹城乡发展实现乡村振兴

随着乡村地区综合实力的不断增强，乡村振兴同城乡统筹发展的联系将会更

① 潘翠兰．新型城镇化和乡村振兴融合发展路径探析［J］．广西农业职业技术学院学报，2022（8）：11-12.

加密切，在不久的将来其规划方面也会有诸多相似之处。

继续深化农业供给侧结构性改革，不断加大加快农村经营主体以及新型农业化的发展。在现今云平台高速发展、销售模式层出不穷的阶段，合理利用第二、第三产业的技术、资源以及大平台，通过大数据销售农产品，一方面可以提升产品知名度，另一方面可以提升购买者对乡村风貌的了解，乡村出名会使旅游的人数增加。通过建设村集体培训基地，不断提高村民相关知识技艺水平，引导其走上相应就业岗位（武小龙，2018）①。收入不断增加后，最明显的变化是村民的生活富足起来，一定程度上缩小了乡村和城市的收入差距。产业的振兴让村民的钱袋子鼓起来了，在推进乡村振兴的进程中极大地推进了城乡统筹发展。

继续发挥基层党组织在推进乡村振兴进程中的主导作用。要让有充足的工作经验或者相关专业化能力的人任职村干部，不仅可以在解决各项村集体事务时做到全盘兼顾，不顾此失彼，同时以整个村集体的利益作为出发点，有助于提升农村的综合治理水平。择贤而任既能处理好各项村集体事务，又可以提升村民道德素养，缩小城市与乡村之间的软实力差距，从而达到深化城乡统筹发展的目的。

加强乡村居民的精神文化建设，发挥乡村特色软实力的影响。对于相对贫穷的村庄来说，若想在全国乡村振兴进程中取得自己的一席之地，就必须动员全村居民参与到村庄的建设中来，以促进本村发展为己任，在日常生活中尽可能为村内各项发展事业贡献自己的力量。通过全村的不懈努力和奋勇拼搏最终实现乡村振兴，推动本村深度融入城乡统筹发展（陈谦、肖国安，2021）②。

加快乡村的基建，缩小城乡在物质水平上的本质差距。近些年来，医疗、通信、交通、教育等一系列配套设施在乡村落地，但相较于城市而言仍有较大差距。在城乡统筹不断深化的大背景下，改善乡村产业结构的同时也提供了大量的就业岗位，极大地提高了村民的收入水平，改善了生活质量，全面地加强了生活富裕对乡村振兴和城乡统筹发展的助推作用。

五、城市帮扶生态文明建设实现乡村振兴

党的十九大提出实施乡村振兴战略，“按照产业兴旺、生态宜居、乡风文明、治理有效、生活富裕的总要求，建立健全城乡融合发展体制机制和政策体系，加快推进农业农村现代化”。对农业现代化发展提出了更全面更具体的要求，而农村的生态文明建设是实现美丽中国目标的关键部分。

乡村的生态文明关乎乡村的整体形象，若整体形象差则会对招商引资及游客

---

① 武小龙．城乡对称互惠共生发展：一种新型城乡关系的解释框架［J］．农业经济问题，2018（4）．

② 陈谦，肖国安．我国乡村振兴与城乡统筹发展关联分析［D］．湖南科技大学博士学位论文，2021.

观光造成一系列影响，由于乡村缺少必需资金资源，难以对生态进行大规模整治。在此基础上，国家实施了生态工程扶贫战略，其目的是政府为保障国家生态安全，城市通过财政转移支付等方式将资金下拨到乡镇，对退耕还林还草工程、风沙治理工程、水土保持工程、环境综合整治工程、自然保护区和国家公园建设等大规模、长周期的生态环境改善项目进行投资，以实现贫困地区生态良好、生产改善、人口安居的生态扶贫方式，是目前落后地区涉及范围最广、实施力度最大的生态项目。如我国实施的“三北”防护林工程、青藏高原生态屏障、黄土高原—川滇生态屏障、东北森林带、北方防沙带、南方丘陵山地带等生态综合治理工程。

在乡村生态振兴中，乡村生态保护与治理是根本。第一，在城市资源的帮助下，建立健全农村环境保护体制机制。乡镇政府是乡村生态文明建设的承担者、指挥者和发动者。“坚持党的领导与组织管理相协调”，加强和完善县、乡两级环保机构对农村生态环境的监测与监管，形成县市、乡镇、村三级监督体系，落实职责，切实做好农村生态环境的监测、评估工作，及时掌握农村环境状况（符明秋、朱巧怡，2021）①。第二，城市协助改善农村环境保护责任制度，实行乡镇环境质量行政首长负责制，对作风不端、懒于公事的督察员进行惩处，使其工作绩效与工资奖金挂钩。第三，实行农村环保社会监督机制，凭借城市大数据平台将环境信息公开，不断优化公众参与制度。在此基础上加强农村环境治理技术的研究与利用，加速研究应用清洁生产技术和生态环境修复技术，从而提升废料利用率减少对环境的污染。同时把农、林、牧、渔等多产业有机融合，达到经济与生态共同发展的目的。

总的来说，乡村要振兴，生态必建设，良好的生态文明是乡村发展的基石。地方乡村应借助城市现代化平台，城市充分共享所拥有的资金、人力资源、技术条件等，为乡村的生态文明建设添砖加瓦，助力实现乡村振兴。

第三节　城市化推进乡村振兴的现状及问题

一、城市化发展现状

新中国成立之初，我国城市化水平非常低，只有10.64%。经过多年的发展，尤其是改革开放40多年来，我国城市化水平得到极大的提高。一方面，逐步缩

① 符明秋，朱巧怡．乡村振兴战略下农村生态文明建设现状及对策研究［J］．重庆邮电大学马克思主义学院，2021.

小与中高等收入国家城市化水平之间的差距，城市化水平超越世界平均，并显示出向上的趋势（见图 1-1）。另一方面，城市数量不断增加，人口城镇化率稳步提升。截至 2021 年末，我国城镇化率为 64.72%（见图 1-2），户籍人口城镇化率提高至 46.7%。农业转移人口市民化加快推进，城市群和都市圈的承载能力得到增强，城市建设品质逐渐提高，城乡融合发展迈出新步伐，为推动高质量发展提供了有力支撑。

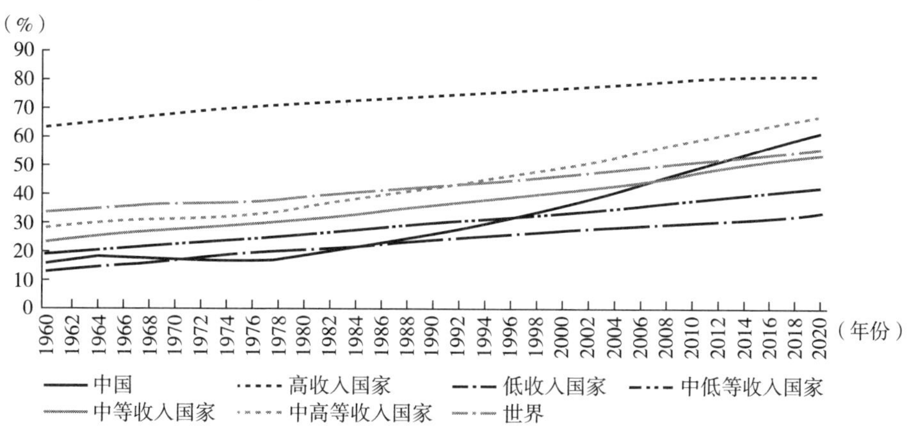

图 1-1　我国城市化水平在世界中的变化

资料来源：worldbank. org. cn.

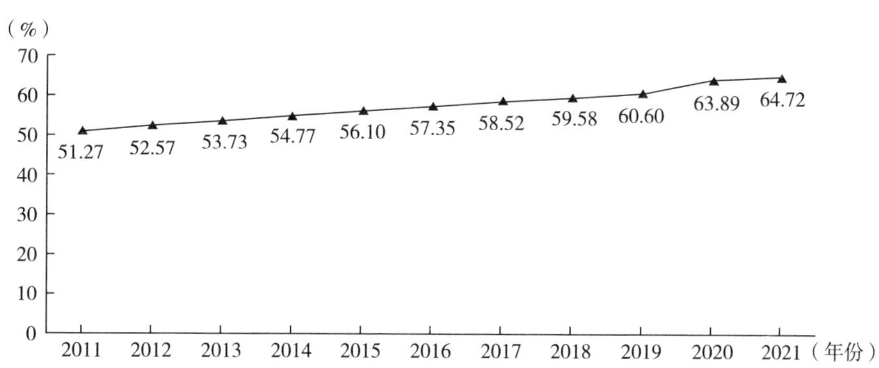

图 1-2　2011~2021 年中国城镇化率

资料来源：笔者整理。

（一）人口城市化

在城市化进程中，大量农业剩余劳动力向城市迁移。据统计，2021 年我国城镇常住人口达到 91425 万人，乡村常住人口 49835 万人。常住人口城镇化率达到了 64.72%，户籍人口城镇化率只有 46.7%。这表明，多达 18%的农业转移人口是以人户分离的方式存在着，其农民的身份并没有转变。大中型城市虽然是农业转移人口的重要承载地，但高昂的生活成本无形中阻碍着农业人口的市民化。农业转移人口就近城镇化的趋势日益明显。由历年全国农民工监测调查报告可知，2010 年起，我国农业转移人口迁移的主要方式由跨省流动转变为省内流动。并且，接下来的几年中省内流动的比例呈不断上升趋势（见图 1-3）。

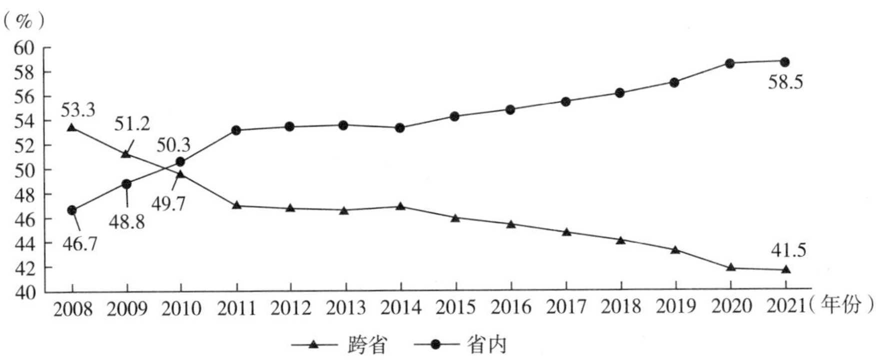

图 1-3　2008~2021 年我国农业转移人口省内流动与跨省流动比例

资料来源：2008~2021 年全国农民工监测调查报告。

从地域分布看，我国农业转移人口就近城镇化以东部地区为主，中西部地区呈现小幅稳步增长的趋势。如图 1-4 所示，我国农业转移人口省内流动比例最高的地区为东部地区。近年来，东部区域农业转移人口选择省内流动的比例超过 80%且逐年缓慢提升，至 2021 年该比例接近 85%。东北地区紧跟其后，省内流动比例均在 70%以上。但在地区经济发展缓慢、人口老龄化等因素的影响下，省内流动人员比例总体呈现下降趋势。中部和西部地区农业转移人口省内流动的比例与东部地区和东北地区差距较大，总体比例相对偏低。但随着时代的发展，该比例不断上升。2021 年，西部地区省内流动比例已超过 50%。由此可见，东部地区农业转移人口就近城镇化趋势明显，中西部地区就近城镇化步伐亟待加快。

（二）经济城市化

过去 30 年中，我国经济稳健发展。从全国产业结构看，第一、第二产业达到饱和，资源和人才向第三产业转移。由图 1-5 可知，第一产业占比逐年下降，第二产业占比波动较小，第三产业占比增幅较大，并于 2012 年超过第二产业。第一产业占比的逐年下降表明科学技术的进步及工艺的改良，使得越来越多的劳

动力从第一产业中解放出来，从事其他产业。第三产业的增产说明国家的产业结构日趋合理，城市化水平的发展程度越来越高。从 2021 年各省产业结构看，除部分省份外，东北地区、中部地区和西部地区第一产业占比均超过全国均值。第三产业占比超过全国平均的基本集中在东部地区。如表 1-1 所示。

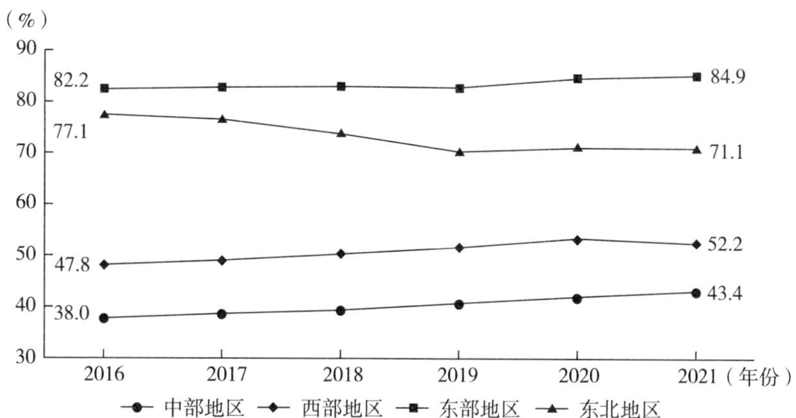

图 1-4 2016~2021 年各区域外出农业转移人口省内流动比例

资料来源：2016~2021 年全国农民工监测调查报告。

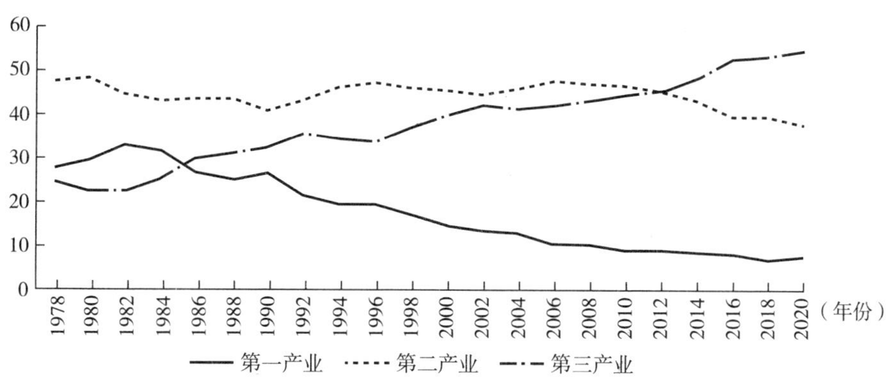

图 1-5 产业结构演变趋势

资料来源：国家统计局，http：//www. stats. gov. on。

表 1-1 各地区三产占比

		第一产业（%）	第二产业（%）	第三产业（%）
东北地区	黑龙江	25. 1	25. 4	49. 5
	吉林	12. 6	35. 1	52. 2
	辽宁	9. 1	37. 4	53. 5

续表

		第一产业（%）	第二产业（%）	第三产业（%）
东部地区	北京	0.3	15.8	83.9
	天津	1.5	34.1	64.4
	河北	10.7	37.6	51.7
	上海	0.3	26.6	73.1
	江苏	4.4	43.1	52.5
	浙江	3.4	40.9	55.8
	福建	6.2	46.3	47.5
	山东	7.3	39.1	53.5
	广东	4.3	39.2	56.5
	海南	20.5	19.1	60.4
中部地区	山西	5.4	43.5	51.2
	河南	9.7	41.6	48.7
	湖北	9.5	39.2	51.3
	湖南	10.1	38.1	51.7
	安徽	8.2	40.5	51.3
	江西	8.7	43.1	48.1
西部地区	内蒙古	11.7	39.6	48.8
	陕西	8.7	43.4	47.9
	重庆	7.2	40	52.8
	贵州	14.2	34.8	50.9
	广西	16	32.1	51.9
	宁夏	8.6	41	50.3
	甘肃	13.3	31.6	55.1
	四川	11.4	36.2	52.4
	云南	14.7	33.8	51.5
	新疆	14.4	34.4	51.3
	西藏	7.9	42	50.1
	青海	11.1	38	50.8
全国平均		7.7	37.8	54.5

资料来源：worldbank.org.cn.

（三）空间布局城市化

城市化空间格局持续优化，新的、更为均衡的发展格局正在形成。20 世纪 90 年代，浦东新区的建设带动了长江经济带的崛起，T 字形的国土优先发展带形成。现如今，我国已基本形成以“两横三纵”为主体的城镇化战略布局，城市的空间分布由东到西，逐渐减少。2020 年，我国地级及以上城市共 297 座，其中，东部地区 88 座，平均每省 8.8 座；中部地区 80 座，平均每省 13.33 座；东北地区 34 座，平均每省 11.33 座；西部地区 95 座，平均每省 7.91 座。面积最大的西部地区城市平均数最低。根据 2020 年的数据，东部地区占全国 9.5%的土地面积，分布了 47.04%的城市人口，是中国城市分布最密集的地带；西部地区占全国 71.5%的国土面积，仅分布了 22.04%的城市人口，是中国城市分布的稀疏地带。

空间布局形态多元化。我国幅员辽阔、资源分布不均、经济发展不同步，因此不同城市、区域之间的差异性较大，这决定了现今及未来空间布局多元化趋势。目前，我国城市在宏观尺度上分为“城市群—都市圈—中心城市—县城和小城镇”四个层次；在微观地域上分为创新走廊、科学城、特色小镇、共享空间等各类新载体。

空间布局结构协同化。在交通运输体系不断完善、产业转移速度加快、要素流动不断增强的背景下，“两横三纵”新型城镇化重点轴带之间经济联系日益加强。“两横三纵”轴带内的重点城市群、都市圈、大中小城市之间的影响日益扩大，耦合互动效应明显加强。“两横三纵”轴带之外的其他大中小城市、各类城镇等不同形态间的互促互动功能不断释放，同样呈现互相影响、互相支撑的空间互动效应。

人口空间聚集化。我国 19 个城市群人口在 2010~2018 年增长超过 5000 万人。2020 年更是以 25%的土地承载了 75%的人口。如表 1-2 所示，经济发展水平的不同，导致城市群对人口的聚集程度也有所不同。经济较为发达的沿海、京广京哈、沿长江轴带对人口聚集效应更加明显，相比较而言，包昆、陇海兰新这两个轴带对人口的吸引力较弱，其中，2019 年，陇海兰新常住人口比重有所下降。

表 1-2　“两横三纵”轴带 GDP 和人口占比变化

轴带名称	城市数量（座）	GDP 占全国比重（%）			常住人口占全国比重（%）			常住人口增长量（万人）
		2018 年	2019 年	增加	2018 年	2019 年	增加	
沿长江轴带	50	21.58	23.90	2.32	18.68	19.03	0.35	1423.26
陇海兰新轴带	38	7.46	7.86	0.40	9.20	9.13	−0.07	455.98
沿海轴带	88	45.25	45.19	−0.06	30.36	30.67	0.31	2267.26

续表

轴带名称	城市数量（座）	GDP 占全国比重（%）			常住人口占全国比重（%）			常住人口增长量（万人）
		2018 年	2019 年	增加	2018 年	2019 年	增加	
京哈京广轴带	48	27.54	26.98	-0.56	20.88	21.21	0.33	1715.74
包昆轴带	27	5.56	5.80	0.25	6.26	6.35	0.09	501.19
合计		107.38	109.74	2.36	85.39	86.39	1.00	6363.43

资料来源：中国新型城镇化空间布局调整优化的战略思路研究。

二、城市化推动乡村振兴的评价

城市化的本质是经济社会活动中心从农村转出的过程，其中一部分转向城市，另一部分转向城镇。与国外城市化进程相反，我国城市化起步于小城镇的发展（即城镇化），并随着时代的发展不断扬弃，发展为新型城镇化。综上所述，城市化与新型城镇化本质上一致但侧重点不同。现阶段，新型城市化推动乡村振兴更多是从城镇的角度出发。因此，本部分构建“新型城市化”推动“乡村振兴”的指标。

（一）评价指标体系的构建

1. 分析框架

根据“十四五”规划《纲要》中的“完善新型城市化战略”和《2022 年新型城市化和城乡融合发展重点任务》（发改规划〔2022〕371 号），我国“新型城市化”带动乡村振兴应该从四个方面着手：

一是提高农业转移人口市民化质量，城市不仅要吸纳农民进城就业，而且要通过深化制度改革，将进城农民转化为市民长期生活在城市。

二是推进城乡融合发展，城市要素进入乡村。不仅包括城市资本、技术与人才的进乡，而且包括城市居民进入乡村、消费乡村、繁荣乡村，带动乡村非农产业的发展。

三是优化城镇（乡）空间布局和形态，推动生产要素的优化配置，包括土地资源的优化利用和乡村产业的优化布局。《推进以县城为重要载体的城市化建设》（2022 年 5 月）是党中央通过“新型城市化”战略推动“乡村振兴”的重要战略部署。县城是联通城市与乡村的重要节点，也是城镇公共基础设施建设向乡村辐射的重要枢纽。加强以县城为重要载体的城市化建设，能够促进乡村以及乡村人口的集聚，能够提高土地资源、教育资源以及医疗卫生等公共资源的利用效率。优化城镇（乡）空间布局是通过乡村人口的就地、就近迁移和相对集聚，形成生产、生活、生态一体化和公共服务有效覆盖的乡村群落。

四是加强农业、农村现代化建设。农业、农村现代化是“新型城市化”全面发展溢出效益的重要体现，同时是党的十八大报告中“四化”同步发展中的重要一环。农业的现代化离不开城市化的发展和推进，现代农业所需的技术、设备、资本、信息和人才等生产要素的流动都依赖城市化条件下的工业化水平。只有城市化发展到了一定的阶段才有足够的人力、物力、财力和技术完成对传统农业的升级改造。随着农村人口逐步向城镇迁移，能够为农业生产的规模化和机械化提供条件，改变传统农业生产分散且低效率的生产方式。

以上四个方面的任务之间存在互相交叉、互相融合的关系。为了保障评价分析的相互独立性和稳健性要求，可以把上述任务归类到城镇化的三个分支中，它们分别是人口城镇化、经济城镇化（又称为产业的城市化）和土地城镇化。推进城乡融合发展的主要内容也是实现人口、产业和土地的融合发展目标。它们对乡村振兴的推动效益如图 1-6 所示。图 1-6 也是本部分构建的评价指标体系的基本分析框架。

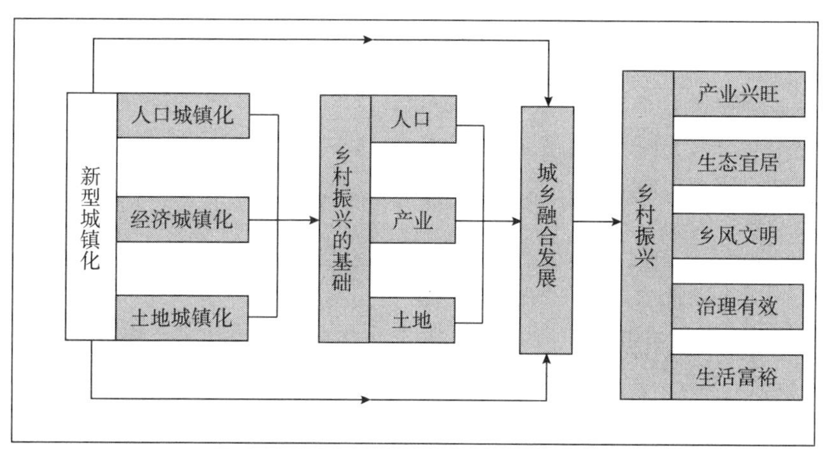

图 1-6　新型城市化推动乡村振兴的分析框架

2. 评价指标体系的构建

根据前文的分析，“新型城市化”推动“乡村振兴”评价指标体系的构建可以从四个方面展开：人口城市化指标系统、乡村产业城市化指标系统、土地城市化指标系统、城乡融合发展指标系统。

（1）人口城市化指标系统。人口城市化是新型城市化发展的重中之重，是新型城市化中最重要的议题。只有乡村的人口集中到了城镇，才能推广机械化的生产方式，从而提高土地的利用效率。同时，只有人口的集中才能提高农村地区公共资源利用效率，减少对生态环境的破坏。“坚持把推进农业转移人口市民化作为新型城市化首要任务，重点针对存量未落户人口深化户籍制度改革，健全常住地提供基本公共服务制度，提高农业转移人口融入城市水平。”为对应《2022年新型城市化和城乡融合发展重点任务》和《乡村振兴战略规划（2018—2022年）》提出的人口城市化发展目标要求，设定该评价指标体系的支撑要素：人口城市化总体水平、农业人口市民化质量、城镇公共服务水平等（见表1-3）。进而对支撑要素进行细分，完成指标体系的构建。

表1-3 人口城市化评价指标体系

测度要素	支撑要素	代表性指标	方向
人口城市化	人口城市化总体水平	常住人口城市化率（%）	正
		户籍人口城市化率（%）	正
	农业人口市民化质量	农民工随迁子女平等接受义务教育比例（%）	正
		农业转移人口职业技能培训覆盖率（%）	正
		农民工参加城镇职工基本养老保险的比例（%）	正
		农民工参加城镇职工基本医疗保险的比例（%）	正
	城镇公共服务	常住人口保障性住房覆盖率（%）	正
		城镇每万人拥有医院数量（所/万人）	正
		每万人拥有公交车数量（辆/万人）	正
		交通网密度（千米/平方千米）	正

（2）乡村产业城市化指标系统。党的十九大报告提出：“要按照产业兴旺、生态宜居、乡风文明、治理有效、生活富裕的总要求，建立健全城乡融合发展体制机制和政策体系，加快推进农业农村现代化。”这是对乡村振兴的集中论述，包括经济、政治、文化、社会和生态的振兴，是“五位一体”总体布局在农业农村的具体体现。在“五位一体”总体布局中，“产业兴旺”是核心，只有“产业兴旺”才有“生活富裕”“仓廪实则知礼节，衣食足则知荣辱”，只有“产业兴旺”才有“乡风文明”。

“产业兴旺”也是乡村“治理有效”的一个重要考核目标。但“产业兴旺”是有条件的兴旺，是不以牺牲“生态宜居”为代价，高污染、高耗能的产业不宜转移到乡村地区，不宜破坏绿水青山的生态环境。因此，对于农村的产业城市化，本部分提出了产业体系、技术水平、经营规模和产业生态化水平四个支撑要素，进而对支撑要素进行细分，完成指标体系的构建。构建的指标体系如表1-4所示。

表 1-4 乡村产业的城市化评价指标体系

测度要素	支撑要素	代表性指标	方向
乡村产业的城市化	产业体系	林牧渔业产值与农业产值之比（%）	正
		非农从业人员与农业从业人员比例（%）	正
		人均农林牧渔业产值（元/人）	正
	技术水平	亩均农业机械动力（万千瓦/亩）	正
		研发投入/地区生产总值（%）	正
		农业产业园区数量（个）	正
	经营规模	农产品商品率（%）	正
		职业农民比例（%）	正
	产业生态化水平	产业废水排放率（吨/百万元产值）	负
		废渣排放率（吨/百万元产值）	负

（3）土地城市化指标系统。《乡村振兴战略规划（2018—2022 年）》（以下简称《规划》）从乡村的生产空间、生活空间和生态空间三个微观角度分析乡村土地空间布局优化。《规划》指出，以城市群为主体构建大中小城市和小城镇协调发展的城镇格局，增强城镇地区对乡村的带动能力。加快发展中小城市，完善县城综合服务功能，推动农业转移人口就地就近城市化。因地制宜发展特色鲜明、产城融合、充满魅力的特色小镇和小城镇，加强以乡镇政府驻地为中心的农民生活圈建设，以镇带村、以村促镇，推动镇村联动发展。因此，对于土地的城市化指标体系，本部分提出了县城土地规划、乡村产业用地规划、乡村生活用地规划、乡村生态保护用地规划四个支撑要素，进而对支撑要素进行细分，完成指标体系的构建（见表 1-5）。

表 1-5 土地的城市化评价指标体系

测度要素	支撑要素	代表性指标	方向
土地城市化	县城土地规划	人均市政基础设施投入资金（万元）	正
		县域宽带入户率（%）	正
	乡村产业用地规划	人均农业用地面积（亩/人）	正
		乡村土地流转比例（%）	正
		乡村非农产业占地比例（%）	正
	乡村生活用地规划	城镇居民人均道路面积（平方米/人）	正
		城镇居民人均住房面积（平方米/人）	正
	乡村生态保护用地规划	生态保护用地面积比例（%）	正
		生态保护投入资金（万元）	正

（4）城乡融合发展指标系统。建立健全城乡融合发展体制机制和政策体系，是党的十九大做出的重大决策部署。《中共中央　国务院关于建立健全城乡融合发展体制机制和政策体系的意见》从城乡要素流动、公共基础设施、公共服务、农民增收等角度为城乡融合发展制定了若干政策。结合《乡村振兴战略规划（2018—2022 年）》，本部分提出了生活富裕、城乡要素流动、城乡公共服务、美丽乡村建设四个支撑要素，再对支撑要素进行细分，完成指标体系的构建。构建的指标体系如表 1-6 所示。

表 1-6　城乡融合发展评价指标体系

测度要素	支撑要素	代表性指标	方向
城乡融合发展	生活富裕	城乡居民人均收入差距（元）	负
		农村居民可支配收入（元）	正
		恩格尔系数（%）	负
		每百户汽车拥有量（辆）	正
	城乡要素流动	财政扶贫资金投入（万元）	正
		每百人中技术人才数（个/百人）	正
		每个镇电子商务企业数（家/镇）	正
	城乡公共服务	财政中教育支出比（%）	正
		财政中用于社会保障和就业的支出比（%）	正
		村庄道路硬化率（%）	正
		开通互联网业务村庄比例（%）	正
	美丽乡村建设	农村卫生厕所普及率（%）	正
		农村污水处理率（%）	正
		农村垃圾处理率（%）	正

本部分以国家近几年出台的有关“新型城市化”和“乡村振兴”的重要文件为基础，建立了“新型城市化”推动“乡村振兴”的评价指标体系。值得注意的是，该评价指标体系是从理论上进行探讨的一个尝试，是一个动态调整的发展过程，将不断地随着“新型城市化”和“乡村振兴”理论的发展而发展，因此是一个开放式的指标体系，仍然有进一步完善的可能。

（二）评价的方法

本书采用“功效函数法”（又称功效系数法）计算综合评价指数。它是根据多目标规划原理，对每一项评价指标确定一个满意值和不允许值，以满意值为上限，以不满意值为下限。计算各指标实现满意值的程度，并以此确定各指标的分

数，再经过加权平均进行综合，从而评价被研究对象的综合状况。

一般步骤如下：

第一，确定各项指标的满意值与不允许值。一般来说，满意值指各项指标在参与评价的单位中可能达到的最高水平；不允许值指各项指标在参与评价的单位中不应出现的最低水平。满意值和不允许值的确定，可以参考表 1-7 和表 1-8，以及各个省份的新型城市化发展规划和乡村发展规划。

第二，计算各指标单项评价分数。公式如下：

$$d_i = (z_{is}-z_{ib}) / (z_{iy}-z_{ib}) \times 40+60$$

式中，d_i 为第 i 项指标评价分数；z_{is} 为第 i 项指标的实际值；z_{ib} 为第 i 项指标的不允许值；z_{iy} 为第 i 项指标的满意值。

第三，根据各项指标在评价中的重要程度去顶权数，采用加权算术平均法计算综合得分。公式如下：

$$D = \sum_{i=1}^{n} (d_i \times p_i)$$

式中，D 为综合指数，p_i 为第 i 项指标的权重，$\sum_{i=1}^{n} p_i = 1$。

（三）样本数据的来源

上述工作的相关基础数据主要以 2020 年的数据为主，来自《中国统计年鉴（2020）》、《中国城市统计年鉴（2020）》、国家统计局数据库网站、各省 2020 年统计年鉴及各省新型城市化规划、乡村振兴规划和相应年度统计公报等官方统计系统，并通过 EPS 数据平台、CEIC 和中经网等多家机构数据库进行多渠道补充，某些收集不到的数据按平均值处理。

（四）评价的实验结果及结论

1. “新型城市化”推动“乡村振兴”的总体比较分析

按照各省份的“新型城市化”推动“乡村振兴”的指标体系综合得分排名（见表 1-7），前 10 位的依次是北京、上海、天津、浙江、广东、江苏、山东、福建、重庆、黑龙江。除重庆、黑龙江外，大部分是东南部省份。后 10 位中，一个中部地区省份，一个东北地区省份，大部分是西部地区和西南地区省份。这说明新型城市化对乡村振兴的推动作用由东部地区、南部地区向中西部地区和东北地区依次下降。长三角地区、珠三角地区以及环渤海湾地区是我国经济最发达的地区，同时是新型城市化水平最高的地区。新型城市化的溢出正效应十分明显。这从侧面反映了我国城市化发展的不均衡性导致了乡村振兴战略实现的差异性。东部地区和南部地区经济发达省份已经完成了工业化，进入了城市化的后期阶段，以及进入了城镇反哺乡村的阶段，但中部特别是西部地区的一些省份，还未完成工业化，正进入城市化发展的中期阶段，城市化对乡村振兴的影响可能是负的，也就是城市化对乡村的虹吸效应还未完成，还没有过渡到城市反哺乡村的阶段。针对这种城市化发展的不均衡，我们在推动乡村振兴战略时，切不可“一刀切”，发达地区城市化推动乡村振兴的很多模式极有可能不适合欠发达地区，典型的例子是，东部地区的一些省份可以通过发达的交通和物流企业把产业链、供应链延伸到乡村，把产业做大做强。但在西部欠发达地区，因为高昂的物流成本，则很难通过这种方式推动“乡村振兴”。

表 1-7　新型城市化推动乡村振兴的综合指数得分排名

省份	综合指数得分	全国排名	地区	分区排名
北京	0.572	1	东部地区	1
上海	0.531	2	东部地区	2
天津	0.463	3	东部地区	3
浙江	0.449	4	东部地区	4
广东	0.427	5	南部地区	1
江苏	0.415	6	东部地区	5
山东	0.406	7	东部地区	6
福建	0.351	8	东部地区	7
重庆	0.307	9	西南地区	1
黑龙江	0.279	10	东北地区	1
海南	0.258	11	南部地区	2
四川	0.243	12	西南地区	2
湖北	0.238	13	中部地区	1
辽宁	0.231	14	东北地区	2
河北	0.228	15	东部地区	8
湖南	0.223	16	中部地区	2
江西	0.218	17	中部地区	3
河南	0.215	18	中部地区	4
安徽	0.211	19	中部地区	5
陕西	0.207	20	西部地区	1
新疆	0.197	21	西部地区	2
内蒙古	0.186	22	西部地区	3
广西	0.181	23	南部地区	3
宁夏	0.165	24	西部地区	4
吉林	0.163	25	东北地区	3

续表

省份	综合指数得分	全国排名	地区	分区排名
山西	0.160	26	西部地区	5
云南	0.158	27	西南地区	3
甘肃	0.153	28	西部地区	6
青海	0.144	29	西部地区	7
贵州	0.137	30	西南地区	4

为进一步观察我国“新型城市化”推动“乡村振兴”发展的区域分布特征，本书采用多元回归统计聚类方法，对大部分省份“新型城市化”推动“乡村振兴”发展的综合指数得分进行聚类分析，聚类结果如表1-8所示。

表1-8　新型城市化推动乡村振兴发展的综合指数得分聚类结果

第一梯队	北京、上海
第二梯队	天津、浙江、广东、江苏、山东
第三梯队	福建、重庆、黑龙江、海南、四川、湖北、辽宁、河北、湖南、江西、河南、安徽、陕西、新疆、内蒙古、广西
第四梯队	宁夏、吉林、山西、云南、甘肃、青海、贵州

从表1-8可知，我国大部分省份新型城市化推动乡村振兴的发展水平大致可以分为四个梯队。其中，第一梯队包括北京和上海，这是中国新型城市化发展水平最高的地区，经济实力强大，这两个地区同时也是乡村振兴做得最好的地区，很多郊县基本完成了就地城市化改造，进入了“后城市化”时代。第二梯队包括天津、浙江、广东、江苏、山东。这几个地区的新型城市化中后期，县域经济和乡镇企业的发展水平较高，新型城市化对乡村振兴的推动作用明显。第三梯队包括福建、重庆、黑龙江、海南、四川、湖北、辽宁、河北、湖南、江西、河南、安徽、陕西、新疆、内蒙古、广西。这些省份主要分布在我国中西部地区。从综合得分可以看出，这些省份在综合得分差距上不显著，并且在全国所占数量较多，反映了我国正处于新型城市化中期的时代特征。新型城市化对乡村振兴的推动作用不显著。2022年5月，国家出台《关于推进以县城为重要载体的城市化建设的意见》（以下简称《意见》），《意见》的目的之一是通过推进中西部地区的县域城市化发展带动中西部地区的乡村振兴。第四梯队包括宁夏、吉林、山西、云南、甘肃、青海、贵州。这些省份主要分布在西部和东北的老少边穷地区，“城市化”发展水平相对滞后，某些省份的城市人口不仅没有增长，反而出

现持续减少的状况。“新型城市化”带动“乡村振兴”面临的困难和挑战更大一些。“新型城市化”推动“乡村振兴”的发展存在区域差异性，这种差异性与我国各省市工业化水平存在差异性的客观现实一致。无论是“新型城市化”还是“乡村振兴”，地区发展水平的差异性都与我国国民经济发展水平的梯度差异一致。地区社会经济发展较好的经济强省往往得分比较高，如北京、上海、广东等。但传统农业大省“新型城市化”推动“乡村振兴”的发展综合指数得分均值不高，并且多处于中等发展水平，比如河南、四川、陕西、湖北等省份。通过分别绘制 2019 年大部分省份“新型城市化”推动“乡村振兴”发展综合指数得分与人均地区生产总值、人均农林牧渔业产值之间的关系（见图 1-7、图 1-8）可以发现，综合发展指数得分与人均地区生产总值间的趋势线向右上方倾斜，呈现明显的正相关关系，说明人均地区生产总值越高的省份，在评价综合指数上的得分越高。

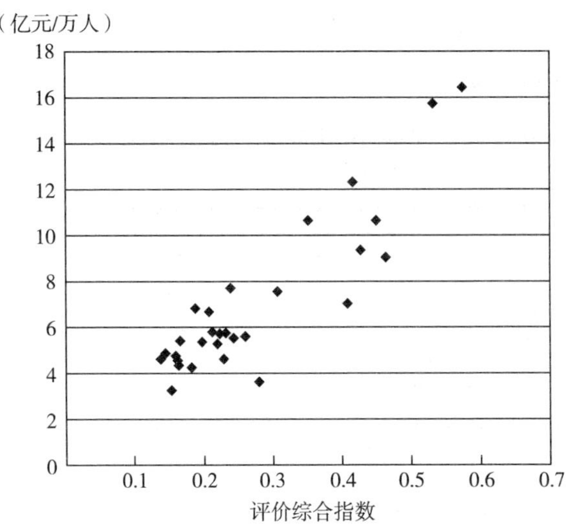

图 1-7　2019 年大部分省份人均地区生产总值与评价综合指数得分的散点图

然而，评价综合指数得分与人均农林牧渔产值间并没有呈现明显的相关关系（见图 1-8），表明“乡村振兴”发展较好的省份不一定是农业大省，但经济强省往往在“乡村振兴”方面表现突出。这说明，城市作为一个地区经济发展的“龙头”，对“乡村振兴”发挥着重要的带动作用。“新型城市化”水平越高的地区，“城市化”推动“乡村振兴”的“溢出效应”越显著。

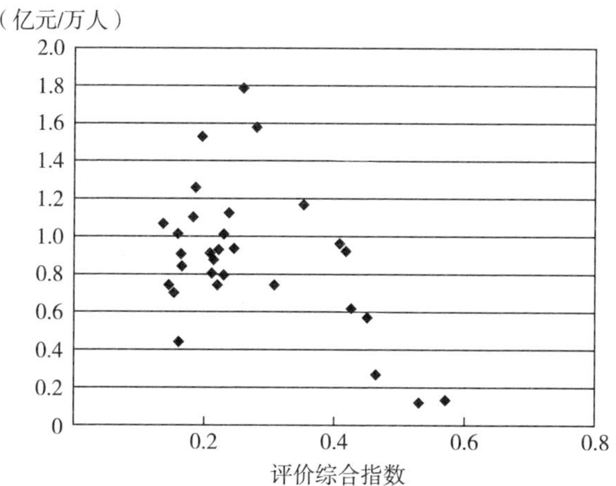

图 1-8 2019 年大部分省份人均农林牧渔业产值与评价综合指数得分的散点图

2. “新型城市化”推动“乡村振兴”的分项指数得分比较分析

本部分从人口城市化、乡村产业城市化、土地城市化、城乡融合发展四个方面，分别测算大部分省份新型城市化推动乡村振兴发展的分项指标得分和排名，评价各省份的新型城市化对乡村振兴的带动效果。

（1）人口城市化指数得分的比较分析。人口的城市化指标体系由四个支撑要素指标及 10 个代表性指标构成，主要是完成省域范围内城市化水平推进乡村振兴的横向比较。人口的城市化水平在很大程度上反映了一个地区对劳动人口的吸引力、就业及经济发展水平。

人口城市化综合比较评价指数得分如表 1-9 所示，其基础数据来源于《中国统计年鉴（2020）》《中国人口年鉴（2020）》等。通过比较可知，在全国大部分省份中，排名前十的省份是北京、上海、广东、江苏、天津、浙江、辽宁、山东、黑龙江、新疆。排名顺序基本与各省市的城市化率在全国的排名顺序一致。

表 1-9 人口城市化指数得分排名

省份	单项指数得分	全国排名	地区	分区排名
北京	0.975	1	东部地区	1
上海	0.901	2	东部地区	2
广东	0.823	3	南部地区	1
江苏	0.738	4	东部地区	3

续表

省份	单项指数得分	全国排名	地区	分区排名
天津	0. 719	5	东部地区	4
浙江	0. 685	6	东部地区	5
辽宁	0. 625	7	东北地区	1
山东	0. 612	8	东部地区	6
黑龙江	0. 557	9	东北地区	2
新疆	0. 536	10	西部地区	1
重庆	0. 533	11	西南地区	1
吉林	0. 514	12	东北地区	2
湖北	0. 501	13	中部地区	1
内蒙古	0. 452	14	西部地区	2
福建	0. 441	15	东部地区	7
湖南	0. 428	16	中部地区	2
江西	0. 405	17	中部地区	3
安徽	0. 374	18	中部地区	4
四川	0. 368	19	西南地区	2
陕西	0. 359	20	西部地区	3
海南	0. 337	21	南部地区	2
宁夏	0. 319	22	西部地区	4
河北	0. 304	23	东部地区	8
山西	0. 255	24	西部地区	5
河南	0. 248	25	中部地区	5
广西	0. 237	26	南部地区	3
青海	0. 225	27	西部地区	6
甘肃	0. 201	28	西部地区	7
云南	0. 194	29	西南地区	3
贵州	0. 173	30	西南地区	4

为比较 2019 年我国大部分省份在人口城市化推进水平上的差异性，我们对人口城市化指数得分进行了聚类分析，如表 1-10 所示。

表 1-10　人口城市化指数得分聚类结果

第一层级	北京、上海、广东
第二层级	天津、浙江、江苏、辽宁、山东
第三层级	黑龙江、新疆、重庆、吉林、湖北
第四层级	内蒙古、福建、湖南、江西、安徽、四川、陕西、海南、宁夏、河北
第五层级	山西、河南、广西、甘肃、青海、云南、贵州

从表 1-10 可知，大部分省份大致划分为五个层级。第一层级包括北京、上海、广东三个省市。正如人们通常认识的一样，北上广在人口城市化建设推进中一直处于国内领先位置。北上广是我国经济最发达的地区，也是外来人口流入最多的地区。人口城市化指数得分遥遥领先于其他省份。第二个层级包括天津、浙江、江苏、辽宁、山东。它们与第一层级差距明显，包括四个东部省份和一个东北省份。辽宁是唯一进入这一层级的东北省份，2019 年城市化率达到了 68.11%，远高于中部和东部的某些省份。作为老工业基地，辽宁在全国 GDP 排名下滑很厉害，但人口城市化指数得分表现尚可。第三层级包括黑龙江、新疆、重庆、吉林、湖北。它们表现为紧紧跟随第二层级的状态。虽然它们与第一层级差距很大，但与第二层级相差不大。第四层级包括内蒙古、福建、湖南、江西、安徽、四川、陕西、海南、宁夏、河北。这一层级的构成以中部省份为主，代表了中国内陆地区的人口城市化水平。第五层级包括山西、河南、广西、甘肃、青海、云南、贵州。这一层级的省份由农业大省或边境省份构成，同时也是劳动力输出大省。

（2）乡村产业的城市化指数得分的比较分析。产业发展是城市化和乡村振兴的根本动力，没有坚实的产业基础就不可能有快速发展的城市化，更不可能实现乡村振兴。因此，我们要把推进城市化、乡村振兴与构建现代产业体系、优化产业布局有机结合起来，努力使产业发展与城市化发展、乡村振兴相互促进、共同提升。在产业布局上，要利用乡村地区劳动力和土地资源丰富、价格便宜的优势，努力把产业链延伸到乡村地区，带动“乡村振兴”。

产业城市化综合比较评价指数得分如表 1-11 所示，基础数据来源于《中国统计年鉴（2020）》、《中国城市统计年鉴（2020）》、国家统计局数据库网站、各省 2020 年统计年鉴及各省新型城市化规划、乡村振兴规划和相应年度统计公报等官方统计系统。通过比较可知，在全国大部分省、市、自治区中，排名前十的省份是上海、北京、天津、江苏、广东、浙江、重庆、山东、福建、安徽。从地区分布来看，除重庆和安徽外，其他 8 个省份都是东部省份。其中，上海超越北京排名榜首，说明上海在产业带动乡村振兴方面实力强于北京。排在后十位的省份是黑龙江、宁夏、辽宁、甘肃、云南、广西、吉林、新疆、内蒙古和青海。主要由西部省份和东北三省构成，表明西部地区和东北三省在产业城市化方面落后于全国水平。

表 1-11 产业城市化指数得分排名

省份	单项指数得分	全国排名	地区	分区排名
上海	0.983	1	东部地区	1
北京	0.921	2	东部地区	2
天津	0.705	3	东部地区	3
江苏	0.667	4	东部地区	4
广东	0.644	5	南部地区	1
浙江	0.636	6	东部地区	5
重庆	0.608	7	西南地区	1
山东	0.593	8	东部地区	6
福建	0.556	9	东部地区	7
安徽	0.497	10	中部地区	1
湖北	0.468	11	中部地区	2
江西	0.464	12	中部地区	3
山西	0.459	13	西部地区	1
四川	0.456	14	西南地区	2
河北	0.45	15	东部地区	8
河南	0.448	16	中部地区	4
海南	0.446	17	南部地区	2
陕西	0.443	18	西部地区	2
湖南	0.441	19	中部地区	5
贵州	0.44	20	西南地区	4
黑龙江	0.423	21	东北地区	1
宁夏	0.407	22	西部地区	3
辽宁	0.403	23	东北地区	2
甘肃	0.394	24	西部地区	4
云南	0.391	25	西南地区	3
广西	0.386	26	南部地区	3
吉林	0.384	27	东北地区	3

续表

省份	单项指数得分	全国排名	地区	分区排名
新疆	0.377	28	西部地区	5
内蒙古	0.374	29	西部地区	6
青海	0.368	30	西部地区	7

为比较 2019 年我国大部分省份在产业城市化推进水平上的差异性，我们对产业城市化指数得分进行了聚类分析，如表 1-12 所示。

表 1-12　产业城市化指数得分聚类结果

第一层级	上海、北京、天津
第二层级	江苏、广东、浙江、重庆、山东、福建
第三层级	安徽、湖北、江西、山西、四川、河北、河南、海南、陕西、湖南、贵州、黑龙江
第四层级	宁夏、辽宁、甘肃、云南、广西、吉林、新疆、内蒙古、青海

从表 1-12 可知，大部分省份大致划分为四个层级。第一层级包括上海、北京和天津三个直辖市。从得分可知，这三个直辖市在产业城市化方面远远领先于其他省份。其中，天津的产业城市化得分与上海、北京的差距较大。上海和北京在产业发展及其扩散效益上具有其他省份无法比拟的优势。第二层级包括江苏、广东、浙江、重庆、山东、福建 6 个省市，除重庆外，其他 5 个省份都分布在东南沿海经济发达地区，这些地区通常是中国改革开放的前沿阵地，通过发展对外贸易工业化水平走在全国前列，乡镇企业众多，县域经济实力超群，因此，在产业城市化带动乡村振兴方面表现不俗。第三层级包括安徽、湖北、江西、山西、四川、河北、河南、海南、陕西、湖南、贵州、黑龙江 12 个省份，这些省份代表了中国广大发展中地区，中部崛起，长江经济带发展指的是这些省份，是国家“十四五”计划重点扶持与发展的地区。近年来，这些地区的经济增长比较快，工业化、产业化发展正处于上升期，产业城市化水平现在虽然落后于发达地区，但未来会逐渐缩小与东南沿海地区的差距。第四层级包括宁夏、辽宁、甘肃、云南、广西、吉林、新疆、内蒙古、青海 9 个省份。这些地区代表了中国欠发达地区或需要再工业化地区，比如东北地区，曾经是中国工业化最早最发达的地区，但在改革开放后经济发展逐渐落后于全国平均水平，面临再工业化问题。还有很多内陆边境省份，因为地理环境、工业基础薄弱等原因，工业化、产业化水平一直落后于全国平均水平，产业城市化对乡村振兴的带动作用有限。

（3）土地的城市化指数得分的比较分析。土地的城市化大致可以划分为两个层次。第一个层次主要以宏观的土地城市化为重点，比如推进城市群、都市圈、大城市建设，建设“八横八纵”的全国高铁网等，宏观的土地城市化的目的是提高城市吸引力，吸纳更多的农民从事非农产业，从而达到减少农民的目的。第二个层次主要以微观的土地城市化为主，比如乡村的土地规划、县城产业园区建设等，如表 1-13 所示。

表 1-13　土地的城市化指数得分排名

省份	单项指数得分	全国排名	地区	分区排名
北京	0.751	1	东部地区	1
天津	0.695	2	东部地区	2
上海	0.632	3	东部地区	3
浙江	0.591	4	东部地区	4
江苏	0.558	5	东部地区	5
广东	0.533	6	南部地区	1
重庆	0.489	7	西南地区	1
山东	0.456	8	东部地区	6
湖北	0.433	9	中部地区	1
福建	0.381	10	东部地区	7
安徽	0.368	11	中部地区	2
四川	0.362	12	西南地区	2
辽宁	0.344	13	东北地区	1
陕西	0.336	14	西部地区	1
河南	0.325	15	中部地区	3
湖南	0.314	16	中部地区	4
海南	0.306	17	南部地区	2
河北	0.298	18	东部地区	8
广西	0.269	19	南部地区	3
山西	0.265	20	西部地区	2
江西	0.258	21	中部地区	5
吉林	0.244	22	东北地区	2
黑龙江	0.236	23	东北地区	3
内蒙古	0.215	24	西部地区	3
云南	0.211	25	西南地区	3
新疆	0.208	26	西部地区	4

续表

省份	单项指数得分	全国排名	地区	分区排名
宁夏	0. 201	27	西部地区	5
甘肃	0. 193	28	西部地区	6
贵州	0. 189	29	西南地区	4
青海	0. 184	30	西部地区	7

微观的土地城市化是为了实现土地的规模化经营和生态化保护，从而达到农业产业的现代化和生态环保产业发展的目的。为探讨新型城市化对乡村振兴的推动作用，我们主要从微观的土地城市化角度出发，用县城土地城市化、乡村产业用地规划、乡村生活用地规划、乡村生态保护用地规划 4 个支撑要素和 9 个子要素完成指标体系的构建。通过功效函数法测算指数得分，进而开展比较评价。在土地的城市化指数得分方面，排名靠前的是北京、天津、上海、江苏、浙江、广东、重庆、山东、湖北、福建。北京—天津、上海—杭州—南京、广州—深圳、重庆—成都等代表了中国的核心都市圈，核心都市圈的聚集效应和溢出效应都很明显。因此，土地的城市化指数得分比较高。排在后十位的是江西、吉林、黑龙江、内蒙古、云南、新疆、宁夏、甘肃、贵州、青海，主要分布在西部地区和西南地区。这些地区的城市群或都市圈发展相对落后，对乡村地区的土地城市化的带动效应有限。

为比较 2019 年我国大部分省份在土地城市化发展水平上的差异性，本部分对土地城市化发展指数得分进行了聚类分析，如表 1-14 所示。

表 1-14　土地的城市化指数得分聚类结果

第一层级	北京、天津、上海、江苏、浙江、广东
第二层级	重庆、山东、湖北、福建、安徽、四川、辽宁、河南、陕西、湖南、海南、河北、广西、山西
第三层级	江西、吉林、黑龙江、内蒙古、云南、新疆、宁夏、甘肃、贵州、青海

由表 1-14 可知，在土地城市化指数得分方面，全国大部分省份可以划分为三个层级，其中北京、天津、上海、江苏、浙江、广东处于第一层级，该层级的县域经济实力都比较强，比如 2019 年全国经济百强县中江苏占据 26 席，居全国之首。重庆、山东、湖北、福建、安徽、四川、辽宁、河南、陕西、湖南、海南、河北、广西、山西处于第二层级，该层级内有重点都市圈 14 个，包括成渝都市圈、长株潭都市圈、武汉都市圈等，县域经济方兴未艾，乡村地区的土地城

市化正处于发展过程之中。江西、吉林、黑龙江、内蒙古、云南、新疆、宁夏、甘肃、贵州、青海处于第三层级，该层级内部有 12 个潜在的都市圈，包括石家庄、太原、昆明、乌鲁木齐等。该层级内部的县域经济发展相对滞后，乡村地区的土地城市化还处于起步阶段，未来还有很长的路要走。

(4) 城乡融合发展指数得分的比较分析。

城乡融合发展是“城市化”推动“乡村振兴”的溢出效应的具体表现。理论上，城乡融合发展恰恰是城乡二元经济结构不断调整优化、城乡差距不断缩小乃至最终消失的发展过程。本部分通过选取生活富裕、城乡要素流动、城乡公共服务、美丽乡村建设 4 个支撑要素及其 14 个子要素构建城乡融合发展指数评价指标体系，通过功效函数法测算指数得分，进而开展比较评价。大部分省份城乡融合发展指数得分如表 1-15 所示。

表 1-15 城乡融合发展指数得分排名

省份	单项指数得分	全国排名	地区	分区排名
上海	0.873	1	东部地区	1
北京	0.781	2	东部地区	2
浙江	0.767	3	东部地区	3
天津	0.742	4	东部地区	4
江苏	0.737	5	东部地区	5
福建	0.651	6	东部地区	6
山东	0.612	7	东部地区	7
重庆	0.593	8	西南地区	1
广东	0.585	9	南部地区	1
湖北	0.568	10	中部地区	1
黑龙江	0.529	11	东北地区	1
江西	0.514	12	中部地区	2
河北	0.502	13	东部地区	8
辽宁	0.486	14	东北地区	2
吉林	0.483	15	东北地区	3
海南	0.481	16	南部地区	2
安徽	0.469	17	中部地区	3
河南	0.461	18	中部地区	4
内蒙古	0.446	19	西部地区	1
四川	0.424	20	西南地区	2

续表

省份	单项指数得分	全国排名	地区	分区排名
湖南	0. 421	21	中部地区	5
山西	0. 407	22	西部地区	2
广西	0. 369	23	南部地区	3
陕西	0. 367	24	西部地区	3
宁夏	0. 356	25	西部地区	4
新疆	0. 323	26	西部地区	5
甘肃	0. 293	27	西部地区	6
青海	0. 273	28	西部地区	7
云南	0. 247	29	西南地区	3
贵州	0. 204	30	西南地区	4

通过比较可知，在全国大部分省份中，排名前十的省份是上海、北京、浙江、天津、江苏、福建、山东、重庆、广东、湖北。从地区分布看，除重庆、广东和湖北外，其他 7 个省市都是东部地区省份。其中，上海遥遥领先于其他省份排名第一，说明上海在城乡融合发展方面具有独特优势。排在后十位的省份是湖南、山西、广西、陕西、宁夏、新疆、甘肃、青海、云南和贵州。主要由西部地区省份和西南地区省份构成。排序再次表明西部地区和西南地区在城乡融合方面落后于全国水平。东北三省在城乡融合发展方面的表现优于西部地区省份。

为比较 2019 年我国大部分省份在城乡融合发展水平上的差异性，我们对城乡融合发展指数得分进行了聚类分析，如表 1-16 所示。

表 1-16　城乡融合发展指数得分聚类结果

第一层级	上海、北京、浙江、天津、江苏
第二层级	福建、山东、重庆、广东、湖北
第三层级	黑龙江、江西、河北、辽宁、吉林、海南
第四层级	安徽、河南、内蒙古、四川、湖南、山西、广西、陕西、宁夏、新疆
第五层级	甘肃、青海、云南、贵州

由表 1-16 可知，我国省际城乡融合发展的水平仍然呈现出阶梯形分布特征。大致可以划分为五个层级。第一层级包括上海、北京、浙江、天津、江苏 5 个省市，其中上海独占鳌头，都集中分布在东部沿海发达地区。第二层级包括福建、山东、重庆、广东、湖北 5 个省市，其中广东和山东的 GDP 总量一直处于全国

前列，福建、重庆、湖北是近几年来GDP增速较快的省份。一般来说，经济发展迅速的省份，城乡融合做得也比较好。第三层级包括黑龙江、江西、河北、辽宁、吉林、海南6个省份，东北三省是老工业基地，江西和海南是政府重点扶持发展的地区，第三层级紧随第二层级。第四层级包括安徽、河南、内蒙古、四川、湖南、山西、广西、陕西、宁夏、新疆，主要以中西部地区省份为主，城乡融合还处于中低水平。第五层级包括甘肃、青海、云南、贵州。这几个省份城乡融合不高，城市化和乡村振兴的水平都比较低，属于未来需要国家重点扶持发展的省份。

3. 新型城市化推动乡村振兴的区域比较分析

通过上述分析，我们大致可以判断出全国各区域在新型城市化推动乡村振兴发展水平上的差异。总体来说，新型城市化推动乡村振兴发展水平由东南沿海地区向中西部地区和东北地区依次下降，呈现阶梯形分布的特征（见表1-17），各区域内部城市群、都市圈成为推动各地区乡村振兴的发展引擎。

表1-17　新型城市化推动乡村振兴的区域比较

地区分类	包含省份	地区发展排名
东部地区	北京、上海、天津、浙江、江苏、山东、福建、河北	1
南部地区	广东、广西、海南	2
中部地区	湖北、安徽、河南、湖南、江西	3
东北地区	辽宁、黑龙江、吉林	4
西南地区	重庆、四川、云南、贵州	5
西北地区	内蒙古、山西、陕西、宁夏、新疆、甘肃、青海	6

这一特征与各个省份的工业化发展水平具有高度的一致性。从本质上来说，中国乡村振兴的关键在于中国各地区的工业化发展水平。中国国土面积广阔，各个省份区位优势、自然禀赋等差异明显，这导致各个省份工业化发展水平存在巨大差异（见表1-18）。虽然2005年的统计评价数据和现在的情况略有差异，但总体情况不变。东南沿海地区已经完成了工业化，但中西部地区很多省份还处于工业化进程中。如果没有工业化的带动作用，则很难通过市场这只“看不见的手”推动农业人口向城市聚集，没有人口的聚集效应，第三产业的发展就会受到很大的抑制，即使通过人为的方式实现人口的聚集，也很难解决进城农民工的就业问题，停留在城市的无业民工聚集在城市的贫民窟，会成为社会动荡的根源。比如巴西、阿根廷等的过早去工业化导致国家陷入中等收入陷阱；印度重点发展服务业，工业化水平比较低，城市失业率很高。这些国家的城市化超过了工业化

发展水平导致城市中存在大量的贫民窟，过度城市化现象严重。近年来，美国提出制造业回流，再工业化等案例都说明了工业化的重要性。工业化是城市化的根本动力，如果中国没有完全实现工业化，很可能也陷入中等收入陷阱，那么通过新型城市化带动乡村振兴的目标就很难实现。

表 1-18　2005 年中国不同地区工业化水平及阶段的比较

		全国	四大经济板块	七大经济板块	31 个省份
后工业化阶段（五）					上海（100）、北京（100）
工业化后期（四）	后半段			长三角（85）	天津（96）
				珠三角（80）	广东（85）
	前半段		东部（78）	环渤海湾（70）	浙江（79）、江苏（78）、山东（66）
工业化中期（三）	后半段	全国（50）	东北（45）	东北（45）	辽宁（63）、福建（56）
	前半段				山西（45）、吉林（39）、内蒙古（39）、湖北（38）、河北（38）、黑龙江（37）、宁夏（34）、重庆（34）
工业化初期（二）	后半段		中部（30） 西部（25）	中部六省（30） 大西北（26） 大西南（24）	陕西（30）、青海（30）、湖南（28）、河南（28）、新疆（26）、安徽（26）、江西（26）、四川（25）甘肃（21）、云南（21）、广西（19）、海南（17）
	前半段				贵州（13）
前工业化阶段（一）					西藏（0）

注：括号中的数字为相应的工业化综合指数。

资料来源：陈佳贵，黄群慧等．中国工业化进程报告［M］．北京：中国社会科学出版社，2007.

三、城市化发展中存在的问题

由上文可见，虽然我国城市化发展速度很快，但发展过程中仍然存在一些问题。目前，我国东部地区和南部地区经济发达的省份已经完成了工业化，进入了城市化的后期。但中西部地区还存在部分省份未完成工业化，城市化进程较慢。不同地域、不同省份之间城市化发展水平不均衡。东、中、西部区域之间差额呈递增的趋势，呈现金字塔的分布状况。这种不均衡不充分还体现在人口、产业、空间布局等方面。

（一）农业转移人口权益难以保障

从我国常住人口城镇化率和户籍人口城镇化率的不断提高可以看出，我国农业转移人口市民化进程的推进稳步有序。然而，目前依然有大量农业转移人口住在城镇，但并未真正获得城镇居民身份，在就业、医疗、子女教育、社会保障等公共服务领域，难以享受与城镇户籍居民同等的待遇，这些因素导致他们无法在长期务工城市扎根。

第一，政治权益。农业转移人口不愿意或很难行使政治权益。一方面，由于农业转移人口自身认知的局限性，存在很大一部分农业转移人口不重视自身的政治权益。另一方面，由于农业转移人口长期在外地工作，地域空间的限制和信息流动的不通畅导致其难以享受其政治权益。同时，为履行政治权益所付出的时间成本、金钱成本也导致部分农业转移人口放弃自身政治权益。

第二，经济权益。由表 1-19 可知，农业转移人口在各行各业中均有分布。但主要集中在制造业、建筑业、批发和零售业等重体力劳动或低端服务业，工作流动性较大、就业行业低端、工作环境较差且收入水平较低。同时，由于大部分农业转移人口缺乏良好的教育，掌握技能较少，朴素的就业观导致他们缺乏对自身职业生涯的规划，仅仅维持于获得短期利益。并且，农村转移人口就业存在隐形歧视，与城镇居民相比在同工同酬方面差异较大。

表 1-19　农民工从业行业分布占比

	2021 年	2020 年	增减
第一产业	0.5	0.4	0.1
第二产业	48.6	48.1	0.5
其中：制造业	27.1	27.3	-0.2
建筑业	19	18.3	0.7
第三产业	50.9	51.5	-0.6
其中：批发和零售业	12.1	12.2	-0.1
交通运输仓储和邮政业	6.9	6.9	0
住宿餐饮业	6.4	6.5	-0.1
居民服务修理和其他服务业	11.8	12.4	-0.6
其他	13.7	13.5	0.2

资料来源：中国政府网 . 2021 年农民工监测调查报告［EB/OL］. www. gov. cn.

第三，文化权益。首先，经济基础决定上层建筑。绝大多数农业转移人口背井离乡是为了获得更高的利益以改善自己的生活。现阶段的经济水平未达到满足精神需求的地步。其次，农业转移人口主要集中在劳动密集型产业，其工作强度大，休息时间少。这导致他们在有限的休息时间里更愿意休息放松。最后，优质的教育资源是有限的。农业转移人口工资水平较低导致其子女很难享受到与城镇儿童一样的受教育权利。此处的教育不仅局限于义务教育，还包括艺术等素质教育。

第四，社会权益。我国仍处于并将长期处于社会主义初级阶段。虽然在新中国成立以来我国经济水平有了质的发展，但由于我国底子薄且人口众多，导致我国居民保障水平与发达国家有着一定的差距。特定背景下的城乡二元结构致使我国城乡差别大，这也体现在社会保障方面。同时，农业转移人口受工资水平影响，不愿意缴纳或仅缴纳部分社会保险。并且农业转移人口工作的不稳定性与社会保险异地结算的复杂性，在一定程度上降低了农业转移人口全面参与社会保险的积极性。

（二）城市间产业结构趋同

受各种因素影响，我国城市在投资方面缺乏硬约束机制。不同城市在制定产业发展政策时，为了减少试错成本抑或是简单追求高收益行业，往往把着眼点放在国家支持产业、发达国家优势产业或国内发达省市成功产业上，对城市自身优势及由此造成的成本、效率的差异考虑较少。盲目地模仿导致地区产业结构趋同，在“价高利大”产业领域尤为突出。这与我国幅员辽阔、自然环境条件差异巨大形成强烈的对比。

第一，相似产业结构导致恶性竞争。不同城市之间产业结构趋同会导致地方保护主义滋生，从而限制生产要素与商品流通，造成市场分割，最终导致资源配置和利用的低效，经济发展效率低下。同时，产业结构的趋同导致市场上出现大量功能类似的产品。消费者可选择的范围较为宽泛。此时，市场竞争逐渐趋向于价格竞争，最终导致利润减少，有碍进一步发展。

第二，过度产业结构趋同影响发展后期转变与升级。地区产业结构趋同不仅会导致产业基础薄弱、管理与技术水平不足、生产效率低下的资源优势区域盲目追求深加工造成加工比重过度提高的现象，而且会导致资源比较匮乏，但加工业发达的区域由于原材料的缺乏或高价造成的大量技术设备和生产能力闲置或劳动力过剩。不合理的资源利用成为双方产业结构调整和升级的障碍。

（三）城乡边缘区冲突

近年来，随着我国城市化进程的不断加快，大量人口快速向城市集聚。城市原有的空间已经难以满足众多人口的需求。同时，城市的不断发展也需要更多的土地资源。因此，城市建成区面积的不断扩大，导致城乡边缘区、城乡过渡地域迅速扩张，城郊村、城中村不断涌现。城市规模的快速提升伴随着其辐射能力的不断增强，从而在建成区与乡村之间形成了空间范围广阔的城乡边缘区，造成各种社会矛盾的产生。

第一，城市规划重核心轻边缘。城市边缘区虽然也存在于城市总体规划中，但却处于从属地位，边缘区的发展在很大程度上受核心区发展的调控和制约。传统的城乡二元经济模式使城乡边缘区同时存在城市和乡村两种不同的管理体制。两种管理体制的并存导致管理的混乱：既存在两权冲突，又存在无人监管。同时，城乡边缘区人员混杂且流动性较大，增加了管理难度。原本能够满足村民的基础设施等随着外来人口的迅速增加导致基础设施跟不上需求。

第二，大城市阴影效应。长期以来，受城市溢出效应影响，近郊区乡村发展仍未建立和形成一套较为完善的乡村建设规划管理体系。中心城区集聚的大量人口和资源导致城市规模不断扩张，对近郊区的生态环境、产业结构、区域综合交通和城乡公共基础设施形成了巨大的冲击。中心城区大量的功能外溢造成城市近郊区承载压力过大。然而城乡之间良性衔接机制尚未及时建立，这加剧了城乡之间的矛盾。同时，对利益、效率等过分地追求使得在中心城区投入超过其需求的资源却忽略了周边地区的发展。

第三，乡村建设尚未全盘统筹。长久以来，城市近郊区的村庄发展更多的是从为城区和城镇居民服务的角度考虑的。例如郊区农业提供蔬果、副食品以满足城镇居民日常需求。但原有的发展模式难以满足新时期乡村发展的需求。乡村振兴背景下，许多乡村开始探索发展新路径。然而部分乡村未立足于本地资源优势，盲目地跟随乡村振兴优秀案例，导致事倍功半。同时，在乡村建设试点阶段，普遍缺乏对美丽乡村建设的总体规划和长远行动规划，只重视眼前物质方面的投入，却忽视了乡村特色文化的维护与建设。并且，农村非重点发展村庄缺乏良好的公共服务和基础设施，生活水平普遍较低。

（四）古村落保护不到位

我国历史悠久且文明未曾间断。古村落数量多、分布广、地域悬殊。但由于认知不足及过去经济水平的落后，导致对古村落的保护较为粗放。据有关调查，除部分少数民族地区和边老山区以外，我国基本没有完整保存的古村落。并且经济发展越快，交通区位越好，城镇化率越高的省、自治区和直辖市，古村落数量越少，保护状况越差。

第一，村落空心化。古村落原住民由于进城务工等原因不断向外迁移，导致古村落无人居住，呈现“空巢化”。如太行山里的大宋村，始建于明初，直到20世纪90年代居住的村民还有300多人，如今只剩下13个年老的村民。同时，村民由于认知水平的局限、传承断代等原因，很少有人能充分地讲出本土历史及地

方传统风俗、礼仪。当地特色民俗风情、传统工艺等更是在工业现代化的冲击下逐渐消失。

第二，基础设施建设不足。古村落大多地处偏远，除当地人以外鲜为人知。如排水、道路等基础设施较为落后，给居民日常生活带来不便。并且，村民对美好生活的追求使得大多数人移居城镇，即使有坚守原地的居民，也大多数是老人。缺少维护加速了古村落老化，部分村落建筑破败腐朽，存在安全隐患。

第三，保护主体意识缺位。对于大多数的古村落村民来说，根本需求是提高自身生活水平。为了居住便利，村民们将老屋重建，导致大量传统民居建筑在村民自发性建设中消失。例如，厦门著名的华侨历史文化名村海沧区霞阳村、新垵村等百年老村。同时，乡镇等基层人员保护意识不足，比较关注文物建筑本体，而忽视村落中历史环境要素的保护与管理，忽略传统节庆、民风民俗文化的传承。

第四节　城市化的建设重点与实现路径

城市化发展与人口、经济、空间布局等要素息息相关，本部分从城市化过程中的人口转移市民化、城乡经济发展、城乡空间布局与生态环境协调四个层面分析城市化发展的建设重点与实现路径。

城市化与城镇化的内涵可能不尽相同，但两者的本质是相同的。城镇化和城市化的概念包含两个方面：一方面是量的积累，即人口和其他生产要素由农村向城镇或城市的转移，城镇（市）数量增加、城镇（市）人口规模扩大等；另一方面是质的变迁，即人们的生活、生产、组织方式等全方位变革[①]。建设城市化与城镇化是共通的，因此，城市化的建设重点与发展路径应参考“新型城镇化”发展的实施方案。

一、维护农业转移人口市民化权益

城市化的核心是以人为本，让所有人平等地享受到城市化建设的成果，提高人民幸福感。现阶段农业转移人口市民化质量有待提升，教育、住房问题突出；基础设施互联互通、基本公共服务均等化等亟须建设；社会安定和谐需要进一步维持，减少社会冲突和矛盾，促进社会良性运行。

① 聂伟，风笑天．城镇化：概念、目标、挑战与路径［J］．学术界，2014（9）．

（一）加快实现农业转移人口市民化

第一，深化户籍制度改革，完善配套政策。一个城市的规模大小、经济发展情况、对劳动力的吸引力等，都对户籍福利产生了影响，大城市的户籍福利吸引着更多的劳动力，但对于落户条件限制也更多。要放开放宽除个别超大城市外的落户限制，试行以经常居住地登记户口制度；以促进转移人口便捷落户为目标，建立全国公开、统一的户籍管理服务平台；依法保障进城农民的农村“三权”，即农村土地承包权、宅基地使用权、集体收益分配权，同时健全农户“三权”市场化退出机制和配套政策等措施①。

第二，提高市民化质量，促进转移人口全方位融入城市。农业转移人口从农村走向城市，不仅是居住地的改变，更是市民身份、公民身份的转变。要使农业转移人口享受到和城市居民一样的基础设施、均等化服务水平，保障农村转移人口在从业、接受教育、住房等方面受到公平待遇，增强农业转移人口的城市认同感和归属感。另外，要使农业转移人口在城市更有价值感，需要提高他们的就业技能。农村转移人口走进城市往往面临着学历低、工作能力不足的问题，我国目前对于农业转移人口的职业培训力度覆盖面还不够，要进一步加大对转移人口的培训力度。

（二）基本公共服务均等化

公共服务均等化是实现共同富裕的必由之路，然而农业转移人口进城后很难享受到平等的福利水平和公共服务，不平衡不充分发展的形势依然严峻。以县域公共服务均等化为发展重点，向上承接中大型城市，向下带动乡镇、农村，构成协调发展的局面。

第一，加大对县城、乡村的公共服务投入，促使城镇公共服务向乡村覆盖。以县城和农村公共服务为建设重点，完善县城教育、医疗、养老、文化体育、社会福利等民生服务，实现公共服务供需平衡，推进城镇公共服务资源向农村移动，弥补农村教育、医疗、养老等保障制度的短板。

第二，建立公共服务均等化考核机制，实现公共服务资源最优匹配。首先，针对不同地区因地制宜制定适合该地的考核标准，对公共服务标准化工作流程进行优化。其次，提高公共服务人员的专业能力，服务人员要切实从群众角度出发，从物质与精神多层面为人民服务。最后，增加农业转移人口等群众对于考核机制的参与程度，广泛了解人民群众对公共服务的需求以及反馈，形成双向的信息交流平台。

（三）基础设施共享

无论城市群、中小城市，还是乡镇、农村，完善的基础设施都必不可少。如

---

① 中华人民共和国国民经济和社会发展第十四个五年规划和2035年远景目标纲要［Z］.

果城市的各项基础设施建设水平滞后于城市的人口增长速度，就可能会引起一系列矛盾，如环境污染、住房拥挤、就业不足、治安事件频发等典型的“城市病”①。基础设施建设水平影响农业转移人口的生活质量。目前，我国大中小城市发展不均衡，基础设施水平有较大差异，针对不同城市群，要采取不同的基础设施建设路线。

第一，通过基础设施共享实现城市群一体化，发挥城市群的辐射作用。城市群一体化的发展意为通过区域经济带动，让不同地区的发展实现有机协同，让产业、资源、生产等要素能够在不同地区自由流动。首先，要完善城市群间的交通设施建设，形成方便、快捷、高效的交通网络。其次，我国“十四五”规划提出要加强建设交通强国。我国疆域辽阔，地大物博，交通设施建设不仅有助于城市群内要素流动，更是城市群之间、国与国之间联系必不可少的基础。另外，要加强对新型基础设施建设的力度，包括信息设施、环保设施和公共服务设施等。

第二，以县城基础设施建设为重点，提高县城连接城市与农村的能力。中共中央办公厅、国务院办公厅印发的《关于推进以县城为重要载体的城镇化建设的意见》提到，要完善市政设施体系，夯实县城运行基础支撑②。首先，作为连接大中城市以及周边农村地区的交通枢纽，在交通设施建设方面，不仅要完善市内交通，也要通过市政规划连接其周边地区。其次，县城在应急管理方面比较薄弱，需要健全基础应急设施，完善应急管理协作机制，培养应急管理专业人才，从预防手段提高城市应急能力，增强人民生活安全感。最后，健全县城生活设施建设，从居民日常住房、娱乐、生活、数字化等方面，切实提高居民生活水平，为居民带来便利。

第三，加大对农村基础设施建设的投入力度，吸引优秀人才振兴乡村。相比较城市，农村在数字建设、交通设施、公共设施等方面都存在较大差距，农村的基础设施建设水平在一定程度上限制了农业转移人口的市民化质量。对于农村地区的基础设施建设需要统筹规划，根据该地区的产业结构、人口规模、地理位置等因素，合理投入，避免盲目低质量的建设。

二、城乡区域经济协调发展

区域经济发展是城市化发展中的一个必不可少的要素，通过产业集聚实现区域经济协调，实现资源要素的自由流动，进而促进乡村振兴。对于不同规模的城市群体，要采用不同的应对措施，逐步缩小地区经济差异，早日实现共同富裕。

① 徐峰．论大都市郊区的城市化道路［J］．城市发展研究，2006（4）．

② 中共中央办公厅 国务院办公厅．《关于推进以县城为重要载体的城镇化建设的意见》［Z］．

（一）城市群：资源优势互补，促进产业协同

产业一体化是城市群区域经济协调发展的重点，产业发展会产生规模经济和聚集经济，从而提高城市群的城市化水平。城市群的产业发展，首先，要统筹产业发展规划，从城市群的空间结构、产业布局、基础设施等方面综合考虑，实现城市群在各层面实现一体化发展。其次，健全区域内或区域间的协作机制，构建开放的市场，制定统一规范的行为准则，根据各地区产业特色合理分配，减少各利益相关者不必要的竞争，最终实现区域内各主体的合作共赢。最后，强化中心城市的经济带动能力，培养多功能的现代化都市圈。

（二）城镇：发展壮大县域经济，助推乡村振兴

以县城为载体的城市化和以大中城市为载体的城市化，在产业支撑方面存在显著差异，大中城市产业发展更聚集，产业类型更丰富，但小城市、城镇和农村往往缺少产业发展，产业结构往往比较单一。对于小城市、城镇来说，应以发展县域经济为重点，以县城为基本单元推进城乡融合发展，增强县城对乡村的辐射带动能力，促进县城产业与村镇产业融合，切实壮大区域经济，促进实现乡村振兴。

城镇位于城市与农村中间，大部分农业专业人口涌向的是城市而非镇，镇相比城市来说缺少有力的产业支撑，不容易吸引到农村人口，没有产业支撑的人口流动往往起不到促进城市化发展的作用。城市化发展不能只是形式上的扩大人口规模，还需要切实带动城乡要素平等交换和公共资源均衡配置，让广大农民平等参与现代化进程，促进乡村振兴。首先，做好城镇规划和产业定位，在足够了解各区域的基础上，科学定位本土产业，利用资源及品牌等因素创建优势。其次，依据城市化发展及乡村振兴的长期规划，把吸纳就业作为城镇发展的着力点，搭建产业发展平台，要让产业聚集为农业转移人口就地城镇化提供就业机会，能够带动当地经济发展，切实提高人民生活水平。最后，促进产业多元融合发展，促使农业、农村、生态环境等多方达成协调统一，把城镇建设成为产业兴旺、经济辐射力强、生态环境优美的宜居之地。

（三）农村：丰富乡村经济形态，聚焦产业促进乡村发展

推动农村经济发展，有利于解决“三农”问题，缩小城乡差距，实现乡村振兴。农村经济发展面临许多阻碍：产业结构单一；基础设施水平落后，农业现代化水平不足；农产品质量不高；没有发展产业链；等等。

推动农村经济发展，要丰富乡村经济形态，聚焦产业发展。第一，依托乡村特色优势资源，完成产业布局，形成各具特色的产业集聚。第二，打造农业全产业链，把产业链主体留在县城，让农民更多分享产业增值收益；立足县域产业布局，明确分工特色农产品初加工和深加工，提高农民劳动价值。第三，稳定农业

地位，引导农村产业融合发展；建设现代农业产业园，引入先进的管理科学技术；促进农业与休闲农业、旅游业等产业融合，增加农民收入渠道。

三、城乡空间布局与形态优化

土地是城市化发展最重要的因素之一，人口的转移导致城市的各项资源需求不断增加，土地规模需要不断扩张，如何合理且有价值地利用土地资源，实现地区城市化发展非常重要。"十四五"规划指出，要提升城市群一体化发展和都市圈同城化发展水平，促进大中小城市和小城镇协调发展，形成疏密有致、分工协作、功能完善的城镇化空间格局。在不同规模的城市空间建设过程中，要根据各城市的资源条件、城市规模、经济发展状况、周围城市、人口结构等多方面考虑，确定各个城市的发展方向，制定具体的发展方针，实施有效的行动方针，形成符合各地区特点的城市化发展道路。

（一）大城市郊区

郊区城市化的过程，既包括地域上的郊区区域转变为城区的过程，同时也包括中心城市的经济、技术信息向其腹地广大郊区辐射所引起的城市化过程。但因为城市本身具体条件的差异性和独特性，导致不同城市辐射影响的具体方式和效力不尽相同，因而形成了多元化的郊区城市化模式和路径。针对大城市郊区城市化，要优化超大特大城市的中心城区功能，完善中心城区与郊区的功能布局，合理规划城市生产、生活、生态空间，降低中心城市产业开发和人口密度，注重城市生态文明建设，创建绿色和谐城市环境。在郊区城市化建设过程中，首先，要保障失地农民的权益，郊区农田转变成非农用地，有可能导致农民失去收入来源，要给予失地农民合理的补偿以及精神安抚；其次，郊区的农村通过建设成为城市的一部分，城乡区域的管理工作要有统一规范，保障社会治安与环境文明。

（二）城市群一体化

我国现阶段城市群一体化协调性不足，中心城市的辐射能力有待加强。另外，长期以来，我国各地都产生了"强省会中心"这一现象，省会中心城市超大规模发展，但发展仅限于自身，与其他地级市之间缺乏经济协作关系，经济带动力不强。需要变单中心城市建设思路为多中心、城市组团发展导向，变一家独大为合作共赢。"十四五"规划指出，要建立健全城市群一体化协调发展机制和成本共担、利益共享机制，优化城市群内部空间结构，构筑生态和安全屏障，形成多中心、多层级、多节点的网络型城市群。

（三）现代化都市圈

都市圈的建设要依托都市圈的城市区域、地理位置、产业特色等要素基础，建立跨地域、跨领域的协作机制，明确都市圈内各城市的功能定位，构建完善的网络结构，创建多元化产业集群等。第一，依托辐射带动能力较强的中心城市，完善都市圈内各地区的交通网络，提高通勤效率；推动市内外交通和轨道交通的有效衔接。第二，实现都市圈内基础设施及公共服务共享。第三，共建产业园区、智慧生活平台、安全保障系统、科研平台等，形成多元的知识集群、产业集群等。第四，重视生态文明建设与文化遗产保护，发展绿色产业，改善生态环境，开发旅游路线等。

（四）撤县建市（区）

现阶段看，我国在上一阶段“撤县建市（区）”方面还有很多遗留问题，如设市城市发展规模两极分化、城市扩张带来“城市病”、设市地区分布失衡等。2022年国家发展和改革委员会印发的《2022年新型城镇化和城乡融合发展重点任务》中提到，要慎重从严把握撤县（市）改区。另外，县城目前作为推动城乡融合的重要载体，不用局限于身份上的转变就有可能提高自身城市化能力。

目前，我国对于撤县建市的行政规划没有完善的通过标准，这也是导致部分地区撤县建市（区）过热的原因之一。在撤县建市（区）冷静期内，需要建立标准化、规范化的行政规划标准和评估机制。撤县建市（区）须建立在提升城市品质的基础上，协调经济发展，避免资源浪费，促进绿色和谐，最终实现人民生活幸福。

（五）并乡建镇与并村建社区

并乡建镇与并村建社区的行政规划，都是为了促进本地经济与人民生活得到提升。针对不同地区的地域特点、经济情况，要做好行政规划，分析可能存在的风险因素和预期效益。可以聘请专业人士实地考察，出具符合当地发展的规划报告，确保规划能够顺利进行。在空间规划时，要考虑当地的基础设施建设、公共服务、产业布局等因素，确保该规划可以增加村民的收入来源；考虑规划是否可以促进城乡融合发展；通过规划可以实现生产要素的优化组合，提高农业生产能力，促进产业化生产。

四、生态环境保护与古村落保护

（一）生态环境保护

尽管我们希望加快城市化的进程，但并不意味着完全忽视生态环境的发展。举例来说，规模经济会使经济效益增加，但一味地增加生产规模而不顾需求就会导致产能过剩；同样地，如果既不顾城市发展和市场运行的规律，也不顾生态环境的承载能力，反而盲目地做出城市规划，就会导致资源的分配不均甚至浪费，

继而导致过度城市化的现象出现。因此，在推进城市化的进程中，我们应该始终秉持“低碳环保，绿色节能”的态度，在推动产业升级的基础上，提倡低碳环保经济，提高资源的再循环利用效率，尽量降低污染物的排放并加强对污染排放的监管；同时，加强对绿色生态文明的宣传，使人们树立绿色环保的意识，让绿色生态文明贯穿城市化的始终。

（二）古村落开发与保护

我国自古以来都将文化遗产的保护放在一个相当重要的位置，古村落作为一种不可再生的文化资源，自然受到了国家的格外关注。但古村落的保护不是某一方单独可以完成的，还需要政府、居民和开发商的配合，还可以借助专业学者的力量，以针对不同地方的特色制定出一个相应的保护方案。另外，保护不等于不开发，但开发势必会对古村落最原始的样子造成一定的影响，如何使古村落得到合理的开发又不会使其遭到破坏是各地政府亟待解决的问题。

第一，加强古村落建筑及文明保护。古村落大都是由古建筑构成的，因此，保护古村落的首要任务是保护古建筑。由于这些古建筑所经历的年代已经过于久远，在进行修缮的过程中稍有不慎就可能会对其造成破坏。因此，在对古建筑进行保护的过程中，应先对当地居民进行走访以了解有关古建筑的各类情况，而后请教相应领域的专家学者，才可对修缮做出整体的规划。如果古村落被保护得非常好，不仅可以提高其开发旅游的经济价值，而且有利于提升其作为文化遗产的研究价值。

第二，多措并举，助力古村落良性开发。在开发古村落的经济价值时，保持其原有的历史样貌是最重要的，在此基础上开发出彰显当地特色也是非常重要的。然而，从事这一行业的人并不是很多，因此，各地政府应制定出一些好的人才引进政策，让更多的专业人才参与到保护古村落中来。此外，因为保护古村落可能会伤害到部分当地居民的利益，从而使其对保护古村落产生抵触行为。此时，政府的作用就显得尤为重要，政府应当加大宣传和引导，并平衡居民与村落之间的利益关系，让居民真真切切地体会到保护古村落的重要性，从而降低产生因为自身利益而支持过度开发行为的可能性。

第三，合理规划，推进智慧化改造。保护古村落的主要原因并非开发后能为当地政府带来很多经济效益，而是为了更好地保持地方特色，对优秀的传统文化予以延续。但由于开发商在规划时未对当地的历史文化和风土人情进行详细的了解，因而可能会使开发的效果不尽如人意。由于过度地追求经济效益，很多古村落被开发后反而失去了其本质特色，这就使得很多游客体验感极差，不愿意再来甚至会做出比较负面的宣传。因此，在古村落被开发前，政府应充分考察开发商的资质，必要时可聘请一些在规划设计领域的高精尖人才结合当地实际进行规划和设计，杜绝出现开发设计与当地特色毫不相关的现象。

第四，形成对古村落保护的多方管理机制。政府要发挥带头作用。首先，对开发商做出的开发规划进行严格审查，确保对古村落所做出的改变符合当地人文特色和民俗传统；同时，对于古村落的开发项目应该进行严格把关，避免出现项目质量问题，从而对古建筑造成不可逆转的伤害。其次，对古村落所有的建筑和资源的经济价值进行合理的评估也是保护古村落的一种方式，进行评估时，尽量减少这些文化资源参与到经济纠纷中来。最后，政府应当成立专门的部门，建立游客的体验反馈机制，以及时发现旅游项目中的不足之处，并及时解决，使古村落更受人们的欢迎。

第五节 “新型城市化”推动乡村振兴发展的预测

城市化的本质是工业化，乡村振兴的本质也是工业化（就是现代工业对传统农业产业链在生产方式、生产技术、产品销售等现代化改造），“新型城市化”带动乡村振兴应该包含两个阶段。第一个阶段是工业化带动城市化发展阶段。这一阶段的特点是人口由乡村向城市聚集，农业就业人口占劳动人口中的比重越来越小，非农产业在国民经济中的比重越来越大，工业规模的扩张导致城市边界的扩大和新型城镇的崛起。第二个阶段是工业反哺农业，城市化推动乡村振兴的发展阶段。这一阶段的主要特点是城市化对“三农”问题提供了解决方案，包括城市化改造农民—农民成为农业工人、农业专家；城市化富裕农民—汽车、农机进入家庭农场和农村集体企业；城市化改造传统农业—小农生产方式变成规模化生产方式，大量农业企业入驻农村，农产品商品化率越来越高；城市化改变农村—水电网气等基础设施向农村延伸，旅游、康养、生态环保等非农产业带动城市中的生产生活方式向农村扩张。农村的环境卫生、医疗、教育、文化等公共服务因为城市化的溢出效应而发生根本性的改变。

因此，为了预测“新型城市化”对乡村振兴发展的推动作用，本部分计划分两步走：第一步，预测中国未来“新型城市化”的发展水平；第二步，通过“新型城市化”与乡村振兴之间的关系，预测中国未来乡村振兴的发展趋势。

一、城市化率预测模型的构建

（一）基于Logistic模型的城市化率模型构建与预测

虽然不同国家和地区在城市化的起步时间、发展速度和目前城市化水平方面

存在较大差异，但总体来说，城市化发展进程遵循初始、加速和终极三个不同的历史发展过程。美国城市学家诺瑟姆（Ray M. Northam）用一条稍被拉平的S形曲线描述这种渐进的发展过程，如图1-9所示。

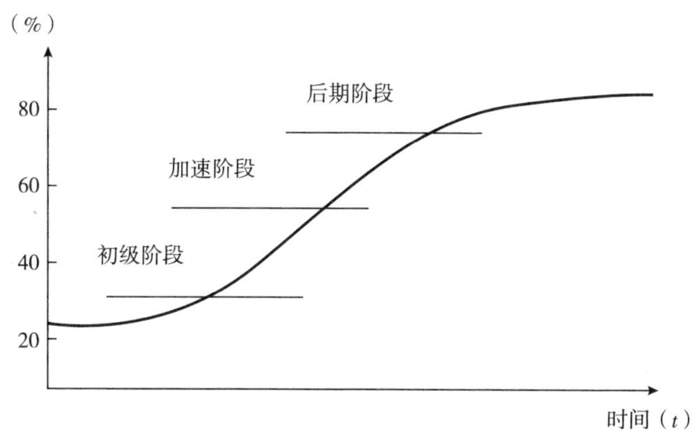

图1-9　世界城市化进程阶段性规律

这就是著名的世界城市化发展的三阶段理论。方创琳等（2008）认为，城市化发展三阶段理论过于粗糙，并基于此将S形曲线划分为四个阶段（见图1-10），即城市化初期阶段（城市化水平1%~30%，为起步阶段）、城市化中期阶段（城市化水平30%~60%，为成长阶段）、城市化后期阶段（城市化水平60%~80%，为成熟阶段）、城市化终期阶段（城市化水平80%~100%，为顶级阶段）。美国、英国、日本等发达国家的城市化发展轨迹基本上与这一曲线相吻合，也就是说，世界各国城市化发展是有规律可循的，根本上取决于其社会的经济发展水平。城市化发展的这一规律性可以用Logstic模型拟合：

$$Y=1/(1-rC_et) \tag{1-1}$$

式中，Y为城市化水平；C_e为积分常数，表明城市化起步的早晚；t为时间；r为积分常数，表明城市化发展速度的快慢。随着系数r和C_e的取值不同，可以模拟出各种发展经历的S形曲线。C_e越小，表明城市化起步越早，反之则越晚；r越小，表明城市化发展越快，反之则越慢（谢文慧、邓卫，1996）。

城市化S形曲线的形状由各国城市化进程的具体发展情况来决定。

式（1-1）经过变换，可以转化为：

$$\ln[Y/(1-Y)]=a+bt \tag{1-2}$$

系数a、b可以通过回归的方法来估计。

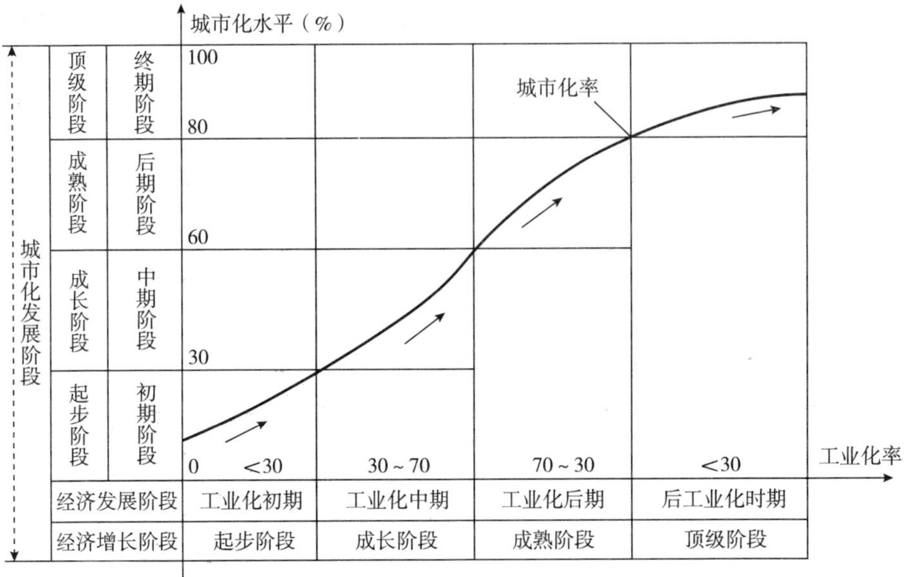

图 1-10 城市化发展阶段与经济发展阶段的对应关系

表 1-20 1996~2021 年中国城市化率

年份	1996	1997	1998	1999	2000	2001	2002	2003	2004	2005	2006	2007	2008
城市化率（%）	29.37	29.92	30.4	30.89	36.22	37.66	39.09	40.53	41.76	42.99	43.9	44.94	45.68
年份	2009	2010	2011	2012	2013	2014	2015	2016	2017	2018	2019	2020	2021
城市化率（%）	46.59	47.5	51.27	52.57	53.73	54.77	56.1	57.35	58.52	59.58	60.6	63.89	64.72

资料来源：《中国统计年鉴（2021）》。

根据 1996~2021 年城市化率的统计数据（见表 1-20），采用 Logistic 回归模型，使用 EViews10.0 软件求回归方程，得图 1-11。图 1-11 可知回归模型为：

$$\ln[Y/(1-Y)] = -117.221 + 0.058T \quad (1-3)$$

t=（-44.09985）　（44.05160）

R-squared=0.987783　Adjusted R-squared=0.987274

F-statistic=1940.543　Prob（F-statistic）= 0.000000

式中，Y 为城市化率，T 为时间（T_0=1996）。

简化后得到：

$$Y=1-1/(\exp[-117.221+0.058T]) \quad (1-4)$$

即

$$Y=\exp[-117.221+0.058T]/(1+\exp[-117.221+0.058T]) \quad (1-5)$$

当 t=2035 时，代入模型，可得 2035 年城市化率（%）的预测值 $Y_{2035}=72.13$；当 t=2049 时，代入模型，可得 2049 年城市化率（%）的预测值 $Y_{2049}=85.35$。

Dependent Variable：LNZ

Method：Least Squares

Date：10/23/22 Time：17：49

Sample（adjusted）：1996 2021

Included observations：26 after adjustments

Variable	Coefficient	Std. Error	t-Statistic	Prob.
C	-117.2212	2.658086	-44.09985	0.0000
T	0.058298	0.001323	44.05160	0.0000
R-squared	0.987783	Mean dependent var		-0.129083
Adjusted R-squared	0.987274	S.D. dependent var		0.448645
S.E. of regression	0.050611	Akaike info criterion		-3.055505
Sum squared resid	0.061475	Schwarz criterion		-2.958729
Log likelihood	41.72157	Hannan-Quinn criter.		-3.027637
F-statistic	1940.543	Durbin-Watson stat		0.907232
Prob（F-statistic）	0.000000			

图 1-11 式（1-3）的 EViews10.0 输出结果

（二）基于多元回归的城市化率模型构建与预测

1. 预测指标的选取及预测的条件假定

因为影响城市化率的因素很多，我们不可能面面俱到，所以选取影响城市化率的几个主要因素（经济发展水平、产业结构、就业结构）构建多元回归模型来预测未来城市化率的发展趋势，其中，以人均 GDP 数据来衡量经济发展水平，以第二产业占比、第三产业占比来表示产业结构的影响作用，以第二产业就业占比和第三产业就业占比来衡量就业结构对城市化的影响作用。假定中国城市化进程不受突发事件的影响，比如战争、经济危机等意外事件，经济发展按过去 20 年的常态化发展水平进行。

2. 预测模型的选取

首先建立多元回归模型；其次考虑产业结构和就业结构之间存在多重共线

性，采用逐步回归的方法消除多重共线性；最后利用消除多重共线性的模型预测未来中国的城市化率水平。

3. 样本数据的选取及参数估计

选取 1996~2020 年城市化率（Y）、人均 GDP（X1）、第二产业占比（X2）、第三产业占比（X3）、第二产业就业占比（X4）、第三产业就业占比（X5）作为参数估计样本，如表 1-21 所示。

表 1-21　1996~2021 年中国城市化率与主要影响因素数据

年份	城市化率（%）Y	人均 GDP（千元）X1	第二产业占比（%）X2	第三产业占比（%）X3	第二产业就业占比（%）X4	第三产业就业占比（%）X5
1996	29. 37	5. 898	47. 1	33. 6	23. 5	26. 0
1997	29. 92	6. 481	47. 1	35. 0	23. 7	26. 4
1998	30. 4	6. 86	45. 8	37. 0	23. 5	26. 7
1999	30. 89	7. 229	45. 4	38. 6	23. 0	26. 9
2000	36. 22	7. 942	45. 5	39. 8	22. 5	27. 5
2001	37. 66	8. 717	44. 8	41. 2	22. 3	27. 7
2002	39. 09	9. 506	44. 5	42. 2	21. 4	28. 6
2003	40. 53	10. 666	45. 6	42. 0	21. 6	29. 3
2004	41. 76	12. 487	45. 9	41. 2	22. 5	30. 6
2005	42. 99	14. 368	47. 0	41. 3	23. 8	31. 4
2006	43. 9	16. 738	47. 6	41. 8	25. 2	32. 2
2007	44. 94	20. 494	46. 9	42. 9	26. 8	32. 4
2008	45. 68	24. 1	47. 0	42. 9	27. 2	33. 2
2009	46. 59	26. 18	46. 0	44. 4	27. 8	34. 1
2010	47. 5	30. 808	46. 5	44. 2	28. 7	34. 6
2011	51. 27	36. 277	46. 5	44. 3	29. 5	35. 7
2012	52. 57	39. 771	45. 4	45. 5	30. 3	36. 1
2013	53. 73	43. 497	44. 2	46. 9	30. 1	38. 5
2014	54. 77	46. 912	43. 1	48. 3	29. 9	40. 6
2015	56. 1	49. 922	40. 8	50. 8	29. 3	42. 4
2016	57. 35	53. 783	39. 6	52. 4	28. 8	43. 5

续表

年份	城市化率（%）Y	人均 GDP（千元）X1	第二产业占比（%）X2	第三产业占比（%）X3	第二产业就业占比（%）X4	第三产业就业占比（%）X5
2017	58. 52	59. 592	39. 9	52. 7	28. 1	44. 9
2018	59. 58	65. 534	39. 7	53. 3	27. 6	46. 3
2019	60. 6	70. 328	39. 0	53. 9	27. 5	47. 4
2020	63. 89	72	38. 0	54. 0	29. 1	48. 0

资料来源：《中国统计年鉴（2021）》。

利用 EViews10. 0 软件以及相关的数据，采用 OLS 方法估计模型参数，得到图 1-12。

Dependent Variable：Y

Method：Least Squares

Date：08/22/22 Time：09：29

Sample：1996 2020

Included observations：25

Variable	Coefficient	Std. Error	t-Statistic	Prob.
C	-94. 39203	14. 42933	-6. 541676	0. 0000
X1	0. 119184	0. 136259	0. 874687	0. 3927
X2	1. 341912	0. 311661	4. 305676	0. 0004
X3	1. 424732	0. 234450	6. 076918	0. 0000
X4	0. 058699	0. 253934	0. 231159	0. 8197
X5	0. 365722	0. 441061	0. 829187	0. 4173
R-squared	0. 985522	Mean dependent var		46. 23280
Adjusted R-squared	0. 981712	S. D. dependent var		10. 40112
S. E. of regression	1. 406568	Akaike info criterion		3. 725746
Sum squared resid	37. 59025	Schwarz criterion		4. 018276
Log likelihood	-40. 57183	Hannan-Quinn criter.		3. 806882
F-statistic	258. 6702	Durbin-Watson stat		1. 181218
Prob（F-statistic）	0. 000000			

图 1-12 式（1-6）的 EViews10. 0 输出结果

根据图中数据，模型估计结果为：

$$Y=-94.392+0.119X1+1.342X2+1.425X3+0.0587X4+0.366X5 \quad (1-6)$$

t=（-6.542）（0.875）（4.306）（6.077）（0.231）（0.829）

R-squared=0.986　　Adjusted R-squared=0.982

F=258.670　Prob（F-statistic）= 0.000　Durbin-Watson stat=1.181

4. 实验结果分析

第一，拟合优度：由图 1-12 可知，R-squared=0.986，修正的可决定系数 Adjusted R-squared=0.982，这说明模型对样本的拟合很好。

第二，F 检验：针对 H_0：$\beta_1=\beta_2=\beta_3=\beta_4=\beta_5=0$，给定显著性水平：a=0.05，在 F 分布表中查出自由度 k-1=5 和 n-k=25-6=19 的临界值 $F_{0.05}$（5，19）=2.74。由图 1-12 可知 F=258.670，由于 F=258.670>$F_{0.05}$=2.74。应该拒绝原假设 H_0：$\beta_1=\beta_2=\beta_3=\beta_4=\beta_5=0$，说明回归方程显著。即人均 GDP（X1）、第二产业占比（X2）、第三产业占比（X3）、第二产业就业占比（X4）、第三产业就业占比（X5）对城市化率（Y）有显著影响。

第三，t 检验：分别针对 H_0：$\beta_i=0$（i=0，1，2，3，4，5），给定显著性水平 a=0.05，查 t 分布表得自由度为 n-k=1，临界值 $t_{0.025}$（n-k）=2.093。由图 1-12 可知 β_0、β_2、β_3 对应的 t 统计量分别为-6.542、4.306、6.077，大于 $t_{0.025}$（n-k）=2.093。这表明在给定显著性水平 a=0.05 下，分别都应拒绝假设 H_0：$\beta_i=0$（i=0，2，3），也就是说，在其他解释变量不变的情况下，解释变量第二产业占比（X2）、第三产业占比（X3）对城市化率（Y）有显著影响。

第四，多重共线性检验：以上模型的可决定系数较高，F 检验显著，但其中人均 GDP（X1）、第二产业就业占比（X4）、第三产业就业占比（X5）的偏回归系数 t 检验不显著（小于 $t_{0.025}$（n-k）=2.093），可能存在多重共线性问题。对变量人均 GDP（X1）、第二产业占比（X2）、第三产业占比（X3）、第二产业就业占比（X4）、第三产业就业占比（X5）做多重共线性检验，计算它们之间的相关性（见表 1-22）。表明，X1 与 X2、X3、X4、X5 之间都存在相关性，X2 与 X3、X5 之间存在相关性，X4 与 X5 之间存在相关性。

表 1-22　相关系数矩阵

变量	X1	X2	X3	X4	X5
X1	1	-0.856	0.953	0.792	0.992
X2	-0.856	1	-0.872	-0.432	-0.860
X3	0.953	-0.872	1	0.696	0.971

续表

变量	X1	X2	X3	X4	X5
X4	0. 792	-0. 432	0. 696	1	0. 767
X5	0. 992	-0. 860	0. 971	0. 767	1

5. 采用逐步回归法重建模型

为消除变量间的多重共线性，合并第二产业占比（X2）和第三产业占比（X3）为非农产业占比（X6），合并第二产业就业占比（X4）和第三产业就业占比（X5）为非农就业占比（X7），采用逐步回归法重建模型。

（1）模型一：城市化率（Y）与人均 GDP（X1）之间的对数回归分析。

假设城市化滞后于国家经济发展水平，农业转移人口市民化进程滞后城市建设，城市化率（Y）与人均 GDP（X1）之间存在一种缓慢上升关系。采用对数模型拟合城市化率（Y）与人均 GDP（ln（X1））之间的量化关系，采用 EViews10. 0 计量经济学软件做对数回归分析，如图 1-13 所示。

Dependent Variable：Y

Method：Least Squares

Date：08/25/22　Time：17：56

Sample：1996 2020

Included observations：25

Variable	Coefficient	Std. Error	t-Statistic	Prob.
C	9. 561814	1. 386204	6. 897843	0. 0000
LN（X1）	11. 92214	0. 434677	27. 42758	0. 0000
R-squared	0. 970333	Mean dependent var		46. 23280
Adjusted R-squared	0. 969043	S. D. dependent var		10. 40112
S. E. of regression	1. 830032	Akaike info criterion		4. 123163
Sum squared resid	77. 02742	Schwarz criterion		4. 220673
Log likelihood	-49. 53953	Hannan-Quinn criter.		4. 150208
F-statistic	752. 2720	Durbin-Watson stat		0. 482389
Prob（F-statistic）	0. 000000			

图 1-13　式（1-7）的 EViews10. 0 输出结果

根据图 1-13 中数据，模型估计结果为：

Y= 9. 561814+ 11. 92214LN（X1） （1-7）

t=（6. 897843）（27. 42758）

R-squared=0. 970333　　Adjusted R-squared=0. 969043

F=752. 2720　　Prob（F-statistic）=0. 000000

Durbin-Watson stat=00. 482389

实验结果分析：

第一，拟合优度：由图 1-13 可知 R-squared=0. 970333，修正的可决定系数 Adjusted R-squared=0. 969043，说明模型对样本的拟合很好。

第二，F 检验和 t 检验表明人均 GDP（X1）对城市化率（Y）的影响显著。

第三，不存在多重共线性，可以作为预测模型使用。

（2）模型二：城市化率（Y）与人均 GDP（X1）、非农产业占比（X6）之间的回归分析，如图 1-14 所示。

Dependent Variable：Y

Method：Least Squares

Date：08/26/22　Time：10：14

Sample：1996 2020

Included observations：25

Variable	Coefficient	Std. Error	t-Statistic	Prob.
C	-94. 09259	12. 32112	-7. 636692	0. 0000
X1	0. 242327	0. 023287	10. 40605	0. 0000
X6	1. 499408	0. 145352	10. 31573	0. 0000
R-squared	0. 984662	Mean dependent var		46. 23280
Adjusted R-squared	0. 983267	S. D. dependent var		10. 40112
S. E. of regression	1. 345445	Akaike info criterion		3. 543493
Sum squared resid	39. 82487	Schwarz criterion		3. 689758
Log likelihood	-41. 29366	Hannan-Quinn criter.		3. 584061
F-statistic	706. 1499	Durbin-Watson stat		1. 190881
Prob（F-statistic）	0. 000000			

图 1-14　式（1-8）的 EViews10. 0 输出结果

根据图中数据，模型估计结果为：

Y=-94. 09259+0. 242327X1+1. 499408X6 （1-8）

t= （-7.636692）（10.40605）（10.31573）

R-squared=0.984662　　　R-squared=0.983267

F=706.1499　　Prob（F-statistic）=0.000000

Durbin-Watson stat=1.190881

实验结果分析：

第一，拟合优度：由图 1-14 可知 R-squared=0.984662，修正的可决定系数 R-squared=0.983267，这说明模型对样本的拟合很好。

第二，F 检验和 t 检验表明人均 GDP（X1）、非农产业占比（X6）对城市化率（Y）的影响显著。

第三，不存在多重共线性，可以作为预测模型使用。

（3）模型三：城市化率（Y）与人均 GDP（X1）、非农就业占比（X7）之间的回归分析如图 1-15 所示。

Dependent Variable：Y

Method：Least Squares

Date：08/22/22　Time：10：19

Sample：1996 2020

Included observations：25

Variable	Coefficient	Std. Error	t-Statistic	Prob.
C	-10.39636	14.63823	-0.710220	0.4850
X1	0.059749	0.132686	0.450305	0.6569
X7	0.899292	0.303278	2.965244	0.0071
R-squared	0.936034	Mean dependent var		46.23280
Adjusted R-squared	0.930219	S.D. dependent var		10.40112
S.E. of regression	2.747570	Akaike info criterion		4.971478
Sum squared resid	166.0811	Schwarz criterion		5.117743
Log likelihood	-59.14347	Hannan-Quinn criter.		5.012045
F-statistic	160.9666	Durbin-Watson stat		0.258616
Prob（F-statistic）	0.000000			

图 1-15　式（1-9）的 EViews10.0 输出结果

根据图中数据，模型估计结果为：

Y=-10.39636+0.059749X1+0.899292X7 （1-9）

t=（-0.710220）（0.450305） （2.965244）

R-squared=0.936034 R-squared=0.930219

F=160.9666 Prob（F-statistic）=0.000000

Durbin-Watson stat=0.258616

实验结果分析：

第一，拟合优度：由图1-15可知R-squared=0.936034，修正的可决定系数R-squared=0.930219，这说明模型对样本的拟合很好。

第二，F检验和t检验表明人均GDP（X1）、非农就业占比（X7）对城市化率（Y）的影响显著。

第三，不存在多重共线性，可以作为预测模型使用。

6. 基于逐步回归模型城市化率的预测

通过上文的分析，我们建立了城市化率的预测模型，但要通过预测模型预测未来的城市化发展水平，则必须知道未来的人均GDP、未来的非农产业占比以及未来的非农就业占比。也就是说，我们要对未来的人均GDP、未来的非农产业占比以及未来的非农就业占比进行估计。

（1）2035年、2049年人均GDP的估计与城市化率的预测。

尽管人均GDP有众多缺陷，但该指标仍是最被广泛用于衡量一个国家或地区发展程度的指标。在2020年世界人均GDP排名中，卢森堡多年蝉联世界第一，人均GDP达到了109602美元（约71万元）。挪威排在世界第4位，人均GDP达到了67989美元（约44万元）。美国排在世界第5位，人均GDP为63051美元（约41万元）。新加坡是排名最高的亚洲国家，人均GDP为58484美元（约38万元），排在第6位。日本以人均GDP 39048美元（约25万元）排在第22位。中国人均GDP为10839美元（约7万元），世界排名第59。虽然中国的人均GDP只排在世界中游水平，但毫无疑问，中国的人均GDP增速是排在世界第1位的（2010年，中国人均GDP为4524美元排在世界第94位；2015年，中国人均GDP为8166美元排在第74位）。

改革开放以来，中国经济常年以两位数的速度飞速发展，经济总量已是世界第2。尽管近些年来经济增速开始逐渐放缓，贫富差距、老龄化、环境保护等社会问题日益紧迫，我们的追赶脚步已经不如前些年那么快了，但无论如何，我们仍旧是世界上经济增速最快的国家。因此，在未来的50年内，如果没有特殊情况（如战争）发生，我们有理由相信中国经济仍然会保持较快的增长速度，和发达国家相比，中国人均GDP的增长空间还很大。

分析 1996~2020 年中国人均 GDP 的发展趋势（见图 1-16），假定在 21 世纪中叶（2050 年左右），中国可以达到中等发达国家水平。利用 SPSS17.0 统计软件，分别采用不同的曲线回归模型，预测未来人均 GDP 的发展趋势。通过不同的曲线回归模型拟合，其中三次曲线模型的拟合度最优，因此采用三次曲线模型（Cubic）预测。如图 1-17 所示。

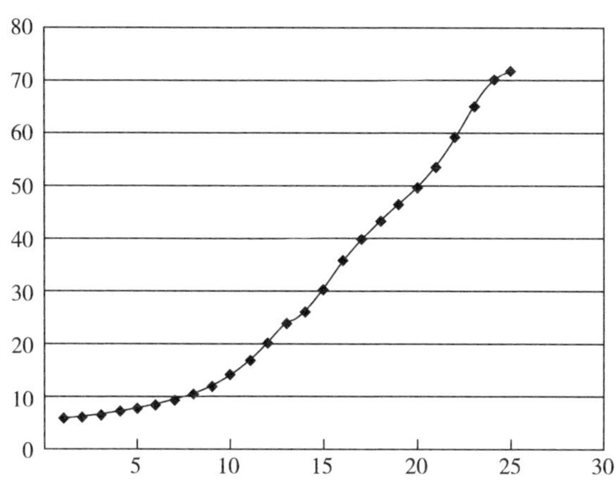

图 1-16　1996~2020 中国人均 GDP 的发展趋势

因变量：X1

方程式	模型摘要					参数评估			
	R^2	F	df1	df2	显著性	常数	b1	b2	b3
三次曲线模型	0.998	3590.272	3	21	0	7.193	−0.936	0.235	−0.003

自变量为 t

图 1-17　式（1-10）的 SPSS17.0 输出结果

$$X1 = 7.193 - 0.936t + 0.235t^2 - 0.003t^3 \qquad (1-10)$$

R-squared = 0.998　　F = 3590.272

X1 表示人均 GDP，t 表示 T-T0，其中 T0 = 1996，表示起点年份。

实验结果分析：

第一，拟合优度：由图 1-17 可知 R-squared = 0.998，说明模型对样本的拟合很好。

第二，F 检验表明时间（t）对人均 GDP 的发展趋势（X1）的影响显著。

代入时间 t，可以绘制出 1996~2050 年人均 GDP 的发展趋势（见图 1-18）。

表明未来人均 GDP 在经历了一个高速增长期之后会逐渐放缓，与我们对未来中国经济增长的预期一致。通过这个模型我们可以估计 2035 年和 2049 年中国人均 GDP 的值：

$X1_{2035}=150.167$（千元）

$X1_{2049}=171.069$（千元）

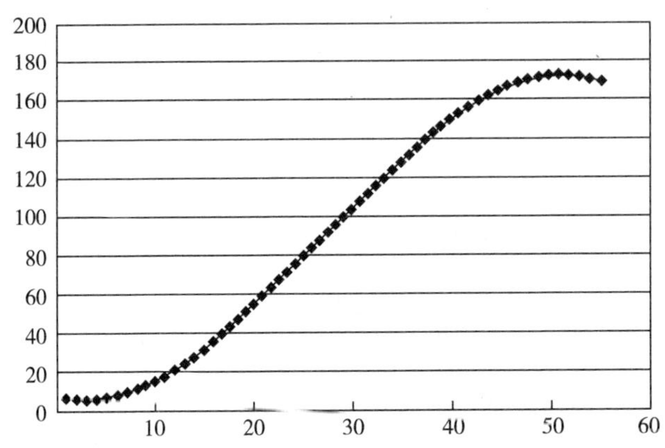

图 1-18　1996~2050 年人均 GDP 的发展趋势

通过 2035 年和 2049 年中国人均 GDP 的估计值以及模型一，我们可以预测出 2035 年和 2049 年城市化率（%）的估计值：

$Y_{2035}=69.31$

$Y_{2049}=70.87$

该预测值表明，如果中国城市化率滞后于经济发展水平，到 2049 年，中国的城市化率仅为 70%左右，远低于发达国家的同期水平。

（2）2035 年、2049 年非农产业占比（X6）的估计与城市化率的预测。

假定到了 2050 年中国能够达到发达国家水平，非农产业占国民经济的比重的增长上限是 99%（2021 年，美国第一产业增加值占国民经济的比重不到 1%，日本为 1%左右，我国是 7.26%），采用 Logistic 增长模型预测，使用 1996~2020 年统计数据和 SPSS17.0 软件模拟增长趋势。如图 1-19 所示。

得到 Logistic 增长模型方程式如下：

$$X6=1/(1/99+0.002^{*}) \qquad (1-11)$$

R-squared = 0.953　　F = 467.957

X6 表示非农产业占比，t 表示 T-T0，其中 T0 = 1996，表示起点年份。

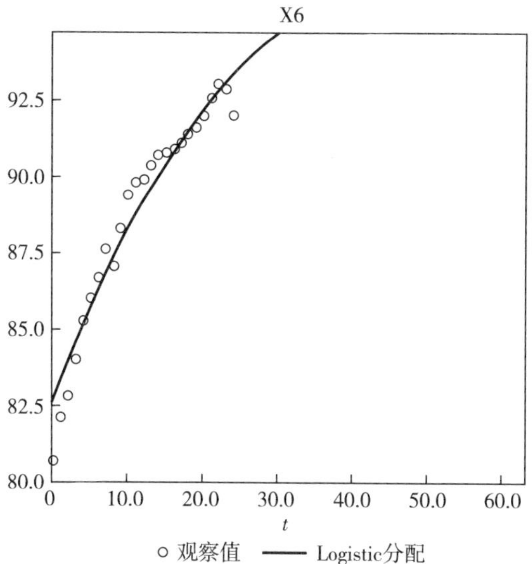

图 1-19 1996~2020 年非农产业占比拟合曲线

因变量：X6

方程式	模型摘要					参数评估	
	R^2	F	df1	df2	显著性	常数	b1
Logistic分配	0.953	467.957	1	23	0	0.002	0.952

自变量为 *t*

图 1-20 式（1-11）的 SPSS17.0 输出结果

实验结果分析：

第一，拟合优度：由图 1-20 可知 R-squared = 0.953，说明模型对样本的拟合很好。

第二，F 检验表明时间（t）对非农产业占比的发展趋势（X6）的影响显著。

通过这个模型我们可以估计 2035 年和 2049 年非农产业占比为：

T = 2035，　t = 2035-1996 = 39。非农产业占比（%）为 96.2。

T = 2049，　t = 2049-1996 = 53。非农产业占比（%）为 97.6。

代入模型二，可得 2035 年和 2049 年城市化率（%）的估计值：

$Y_{2035} = 86.54$　$Y_{2049} = 93.71$

（3）2035 年、2049 年非农就业占比（X7）的估计与城市化率的预测。

在人口就业结构方面，发达国家的就业结构第一个特征是第一产业（农林渔牧业）就业比例非常小。以 2018 年的统计数据为例，第一产业就业占比，美国为 1.3%，德国为 1.2%，日本、韩国也在 5%以内。而欠发达国家和发展中国家的第一产业就业人口比例较大，我国为25.4%，印度为42.4%，缅甸更是高达48.9%。其次，发达国家服务业从业人员占比非常大，日本、韩国、法国、德国都是在70%以上，美国更是高达78.9%。发达国家以消费型经济体为主，所以在商业各领域的就业需求很大。而我国第三产业就业比例只有46.4%。

我国农业是个弱质产业，其弱质性主要体现在农业整体科技素质低、农业生产经营方式落后、农业产业链短而细、集约化程度低、规模效益小、农产品加工增殖率低、农业生产经营风险大等方面。我国农业的这些弱质性特点造成了我国的第一产业与发达国家的第一产业在劳动生产率方面存在巨大差距。如表1-23所示，我国的第一产业劳动生产率只有美国的6.4%。美国200余万劳动者创造了增加值1692亿美元，虽然我国第一产业增加值高达10214亿美元，但从业人员也高达1.94亿人，按照人均计算，分别是82016美元和5753美元，差距非常悬殊。造成这种现象的主要原因是发达国家的第一产业自动化、机械化程度高，不管是农业还是畜牧业，都是通过现代化作业，单位产出巨大。所以，美国虽然第一产业劳动人口少，却是世界上农产品最大出口国，小麦、玉米、棉花、大豆的出口量都是世界第一。还有法国、加拿大等国也是如此，从业人员偏少，但单位产出率非常高。

表1-23　2018年中美两国GDP分产业增加值和就业情况统计

项目	国家	第一产业	第二产业	第三产业	合计
增加值（亿美元）	美国	1692	39013	173571	214276
	中国	10214	55978	77442	143634
增加值比重（%）	美国	0.79	18.21	81.01	
	中国	7.11	38.97	53.92	
就业人口（万人）	美国	206	3144	12530	15880
	中国	19445	21305	36721	77471
就业人口比重（%）	美国	1.3	19.8	78.9	
	中国	25.1	27.5	47.4	
分产业人均就业者创造增加值（美元）	美国	82016	124087	138524	
	中国	5753	26275	21089	
	中国/美国	7.01%	21.17%	15.22%	

和发达国家相比，我国传统农业的生产方式效率低下，大量的劳动力禁锢在土地上从事第一产业，严重地阻碍了我国的城市化进程。虽然就业结构和产业结构具有密切的相关性，但从城市化率预测的角度分析，就业结构更能反映劳动人口从第一产业向第二产业、第三产业的迁移程度。因为第二产业、第三产业主要集中在城镇，因此就业结构更能反映农村人口向城镇迁移的程度。

人力资源和社会保障部统计公报显示，2021 年末，我国第一产业就业占比为 22.9%，第二产业就业占比为 29.1%，第三产业就业占比为 48%。因此和发达国家相比，我国第一产业就业人口比重仍然过大，而第三产业就业人口比重偏低（发达国家第三产业占比普遍超过 70%）。因此，从推进我国城市化进程的角度分析，未来应该大力发展第三产业，用现代科技改造传统农业，提高农业效率，让第一产业就业人口转移到第二或第三产业，持续降低第一产业人口比重。

因变数：X7

方程式	模型摘要					参数评估	
	R平方	F	df1	df2	显著性	常数	b1
三次曲线模型	0.959	544.349	1	23	0	0.012	0.940

自变数为 t。

图 1-21 1996~2020 年非农就业占比拟合曲线

假定到了 2050 年中国能够达到发达国家水平，非农就业占比的增长上限是 95%（2018 年非农就业占比美国为 98.7%，德国为 98.8%，日本、韩国也在 95%以上），采用 Logistic 增长模型预测，使用 1996~2020 年统计数据（见图 1-21）和 SPSS 软件模拟增长趋势（见图 1-22）。得到 Logistic 增长模型方程式（1-12）。

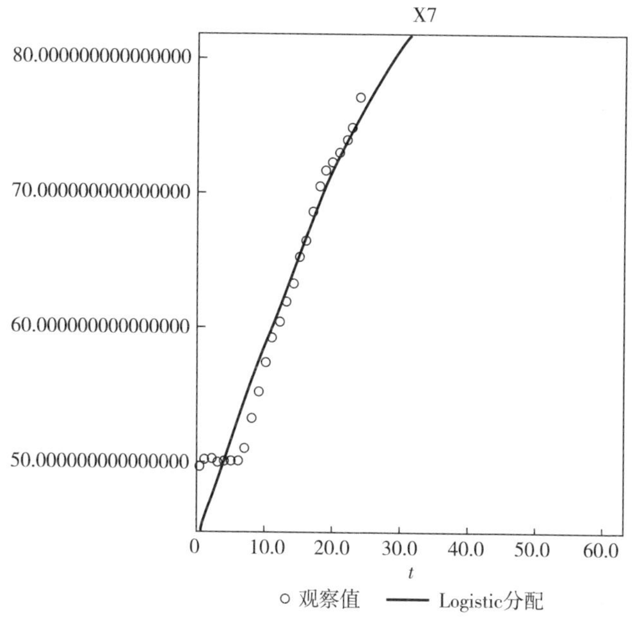

图 1-22 1996~2020 非农就业占比拟合曲线

$$X7=1/(1/95+0.012*0.94^{t}) \quad (1-12)$$

R-squared = 0.959　　F = 544.349

X7 表示非农就业占比，t 表示 T-T0，其中 T0 = 1996，表示起点年份。

实验结果分析：

第一，拟合优度：由图 1-22 可知 R-squared = 0.959，这说明模型对样本的拟合很好。

第二，F 检验表明时间（t）对非农就业占比的发展趋势（X7）的影响显著。

通过这个模型我们可以估计 2035 年和 2049 年非农产业占比为：

T = 2035，t = 2035-1996 = 39。非农就业占比（%）为 86.2。

T = 2049，t = 2049-1996 = 53。非农就业占比（%）为 91.1。

代入模型三，可得 2035 年和 2049 年城市化率（%）的估计值。

$Y_{2035}=76.09$　$Y_{2049}=81.75$

7. 预测结果的比较与评价

通过以上模型分析，我们可以总结出中国 2035 年和 2049 年城市化率的预测值如表 1-24 所示。

表 1-24　2035 年、2049 年中国城市化率的预测值　　单位：%

模型预测值 / 年份	基于 Logistic 的模型	基于逐步回归的模型		
		模型一	模型二	模型三
2035	72.13	69.31	86.54	76.09
2049	85.35	70.87	93.71	81.75

对比发现预测结果存在较大差异。影响一个国家城市化率的因素很多，其中任何一个因素的变化都可能改变一个国家城市化进程的发展路径，因此一个国家的城市化进程的发展路径存在多种可能性。未来中国的城市化进程的发展也是如此，以上模型的假设前提不一样，因此预测结果存在很大差异。

第一，基于 Logistic 模型的假设前提是中国城市化率的增长趋势和发达国家一样，随着时间的推移服从 Logistic 曲线的变化，不考虑其他因素。因此这是一种比较粗糙的预测方式。

第二，模型一的假设前提是城市化滞后于国家经济发展水平，农业转移人口市民化进程滞后于城市建设，城市化率（Y）与人均 GDP（X1）之间服从对数曲线增长模式。因此，预测结果比较保守。随着我国对户籍制度和进城农民市民化制度的改革，名义城市化率和实际城市化率之间的差距会越来越小。

第三，模型二的假设前提是到了 2050 年中国能够达到发达国家水平（美国和日本的产业结构水平），非农产业占国民经济的比重的增长上限达到 99%。因为产业结构对城市化率之间是一种间接的影响关系，不同的国家影响不一样。南美洲国家巴西、阿根廷城市化率几乎达到了发达国家水平，可产业结构并不合理，过早地去工业化让他们落入了“中等收入陷阱”。而以美、日产业结构的标准要求中国，考虑到中国巨大的人口基数和地区发展的不平衡性，以及产业结构转型道路上的重重障碍，这个假设是对中国未来城市化发展最乐观的估计，因此，城市化率的预测值有点偏高。

第四，模型三的假设前提是假定到了 2050 年中国能够达到发达国家水平，工业化和城市化实现同步发展，非农就业占比的增长上限是 95%（达到韩国和日本的水平）。考虑到就业结构能够直接反映农业向工业、服务业转移的人口数量和速度，因此以此为基数来预测中国的城市化率具有更高的可信度。

第五，按照国际通行标准，城市化率在 30%以下为初期发展阶段，30%~70%为中期加速阶段，70%以上为后期成熟发展阶段。按照这一标准，到 2035 年，中国的城市化率应该超过 70%，人均 GDP 应该达到或超过 15 万元，中国将进入城市化的后期成熟发展阶段。到 2049 年，中国达到中等发达国家水平，人均 GDP 应该达到或超过 17 万元，中国的城市化率保守估计应该在 80%左右，全国工业化已基本完成，大部分省份进入后工业化阶段。

二、新型城市化推动乡村振兴发展水平的预测

（一）城市化进程与乡村振兴的关系

无论是城市化还是乡村振兴，最终的动力都来自工业化。也就是说，工业化推动了人口聚集与产业分工，工业化促进了劳动生产率的提高，从而导致就业人口在三大产业间流动。纵观世界各国城市化发展历程，根据城市化进程与工业化发展水平之间的关系，可以分为四类，如表 1-25 所示。

表 1-25 城市化进程的不同类型与乡村振兴的关系

城市化进程的不同类型	特征	代表性国家	乡村振兴的发展水平
高水平同步城市化	工业化和城市化水平都比较高，且两者同步发展；城市总体布局合理，规模适当。政府的引导和调节比较到位，同时充分发挥市场作用	美国、英国、德国、日本、韩国等	城乡融合，城乡关系比较协调，城乡之间居民收入差距小，城乡之间没有明显界限，实现了乡村振兴
过度城市化	城市化水平超出工业化水平，两者不同步；城市布局不合理，城市人口规模超过城市经济发展水平，存在大量城市失业人员和贫民窟，城市环境恶化	巴西、阿根廷、墨西哥、南非、菲律宾等	城乡关系不协调，二元结构越来越明显，城乡关系对立。乡村落后于城市发展

续表

城市化进程的不同类型	特征	代表性国家	乡村振兴的发展水平
滞后城市化	城市化滞后于工业化发展水平，两者不同步。体制障碍导致城乡之间要素流动不通畅，滞后的城市化水平阻碍了经济发展和社会转型	中国、原东欧的某些国家（如捷克、罗马尼亚、匈牙利等）	城乡关系不协调，存在二元经济结构。城乡居民之间的收入差距有扩大的趋势，乡村落后于城市发展
低水平同步城市化	工业化和城市化水平都比较低，二者在低水平上同步，一般处于典型的农业社会中，经济和社会发展存在较多障碍	印度、巴基斯坦、埃及、苏丹、尼日利亚等	城乡之间没有明显差距，乡村和城市在低水平基础上实现了和谐

不同类型的城市化进程与乡村振兴之间也表现出不同的关系。只有与高水平工业化同步的城市化才能实现乡村振兴。根据中国工业化和城市化发展的现实情况，未来中国城市化的进程有两种可能性：一种是和发达国家一样实现高水平同步城市化，另一种是仍然维持现状的滞后城市化发展。对应于城市化进程的这两种可能性，未来中国乡村振兴的发展也存在两种可能性：一种是城乡融合实现乡村振兴，另一种是乡村落后于城市，保持现有的二元经济结构。

（二）乡村振兴发展水平的预测

对乡村振兴的测度，我国学者提出了很多种方法，如根据“二十字”方针，通过构建乡村振兴指数的方法度量中国各省市乡村振兴发展程度（贾晋，2018）。考虑到未来中国乡村振兴发展的复杂性和各种指标的可获得性，通过构建乡村振兴指数的方法预测中国未来乡村振兴的发展水平在现实中是行不通的。所以，我们只能通过分析最具有代表性的指标来解决乡村振兴发展水平的预测问题。

城市化带动乡村振兴有两条路径：一条是农村人口的市民化，也就是农村人口因经济发展、产业需求向城市迁移；另一条是乡村人口空间优化基础上的就地城市化（黄祖辉、马彦丽，2020）。前者取决于经济发展水平和城乡二元制度的改革，后者取决于乡村人口在空间上的相对聚集以及公共服务对乡村群落的覆盖。因此，对于前者我们选取乡村向城市迁移的人口数量作为预测乡村振兴的指标，对于后者我们选取城乡收入差距的变化趋势作为预测乡村振兴的指标。

1. 以基于 Logistic 的模型为例预测乡村人口的迁移量

2019 年末，中国总人口（包括 31 个省、自治区、直辖市和中国人民解放军现役军人，不包括香港、澳门特别行政区和台湾省以及海外华侨人数）140005 万人。假设以此为基数，可以预测 2035 年和 2049 年乡村的人口数以及乡村向城镇迁移的人口数，如表 1-26 所示。

表 1-26　2035 年和 2049 年乡村人口的迁移量

指标	2020 年初	2035 年	2049 年
城市化率（%）	60.6	72.13	85.35
乡村人口数（亿人）	5.516	3.902	2.049
人口迁移数（亿人）		1.614	3.467

通过表 1-26 可知，和 2020 年相比，到 2035 年我国将有 1.614 亿人口由乡村向城市转移；到 2049 年，我国乡村向城市转移的人口将达到 3.5 亿人左右，乡村人口将减少到 2 亿人左右。

2. 城市化进程对未来城乡居民收入差距的影响预测

城乡差距最直接的体现是收入上的差距，乡村振兴的首要任务是提高农民收入，缩小城乡居民之间的收入差距。根据 1979~2021 年的统计资料（见表 1-27），我国城镇居民人均可支配收入一直远高于乡村居民人均可支配收入。城乡居民之间的收入差距是我国二元经济的主要表现之一。城市化是否推动了乡村振兴，城乡居民人均可支配收入之间的比值是一个很直观的指标。如果城市化推动了乡村振兴，城乡居民人均可支配收入的比值自然趋近于 1；反之，城市化会扩大城乡之间的差距。

表 1-27　1979~2021 年城乡居民人均可支配收入比

年份＼因素	城镇居民人均可支配收入（元）	农村居民人均可支配收入（元）	城镇与农村人均可支配收入比	城镇与农村人均可支配收入比的变化率
1979	405.0	160.2	2.53	
1980	477.6	191.3	2.50	-0.01245
1981	500.4	223.4	2.24	-0.10267
1982	535.3	270.1	1.98	-0.11521
1983	564.6	309.8	1.82	-0.0805
1984	652.1	355.3	1.84	0.007079
1985	739.1	397.6	1.86	0.012801
1986	900.9	423.8	2.13	0.143475
1987	1002.1	462.6	2.17	0.018999
1988	1180.2	544.9	2.17	-0.00015
1989	1373.9	601.5	2.28	0.05448
1990	1510.2	686.3	2.20	-0.03668

续表

年份＼因素	城镇居民人均可支配收入（元）	农村居民人均可支配收入（元）	城镇与农村人均可支配收入比	城镇与农村人均可支配收入比的变化率
1991	1700.6	768.6	2.21	0.0055
1992	2026.6	784.0	2.58	0.168486
1993	2577.4	921.6	2.80	0.082058
1994	3496.2	1221.0	2.86	0.023833
1995	4283.0	1577.7	2.71	-0.05199
1996	4838.0	1926.1	2.51	-0.07487
1997	5160.3	2090.1	2.47	-0.01709
1998	5425.1	2162.0	2.51	0.016345
1999	5854.0	2210.3	2.65	0.055463
2000	6255.7	2282.1	2.74	0.036351
2001	6824.0	2406.9	2.84	0.034299
2002	7652.4	2528.9	3.03	0.067182
2003	8405.5	2690.3	3.12	0.032473
2004	9334.8	3026.6	3.08	-0.01286
2005	10382.3	3370.2	3.08	-0.00118
2006	11619.7	3731.0	3.11	0.010957
2007	13602.5	4327.0	3.14	0.009411
2008	15549.4	4998.8	3.11	-0.01051
2009	16900.5	5435.1	3.11	-0.00036
2010	18779.1	6272.4	2.99	-0.03717
2011	21426.9	7393.9	2.90	-0.03211
2012	24126.7	8389.3	2.88	-0.0076
2013	26467.0	9429.6	2.81	-0.02399
2014	28843.9	10488.9	2.75	-0.02023
2015	31194.8	11421.7	2.73	-0.00682
2016	33616.2	12363.4	2.72	-0.00446
2017	36396.2	13432.4	2.71	-0.00347
2018	39250.8	14617.0	2.69	-0.00897
2019	42358.8	16020.7	2.64	-0.01535

续表

因素 年份	城镇居民人均可支配收入（元）	农村居民人均可支配收入（元）	城镇与农村人均可支配收入比	城镇与农村人均可支配收入比的变化率
2020	43834.0	17131.0	2.56	-0.03229
2021	47412.0	18931.0	2.50	-0.02121

资料来源：《中国统计年鉴》（1980~2022）。

农村居民的收入来源主要有两种：一是在家务农，外加生产一些农产品作为副业；二是外出务工，或做一些小生意。考虑到农业的天然弱势性，到城里打工往往被证明比在家务农更能提高收入水平。因此，从缩小城乡居民人均可支配收入的角度分析，鼓励农民进城打工的效果要好于居家务农。这从另一个侧面反映出继续推进城市化有助于缩小城乡居民收入差距。

影响城乡居民之间收入差距的因素很多，城市化是其中重要的因素之一。从图 1-23 可知，我国的城市化率与城乡居民人均可支配收入比的关系较为复杂，不是简单的线性关系。与我国城市化率一直处于增长状态不一样，我国城市居民人均可支配收入与农村人均可支配收入比值经历过缩小、扩大、再缩小、再扩大等多次波动的过程。分析表 1-27 可知，改革开放初期，1979~1985 年，我国城市居民人均可支配收入与农村人均可支配收入比值曾经缩小到 1.82 的历史最低水平。随着改革开放的逐步扩大，从 1996 年开始，我国进入工业化和城市化的快速发展时期，城乡人口流动导致的收入差距迅速扩大，2003 年前后，城乡人均可支配收入比达到 3.12，并在 3 倍左右徘徊了几年，2007 年达到了创纪录的 3.14。随着我国进入城市化中后期，城镇居民与乡村居民人均可支配收入比开始缓慢下降。2021 年，城镇居民与乡村居民人均可支配收入比下降到 2.50 左右。因此，我国城乡居民的收入差距与我国城市化进程是密切相关的。

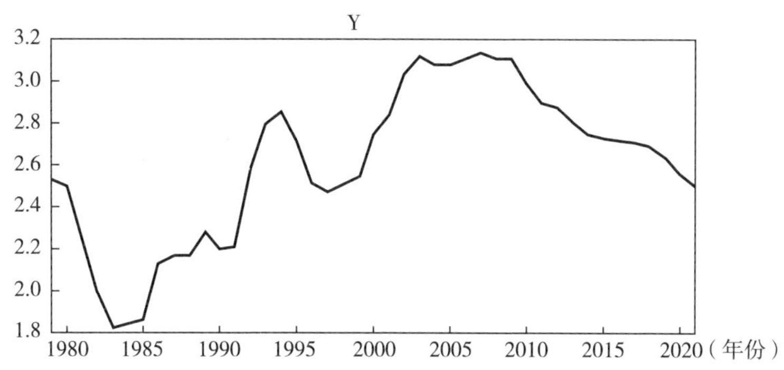

图 1-23　城市人均可支配收入与农村人均可支配收入比的变化趋势

从发达国家的城市化发展历程来看，城乡居民之间平均收入差距曲线总体上呈现倒 U 形的变化规律，这一变化曲线称为库兹涅茨曲线。库兹涅茨曲线表明，在城市化初期和中期，城乡居民平均收入差距持续扩大，但到了城市化中后期，城乡居民收入差距会逐渐缩小。我国学者（陈宗胜，1994；郭燕、李家家、杜志雄，2022）就我国城乡居民平均可支配收入是否符合库兹涅茨曲线的变化规律展开了多项研究。研究结果表明，我国城乡居民平均可支配收入总体上符合库兹涅茨曲线的变化规律，改革开放以来，城市化是导致我国城乡居民平均可支配收入出现倒 U 形现象的主要原因（周云波，2009）。

为预测未来城乡居民平均可支配收入的变化趋势，我们采用时间序列 ARIMA 模型分析方法。ARIMA 模型分析方法不同于回归模型方法。这种建模方法不考虑其他解释变量的作用，不以经济理论为依据，而是依据序列本身的变化规律（平稳性或非平稳性），利用外推机制描述时间序列的变化规律。

我们以 1979~2021 年城乡平均可支配收入比序列（Y）作为预测信息集，采用时间序列 ARIMA 模型分析方法建立预测模型。

（1）序列平稳性检验。

如图 1-23 所示，因为 Y 的自相关系数和偏自相关系数呈现指数函数形式的衰减，说明序列 Y 为平稳序列，可以应用 Y 序列建立 ARMA 过程模型。

（2）建立 ARMA 过程模型。

由图 1-24 可以看出，Y 序列的自相关系数是拖尾的，偏自相关系数在 2 阶截尾，因此可以判断 Y 序列满足 AR（2）过程，通过 EViews10. 0 软件计算可得图 1-25。

Date:10/17/22 Time:16:28
Sample:1979 2021
Included observations:43

Autocorrlation	Partial Correlation		AC	PAC	Q-Stat	Prob
		1	0.944	0.944	41.025	0.000
		2	0.831	-0.541	73.636	0.000
		3	0.706	0.094	97.721	0.000
		4	0.591	0.041	115.02	0.000
		5	0.506	0.162	128.05	0.000
		6	0.437	-0.192	138.02	0.000
		7	0.357	-0.219	144.87	0.000
		8	0.271	0.097	148.93	0.000
		9	0.173	-0.183	150.64	0.000
		10	0.078	0.090	151.00	0.000

图 1-24　Y 的自相关和偏自相关系数变化趋势

Dependent Variable:Y
Method:Least Squares
Date:10/17/22 Time:16:39
Sample（adjusted）: 1981 2021
Included observations:41 after adjustments
COnvergence achieved after 4 iterations

Variable	Coefficient	Std Error	t-Statistic	Prob.
AR（1）	1.519435	0.137031	11.08828	0.0000
AR（2）	-0.521302	0.137067	-3.803257	0.0005

R-squared	0.919886	Mean dependent var	2.612927
Adjusted R-squared	0.917832	S.D. dependent var	0.384664
S.E. of regres stion	0.110264	Akaike info criterion	-1.524332
Sum squared resid	0.474166	Schwarz criterion	-1.440743
Log likelihood	33.24880	Hannan-Quinn criter.	-1.493893
Durbin-Watson stat	1.674283		

Inverted AR Roots	0.610000	0.520000

图 1-25　式（1-13）的 EViews10.0 输出结果

由图 1-25 可得估计 AR（2）方程：

$$Y_t = 1.5194Y_{t-1} - 0.5213Y_{t-2} \quad (1-13)$$

t=（11.0883）（-3.0326）

$R^2 = 0.92$

D. W. = 1.6742

Q（10）= 12.718（p=-1.494）

（3）残差的偏相关与自相关检验。

式（1-13）残差的自相关系数和偏自相关系数如图 1-26 所示。8 个 Q 值对应的概率 p 值都远远大于检验水平 0.05，残差序列达到非自相关性要求。

Date: 10/17/22　Time: 16:53
Sample: 1981　2021
Included observations:41
Q-statistic probabilities adjusted for 2 ARMA term（s）

Autocorrlation	Partial Correlation		AC	PAC	Q-Stat	Prob
		1	0.098	0.098	0.4238	
		2	-0.110	-0.121	0.9744	
		3	-0.070	-0.047	1.2032	0.273
		4	-0.320	-0.330	6.0919	0.048
		5	-0.101	-0.060	6.5896	0.086
		6	0.227	0.177	9.1960	0.056
		7	-0.012	-0.110	9.2041	0.101
		8	0.163	0.136	10.624	0.101
		9	0.055	-0.024	10.793	0.148
		10	-0.184	-0.056	12.718	0.122

图 1-26　式（1-13）残差的自相关系数和偏自相关系数

模型（1-13）的实际值、拟合值以及残差值的变化曲线如图 1-27 所示。由图 1-28 可知拟合效果满足模型预测要求。

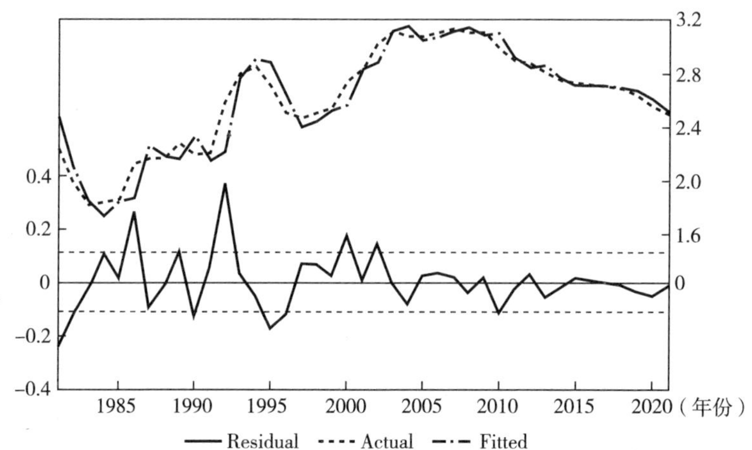

图 1-27　模型（1-13）的实际值、拟合值以及残差值的变化曲线

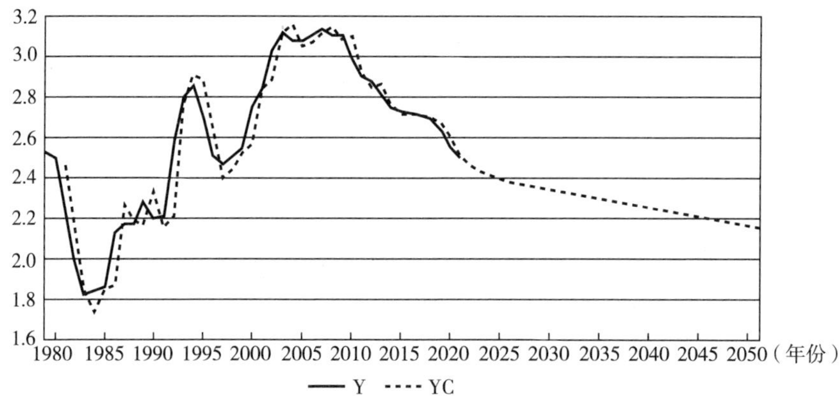

图 1-28　1979~2051 年城乡人均可支配收入比预测趋势

（4）预测。

以模型（1-13）为依据，我们可以得到城乡人均可支配收入比在 1979~2051 年的变化趋势，同时可以得到 2022~2051 年城乡人均可支配收入比的预测值（见表 1-28）。由表 1-28 可知，到 2030 年，城乡人均可支配收入比的预测值为 2.3444，到 2050 年，城乡人均可支配收入比的预测值为 2.1642。

表 1-28　2022~2051 年城乡居民人均可支配收入比的预测值

年份	2022	2023	2024	2025	2026	2027	2028	2029	2030	2031
预测值	2.464	2.4335	2.4130	2.3977	2.3852	2.3742	2.3639	2.3540	2.3444	2.335
年份	2032	2033	2034	2035	2036	2037	2038	2039	2040	2041
预测值	2.3256	2.3163	2.307	2.2928	2.2887	2.2795	2.2705	2.2614	2.2524	2.2434
年份	2042	2043	2044	2045	2046	2047	2048	2049	2050	2051
预测值	2.2345	2.2256	2.2167	2.2078	2.1990	2.1903	2.1815	2.1729	2.1642	2.1556

（5）模型分析与评价。

第一，ARIMA 模型分析方法依据序列本身的变化规律（平稳性或非平稳性）来推测序列未来的变化规律，信息源为历史数据，因此默认历史的各种影响因素变化不大，会一直持续到未来。就城乡人均可支配收入比系列数据而言，模型的前提假设是默认中国的二元经济结构存在，在没有重大利好政策的前提下城镇化滞后于经济发展水平的现实会一直持续下去，所以，2022~2051 年城乡人均可支配收入比下降的速度比较缓慢，即便如此，中国未来城乡人均可支配收入比的变化趋势仍然遵循库兹涅茨曲线的倒 U 形变化规律。

第二，根据 2019 年统计数据，在 21 个欧洲发达国家中，除比利时、英国、德国和荷兰外，其他 17 个欧洲国家城乡人均可支配收入比均大于 1，介于 1~1.5。亚洲发达经济体中，韩国为 1.43、日本为 1.14。2020 年，美国城乡人均可支配收入比为 1.3（郭燕、李家家、杜志雄，2022）。根据我国长期发展规划，计划到 21 世纪中叶（2050 年）达到中等发达国家水平，对比主要发达国家城乡收入比数据，到 2050 年，我国城乡人均可支配收入比至少应该达到 1.5 左右，基本消除城乡差别。

第三，2007 年，我国城乡收入比达到自改革开放以来的最高水平 3.14，从此开始一路下滑，到了 2021 年，城乡人均可支配收入比下降到 2.50，回到 1996 年的水平。由表 1-29 可知，到 2050 年，如果我国的城乡人均可支配收入比达到计划的 1.5 左右，则年均下降率将达到 3.45%左右。而根据 ARIMA 模型预测，到 2050 年我国的城乡人均可支配收入比为 2.1642，年均下降率仅为 1.16%，和计划相比相差 2.29 个百分点。因此，加快推进新型城镇化战略，对减少农村人口数量，推动城乡各种生产要素的自由流动，实现农业现代化，缩小城乡人均可支配收入差距，实现乡村振兴战略具有重要意义。

表 1-29 2021~2050 年城乡人均可支配收入比的年均下降情况

对比因素	2021 年	2050 年		年均下降率的差值（%）
		计划	预测	
城乡人均可支配收入比	2.5	1.5	2.1642	
城乡人均可支配收入比的差		1	0.3358	
城乡人均可支配收入比年均下降率（%）		3.45	1.16	2.29

第六节 "城市化"推动乡村振兴建设的配套措施和政策建议

《中华人民共和国乡村振兴促进法》强调，要建立健全城乡融合发展的体制机制和政策体系，推动城乡要素有序流动、平等交换和公共资源均衡配置，坚持以工补农、以城带乡，推动形成工农互促、城乡互补、协调发展、共同繁荣的新型工农城乡关系。以城市化推动乡村振兴不能一味地对标城市，模仿城市建设，忽略农村地区的基础条件，而是让城市发展带动农村，城乡要素自由流动，提高农村人口市民化水平，切实提高人民幸福感。

一、"城市化"推动乡村振兴建设的配套措施

（一）强化规划引领，科学确定城乡规模结构和空间分布

在国家的总体引领下，各个地区需要根据本地的经济发展和资源利用状况等情况预测未来总体发展走势，并分析各个城市之间的差异，从而准确把握未来城市、农村的资源分配和空间布局。通过优化城乡产业发展、基础设施、公共服务设施等布局，促进现代农业和现代农村建设，提升农村经济社会发展水平，并逐步实现全民覆盖、普惠共享、城乡一体化的基本公共服务体系，从而逐渐消弭城乡之间的差距，推进城乡均衡发展、协调发展。

城乡一体化发展的重点在于促进县域的发展，从而让县域的发展带动乡村发展，打破城乡之间的要素壁垒，促进城乡之间的要素流动，让农民能享受到跟城市相同的生活服务，从而更好地推动乡村建设。

（二）健全城乡融合发展的政策体系

推动城市化的发展从而带动乡村振兴这一战略是需要长期贯彻的，并且需要

“城乡一体化”这一政策的支持。首先，要放宽城市落户条件，为更多居民提供落户通道；其次，建立健全城乡相关就业制度，消除地域歧视和不平等待遇；最后，全面贯彻城乡融合，让进城务工的农民享有跟市区居民同样的权利，同样地，也让进入农村的城市居民履行和农民一样的义务。

（三）构建城乡资源要素双向流动的格局

健全城乡融合体系不仅仅是一句口号，需要让城乡之间的土地资源、人力资源等要素进行双向流动，这种双向流动要求平等且均衡。并不是说所有农村人口去城市就业或者城市居民去农村旅游都叫双向流动，而是说在资源合理有效配置的情况下，城市的一些医疗、教育等资源适当向农村倾斜，争取避免农民看病必须去市区，农村儿童想要接受好的教育就必须去城市等情况的出现。当然，这些资源的倾斜也离不了人力的支持，因此，鼓励城市居民进入农村、鼓励农村居民就地就业必不可少。以科学的方式规划引领，以合理的方式促进城乡要素双向流动，这样才有助于实现乡村振兴。

（四）采取务实举措推动城乡产业融合发展

在城市化发展的过程中，农业农村的发展不可忽略。因此，要结合农村产业发展和城市化发展，将农村的产业发展融合到城乡产业发展的体系中，以提高农村产品的竞争力。此外，需加强城镇与农村之间的协调和合作，充分利用好乡村各个产业拉动就业的作用，促使农产增收。而后延长城乡之间的产业链，使农村的初级农产品与城市的精加工产业相衔接，这不仅保证了产品的质量，还为农民创造了收益，对推动农业农村现代化具有很大的意义。

二、“新型城市化”推动乡村振兴的政策建议

（一）以城乡联动改革加快农村进城人口市民化

加速推进农村人口进城并且市民化是城市化助推乡村振兴的关键途径。2019年，国务院办公厅印发了《关于促进劳动力和人才社会性流动体制机制改革的意见》，城区常住人口不足300万的城市其落户限制全部取消，城区常住人口在300万~500万的城市其落户条件全面放宽，特大及特大以上城市要完善积分落户政策，国务院办公厅特别提出“以户籍制度和公共服务牵引区域流动”的概念想法。从城市层面来看，这一改革举措基本改变了农民进城难，市民化难的老问题，但从农村层面来看，改革力度仍然不足。即政府在加速农村人口进城及市民化的同时，需要出台一系列互补的配套政策，这里主要分为人口流入地城市及人口流出地城市，一方面，人口流入地城市需将重点放在深化户籍改革，同时降低户籍门槛、减少福利差距上，从而达到公共服务基本覆盖常住人口、常住人口和户籍人口之间差距缩小的目的；另一方面，人口流出地的农村则需不断推进农

村集体产权制度改革，不仅给予农民更多的财产权利，同时打破集体经济的局限，推动农民权益身份属性向契约属性的转变，使其富有市场交易的属性，从而摆脱农民权益“属地化”的束缚。具体政策建议如下：

（1）不断深化户籍制度改革，让农业人口“进得来”，增强农民“归属感”。现今诸多城市正在不断给落户限制“松绑”，提升落户的便利程度，但仍有很多城市，其隐形的落户门槛仍存在，落户难度较大。中央政策文件给予此类问题三项引导解释：第一，重申“十四五”规划重点，放开放宽除个别超大城市外的落户限制，试行以经常居住地登记户口制度，对于超大城市以外的其他城市，全面放宽或取消落户限制，对于个别超大城市，优化其现有的落户积分政策。第二，重点关注农村转移人口落户便利与否的问题，提出了一系列关于户籍转移的配套措施。第三，对于农村转移人口提出来的疑难杂症要及时汇总、及时解决，强调依法保障进城农民的农村“三权”。

（2）提供给常住人口同等的城镇基本公共服务，增强农村转移人口“获得感”。我国自 2014 年以来，全面推进了居住证制度，各地方省市重点关注农业转移人口的所需所求，在医疗、教育等多个领域提供一系列基础配套，使得他们在工作时无后顾之忧。第一，改进并健全城市基本公共服务，从供给和需求两方面入手，不断调整公共服务的范围以及水平，同时探索适宜时代要求的全新居住证制度。第二，重点关注随迁子女教育、医疗及劳动保障等一系列问题，根据需要增加公办学校数量及教师数量，不搞区别对待，为他们提供均等的受教育机会。同时完善随迁子女的医疗保险制度，本着“小病不花钱，大病少花钱”的原则，切实做到让利于民，防止因病返贫、因债返贫现象的发生。在劳动领域，建立公平竞争的就业环境，保护其合法权益，杜绝用工乱象等一系列问题的产生，为有需要的居民提供免费的法律咨询。

（3）提升农村转移人口专业技能，增强“价值感”。农村转移人口面对一个全新且陌生的环境，要增强对其专业技能的培训，通过其专业技能获得收入，获得自我价值。在此过程中，最主要的是关注农民工受教育水平低的问题，提升其可持续就业能力。近年来，农民工技能培训问题得到全社会的广泛关注，仅在“十三五”期间，我国便培训农民工超 4000 万人次。但是，这对于我国广大的农民工人口基数而言还远远不够，农民工培训机构的数量尚且不能满足国家的需要。“十四五”期间，应把加强农民工职业教育和技能培训作为重点，从本质上提高农村转移人口的基本劳动素质。

（二）科学推进乡村人口相对集聚和乡村群发展

科学推动、科学推进乡村人口相对集聚和乡村群发展，重新制定规划，将政策措施进行以下分类：

第一，保护及修缮有特色的村落。对那些有浓厚历史气息或其他特色的古村落进行重点关注。

第二，改造并解决城中村问题。这些村落本身已融于城市，但基础条件较差，可以进行改建并发展第三产业。

第三，消除一批村落。主要包括一批无特色、无产业、孤寡老人及留守儿童较多的贫困村落，这些村落本身不具备潜力，挖掘不出更大的价值，可以采取易地搬迁等政策，为村民提供更好的生活服务及基础配套。

因此，在政策措施分类中，应着重关注特色村落，城中村问题以及消除村落，应通过市场机制推动农村居民向资源集中的城市地区转移，做到因地施策，切忌笼统地“一刀切”。

（三）破除要素流入乡村的体制障碍

从过去我国城市化的发展历程看，我国的城市化进程在某种程度上是由牺牲农村发展为代价推动的。计划经济时代的第一次城市化就是如此，之后衍生出了户口制度、城乡二元化；改革开放后的第二次城市化也是如此。过去，由于农村剩余劳动力多，大量农民工涌入城市，这样的人口流动不仅解决了农村劳动力过剩的问题，还对城市化的建设起到了一定的推动作用。但随着城市化的逐渐推进，城市的发展水平也越来越好，农村已经留不住年轻人，留下的都是一些妇孺、老人，从事农业劳动的人口数量和质量不断下降，这严重阻碍了我国农业的发展。

首先，我们应从思想上重视农业的发展。我国是一个比较依赖粮食进口的国家，象征着我国在粮食这一块不能自给自足。因此，我们对于农业的发展应大力支持。而在农业发展的过程中，农村的作用不可小觑。但在如今城市化的过程中，农村占比越来越低，因而其可利用的资源有限，如何利用乡村有限的资源以赋予其最大价值是目前亟须解决的问题。例如，大力发展乡村旅游业，通过旅游业的发展带动农业产业的整体发展，这不仅促进了农村产业的多样化，还能解决农村的中青年就业问题，最重要的是，使乡村价值达到了最大化，这对推进乡村振兴有极大的意义。

其次，为了使人们对城市和农村的重视程度达到基本一致，我们必须建立城乡融合机制。因为推进乡村建设和城市建设是促进城乡融合的首要任务，而推动城乡建设的第一步是对城乡各要素的应用做出一个初步的规划，这些要素涉及人口、资源、环境等一系列与城乡融合有关的方面，例如对现有土地资源按照人口居住密度、出行方便性等因素进行划分，以使现有各要素可以在城市农村间尽量实现均等分配。

（四）尊重城市化过程中乡村价值变动规律，探索乡村价值实现路径

如果要想使乡村价值得到充分的体现，那么乡村振兴就要发挥其作用。从某

种意义上说，乡村价值随着城市化的进程而变化。在城市化的最初阶段，人们还处于农耕文明时期，由于技术上的限制，农业发展缓慢，生产力很低，但人与自然之间的关系是平衡的，因此于当时的人们而言，使乡村价值最大化是首要任务。而随着后来工业革命的兴起，工业的发展逐渐进入了人们的视野。在城市化和工业发展的最初阶段，乡村发挥了不少作用，主要表现是劳动力、土地资源、粮食不断流向城市。随着后来城市化进程越来越快，城市的价值渐渐超过农村，人们对乡村的重视程度开始大大降低，从而自然而然地形成了城乡差距。

到了城市化发展的中期阶段，国家开始逐渐强调农村的重要性，因此，乡村价值的提升又被重新拉回正轨。随着城市化的不断发展，居民收入不断提高，人们已经不再满足于吃饱穿暖，开始追求生活的品质，主要表现是：主动寻求乡村天然无公害绿色食品；去乡村旅游、养生；等等。这不仅带动了农村经济的发展，还使现有乡村的价值得到了极大的提升。从某种程度上说，乡村价值的进一步提升，是城市化发展的一种结果。

总而言之，城市发展和农村发展在一定程度上存在着某种必然联系。当前，我国的城市化已经进入一个相对成熟的发展阶段，只有某些经济相对不发达的地区可能在城市化的推进上有些迟缓，在这个阶段，城市发展的速度越来越快，以城促乡正是时候。我们要利用城市发展所带来的好的资源、乡村自身独特的天然优势和城乡融合的理念，进一步推动乡村振兴。

第二章　农业现代化之路

农业发展是关系国计民生的大事，中国国土面积大，耕地相对较少，如何用有限的耕地满足国民对粮食的需求是新中国成立以来政府始终面临的难题，而实现农业现代化正是解决这个难题的重要路径。在乡村振兴战略下，中央对加快推进中国农业现代化发展进程有更高程度的要求。2021 年，《“十四五”推进农业农村现代化规划》提出了未来五年农业农村现代化建设的思路目标和重点任务，指出通过五年的努力，到 2025 年，农业基础更加稳固，乡村振兴战略全面推进，农业农村现代化取得重要进展。党的二十大报告提到，全面推进乡村振兴中要加快建设农业强国，扎实推动乡村产业、人才、文化、生态、组织振兴。全面推进乡村振兴是全域、全员、全方位的振兴，其对象更广、范围更宽、要求更高、难度更大。党的二十大精神迫切要求我们巩固拓展脱贫攻坚成果，尽快补齐农业发展的短板，使农业发展尽快跟上国家现代化的发展步伐，以更有力的举措、汇聚更强大的力量推进乡村振兴。

第一节　农业现代化的内涵及特征

一、农业现代化的内涵

现代化趋同论对农业现代化内涵的解读是，将农业现代化简化为发展现代农业，并在不断的发展中取代传统农业。而有关现代农业，按照字面意思以及结合发达国家发展农业的经验，人们总是狭隘地把农业生产定义成有现代企业管理的、有市场经济针对的、生产现代科技化、管理规模化以及产品集约化的农业，而现代农业是利用生产管理中各种现代工业化成果的共同特征，并根据一些企业公司的传统生产管理模式，合理地开展农业生产与企业管理的过程，同时结合应用最新生产的现代农业机械产品以及相应的现代农业科技，提高生产效益。建设现代化的农业对促进中国农村现代化的建设和经济结构的转换具有重要的意义，同时是中国农村现代化的一项重要组成部分。

在新时代我国发展中国特色社会主义的农业建设战略和国家乡村振兴政策的大背景下，农业现代化实质上是为了进一步地促进和完成中国新时期农村改造，以满足中国现代经济建设和社会发展迅速变化的需要。从根本目的上说，农业现代化是提升中国农村的生活质量和农村效益两个层面。质量的改善主要体现在“增产”上，它体现在农业结构的改革上，通过不断变革农业生产方式来提高农业生产力水平，进而增加农业产量与产值。农业在国民经济中占据越来越重要的地位并且发挥更大的基础性作用。效益的提高主要表现为农民“增收”，即显著改善并提高农业生产的社会经济效益。要实现这两大基本目的，必须以改革为发展基础、以改革为动力基础，没有改革，更谈不上效率和效益。然而，新时期要完成的农业转型需要有各种形式、因地制宜的改革方式与措施。从这一角度看，农业现代化与仅仅发展狭义的现代农业有许多不同之处。

如今，为了深刻理解农业现代化的新内涵，可以从以下几方面进行分析：

（一）生产力新内涵

生产力发展是农业现代化的核心关键，从一定意义上讲，农业现代化需要对农业生产力进行改造，使其实现现代化。现代农业不同于传统农业所具有的特点，其发展模式随着人类历史的发展而进步，又产生了新的生产力需求。

传统的农业生产力是一种低层次的自给自足的自然经济，它是一种通过开垦耕种、辛勤劳作、丰衣足食、解决温饱问题而实现的生产力形式。现代农业生产力是在传统农业生产的基础上，大大提高生产规模与质量的一种新型生产力，它与传统的农业生产力相比有很大区别。我国政府提出了以现代物质条件、现代科学技术、现代工业结构体系、现代经营管理方式、现代发展观念和培养新型农民为核心，建立健全农产品市场调控体系，加强农产品质量监管以及食品安全监督问责体系，大力推进农业化现代的进程。新时期中央关于农业现代化生产力发展的新内涵提出以下新要求：进一步提高土地的产出率以及资源的利用率，切实提高农业工作者的劳动生产率，扩大农业生产与经营的效益，保证一定的农业抗风险能力以及国际竞争力，有效生产并能够持续高效地供给优质安全的农业生产作物，实现农业生产的可持续发展。

（二）生产关系新内涵

要推动我国农业现代化的进程，必须重视对生产关系新内涵的理解，注重发展新的生产力水平以匹配新的生产关系。全面解读中央对农业现代化发展的各项要求，全面推进农村改革，深化生产关系体系的革新，打破旧的生产关系模式，适时地对生产关系中不能适应的因素进行调整，形成新的生产关系，不断完善现代农业政策以健全农业现代化发展的基础保障，革新农业现代化的体制机制。充分理解农业现代化生产关系的新含义，是实现具有新时代中国特色的、符合新型农业现代化道路的先决条件，除此之外，还应保证生态环境的可持续发展、科学技术的及时革新、新兴技术的有效转化，拥有适度的经营规模以及较强的市场竞争力。不仅要大力建设适合现代农业发展的，具有高度集约化、专业组织化以及市场经济化的新农业经营体制，更要着力健全农业科技、金融、市场、水利、交通储运等服务体系，加强农业发展的活力，培育推动农业现代化的动力机制，使现代农业的整体服务水平得到全面提高。为此，我们必须进一步深化改革，让市场在资源分配中起决定性的作用，灵活运用各农业生产要素，逐步放开土地经营权，坚定不移地推进“三个导向”，即以解决好如何种好地为导向，加快完善并建立相适应的农业经营体制；以解决好地少水少的资源和环境制约为导向，深入革新并有效转变农业发展方式；以满足不仅要吃得好、还要吃得安全为导向，大力发展高质量、高保障的农产品。

（三）农业投入新内涵

在经营权放开改革的背景下，农村土地日渐明晰，承包权趋于稳定，以工商资本经营为特点的农业生产方式逐渐成为现代农业发展的重要形态之一。传统的资本耕作是资本家将资金投入到农业生产中，其经营目标是获得较高的收益。现代农业不同于传统资本农业的收益至上，更追求科学全面的发展，投资人在寻求收益的同时，也肩负着引导农民共同经营农业、保质保量发展农业、高效率利用土地和生产作物等责任与义务。这契合了农业现代化的发展内涵：不断发展提升劳动生产率和土地生态力，吸收科技水平助力作物增收，为适应新的生产关系而改变农业发展模式，切实有效地推动现代农业发展。除此之外，更要充分理解工商资本在农业经营中所具有的各种创新功能，引导其深化，最大限度地发挥市场的“决定性”作用，进一步促进以工促农、以城带乡、工农互动的新型现代化农业发展模式，坚定不移地加快城乡一体化的步伐，增强财政和投资支撑便利农业产业化的市场化。过去，我国农业金融系统不完善，农业融资服务不能很好地满足农民的需要，同时农业发展中也存在着信贷困难、融资困难等问题。商业资本进入到农业经营中，逐渐成为农业生产和经营的资金新来源，进而直接拓宽了农业投资渠道，进一步扩大了农村资金的投资规模，使农村投资和金融体制得到了有效的创新，工商资本已成为新的农业投资主体，这是由许多地区发展的实际情况和经验所证实的。另外，工商资本通过股份经营以及与农户的土地经营权合作，进一步有效地发挥其经营权，如更便捷地发挥金融机构的抵押、融资等功能，有利于企业及时进行有效的融资。工商资本在农业领域的运作，为农业发展模式的转变、农业的现代化建设提供了巨大的投资与融资空间。近年来，我国经济社会不断变革，市场结构和消费需求都发生了巨大改变，现代农业展示了广阔的发展空间，绿色、优质、高效、安全的农产品具备无穷的市场潜力，甚至已经成为新风向标和投资“热点”。因此，不少具有战略远见的工商企业家开始以此为新的投资方向，并考虑新的投资方式。农业生产以及农村发展不断展现和证明其发展的活力与希望，日益受到投资者的关注与欢迎。

（四）人本农业新内涵

农业现代化包含丰富的内涵，其发展不仅是经济效益的发展，也是社会结构的发展，更是全人类的发展。因此，农业现代化的人本内涵其实质是人类的现代化。作为农村社会人群的主体，农民更是实现农业现代化的主体和关键，在逐渐推进农业现代化的过程中，农民势必发挥极为重要的力量。以人为本作为农业现代化的发展指导理念，在某种程度上可以理解为以农民为本，要坚持以农民为本的发展理念，即现代农业化的人本农业新内涵，实现农业现代化也要实现素养的现代化，帮助农民的思想观念与时俱进，科学技术要及时革新，现代农民不仅要具备相关的专业文化知识、一定的法律商务知识和道德修养，更要具备现代市场意识和经营管理能力，以及对现代农业技术的接受和吸收能力，掌握现代农业机械设备的使用方法，应用先进的现代信息技术和智能技术，并将其熟练、有效地运用到农业生产中，提高劳动生产率，生产安全且优质的农业产品。党的十八届三中全会提出，要使农民在现代化建设过程中享有平等的地位，共享社会主义的果实，并强调要把农业变成有前途的产业，要使农民变成有尊严的职业，使农村成为幸福的家园。这充分体现了中央对广大农民的深切关怀，对人本农业新内涵的重视，对现代化进程的科学把握，也是对更好地坚持以人为本、以农民为本推进农业现代化提出的新要求。

（五）农村经济发展新内涵

农业是人类赖以生存和发展的根本，具有显著的自然基础和社会属性。农业在保障社会治安安定、保全生态环境完整、保健休闲文化教育等多方面都发挥了极为重要的作用，可以说，农业极大地影响着社会安定与政治稳定，对人类的发展产生不可估量的基础作用。农业的现代化所追求的目标是一个高度发达的、富有生机的、充满经济活力的社会，我们可以从这种新型社会结构的分化、重组以及创新中探索新的社会活力机制。所以，深刻理解农业现代化的内涵还要从农业社会性的视角审视和剖析，强调其经济的特征和社会的意义，结合我国农业现代化的需要，搞好社会建设，既要实现农村的现代化，又要实现农业的现代化。目前，我国农村发展存在基层组织结构薄弱、公共服务滞后、社会活力不足等问题，这是我国实现全面小康、实现现代化的最大障碍。根据现代化的发展规律与经验，经济和社会发展的一体融合以及相互推进是势不可当的总体方向。当代农业社会以中国特色社会主义市场经济体制为重要特征，农业现代化必须坚持社会主义市场经济体制改革的指导思想，加强社会政策体系、制度体系、基层组织体系、社会组织体系、农村社区体系、合作组织体系和服务组织体系的建设，不断激发农业社会的创新创造能力，有效提高农业社会现代化治理水平，以此革新现代农业社会的发展机制，使农业社会在中国特色社会主义发展背景下迸发出全新的生机与活力。除此之外，要把城乡建设有机结合起来，促进城市和农村两方面的经济、社会因素的双向流动；深刻领会新一届中央领导集体所提出的“农业现代化”的战略思想，以“四化同步”为基本定位，以推动“四化同步”、经济社会一体化、城乡一体化为目标，加快农业现代化建设。

（六）农业可持续发展新内涵

农业现代化体现了新型的人类与自然的关系，一方面体现了人类征服、改造自然的能力，另一方面展示了人类与自然的共生共享与和谐发展。生态经济理论认为，随着农业现代化程度的提高，其对农业生态的依赖性会增强。目前，许多地区面临着严峻的环境污染问题，土壤中的重金属含量以及各类有毒物质含量严重过量，一些地区甚至已经无法生产出安全的农产品。农业现代化必须走生态友好发展道路，以提高生态文明水平，促进生态循环和农业持续发展，以文明生产模式发展农业生产力，生产高质量、安全、无污染的农产品。生态生产力是生态竞争力的体现，生态环境在生态文明时代中作为生产力要素的形式，以及新经济的竞争力量，成为一个区域的现代化和经济发展程度的重要指标。生态问题的根本是人的生存和发展状态。生态环境作为古今人类生存和生活的首要影响因素，与人类发展活动密不可分，因此，构建生态文明、保护生态环境、发展绿色产业，确保生态友好型经济，保证城乡居民饮水清洁、呼吸新鲜、食用绿色安全食品，不仅关系到我国的经济发展、政治和谐以及社会安定，而且切实关系到人民的生活质量和幸福水平。党的十八大强调，要重视和构建可持续发展的生态文明，持续提高生态产品的质量和农业生产能力，这不仅是新时期经济发展理念的重大创新，更是推动生态环境保护、推动生态环境协调、促进农业产业生态友好型发展、推动我国农业现代化进程的重大举措，其推进与促成功在当代、利在千秋，将对新时期经济和社会发展产生深刻的影响。

因此，我们可以把农业现代化理解为：以新型农民为主体，借助科技渗透，工业发展，现代要素介入，服务体系包装，使农业朝着新型农业、现代农业世界先进水平迈进的过程。它的根本宗旨是：有效提高农业综合生产率、根本提高农民收入、切实缩小工农之间与城乡之间的差距，为中国农业可持续发展营造一个良好的生态环境。

二、农业现代化的特征

农业与农村的现代化是一个动态的进程，其特点在各个时期都有很大的差异。在新发展时期，新的发展理念将被全面解读与充分贯彻，新的技术革命将被广泛地应用，新的工农城乡关系会逐渐形成，这些都会对农业的发展和农村现代化的内在特点产生显著影响。

正确理解新时期农业农村现代化的特征，必须坚持以下几点：一是坚持“连续性”。农业现代化是不断发展、动态变化的过程，新发展时期要想正确解读其内涵和特点，则要求我们应该具有全局观，要纵观不同的历史时期的实践阶段，可以为我们积累宝贵的经验，我们要善于寻找规律并吸收智慧。二是保持“协调性”。农业发展以及农村现代化对于当代中国的发展具有不可估量的历史意义，不仅是我国现代化进程中的一个关键环节，更与我国所要达到的具有中国特色的现代化紧密相连。把握农业现代化的内涵需要充分结合当代国家发展现状和特征，并且必须充分展现中国现代化的特点。三是展示“前瞻性”。具体指不仅要从现有的认识层次出发，还要充分考虑到时代趋势、发展观念、技术革新等各种因素所带来的变化，才能准确把握农业农村现代化的内涵特点。四是体现“可比性”。我们所定义的农业现代化都是具有中国特色的发展理念的，其反映的发展水平在一定程度上是由社会的发展现状所决定。解决温饱问题、建成小康社会、达到全面小康，这些是我国现代化建设艰辛路途中意义深远的历史节点和发展目标，在凝聚共识、鼓舞人心以及凝聚力量方面发挥着不可估量的作用。现代化是一个更为开阔的、世界性的概念，它在生产力、科技教育、精神生活和物质生活水平等方面应该是横向比较的。

在此基础上，本部分总结了我国新发展时期农业现代化的特点：

（一）农业生产投入技术化

在新的发展阶段，现代化的农业发展应该以严格的耕地保护为前提，具有高科技装备水平、智能信息的技术支撑、综合运用科学技术成果、通过技术革新提高农业产量并优化经营和管理、实现经济增长的明显特征，农业产品还应具备绿色低碳和可持续发展的优势。要突出这些特点，必须做好土地平整和改良、确保农田水利及输配电等设施、建设机耕道路等，攻克相关生产的薄弱环节，发展好山地特色农业，全面促进农业全过程的机械化的实现；加大农业科技研发和创新力度，构建产学研、多层次、宽范围的技术集成体系，完善相关的推广制度，整合和推广区域性、标准化的技术模式；必须强化农田灌溉用水、化肥和杀虫剂的有效使用，降低温室气体及其他有害物质的排放量；构建贯穿整个供应链的智能化处理体系，例如结合现代信息技术和大数据等进行数据采集与处理、先进的云

计算功能进行生产管理与经营决策。农业现代化的发展进程是通过不断地将尖端技术注入农业，并对农业基础进行持续改进，对农业的科技应用转化机制和推广体系进行完善和革新，从而增加农业生产的前沿技术对农业生产的贡献。随着新科学技术、新生产材料、新生产方法、新生产能源的应用，科技在农业现代化的发展过程中产生越来越深远的影响，农业的生产条件得到了极大改善。

（二）农业经营管理规模化

随着农业生产规模的扩大，人均农产品的平均成本会随着农业收入的提高和各要素的不可分离性而不断递减。农业经营规模化，指在传统农业不断改革升级并向现代农业逐渐转型的过程中，以市场为导向，以最大限度地投入产出效益为核心，在改变极小规模的分散经营规模的基础上，优化各种农业经济实体对于土地、资本、人才、劳动力等各类生产要素的配置。随着我国农业生产规模的扩大，土地承包权和经营权的流转不断加速。农村集体土地流转的服务系统将逐步完善，由个体经营的发展模式逐步向专业合作社、家庭农场等经营规模化的发展模式转变。在农业现代化新的发展阶段中，我们应该持续推动农民与现代农业的有机结合，以逐步流转、逐步扩大农业经营规模为着力点，促成农户间进行不同形式、多类主体和多种联合的农业生产合作，各种农户甚至合作社都将独立进行，把很难达到规模效益的一些生产经营活动由专业化社会化组织完成。要凸显这一特点，就必须健全承包地的“三权分置”方式，充分发挥集体所有权的组织和协调作用，加强耕地整修、机耕改造，提高闲置用地以及撂荒土地等的有效使用；减轻承包权的财产权属性的影响，让经营权得到更充分的保障；要促进生产类似产品的农户开展合作，引导邻近的农民自愿用土地进行投资，探索生产、供销、信贷“三位一体”的协作；需要将基层供销社、农机合作社、农资综合服务商以及返乡入乡创业的新农人作为主体，提高联合收割机、农用飞机和无人机等专用资产利用率，为农户开展多种多样的农业服务。

（三）增长方式集约化

从经济学角度看，经济增长通常有两种途径：一是增加生产过程中的投入要素，这种增长模式被称为粗放型增长；二是通过科技革新引起要素生产率的提升，这种增长模式叫作集约型增长。两种经济增长方式都对我国农业的发展产生了深远影响，我国传统农业属于粗放型增长的农业模式，主要依靠土地、资本、劳动等要素的投入而促进农业产量的增加；到现代农业的发展历程延续了数百年，主要依赖于农业生产要素生产率，如劳动生产率、土地生产率和资本生产率。同时，现代农业尤其注重新兴的信息技术成果的结合和运用，注重在发展过程中根据生产力和生产关系的变革对农业的种植结构及产业发展结构进行合理的优化和调整，使农业生产和经营的投入得到优化，而通过优化技术、劳动、资金、物资组合，实现对农业生产和农业经营的投资，进而促进要素生产率和整体产量的提升。

（四）农业发展可持续化

农业应当保持可持续发展的状态，否则会造成十分严重的后果，例如土壤侵蚀、环境污染、生态环境修复能力微弱、土壤肥力枯竭、农业资源日益匮乏、能源利用率低下等。现代农业需要人们与自然保持和谐统一的有机体，在自然允许的范围内活动，在战胜自然、改造自然的同时要保护资源与环境，真正实现人与自然的长期和谐共存。

可持续化的农业主要是产业方面的可持续，要让发展农业符合我国国情，打造富有中国特色的农业产业，要以稳定粮食生产、保障粮食安全为前提，发展农业现代化要更多地在品质优良、附加值高的农业产业上下功夫，将发展重点聚焦于比较优势突出、效益集聚明显的农业产业上。要凸显这一特点，则必须在发展种植业的同时，加快发展畜牧业，增加畜牧业占 GDP 的比例，特别是在一定的区域和经营主体层次上，促进农牧结合、种养循环；要优化农产品质量结构，完善农产品价值链、延伸农产品价值链，大力发展质量过关、附加值较高的农产品；要在发展农业生产力的基础上，持续推进合作机制与联动系统，合作社、相关研发部门以及当地龙头企业更好发挥引领和统筹作用，进一步提高农民的生产效益；要全面贯彻比较优势的发展原则，考虑农业发展的聚集效应，按照生产禀赋的不同，优化各区域内的发展结构，构建一批极具特色的产业集群和优势产品生产地，合理规划不同的生产功能区，充分发挥不同地区的农业生产优势。

第二节　通过农业现代化之路促进乡村振兴的理论分析

一、乡村振兴是农业现代化的阶段性目标

实现乡村振兴战略的关键是农村建设，也是实现社会主义现代化的关键，而农村的改革建设又为农业现代化的发展提供了制度上的保障。推进农业供给侧结构性改革是乡村建设的重要举措，更是促进农业现代化发展的关键路径。首先，要推动农林、畜牧、种业等的创新发展，加速建设现代农业园区，打造特色农产品特色地区，从而达到稳定和优化粮食产量的目的；其次，要大力发展新型农业生产经营主体，强化农民社会化的各项服务；最后，探索“互联网+农业”的新发展模式，创新多种渠道带动农民增收，有效推动一二三产业的融合。

党的十九大把农业现代化增加到了农业农村现代化，这意味着最基本的是实现农业方面现代化，而实现农村的现代化是在农业现代化之后的重要目标。《乡村建设行动实施方案》不仅明确了乡村建设行动的路线图，还确保到2025年我国农村的发展会有长足进步，农村人居环境持续改善，公共基础设施往村覆盖、往户延伸取得大进展，基本公共服务水平逐渐得到提高，不断推进农村精神文明建设。

坚持走中国特色社会主义乡村振兴道路，要加快发展农村工业产业，推动农村经济全面发展。坚定不移地推进乡村基础设施如供水、电力、信息、交通道路等的改进，通过大力推进“厕所革命”，持续推动农村风俗习惯的转变等全面推进农村人居环境的治理，致力于构建自治、法治与德治相结合的管理体制，加快农业现代化的进程，才能完成乡村振兴的战略，促进农业农村现代化的实现。

二、农业现代化是乡村振兴战略的重要构成要素

加快农业现代化的建设，必须以“产业兴旺”为基本目标，所以在实施农村振兴战略时，首先要解决的是“产业兴旺”，这不仅是我们推进农业现代化的目标，更是有效途径之一。党的十九大报告中阐述了在坚定不移推进乡村振兴战略的宏伟背景下如何建设现代化农业的具体要求，即建立现代农业产业体系、生产经营体系，培育新型农业经营主体，健全农业社会化服务体系、农业保障体系，不断调整合理的农业生产规模。也就是说，构建现代农业生产、经营、产业体系是乡村振兴过程中基本任务。构建现代农业体系就必须将现代文明成果融入其中。具体来说，主要包括以下两个方面：其一，将现代社会创造的发达的生产力如科技、信息、智能等文明成果应用于农业生产，进而推动农业生产力的快速发展，为构建现代农业产业体系、生产体系奠定生产力基础；其二，将现代社会先进的市场经营模式、方法和经营融入农业生产中，为农业生产走科学经营管理道路提供动力支撑和方向导引。可以说，要实现农业现代化，离开现代社会创造的伟大文明成果，是根本不可能的。坚定“产业兴旺”的基本要求，在新时期持续推动乡村振兴与现代化农村的建设，构建完善的现代农业产业体系、生产体系和经营体系，充分利用现代文明的优秀成果。

三、农业现代化为乡村振兴战略提供重要基础和产业支撑

从古至今，我国农业都是国民经济的生存之本，对国家经济、政治和社会安定等多个方面都起着重要的基础作用。目前，我国农村的供给结构正在进行不断的优化和调整，对农村经济发展的需求区域日益多层次和丰富化。“三农”问题是全党工作的头等大事，而加快发展现代农业是“三农”问题的关键。当前，中国经济已步入新时期，社会结构和经济水平都有了质的飞跃，人民对美好精神

生活和富足的物质生活的追求越来越高，同时对各类农作物产品质量的要求也越来越高，我们应当充分认识到现阶段中国的供求矛盾，这对目前农业现代化的变革具有深远的指导意义。在当前全球疫情冲击、经济低迷的情况下，通过科技手段如育种、稳产等方式稳定农产品价格，可在一定程度上适应新的经济发展，保障国家的繁荣。中国农村可持续发展处于中国特色社会主义新时期的发展战略思想和发展阶段，党的十九大报告中特别强调了农业的可持续发展对国家发展的重要性。以新时期中国特色社会主义思想为指导的乡村振兴战略的出台使我国农村发展有了方向指引。加快产能的发展，补齐发展短板，是振兴农村，建设宜居、文明、绿色的现代化农村的根本途径。

中国农业发展存在许多困境，例如规模较小、抵御风险的能力较差、农民老龄化严重、科学农业普及程度差、与西方的农业生产规模差距较大等，所以，我们要统筹兼顾，农村工作做到“总揽全局，协调各方”。农村改革要深入推进，要把农村的一切工作都搞上去。当务之急是出台相应的扶持政策，吸引更多的人才到乡村去，弥补农村的不足，从而使农业的现代化进程得以顺利进行。

从“按照产业兴旺、生态宜居、乡风文明、治理有效、生活富裕的总要求促进乡村振兴”可以得出，工业繁荣与生态宜居是乡村振兴的关键，而两者又是振兴农村的根本和基础。在新发展理念和制度指导下，建设现代经济制度，就是要发展循环经济，使经济发展摆脱排放污染和过度的能源消耗，进而构建人与自然和谐共存的生态文明及经济模式。显然，农业现代化是现代社会的一个重要内容，它需要以绿色发展的方式实现工业的复兴。

农业现代化可以为乡村振兴提供产业与绿色发展的核心支持，新时期的农业现代化建设在一定程度上以产业振兴为重要的发展动力，农业现代化离开产业振兴将很难真正实现。而绿色发展又是工业振兴的硬性制约因素，若不能将工业发展与环境污染排放相脱钩，采用人与自然和谐共存的绿色经济发展模式，必然会重复许多西方发达国家在经济发展过程中“先污染，后治理”的道路，最后将成为制约我国现代化建设的枷锁。因此，农业现代化的发展要持续推进产业振兴与绿色发展的深度融合，而这正是“产业兴旺、生态宜居”的精髓所在。

四、农业现代化为乡村振兴战略赋予内在动力

一是要重视新兴科学技术在实现农业现代化和乡村振兴进程中重要的作用。经过大量的实践数据对比得出，缺乏农业产业新兴高科技是导致贫穷和粮食紧缺的最重要因素。中国近几年产出了丰硕的农业技术创新成果，进一步促进了农民增收，保障国家粮食安全。农业现代化的第一步是要抛弃老旧和传统的农业观念和发展思维，及时更迭农业科技，以现代农业科技改造和武装农业，改革农业支

撑体系和各类保障机制。科学的耕作设施和科学的规模经营，可以使自然资源得到有效利用。当前我国的经济发展已经由高速发展过渡到高质量发展，要实现我国农业现代化，需要进行一场持久战，打破自然资源约束，实现技术创新，实现规模效益最大。“互联网+农业”“绿色农业”等概念的提出，都需要利用新兴的科学成果与现代技术，结合有效的经营管理方法，使农业得以持续发展。

二是以农村为中心的农村建设中，人力资本发挥的作用举足轻重。农村人口的老龄化问题，必须通过政府的扶持政策吸引更多的人才进入农村，让更多的人能够在农村工作。农村人口的大量流动必然会促进农民的自主创新和创业活动。在健全农业科技创新的激励保障机制基础上，能够大规模地调动人才的创新、创造的潜能和积极性。同时，由于大量乡村人才的涌入，将给乡村发展带来新的生机。这不仅能够解决很多人的就业问题，而且能切实推动农村的现代化进程，改革乡村产业，从而促进农村的振兴与发展。

三是要始终牢记产业对于农业现代化建设和乡村振兴的核心作用。在中国乡村目前的发展阶段中，开拓新兴农村产业和经济热点以及对已有的产业结构不断升级调整，必定是一个很好的发展方向。以科学技术的革新推动一二三产业之间纵向融合与联动发展，扩大了农村发展的新空间，增强了农村发展的动力。推进农业现代化是时代发展的必然要求，而引进新兴科技成果与优秀人才，将对农村的发展起到积极作用。政府有关部门的设立和相应政策的完善，对农村的供给侧结构性改革起到了一定的促进作用，在一定程度上能够缓解供求的矛盾。推进乡村振兴战略的许多措施，将会促进大量新兴农村产业的发展，从而达到农业现代化改造的目的。

总的来说，乡村振兴既能促进农村经济的发展，又能促进整个社会的繁荣与发展，而整个社会的繁荣和发展又可以促进生态、文化、教育等各方面的发展。因此，乡村振兴对于社会来说是一个很大的促进因素。把发展乡村作为重点，必须要有各级政府的协调，为农村发展提供人力、技术、资金和优惠政策，要加强对农村发展的投资，使之能够实现乡村振兴的目标。

第三节　中国农业现代化的现状（评价）及问题

首先，本部分根据2011~2021年的《中国统计年鉴》《中国农村统计年鉴》，从农业投入水平、农业生产水平、农村社会发展水平、农业可持续发展水平等方面的数据进行了全面分析，充分把握了我国农业现代化的发展现状。其次，立足于我国农业现代化发展现状，建立了包含农业投入产出水平、农业产出水平、农村社会发展水平、农业可持续水平四个层面的农业现代化发展水平评价体系。最后，运用熵值法对评价指标进行赋权，对我国2011~2020年的农业现代化的综合评价以及存在的问题进行了阐释。

一、现状分析

（一）发展现状

1. 农业投入不断提高

农业投入的增加为我国农业现代化发展提供了坚实基础，农业机械化提高了劳动生产效率，农业基础设施的投入便利了农业生产，而农业水利基础设施有效地应对了旱涝灾害，为农业稳定发挥了重要作用。如图2-1所示，全国农业生产机械总动力从2011年的97734.66万千瓦上升到2020年的105622.15万千瓦，增长率达到8.07%。近年来，中国对农业技术、教育和研究进行了更多投资，使许多农业技术从业者更有可能开发出适合当地使用的农业机械。其中，农业水利方面的投入较为典型，如图2-2所示，耕地灌溉面积从2011年的61681.6千公顷增加到2020年的69160.5千公顷，有效抵御了干旱等自然灾害对农业生产的影响。如图2-3所示，我国的人均农业投资十年来不断增长，从2010年的892.5567万元增长到2020年的7508.8908万元，增长了近8.4倍。

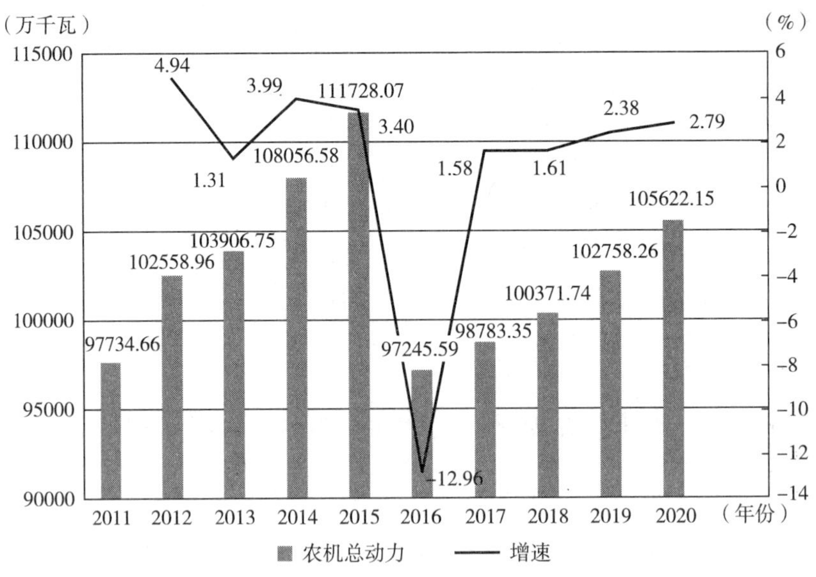

图2-1　全国2011~2020年农业机械总动力变化情况

资料来源：2012~2021年《中国统计年鉴》《中国农村统计年鉴》。

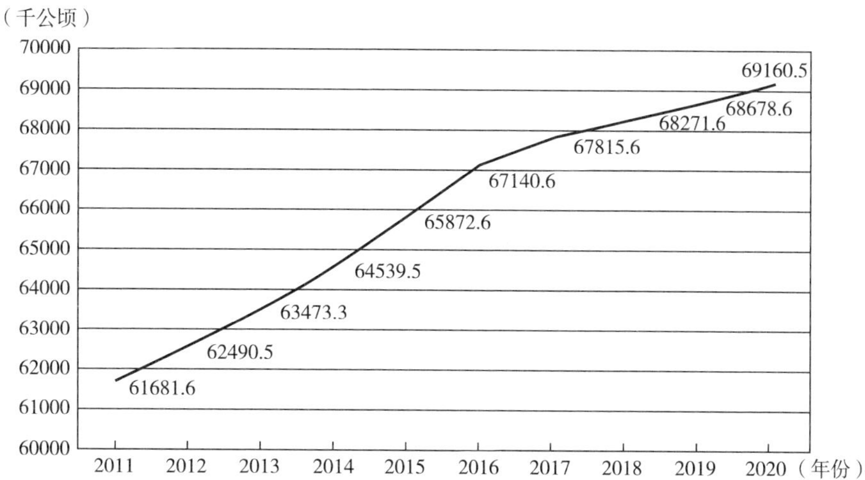

图 2-2　全国 2011~2020 年耕地灌溉面积变化情况

资料来源：2012~2021 年《中国统计年鉴》《中国农村统计年鉴》。

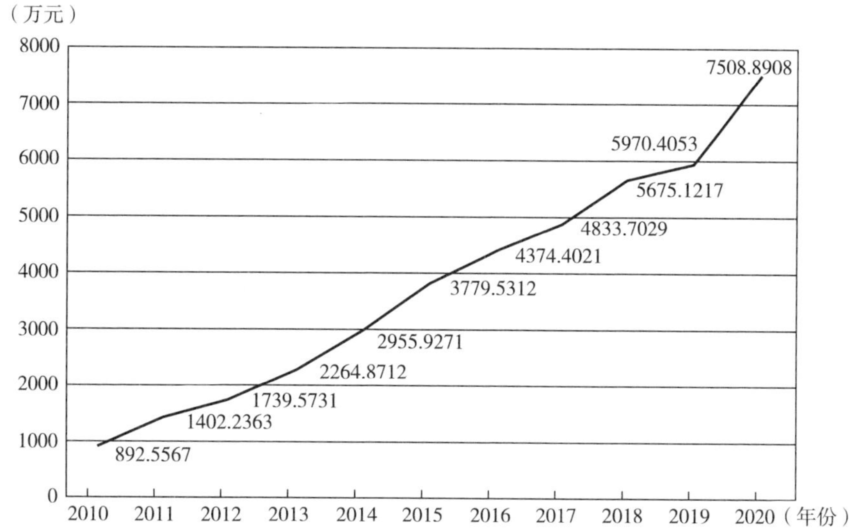

图 2-3　全国 2011~2020 年人均农业投资额情况

资料来源：2011~2021 年《中国统计年鉴》《中国农村统计年鉴》。

2. 农业产出逐年增加

中国农业科技水平不断提高，开发培育种植出了越来越多品质优良的新农作物，农业经营管理水平也得到了现代化的发展，有效地提高了整个农业体系抵抗自然灾害的能力，农业生产的产量大幅度增加。如图 2-4 所示，单位播种面积粮食产量从 2011 年的 5165. 89 千克/公顷升至 2020 年的 5734 千克/公顷，增长幅度为 11%。农民的文化水平不断提高，使用更科学、更有效的方法耕地，个体劳动者的生产效率显著提高。如图 2-5 所示，我国 2020 年的农业劳动生产率为 7. 7777 万元/年，相较于 2010 年的 2. 4261 万元/年有了很大提升。

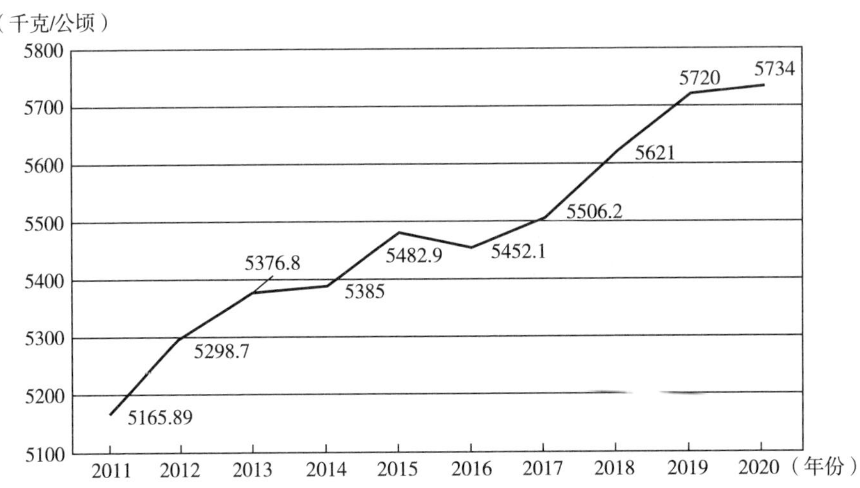

图 2-4　全国 2011~2020 年单位播种面积粮食产量变化情况

资料来源：2012~2021 年《中国统计年鉴》《中国农村统计年鉴》。

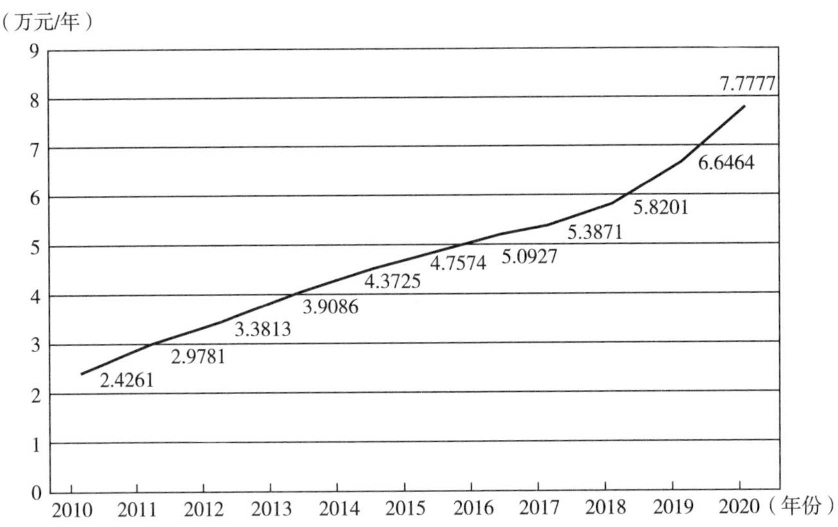

图 2-5　全国 2010~2020 年农业劳动生产率

资料来源：2011~2021 年《中国统计年鉴》《中国农村统计年鉴》。

3. 农村经济发展水平逐年提升

2011~2020年中国农村经济发展水平实现了飞跃，衡量农村经济发展水平的几个指数保持着积极方向。农村经济发展和农民生活水平可以直接用农村居民可支配收入水平反映。如图2-6所示，2013~2020年，农村居民人均可支配收入从9429.59元升至17131.5元，可以看出，农民的收入实现了质的飞跃。随着物价水平的不断上涨，应把农村居民可支配收入指标与农村居民家庭恩格尔系数结合考虑。恩格尔系数是一个家庭食品消费支出占家庭总支出的比重，比值越小，说明该家庭在服装、体育、娱乐、教育等方面的支出越多，农民的生活水平越高。如图2-7所示，农村居民家庭恩格尔系数从2011年的40.40%下降到了2020年的32.70%。

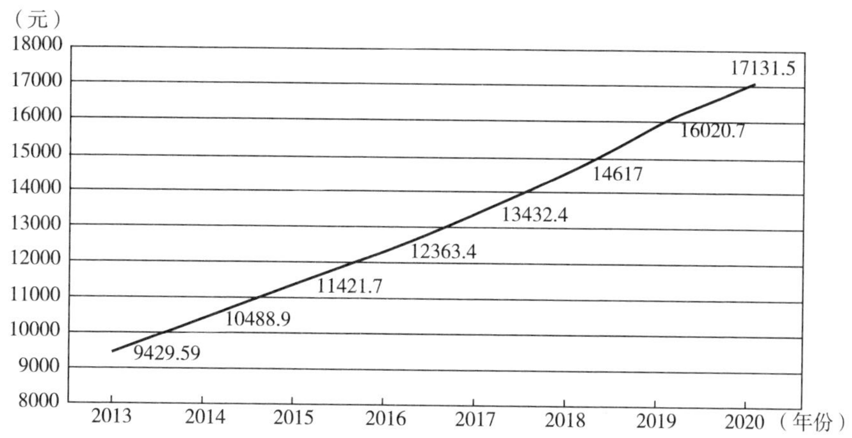

图2-6 全国2013~2020年农村居民人均可支配收入变化情况

资料来源：2014~2021年《中国统计年鉴》《中国农村统计年鉴》。

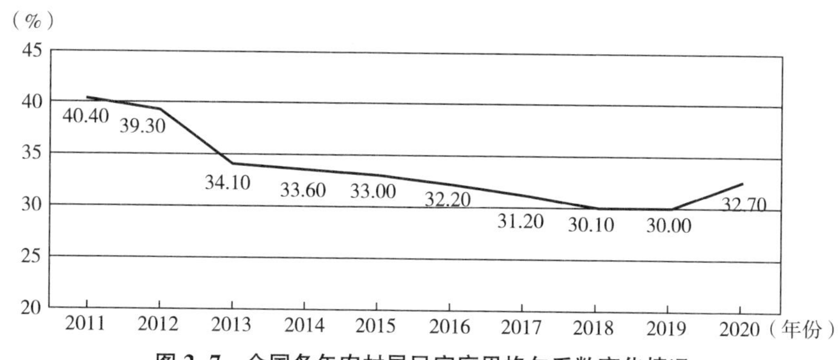

图2-7 全国各年农村居民家庭恩格尔系数变化情况

资料来源：2012~2021年《中国统计年鉴》《中国农村统计年鉴》。

4. 农业可持续生产能力有所提升

中国人均资源量贫乏，农业资源问题日趋严重，不断提高农业可持续发展水平是实现农业现代化的重要一环。在农业可持续性发展过程中，对化肥施用量最为关注，农作物上化学农药的残留会危害人们的身体健康，所以近年来我国一直提倡减少化肥施用，以实现农业绿色、健康、可持续发展。但农业可持续发展提出时间较晚，在2015年中央一号文件才提出要大力推进化肥减量提效，在农业部零增长计划实施之后，全国化肥施用量增速确实得到下降，但全国化肥的施用量基数非常大，因此中国在推进农业可持续发展道路方面任重而道远。在化肥施用量方面，如图2-9所示，虽然2011~2015年化肥施用量不断增加，但2015年

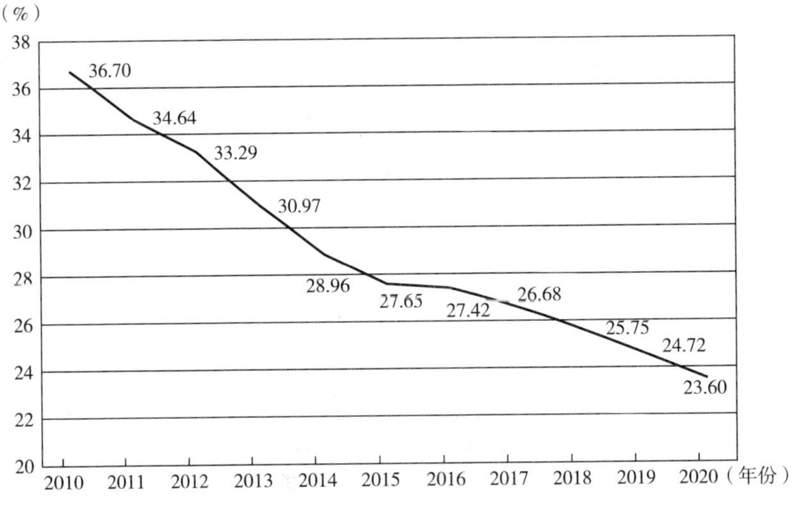

图2-8 全国各年农业从业人员比重

资料来源：2011~2021年《中国统计年鉴》《中国农村统计年鉴》。

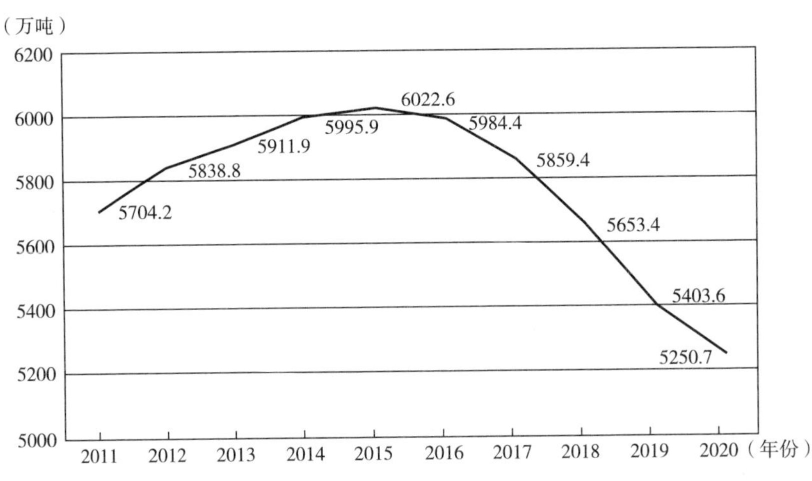

图2-9 全国各年农用化肥施用量变化情况

资料来源：2012~2021年《中国统计年鉴》《中国农村统计年鉴》。

后，化肥施用量逐年下降，从2015年的6022.6万吨下降到2020年的5250.7万吨，这就证明政府推行的化肥相关政策尤其有效。

（二）农业现代化评价指标体系与模型构建

1. 农业现代化发展水平评价指标体系的设计

（1）评价指标体系的选取原则。

第一，科学性。指标体系构建的科学性直接关系到评定结果的客观准确，是农业现代化发展水平评价的基础和前提。因此，指标体系的构建应基于农业现代化的基本概念和科学理论，与农业现代化的总体目标和发展要求一致，并且适用于当前我国农业发展现状。

第二，系统性。现代农业是涉及产业、市场、科技、人才等诸多部门的复杂系统，农业现代化也包含诸多方面的现代化。在构建指标体系时要考虑农业现代化涉及的方方面面，不仅要考虑经济、社会等宏观因素，而且需要将农业科技、农业可持续发展能力、产业融合等因素纳入考虑范围内，以保证对农业现代化水平的综合测度。

第三，代表性。在遵循科学性、系统性原则的基础上要保证各项评价指标具有代表性，在选取指标时综合考虑指标反映信息、数据可得性等因素，选择代表性突出的指标，构建少而全的指标体系。避免多重指标交叉重复而产生共线性现象影响评价结果，以准确反映农业现代化的发展现状。

第四，可比性。农业现代化水平是一个相对的概念，其评价指标是否具有可比性是农业现代化评价的必要前提。同时，指标体系构建应满足各项数据在横向和纵向上都具有可比性，即该指标体系既能从不同年份又能针对不同维度对农业现代化水平进行测度和比较分析。

（2）农业现代化发展水平评价指标体系的构建。

本章是在遵循建立农业现代化评估准则的前提下，对我国农业现代化进行深入探讨，结合中国国情与发展现状，通过查阅大量的资料，参考钟水映（2016）、刘国斌和方圆（2021）、李刚和李双元（2020）研究的基础上改进了研究方法和构建的指标体系，选取了农业现代化投入、农业现代化产出、农村社会发展水平和农业可持续发展水平四个方面的14个指标构建了当前农业现代化发展水平评价指标体系，如表2-1所示。

表2-1　农业现代化评价指标体系

一级指标	二级指标	指标解释	作用方向
农业现代化投入水平B1	单位播种面积机械总动力B11	农业机械总动力/农作物播种面积（万千瓦时/千公顷）	正向

续表

一级指标	二级指标	指标解释	作用方向
农业现代化投入水平 B1	土地生产率 B12	农业总产值/耕地面积（元/公顷）	正向
	有效灌溉率 B13	有效灌溉面积/耕地面积（%）	正向
	人均农业投资额 B14	农业投资额/农业从业人员人数（亿元/人）	正向
农业现代化产出水平 B2	农业劳动生产率 B21	农业总产值/农业从业人员人数（万元/人）	正向
	单位面积粮食产量 B22	粮食总产量/粮食作物播种面积（千克/公顷）	正向
	人均粮食产量 B23	粮食总产量/总人口数（千克/人）	正向
农村社会发展水平 B3	农村居民人均可支配收入 B31	农村居民人均可支配收入（元）	正向
	农村居民恩格尔系数 B32	食物支出总额/消费总支出（%）	逆向
	农业从业人员比重 B33	农业从业人员/就业人员（%）	逆向
	城镇化率 B34	城镇人口/该地区常住人口（%）	正向
农业可持续发展水平 B4	单位面积化肥施用量 B41	农用化肥施用折纯量/农作物总播种面积（千克/公顷）	逆向
	森林覆盖率 B42	森林面积/土地面积（%）	正向
	农作物受灾害率 B43	农作物受灾面积/农作物总播种面积（%）	逆向

首先，农业发展必须要基于一定的自然环境资源条件和外在的物质投入强度，基于此，选取单位播种面积机械总动力、土地生产率、有效灌溉率、人均农业投资额 4 个指标度量农业现代化的投入水平。

其次，由于农业产出水平最重要的衡量标准是劳动生产率和单位面积的粮食产量，所以用农业劳动生产率和单位面积的粮食产量作为衡量农业产出的标准，再加上人均粮食产量这项指标。农村社会发展水平主要采用四个指标来衡量：农民人均可支配收入、农村居民恩格尔系数、农业从业人员比重、城市化率。

最后，选取单位面积化肥施用量、森林覆盖率和农作物受灾害率 3 个指标衡量农业现代化的可持续发展水平。

该指标体系由 4 个一级指标和 14 个二级指标构成。

（3）农业现代化评价指标体系的含义及其计算方法。

1）农业现代化投入水平，反映了我国农业生产状况，是我国农村经济发展水平的重要标志。

单位播种面积机械总动力 = 农业机械总动力/农作物播种面积，是一个正向的指标，它反映了地区的机械化水平，是推动农业现代化的一个主要因素。

土地生产率 = 农业总产值/耕地面积，反映农业经济发展质量，耕地产出率提升对推动农业现代化进程有着很大的正向作用。

有效灌溉率=有效灌溉面积/耕地面积，表示水资源利用和农田水利设施投入状况，有效灌溉率越高，农业生产水利化程度越高，为正向指标。

人均农业投资额=农业投资额/农业从业人员人数，是衡量农业现代化发展的前提和基础，为正向指标。

2）农业现代化产出水平，体现了农业的物质产出能力和生产能力水平。

农业劳动生产率=农业总产值/农业从业总人口，表示劳动生产率水平，为正向指标。

单位面积粮食产量：用以衡量农作物的产出水平。农业现代化最本质的目标是保障本国的粮食供应。这个指标的大小反映了单位农地的产出效率。单位面积粮食产量=粮食总产量/粮食作物播种面积，单位是千克/公顷，为正向指标。

人均粮食产量：用来衡量单个劳动力的生产效率，农业现代化水平越高，单个劳动力的农业产出越多。人均粮食产量=粮食总产量/总人口数，单位为千克/人，为正向指标。

3）农村社会发展水平。

农村居民人均可支配收入：反映农民的收入水平。农业全方位的现代化使得农业与二三产业进一步融合，乡镇周边会出现越来越多与农业紧密相关的第二、第三产业，农民就业机会变多，农民整体的收入水平随之提高。单位为元，为正向指标。

农村居民恩格尔系数：反映农村居民生活水平。随着农村生活水平的提高，农村居民与城镇居民在收入、生活方面的差距逐渐缩小，农村居民食物支出总额占消费总支出的比重也一步步缩小，农民的消费不断升级。农村居民恩格尔系数=食物支出总额/消费总支出，单位为%，为逆向指标。

城镇化率：反映城乡一体化程度。中国一直存在的二元经济结构阻碍了城乡要素交流，使得城乡差距越来越大。农业现代化就是突破这种障碍，改变当前的这种局面，使得城乡之间要素流通更顺畅，从而实现城乡一体化。本部分用一个地区城镇人口占该地区常住人口的比例反映城镇化水平。单位为%，为正向指标。

农业从业人员比重：农业从业人员人数/就业人员人数，反映我国就业结构状况，该比重会随着农业现代化程度的提升而下降，直至下降到合理水平，为逆向指标。

4）农业可持续发展水平，体现了农业资源和发展能力的可持续性指标。

单位播种面积化肥施用量：化肥的大量施用容易造成土壤的板结，长时间会使土壤肥力下降，土壤生态系统遭到不可修复的损害，不利于农业可持续性发展。单位面积化肥施用量=农用化肥施用折纯量/农作物总播种面积，单位为千克/公顷，为逆向指标。

农作物受灾害率：反映了一个国家农业部门防御农业自然灾害的能力。每年发生自然灾害的情况也许不同，但一个国家基础设施越完备，抵抗农业灾害的能力越强，能更大程度地保持农业生产的稳定性和可持续性。农作物受灾害率=农作物受灾面积/农作物总播种面积，单位为%，为逆向指标。

森林覆盖率：指一个国家或地区森林面积占土地面积的比例。反映了一个国家或地区对生态保护的情况。单位为%，为正向指标。

2. 农业现代化发展水平评价模型构建

（1）各级评价指标体系权重的计算方法。

目前农业现代化水平的评价对指标赋权一般采用层次分析法、德尔菲法和熵值法。层次分析法和德尔菲法属于主观赋权法，两种方法通常适合有经验的专家。它的优势在于，指标赋权的确定取决于人为主观的判断，而主观的评判则来自实际的体验，从而有效地避免了由客观赋权法确定评价指标的权重与实际情况不相符的现象；其弊端是基于主观判断具有很强的随机性，很难掌握评判指标和评估目标之间的内在关系，从而使其失去效力。熵值法是一种客观赋权法，它是利用一些计算规则，利用决策矩阵的方法，从指标的原始数据和指标的变化情况中得到指标的权重。该方法具有很好的数学基础，基于数据，不依靠人的主观判断。

经过上述分析，熵值法的测度技术已相当成熟，能够更好地利用数据信息，从而达到消除赋值的人为主观性因素造成的偏差，使得各类指标赋予的权重更加客观，增加了整个评价结果的可信度。基于本章构建的综合评价指标体系及数据特点，利用熵值法适用于经济发展质量评价的特点，最终选取熵值法对我国农业现代化发展水平评价指标进行赋权，然后给予所得权重求出指标综合得分，最后对当前农业现代化发展水平进行综合评价。熵值法赋权的步骤如下：

步骤1：构建数据矩阵。

将获取的各指标的原始数据按年份进行排列，构建评价数据矩阵。

$$A=\begin{bmatrix} X_{11} & X_{12} & \cdots & X_{1n} \\ X_{21} & X_{22} & \cdots & X_{2n} \\ \vdots & \vdots & \ddots & \vdots \\ X_{m1} & X_{m2} & \cdots & X_{mn} \end{bmatrix}$$

式中，X_{ij} 为第 i 年第 j 项指标的原始值，一共有 m 年，n 个指标。

步骤2：数据的标准化。

农业现代化指标的单位、量纲和正负性均存在差异，所以需要对原始数据进行标准化规范化的处理，以使各量化指标间具有可比性。这里选取极值标准化方法对指标进行标准化处理，计算公式如下：

正向指标：$X_{ij}^* = \frac{X_{ij} - \min\{X_j\}}{\max\{X_j\} - \min\{X_j\}}$ （2-1）

负向指标：$X_{ij}^* = \frac{\max\{X_j\} - X_{ij}}{\max\{X_j\} - \min\{X_j\}}$ （2-2）

式中，X_{ij} 为原始数据，X_{ij}^* 为标准化后的数据，$\max\{X_j\}$ 和 $\min\{X_j\}$ 分别为第 j 项指标的最大值和最小值。标准化后的取值范围为 0~1。

步骤 3：计算第 j 个指标下，第 i 条数据占该指标的比重 P_{ij}。

$$P_{ij} = \frac{X_{ij}^*}{\sum_{i=1}^{n} X_{ij}^*}(i = 1, \cdots, n; j = 1, \cdots, m)(0 \leqslant P_{ij} \leqslant 1) \quad (2-3)$$

步骤 4：计算第 j 项指标的熵值 e_j。

$$e_j = -k\sum_{i=1}^{n}(P_{ij}\ln P_{ij}) \quad (2-4)$$

式中，$k>0$，$e_j \geqslant 0$，$k=1/\ln n$，n 为样本数；若 $Y_{ij}=0$，则用 0.0001 将数据进行平移。

步骤 5：计算第 j 项指标的信息效用值，即差异系数 d_j。

一般而言，在给定的 j 下，若差异性系数越大，则 e_j 越小，呈相反关系，所以

$$d_j = 1 - e_j,\ j = 1, \cdots, m \quad (2-5)$$

步骤 6：定义第 j 项指标的权重。

$$w_j = \frac{d_j}{\sum_{j=1}^{m} d_j},\ j = 1, \cdots, m \quad (2-6)$$

（2）评价模型构建。

根据多指标综合评价法的原理，构建出农业现代化发展水平模型。

利用加权求和公式计算样本的评价指标 F_i：

$$F_i = \sum_{j=1}^{m} w_j \times P_{ij}(i = 1, \cdots, n) \quad (2-7)$$

式中，w_j 为每个二级指标的权重，P_{ij} 为每个指标标准化后的数值，F_i 为每个二级指标的最后得分。

$$\begin{cases} A = \sum_{i} w_i B_i \\ B_i = \sum_{i} w_{ij} P_{ij} \end{cases} \quad (2-8)$$

式中，w_i 为第 i 个维度的权重，B_i 为第 i 个维度系统第 j 项指标的权重，P_{ij}

为第 i 个维度系统第 j 项指标标准化值的比重。

（三）农业现代化现状水平分析

1. 数据的来源与标准化

农业现代化发展水平评价指标体系中指标的原始数据来源于 2011~2021 年的《中国统计年鉴》《中国农村统计年鉴》，得到基本原始数据后，根据各二级指标计算公式计算得到实际值，如表 2-2 所示。

表 2-2　指标实际值

年份	2010	2011	2012	2013	2014	2015	2016	2017	2018	2019	2020
B11	0.59	0.61	0.63	0.63	0.65	0.67	0.58	0.59	0.6	0.62	0.63
B12	0.27	0.3	0.33	0.36	0.38	0.40	0.41	0.43	0.46	0.52	0.57
B13	0.45	0.46	0.46	0.47	0.48	0.49	0.5	0.5	0.51	0.54	0.57
B14	0.09	0.14	0.17	0.23	0.30	0.38	0.44	0.48	0.57	0.60	0.75
B21	2.43	2.98	3.38	3.91	4.37	4.76	5.09	5.39	5.82	6.65	7.78
B22	4973.05	5165.9	5298.7	5376.8	5385	5482.9	5452.1	5506.2	5621	5720	5734
B23	418	438	452	462	466	479	476	474	469	472	474
B31	6272.4	7393.9	8389.3	9429.6	10488.9	11421.7	12363.4	13432.4	14617	16020.7	17131.5
B32	41.1	40.4	39.3	34.1	33.6	33.0	32.2	31.2	30.1	30.0	32.7
B33	0.37	0.35	0.33	0.31	0.29	0.28	0.27	0.27	0.26	0.25	0.24
B34	49.95	51.83	53.1	54.49	55.75	57.33	58.84	60.24	61.5	62.71	63.89
B41	0.04	0.04	0.04	0.04	0.04	0.04	0.04	0.04	0.03	0.03	0.03
B42	20.36	20.36	20.36	21.6	21.63	21.63	21.63	21.63	22.96	22.96	22.96
B43	0.24	0.20	0.15	0.19	0.15	0.13	0.16	0.11	0.13	0.12	0.12

得到评价指标体系的实际值后，再将各指标值进行数据标准化，如表 2-3 所示。

表 2-3　全国各指标标准化数据

年份	2010	2011	2012	2013	2014	2015	2016	2017	2018	2019	2020
B11	0.1112	0.3334	0.5557	0.5557	0.7779	1.0001	0.0001	0.1112	0.2223	0.4445	0.5557
B12	0.0001	0.1001	0.2001	0.3001	0.3668	0.4334	0.4668	0.5334	0.6334	0.8334	1.0001
B13	0.0001	0.0834	0.0834	0.1668	0.2501	0.3334	0.4168	0.4168	0.5001	0.7501	1.0001
B14	0.0001	0.0759	0.1213	0.2122	0.3183	0.4395	0.5304	0.5910	0.7274	0.7728	1.0001
B21	0.0001	0.1029	0.1777	0.2767	0.3627	0.4356	0.4973	0.5534	0.6337	0.7889	1.0001

续表

年份	2010	2011	2012	2013	2014	2015	2016	2017	2018	2019	2020
B22	0.0001	0.2535	0.4281	0.5307	0.5415	0.6701	0.6296	0.7007	0.8516	0.9817	1.0001
B23	0.0001	0.3280	0.5575	0.7214	0.7870	1.0001	0.9509	0.9181	0.8362	0.8853	0.9181
B31	0.0001	0.1034	0.1950	0.2908	0.3884	0.4743	0.5610	0.6595	0.7685	0.8978	1.0001
B32	0.0001	0.0632	0.1623	0.6307	0.6758	0.7298	0.8019	0.8920	0.9911	1.0001	0.7569
B33	0.0001	0.1539	0.3078	0.4616	0.6155	0.6924	0.7693	0.7693	0.8463	0.9232	1.0001
B34	0.0001	0.1350	0.2261	0.3257	0.4162	0.5295	0.6378	0.7383	0.8287	0.9155	1.0001
B41	0.0001	0.0001	0.0001	0.0001	0.0001	0.0001	0.0001	0.0001	1.0001	1.0001	1.0001
B42	0.0001	0.0001	0.0001	0.4770	0.4886	0.4886	0.4886	0.4886	1.0001	1.0001	1.0001
B43	0.0001	0.3078	0.6924	0.3847	0.6924	0.8463	0.6155	1.0001	0.8463	0.9232	0.9232

2. 指标权重的计算

将标准化后的数据根据式（2-3）~式（2-6）进行计算后可以得出2010~2020年全国农业现代化发展水平测度指标体系中各一级指标、二级指标的权重，具体如表2-4所示。

表2-4　全国一级指标、二级指标权重

一级指标	权重 W_i（%）	二级指标	权重 W_{ij}（%）
农业投入水平	25.95	B11	6.21
		B12	5.57
		B13	7.54
		B14	6.63
农业产出水平	12.19	B21	5.64
		B22	3.57
		B23	2.98
农村社会发展水平	20.36	B31	5.65
		B32	5.31
		B33	4.24
		B34	5.16
农业可持续发展水平	41.5	B41	29.47
		B42	8.69
		B43	3.34

可以明显看出，2010~2020 年农业现代化发展中单位面积化肥施用量、森林覆盖率、有效灌溉率对中国农业现代化水平有比较大的影响。在全部二级指标中 B41（单位面积化肥施用量）对我国农业现代化发展水平有更重要的影响。其他二级指标在整个测度体系中所占的比重较为接近，与对农业现代化的重要性非常类似。综合来说，这几个指标在整个农业现代化进程中不可忽视，对农业现代化的发展都具有较大的影响力。

3. 综合评价结果及分析

根据式（2-7）、式（2-8）对表 2-3、表 2-4 的数据进行计算，可以得到我国农业现代化发展水平总评价模型里面的 4 个一级子系统评价模型和 14 个二级子系统评价模型的计算结果，如表 2-5 所示。

表 2-5 全国农业现代化发展水平测度结果

年份	B1	B2	B3	B4	A
2010	0. 006200	0. 000006	0. 000014	0. 000027	0. 001624
2011	0. 033395	0. 012348	0. 015430	0. 017684	0. 020652
2012	0. 053543	0. 021005	0. 029949	0. 039755	0. 039051
2013	0. 069205	0. 027933	0. 056149	0. 058536	0. 057088
2014	0. 096265	0. 031314	0. 069226	0. 077074	0. 074878
2015	0. 124146	0. 038823	0. 080550	0. 085903	0. 088998
2016	0. 080660	0. 038872	0. 092274	0. 072660	0. 074611
2017	0. 093675	0. 041097	0. 102318	0. 094731	0. 089464
2018	0. 117977	0. 044653	0. 115082	0. 263267	0. 168745
2019	0. 159671	0. 051735	0. 125752	0. 267681	0. 184432
2020	0. 203262	0. 057913	0. 127656	0. 267681	0. 196885

基于测度结果，分别做出指标 B1、B2、B3、B4 的得分趋势图，如图 2-10、图 2-11 所示。

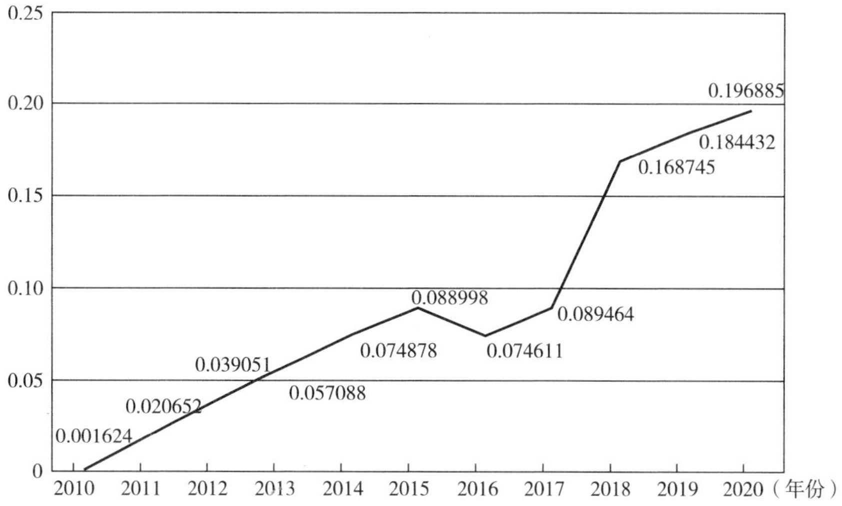

图 2-10　农业现代化发展水平综合得分趋势

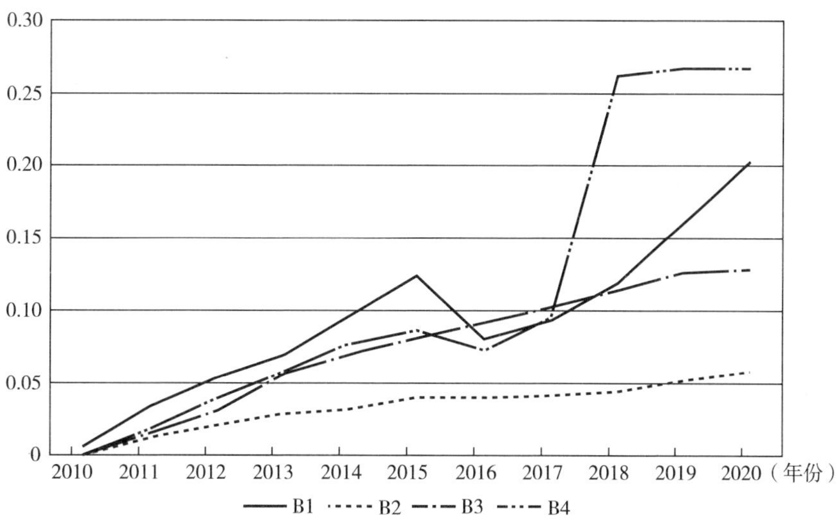

图 2-11　4 个一级指标得分趋势

从图 2-10 可以看出，2010~2020 年，全国农业现代化发展水平综合得分整体在不断上升，2016 年综合指数略有下降，分析各一级指标之后发现，B2、B3 指标指数一直有不同程度的提高，B4 指标轻微下降，B1 指标指数却从 2015 年的 0. 124146 下降到 2016 年的 0. 080660。B1 一共有 4 个二级指标，分别是单位播种面积机械总动力、土地生产率、有效灌溉率、人均农业投资额，都属于正向指标，从表 2-2 可知，土地生产率、有效灌溉率、人均农业投资额都有所增长，对一级指标 B1 有正向作用，只有单位播种面积机械总动力有了一定幅度的下降，对于一级指标 B1 有负作用。B4 指标指数从 2015 年的 0. 085903 下降到 2016 年的 0. 07266，B4 一共有 3 个二级指标，分别是单位面积化肥施用量、森林覆盖率、农作物受灾害率，单位面积化肥施用量属于逆向指标，森林覆盖率为正向指标。单位面积化肥施用量、森林覆盖率都是与 2015 年持平的，只有农作物受灾害率从 0. 13 增加到了 0. 16，对于一级指标 B4 有负的促进作用，所以导致 2016 年农业现代化综合指数低于 2015 年的综合指数。

2016 年单位播种面积机械总动力下降是农业机械总动力下降引起的，而农业机械总动力下降主要是因为小型农机具保有量减少。2016 年拖拉机拥有量比 2015 年只增加 6. 63 万台，说明拖拉机市场中明显存在生产过剩的情况，全国 20 马力以下的小型拖拉机拥有量 2011 年最高达到 1815. 22 万台，2012~2016 年连续 5 年下滑，2016 年减少到 1671. 6 万台，相对最高值减少了 143. 62 万台，5 年年均减少 29 万台左右。这说明小型拖拉机保有量达到饱和，而比例普遍呈现下降趋势。另外，小型拖拉机仍然很多，已经达到了饱和状态。但农业机械化在全国范围内仍然很重要。从市场供需两个方面来看，未来发展的主要方向是拖拉机结构调整，质量提高，更新换代，改装升级。但我国地域辽阔，不同地区的自然条件和农业生产条件不同。虽然全国小型拖拉机的整体综合研究呈现下降趋势，但在一些特定的省份，小型拖拉机仍占主导地位，其数量也在增加，这种情况更应该被关注到，这个农机化发展的增长点不容忽视。举例来说，2016 年全国范围内，广西、湖南、甘肃、贵州、湖北、云南、重庆、江西每年增加量超过 2 万辆，甘肃和湖南每年增加量超过 1 万辆。在拖拉机结构调整方面，小规模的拖拉机减少、中等规模的拖拉机增长的趋势仍在持续，其中大中型拖拉机数量增长较快。加强对大中型拖拉机的自主研究与创新，建设世界知名中国拖拉机品牌，提升中国智能大中型拖拉机的高效供应能力及其国际竞争力，已经迫在眉睫。

2016 年，中国自然灾害频发，灾情时空分布不均衡，暴雨和洪涝灾害在南方和北方同时爆发，甚至长江流域出现了 1998 年以来最严重的洪灾，以及其他地区龙卷风、冰雹等极端强对流天气的出现，造成了人员伤亡，全国农作物受灾面积 853 万公顷，旱灾导致全国 987 万公顷的农作物受灾，101 万公顷农作物绝收。总体而言，与“十二五”期间的平均旱情相比，旱灾严重程度和绝收程度都处于次低值，黑龙江、内蒙古、吉林、甘肃 4 个省份遭受了严重的灾害，农作物受灾面积占总数的 80%以上。另外，我国经历了多起大规模的寒潮、雨雪、冰冻恶劣自然天气，南方地区出现了持续低温、罕见冻雨，广州和南宁等南方城市也迎来了多年来的第一场大雪；西北地区的突然低温，造成了严重的农作物减产。根据数据，由于低温、冰冻、雪等原因，全国农作物遭受了288万公顷的灾害，其中17万公顷的农作物绝收，造成了178.6亿元的直接经济损失。发生的各类自然灾害，导致2622万公顷农作物受灾，290万公顷歉收，直接经济损失达5033亿元。

二、问题分析

（一）农业投入有待进一步提升

农业机械化生产水平一直以来都是测度一个国家农业现代化发展水平的重要维度，众所周知，农业的机械化不仅需要相关学科的支持，同样需要完备机械制造业的支撑。中国机械制造业的发展相比于西方国家较为落后，中国的农业机械化起步较晚且发展受制于工业的不足，所以发展缓慢。中国的地理位置比较特殊，农业地区可以粗略地分为平原、高原、丘陵、山地等。平原地区多位于东中部地区，这些地区整体经济发展程度比较高，再加上这些地区的农地因其优越的地势更容易采取机械化的种植方式，中国的西北部、西南部地区整体的经济条件较差，地形对机械提出了更高要求，这些地区的农业机械化水平较低。中国农业机械化生产过程中还存在一个比较严重的问题就是农业机械不能根据农业生产的不同需求进行产品创新，不能根据不同地区的特殊地势、地形进行差异化的设计。这导致了现在中国农业生产使用的机械一部分属于发达国家已经淘汰的，这些在世界上稍显落后的机械显然不能为中国的农业生产带来超高的生产效率，而且在经济发展水平比较低的山村，农业生产依旧采用传统手工的方式完成。这说明国家、地方政府在这方面的投入还远远不够，因为市场是趋利的，农业机械的设计、生产所能产生的利益对于工商业企业来说缺乏吸引力，比如山地、丘陵地区，这些地区本身地形、地势比较特殊，其需要的农业机械需特殊设计，虽然这些机械的设计、生产对于目前中国的机械制造商而言通过努力是可以完成的，但是因为不能产生有效需求，厂商不会在这方面进行投资。所以农业机械的更新换代需要政府的财政支持。传统农业一个比较典型的特征是“看天吃饭”，即农业生产受自然环境的影响比较大，如果当年有洪涝、干旱、霜冻等自然灾害，农作物产量会大幅下降，比较严重时会出现农作物绝收现象。中国现阶段对于自然灾害的防御能力还比较弱，而提高农业基础设施能大幅度提高一国抵御自然灾害的能力。中国的农业自然灾害大致呈“北旱南涝”的格局。对于北方农业来说建设良好的农田水利设施能够有效解决中国北方农业缺水的问题。对于南方来说，建设良好的防洪排涝系统能够有效地减少洪涝对农作物的损害。但现阶段中国农业水利设施建设远远没有达到相应标准，相关设施的更新比较缓慢，已经不能满足现阶段中国农业现代化的要求。国家应加大财政投资力度，以补齐农田水利基础设施不足这一短板。

（二）农业产出有待进一步提升

全国单位面积粮食产量为 5734 千克/公顷，可以看出，农业产出还有进步的空间。农业产出的高低很大程度上取决于农业科学技术的应用，一个地区农业科技应用程度高，农业产出水平就高，一个地区农业科技应用程度低，农业产出水平就低。现阶段，中国农业无论是科学技术的更新速度还是农业技术推广用于农业生产的速度，都远远低于西方国家，目前出现了一种比较奇怪的现象，农业科学技术在理论上取得了巨大进步，但这个理论并没有直接转化为实实在在的农业生产力，导致农业科技创新很难对农业产生巨大的推动作用。之所以会出现这种局面，原因来自多个方面，比较明显的两个原因是农业科学技术研究的投入资金少、农业科学研究偏离实际农业生产需要。

（三）农村经济生活有待进一步提升

2020 年，全国农村居民人均可支配收入平均为 17131.5 元，中国整体的城镇化率为 63.89%，中国整体的农村居民恩格尔系数为 32.70%，综上可以看出，农村经济生活水平有很大的提升空间。农村道路交通、水电基础设施的建设对提高农村居民的生活质量具有举足轻重的作用，“要想富，先修路”可以看出农村道路基础设施的修建可以促进农村经济发展。新农村建设以来，中国农村道路基础设施的建设取得了长足进步，在东部农村地区，几乎村村都有水泥路，村里的主干道上也安装上了路灯，但西部农村村落大都处在较偏远的山区，再加上地形、地势比较特殊，交通问题是这些地区农业现代化进程中的“拦路虎”。一方面，应在农村地区提供良好的水电基础设施，能让农民更多更好地利用家电设施，改善农民的日常经济生活。另一方面，农业与二三产业的融合可以增加农业部门的经济价值，农民的可支配收入也会提高。

（四）农业可持续发展有待进一步优化

2010~2017 年，中国的农业可持续发展水平低于其他三个方面的发展水平，2017 年后，中国的农业可持续发展水平高于其他三个方面的发展水平。前些年中国深受经典现代化理论的影响，在农业发展上采取高投入的发展策略，即不断提高农业生产要素的投入量，如不断增加耕地数量、不断增加化肥、化学农药使用量等。耕地属于不可再生资源，中国虽然国土面积大，但可供耕种的土地比例很少，而且中国城镇化步伐加快，几乎所有的城市都进行了扩建，新区的建设占用了大量的耕地。在这样的背景下，一些地区将森林、湿地改造成农业用地以增加耕地数量，这样做虽然增加了粮食产量，但严重破坏了自然生态环境，由此带来水土流失、沙尘暴、农业病虫害等。而且化肥的滥用导致土壤肥力下降，土壤结构遭到破坏，严重的会导致土壤板结，化学农药的滥用破坏了农田里的生态农业链，将导致一种恶性循环，人们防治病虫害会越来越依赖化学农药，而害虫的抗药性日益增强，人们只能不断地提高农药的使用量，而且农作物上的农药残留也会危害人们的身体。近年来，政府将生态建设工作列入工作目标考核内容，推动了农业可持续水平的提高。

第四节　中国农业现代化的建设重点与实现路径

一、中国农业现代化的建设重点

（一）推进机械化，研发推广实用高效农机

农业机械化程度的提高，不仅可以减轻农民的劳动强度，而且可以极大地提高农产品的品质和产量，从而为农业的健康、稳定发展打下坚实的基础。农业机械化的发展对农业的发展和农民的经济效益都有很大影响。

“十三五”期间，我国农业机械化发展迅速，实现了从全过程到高质量的转变。“十二五”末，农业机械总动力达到 10.56 亿千瓦，比 2014 年增长 17%。农作物生产总体机械化率达到 71.25%，小麦、玉米、水稻三大作物的机械化率分别达到 97%、90%和 84%，分别提高 3.5 个、8.6 个、6.2 个百分点，建立了 614 个主要农作物全程机械化示范区。畜牧水产养殖、农作物生产、农产品初加工、水果、蔬菜、茶叶生产等方面的机械化不断发展。如基于北斗和 5G 的无人驾驶农业机械和农作物保护无人机的智能农业机械正走在生产的前沿；得益于 310 个“平安农机”示范区（市）和对农机安全的深入研究和风险管理，农机安全形势稳定，状况良好。农机集群产业链快速发展，农机专业合作社达到 1.9 万家，专业服务机构达到 19.5 万家。“机械化队伍”规模不断扩大，作业规模和服务收入持续增长，截至 2020 年，农机总作业面积达到 70 亿亩，服务收入 3615 亿元，这将为保障必要的农产品供应、提高农民收入、缓解贫困做出重大贡献。农业机械化的目标，既在于增加农民的收入，更在于推进农业现代化具有不断提升的时效性，在保证农业生产效率的前提下，利用科技手段改善农产品的品质，从而实现农业的全面改革，这需要对农业发展状况进行全方位综合考虑。通过对我国农业发展的认识，确定农业机械化的发展方向，确定其主要任务和难点，以防止盲目无序发展。同时，科学技术是第一生产力，因此，在制订计划、确立目标时，必须重视对先进技术的运用和引进，以企业化、社会化形式，加快推进农业机械化，为农业生产提供新鲜的血液，推动其产业结构的合理调整与转变，从而全面提高农业生产水平，达到安全、高效的目标。

实施农业机械化现代化工程，以粮食生产全程机械化为重点，要特别关注薄弱环节，加大各地区、各类型水稻机械化栽培方式的试验、示范和推广，提高粮食生产机械化水平。大力推进旱地粮食、油料作物和经济作物的机械化，继续扩大畜牧业、渔业、林业、园艺、农作物生产和特色农产品加工业的机械化。加快山区农业机械化发展，扩大机械化耕作和收获，实施机械化种植和播种。提高发展质量，根据节能减排要求，对高能耗、高排放的老旧机械进行处置和更新，推广节油、节水、节肥、节种、节药的清洁农业机械。统筹设施农业扩能改造和发展要求，加强关键技术和装备研发，加快农机农艺融合和集成创新，重点发展多功能、智能化、经济型农业机械，以及适合山区、丘陵地区的具有自主知识产权的新型农业机械支持发展。

（二）推进专业化，推动全产业链高效发展

围绕农业生产的产前、产中、产后服务，要发展引进和推广生物技术，积极引导农作物秸秆还田，扶持农作物有机肥料、农作物秸秆饲料的研发和生产，尽快形成产业规模优势，加快构建和完善以生产服务、科技服务为主体的农业生产技术综合服务体系和农业生产技术服务推广机制。发挥农业技术推广部门的主导作用，加强与市场化、经营性服务组织的融合与互动，通过人员派驻、共建平台、联合指导等形式，对新型服务主体进行个性化、精准、全程的指导，促进绿色、高产、高效的产前一体化。为了保障农产品的品质和安全，促进农业的发展，应降低农业资源的环境污染，开展“三减”工作，即减化肥、减农药、减除草剂，开展测土配方施肥、推广化肥统一配送、指导化肥施用等。支持农业经营主体进行秸秆还田、耕地翻耕等方面的服务。推进产中一体化的技术服务模式，结合不同地区的土壤成分特征和不同作物的生长周期特征，将灌溉、施肥、施药、高效节水相结合，将液肥、药液通过一体化的控制系统，通过喷灌、滴灌等方式，均匀、定时、定量渗透到作物的主要根系，保证土壤的疏松和合适的水分含量。根据作物生长周期的需水量、肥料和药剂的规律，定时向作物供应水分、养分和药物，达到节水、增产、优质、高效的目标。强化高附加值的产后综合配套技术模式，支持各类农业服务业主体开展农产品质量检测、分级、初步加工、包装仓储、物流配送、电子结算、质量追踪等全方位技术服务，通过指导农户开展主体注册、信息采集、产品赋码、扫码交易、开具产品合格证等技术服务业务，推进农产品产超对接、农社对接、线上线下对接，实现农产品优质优价、提升高附加值的目标。

想要建立职业农民队伍，需建立健全新型职业农民队伍教育培训制度体系。一要提高思想认识。要将新型职业农民作为一项重要的工作，列入全国实用型人才计划，抓紧、抓实。二要强化训练顶层设计，对职业农民的培养进行科学的规划。努力实现农业技术人员、科研机构、新型经营主体、返乡人才、技术骨

干等多种形式的农业技术推广体系，实现农业技术推广成果集成、试验示范引领的推广目标。三要加强农民教育培训的问责机制。要建立健全责任机制，把有关部门的有关负责人职责落实到具体的工作中，以解决目前部分地区政府对农民的教育和培训工作不够有效、培训成效不大等问题。四要把教育资源整合起来。培育一批具有专业素质的专业教师非常有必要，团队不仅要具有一流的教学能力、扎实的学风，而且要具有很强的事业心和责任感，并乐于为培训工作默默奉献。

（三）推进标准化，切实改善田间生产条件

创建高标准农田是新时期农业发展的重点之一。农业农村部责成各地加快推进高标准农田建设，到 2022 年，建成优质农田 10 亿亩，实现粮食产量稳定在 1 万亿斤以上，到 2025 年，耕地面积将达到 11.75 亿亩，耕地更新开发量将达到 1.1 万亿亩。因此，从实际出发，在加强农村基础设施建设、提高优质农田创建水平、提高农民收入的同时，要充分实现“绿色发展”的理念，增强“高标准农田”的效果。注重农业设施建设，重视低成本农产品和优势产区，因地制宜，科学规划，重点发展园艺设施、食用菌生产、畜禽养殖、山竹种植、水产养殖等。应鼓励大型农业企业和其他社会资金投资于有资产支持的农业，如通过持股或租赁计划，加强对种植业的财政支持，重点支持各类标准大棚的建设，促进四类荒地的利用，发展种植业。

要结合能力和农艺需求搞好种植业发展，研究开发适合不同区域特点的农业装备，根据实际效益，推广各种低成本、高性能、多功能、易维护、易使用的机械设备。选用和推广优质高产的农业新品种；推广生物技术、工程技术、信息技术在农场的综合应用；创建各种现代农业项目，包括农场管理、智能管理、物联网控制等。必须通过改善高原和山区的农场道路、电力、灌溉和其他基础设施，促进集约化耕作，以支持农业机械化和电气化。加大方法的研究和应用，克服系统内连续种植的障碍，发展无土栽培。促进农业机械和农艺与作物栽培的结合，开发易于使用、改进和实用的农艺技术，以有利于农业经营。促进设备和农艺的标准化，在提高农产品质量和效率的设备基础上，推广高效、有机和安全的农业新模式。

（四）推进绿色化，大力推进节水型农业

我国的经济已经步入高质量发展之路，需要从低质量、低端、数量供给逐步向高质量、有效、高质量转变。自 21 世纪起，我国开始关注供给侧问题，但由于投资回报递减的规律以及过度的投资，导致了负债增加，这使需求刺激政策不能成为最优的政策。因此，要贯彻落实农业部的零增长方案，积极推进新型杀虫剂，加快病虫害防治体系改造，综合推进环境友好型、资源节约型、绿色技术体系，减少农药使用量，同时加强病虫害防治，细化土壤肥料，因地制宜，推广新技术，促进有机肥的发展等；开展区域类型技术创新集成，发展旱作农业，扩大示范，节水减药减肥，治理农膜污染，秸秆还田，产地环境保护治理，创新区域性发展绿色农业关键技术和模式。在水资源的利用中，首先，尽可能地减少对水资源的浪费。其次，体制上与技术创新相结合，对灌溉用水进行精准的控制，从而达到最大的生态效益。最后，采取其他节水措施，提高农业用地中的水分利用效率等。

目前，由于一些农村地区的基础设施条件比较落后，没有足够的资金进行水利建设，从而制约了水利的发展，因此，要使农村水利项目得到有效的实施和推进，必须不断完善农村基础设施，为农村水利项目落实提供充足的资金。首先，要加强农村基础设施的建设，在饮用水、生活污水、灌溉管道等领域，建立健全排水管网系统，加大对农村水利建设的支持力度，确保农村水利项目在落实过程中，能够更多地利用现有管网设施条件，减少农村水利项目整体投入，提高农村水利建设经济效益，缓解资金以及建设工期的压力，这是当前基础设施完善中的重要基础。其次，在水利建设中，灌溉工程是重中之重，因此必须在水利项目实施前，做好灌溉水源规划、灌溉管网规划等基础工作，为农业灌溉、节水技术应用等方面提供资金支持，在农田、灌溉水源等领域加大基础水利设施投入，以完善的基础设施体系有效推动农村水利项目落实，并提高农村水利项目建设效率，为农作物生长提供充足的灌溉水源以及配套设施，从而有效地提升农村水利建设水平以及基础设施的整体质量。

（五）推进数字化，着力打造智慧农业

新兴技术可以渗透到农产品产业链的各个环节，并“赋能”传统的农业，可打破传统的粗放发展模式，有效利用大数据的精确决策，以实现农业的智能化。在农业生产、经营、运输、管理、服务等过程运用互联网技术、云计算、大数据、物联网等新一代信息技术和现代生物技术，可为农业发展供给技术支持，增强农业的技术水平以及农业信息化水平，催生出新业态、新模式，重塑农村产业空间格局，实现先进科技与农村产业的融合发展。

在农产品生产前，可以利用大数据进行精确的订单匹配，也就是先找订单，再找农户，这样的精确“订单农业”，可以有效地防止由信息不对称导致的农产品有产无市的问题。在农业生产中，利用大数据、物联网等信息技术，可实现对农业的精准培育、节水灌溉、智能温室、精准养殖等多方面的应用。还可以利用大数据和人工智能，进行“数字化”的生产决策，在作物产量控制、测土配方施肥、动植物疫病控制等方面，使农业生产决策更加准确、智能化，从而使成本效益最大化。在农产品的销售中，可以通过网络的方式，如电子商务，使消费者和产品的供应得到有效的联系，从而扩大农产品的销售渠道。工业融合源于技术的发展，随着现代科学技术的不断深入，农业生产的各个方面都得到了极大提高，加速了农村产业的融合发展。

（六）推进安全化，走好粮食安全之路

在环境条件复杂多变的新时代，我国现阶段农业生产的目标仍然是满足人口需求，提高优质农产品粮食产量，保障粮食总体安全。党的十八大以来，国家粮食总产量突破了一个新的高度，连续 6 年超过 1.3 万亿千克，并且制定实施了最为严格的耕地保护体系，划定了 15.5 亿公顷的永久基本农田、10.9 亿公顷的粮食生产功能区和主要的农产品生产保护区。加快发展农业基础设施，建成 8 亿亩高标准农田，主要粮食生产实现了 80%以上的机械化。依托科学技术发展完成内涵式发展，对农业科技进步的贡献超过 60%，人均粮食产量达到了 382 千克。积极发展新型农业经营主体，目前已有 100 万个家庭农场、220 万个农户、90 万家社会化服务机构，很好地解决了“怎样种地”“谁来种地”的问题。

当前中国粮食安全取得的成就主要有：第一，居民的需求推动粮食质量的提升。在粮食质量方面，随着中国粮食种类多样性和产量大幅提升，居民的日常饮食结构逐渐多样化，营养程度得到明显提高，居民的粮食需求持续增长。目前，我国稻谷、小麦和玉米等口粮的自给率均超过 95%，“谷物基本自给、口粮绝对安全”的目标已基本实现。由于国内粮食供应对国际市场的依赖性较小，粮食市场价格基本稳定，国内粮食周期较长，为国家粮食安全创造了坚实的物质基础条件。中国是世界主要肉类、水产品、禽蛋消费国，随着经济快速发展和人均消费水平上升，居民日常饮食中口粮的比例逐渐降低，肉类以及水果、蔬菜等食物的消费占比逐渐上升。中国居民平均每日摄入的优质蛋白与脂肪在近几年明显增加，肉、蛋、奶及各类蔬菜、瓜果等食物消费增加，饮食更加多样、健康。第二，国家对粮食的管控和保障能力不断加强。公路、铁路、水路等多种方式的联动使得粮食运输效率稳步上升。与此同时，全国 36 个大中城市拥有了满足当地 10~15 天需求的应急成品粮储备制度。近年来，国家积极完善市场调控机制，陆续出台对农民的优惠补贴政策，取消农业税、林业特产品税、牧业税和屠宰税，使农民休养生息，减轻了农民负担，通过推行农业四补贴体系，补贴金额显著增加，使农民真正减负。第三，中国粮食的内外供给趋于平衡。中国粮食有国内供给和国外进口两种方式。国内粮食供给方面，虽然中国人口基数大，但小麦、玉米、水稻产量在常规年份普遍能达到供需平衡，即便在危机年份，主粮储备也十分充足。国外粮食进口方面，目前主要存在大豆等饲料粮以及小品种粮食的供应问题。随着国内粮食育种技术的进步，中国对进口的大豆、大麦、高粱的需求量将逐渐降低。

中国要保持粮食安全的良好形势，必须基于三个因素：第一，粮食生产自给率高。目前，中国可以实现水稻和小麦两大口粮的自给自足，对粮食进口的依赖性降低。2021 年全国食品生产量达到 68285 万吨，同比上升 2%；全国粮食作物播种面积在经过2017~2019年的减少之后，从2020年开始逐步复苏，截至2021年，全国的粮食播种面积约为11763万公顷，同比增长0.74%。中国粮食的需求量稳步上升，2019年，中国大米的需求量达19302.5万吨，人均年消费量为138千克；小麦需求量为12350万吨，人均年消费量为88.2千克，短期内中国粮食供求基本平衡，世界粮价总体平衡。第二，粮食储备充足。目前，中国具有完善的粮食储备管理制度，粮油库存达到了历史最高水平，无论中央储备粮还是地方储备粮都十分充裕。当前全国大米库存为1.165亿吨，能够满足全国人民9个月的粮食需要；小麦存量约2.1亿吨，粗粮存量约2亿吨，能满足全国人民约7个月的食用需要。这是近年来中国重视粮食生产、积极推动农业生产改革、稳步提升农业综合生产能力的成果。第三，对外贸易依存度低。中国粮食进口量大并不代表粮食对外依存度高，中国的进口粮主要为大豆（进口的谷物常年超过总谷物的70%），2020年，中国大豆进口量为10033万吨，首次超过1亿吨；2021年，中国大豆进口总量为9652万吨，玉米进口总量为2835万吨。

中国在世界粮食安全领域发挥了积极作用，为推动世界粮食健康发展，保障世界粮食安全做出了重大贡献。当前，中国要积极应对新的粮食安全挑战，加强与其他国家的合作，提高应对世界粮食市场风险的能力及粮食供应能力，为世界特别是发展中国家的粮食贸易创造更加开放和透明的环境。

二、中国农业现代化的实现路径

当今社会的一个主要矛盾是新时期许多农村地区发展不足，城乡发展不平衡。在中国农业现代化进程中，我们必须以乡村振兴战略的长远眼光为指导，大力运用有效的思想方法和实践，加快补齐农业农村发展短板，缩小城乡差距，切实推进农业农村现代化。

（一）完善农业投入机制，满足农业发展资金需要

改善农业投资机制必须继续下去，以继续改革公共和农业资金资助的管理机构。农业发展融资需要强有力的保障，必须建立一个健康、完善的金融支持和金融服务体系。具体来说，应该从以下几个方面入手。

（1）财政资源的有效利用。各级政府要认识到农业现代化在社会主义现代化建设中的重要作用，积极引进和完善农业投入机制，即政府指导下的农民参与机制、财政支持机制、私人部门补充机制。要继续扩大对农业现代化的投入，适当向农业现代化困难地区倾斜，提供适当支持，并加快落实政策和制度措施，着手保障农业发展。为确保农业生产得到公共资源的支持，可以通过实施最佳的支持战略，不断加强农业支持资金。建立和完善农业支持资金体系，可以把资金预算、资金分配、项目立项、资金使用、农业支持品的绩效考核、资金监管、现代

发展效果评估等有机地联系起来。应设立农业转型专项资金，确保农业资金用于预期目的，通过对农民和市场参与者的直接和间接支付，确保财政支持农业的有效性。同时，政府支持农民和企业，确保他们有足够的资源发展农业和实现他们的目标，各级政府要通过适当的财政、货币、预算和宏观调控手段加强对农业的支持，通过不断增加农业补贴，为农业提供税收优惠，支持和鼓励农民引进新品种及新技术，为农民和企业提供技术援助。同时引入保险保障，可为农业投资和降低风险提供金融信贷，使农民和企业有足够的资源发展农业，实现目标。

（2）加强金融支农工作，促进农村金融服务水平的不断提升。要进一步完善和推进金融支持机构的架构，大力发展农村新型金融机构，发展村镇银行、小额信贷机构、农村协会等农村金融机构，使政策性金融、商业性金融、合作性金融、民间金融、农村保险等各项功能得到发挥；加强合作，全面认识农业现代化的重要性。在农村改造过程中增加金融资源是非常必要的，为此，要积极引导和加强各政策性银行对农业发展的金融支持活动，促进支农资金的拨付；要完善合作并发挥金融功能，必须不断加强合作金融的主体地位。要大力发展保险、信用、险种、信用产品、信用结构、信用村、信用乡、信用户等，健全农村信用担保制度，使各主体的金融功能得到充分发挥。在农业发展、农业扶贫、农业基础设施建设等方面，应积极探索农业金融服务的新形式，强化县级、市级财政基础设施，持续合理地规划和拓展金融网点。

（3）解决农业发展的融资需求。目前，农民、企业、创业公司都面临着资金不足的问题，主要是由于融资和贷款限制。为解决这一问题，必须加快债券市场金融产品的开发，金融服务的创新为农户和中小企业提供更多的选择。农业保险需要改进、试验和推广，使信用企业有更多的选择和机遇，可以为广大农户提供各类农村保险产品，能降低中小农户和农户风险，以有经济实力的保险公司为主体，强化其信用保证能力，从信贷保障、信贷监管等方面进行防范。要重视发展集体经济，创新集体筹资模式，努力提高集体资本的使用效益。通过政府鼓励、政府采购等手段，为农业生产提供资金支持；积极引导社会资本参与农业现代化建设；要积极鼓励农民自力更生，用自己的劳动经营农业生产，解决农业生产的资金问题。

（二）加强农村基础设施建设，释放要素活力

要实现“新型基础设施”的可行性，必须大力推进农村基础设施建设，扩大农村网络覆盖，从根本上降低农产品出口的壁垒和成本。由于城市和农村基础设施的差异，城市比农村的投资回报率更高，地方政府以有限的财源为背景对城市基础设施进行了大量投资。因此，在推进地方振兴时，改变地方政府投资的优先顺序非常重要，包括基础设施的投资和建设等。建议对农村地区基础设施的投

资和建设设定最低限度的必要条件，引入否决权制度，对于不满足最低条件的地方政府，应该进行处罚，并从业绩评价中除名，不给予晋升资格。同时，在各种评价和激励机制中，必须优先评价在农村基础设施建设方面取得最突出成果的地区。因此，为了杜绝“形象工程”和“面子工程”的出现，可以将国民对基础设施建设的满意度作为重要的评价指标。

我们要积极推进农村普惠金融，通过公共补贴和财政激励，向农村引进更多的金融机构和组织以支持农业现代化。金融创新被用于克服农民的信用贷款困难和信用成本高，可有效提高农业商业模式和生产技术。财政支持能够加快实施招才引才工程，鼓励青年人才回归农村，使高技能人才逐步留在农村，引导农民掌握科学、标准的生产管理方法。既要加强农村基础设施建设，集聚人才储备知识，又要激发农村内在驱动力，激发要素活力。同时，要合理规划农村住房占地面积，有效落实耕地保护制度，灵活利用填海造地和林地，发展区域特殊产业。为了提高农民的素养，必须引入教育。通过各种政策和措施，鼓励和支持农民进行培训与再培训，倡导现代化生产理念，提高生产技术，逐步增强熟练劳动力，为完全实现农业现代化和农村复兴构筑人力资本基础。

（三）加强农业人才队伍建设，培育新型职业农民

要实现农业现代化，必须着力解决农业现代化与人力资本之间的矛盾。要做到这一点，必须考虑以下几点：

（1）加强乡村教育。加强农村基础教育，要从长远上改善农村教师的待遇，不断充实乡村教育师资队伍，缩小城乡教育差距，逐步实现教育资源、质量和服务水平的协调，使农民的受教育水平得到持续改善。国家要继续扶持农村教育，坚持九年义务教育，努力降低农村青少年辍学率，改善乡村教育的质量和水平；加强农村实用人才队伍建设，要大力开发农村实用科技人才资源，补充乡村振兴对人才的需求，可以通过农学院、农业科研院所、农业专业中心、农业学校等，及时推广实用科技人才。通过传播实用技术，出版技术手册，在电视上播放培训片，由农业技术人员进行技术示范，并通过网络加强农民的实践技能和经验。

（2）加强对农业工人的培训和再培训。建立农业劳动者转岗培训制度，充分发挥对农民的分科教学功能。农业学校要积极对农业劳动者和农村劳动者进行培训，职业教育机构要加强以就业为导向的职业培训。为了调动农民参加职业培训的积极性，为他们提供更多的培训和再培训机会，可以根据农业现代化的要求，调整培训内容以适应农民的需要，并相应增加对农业劳动者的培训和再培训活动。利用农学院、科研院所、农村地区等多层次平台，推动培训形式和内容的不断创新，通过课堂培训、技术讲座、专家指导、现场督导等方式让农民参与培训。农村劳动者不仅要掌握科学、文化和思想知识，还要掌握农业生产的实用技

能、技术和经验，这一点非常重要。

（3）必须合理控制大量涌入农村地区的剩余劳动力。政府需要利用大数据分析并适当控制农村劳动力。一方面缓解农村剩余劳动力的矛盾，另一方面通过土地流转促进农村劳动力的现代化。同时，要留住农村劳动力，对在外工作的中青年采取支持措施，激励中青年投身于农业现代化的事业。为实现这一目标，应制定适当的激励措施，以吸引年轻人和农业工人，并制定适当的政策，使农民能够在农村地区创业和获得就业。同时，必须切实加强农村劳动力市场的运作，以避免“荒田”和劳动力短缺现象的出现。

（四）加速农业产业发展，提升产业化水平

加快农业部门的发展是农业现代化的一个重要因素。为了加快农业部门的发展，必须注意以下几点：

（1）必须大力促进农业的工业化发展。要扩大农产品加工业，稳步构建农业产业链，扩大和培育新型农业产业，大力发展循环经济，使农业产业化企业的生产经营向专业化、标准化、规模化、综合化方向发展。各级政府要优化农业企业结构，优化农牧业结构调整，促进农业活动的规模化和标准化，通过具体的企业、孵化和活动，形成具有地方特色和高效的各种农业企业、农业产业区和产业链。通过利用“互联网+”和大数据，推动农村电商平台的发展以及传统商店的改造，发展农产品电商物流配送和综合服务，推广绿色食品链和农产品的专项活动。农业企业积极培育高科技和各级农村电子商务综合示范区，创建一批农业电子商务专业城市、电子商务村和电子商务区，可以打造一批集群，构建农业企业的产、供、销一体化链条。

（2）创新和扩大农业生产经营组织。要根据各地区农业资源优势，选择具有地方特色的项目，加快发展竞争力强、有品牌、有质量的多个农场，增加龙头企业数量，并积极发挥龙头企业对农业和农民的带动作用。建立和完善龙头企业与农户的协调发展机制，通过农民参与、农民就业、农民参与管理，形成“农户+龙头企业”的利益集团，通过合作活动，促进产业化、规模化的可持续发展。同时，政府对企业进行针对性的培训，给予专项的资金和技术支援，重点扶持、引导企业，实现产业链的前后延伸，形成产业示范和帕累托效应；持续实施“3321”“3 万”项目，引导龙头企业符合标准、融入市场、树立品牌、扩大规模，带动其他农业小企业转变。大力发展“基础+加工”“基础+销售”产业，如蔬菜、有机畜牧业、果业、特色烟叶、马铃薯、油菜等，推动特定行业实现农业现代化。

（3）促进农业一二三部门的深度融合。要真正提高农业产业素质，一方面要按照现代集群经济发展理念，继续推进农业经营体制创新，另一方面要不断探索和发展县镇村间以及内部产供销“集群”的商品化生产基地的经营模式。农户间可通过实施土地流转、土地集聚、土地连片开发、适合区域特色的农业产业园区、特色作物农业产业园区、有机农产品标准化园区、示范园区，采用规模化、集约化、专业化、先进的管理模式种植、养殖，打破长期以来小农户分散生产和发展的局面。同时，要积极推进产前、产中、产后一体化，构建适合各地区的立体复合型综合农业链，打造规模化农业的优秀范例。积极推广农业产业融合的新业态、新方法、新程序，促进和发展龙头企业、乡镇企业、规模农户，通过产业化、规模化经营提升整个产业的竞争力。通过各种农业产业链的整合、集聚和扩展，促进市场活动从产品经营向产业活动发展，产业链的整体性能将得到不断提高。

（五）提高农民组织化程度，重塑产业链利益联结机制

农业和农村地区的发展滞后主要是由于农民缺乏组织，不容易在供应链中形成有效的竞争力和议价能力。为了转变价值链，农民必须更好地组织起来。部分农村地区已经通过新型的网络手段进行营销，但农民的这种营销没有组织，农民与这些供应商做生意中获得的利益较少。换句话说，除非改变传统的特许权经营制度，否则农民将无法从现代信息技术的发展和应用中充分受益。农业现代化的主要目标是生产力和生产关系两方面的适应，使农民在任何时候都可以充分地利用现代化成果。因此，在农村改革的实践中，要实现农村的现代化，必须把农民组织化、把产业链转化为利益相关者机制，这也是农业现代化进程中的核心和必要步骤。

通过建立“弱者联合”等全国性的农民专业合作社来推动新型的“农民合作”供应链。加强农户组织，重构农产品生产链条中的利益分配，通过成立专业合作社，使分散的农民结成“特殊法人”，并在特定的条件下，借助农业、农村等外部的社会资金，形成一条完整的产业链条。在这种情况下，农户可通过与大型企业进行谈判，通过特殊的合作方式提高农产品价格，从而获得更多利益。在这一进程中，必须加强对供应链主体法制意识和契约精神的理解，完善相关法律体系，防止以上所述的违约。在市场环境不佳的情况下，为了规避价格风险，龙头企业要按照合约价格采购农产品。一方面，在市场状况良好的情况下，农场主应将产品以一定的价格出售给主导企业，而不是违反合约转手卖给高价买主，所以，合作社和经营企业必须签订具有法律效力的契约，违反契约将受到严厉的惩罚，在这一过程中，政府应当起到很好的引导和协调作用，如组建专业技术支持小组，为农户提供技术咨询；另一方面，要成立专业合作社，以协调农户与主导公司的收益，化解矛盾，实现共同的利益。

第五节　中国乡村振兴战略下农业现代化实现的预测

一、预测方法选择

这一部分借鉴刘国斌和方圆（2021）的相关研究方法，基于 GM（1，1）灰色模型对前文中国农业现代化发展水平模型构建所得出的评价得分 A（见表 2-5）进行 2035 年和 2049 年的预测分析，以此分析我国农业现代化综合发展水平何时能达到实现阶段。计算方法为：

第一，设有原始数据序列 X_0：

$\{(x_0(1), x_0(2), \cdots, x_0(n)\}$

计 X_1 为其生成序列：

$\{(x_0(1), x_0(2), \cdots, x_0(n)\}$

式中，$X_1(K)=\sum_{i=1}^{k} x_0(i)$

第二，对于 X_i，可建立方程如下：

$$\frac{dx(1)}{dt}+aX_1=u$$

此方程即 GM（1，1）模型。

第三，对 GM（1，1）模型求解：$\hat{X}^{(1)}(k)=\left(X^{(0)}(1)-\frac{u}{a}\right)e^{-a(k-1)}+\frac{u}{a}$，$k$ 为时间序列。

第四，设参数序列为 $\hat{a}$：$\hat{a}=[a, u]^T$。

第五，对 $\hat{a}$ 求解：$\hat{a}=(B^TB)^{-1}B^TY_n$

$$B=\begin{bmatrix} -\frac{1}{2}(X^1(1)+X^1(2)) & 1 \\ -\frac{1}{2}(X^1(2)+X^1(3)) & 1 \\ \cdots & \cdots \\ -\frac{1}{2}(X^1(n-1)+X^1(n)) & 1 \end{bmatrix}$$

$Y_n=(X^0(2), X^0(3), \cdots, X^0(n)))^T$，其中，$B$ 为数据阵，Y_n 为数据列。

第六，对 $\hat{X}^{(1)}(k)$ 进行累减生成还原：

$$\hat{X}^{(0)}(k)=\hat{X}^{(1)}(k)-\sum_{i=1}^{k-1}\hat{X}^{(0)}(i)$$

该 $\hat{X}^{(0)}$ 数列的值则为原始数列计算后得到的模拟值，当 $k \geqslant n$ 时，可以得到预测值。

农业现代化发展水平阶段的准确划分，对农业产业发展有着导向性的作用。本部分借鉴了国内大多数研究者对农业现代化的划分标准，将我国农业现代化发展水平划分为五个阶段，如表 2-6 所示。

表 2-6 农业现代化发展阶段划分标准

阶段划分	发展指数
准备阶段	0.0000～0.2999
起步阶段	0.3000～0.4999
初步实现阶段	0.5000～0.6999
基本实现阶段	0.7000～0.8999
完全实现阶段	0.9000～1.0000

二、预测结果分析

基于灰色预测 GM（1，1）模型，对我国实现农业现代化发展水平预测分析，从图 2-12 可以看出，目前我国整体农业现代化发展水平还处于准备阶段，2026 年将达到起步阶段，在 2034 年会初步实现农业现代化这一时期，我国农业现代化发展水平得以全面提升，到 2035 年这一重要节点时，我国农业发展水平还未达到基本实现阶段，距离基本实现农业现代化还稍有一些差距。

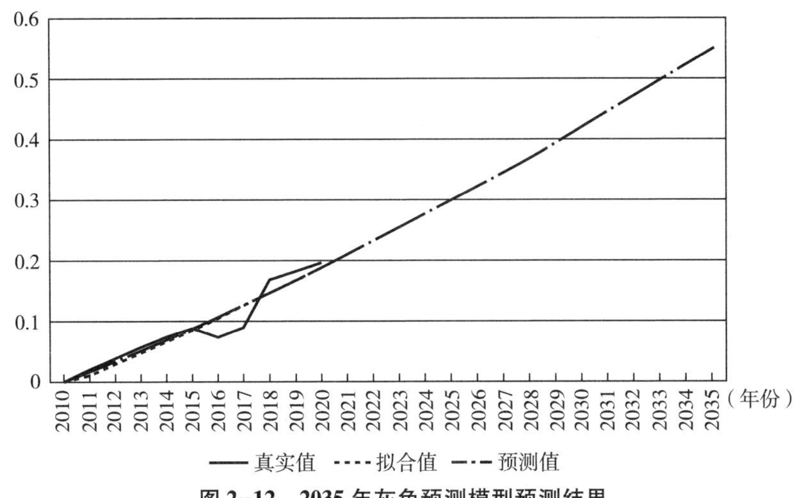

图 2-12 2035 年灰色预测模型预测结果

从图 2-13 结果可以看出：我国整体农业现代化发展水平在 2041 年基本实现农业现代化目标，在 2048 年可以达到农业现代化完全实现。未来，农业将会在国民经济中契合我国经济现代化的转型。从预测结果看，该预测解释意义较强，可以如期达到 2050 年全面实现农业现代化的目标，从传统农业大国成功迈向农业强国，以引领世界农业潮流。

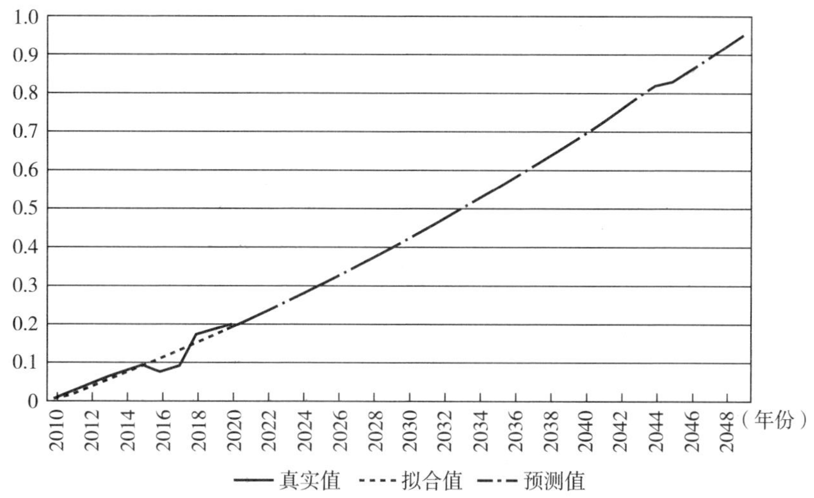

图 2-13　2049 年灰色预测模型预测结果

第六节　中国农业现代化建设的政策建议和配套措施

一、农业现代化建设的政策建议

（一）推进农业综合开发，保障现代化治理

要坚持农业综合开发宗旨，即改田、增产、增收。因此，要坚持综合治理、因地制宜的原则，计划性地展开农业综合开发。以围绕改造中低产田为主，增加可改造的中低产田数量，极大改善中低产田综合土质以提高中低产田农作物产量。在此期间，为扩大生产，应选择适宜改造的荒地，对周围水源、大气、土质疏松程度等进行综合考察，在考虑成本后进行适当开垦。改变农业基本生产方向，优先生产米、面、粮、油等基础作物，大力扶植农业产业化经营项目，提出

产业化经营方案，选择性地扶持表现优良的龙头企业，促进产销工贸与农业紧密连接。减少产业化经营过程中所需的重复过程，提高农产品生产及流转效率，为广大农民群众提供增收致富的通路，在带动致富上尽可能地为龙头企业提供快捷便利的途径，以保障社会经济中农产品供应链稳定，为国家实体经济发展奠定坚实的基础。

坚持择优立项、连片开发的项目管理原则。在农业开发项目管理手段上，参考相似案例，学习先进经验，考虑农业生态整体环境，综合治理，考虑整体损益进行科学布局。在科学利用农业资源上，一是科学地制定农业发展规划，以区域内流域水系为依据，按照流域水系大小、密集程度进行耕地规划，包括适宜种植农作物规划，种植面积规划，共生系统规划。最大限度地利用耕地，尽可能提高农作物整体产量，并且按流域对山、水、田、林、路进行综合治理，为规模化产业化经营提供必要的便利。二是坚持科学合理布局。三是采取一套综合治理措施，包括农作物种植配套的工程、机械、生物、科技、资金、人员等方面的措施，坚持因地制宜地对农林牧副渔业发展进行排序，优先生产效益高、产量高、质量高的产业，形成大规模的综合效益。

坚持多重资金投入机制，将资金引入国家大力扶持的农业生产方向，多方位募集资金，放松农业贷款条件，增加各渠道投资来源，保证资金充足投入。一是对国家及各地政府财政的投资额形成约束开发机制；二是让农民看见科技创新成果在农业生产所具备巨大优势的基础上，成为农业综合开发的投资主体，形成激励开发机制；三是各级政府做好资金规划、回收计划，有偿回收资金，形成循环投资机制；四是通过社会招商引资、投资入股等各种渠道，增强各渠道投资信心，形成竞争开发机制；五是做到专款专用，在项目执行过程中严格监督各款项去向，逐步完善法律法规建设，确保农业投入资金可追溯，高质量地保证农业综合开发的实现。

要在生产中发动群众生产积极性，在农民主体中进行宣传教育。让农民意识到扩大生产、增收致富是自己的事业。同时，在建设过程中，要公开项目建设信息，使农民群众清楚地知道每笔投资的去向与收益来源，把投资收入转化为看得见的利益，使农民意识到农业综合开发远远优于现阶段种养模式，从而主动接受种植改造。

（二）以国家政策为指引，推进农业现代化

首先，推进农业现代化，要紧跟国家乡村政策，把握发展机遇。在进行农业布局时，要综合考虑各部地理优势，例如南部多水，应考虑种植需水性等农作物，北部气候干旱，应考虑种植耐旱性农作物。其次，在支撑现代农业发展上，政府必须加以政策支持和保护，采用政策手段以确保现代农业健康高品质发展，

让法律成为处罚环境保护不力行为的最有力手段，让法律法规成为推进中国特色农业现代化的最后底线。

我国已经整体进入新发展阶段，必须更加重视各行各业对农业的带动作用，把农业公共服务体系建设作为重大的民生工程和重要的政府公共服务职能。政府要加强与农业发展相关部门的沟通协调，对新型农业经营主体提出的问题给予技术上的指导，对经营主体的发展给予政策上的建议，充分发挥省市对农业公司的担保作用，有目的有方向地引导各类金融机构考察粮食种植规模，增强投资回收信心，针对粮食种植大户的实际状况，给出各种融资投资风险补偿等优惠。在财政支出上，对规模效益好，集约程度高、发展规模大的农业组织，适当放宽融资要求，加大补贴资金额度，集中资金用于发展“藏粮于地”“藏粮于技”。同时，政府还可以加强对新型农业经营主体方式、经营利润、管理流程等程序上的监督，精确把握新型农业经营主体经营效益，以便更有选择性地加大财政投入力度，选择财政投入方向，以支持更多新型农业经营主体的发展壮大。在考察新型农业经营主体经营成果上，政府可以对其管理制度、管理效率、运行机制、运营者管理能力以及业务能力等方面进行指导并加强监督考核。

（三）发展区域优势，保护农业生态环境

我国是一个农业资源极度稀缺的国家，相较我国人口来说，我国人均可使用农业资源在世界上处于末位水平，农业生态环境十分脆弱，因此，在农业创新转变上，应重点关注农业资源利用方式，把加强保护农业生态环境作为可持续发展目标，重视农业生态环境的修复和保护，在实际应用过程中把多方目标有机地统一起来，在均衡发展中实现农业可持续发展目标。

在推动农业现代化的过程中，需要考虑到各地域特点，以不同的自然地理优势为出发点，因地制宜地制定各地区相应的发展方案，在资源优势的基础上，将地域与地域间的发展状况区分开，在不同区域间实行差异化发展，充分发挥区域特色优势。在旱区鼓励培育一批旱作有机等特色农业，在水灾频发区鼓励种植固水作物，帮助改善环境。当然，在进行创造性种植时，尤其要注重尊重环境，节约资源，不可进行一次性种植，以环境重度污染为代价追求高效益强破坏性生产。

加强耕地保护，减少水土流失。我国农业地理上的显著特征是地少人密，党的十八大后，中国城镇化速度迅速攀升，大到城市，小到乡村，都开展了大规模的基础设施建设，虽然规模化的基建为经济发展提供了便利，但同时也使得农耕用地锐减。有些地区在发展过程中尤其不注重农业生态的保护，不仅导致农耕用地减少，而且导致农产品产量减少，更造成了剩余耕地所在区域的生态环境大大恶化，产生一系列水土问题，例如水土流失严重等。由此可见，在进行农业产业发展过程中做出正确合理的规划十分重要。针对这一问题，政府应制定并实行严格的耕地保护制度，加大耕地破坏惩处力度，进行综合的土地整治以增加优质农田数量。对于西部缺水地区，增加人工防护林的种植面积，防风固沙，治理水土流失，逐步修复稳固当地整体生态环境。同时，加大违法行为惩处力度，增加违法成本，从法律上制止水土流失。在农业生产中要严格设定化学农药、化肥等无机物的用量标准，以减少化学反应生成物对土壤生态环境的破坏。

加强减灾防灾体系建设。新时代，互联网信息技术迅速发展，在灾害预报中，互联网也发挥了很大作用，将互联网信息技术融入各地区农业灾害信息系统和抗灾指挥系统中，可进一步提高各个地区在气象灾害方面的观测、预测、预警和防御水平。在减灾防灾方面，应在各个乡镇设立气象信息站，便于进一步缩小气象信息监控范围，降低气象灾害发生的概率；在人员配备上，要提高人员招聘的学业与综合素质标准，提高人员思想觉悟，稳定人员流动，由此完成农业气象服务的整体升级。在容易发生地质灾害的农业地区，要完善地质灾害预防信息网的建设，加深地质灾害监控与预测深度与广度，将这些地区的农业生态环境变化实时情况纳入监测信息系统内。为了更大程度地降低农业灾害发生之后造成的损失，各乡镇农业相关部门应根据当地农业状况特点设立农业灾害抢险救助中心，合理配置人员及设备，并与周围大型抢险救灾中心保持联系，以便在灾害发生时能更快做出反应。要对已有的救灾物资储备情况、设备运行状况进行及时更新，使得自身应对农业自然灾害的能力不断提升。在农业生产过程中，应把灾害防御逐步融入到日常过程中，如定期排查安全隐患，进行防灾、减灾的演习，组织防灾减灾工作小组到田间地头向农民进行宣传等，集中全社会的力量不断提高农业防灾减灾能力。

在生态学、农学、化学基础上研究发展绿色循环农业，为绿色循环农业提供创新源泉和有力的技术支撑，农业科学技术在绿色循环农业中有巨大发展潜力。在研发绿色循环农业的过程中，要重视最前沿的农业科学技术，并结合各学科的相关知识合理创造可用技术，完成绿色发展目标以及可持续发展。要把清洁农业技术的推广和应用放在政府工作的优先位置，同时可通过技术创新将农业废弃物转化为绿色化肥等有益物质，逐步建立绿色循环农业技术创新体系与推广体系。

（四）注重区域平衡发展，减少区域差异

我国地域辽阔，现代农业发展区域特征明显、生态类型多样、整体发展水平不一。

东部地区气候温和，水源充沛，经济发展迅速，在财政以及自然地理条件方面有先天优势，再加上改革开放以来的政策扶持，因此地区经济迅速发展，也

反向带动农业现代化水平不断提升，经济、资源、农业科技的应用和劳动力素质普遍处于较高水平。东北地区因为近年来的深度开发和大规模开垦，已逐步建立起几个十分重要的大粮仓，农业机械化发展相对快速，规模化经营已成效显著。

中部地区气候温和，夏季与冬季较长，水资源与降水资源充沛，地理面貌多以平原为主，同时，改革开放以来中部区域的经济发展成效显著，农业现代化水平也有了长足进步。

相比较而言，西部地区发展就相对落后。一方面，西部地区地貌多以高原与沙漠为主，极端天气多发，气候条件恶劣、水资源短缺且分布不均，宜耕面积较少；另一方面，西部地区综合发展长期落后，无论是财政收入还是生态保护效果都无法为农业生产提供有力保障。因为整体经济投入水平远低于东部地区，各项基础设施建设相对落后，在农业生产上又由于地理因素的限制，机械化水平也达不到全国平均水平。

综上所述，中东部地区丰厚的农业发展经验与雄厚的财政实力结合起来必然会使全国农业发展水平在未来出现越来越大的农业现代化差异。上述各项不可抗力因素制约着西部地区农业现代化的发展，因此，在制订未来西部地区的农业发展计划时，必然要特别关注财政投入问题和区域地理生态环境修复问题。要注意财政开支与应用，一方面，要平衡补贴与税收，还要注重人才培养政策，把高精尖人才应用于农业生产技术研发中，建立从事农业激励机制，让优良的科技成果带动农民劳动积极性，以确保粮食的产量稳步增加；另一方面，要对症下药，量体裁衣，不可直接套用成功发展模板，要发掘区域优势，必须要重视比较优势在各地区的差异运用。中东部地区要从劳动密集型向技术、资金集约型转变，西部地区要继续进行劳动密集型、技术密集型产业，充分发挥劳动优势。

二、农业现代化建设的配套措施

（一）强化对农业的财政支持程度

1. 扩大财政支农相对规模

随着国家经济水平和财力不断增强，财政支农必须把握好“取”与“予”的度，按照“多予、少取、放活”的方针，重视立法手段，建立财政对农业长效投入机制，提高财政支农总体规模，要特别注重提高拨向农业方面的财政支出所占财政总支出的比例。财政支农支出需要与国家经济发展水平相适应，也要与地方财政收支规模相适应。依据以往国家财政收入增长速度，应加大对农业现代化支持的转移支付力度，加大一般性转移支付比例，同时控制专项转移支付规模，尤其扩大对财政困难的基层政府转移支付。以中央及省级以上政策为指导和依托，以农业现代化为主线优化农业发展外部环境，真正扩大财政支农相对规模，增强财政支农力度，确保支农支出增长速度快于财政经常性收入增长速度，坚持以工促农、以城带乡、上下联动发展，让公共财政更好地支持农业实现规模化、产业化经营。

2. 改变财政对农业现代化支持的资金投入方式

整合财政支农资金投入形成聚合力。目前，我国农业收益比较低且农业现代化水平相对落后，加之财政支农资金属于多头投入、多手操作，呈现投入渠道多和投入资金散的情形，阻碍农业现代化速度。因此，财政支农资金整合极具必要性，它不仅是消除现行财政支农体制弊端、健全现代农业支持保护体系的重要手段，也是推动农业现代化建设、强化财政支农政策效益的必然选择。

近年来，中央政府和地方政府进一步强化了支农资金方面的整合工作，财政支农资金都是以支持农业建设为主要内容，它们具有的共性和财政支持农业现代化的本质要求，为财政支农资金整合提供了可能。支农资金投入方式上，中央及省级以上政府将遵循合理统筹的原则，按照性质或用途将来源于不同部门的财政支农资金纳入同类项目归属，集中下放用于农业生产等各项建设；地方政府尤其县级政府是各渠道财政支农资金的汇聚点，要将上级拨付资金与本级安排资金按照类别纳入同一个机构管理的原则进行整合，制定财政支农资金整合方案集中服务于农业现代化重点项目。总体上形成政府掌握所有权、财政掌握管理权、项目单位掌握使用权的支农资金管理框架。各级领导部门在思想上必须拥有强烈的统筹整合意识，将资金整合理念贯穿财政支农资金投入工作始终，由上而下每个步骤或环节都做好有效整合，才能更好发挥财政支农资金综合效益。

结合地方实际并给予自由裁量空间。由于各地农业现代化程度不同，中央政府及财政主管部门无法全面了解各地区尤其是基层支农资金需求状况，仅能在平衡各地区利益基础上凭借经验审批申请支农项目。为避免出现支农资金错位、缺位现象，财政投入中每一环节的上级政府均必须严格审视下级政府需求合理制定财政支农政策。中央政府要减少不必要专项转移支付对地方的束缚性，给予地方自由裁量空间，给各地依据自身农业发展水平，因地制宜制定支农战略和方案的机会，合理安排契合政策目标的支农操作方式，避免出现支农投入与地方实际需求不对接的情况。例如，农业实行精准补贴，生产资料等综合补贴额度随生产资料在市场中的价格灵活波动，兼顾市场性与灵活性，支农资金执行才能更加精准化，财政支农投入方向才会切实符合农业发展实际需要。另外，农业现代化背景下还可以考虑通过支农资金与新型农业经营主体对接的方式，开发财政支农工具及方式的丰富性和灵活性。

3. 优化财政支持农业现代化的支出结构

完善预算体系严格控制行政成本。行政成本过高或多或少会挤占财政支农资金进而影响财政支农整体效益，因此要寻找科学测度方法和有效治理手段以降低行政成本在财政收支中所占的比例，这就有必要深究行政成本过高的原因和严格把控行政成本的方法。预算编制方面，我国目前的预算管理体制共有两部分：基本支出预算与项目支出预算。基本支出预算完善方面要统筹公共资源扩大覆盖范围，建立电子政务平台实现意志表达自由和信息资源共享，保证预算支出标准化且信息公开化；项目支出预算要严格明确项目资金投向、审批程序以及结余资金管理，对行政成本预算形成硬性标准，保证按照预算计划严格执行，有效减少农业主管部门行政事业费用支出。预算执行方面，要加强法制化建设制定问责制度，行政活动经过法制化评估可以使行政成本在源头得到有效把控，通过控制财政支农项目预算，将财政支农支出更多用于农业基础设施建设、科技建设及农村社会化服务体系建设。

注重农业基础设施建设均衡性投入。农业基础设施建设作为公共投资，一定程度上弥补了私人投资的不足，在农业生产结构调整、产业升级方面发挥了重大作用。加强农业基础设施要选择具有科学性的项目做好基础建设规划，保证做到全方位控制项目进展。农业基础设施建设均衡投入表现，首先为东西区域均衡、城乡区域均衡，提高西部地区和农村地区农业基础设施的质与量，努力促进东西部地区、城乡地区农业均衡发展。其次为均衡生产性与非生产性项目建设。生产性发展项目固然需重点建设，但要兼顾能提供农民生活与生产性建设项目之间便利性的各类基础设施，同时统筹规划好农村路、水、电等基础设施建设的财政支出，如加大财政资金投入农村道路建设，做好道路硬化和合理规划工作实现客运服务网络化和线路公交化；推行沼气工程修建沼气池并带动农村改厕改厨等；增加饮用水工程财政支出百姓饮水难题。另外，非生产性项目建设包括增加对农村文化基础设施的投入，极力改善农民物质基础条件的同时兼顾精神生活建设，促进农村文化健康繁荣发展。

（二）加强农业科研技术和成果推广

科学技术在提高生产效率的同时，能显著改变人们的生活方式。因此在乡村振兴绿色发展中，恰当应用科技成果对实现绿色发展有莫大助益。新时代，必须进行科技与管理方式创新，从而改变传统发展方式，迈入乡村振兴绿色发展道路，最终构建人与自然和谐共生的发展模式，以实现农业农村农民绿色现代化。

现代农业所具备的一个特征是高科技农业，一向收益比较低的农业需要依赖科技提升产业竞争力。深入分析中国农业科技发展现状后，国家应不断加强农业科研领域财政支出，提升农业科技贡献率转变农业增长方式，为农业现代化目标提供坚实科技支撑，从以下两方面增强农业科研技术财政支出。一方面，重视农业科技人才培养。农业科技支出应该遵循以人为本原则完善农业人才引进制度，加强对从事科研领域的人才投入即用财政资金激励更多人投身于农业科技研发领域。同时利用高校及科研院所较强的科研能力，重点扶持农业科研机构与高校、科研院所等社会主体开展基础性或前沿性研究。另一方面，用科技改造传统农业生产模式。对农机具进行技术更新、改进，使其与农业现代化程度相匹配，要善于引进国际先进农业技术，努力使全国绝大多数农村实现农业机械化生产。除注重农业科技研发外，还需要安排科技成果转化资金加强农业科技研究成果宣传、推广和应用，让新科技、新理念走出研究室，深入农业农民当中，结合实际在农村推广新型生产理念和先进技术操作。只有做好科研成果推广，才能使财政支持对农业现代化建设具有普惠性效应，引领中国农业科技水平迈入世界领先行列。

1. 创新绿色农业科技

农业在我国经济发展中起着基础性作用，它在满足人民群众对农产品和农作物衍生品需要的同时为工业化提供必要的产品。新时代进行农业生产，必须把农业产业转型升级作为重点进行突破，把科技作为第一生产力，坚持效益优先，做到质量兴农、绿色兴农。

鉴于全球气候不断恶化，农业生产所需要的稳定气候条件面临诸多风险因素，同时，机械化程度与农村劳动人口数量过低成为现代农业生产障碍之一。因此，创新绿色生产科技是从我国国情和乡村振兴绿色发展道路要求出发，集中应用一批先进的科学技术，从而满足现代化农业生产的需要，促进农业的绿色化和效益化转型的必由之路。

一是推动农业生产技术绿色化。绿色化是未来农业产业发展的趋势，大力推行农业科技绿色化，要改变创新速率，加快调整农业科技创新方向、重点和布局，注重考虑地域特色与总体特色，以及农业技术创新结果在不同地域应用的高效性，重点研发低成本、高质量、安全、绿色生态等技术，要集中应用一批使耕地有机含量提升的新型智能肥料，研究并应用纳米农药技术，加快低毒残留农药分解，开发可降解农药，着重解决有害农药残留导致的土质污染及面源污染问题，维持土壤生产前后生态平衡，提高土壤重复利用性。对于废弃农膜考虑回收再利用，降低生产成本，推广加厚地膜使用，提高地膜重复使用能力，并且研制可降解、可燃烧的绿色农膜，减少塑料制品本身的不可分解性导致的固体废弃物污染，逐步形成农膜循环使用体系。

二是推动农业生产技术效益化。效益决定农民收入、财政投入和农业生产竞争力。建设现代农业，发展创新农业生产技术，不仅要从源头上保障农业生产废弃物达标排放，解决环境源头污染，确保当地农业生产资源循环可利用的问题，而且要实现农业生产效益化的目标。要研究发展废弃物资源化技术，例如，支持各地已成规模的养殖业企业和经营主体将生物代谢物质转化为新型能源，进行禽

畜粪便等废弃物的再利用，研究以禽畜粪便等废弃物为清洁能源的沼气发电技术，在沼气能源开发过程中进行能源利用效率创新，逐步形成种养一体化循环通道；发展秸秆废弃物资源化利用技术，推广“秸秆农用十大模式”和秸秆打捆直燃集中供热等技术；发展循环养殖技术，利用生物化学技术在农业产业间进行交叉种植，高效利用农业用地、农业用水，形成各产业间生态良性循环；发展节水控污技术，在生产过程中对农作物及其生长条件进行实时监控，推行滴灌技术，高效利用农业用水、控制化肥施用量，在最大限度地减少化学污染的基础上，保证农作物产品质量，并且降低总生产成本。

2. 发展提质增效安全技术

新时代推进乡村振兴绿色发展道路必须以科技创新为手段，把解决当前面临的优质农产品供给不足作为重要任务。在科技开发中，要重点研发提质增效与农业安全技术、农作物病虫害防控技术、禽畜养殖业重大疫病防控技术、水产健康集约养殖技术等，始终把农产品安全作为行动的出发点和落脚点。

一是发展虫害疫病防控技术。虫害疫病在新时代仍旧是农作物健康生长面临的最大威胁，推广绿色防控技术，遵循“绿色植保”理念，在有效降低虫害的同时极大降低农作物表面残留的有害化学成分含量，合理应用物理诱导，降低农作物有害变异概率，着力提升农作物病虫绿色防控覆盖率。研发新型防控禽畜的重大疫病技术并实现推广，运用生物学、化学和生化等交叉领域知识进行科技创新，分析常见病虫害以及最新出现的畜禽类疫病种类，重点解决高致病性疫病如禽流感、蹄疫、猪瘟等突出问题，高质量高品质地实现禽畜等畜牧业农产品生产。

二是创新产品精深加工技术。要实现优质绿色的农产品生产，必须着重减少农产品加工过程中造成的环境污染问题，减少在加工过程中释放出的有毒气体、废水等对人体可能产生的健康危害。必须大力发展种植业产品精加工技术，按照绿色、健康、安全的生产标准，严格推行检测、杀菌、粉碎、干燥等技术，创造农产品有害物质高效检验技术并实现规模推广，提高农作物种植标准，在生产前中后期对土壤、水质、大气提出更高的要求，以提高生产产量，满足人民需要的更多优质农产品。在水产品方面，大力发展水产品精深加工技术，如危害物检测技术、速冻技术、无菌包装技术等，生产更多绿色安全的畜牧水产品，促进养殖业持续绿色健康发展。

（三）改革支持农业现代化的监督机制

1. 加强基层政府财政支农的监督约束

基层政府是财政支农项目及资金的一线执行主体，由于这方面监督约束力度薄弱，其在执行环节容易出现违法违规行为，基层政府应做好内部监督以及对项目实施部门的监管工作，具体可以通过财务监督方式落实监管责任。财务监督主要指对财政支农政策运行和落实中的明细账目进行监督检查，以此判断财政支农工作是否到位、支农资金是否保证账实相符。基层政府监督表现为两种：一是对项目执行主体财务收支是否合法合理进行监督，是否真正发挥财政支农资金使用效益；二是对行政事业单位财务收支进行内部监督，凸显上级对下级的监管责任。财政支农项目执行完工后，上级财政部门可以安排专门督查小组对基层政府支农政策执行结果进行严格审查，同样也可以选择多样化途径审查财政支农支出中有无挪用挤占资金、弄虚作假现象，对于违法违规行为及时问责责任主体，做到事前预警、事中监管、事后评价的全方位监督。同时，基层政府自身要增强法律意识和规则意识，统筹农业现代化扶持政策坚持依法办事，从根本上防止支农资金流失，与上级政府构成联动发展、协调共进的格局。

2. 通过农业信息化手段实现社会监督

农业现代化对农村公共产品和服务供给的质与量提出必须契合农民实际且公平有效的要求。目前，中国农业还尚属于传统农业状态，其市场空间广阔和信息不规范、不对称、不透明的属性决定在某种程度上适合与互联网及信息化融合，信息化建设是实现农业现代化目标的有效技术手段。当前，农业农村依靠自身难以构建信息化体系，政府财政是农业信息化建设的主要投资主体，应确定将信息化建设纳入农业现代化财政支农政策体系，加大对经济不发达及偏远地区的财政倾斜幅度和转移支付力度。通过政府顶层设计和政策支持农业信息化建设，解决农产品和服务供给与实际不对接或是供给监管漏洞现象。信息化平台建设的优势有利于开展社会监督，网站平台实行政务公开和实时动态更新，农民不仅可即时查询相关公共农产品和服务供给及管理情况，同时可自由发表有关农村公共农产品和服务供给的政策建议和看法，让基层主体参与政策决策、强化政策目标性，保证农产品和服务供给与农村实际需求相匹配。同时，为规避政府各行政部门在公共农产品供应和服务提供上出现权力寻租、贪污腐败现象，应根据权责统一原则对失职、渎职行为依照相关法律规定给予严厉处罚。农产品和服务供给过程也可以有效纳入第三方中介机构进行绩效评估监督，为相关农业现代化下财政支农政策制定和调整提供重要的参考依据，最终形成法律、社会等多主体、多层次、多手段监督体系，助力中国实现农业现代化。

总之，农业是关系百姓和国家稳定发展的基础产业，在新时代实现农业生产创新发展，需要各级政府、各个产业共同扶持，确保农业在经济发展中的基础地位，把农业摆在发展优先位置，加大农业人力、物力和财力投入，才能提高我国总体生产水平，提高农产品生产质量，最终在农业现代化下实现乡村振兴的战略目标。

第三章　农村产业多元化之路

农村产业多元化是推动农村产业转型升级，促进农村经济高质量发展的必然要求，同时是推进农村农业现代化、实现乡村振兴的必要条件。随着时代的变革越发迅速和深刻，我国对农村产业振兴、农村的产业发展愈加重视。但目前还存在着一些问题，如对农村产业多元化发展认识不足，三产互动融合、协同发展的程度较低，相关体制机制不完善等问题。产业振兴是乡村振兴的重中之重，要坚持精准发力，立足特色资源，关注市场需求，发展优势产业，促进一二三产业融合发展，更多更好惠及农村农民。这一论述为新发展阶段深入实施乡村振兴战略、加快农村产业多元化指明了主攻方向，走农村产业多元化之路，就是要立足于农村当地特色，紧紧围绕农业这个核心，推动一二三产业深度融合，协同发展。

第一节　中国农村产业多元化的内涵及特征

一、农村产业多元化的内涵

农村产业多元化是指以农业为依托，以市场为主导，以一二三产业融合发展为核心，以绿色发展为目标，以科技创新为驱动，推动农业产业链延伸、农业多功能发挥、农村产业范围拓展三个方面共同发展，通过强调在不同的农村产业间进行多元化创新和有效性整合，在多元化蓬勃发展的农村产业中产生新价值。

（1）在农业产业链延伸方面，要将多样的现代农业种植生产和加工技术应用在农业中，鼓励新型农业经营主体、新型农业服务主体带动小农户延伸农业产业链、打造粮食供应链、提升产业价值链（张莎等，2022）。

（2）在农业多功能发挥方面，要积极培育现代农业产业体系，并建立农产业教育基地、农业产业园区等以带动乡旅产业和文化产业的发展，促进农业多功能发挥，高效率提升。

（3）在农村产业范围拓展方面，要积极推广产业链金融模式，发展农村普惠金融，通过聚焦农业，辐射其他行业，使农业与其他行业联动发展，拓展农产品生产、加工、销售、运输等多方面的合作领域与服务范围，促进农业产业链和服务业的有效整合，提升农村服务业的活力、创新力和竞争力（姜长云，2018）。

推动农村产业多元化，要根据农村当地特色，在实现农业现代化的同时，注重发展农产品加工业、流通业、面向农村农业产业链的生产性服务业、乡旅产业、农村金融服务业，以及农村养老、农村休闲等文化产业。将传统单一的乡村经济转变成形式多样，把同质发展的农村产业转变成业态多样，全力推进农村产业多元化，实现乡村振兴。

二、农村产业多元化的特征

（1）立农为农。农村产业多元化是以一二三产业融合发展为路径，以农业农村资源为依托，发展优势明显、特色鲜明的乡村产业。立足于“三农”问题，让农民有活儿干、有钱赚，让农村形成发展新优势，加快农业现代化进程。让农业、加工业和服务业更好地有机融合在一起，从农民的切实利益出发，把就业创业机会留给农民，把产业多元化的最终效益落实到农民利益上。

（2）市场导向。在农村产业多元化的过程中，要明确市场在资源配置中占主导地位，起决定性作用。要激活要素、激活市场、激活主体，以乡村的龙头企业为载体，引导资源要素更多地向乡村汇聚。开展主体跨界融合、要素跨界配置、业态跨界创新、利益跨界共享，形成企业主体、农民参与、科研助力、金融支撑的产业生态，促进资源共享、链条共建、品牌共创、利益趋同的新型混合所有制（农业农村部，2020）。

（3）融合发展。发展农村产业多元化，必须要牢牢把握住一二三产业融合这个重点，发展全产业链模式，推进一产往后延、二产两头连、三产走高端，加快农业与现代产业要素跨界配置。形成产业链条完整、功能多样、业态丰富、利益联结紧密、产城融合更加协调的新格局，农业竞争力得到提高，农民收入持续增加，农村活力显著增强。实现农村生态化、绿色化、特色化，提升农业的功能外延。将农业生产、农产品加工、销售连接，组建完整的产业融合发展平台。发展特色旅游村镇，开展现代化产购销活动，积极弘扬农村特色文化和习俗风格，形成丰富多元的产业业态。专业大户、家庭农场、农民合作社、龙头企业及工商资本间形成稳定的利益联结机制。

（4）绿色引领。践行绿水青山就是金山银山理念，促进生产生活生态协调

发展。以生态文明型的农业为导向，形成生产节约型的集约农业，资源节约型的循环农业，环境友好型的生态农业，产品安全型的绿色农业。采用集约经营的方式转传统产业变现代化产业，提高土地和劳动生产率，发展大田种植与林、牧、渔业结合，发展大农业与第二、第三产业结合，协调发展与环境、资源利用与保护之间的矛盾（尹昌斌等，2015）。

（5）创新驱动。农村产业多元化的进程中，科学技术是第一生产力，要利用现代科技进步成果，积极赋能乡村产业，创新企业的管理机制和管理模式，增强乡村产业的创新潜力和发展活力。其中，第一、第二产业的科技创新包含机械化程度和生物化程度的持续提高，主要体现在土壤改良、田间管理、加工制造、储藏运输等生产运输领域，同时有第三产业的发展和进步如信息技术、新能源、节能环保、生物技术等新兴产业的发展带动农村乡旅和服务业的兴旺（文丰安等，2020）。

第二节　农村产业多元化实现乡村振兴的理论分析

一、农村产业多元化为乡村振兴提供强劲动力

农村产业多元化是乡村全面振兴的基础和关键。乡村振兴是包括产业振兴、人才振兴、文化振兴、生态振兴、组织振兴的全面振兴，而其中最重要、最根本、最关键的便是产业振兴，而走农村产业多元化之路正是产业振兴的题中应有之义。

威廉·配第最早在《政治算术》中论述产业结构，他认为工业的收益比农业多得多，而商业的收益又比工业多得多。其核心思想是产业结构会逐渐升级，而在此过程中，劳动力占比逐渐从第一产业过渡到第二、第三产业，同时整个国民收入随之上升。这个理论正好适用于农村产业和收入的关系上。想要实现乡村振兴，不应该单单靠农业解决。随着产业的发展，农业逐渐向工业、服务业过渡，各个产业多元发展、共同促进才能实现产业振兴。因此，农村产业多元化才是乡村全面振兴的基础和关键。

走农村产业多元化之路，要求产业要规模化和延长产业链，实现农业与工业相结合，一二三产业齐头并进的多业融合发展，有良好、稳定、可持续的市场需求。我国归根结底是个人口大国、农业大国，“三农”永远起着“压舱石”的作用，而其中的农业更是重中之重。农村产业多元化的目的是通过扩大产业规模，

优化产业结构，提升产业效率，让农民受益，切实提高农民收入，改善农民生活。

走农村产业多元化之路，不仅可以奠定农民增收、实现绝对脱贫的基础，更能够巩固拓展脱贫攻坚成果、实现稳定脱贫和持续增收的成果，产业的可持续发展和农民的可持续增收还面临一定的问题，而实施农业产业多元化，一二三产业融合发展为此提供了解决之道，应培育农业产业自身盈利能力和可持续发展能力，发展农产品加工业、流通业和面向农村农业产业链的生产性服务业以及乡旅产业，农村金融服务业和农村养老，农村休闲等文化产业，将各个产业合理整合在一起，形成百花齐放，共同繁荣的发展局面。同时，要创新产业业态和经营模式，在提升其经营效率之余，要把产品质量和产业特色放在首位，加快实施脱贫地区特色产业提升工程，着重提高产业竞争力。

一二三产业相互促进，可以将乡村生产合理纳入现代化产业体系，让广大农民深度融入现代产业链价值链，有助于健全农村的商业贸易流通体系。同时，促进农村普惠金融服务的发展，弥补传统金融的缺陷，深化供给侧改革以满足产业升级的需求，实现农业与工业有机结合，服务业与工农业良性循环，加快农村第三产业发展，促进产业兴旺（栾晓飞，2021）。因此，走农村产业多元化之路发展壮大乡村产业，实现产业振兴，将推动农村市场的拓展并激发其市场活力和潜力，有助于农村产业结构转型升级，带动农村居民消费需求，从而为乡村振兴注入了强劲动力。

二、农村产业多元化为农村经济拓宽发展空间

农村产业多元化推动农业产业链延伸、拓宽和整合。走农村产业多元化之路，能够加速农业转型升级，特别是农业产业链升级，通过乡村农业产业链的纵向延伸、横向拓宽、各环节整合，有助于提升农产品附加值，增强农业竞争力，以及优化传统农业结构，把延伸农业产业价值链作为主线，牢牢把握住农产品加工业的发展，能够有效促进农产品提质增值，有助于推动我国农业加速沉淀、农产品加工业快速发展转强（严宇珺等，2022）。

1996 年，针对当时日本严峻而尴尬的农业发展现状，东京大学的著名学者今村奈良臣第一次提出“第六产业”这个概念。他指出，鼓励农户搞多种经营，延长产业链条，不仅是单纯地种植农作物和从事养殖业等传统农业，还包括从事农产品加工与流通、销售农产品及其加工产品等二三产业的融合，以获得更多的增值价值（叶林，2019）。

根据“第六次产业”理论，通过对农业产业链的延伸，一二三产业的融合发展，能促进产业多元化，有助于建设并健全现代乡村农业经营体系。“第六产

业”是第一、第二、第三产业的乘积，意在强调农村一二三产业的融合发展，基于产业链延伸和产业范围拓展，围绕乡村主导产业，建立健全贸工农一体化的产业经营体系，实施纵向一体化经营，打造从田间到餐桌的全产业链模式。加强农产品物流网络和冷链物流建设，完善农产品流通和高效配送体系。将农产品加工业、流通业及相应生产性服务业、农村金融服务业和农村养老、农村休闲等产业有效整合，多元创新，从而培育新型农业经营主体，推进多样化经营方式，引导农村经济规模经营趋于多形式、多层次和多元化，早日实现乡村农业产业化、集约化、商品化发展。

走农业产业多元化之路，以农业为基础，大力发展“农业+”产业，能促进农业与旅游、文化、养老、教育等产业深度融合。充分发挥当地乡村特色、丰富资源和区位优势，大力开发农业和乡村的现代服务功能。重点实施休闲农业和乡村旅游精品工程，培育一批美丽休闲乡村、乡村旅游重点村，建设一批休闲农业示范县。打造系列乡土特色品牌，促进与文化旅游产业融合发展。利用“互联网+”等新技术手段，加速推动现代产业要素跨界配置、交叉融合（张小贤等，2022），积极发展农村新产业，培育新业态，探索新模式，推动乡村产业功能拓展融合，适应城乡居民消费升级和多元服务需求。

三、农村产业多元化为乡村治理打下牢固根基

走农业产业多元化之路可以健全和完善乡村自身的治理体系。治理有效是乡村振兴的本质要求。加快推进乡村治理体系和治理能力现代化是实现乡村振兴的必由之路。根据可持续发展理论，永续利用有限资源，注重生态环境保护，妥善处理好经济发展和人口资源与环境的关系，走农村产业多元化之路，能健全和完善优化乡村生态治理体系。

首先，产业多元化可以提升农村的资源承载能力。农业是一项基础产业，相比于其他产业而言，周期长、附加值低，对自然条件、生态环境的要求相对比较高。农村是农民生产和生活的舞台，也是他们安放身心的所在，而农村的环境和质量直接关系到农民的生存状态和农业的安危。我国是农业大国，农村拥有充足的资源，但农村自身对于这些资源的利用效率却不高，两者无法平衡，造成传统农业资源承载能力不足，进而引发乡村资源浪费、农民收入低下、农村发展进度缓慢等问题。而让一二三产业融合，农村产业多元化发展，恰好能协同供给侧和需求侧，促进乡村产业现代化、信息化、集约化、绿色化、特色化发展，提升乡村本身的资源利用效率，用产业发展优势带动乡村生态优势，逐步提高农村的资源承载能力。

其次，随着农村产业多元化的进行，乡村旅游以“三农”资源为主要载体

的新型业态出现，支撑农村经济社会可持续发展，助力当地乡村经济绿色发展。同时，随着农村产业多元化的进行，有利于改善农村居住环境，农村居民自豪感和素质得以提高、农村居民传统观念得以改变、农村居民收入随之提高、农村剩余劳动力的压力随之缓解；有利于转变农村土地利用模式、提升农村精神文明、带动乡村城镇化发展；有利于提高农产品质量、推广农业科技与促进农产品就地销售、推进农业农村现代化，实现农业增效、农民增收、农村繁荣（陆林等，2019）。

最后，产业的兴旺带动企业的发展，促进经济的繁荣，从而能吸引人才流入和防止人才流失，要落实返乡创业各项支持政策，引导外出农民工、退伍军人、高校毕业生等各类人才返乡下乡创业创新。深入开展乡村振兴科技支撑行动，针对当地乡村特色优势产业加强技术研发，深化产学研合作，支持高校和科研单位为乡村产业振兴提供技术服务。从人才培养出发，建立健全乡村生态治理体系和推进治理能力现代化，为乡村振兴中的生态宜居夯实基础，汇聚力量。

第三节　中国农村产业多元化的现状及问题分析

一、农村产业多元化现状

根据农村产业多元化内涵分析，参考陈湘满等（2022）、陈红霞等（2021）的划分标准，农村产业多元化涉及农业产业链延伸系统、农业多功能发挥系统和农业服务业融合发展系统三大系统。当前农业产业链延伸的重点在于大力发展农村电商、农产品加工业等行业。发挥农业多功能性就是要大力发展休闲农业等新型农业生产经营形态，如乡村旅游、农村养老等行业。农业服务业融合发展指服务业为农业生产过程中的产前、产中及产后环节提供中间服务的过程，如农村金融、农村物流等行业。本节对这些行业的发展现状进行分析，为发现农村产业多元化发展问题、提出建议对策的制定奠定基础。

（一）农产品加工业

农产品加工业营收逐年递减趋势减弱，整体呈现恢复势头。近年来就农产品加工产业营业收入而言，受整体经济降速以及新冠疫情影响，“十三五”期间，我国规模以上农产品加工行业营收有所下降，但减幅不断缩小。农业农村部数据显示，自 2016 年起，我国农产品加工营收逐年下降，到 2020 年仅为 14.46 万亿元。但在国家政策扶持以及农产品稳定供给的大背景下，农产品加工业营业收入呈现回暖趋势。就农产品加工营收结构而言，食用类农产品加工业完成营业收入98172.5亿元，同比增长1.1%，占比约为农产品加工总营收的67.9%。非食用类农产品加工业营收为46428.1亿元，占比32.1%，总体来看，食用类农产品加工业的“压舱石”作用显著。

就目前来说，农产品加工业经过多年的发展，已经成为制造业中的一大产业，而且在发展中，农产品加工产业呈现出了一些新特点：中小型企业活力增强、企业效益明显好转、区域结构加速调整等。这些新特点对于提高农产品加工企业的生产积极性以及扩大市场规模有积极作用。

（二）农村电商业

农村电商行业发展势头迅猛，发展前景广阔。

一是农村电商规模稳步提升。据商务大数据监测，2020年全国农村网络零售额达1.79万亿元，其中，农村实物网络零售额达1.63万亿元，占全国农村网络零售额的90.93%。分地区看，东部、中部、西部和东北地区分别占全国农村网络零售额的77.9%、14.1%、6.4%和1.6%，同比增速分别为8.1%、9.1%、15.8%和21.5%。

二是农产品电商增长迅速。2020年，全国农产品网络零售额达4158.9亿元。分品类看，零售额前三位的品类分别是休闲食品、粮油和滋补食品，分别占农产品网络零售额的19.8%、14.6%和11.3%。增速前三位的品类分别是粮油、奶类和肉禽蛋，同比增速分别为58.7%、57.7%和56.9%。

三是农村电商发展基础不断增强。农村网民数量增长迅速。中国互联网络信息中心数据显示，截至2020年12月，我国农村网民规模为3.09亿人，占网民整体的31.3%，较2020年3月增长5471万人。农村地区互联网普及率为55.9%，较2020年3月提升9.7个百分点。城乡地区互联网普及率差异较2020年3月缩小6.4个百分点。

（三）乡村旅游业

近些年，我国乡村旅游呈现出高速增长的趋势，引起了社会的广泛关注。乡村旅游作为旅游行业的一种新兴产业形态和新型消费业态，在国民经济中占有一定比重，在社会经济发展中发挥着重要作用。同时，因其与乡村紧密的关联性，以及良好的经济、社会与生态功能，乡村旅游被广泛地认为可以成为乡村振兴的一种重要内生力量。乡村旅游基本以休闲、农业观光为主，并集成观光、学习、参与、娱乐、度假等。较受欢迎的项目是以“住农家屋、吃农家饭、干农家活、享农家乐”为主的民间传统节庆活动等。伴随规模的快速扩大，中国乡村旅游已呈现综合化、多层次的发展趋势。总体来说，中国乡村旅游发展迅速，已成为旅游业的一大“蓝海”方向，乡村旅游的消费人群日益增加。

（四）农村养老业

当前，我国农村养老是由社区、机构以及家庭三部分构成的养老服务体系，养老的具体事务主要涉及基本日常生活需要、心理咨询、文化教育、旅游休闲、法律传播等内容（曲顺兰等，2020）。近年来，我国把农村养老服务发展纳入乡村振兴战略进行统筹谋划，持续加大农村养老服务体系建设投入，养老服务扶持政策、财政资金和资源进一步向农村倾斜，各方面发展均取得显著成效。

一是特殊困难老年人的基本生活和服务保障体系基本建立。我国初步形成了在现有的社会保险、社会救助、慈善事业等社会保障制度基础上，社会救助、老年人福利补贴和农村特困人员供养等相衔接、广覆盖、可持续的农村老年人生活保障体系，将符合条件的农村高龄、失能等困难老年人及时纳入最低生活保障范围，采取分散供养和集中供养相结合的方式，将所有符合条件的农村特困老年人纳入政府供养范围。

二是农村养老服务设施建设不断加强。中央不断投入财政预算支持包括农村养老在内的社会养老服务体系建设。当前，我国初步形成了以家庭赡养为基础，养老机构和互助幸福院为依托、农村老年协会参与、乡镇敬老院托底的农村养老服务供给格局。

三是农村留守老年人关爱服务体系逐步完善。2017 年，民政部联合国务院扶贫办等九个部门印发了《关于加强农村留守老年人关爱服务工作的意见》，指导各地建立健全农村留守老年人关爱服务体系。针对留守老人面临的安全、生产生活、心理三大问题，因地制宜地开展了各种形式的、面向留守老年人的关爱行动，初步形成了多方参与、形式多样、内容丰富的农村留守老年人关爱服务体系。

（五）农村物流业

农村物流的发展已成为推动农业市场化转型、提高农产品的国际竞争力、增加农民收入的重要途径之一，但其发展形势依然严峻。从“快递下乡”到“快递进村”，2020 年，快递直投到村比例提升至 50%以上。但就现阶段而言，我国农村物流依然面临众多挑战。一方面，对农村居民来说，对农村物流的依赖大多是通过物流网络购买与销售，我国农村没有一个较为完整的物流作业体系能满足农村居民对于网络购物的更好需求；另一方面，农村居民要进行网络销售的货物大部分是农产品，而由于农村物流条件的制约，货物的包装加工与运输不能成为一个完整规范的系统。除此之外，农村物流总值在社会物流总值中的比重很小，且其增长幅度远远低于全国社会物流总值 27%的增长幅度。

（六）农村金融业

近年来，我国政府出台了一系列政策，重视发展农村普惠金融，集中力量解

决农村金融中存在的矛盾，加快推进农村普惠金融建设。但农村地区资金短缺、缺乏融资渠道以及金融机构简单等问题，使得低收入者等弱势群体对于享受完善的金融服务满足感不高，对于调动农村金融机构对农村进行服务仍存在着一定的困难。

目前，我国农村金融呈现了新的发展方向。互联网金融的出现为农村金融发展提供便利，如手机终端技术结合传统金融服务理念，为农村普惠金融在我国发展创造了有利条件。一是农村互联网金融提供个性化的服务。根据广大受众的不同需求，提供相应种类的金融产品，能轻松地满足客户多层次需求。二是互联网金融能够节省人力、物力，降低了金融机构交易成本，并且借助互联网、大数据等信息通信技术，对解决信息不对称问题有相当大的帮助。三是互联网金融能够摆脱时间和地点的限制，可通过网络随时随地地为客户提供个性化金融服务。但农民信用意识淡薄，农村金融基础设施建设落后等问题制约了农村金融行业的发展。

二、农村产业多元化水平评价

前文根据农业产业多元化内涵分析，本节构建农村产业多元化评价框架，对农村多元化产业三大子系统下的六个产业进行水平评价，以更好地发现当前农村产业多元化行业发展问题，从而为提出针对性政策建议奠定坚实基础。

（一）评价指标体系构建

从农业加工装备、产业收入情况及行业加工增长情况出发，农产品加工业选取了农业机械总动力、农产品加工业营业收入、规模以上农副产品加工增长率三项指标；从产业发展基础、产业发展规模和利润情况三方面考虑，农村电商行业衡量指标选取农村互联网普及率、淘宝村数量和农村网络零售额三项指标反映；从国家支持力度、消费者消费情况和产业收入情况三方面考虑，选取中国休闲农业与乡村旅游（以下简称乡村旅游）营业收入、中国休闲农业与乡村旅游示范县数量、中国休闲农业与乡村旅游人次三项指标反映乡村旅游业发展；我国农村养老目前主要服务于农村老年人，结合老年人身体机能下降的现实，将农村卫生院数量作为一项衡量指标，另外选取农村养老机构数及床位数两项指标共同反映农村养老情况；选取农村快递网点覆盖率、农产品物流总额两项指标反映行业发展基础、行业发展规模，而冷链物流成为物流行业新的发展领域，所以选取农产品冷链物流需求量也作为一项衡量指标，反映农村物流未来发展前景；选取村镇银行数量、主要农村机构贷款额、农商行涉农贷款不良率三项指标分别反映农村金融发展数量、规模、质量。各行业指标如表3-1所示。

表 3-1　农村产业多元化指标体系

一级指标	二级指标	指标说明	性质
农业产业链延伸	农产品加工	农业机械总动力（亿瓦）	+
		农产品加工营业收入（万亿元）	+
		规模以上农副产品加工增长率（%）	+
	农村电商	农村互联网普及率（%）	+
		淘宝村数量（个）	+
		农村网络零售额（百亿元）	+
农业多功能发挥	乡村旅游	乡村旅游示范县数量（个）	+
		乡村旅游人次（亿人）	+
		乡村旅游营业收入（亿元）	+
	农村养老	农村卫生院数量（万所）	+
		农村养老机构数（万家）	+
		农村养老床位数（万张）	+
农业服务业融合发展	农村物流	农村快递网点覆盖率（%）	+
		农产品物流总额（万亿元）	+
		农产品冷链物流总需求（万吨）	+
	农村金融	村镇银行数量（所）	+
		主要农村机构贷款额（万亿元）	+
		农商行涉农贷款不良率（%）	-

（二）评价方法选取

农村产业多元化评价涵盖农业产业链延伸、农业多功能发挥和农业服务业融合发展三大个系统，涉及农产品加工、农村电商、乡村旅游、农村养老、农产品物流和农村金融等行业发展情况，因此对其水平评价是涉及多目标的综合评价，应采用综合评价方法。学术界经常使用的综合评价方法包括层次分析法、熵权-TOPSIS、主成分分析法、模糊评价法等。其中，层次分析法利用少量信息将决策过程方法化、数学化，为解决复杂的决策问题提供简化路径。主成分分析法通过正交变换将一组可能存在相关性的变量压缩为一组不相关的变量，是一种减少维度的方法。模糊综合评价法根据模糊数学的隶属度理论把定性评价转化为定量评价。熵权-TOPSIS 法，顾名思义，融合了熵值法与 TOPSIS 法，熵值法可减少主观赋值带来的偏差，TOPSIS 法适用于从多对象、多方案的对比中找到最优的方案。熵权-TOPSIS 法能刻画多个指标的综合影响力度，并且该方法对样本数量及指标数量无严格要求，研究者可凭研究重点灵活选取样本及指标。所以，本部分

采用熵权-TOPSIS 法作为评价方法。

（三）样本选择与数据来源

本部分分别选取中国农村作为样本反映我国乡村产业多元化发展情况。选取2010~2020 年农村产业多元化相关数据对我国农村、陕西产业多元化水平进行评价。其中，全国数据来源如下：农产品加工业营业收入数据来自农业农村部；淘宝村数量、农村网络零售额、农村快递网点覆盖率来自阿里研究院和商务部；乡村旅游人次数、乡村旅游营业收入来自国家文旅部、农业农村部和艾媒数据中心；农产品物流总额、农产品冷链物流需求量来自中国物流与采购联合会；农业机械总动力、农村卫生院数量来自历年《中国农村统计年鉴》；村镇银行数量、农商行涉农贷款不良率来自银监会；规模以上农副产品加工增长率、农村互联网普及率、养老服务机构数和床位数（2013 年以后统计数据改为城乡数据）、主要农村金融机构（农村信用社、农村合作银行、农村商业银行）人民币贷款余额来自《中华人民共和国国民经济与社会发展统计公报》。

（四）评价结果及分析

1. 农村产业多元化整体评价结果

由熵权-TOPSIS 法得出各项指标权重。农村产业多元化三大系统权重分别为：农业产业链延伸为 34.38%，农业多功能性挥发为 35.90%，农业服务业融合为 29.70%。各行业权重依次为：农产品加工业权重为 10.41%，农村电商权重为 23.97%，乡村旅游权重为 16.45%，农村养老权重为 19.45%，农村物流权重为 17.15%，农村金融权重为 12.55%，指标权重如表 3-2 所示，评估计算结果如表 3-3、图 3-1 所示。

表 3-2　全国农村产业多元化指标权重（2010~2020 年）

一级指标	二级指标	指标说明	权重（%）
农业产业链延伸（34.38%）	农产品加工（10.41%）	农业机械总动力	3.04
		农产品加工营业收入	4.47
		规模以上农副产品加工增长率	2.90
	农村电商（23.97%）	农村互联网普及率	4.66
		淘宝村数量	11.17
		农村网络零售额	8.14

续表

一级指标	二级指标	指标说明	权重（%）
农业多功能性发挥（35.90%）	乡村旅游（16.45%）	乡村旅游示范县数量	5.63
		乡村旅游人次	5.55
		乡村旅游营业收入	5.27
	农村养老（19.45%）	农村卫生院数量	3.00
		农村养老机构数	12.65
		农村养老床位数	3.80
农业服务业融合发展（29.70%）	农村物流（17.15%）	农村快递网点覆盖率	4.90
		农产品物流总额	5.46
		农产品冷链物流总需求	6.79
	农村金融（12.55%）	村镇银行数量	2.51
		主要农村机构贷款额	4.86
		农商行涉农贷款不良率	5.18

表 3-3　评估计算结果（2010~2020 年）

年份	正理想解距离 D+	负理想解距离 D-	相对接近度 C	排序结果
2010	0.239	0.066	0.218	11
2011	0.227	0.074	0.245	10
2012	0.197	0.136	0.408	6
2013	0.190	0.145	0.432	5
2014	0.192	0.095	0.331	9
2015	0.194	0.107	0.355	8
2016	0.178	0.122	0.407	7
2017	0.159	0.137	0.463	4
2018	0.160	0.158	0.496	3
2019	0.152	0.185	0.550	2
2020	0.140	0.211	0.600	1

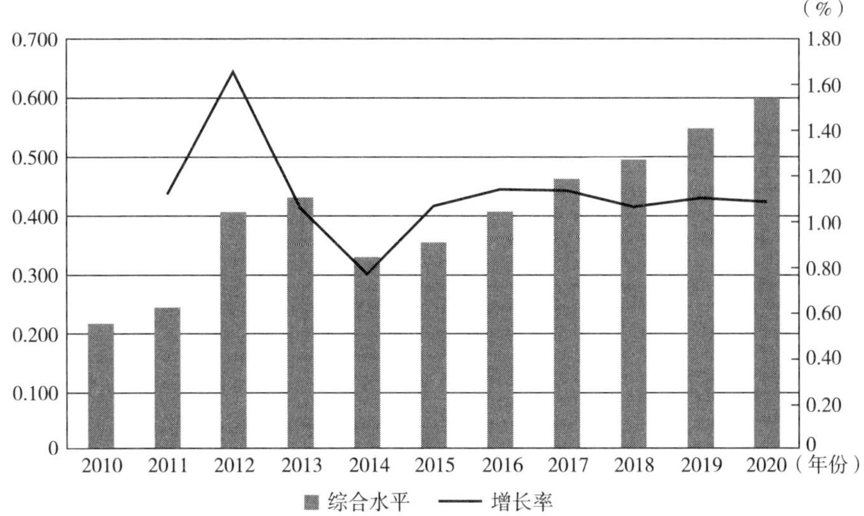

图 3-1 2010~2020 年我国农村产业多元化综合水平与增长率

注：综合水平以左坐标轴为准；增长率以右坐标轴为准。

2010~2020 年，我国农村产业多元化水平整体呈现上升态势，2010 年最为落后，2020 年表现最好，农村产业多元化稳步发展。从综合水平发展曲线看，2011~2020 年有两段上升阶段，分别是 2010~2013 年和 2014~2020 年。从增长率看，2010~2012 年是快速增长期，2012~2014 年是衰退期，2014~2020 年是稳步增长期。总体来说，我国农村产业多元化水平保持平稳且较快增长速率，多元化进程不断加快。

2. 农产品加工业评价结果

农产品加工产业整体呈现平稳发展，增长趋势有所下降。从权重看，农产品加工业整体权重为 10.41%，在六大多元化产业中比重最低。其中，农业机械总动力权重为 3.04%，农产品加工营业收入权重为 4.47%，规模以上农副产品加工增长率权重为 2.90%。从数据表现看，11 年间，农业机械总动力在 9278 亿~11123 亿瓦波动，数值波动较小，表明我国农村加工业基础设施水平呈现平稳增长态势；农产品加工营业收入是农产品加工业中最有影响的指标，其从 2010 年的 16.35 万亿元上升至 2020 年的 23.60 万亿元，虽然 2018 年、2019 年营收有所下降，但 2020 年仍保持增长势头，我国农产品加工盈利情况稳定；我国规模以上农副产品加工增长率逐年递减，其增长率从 2010 年的 15%下降至 2020 年的-1.5%，现已显现出负增长趋势，表明我国农产品加工业已走过快速发展期，农产品加工业指标数据如图 3-2 所示。

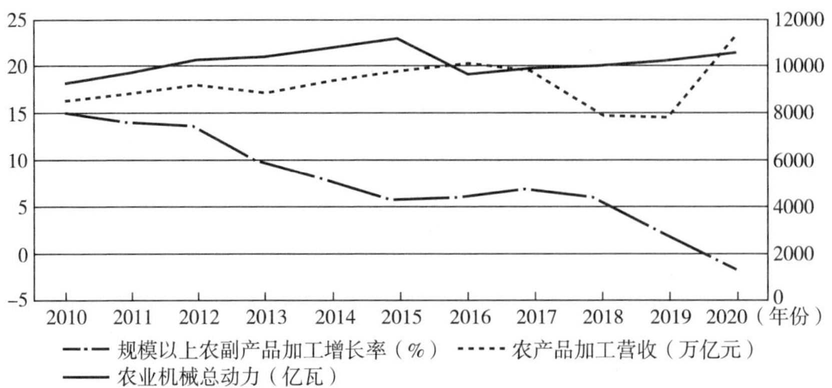

图 3-2　2010~2020 年我国农产品加工业各项指标数据

注：规模以上农副产品加工增长率和农产品加工营业收入数据以左坐标轴为准；农业机械总动力以右坐标轴为准。

3. 农村电商业评价结果

农村电商行业近年来发展迅速，势头迅猛。从权重看，乡村旅游行业权重为 16.45%，在六大多元化产业中占比最大。其中，农村互联网普及率权重为 4.66%，农村网络零售额权重为 8.14%，淘宝村数量权重为 11.17%。从数据表现看，11 年间，互联网普及率从 2010 年的 17.5%平稳上升至 2020 年的 59.2%，农村电商基础设施提升显著，但仍有一定的发展空间；农村网络零售额在 2010~2013 年数值非常低，从 2014 年开始飞速发展，从几百亿元增长至 2020 年的几万亿元，表明我国农村电商增长在快速上升期；我国淘宝村数量从 2013 年开始发展，从 20 个增长至 2020 年的 5425 个，不到十年的时间增长了 270 倍左右。各项指标数据表明，随着阿里巴巴、京东等电商平台的崛起，农村产业也搭上了互联网的顺风车，农村电商正在蓬勃发展，历年农村电商指标数据如图 3-3 所示。

4. 乡村旅游业评价结果

我国乡村旅游行业深受重视，发展迅速，前景广阔。从权重看，农村电商行业权重为 23.97%，在六大多元化产业中权重排名第四。其中，乡村旅游示范县数量权重为 5.63%，乡村旅游人数权重为 5.55%，乡村旅游营业收入权重为 5.27%。从数据表现看，2010 年乡村旅游示范县数为 32 个，到 2020 年累计有近 9000 个国家级休闲农业与乡村旅游示范县，我国县域积极发展乡村旅游业；乡村旅游人数从 2011 年的 4 亿人次平稳增长至 2020 年的 12.7 亿人次；我国乡村旅游营业收入从 2012 年的 2400 亿元增长至 2019 年的 8500 亿元，增长迅速。乡村旅游业因其绿色发展优势被国家提倡，且有助于农业农村多元化发展，拓宽农民增收渠道，发展前景广阔，但当前发展乡村旅游需防范不利因素影响，历年乡村

旅游指标数据如图 3-4 所示。

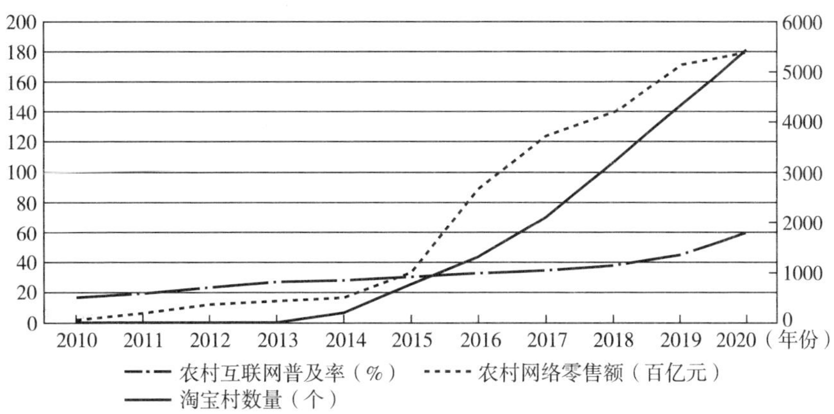

图 3-3　2010~2020 年我国农村电商各项指标数据

注：农村互联网普及率和农村网络零售额数据以左坐标轴为准；淘宝村数量以右坐标轴为准。

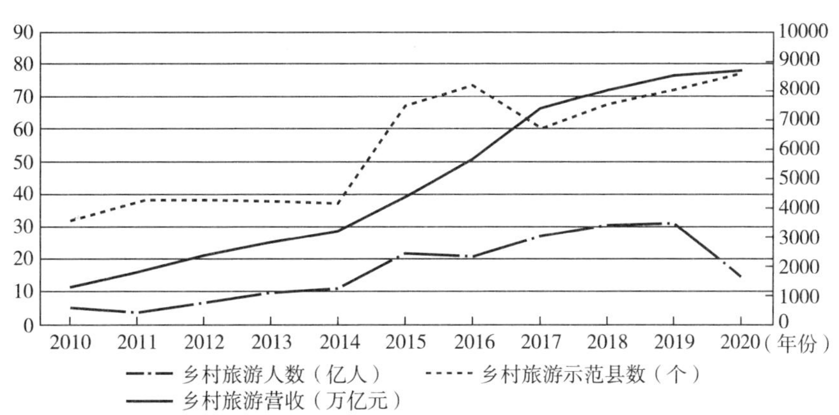

图 3-4　2010~2020 年我国乡村旅游各项指标数据

注：乡村旅游人数和乡村旅游示范县数以左坐标轴为准；乡村旅游营业收入以右坐标轴为准。

5. 农村养老业评价结果

我国农村养老产业发展重难点较多，当前处于基础兜底养老阶段。从权重看，农村养老行业权重为 19.45%，在六大多元化产业中权重排名第二。其中，农村卫生院数量权重为 3.00%，农村养老机构数权重为 12.65%，农村养老机构床位数权重为 3.80%。从数据表现看，我国农村卫生院数量从 2010 年的 3.80 万所降至 2020 年的 3.58 万所，呈现下降态势，但降速缓慢；农村养老机构数发展分为两个阶段，2010~2013 年呈现平稳上升，2013~2020 年缓慢下降；农村养老机构床位数逐年上涨，从 2010 年的 213. 9 万张增长至 2020 年的 786. 1 万张，增长趋势明显。我国农村卫生机构及养老机构数量虽然在下降，但床位数却在增加，可以推断出机构入驻率得以提升，表明我国养老产业正经历以质取量的健康发展路径，历年农村养老指标数据如图 3-5 所示。

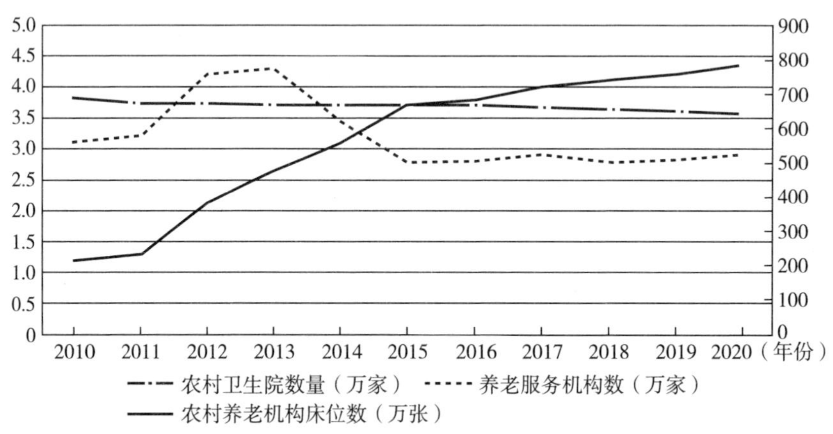

图 3-5　2010~2020 年我国农村养老各项指标数据

注：农村卫生院数量和农村养老服务机构数以左坐标轴为准；农村养老机构床位数以右坐标轴为准。

6. 农村物流业评价结果

我国农村物流业呈现良好发展势头，但有较多制约因素。从权重看，农村物流行业权重为 17. 15%，在六大多元化产业中权重排名第三。其中，农村快递网点覆盖率权重为 4. 90%，农产品物流总额权重为 5. 46%，农产品冷链物流总需求权重为 6. 79%。从数据表现看，三项农村物流数据呈现平稳上升趋势，农产品物流总额从 2010 年的 2. 06 万亿元增长至 2020 年的 4. 6 万亿元；农村快递网点覆盖率从 2011 年的 26%增长至 2020 年的 97%；农村冷链物流总需求 5130 万吨增长至 2019 年的 22563 万吨。农村物流近年来发展趋于稳定增长，但末端配送比较分散、配送信息化与共享程度较低等众多因素制约着农村物流配送工作的效率，我国农村物流长期稳健发展还需重点关注这些问题，历年乡村旅游指标数据如图 3-6 所示。

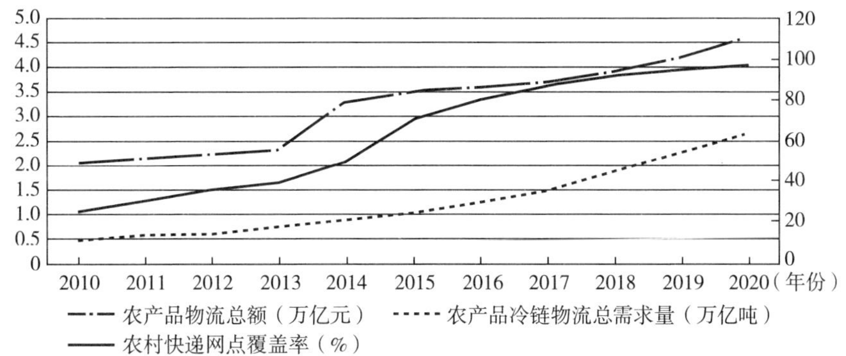

图 3-6 2010~2020 年我国农村物流各项指标数据

注：农产品物流总额和农村冷链物流总需求量以左坐标轴为准；农村快递网点覆盖率以右坐标轴为准。

7. 农村金融业评价结果

我国农村金融业保持稳定增长，但需防范相关金融风险。从权重看，农村金融行业权重为 12.55%，在六大多元化产业中权重排名第五。其中，村镇银行数量权重为 2.51%，主要农村金融机构贷款额权重为 4.86%，农商行涉农贷款不良率权重为 5.18%。从数据表现看，村镇银行数量从 2010 年的 349 家增长至 2020 年的 1635 家，农村金融机构的增长表明国家支持农民发展多元化产业的决心；农村主要金融机构贷款额从 2010 年的 5.7 万亿元平稳增长至 2020 年的 21.59 万亿元；农商行涉农贷款不良率从 2010 年的 1.95%上升至 2020 年的 3.88%，随着贷款额的增加，贷款不良率也在上升，虽然涨幅很小，但仍需要重点关注。一方面，农村金融各项指标保持稳定增长态势，我国农村金融日益活跃；另一方面，由于农民信用意识薄弱等原因，农村金融风险呈现增加态势。我国发展乡村产业多元化需在持续支持农村金融发展的同时，严格把控金融风险，历年乡村旅游指标数据如图 3-7 所示。

总体来说，我国农村产业多元化水平正处于蓬勃发展时期，“十三五”期间相关数据表现良好。农产品加工业、农产品物流、乡村旅游、农村金融、农村养老、农村电商等产业均呈现增长趋势，但不同产业所处发展阶段不同，每个产业仍存在一些问题需要解决。

三、农村产业多元化存在的问题

尽管目前我国农村产业多元化水平不断提升，但在融资、人才、技术、仓储物流、价值链分工地位、区域特色定位等方面仍然存在诸多问题。这些问题不仅制约着农村产业的进一步升级融合，也掣肘着农村经济发展，限制农村发展潜力。

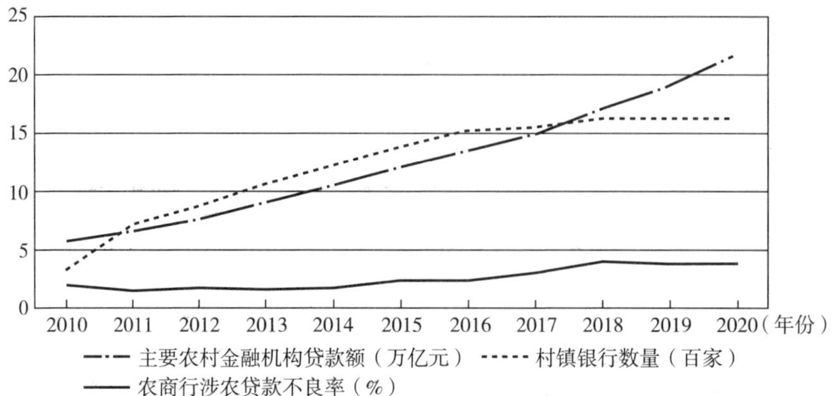

图 3-7　2010~2020 年我国农村金融各项指标数据

（一）农产品加工业

1. 农产品加工业产业链短

农产品生产、农产品加工以及农产品销售等环节共同构成农产品加工产业链，其运行模式主要有两种："市场—加工—生产"，"生产—加工—市场"。我国农产品加工业主要是以"生产—加工—市场"的运行模式为主。近些年，农产品加工业整体发展向好，产业横向拓展的同时，产业也纵深不断扩展。但现阶段，农产品加工业尚处于粗加工向精深加工的转型初期，产业链仍处于全产业链的中低端，导致农产品加工业的发展受到极大的限制。

2. 农产品加工业龙头企业较少

农产品加工业普遍存在生产规模小、中小企业占比高、大型企业发展慢的问题。农产品市场的技术和资本壁垒比其他行业低，同时市场类似于完全竞争市场，存在过度竞争的问题。由于农业利润率低、投资回收期长，导致了其存在较高的市场风险，对资本的技术改造及投入产生了影响。并且落后的加工技艺与装备制约了农产品加工业的劳动生产率，进一步约束了农产品加工业企业拓宽其生产规模，导致龙头企业缺乏，制约了农产品加工业的拓展。

3. 农产品加工业技术水平落后

囿于农产品加工产业整体装备、技术水平的限制，全行业目前仍以低水平、小规模的初级加工为主，尚未摆脱综合利用率较低且耗能偏高的整体特征。马克思主义经济学将经济运行的社会过程分为"生产—分配—交换—消费"。我国科学技术工作的核心关注点为"生产"环节，但由于对生产后的社会过程的忽视，导致农产品加工产业被轻视，而该产业所需关键技术的创新能力以及与之对应的技术装备严重缺乏。我国近些年在技术创新方面虽然有所突破，但与之相匹配的技术支撑和装备储备依然不足，加之劳动生产率较低，这些都严重制约着我国农产品加工业的发展。

4. 农产品加工企业融资困难

我国农产品加工企业原始形式多为家庭作坊、家族企业，特点是资本体量小、抗风险能力弱，其信贷供需属于典型的卖方市场。融资供给侧方面，我国整体的信贷供给主体结构单一，由于农产品加工企业本身的特点，以及相应的财政扶持力度不足，导致其会面对较高的融资门槛。同时，符合其融资需求的供给主体和相应产品较少，企业难以进入良性循环的发展阶段，导致企业难以进行资本的扩大再生产。

（二）农村电商业

1. 农村电商运营主体培育困难

虽然当前我国互联网普及率超过 50%，但农村地区的农业电商发展相对滞后。这受制于经营模式的老化与农户掌握信息不完全，农户对于农村电子商务认知程度与认可度较低，导致相关电商业务的交易率偏低。由于互联网电商平台与农村有关的新业务的开发亟须大批投入，而现有乡镇互联网电子商务公司的资本规模普遍较小。同时，公司融资多以库存形态滞留于商品流通环节，进而导致企业资本循环受到阻碍，缺乏流动资金，很大程度地限制了农村互联网电商行业的进一步发展。另外，政府偏好电商龙头企业，而农村电商实际经营主体多为个体经营，在产业实际运行中，产生龙头企业难以扎根当地，与传统经营主体在政策引导、市场认可等方面存在矛盾，从而进一步对农村电商产业的发展产生约束。

2. 农村电子商务市场运营问题

近年来，我国电商产业迅猛发展，尽管不确定因素制约着经济增长，但农村电商产业异军突起，成为了农村居民收入与当地经济的增长动力，农村电子商务产业进入快速发展期。农村电商产业涉及的核心产品为农产品，由于其地域性差异不显著，因此重复性地进行了经营范围类似、渠道来源相似、运营手段雷同的产业建设。导致农村地区的电子商务平台经营管理趋同，缺乏不同平台的竞争优势与竞争力，甚至出现恶性竞争的现象。

3. 农村电子商务物流配送短板

由于电商行业的兴起，对电商配套的物流行业提出了更高的要求。但受农产品不易保存因素的影响，当前的物流体系无法匹配农村电商业务的需求，约束了农村电商产业的发展。相比于城市的物流体系来说，我国农村的专业化水平有待提高。目前，除了个别农村电商企业拥有自己的物流配送体系，大多数农村电商公司为了控制成本，往往采用与第三方物流公司进行合作的传统物流模式开展业务，难以满足农村电商对物流的个性化需求。此外，规范化的物流服务标准缺失限制了农村电商产业的高质量发展。农村物流服务失范，一方面会导致农村电商公司难以建立完备的信息平台，另一方面会使客户端无法把控产品品质。

（三）乡村旅游业

1. 乡村旅游缺乏统一规划

近年来，乡村文化旅游建设快速发展，但缺少科学整体规划。乡村旅游产业发展的目标范围和产业定位尚未明晰且质量参差不齐，点状、散乱式开发现象显著。没有形成统一规划和区域整体性规划布局，主体功能不明显，导致有关项目建设和管理科学化水平相对偏低，基础设施配套和基本公共文化服务设施配套能力弱，无法有效建设优质品牌形象。

2. 旅游产品同质化现象突出

当前，我国乡村文化旅游产品开发尚属于早期，整体水平还位于低端。大部分乡村旅游以农家乐为主，整体形式较为单一，同质化严重。旅游商品作为展现当地特色民风民俗的重要渠道，目前仍然处于初级水平，仅以当地生产的原生态农产品为核心商品，缺乏特色的乡旅产品。

3. 乡村旅游发展人才缺乏

当前乡旅产业发展滞后，独具新意、富有创意的乡旅项目难以形成，关键在于相关人力资本的缺失。人力资本作为创新的核心，乡村旅游的进一步发展对人力存在很大的需求，但由于相关人力资本培养的缺位，乡村旅游从业人员的入职门槛低，整体文化与专业素养不足，导致乡旅产业发展受限。

4. 乡村旅游缺乏可持续性

发展乡村旅游产业，一方面是为了获取其本身的经济效益，另一方面是为了优化我国农村产业结构，拓宽农业农村产业链，实现产业融合发展。但目前对于乡旅产业的开发经营，只求达到短期均衡点而忽略长期均衡，甚至由于少数经营管理者缺乏科学的经营管理方法，部分乡旅项目面临失败。此外，乡旅产业可持续发展的痛点也包括相关产业的发展带来自然、文化旅游资源的破坏。由于科学合理的整体性规划和完善有效的保护措施的缺位，部分农村自然、文化旅游资源退化严重，其对周围环境产生的严重负外部性远超过带来的正外部性，从而导致乡村旅游的可持续发展受到很大制约。

5. 社区居民参与和利益分配问题

乡村旅游产业的良好发展依托于当地特色的民风民俗与自然资源禀赋而形成了独具特色的地域性产业。当前，我国主流乡旅产业的开发管理模式是以政府监管为核心、企业经营为手段，而作为更为熟悉当地风俗特色的本地居民，由于受制于其本身经营管理方面专业素养难进入农村乡旅产业的经营管理环节。同时，乡村旅游企业与本地居住的民众之间在相关利益分配上的矛盾对于乡村旅游产业的发展也存在一定的约束。

（四）农村养老产业

1. 农村养老产业的基础设施与配套服务建设滞后

因长期的城乡二元结构的存在，城市与乡村在资源配置方面十分不协调，由此导致相对于农村人口老龄化程度来看，乡村养老产业的相关基础设施与配套服务严重滞后，进而导致我国农村养老服务水平难以得到有效提升。首先，我国对农村老龄人口的相关信息的统计状况亟待优化，信息管理模式落后，还未实现集成化管理，因此难以有针对性地进行相关养老工作。其次，我国农村养老产业工作力量尚需提升，对比农村养老工作的整体需求，基层部门工作能力严重不足，在实际工作中无法做到全面、优质服务。最后，我国宏观、中观与微观层面的养老服务发展规划尚未针对农村做出与实际情况相符的规划，并且现有规划在落实过程中阻碍重重，大多基层社区还缺乏相应的专项规划。我国很多地区的乡村养老产业发展还处于“摸着石头过河”的阶段，行业缺乏统一的服务分类、准入条件、行业标准与市场监管。

2. 养老金对农村老龄人口养老服务的经济支持能力有待提高

我国虽然实现了城乡居民养老金制度的统一，但农村大多数地区的养老金依旧低于全国平均水平并且存在较大的地域差异。自我国建立农村养老保险制度以来，由于实际收入差距与养老保险意识限制，在国家政府补贴、社区集体补助和个人单独缴费方面所能筹措到的资金规模绝对量上远低于城镇居民，甚至存在部分老人只有基础养老金而没有个人账户养老金。因为农村地区的集体组织已经无法有效发挥应有的功能，导致即使当前制定的相关政策明确规定了其对于老龄人口的补助责任，但农村很多地区仍然无法落实该政策，使农村地区对于养老金的筹措受到了极大限制，以至于农村老龄人口的养老问题难以得到解决。

3. 农村机构养老服务补充作用尚未激发

当前我国农村养老机构的主力军还是政府、社区兴办的养老院与敬老院，其是以集中养护农村的“五保”老人为核心业务，其他业务鲜有涉猎。同时，农村民营、私营的养老机构稀缺，导致养老服务量上供小于求、质上存在结构失衡的问题。此外，农村地区的敬老院利用率与服务能力偏低，无法发挥敬老院在养老保障方面的积极作用。其原因体现在：首先，我国目前农村敬老院基础设施建设滞后、单一，仅能满足老龄人口的基础生理需求与安全需求，而忽略了其作为人的社交、尊重等其他需求。其次，由于农村敬老院的可用资金有限以及部分敬老院的身份尚未“法人化”，因此其在专业养护、医疗方面的能力上较为欠缺，难以达到专业化的养老水平。最后，由于传统观念、自我认知与个人收入存在差异，部分老人个人偏好于自家养老而非将敬老院作为自己的第一选择。

4. 农村多元化养老服务体系尚未完善

目前我国的主流养老方式仍然是农村居家养老，农村社区、机构养老以及医养结合的普及率较低，尚未被大多数人所认知。并且在制度层面，农村多样化的养老服务体系还没有得到全面落实，尽管我国政府出台了针对农村养老的支持政策，助力我国农村养老体系的建设，但社会力量以及社会资源参与其中的积极性仍然有待提高。而对于专业性要求更高的“医养”相结合养老模式，在短期内广泛付诸实践的难度更大。因此，要实现我国农村养老产业有适配的服务体系仍然需要极大努力。

（五）农村物流业

1. 物流技术落后

在农村物流中，农产品是重要物流客体，农产品的生物性能（含水量高、保鲜期短、极易腐烂变质等）对运输效率和保鲜条件提出了很高的要求。但冷链物流技术在我国乡镇地区的普及率十分有限，因此农产品通常以常温物流等作为主要的物品流通形式，这不可避免地使其在仓储物流环节有较高的损毁率，达到了25%~30%，超过了总量的1/4。相比较而言，发达国家将此比例控制在5%以下。

2. 物流基础设施落后

当前，我国国民经济不断发展，虽然整体基础设施建设不断完善，但这主要体现在城市中，而农村道路、运输工具、储存管理等基础设施则严重落后于城市。受必要的基础设施的制约，农村物流产业难以实现高速发展。

3. 专业化和社会化水平低

专业化分工带来劳动效率的提升，物流产业正是这一分工带来的产物之一。随着我国经济转型不断深化，农村地区的经济体制也从计划经济体制转向资源配置效率更高市场经济体制。但由于长期的计划经济体制的存在，现如今农村的经济管理理念与经营模式仍然继承了先前小农经济、集体经济的特征，这使其在与现代物流体系兼容时存在一定阻碍。

4. 市场化程度低

农业经营规模小、组织化能力差、整体竞争力弱等问题始终制约着我国农村市场体系的发展。同时，由于农村市场相较于城市来说其投资收益低却面临较高的风险，导致农村难以形成健全的投资交易市场。进而由于缺乏资金，农村的要素市场的形成也受到掣肘。市场不完善、市场化程度低又带来信息搜寻效率、资源配置效率较低，这些都制约着现代物流体系的形成。

（六）农村金融业

1. 多元化的农村金融服务体系尚未建成

如今，我国乡镇区域涉及农业农村金融服务体系的金融机构以政策性银行、商业性银行、农村信用合作社、村镇银行等银行类为主。首先，中国农业发展银行身为国家唯一的农业政策性银行，涉农资金信贷范围严重受限，融资渠道十分不稳定，融资成本相较于其他信贷普遍要高，再加上粮棉部门长期没有足额还款的能力而被拖欠无力放贷，其自身财力资源也逐渐枯竭。自 1999 年改制以来，四家大型国有商业银行相继完成了经营结构调整改制与业务重组，淡出了农村市场。并且，农村信用合作社的融资功能受限进一步限制了农村金融产业的发展。此外，乡镇区域的非银行类金融机构、农业农村保险也是保障农民收入、对抗外部风险的重要手段，但两者也存在缺位问题。

2. 支持农村金融财政配套制度尚不健全

农业是支撑国家经济社会发展的基础产业，但由于其容易受到自然灾害等问题的影响，使得其面临着较高的行业风险，导致农业是我国经济发展中最薄弱的一环。由于其较高的潜在风险的特性，金融机构倾向于减少发放的相关贷款。同时，我国涉农信贷风险补偿机制尚未完全建立。由于相关金融机构在涉及相关贷款方面广泛存在着恐贷、惧贷心理，因此其对农村经济社会发展的支持程度还有待提高。

3. 涉农金融产品创新跟不上发展需求

目前，我国与农业农村相关的金融产品仍然是以传统产品为主，缺乏具有创新性的金融产品。农村地区的金融机构网点以小规模的存、贷款为核心业务。涉农金融产品创新大多围绕抵押形式展开，或是同类金融产品的“改头换面”，原创性不高，综合性的金融产品较少，机制创新、组织创新、模式创新更是缺乏。而位于农村的金融机构经营观念滞后，囿于规模有限、人力资本稀缺等原因，对于金融科技的认知不足，服务方式管理手段较为单一，因此我国金融对乡村振兴的促进作用尚未充分发挥出来。

4. 涉农抵押担保措施尚不完善

农业往往伴随着生产周期长、经营主体以家庭为主的特点，导致涉及农业农村的金融服务存在较大风险。因此，相关的金融服务与产品需要更高水平的抵押担保。虽然我国全面开展“两权抵押”贷款试点，但相应的土地收储、估值、交易流转市场体系尚不健全。这要求政府不断完善涉农抵押担保的相关举措，以达到帮助涉农金融机构对冲风险、增强信心的作用。由于涉农担保机构体系没有完全建立，对涉农金融服务有需要的个体想要找到合适的担保人十分困难，并且会面临较高的担保成本，使农村金融产业难以得到良好发展。

5. 农村金融生态环境有待改善

我国实现乡村振兴离不开完善的金融生态环境的建立。由于传统习俗限制、个人认知不足和农村地区金融法制化建设落后等原因，我国农村的金融生态环境、信用体系建设虽然有成效，但还需完善。农村居民对于电子金融产品和移动支付方式的认可度有限，在交易时更偏好于纸质货币，导致银行的金融产品和衍生品无法在农村市场实现广泛交易，限制了我国农村经济社会的高质量发展。并且，政府和相关单位对农业金融的建设意识薄弱、支持力度不足，造成我国乡村振兴的历史背景下农村金融产业发展水平尚处于低位。

第四节　中国农村产业多元化的建设路径研究

中国“三农”问题的解决和农业农村现代化建设，一方面需要国家和政府扶持，另一方面需要农村自身通过发展县域经济，推进农村一二三产业融合发展，多元化推进，实施种养结合和产业链再造，实现农村的进一步发展。

一、优化农产品加工产业发展环境与布局，以政策推动产业发展模式新升级

（一）优化农产品加工产业环境

农产品加工产业依托于当地农产品禀赋，因此需要因地制宜，以优化产业发展环境、强化产业经营主体为手段，助力农产品加工业有序发展。土地作为生产要素，是促进农产品加工产业发展的重要因素，但存在企业主体拿地难、审批难等问题。因此解决土地问题要结合我国相关土地流转政策，妥善解决土地流转中的诸多阻碍，实现农产品加工产业规模化发展。此外，农产品加工业需要依靠技术进步推动发展（马晓河，2000）。一方面，要加快升级我国农产品加工设备，使得农产品加工企业有科学技术可用；另一方面，要给予农产品加工企业政策引导与支持，对农村加工企业更新装备和工艺提供政府财政补贴与银行金融机构的信贷支持，实现科技与现实的结合，提高生产效率，增强农产品加工企业的市场竞争力。

（二）优化农产品加工产业布局

当前乡村经济由农产品数量制胜转向了追求经济效益。产业集聚形成规模经济与产业优势区转移无疑是农产品加工产业降低产业生产成本、提高产业经济效益的重要手段。首先，要推进农产品产地初加工产业的形成，完善仓储、加工、包装等配套设施，通过实现农产品商品化处理，降低由储藏运输等中间环节造成的产后损失，优化产品质量。其次，按照区域产业发展优势，推进优势产区集中布局，将当地的特色农产品与先进加工业相结合，形成生产与加工，科研与产业，企业与农户相衔接的上下游产业格局。最后，提高县区现代农产品精深加工

技术水平，鼓励县区推进精深加工技术装备引入，加快农产品物流服务网络和冷链物流体系建设工程完工，建成一大批富有示范性效应的现代农业产业园区和先进发展示范性园区，运用县区经济快速发展推动农产品加工业的进一步发展。

（三）正确制定并落实差异化扶持政策

在农村建设先进的现代农产品加工产业，重点在于处理好政府出台的相关扶持政策在城市与农村、农产品加工与产品销售等方面的差异化实施，优化农村建设农产品加工业的发展环境。首先，针对农产品加工业经营主体差异，制定有目的性的政策，解决主体在产前、产中与产后的各环节产生的一系列问题。其次，针对城乡区域差异，实行差异化的城乡扶持政策，给予由城市到农村的资本流向政策支持，克服基础设施与产业建设货币资本不足的痛点，优化农村地区投资环境，助力乡村承接城市农产品加工企业。最后，针对农产品的行业存在的差异，制定专业的、精准的帮扶政策，保障农产品加工产业发展。

（四）推动新主体新业态的协同发展

农村地区实现产业间融合发展的核心要点包括创新的经营主体与产业发展模式，两者协同发展是建设农村地区现代农产品加工产业的重要动力。首先，要重点体现个体农场和生产合作社的功能，通过一定的激励手段，吸引新型农民、毕业生等返乡创业，实现农产品加工产业的发展。其次，还需实现不同产业同农产品加工业的融合发展，充分发挥现代科学技术的优势加快产业升级。最后，加快推进农商直供、体验营销等新型企业、商业、产业组织形态的形成，减少产品在销售过程中的环节，降低成本，提高效率。

二、完善农村电商产业基础设施与发展平台，以人才推动产业快速发展

（一）加强农村电子商务基础设施建设

农村地区电商配套科技网络设施与硬件基础设施建设是电商产业在农村高质量发展的重要保障。由于我国农村地区居民对通信网络技术认知有限，因此提升电商应用知识的普及和推广成为了必然举措。在此期间，互联网基础硬件设备建设水平也需提高，从而最大限度保证农村地区宽带服务质量与城镇地区同步发展。此外，由于部分地区较为偏远，电商硬件基础建设水平严重落后，因此要加强落后地区的相关基础设施建设，加强财政投入，提供资金扶持和政策支持，扩大网络覆盖范围和覆盖面积，为农村地区电子商务更广更快发展提供根本支持，保障我国乡村振兴战略的实施。

（二）积极构建农村智能信息平台

大数据所带来的完备信息是农村地区电子商务高质量发展的关键因素。通过农村智能信息平台，可以获取市场信息，降低交易时的信息搜索成本，提高交易

的效率，推动农村电商有序发展。因此，建设农村智能信息平台是推动我国农村电商产业发展的必然选择。作为中国最大的电子商务平台，阿里巴巴的销售模式与当今大多数专业的农村网站相似。农民可以通过类似的网站建立一个销售平台，发布他们的产品，搜寻所需的农产品供应信息。

（三）提高农村电子商务配套服务

建设农产品仓储物流体系等配套服务是农村地区电子商务产业发展的必然选择。通过仓储保鲜和冷链物流延长特色农产品供销半径，扩大农产品交易市场。首先，需要加快乡村物流基础设施建设，通过税收减免、政策补贴等形式，助力城市郊区、城乡接合部的物流园区以及第三方农村物流企业建设，给予农村电商产业物流支持。其次，通过物流结合仓储，开展针对农产品易腐败问题提供专业化的冷链物流服务，从而克服制约农村电商产业发展的物流仓储难题。

（四）培养、引进农村电商人才

专业化的农村电商人才是推动农村电商产业发展的关键动力。要持续推进专业化农村电商人力资本培养引进，不断健全人才保障机制。通过建立人才培养与引进机制，促进高校与政企联合对毕业生及新型农民进行理论实践教学，同时，政府制定相关激励政策，支持进行农村电商创业以及本土化的农村电商运营管理，助力农村电商产业高质量发展。

三、实现乡村旅游产业特色化发展，以政府保障乡旅品牌建设

（一）完善政府保障监管

由于当前我国乡旅产业大多实行的是自发式的发展模式，缺乏统一监管，造成乡村旅游产业的低质量发展与恶性竞争。首先，政府部门需要优先对乡村现有的旅游资源进行整合，从而做出合理的规划安排，依据其具体特征和比较优势设计特色乡村旅游线路，不可忽略现实可达性与市场规律，盲目开发重复、低质的农村旅游项目。其次，政府要对农村旅游产业及相关项目，建立统一评价标准与监管体系，要明晰农村旅游产业建设的总体规划与项目开发的相关标准，并进行严格监管。最后，政府需要加快农村地区旅游产业服务体系建设，不断完善与规范农村地区旅游产业的配套设施及保障体系建设，保障乡旅产业的消费者享有安全舒适的旅游环境，推进农村地区旅游产业的高质量发展。

（二）大力发展乡村民宿经济

民宿作为乡村旅游的重要载体，为美丽乡村注入新的内涵，直接影响到乡村旅游的整体发展水平。政府制定适合当地资源禀赋的规划布局，指导民宿经济同乡村文化旅游与乡村振兴进行深度融合。积极打造更具特色的民宿建设项目，充分满足游客的差异化需求，优化农村环境，促进农村地区经济社会发展，助力农

村居民创收。要全域谋划，提升标准，形成科学合理的民宿产业布局；要进一步理顺体制，梳理好各主体之间的关系，充分激发民宿发展活力；要进一步优化政策，完善配套，加强服务，为民宿建设发展营造良好环境。通过开展民宿多业态融合创新，探索多元化投资主体共享模式，提升顾客需求体验价值，构建民宿可持续脱贫机制，做好互联网平台互动营销，推动民宿经济不断发展。

（三）塑造乡村旅游品牌

通过品牌的集聚与带动效应，能够很好地提高产业影响力，增强行业竞争力。乡村旅游要突出当地自然与风俗特色，避免落入传统的景点体验模式的陷阱，农村一二三产业融合发展，实现多元化、多角度的农村文化旅游新模式，助力乡村地区经济社会高质量发展，实现乡村振兴。并且，随着科技的发展，乡村旅游不能拘泥于传统的线下模式，要构建“互联网+”虚拟旅游等创新型文化旅游平台。乡村文化旅游产业的稳定发展同样离不开特色的文旅品牌的建设。每个区域的文化旅游禀赋都不尽相同，通过塑造能够体现当地特色的文旅产品，推动当地经济社会的快速发展。

（四）注重旅游发展特色

要充分了解和发挥乡村当地的比较优势，围绕核心竞争力建设特色景区，有完备的配套设施，融合当地相关产业，推动农村旅游产业大发展。通过发展乡村旅游的环境、文化等要素，满足旅游消费者的精神文化需求。旅游开发的同时也要注重旅游资源地保护，包括自然资源、文化资源等。充分发挥农村地区的自然景观优势，在展现自然风光的同时，要着重体现当地传统风俗文化特色，促进农村地区旅游产业的持续发展。

四、提升乡村养老产业服务水平，多方合作共同促进农村养老服务体系建设

（一）健全农村养老服务制度体系

农村地区的养老产业持续健康发展离不开国家政府的支持与引导，同时社会产生的正效应也不可忽视。根据国家政府与社会两条作用路径，要全面统筹两方面的作用机制，探索乡村养老制度体系。一方面，要将乡村养老纳入国家和地区的重点工作范围，国家制定指导性的农村养老总体规划，地区因地制宜实施针对性举措，不断优化乡村养老产业布局；另一方面，需要不断完善我国的农村养老体系，通过法制手段确保乡村老龄人口经济、医疗等有制度保障。

（二）发展农村多元化养老模式

当前，我国已基本形成了以居家为基础、社区为依托、机构为补充、医养相结合的多元化养老服务体系。但由于农村地区自身发展条件的约束，导致养老服务资源分布不均且良莠不齐，除居家养老外其他养老模式均尚未完善。政府应通

过激励性政策引导养老企业整合本地养老资源，在居家养老模式基础上发展以护理业为主导的多元化养老模式，以农村养老产业助力乡村振兴。

（三）注重养老宣传教育

农村养老产业发展的同时，离不开政府和养老相关参与群体进行宣传。由于农村养老产业的服务对象为老龄人口，而老年人对于网络媒体等宣传媒介的接触较少。因此可以通过线上线下相结合等多种方式共同助推农村多元化养老宣传，让大众转变传统居家养老的观念，接受多元化的养老服务。

（四）加强养老服务人员的培育

养老专业的人力资本同样是助力农村地区养老产业高质量发展的关键动力。首先，制订养老人才培养计划是解决农村地区在养老领域的人力资本稀缺的重要手段。其次，通过对农村居民进行养老服务方面的教育培训，一方面扩大了农村地区养老人才队伍，另一方面可以提供就业岗位，缓解农民就业问题。

五、完善农村物流产业配送模式与信息化水平，加快农村物流网络体系建设

（一）优化农村物流网络体系

提高农村物流网络运行效率是推动乡村地区物流产业高质量发展的重要保障。首先，制定物流网络整体规划，合理确定农村物流节点，不断优化农村地区的物流网络，使之达到城乡融合、布局合理、结构优化。其次，加强县级仓储配送、物流分拨、物流快递的三节点建设，通过升级农村公路，将乡镇和村级服务网点、农村物流快递公共取送点、终端收发站点的三级农村物流网络体系串联起来。最后，整合利用农村地区物流资源，实现网络互联、节点共享，优化农村地区物流产业业务水平。

（二）创新农村物流配送模式

当前农村地区的物流存在配送成本高、效率低等问题，因此优化物流配送模式是确保农村电商产业稳定发展的必然选择。首先，可以通过物流公司与第三方主体合作布网点，从而降低物流公司的边际配送成本。其次，尽快实现城市农村物流配送一体化，通过城乡双向物流互动提高物流效率。最后，在末端配送方面，要着力解决好商品在农村地区流通的“最初一公里”与“最后一公里”问题，通过充分整合乡村自有资源，优化农村地区物流配送效率。

（三）培育农村物流运营主体

由于物流运营主体及其运作模式对城乡物流运营效率有直接影响，因此如何形成高效运作的乡村物流主体是推动农村地区物流产业高质量发展的关键问题。首先，鼓励、引导农村地区建设一批物流龙头企业，通过其正外部性带动农村地区形成多元化物流配送体系。其次，推动新型农业经营主体发展壮大，通过与其

他产业经营主体融合互动，实现更高效的农业生产。同时，建设农村产业联盟，推动农村一二三产业融合发展，实现产业链、供应链与价值链的优化升级，助力乡村振兴。最后，整合龙头电商企业与龙头物流公司城乡区域的可支配支援，建设农村地区物流合作平台，创新城乡物流对接模式，降低物流成本，有效推动农村物流产业不断发展。

（四）提升农村物流信息化水平

信息科技对于实现农村地区物流产业现代化转型与高质量发展有关键性的促进作用。首先，要收集整合物流及相关部门的信息资源，加速建立高效准确的农村地区物流产业信息化平台，实现与其他相关平台信息的有效衔接，从而达到高效的物流配送。其次，随着社会步入万物互联的时代，通过农村物流产业的信息化改造，建立实时的乡村物流信息共享平台，实现物流各环节信息互通。最后，推动农村物流产业与电商产业融合发展，通过物流连接线上电商平台与线下消费者，解除农村地区电子商务发展桎梏。

（五）加快物流专业人才培养

人才是推动农村物流产业的核心动力。首先，要有针对性地培养掌握现代农业生产技术、具备较强市场意识和经营管理能力的现代农业经营者以及有较高专业水准的物流管理与操作人才，从而形成专业合作组织、农业龙头企业等现代农业经营主体，以满足农村地区物流产业高质量发展要求。其次，政府要制定相关的人才扶持政策，支持毕业生和新型农民回乡创业，助力农村物流产业建设与乡村振兴。

六、加快农业金融产业提升，理论结合法律助力综合服务体系建设

（一）强化农村金融理论创新和立法完善

农村金融理论创新与完善农村金融法律法规是我国在新发展阶段实现农村金融产业不断发展的重要保障。要实现不同阶段的理论衔接与金融产业体系的构建。“输血”式的普惠金融为我国开展精准脱贫攻坚战、全面建成小康社会提供了重要的资金支持。在我国完成全面脱贫，进入乡村振兴的新阶段，“造血”式的农村金融与社会需求更为相配。所以，在这一重要的历史节点，扶贫金融理论与产业金融理论的有机融合，农村合作金融理论与金融风险理论的探索，实现普惠金融体系完善和产业金融体系建设是我国实现乡村振兴的关键问题。此外，还需加速农村地区金融产业法制建设，提升与保障农村地区金融产业服务水平。以针对解决“三农”问题的相关金融服务、监管等为主要立法对象，加快《中华人民共和国农村金融保障法》的修订和完善。

（二）加快农村金融综合服务体系建设

我国农村金融产业要根据农村金融业态的变化做出改革与调整，通过构建现

代金融服务综合体系达到与乡村振兴战略相契合。首先，需要不断健全我国农村的征信体系、支付体系等。通过传统媒体和新媒体等多种方式构建现代信用体系建设新框架。开展有针对性的乡村地区消费习惯调研，以农村居民的核心需求为引导，开展创新性的专业化金融业务。加快推进我国乡村网络通信设施优化升级，合理控制农村地区网络收费水平，大力推广乡村互联网支付服务模式。其次，需要建立健全清晰透明的消费者投诉处理流程，优化金融维权投诉通道和响应处理机制，完善农村地区金融消费权益保护体系。最后，需要构建完备的乡村金融宣传教育体系，通过广泛的金融知识宣传，提高农村居民对于金融产业的了解，从而增强农民识别金融诈骗和金融风险的能力。

（三）加快建设现代金融及其风控体系

传统金融已经难以满足高速发展的科技时代的要求。制定合理的制度规划，解决科学技术在乡村金融领域的落实问题是农村金融产业改革的重心。同时，数字经济同农村地区经济社会发展相结合是缓解交易中信息不对称、抑制交易成本与金融风险等问题的重要手段。首先，要扩大农村地区的网络信息技术的覆盖广度和拓展深度，不断提高农村居民使用现代信息科技的能力。其次，农村地区金融产业的内部治理与外部监管机制相结合，完善农村地区数字金融领域的制度与风险监管体系，规范农村地区数字金融活动，严防严控欺诈投机行为，保障农村地区的金融安全。

（四）推进农村能人回流和金融人才集聚

人力资本是企业生产要素的重中之重，实现金融产业乡村振兴离不开乡村金融产业专业性的人力资本集聚。首先，通过培育农村金融产业工作队伍，制定相应的激励政策，保障农村劳动力回流。其次，大力推动农村地区相关专业领域产学研深度融合发展，通过人才联合培养实现农村金融产业专业人才改造。最后，通过专业人才带动部分农村居民进行金融经济专业培训，实现农村地区金融产业人力资本集聚村级联动，从而实现农村地区金融产业高质量发展。

第五节　中国乡村振兴战略下农村产业多元化实现的预测

本部分以 2010~2020 年的农村多元化产业数据为基期，运用灰色预测模型，分别预测农村产业 2035 年和 2049 年我国在基本建成现代化社会主义下和建设富强、民主、文明、和谐、美丽的社会主义现代化强国社会下的农村产业多元化发

展情况；运用熵权-TOPSIS 法系统分析 2010～2049 年我国农村产业多元化发展趋势。

一、对 2035 年农村产业多元化实现的预测

（一）农产品加工业

运用灰色预测模型计算出 2021～2035 年农产品加工行业相关数据，如图 3-8 所示。

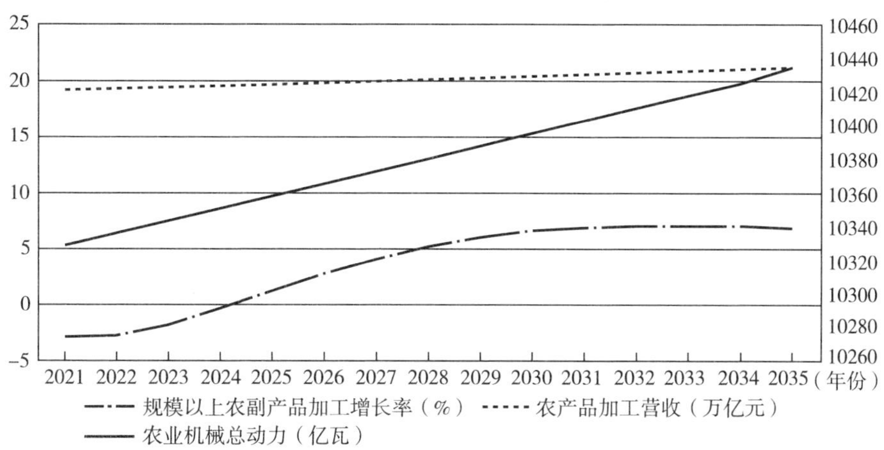

图 3-8　2021～2035 年我国农产品加工业各项指标预测数据

注：规模以上农副产品加工增长率和农产品加工营业收入数据以左坐标轴为准；农业机械总动力以右坐标轴为准。

总体来说，未来年间，农产品加工行业由 2010～2020 年的快速增长转变为平稳增长。分指标看，根据预测数据，农业机械总动力从 2021 年的 10329 亿瓦平稳增长至 2035 年的 10434 亿瓦；规模以上农副产品加工增长率由 2021 年的-2.82%增长至 2035 年的 6.95%，增幅由快转慢；农产品加工营业收入保持平稳缓慢增长，由 2021 年的 19.06 万亿元增长至 2035 年的 21.11 万亿元。相较于 2010～2020 年，农业机械总动力与农产品加工营业收入增幅明显放缓，波动性减弱；规模以上农副产品加工增长率由负转正，保持 2010～2020 年的平均水平。

（二）农村电商业

运用灰色预测模型计算出 2021～2035 年农村电商行业相关数据，如图 3-9 所示。总体来说，未来十五年间，农村电商行业仍然延续 2010～2020 年的快速增长趋势。分指标看，根据预测数据，农村互联网普及率平稳增长，从 2021 年

的 55.85%，经过十五年的发展，到 2035 年已达到 100%的水平；淘宝村数量由 2021 年的 6663 个增长至 2035 年的 36963 个；农村网络零售额由 2021 年的 2.14 万亿元增长至 2035 年的 7.85 万亿元。相较于 2010~2020 年，我国农村电商行业基础设施得到明显进步，农村互联网水平显著提升；淘宝村数量与农村网络零售额呈现跨越式增长态势。农村电商行业进入快速稳步增长期。

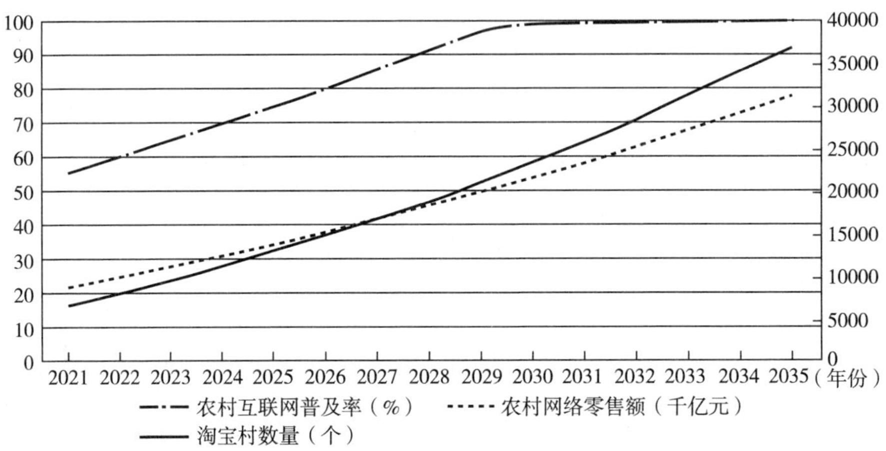

图 3-9　2021~2035 年我国农村电商产业各项指标预测数据

注：农村互联网普及率和农村网络零售额数据以左坐标轴为准；淘宝村数量以右坐标轴为准。

（三）乡村旅游业

运用灰色预测模型计算出 2021~2035 年乡村旅游行业相关数据，如图 3-10 所示。总体来说，未来十五年间，乡村旅游行业发展前景较 2010~2020 年显著提升。分指标看，根据预测数据，中国休闲农业与乡村旅游示范县数量由 2021 年的 84 个增长到 2035 年的 168 个；乡村旅游人数由 2021 年的 30.9 亿人增长至 2035 年的 72.37 亿人；乡村旅游营业收入由 2021 年的 10705 万亿元增长至 2035 年的 37782 万亿元。我国乡村旅游行业各项指标都呈现平稳增长。相较于 2010~2020 年，乡村旅游人数与乡村旅游营业收入显著增长；乡村旅游示范县数量平稳增长。2021~2035 年，乡村旅游进入快速发展期，且营业收入涨幅高于乡村旅游人数，表明我国乡村旅游人数增多的同时，人均消费也在不断上升。

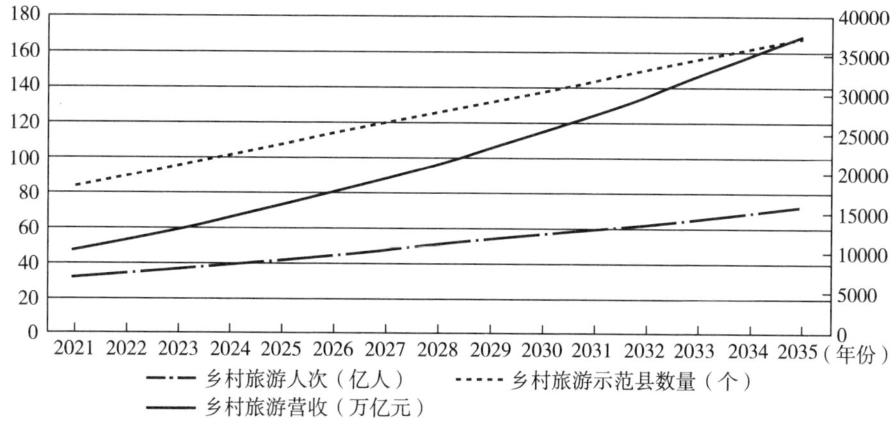

图 3-10 2021~2035 年我国乡村旅游产业各项指标预测数据

注：乡村旅游人次和乡村旅游示范县数以左坐标轴为准；乡村旅游营业收入以右坐标轴为准。

（四）农村养老业

运用灰色预测模型计算出 2021~2035 年农村养老行业相关数据，如图 3-11 所示。总体来说，未来年间，农村养老行业由盲目发展期进入规范化发展期。分指标看，根据预测数据，农村卫生院数量由 2021 年的 35851 所缓慢减至 2035 年的 33805 所；农村养老服务机构数量由 2021 年的 31020 家缓慢增长至 2035 年的 32030 家；农村养老机构床位数由 2021 年的 2100 多万张增长至 2035 年的 3700 万张，增长明显。相较于 2010~2020 年，我国农村卫生院数量缓慢下降，养老院数量缓慢上升，养老机构床位数平稳增长。我国农村医疗卫生机构逐步由小而散的状态走向更具专业化、集中化的状态，更有利于在老人突发危险情况时及时发现问题，但不方便老人寻常小病、日常拿药等情况。另外，我国养老机构数量缓慢增长，但养老床位数保持平稳增长态势，表明大型农村养老机构正在逐步取代小型养老机构。

（五）农村物流业

运用灰色预测模型计算出 2021~2035 年农村物流行业相关数据，如图 3-12 所示。总体来说，未来十五年间，农村物流业进入蓬勃发展期。分指标看，根据预测数据，农村快递网点覆盖率在 2021 年以后达到 100%全覆盖水平；农产品物流总额由 2021 年的 4. 93 万亿元增长至 2035 年的 10. 59 万亿元；农产品冷链物流总需求由 2021 年的 27810 亿吨增长至 2035 年的 96612 亿吨。经过 2010~2020 年的发展，农村快递网点基本达到全覆盖水平。我国农村物流基础设施水平更上一层楼，未来应进一步选取细化指标进行针对性衡量。农产品物流总额实现翻倍增长，农产品冷链物流总需求涨幅明显。未来十五年，我国农村物流已基本实现全覆盖，农产品冷链物流需求进一步增加。启示我国农村物流应向绿色化、敏捷化转型。

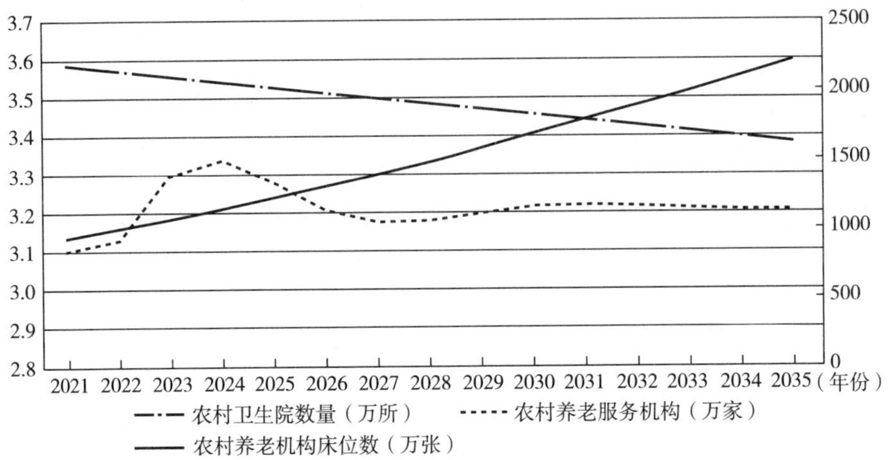

图 3-11　2021~2035 年我国农村养老产业各项指标预测数据

注：农村卫生院数量和农村养老服务机构数以左坐标轴为准；农村养老机构床位数以右坐标轴为准。

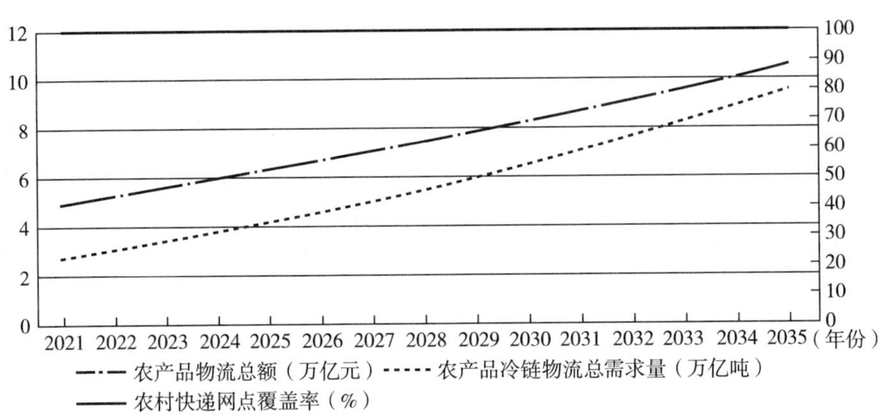

图 3-12　2021~2035 年我国农村物流产业各项指标预测数据

注：农产品物流总额和农村冷链物流总需求量以左坐标轴为准；农村快递网点覆盖率以右坐标轴为准。

（六）农村金融业

运用灰色预测模型计算出 2021~2035 年农村金融行业相关数据，如图 3-13 所示。总体来说，未来十五年间，农村金融市场逐步打开，农村金融行业进入快

速发展期。分指标看，根据预测数据，村镇银行数量从 2021 年的 1919 家平稳增长至 2035 年的 3817 家；主要农村金融机构贷款额由 2021 年的 24.54 万亿元增长至 2035 年的 138.21 万亿元；农商行涉农贷款不良率由 2021 年的 4.54%增长至 2035 年的 12.39%。与前十年相比，村镇银行数量增长趋势略弱，但仍保持可观的增长数量，农村主要金融机构贷款额增长迅速，十四年实现五倍增长，农商行涉农贷款不良率上升至 2020 年的三倍。数据表明，随着国家对农村产业发展的支持，农村金融市场也快速发展，但要注意防范金融风险，提升农民金融素养。

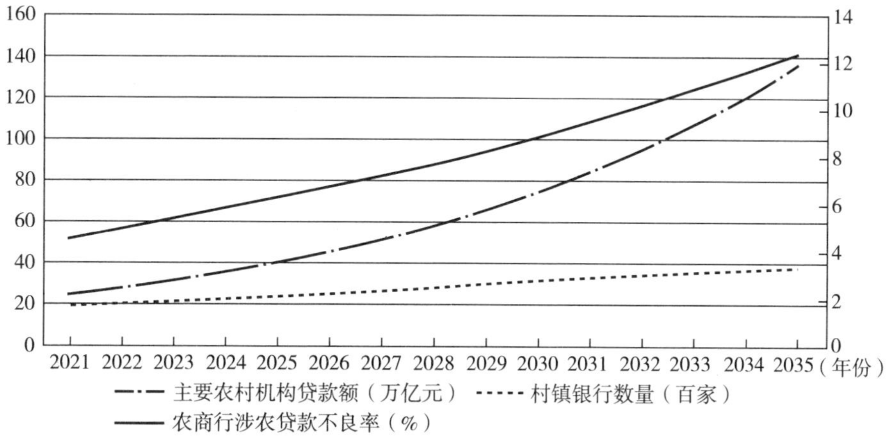

图 3-13　2021~2035 年我国农村金融产业各项指标预测数据

注：主要农村机构贷款额和村镇银行数量以左坐标轴为准；农商行涉农贷款不良率以右坐标轴为准。

二、对 2049 年农村产业多元化实现的预测

（一）农产品加工业

运用灰色预测模型计算出 2036~2049 年我国农产品加工行业相关数据，如图 3-14 所示。总体来说，2036~2049 年，农产品加工行业转变为缓慢增长期。分指标看，根据预测数据，农业机械总动力从 2036 年的 10441 亿瓦平稳增长到 2049 年的 10540 亿瓦；规模以上农副产品加工增长率由 2036 年的 6.84%缓慢减至 2049 年的 6.42%；农产品加工业营业收入保持平稳缓慢增长，由 2036 年的 21.26 万亿元增长至 2035 年的 23.23 万亿元。相较于 2010~2020 年、2021~2035 年，农业机械总动力与农产品加工业营业收入增长放缓；规模以上农副产品加工增长率在 2033 年达到 7.08%之后开始缓慢下降，在 2036~2049 年保持平稳下降态势；农产品加工营收在 2036~2049 年增速缓慢，进入行业稳定期。

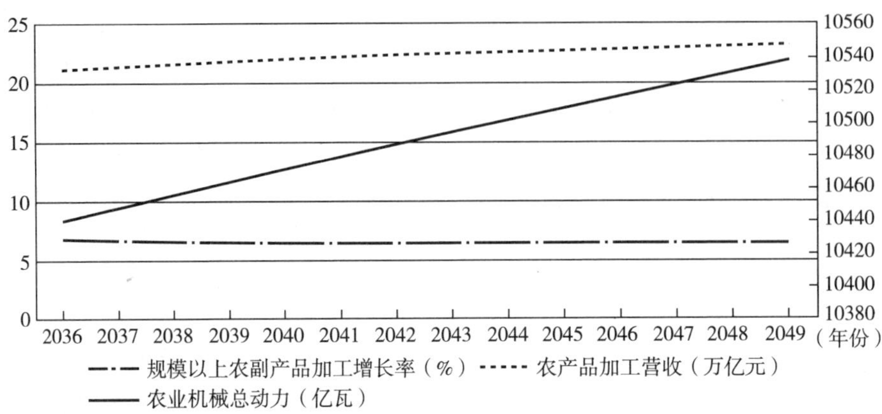

图 3-14　2036~2049 年我国农产品加工业各项指标预测数据

注：规模以上农副产品加工增长率和农产品加工营业收入数据以左坐标轴为准；农业机械总动力以右坐标轴为准。

（二）农村电商业

运用灰色预测模型计算出 2036~2049 年农村电商行业相关数据，如图 3-15 所示。总体来说，2036~2049 年，农村电商行业发展势头迅猛，但增速放缓，行业进入强盛期。分指标看，根据预测数据，农村互联网普及率仍在 100%的水平；淘宝村数量由 2036 年的 40053 个增长至 2049 年的 91458 个；农村网络零售额由 2036 年的 8.42 万亿元增长至 2049 年的 18.87 万亿元。相较于 2010~2020 年、2021~2035 年，我国农村电商基础设施保持先进态势，淘宝村数量与农村网络零售额持续提升，保持平稳增长态势。

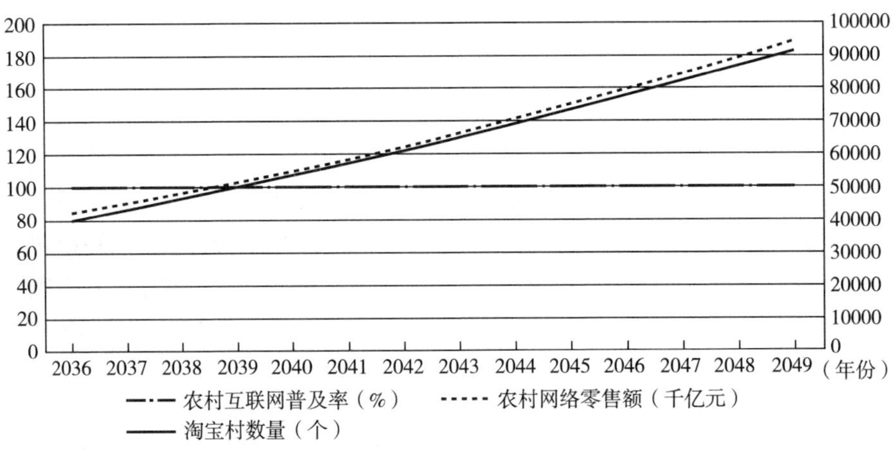

图 3-15　2036~2049 年我国农村电商产业各项指标预测数据

注：农村互联网普及率和农村网络零售额数据以左坐标轴为准；淘宝村数量以右坐标轴为准。

（三）乡村旅游业

运用灰色预测模型计算出 2036~2049 年乡村旅游行业相关数据，如图 3-16 所示。总体来说，2036~2049 年，乡村旅游各项指标平稳增长，行业进入高质量发展阶段。分指标看，根据预测数据，中国休闲农业与乡村旅游示范县数量由 2036 年的 174 个增长到 2049 年的 252 个；乡村旅游人次由 2036 年的 75.92 亿人增长至 2049 年的 127.97 亿人；乡村旅游营业收入由 2036 年的 40775 万亿元增长至 2049 年的 102642 万亿元。相较于 2010~2035 年，乡村旅游人次保持持续平稳增长，中国休闲农业与乡村旅游示范县数量增长速率减缓，中国休闲农业与乡村旅游营业收入仍保持高增长态势。我国乡村旅游人次和示范县数量保持稳定上升，营业收入保持高速增长，表明乡村旅游在未来会成为新的消费“蓝海”。

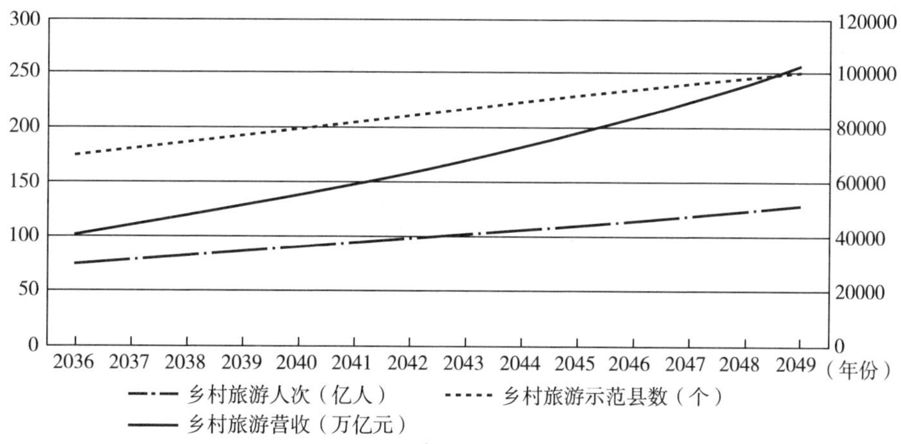

图 3-16 2036~2049 年我国乡村旅游产业各项指标预测数据

注：乡村旅游人次和乡村旅游示范县数以左坐标轴为准；乡村旅游营业收入以右坐标轴为准。

（四）农村养老业

运用灰色预测模型计算出 2036~2049 年农村养老行业相关数据，如图 3-17 所示。总体来说，2036~2049 年，农村养老行业在规范化发展中逐步达到与市场相匹配的发展状态。分指标来看，根据预测数据，农村卫生院数量由 2036 年的 33363 家缓慢减至 2049 年的 31805 家；农村养老服务机构数量由 2036 年的 32030 家缓慢增长至 2041 年的 32070 家，并在此后八年间保持在 32070 家左右；农村养老机构床位数由 2036 年的 2327 万张增长至 2049 年的 4438 万张，14 年增长一倍。相较于 2010~2035 年，我国农村卫生院数量仍保持缓慢下降态势，养老机构数量涨幅明显放缓，2036~2049 年后期更是保持在 32000 家左右，养老机构床位数量增速下降，但仍在平稳增长中。根据预测数据，农村医疗卫生院在 2049

年前仍处于向大型机构聚合的状态，农村养老机构基本达到与市场相匹配的数量，而养老机构床位数仍呈现缓慢增长态势。农村养老产业由规范化发展进入冷静发展期。

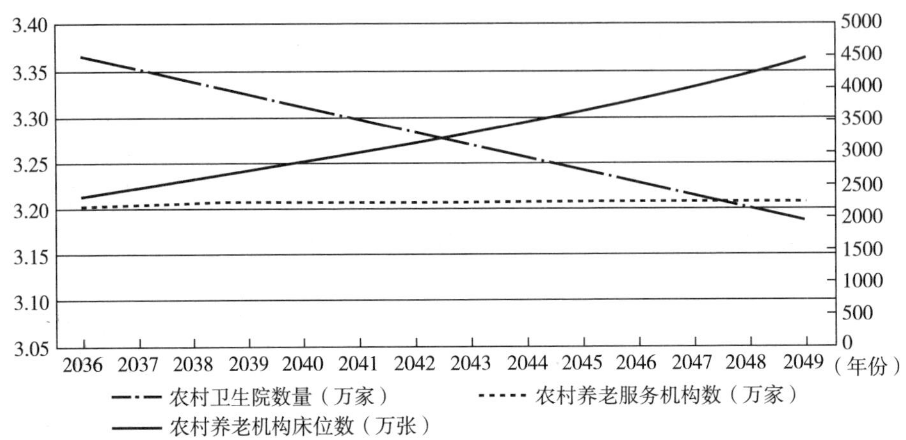

图 3-17　2036~2049 年我国农村养老产业各项指标预测数据

注：农村卫生院数量和农村养老服务机构数以左坐标轴为准；农村养老机构床位数以右坐标轴为准。

（五）农村物流业

运用灰色预测模型计算出 2036~2049 年农村物流行业相关数据，如图 3-18 所示。总体来说，2036~2049 年，农村物流业仍处于蓬勃发展期，但增长速率放缓。分指标来看，根据预测数据，农村快递网点覆盖率在 2036~2049 年仍保持 100%全覆盖水平；农产品物流总额由 2036 年的 11. 10 万亿元增长至 2049 年的 19. 49 万亿元；农产品冷链物流总需求量由 2036 年的 104024 亿吨增长至 2049 年的 252574 亿吨。与 2010~2035 年相比，农村快递网点仍然保持全覆盖水平，农产品物流总额与农产品冷链物流总需求量保持持续增长态势，但增长速率较之前明显减弱。未来 14 年间，我国农村物流行业进入稳定发展期，市场总量增大，但增速放缓。

（六）农村金融业

运用灰色预测模型计算出 2036~2049 年农产品加工行业相关数据，如图 3-19 所示。总体来说，2036~2049 年，农村金融行业仍保持平稳较快发展态势。分指标看，根据预测数据，村镇银行数量从 2036 年的 3999 家平稳增长到 2049 年的 6263 家；农村主要金融机构贷款额由 2036 年的 156. 37 万亿元增长至 2049 年的 778. 30 万亿元；农商行涉农贷款不良率由 2036 年的 13. 17%增长至 2049 年的 27. 44%。相较于 2010~2035 年，村镇银行数量已经得到客观的发展，主要农村

金融机构贷款额极大地增长，农村金融领域持续释放出市场活力。但相比 2020 年，农商行涉农贷款已经达到 27%的水平，给农村金融市场带来不小的隐患。因此，必须在持续支持农村金融活力发展的同时，不断提升农民金融知识，严格防控金融风险。

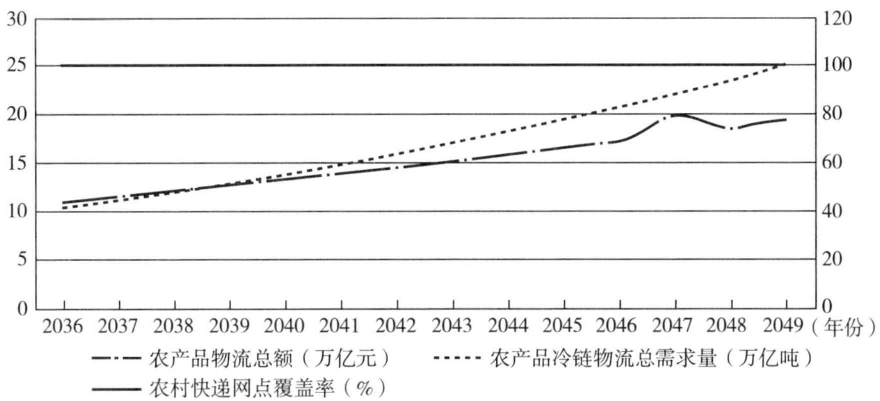

图 3-18　2036~2049 年我国农村物流产业各项指标预测数据

注：农产品物流总额和农村冷链物流总需求量以左坐标轴为准；农村快递网点覆盖率以右坐标轴为准。

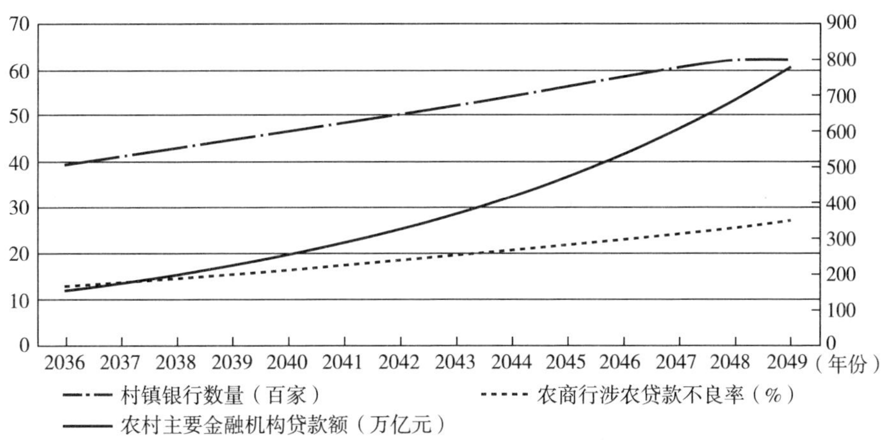

图 3-19　2036~2049 年我国农村金融产业各项指标预测数据

注：农商行涉农贷款不良率和村镇银行数量以左坐标轴为准；农村主要金融机构贷款额以右坐标轴为准。

三、2010~2049年农村产业多元化综合评价

由熵权-TOPSIS法得出各项指标权重，指标权重及与2010~2020年的变化对比如表3-4所示。

表3-4　全国农村产业多元化指标权重（2010~2020年）

一级指标	二级指标	指标说明	权重（%）	变化值
农业产业链延伸（28.57%）（-5.81%）	农产品加工（7.06%）（-3.35%）	农业机械总动力	2.34	-0.70
		农产品加工营业收入	2.10	-2.37
		规模以上农副产品加工增长率	2.62	0.28
	农村电商（21.51%）（-2.46%）	农村互联网普及率	3.86	-0.80
		淘宝村数量	9.55	-1.62
		农村网络零售额	8.10	-0.40
农业多功能发挥（31.18%）（-4.72%）	乡村旅游（19.15%）（2.70%）	乡村旅游示范县数量	5.57	-0.60
		乡村旅游人次	4.81	-0.74
		乡村旅游营业收入	8.77	3.50
	农村养老（12.03%）（-7.42%）	农村卫生院数量	4.94	1.94
		农村养老机构数	1.16	-11.49
		农村养老床位数	5.93	1.03
农业服务业融合发展（40.26%）（10.56%）	农村物流（17.58%）（0.43%）	农村快递网点覆盖率	1.95	-2.95
		农产品物流总额	6.69	1.23
		农产品冷链物流总需求量	8.94	2.15
	农村金融（22.68%）（10.13%）	村镇银行数量	5.18	2.67
		农村主要金融机构贷款额	14.32	9.46
		农商行涉农贷款不良率	3.18	-0.20

农村产业多元化三大系统权重依次为：农业产业链延伸系统权重为28.57%，相较于2010~2020年下降5.81%；农业多功能性发挥系统权重为31.18%，相较于2010~2020年下降4.72%；农业服务业融合发展权重为40.26%，相较于2010~2020年上升10.56%。各行业权重情况如下：农产品加工业权重为7.06%，下降3.35%；农村电商权重为21.51%，下降2.46%；乡村旅游权重为19.15%，上升2.70%；农村养老权重为12.03%，下降7.42%；农村物流权重为17.58%，上升0.43%；农村金融权重为22.68%，上升10.13%。

农村产业多元化三大子系统中，农业产业链延伸权重占比下降最大，其次是

农业多功能性挥发，而农业服务业融合发展权重占比却大幅上升，表明我国农村产业多元化发展正在由农业与低端制造业结合转向更多的农业与服务业融合的过程。分行业来看，一方面，农产品加工业、农村电商、农村养老的权重下降。其中，农产品加工业增长速率随时间推移慢慢放缓，行业生命周期走向“中老年”时期。农村电商行业在经历崛起期、蓬勃发展期之后，市场总量达到可观的状态，逐步进入稳定发展期，增幅放缓。农村养老产业逐渐由小而散的状态转向规范化、集约化，中大型养老机构渐渐取代小型养老机构。另一方面，乡村旅游、农村物流、农村金融行业的权重上升。其中，乡村旅游行业迎来快速发展期，有望成为国民经济新的消费“蓝海”。农村物流产业在未来较长一段时间内一直处于蓬勃发展期，但增速渐渐放缓。农村金融行业权重最大，相比于 2010~2020 年权重的增加最大，表明未来农村金融行业是农村多元化产业发展中较为重要的一环，我国应高度重视乡村发展。

2011~2049 年农村产业多元化评估计算结果如表 3-5、图 3-20 所示。

表 3-5　评估计算结果（2011~2049 年）

年份	正理想解距离 D+	负理想解距离 D-	相对接近度 C	排序结果
2011	0.266	0.065	0.197	17
2013	0.262	0.062	0.191	20
2015	0.254	0.065	0.203	16
2017	0.251	0.061	0.195	18
2019	0.247	0.059	0.193	19
2021	0.241	0.062	0.204	15
2023	0.234	0.066	0.219	14
2025	0.226	0.071	0.239	13
2027	0.218	0.078	0.264	12
2029	0.209	0.087	0.293	11
2031	0.199	0.094	0.322	10
2033	0.189	0.103	0.354	9
2035	0.177	0.114	0.392	8
2037	0.163	0.126	0.436	7
2039	0.148	0.141	0.488	6
2041	0.13	0.158	0.548	5
2043	0.111	0.178	0.617	4
2045	0.09	0.202	0.693	3

续表

年份	正理想解距离 D+	负理想解距离 D-	相对接近度 C	排序结果
2047	0.069	0.233	0.771	2
2049	0.061	0.265	0.813	1

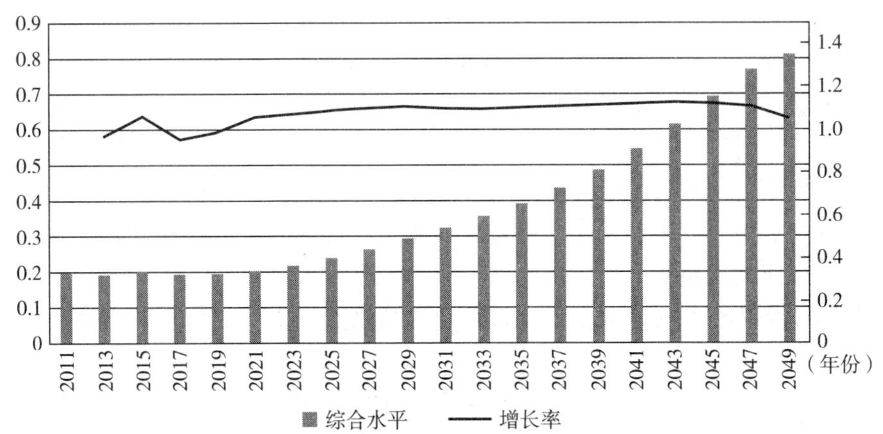

图 3-20　2011~2049 年我国农村产业多元化综合水平与增长率

注：综合水平以左坐标轴为准；增长率以右坐标轴为准。

从 2011~2049 年时间范围看，我国农村产业多元化在经历了十年左右的缓慢发展期后，开始逐渐进入快速发展期。2011~2020 年，农村产业多元化综合评价的增长率为 0.99，2021~2035 年为 1.09，2036~2049 年为 1.11，农村产业多元化发展速率逐步提升。

预测数据显示了农村产业多元化发展的巨大前景，但要过渡到快速发展期仍有许多困难。当前必须立足于农民，以产业多元化为路径去推动乡村产业振兴，从而带动农村经济发展。一是推进农业向数字化、科技化发展，实现农产品精深加工，构建农产品完整产业价值链。二是从基础设施、信息平台、人才引进等多方面提高农村电子商务配套服务，为农村电商发展奠定坚实基础。三是在保证农业生态系统高生产力的同时，发展环保产业和生态能源型农业经济模式。四是提升乡村旅游知名度，打造特色农业，塑造乡村旅游品牌，完善相关管理体制。五是增强农村养老多元财政支持，发展农村多元化、个性化的养老模式。六是深化农村文化体制改革，加强文化设施建设，培育特色文化产业。七是加快农村金融综合服务体系建设，加快金融科技融合并加强风险防控。

第六节　农村产业多元化建设的配套措施和政策建议

一、建立健全城乡融合发展体制机制

农村各个产业的多元化发展，离不开完善的城乡共同发展的制度保障。应搭建城乡产业协同发展平台，打破阻碍城乡要素自由流动和平等交换的体制机制壁垒，推动城市和农村的要素进行跨界配置及产业深度融合，促进各类要素更多从城市向乡村流动。根据当地特色，重视小城镇的联结作用，将特色小镇作为城乡融合发展的重要载体，将第三产业作为城乡融合发展的重要支柱，率先建立城乡产业协同发展先行示范区，以城市和农村产业协同发展为重要抓手，将城市的产业发展优势和农村的环境资源相结合，形成具备当地农村特色的产业多元化发展、多业态呈现的趋势。想要真正实现城乡之间联动发展，就要让农村产业摆脱单一的产品和业态概念，主动融入农村一二三产业融合发展体系构建中，打破农业生产链、价值链单一的掣肘。不仅注重农业产业链延伸农产品的价值增值和农副产品的销量，而且要促进农业的多功能发挥、拓展农业产业范围，要与农产品加工业、农村电商行业、乡村旅游产业、养生养老产业、物流配送行业金融行业等多种服务业结合起来。创建一批城乡融合典型项目，构建农业产业园区，优化各类农业园区布局，形成以农业产业园区、农业产业教育示范基地等以带动乡旅产业和文化产业的发展，促进农业产业链和服务业的有效整合，提升农村服务业的活力、创新力和竞争力，形成示范带动效应。

二、健全完善农业支持保护制度

要想实现农村产业多元化，离不开健全的农业支持保护制度。政府要进一步明确投入方向，应该是以市场需求为导向，深化农业供给侧结构性改革，以农产品提质增效为重点，并借鉴国内外的农业发展经验，不断提高农业增收能力和产能赋值，提高农产品竞争力。要切实以农民的利益为出发点，加快构建农业补贴政策体系，充分调动农民参与农事生产、逐步融入农业现代化的积极性，进一步扩大农业补贴的范围和强度，积极推动农民合作社、小农户合资等新型农业生产主体的出现，以及农民土地入股、技术入股等多样化支持农事生产的农业服务项目产生，同时要注重农业技术推广、农产品质量检验、动植物疾病防控和自然灾害风险保险等服务业的补贴力度，全面落实永久基本农田特殊保护制度，守住我

国的18亿亩耕地红线。牢记农业绿色发展的理念，加大绿色生产方式的推广，完善保护生态环境，合理开发和利用自然资源的政策，推动耕地森林河流湖泊生态系统自然修复和轮作休耕。要根据农村当地特色实施一二三产业融合发展的方针，将农业支持政策向鼓励农业多功能发挥、产业链延伸、多范围拓展靠拢，例如在鼓励初级农产品生产效率的同时，还要将资源向农产品精加工、农业旅游业结合、农村养老休闲业倾斜，从而使农民收入增加的方式更加多元化。同时，对乡村本地的历史文化资源进行深度挖掘，不仅有益于农业产业发展，发挥农业的多功能价值，还能丰富农民劳作之余的文化生活，有利于其发展创意农业。

三、加快构建农村普惠金融体系

农村的金融服务一向比较落后，因此要加快农村普惠金融体系的建设，改善农村普惠金融服务效率，为当地农户和企业提供更方便快捷的基础金融服务。首先，以市场调节为主导、政府引导为辅助。精准定位市场的巨大作用，一方面让市场这只“看不见的手”合理配置农村资金，另一方面政府要主动作为，利用多种政策引导城市资金和外资关注农村产业，以城补乡，以强补弱，提高农村金融服务的普适性。其次，加强农村信用体系建设，抓紧推进农户信息建档，以各级政府的公信力为核心，以大数据手段为抓手，逐步建立覆盖全农村的农村信用基础数据库。中国人民银行应积极协助农村信用体系的建设，某些情况下可以放宽政策，将小贷公司、村镇银行等纳入央行征信体系，为农户个人或新型农业经营主体、新型农业服务主体以及龙头企业等信用贷款提供绿色通道。再次，深化中国农业发展银行改革。政策性银行的运作效率较低，政策性银行容易受到各级政府在政治上的干预，应该对政策性银行或合并或调整，进行商业化改造从而解决政策性银行高风险贷款导致的大量坏账问题。最后，要积极探索发展村庄信用互助组织，用以解决过往农村贷款“成本高昂、步骤冗长、效率低下、信息不对称”的问题。同时，发展村庄信用互助组织进一步加强对农村普惠金融的宣传，提高农民对手机银行、金融科技服务的认知，相关的从业人员还可视情况开展“贷款到家”“上门送产品”等活动，以有效解决金融服务“最后一公里”难题。

四、建立城市人才入乡激励机制

积极推动人才“进得来，留得住，能受益”的体制机制，制定财政、金融、社会保障等激励政策，吸引各类人才返乡入乡创业就业。加强政企、校企之间的合作，在企业方面，要加大对农村初创企业的支持力度，全方位保障企业吸纳核心人才的能力，同时加强当地龙头企业的影响力和对产业的引导力，定期开展技术分享交流会，统筹提高农村劳动力的综合素质和认知水平。国家要加大公共财

政对教育特别是农林院校的支持，保证教育特别是农林院校能够给乡村输出合格的专业人才。推动农村企业减税降费机制合理落实，以真正看得见、摸得着的利益把企业和人才留在乡村。推行乡村振兴职业人才培养制度，加强吸引城市有意愿、有能力的青壮年劳动力留在农村，并进行关于农产品加工业、农村电商行业、乡村旅游产业、养生养老产业、物流配送行业金融行业等多种服务业的技能培养，职业培训和农业现代化教育，让他们成为乡村振兴的坚强动力。

五、优化乡村发展治理体系

农村产业多元化为促进乡村治理能力的提高提供了有力支撑，同时优化乡村发展治理体系也为农村产业多元化提供了契机。面对乡村治理的问题，村镇政府首先要明确自身定位，即以乡镇政府为主、行政村落为辅，要加强政府自身的职能意识，要对基层干部的管理方式、服务水平、治理能力提出新的要求，从而适应乡村治理共建共治要求。不断推进政府治理的同时，不断强调村民自治的重要性，乡村政府和行政村落归根结底是服务于农村居民的，要充分给予农民自治的空间，引导他们共同参与治理农村，共同建设美丽乡村。同时，要贯彻执行法制思想，充分重视法治在“三治”中的基础性作用，要让法治充分与村民自治深度融合，乡村社会拥有稳定的秩序，才能更好促进一二三产业的融合，才能推动农村产业多元化的发展、多业态的展现。另外，要重视乡村文化传播和道德建设，弘扬乡村传统文化和当地历史文明的延续，传承和发扬各种传统美德和高尚情怀，以德治加强法治，以法治促进自治推动构建自治、法治、德治“三治”协同的乡村治理格局。

第四章　公共服务均等化之路

公共服务均等化是解决民生问题、处理好发展不平衡不充分问题的重要举措，也是推进乡村振兴、实现共同富裕的基本内容。当前，中国已经逐步建立起了较为完整的公共服务制度体系。政府对公共服务的投入持续加大，大多数公共服务实现了普遍覆盖。然而，农村公共服务建设与城市公共服务建设相比仍然存在一定差距，城乡公共服务建设尚未实现均等化。党的十八大以来，国家陆续出台了《“十三五”推进基本公共服务均等化规划》《“十四五”公共服务规划》《国家基本公共服务标准（2021 年版）》等一系列文件指导公共服务事业的发展。尤其是乡村振兴战略实施以来，国家不断强调建立健全城乡基本公共服务均等化体制机制，不断号召推动公共服务向农村延伸以及社会事业向农村覆盖。党的二十大提出，全面推进乡村振兴，要统筹乡村基础设施和公共服务布局，增进民生福祉，要健全基本公共服务体系，提高公共服务水平。这要求我们把乡村公共服务建设摆在重要位置，也更加凸显了城乡公共服务均等化建设的重要性。

第一节　公共服务均等化的内涵及特征

一、公共服务均等化的内涵

（一）均等化

“均等”一词在公共服务视角下主要含义是公民在生活中期望达到的稳定平等的状态，“化”代表一个过程。“均等化”可以理解为从不均等向均等转变的一个相对过程。理论上，均等化的公平正义是理想状态，但在实际层面，均等化状态只是社会生活中动态实践的过程。在实际的社会生活中，纵使各界学者极力倡导均等的状态，但实际上彻底的均等化是无法实现的。也就是说，当前学界所

倡导的均等化状态是一个相对的概念。

（二）公共服务均等化

在中国，公共服务指政府部门、国有企事业单位等主体按照法律规定、社会需求和自身职责要求，依法为社会公众提供帮助或解决事务的行为。公共服务均等化指全体公民在不同阶段享受公共服务的机会、数量和质量大体相等，其本质是维护社会的公平。本章旨在研究中国城乡之间的差距并为实现乡村振兴出谋划策。因此，在本章中公共服务均等化是指城乡之间的公共服务均等化。

城乡公共服务均等化指让城乡居民享受到大体相等水平的公共服务，主要在于提升农民能够享受到的公共服务待遇。在结合国家实际情况的前提下，要分层次、分阶段进行，可以通过两个方面加以深入理解：其一，城乡居民享有均等的数量和质量。也就是说，以政府为主导，在规模和质量上都要满足城乡居民的需求。其二，城乡居民享有的相关内容越来越丰富。为顺应中国居民日益增长物质文化需要，所提供的内容应越来越丰富。

（三）城乡公共服务均等化

陈海威等（2007）指出，根据政府提供服务的性质和类型来看，有四大领域可以划在公共服务之列：底线生存服务、公众发展服务、基本环境服务和基本安全服务。考虑到服务的基本性和数据的可获得性，从底线生存服务均等化中选取社会保险均等化和妇女儿童权益均等化，从公众发展服务均等化中选取义务教育均等化、医疗卫生均等化和文化体育均等化，从基本环境服务均等化中具体选取水电气暖等公益事业均等化，来评价城乡公共服务均等化水平。

1. 义务教育均等化

义务教育均等化主要指实施义务教育的某一个国家或某一个地区内，各种教育资源以及有关的义务教育服务可以相对均等地提供给所有的适龄儿童。它是一种相对的均等，不能与平均主义相提并论。

城乡义务教育均等化指为了确保受教育者享受公平的教育，充分发挥教育的有效性，对城乡义务教育资源进行统一筹划及合理有效的利用，使城乡义务教育发展相对均等。这意味着在教育发展过程中，把义务教育置于由城乡所构成的一个大系统中，用系统思维的方式促进城乡义务教育相互支持、共同发展。此外，还包括构建双向沟通、良性互动、动态均衡的教育体系和机制，促进城乡教育资源共享，以及促进城乡教育相互支持、相互促进，有效消除地理、经济等原因导致的城乡教育失衡的问题，缩小城乡之间教育资源配置的差距。

2. 医疗卫生均等化

医疗卫生服务均等化指全体公民都能公平可及地获得大致均等的基本医疗卫生服务。基本医疗卫生服务均等化有两个层面的含义：一是居民享受医疗卫生服务的机会均等，如公民都有平等享受医疗卫生服务的权利；二是居民享受医疗卫生服务的结果均等，如公民无论居住在任何地方，享受的医疗救助等公共服务，在数量和质量上都应大致相等。基本医疗卫生服务均等化是健康中国建设的重要目标，也是提高民众健康水平的基础性战略，能够保障和促进公民基本健康权利。

医疗卫生均等化指中国的居民能少量付费或者免费就可以方便快捷地获得基本的医疗卫生服务。其实质不是绝对的平均，而是承认各地区、民族、性别、收入水平等因素确实存在差异，保证全国居民能够实现“底线均等”，使中国居民大致享有一致的医疗卫生服务。从时间的动态发展上看，实现基本医疗卫生均等化是一个分阶段、分层次的动态发展过程。从起始阶段到最后达到成熟需要经历不同的阶段。这需要政府根据中国现阶段医疗卫生服务的现状制定相关的政策，从而实现医疗卫生服务的均等化。

3. 社会保险均等化

社会保险是社会化大生产的产物，由政府主导，通过国家立法形式强制参保者和用人单位按其收入一定比例缴纳社会保险税（费）。作为中国社会保障基本公共服务体系中的核心和最重要的组成部分，其通过多渠道形成社会保险基金，对参保人在年老、患病、伤残、失业、生育等情况下依法提供物质帮助，达到保障其基本生活的一项社会保障制度。目前中国社会保险的内容主要包括五大险种，即基本社会医疗保险、基本社会养老保险、失业保险、工伤保险和生育保险。

城乡社会保险均等化是政府为城乡居民提供的科学合理的、动态发展的、最终大致均等且使全体公民能够无差别地享受保障待遇的社会保险体系。其中，体现机会、过程和结果的均等化，致力于保障城乡居民在遭遇老、病、劳、伤、育等时，平等地享受社会保险的服务内容和服务过程。

4. 文化体育均等化

文化服务均等化指政府依据现有的经济社会发展水平，使全体公民都能公平可及地享受到大体均等的基本公共文化服务，但不是简单的平均化和无差异化，具有公共性、非营利性和多样性的特点。体育服务均等化一般指政府利用公共体育资源和财政资金为整个社会提供相对均衡的体育产品和服务。公共体育服务均等化具有普适性，强调受益者均质，是一国经济社会发展到一定阶段的产物。

城乡文化服务均等化以城乡公共文化服务供给存在的差异性为背景，以城乡居民公共文化服务需求为导向，在公共财政可以承担的基础上，以社会公平为原则，以政府为主导，通过对文化资源的科学合理配置，向城市和农村提供与当前经济发展水平相适应的文化产品和服务，以平衡城乡文化产品和服务供给，满足城乡居民的基本文化需求。城乡体育服务均等化指政府公平、合理地在城乡之间配置体育资源，如基础体育设施、体育组织、体育指导员等。在满足城乡居民体育公共服务需求的同时，缩小体育公共服务水平在城乡之间的差距，缓解城乡体育公共服务不均衡现象。

5. 妇女儿童权益均等化

妇女儿童权益均等化是公共服务均等化建设的重要组成部分。妇女儿童属于社会中的弱势群体，他们的许多权益仍被排斥在人权之外，这与我国的社会主义制度不相容，也不符合公共服务均等化的原则。保障妇女儿童合法权益是促进公共服务均等化建设的重要环节，也能够推动社会主义和谐社会的建设。

城乡一体化是推动经济持续稳步增长的必要条件，也是推进我国城市化、现代化、公共服务均等化以及实现乡村振兴的重要保障。但在城乡一体化进程中，随着农村经济的逐步发展，农村的问题日益突出。囿于历史遗留的城乡二元结构、城乡差别对待等因素，与城市相比，农村的发展在多个方面并没有受到社会各界过多的重视。尤其是处于劣势地位的妇女儿童群体，长期被社会忽视，劳动负担及心理负担过重，大多数迫于生存压力处于留守状态。由于资源匮乏或是传统观念的根深蒂固，妇女儿童的受教育质量和年限堪忧，导致这一群体的处境更为不利。这些因素造成农村妇女儿童权益的保护成为亟待解决的社会现实问题，也是实现公共服务均等化过程中的一大障碍。

6. 水电气暖等公益事业均等化

水电气暖等公益事业属于公共设施，服务于城乡居民的生产生活。公共设施均等化指政府所提供的公共设施服务能够一视同仁地覆盖到特定行政辖区内所有的居民和企业，它是一种相对的、因地制宜的均衡。

城乡水电气暖等公益事业均等化是指为了确保城乡居民享受公平的水电气暖等设施服务，对城乡进行统一筹划，使水电气暖等公益事业能够相对均衡地覆盖到城乡居民。农村的经济总体上远远落后于城镇，无论是在水电气暖等设施的量上还是标准上，城乡都无法达到绝对均衡。水电气暖等这类设施属于差异性公共物品，其均等化是相对的，也是因地制宜的。对于水电这类需要满足居民基本生产生活的基础设施，城乡间的均等化相对来说较易实现。对于城乡供暖这类极具差异性的公共基础设施，考虑到南北差距，需要因地制宜地考虑均等化。

二、公共服务均等化的特征

（一）基本公共服务的均等化

党的十九大报告明确提出，新时代中国社会的主要矛盾已经转变为人民日益增长的美好生活需要与不平衡不充分的发展之间的矛盾。在推进基本公共服务均等化的过程中要满足人民群众对于公平的追求。党的二十大报告指出，未来五年是全面建设社会主义现代化国家开局的关键阶段，要明显提升中国公共服务均等化水平，明显改善城乡人居环境。

从2005年“公共服务均等化”的首次提出到2017年《“十三五”推进基本公共服务均等化规划》的出台，再到2020年“十四五”规划建议关于“实现基本公共服务均等化”的强调。推进基本公共服务均等化是全面建设小康的基础，也是2035年全民实现共同富裕的实质性进展。基本公共服务使城乡区域人群中的基本公共服务差距不断缩小，是服务于全体公民的普惠性公共服务，从总体上看，基本公共服务实现了相对均等，具有均等化特征。

（二）推进公共服务均等化的客观限制

20世纪90年代至今，中共中央不断完善均衡性转移支付制度，并加大对公共服务分配资金的投入力度，中国各地公共服务水平得到显著提升。但地区差距依然突出，城乡差异依然存在。

政府供给公共服务的过程中同时存在着供给不足和供给不均问题，例如制度供给不均所带来的公共服务制度的城乡二元化，财政供给不均所带来的地方财政辖区内分配不均以及中央与地方对基本公共服务财政支出分担比例失衡，人员、设备和设施供给不均所带来的各基本公共服务部门中工作人员、设备、设施配置的数量及质量上的差别等问题，会在范围和质量上造成公共服务保障的局限性。而享受成果建立在供给的基础之上，供给的不足必然会导致结果的局限性。

（三）不同时期的公共服务均等化侧重点转变

中国公共服务均等化政策的推进呈现“普惠化—均等化—优质化”的演进规律，逐步从“人人享有”向“人人满意”转变。

1. 以“普惠化”为特征的基本公共服务体系构建阶段

以2012年7月国务院印发的《国家基本公共服务体系“十二五”规划》为开端，完善基本公共服务体系成为保障和改善民生、让人民共享发展成果的重要举措。基本公共服务开始形成一整套较为完整的制度体系。随后的五年内，形成了涵盖基本公共教育、基本医疗卫生、劳动就业服务、基本社会服务、人口计划生育、基本住房保障、残疾人基本公共服务、公共文化体育的基本公共服务“普惠化”制度顶层设计。

在此阶段，基本公共服务体系呈现出显著的“普惠化”特征。具体体现为面向社会发展不均衡的现实困境，以公平为价值目标进行基本公共服务的再分配，构建统筹城乡、区域的基本公共服务资源配置、供给机制等，以制度的一体化实现居民享有基本公共服务的普惠化。针对地区分割严重、区域差异显著的问题，一方面，在全国整体布局时，强调公共资源向基本公共服务能力和水平相对薄弱的地区

倾斜，实现区域均衡发展；另一方面，大力推行区域发展战略，并积极保障基层发展以实现基本公共服务区域内统一、区域间协调的区域一体化格局。

2. 以“均等化”为特征的基本公共服务均等化推进阶段

以2017年1月国务院印发的《“十三五”推进基本公共服务均等化规划》为标志，加快基本公共服务均等化成为实现共同富裕，建成全面小康的重要举措。基本公共服务均等化从制度顶层设计走向深入贯彻落实。特别是2018年12月中央全面深化改革委员会第三次会议提出，使用标准化的手段优化资源配置、规范服务流程、提升服务质量、明确权责关系、创新治理方式，从而推进基本公共服务均等化的有效落实。标准化手段的应用为基本公共服务均等化的有效贯彻落实准备了条件，基本公共服务均等化进入标准化推进阶段。

在此阶段，基本公共服务均等化呈现出显著的“标准化”特征。具体而言，首先是完善基本公共服务质量标准体系，提出基本公共服务标准体系建设的具体措施，明确重点任务。其次是制定基本公共服务保障国家基础标准，明确各个基本公共服务领域中中央和地方财政事权与支出责任的划分。最后是创新基本公共服务标准实施机制，促进标准信息公开共享，开展标准实施监测预警，推动标准水平动态有序调整，加强实施结果反馈利用，加大政府购买公共服务，鼓励开展创新试点示范。

3. 以“优质化”为特征的基本公共服务均等化提升优化阶段

党的十九大报告提出，当前中国社会的主要矛盾已经变化为人民日益增长的美好生活需要与不平衡不充分的发展之间的矛盾。这一矛盾变化在社会领域具体体现为：一方面，人民群众对基本公共服务的需求必然会从“有机会享有”向“更多更公平更优质享有”转变；另一方面，政府供给基本公共服务必然会通过大力推进“均等化”解决基本公共服务“不平衡不充分”矛盾，同时会用“高质量发展”的理念指导新时代的基本公共服务均等化。优质化成为未来基本公共服务进一步优化发展的必然趋势。

在此阶段，首先是国家基线的动态调整将实现从“生存”到“生活”的转变。人民生活水平的提高将进一步拓展人民需求，届时满足人民对美好生活的需求将成为基本公共服务的目标，国家基线也必将向更高标准调整。其次是基本公共服务的职能定位从“兜底”到“品质”的转变。“有服务”保障的是人民的基本生存需要，而未来必将从“有服务”转向“优服务”。最后是基本公共服务的实现目标从“公共产品供给”到“人民需求满足”的转变。基本公共服务均等化的优质化发展将以人民获得感、满足感、幸福感为最终的实现目标，更加注重公共服务的精准性、精细化，从供给角度的“机会均等”逐步走向需求角度的“结果均等”，从人人可获得转向人人有感受、人人都幸福的高水平基本公共服务均等化。

第二节　通过公共服务均等化之路实现乡村振兴的理论分析

一、城乡公共服务均等化通过建设乡风文明促进乡村振兴

乡风文明建设作为乡村振兴战略的主要内容和实际需要，一定程度上能够使农村居民树立集体、责任、合作等公共意识，从精神层面提升乡村内聚力。乡风文明建设与乡村振兴战略是同步进行的，两者并驾齐驱。城乡公共服务均等化作为乡村振兴战略的主要成分，也是乡风文明建设的坚实臂膀，涉及农村各个领域。对城乡公共服务均等化的建设，不只是对乡风文明社会的实践，也是对乡村振兴战略实施的巨大推动。

乡镇文化站、乡镇图书馆等文化机构为乡村文化发展提供了空间载体，为乡风文明建设提供基本遵循和价值规范，也为乡村生态文明建设提供良好的文化支撑。乡村文化的多元化融合增强了乡镇居民的价值认同感，有利于满足广大农村居民的精神需求，激发精神力量。妇女儿童是乡村振兴的重要群体，妇女儿童权益均等化通过提升农村妇女综合素质、增加农村妇女关爱服务等提振妇女精神风貌，助力乡风文明的建设。体育运动增强群众体质的同时，对个人品质、自信心、心理调节能力发挥着积极作用。丰富体育运动有助于改变农民精神面貌，促进乡镇良好文化氛围和思想道德风气形成，是塑造良好乡风文明的重要抓手。

二、城乡公共服务均等化通过优化产业结构促进乡村振兴

产业兴旺作为解决农村问题的前提，意味着多业态共同互动。党的二十大提出，要坚持农业农村优先发展，坚持城乡融合发展，畅通城乡要素流动。公共服务均等化通过促进农村产业结构调整优化要素市场化配置。农业劳动力借此实现兼业化和非农化转型。新时代的乡村产业振兴要求第二、第三产业与农业融合发展，农业作为农村发展的主力产业，是实现乡村振兴的重要基础。

义务教育为农村产业发展培育人才，而文化教育中的创造性思维为农业发展提供创意设计。乡村文化、生态旅游、科技农业等有机融合所产生的新型产业丰富并满足了新的市场需求，是促进农村产业融合发展的主要内容。劳动力是农村产业发展的基础，城乡医疗卫生均等化的实现为农民健康提供基本保障。同时，农村社会保险制度的完善和农村水电气暖等公益事业的普及，提高了农村居民的

生活条件，一定程度上降低了农村居民外出打工的意愿，为农村产业发展提供人力资本，有利于农村壮大产业发展和丰富业态构成。城乡公共服务均等化不仅助推农村产业多维度协同发展，而且通过将先进科技与先进理念注入生产全过程，推进农村产业现代化进程，促进乡村振兴目标的实现。

三、城乡公共服务均等化通过有效治理促进乡村振兴

在当前城市和农村的发展都步入新阶段的特殊时期，努力建设和谐社会的时代背景下，需要从义务教育、医疗卫生、文化体育、妇女儿童权益、社会保险、水电气暖等方面构建乡村振兴的发展逻辑。通过城乡公共服务均等化实现有效的乡村治理，进而夯实乡村振兴基础并高质高量推动乡村振兴建设。有效的乡村治理不仅能保障乡镇居民的切身利益，也能稳定乡村社会的和谐发展。农村文化建设的中坚力量是乡村文化，而公共文化服务的供给内容又根植于农村社会，政府可以通过鼓励和扶持乡村文化，充分释放乡村文化产品和服务的内生性潜能，提升农村“自治”水平，实现乡村文明价值重构，有助于实现乡村有效治理。

“健康中国”战略的提出，使体育建设在公共服务方面占据更加突出的地位。在人们长期参与体育活动的过程中，体育竞技中的公平、公正的体育规则也在影响着人们的思想观念，从而打破农村传统的熟人社会、人情社会。长此以往，村民的法律意识逐渐增强，懂得运用法律手段维护自身权益，提高“自治”能力，稳定农村社会秩序，实现在法律条文约束下的乡村有效治理。

四、城乡公共服务均等化通过建设美丽乡村促进乡村振兴

美丽乡村建设需要理顺主次、着眼实际、符合民情。体育均等化促进生态宜居乡村建设。体育特色小镇立足农村当地地域特色，其发展离不开对生态环境的保护。良好的生态环境是体育运动的载体，以先天环境为依托的体育观光，以及旅游运动等体育产品的开发，有助于当地生态环境的保护。不仅利用当地的乡村运动休闲资源发展了经济，而且改善了村容村貌，实现乡村生态发展，推动城乡人口的双向自由流动，加快促进城乡融合发展。体育均等化促进了建设乡村生态宜居环境，从而助力乡村振兴。

广大农民群众既是美丽乡村建设的主体，又是美丽乡村建设的主要受益对象。但囿于农民群众自身的认知层次较低，再加上基层政府对政策的宣传解读力度有限，大部分农民对美丽乡村建设意义、进程缺乏相应认识，成为乡村建设的局外人。尤其在农村，妇女儿童这一庞大人群的权益被忽视，对于建设美丽乡村是非常不利的。在美丽乡村建设过程中，政府要正视妇女儿童的诉求，对农村生态环境的改善与绿色农业产业的发展至关重要，从长远看，对中国新型城镇化建

设与城乡公共服务均等化进程的推进有重要意义。

五、城乡公共服务均等化通过富足乡村生活促进乡村振兴

乡村振兴的落脚点和根本所在是共同富裕，而全体人民共同富裕的关键部分在于农民生活富裕。推进城乡公共服务均等化，通过构建优质均衡的公共服务体系，丰富多层次、多样化的生活服务供给，实现乡村生活富裕从而进一步促进乡村振兴。

人才是乡村振兴战略实施的强有力的支持，而教育是积累人力资本的重要载体，充足的人力资本是农村居民生活富裕的重要推动力。城乡义务教育均等化通过积累人力资本、减轻乡村贫困等方式富裕乡村生活，进而促进乡村振兴。社会保险作为农村社会的“安全网”和“稳定器”，不仅对农村居民的基本生活有所保障，而且能够调动农村居民及基层组织的积极性，增强农村居民生活的安全感、获得感和幸福感，为生活富裕奠定基础，进而促进乡村振兴。水电气暖等公益事业在增强农村居民生活幸福感的同时，还能改善农民生存和发展的条件，加快农村经济要素集聚，提升农村地区的综合承载能力及发展，为富裕乡村提供设施，从而助力乡村振兴。

第三节　中国公共服务均等化的现状及问题分析

一、中国城乡公共服务均等化的现状分析

（一）中国城乡公共服务均等化的区域异质性

1. 义务教育均等化现状

当前中国的义务教育在城乡间还存在差距，继续推进义务教育均等化建设是当前的重要任务。用城市与农村的比值表示均等化程度，数值越接近于1，说明城乡之间越均等，大于1，说明城市的数值大于农村，小于1，则是城市小于农村。

由表4-1可知，小学教师本科及以上学历比例均等化和小学生师比均等化的数值均大于1，且小学教师本科及以上学历比例均等化的数值与1的差值较大。说明小学教师本科及以上学历比例均等化和小学生师比均等化在中国城乡之间，东、中、西部地区城乡之间存在不均等情况，且小学教师本科及以上学历比例均等化与小学生师比均等化相比，不均等程度更高。

表 4-1　2011~2020 年中国城乡以及东、中、西部地区城乡小学本科及以上学历比例和小学生师比均等化情况

年份	小学教师本科及以上学历比例均等化				小学生师比均等化			
	东部	中部	西部	全国	东部	中部	西部	全国
2011	2.027	2.342	2.275	2.289	1.178	1.032	1.176	1.105
2012	1.901	2.143	2.109	2.118	1.172	1.082	1.199	1.130
2013	1.774	1.936	1.933	1.946	1.201	1.163	1.240	1.182
2014	1.653	1.788	1.798	1.800	1.187	1.176	1.249	1.182
2015	1.552	1.637	1.692	1.674	1.160	1.167	1.229	1.164
2016	1.483	1.540	1.587	1.583	1.143	1.154	1.213	1.148
2017	1.398	1.442	1.516	1.491	1.129	1.148	1.212	1.142
2018	1.338	1.393	1.471	1.432	1.127	1.164	1.222	1.149
2019	1.299	1.357	1.437	1.391	1.123	1.175	1.213	1.149
2020	1.251	1.312	1.395	1.343	1.133	1.189	1.212	1.159

资料来源：历年《中国教育统计年鉴》。

从图 4-1 可以看出，总体上看，中国城乡以及东、中、西部地区城乡小学教师本科及以上学历比例均等化程度都不断提高。具体来看，东部地区均等化程度最高，中部地区在 2013 年以前落后于西部，但 2013 年后中部地区比西部地区均等化程度高。总的来说，全国城乡小学教师本科及以上学历比例均等化程度虽然逐年增高，但全国总体城乡间依然存在较大差距，仍需进一步加强。

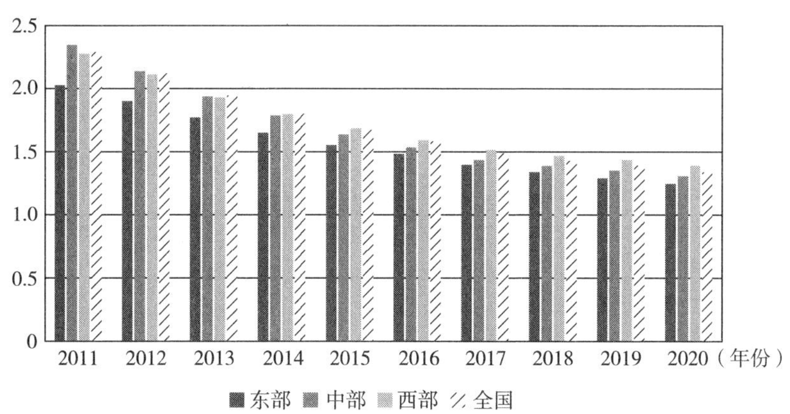

图 4-1　中国城乡以及东、中、西部地区城乡小学教师本科及以上学历比例均等化情况

由图 4-2 可知，中国城乡东、中、西部地区城乡小学生师比均等化程度总体上差距较小。具体来看，西部地区城乡小学生师比最不均等化，东部地区城乡均等化程度在 2015 年后高于中部地区，全国城乡小学生师比均等化水平位于中间位置。中国城乡以及东、中、西部地区城乡小学生师比均等化数值与 1 都还有一定距离，仍需进一步加大均等化建设力度。

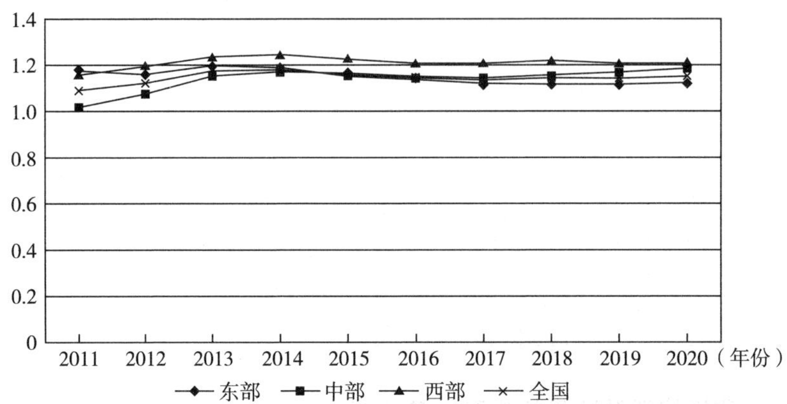

图 4-2　中国城乡以及东、中、西部地区城乡小学生师比均等化情况

由表 4-2 可知，中国城市整体以及东部地区城市初中每百名学生拥有计算机数始终高于农村，中部地区和西部地区农村初中每百名学生拥有计算机数从 2016 年开始反超城市。这是因为 2016 年及以后中部地区城乡计算机数增长率相近，而农村地区的学生数增长率明显慢于城市，西部地区农村学生人数有减少趋势但计算机数量依然持续增加，并不意味着农村地区初中每百名学生拥有计算机数优于城市。

表 4-2　2011~2020 年中国城乡以及东、中、西部地区城乡初中每百名学生拥有计算机数情况

年份	东部		中部		西部		全国	
	城市	农村	城市	农村	城市	农村	城市	农村
2011	14.47	11.31	6.99	6.23	7.24	6.79	11.12	8.10
2012	16.06	13.12	8.11	7.80	8.23	7.96	12.45	9.56
2013	17.75	15.67	9.58	9.23	9.50	9.42	14.00	11.43
2014	19.34	17.54	10.36	9.89	10.81	10.62	15.37	12.66
2015	20.99	19.50	11.42	10.97	12.57	12.25	16.91	14.22

续表

年份	东部		中部		西部		全国	
	城市	农村	城市	农村	城市	农村	城市	农村
2016	22.48	20.83	12.28	12.37	13.97	14.26	18.20	15.81
2017	23.64	21.41	13.13	13.50	14.79	15.84	19.20	16.93
2018	23.92	21.80	13.33	14.14	15.28	16.49	19.48	17.50
2019	24.66	21.99	13.65	14.41	15.54	16.74	19.96	15.59
2020	25.40	22.47	15.06	16.22	15.70	17.28	20.67	18.71

资料来源：历年《中国教育统计年鉴》。

从数值上看，东部地区的城乡数值都明显高于中、西部地区，说明东部地区的初中教学设施优于中、西部地区。在城乡差值方面，东部地区大于中、西部地区，而中、西部地区差值较为接近，说明中部和西部地区城乡初中每百名学生拥有计算机数均等化程度相近，东部地区最不均等。总体来看，中国城乡初中每百名学生拥有计算机数存在不均等情况，仍需为城乡均等化建设做出努力。

总之，无论在师资配备还是教学设施方面，中国城乡之间都存在不均等情况，进一步说明了中国城乡义务教育并不均等，仍需加大城乡义务教育均等化建设力度。

2. 医疗卫生服务均等化现状

公平的医疗卫生服务供给是实现“基本公共服务均等化”目标的基础，也是“健康中国”的重要目标。中国的医疗卫生事业取得了很大进步，但当前中国医疗卫生服务仍然面临供给不足、区域分布不均衡以及质量安全有薄弱环节的问题。

课题组整理了 2011～2020 年中国东、中、西部三大区域的执业（助理）医师数（见表 4-3 和图 4-3）。由表 4-3 的数据可知，2011 年，东部地区城市的执业（助理）医师数是 61.1 万人，中部地区是 31.7 万人，西部地区是 26.3 万人。东部地区城市的执业（助理）医师数是中部地区的将近两倍，是西部地区的两倍还要多。随着时间的推移，各个地区也在不断发展，但东部地区城市的执业（助理）医师数是中、西部地区的接近两倍这个趋势一直没有变，但西部地区人数增加速度明显高于东、中部地区，说明地区差距在逐渐缩小。2011 年，东部地区农村的执业（助理）医师数是 48.6 万人，中部地区是 42.4 万人，西部地区是 36.6 万人，东部地区城市的执业（助理）医师比中西部地区的多，从 2011 年到 2020 年，中西部地区的执业（助理）医师数不断上升且中西部地区上升速度大于东部地区，说明东、西部差距在逐渐缩小。

表 4-3　2011~2020 年中国城乡以及东、中、西部地区城乡执业（助理）医师数

单位：万人

年份	全国平均			东部地区			中部地区			西部地区		
	合计	城市	农村	合计	城市	农村	合计	城市	农村	合计	城市	农村
2011	246.6	119.1	127.5	109.7	61.1	48.6	74.0	31.7	42.4	62.9	26.3	36.6
2012	261.6	126.8	134.8	117.4	65.3	52.2	78.0	33.3	44.7	66.2	28.3	37.9
2013	279.5	136.0	143.5	126.0	70.9	55.1	82.5	34.7	47.8	71.0	30.4	40.7
2014	289.3	143.2	146.1	129.9	74.7	55.2	86.2	36.6	49.6	73.2	31.9	41.3
2015	303.9	153.8	150.2	136.5	80.3	56.2	91.0	39.1	51.9	76.3	34.3	42.0
2016	319.1	164.8	154.3	144.0	86.4	57.6	94.7	41.3	53.4	80.4	37.1	43.3
2017	339.0	177.8	161.2	153.4	93.7	59.7	99.8	43.9	56.0	85.7	40.2	45.5
2018	360.7	190.7	170.0	165.1	101.2	63.9	104.9	46.6	58.2	90.8	42.9	47.9
2019	386.7	204.6	182.1	176.9	108.0	68.9	110.9	49.2	61.6	98.9	47.3	51.6
2020	408.6	217.4	191.2	185.4	113.9	71.6	118.5	53.3	65.2	104.6	50.2	54.4

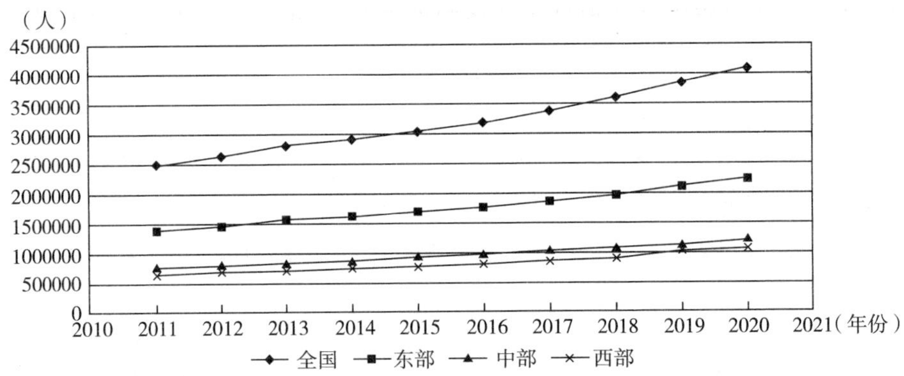

图 4-3　2011~2020 年全国、东、中、西部地区执业（助理）医师数

图 4-3 是执业（助理）医师数整体变化趋势，尽管中国东、中、西部三大区域在不同时点呈现不同频次、不同幅度的波动，但总的变化趋势是东部地区执业（助理）医师数最多，中部地区次之，西部地区最少，总体表现为“东部>中部>西部”的分布格局。

在国家一系列战略实施、政策支持、经济增长、地区间空间互动和落后地区后发优势不断显现等诸多因素共同作用下，中国各省医疗卫生服务供给水平均等化程度明显提高，但仍与均等化目标要求存在较大距离。

3. 城乡社会保险均等化现状

（1）城乡最低生活保障现状。

城乡二元制度的存在使得中国城市与农村的社会管理体制具有一定的独立性。相较于城市，中国农村居民在最低生活保障方面还存在巨大差距，农村居民最低生活保障标准偏低，保障水平不足。

从表4-4可以看出，中国居民最低生活保障标准不仅城乡分布不均，而且区域分布不均，整体表现出城市优于农村，东部地区优于中、西部地区的态势。从全国来看，2011~2020年，城乡居民平均最低生活保障标准都出现正增长，两者比例从1.937下降为1.319，虽然城乡差距在缩小，但比例仍然大于1，说明在全国平均水平上，城市居民最低生活保障水平仍然高于农村居民最低生活保障水平。从区域看，2020年，东部地区、中部地区和西部地区农村居民最低生活保障标准分别为681.68元/月、427.20元/月和380.25元/月，同时，只有东部地区城乡居民最低生活保障平均水平超出全国平均水平，中西部地区城市和农村都不及全国城市和农村最低生活保障的平均水平。城乡最低生活保障差距还表现在人数上，如图4-4所示，截至2020年底，城市居民享受最低生活保障的人数为805.1万人，农村居民享受最低生活保障的人数为3620.8万人，是城市的4.5倍；而农村最低生活保障标准为510.56元，城市为673.21元，是农村的1.3倍。说明城乡居民在最低生活保障水平上存在巨大差距，距离达到城乡居民最低生活保障均等化还有一定的距离。

表4-4 中国城乡居民最低生活保障标准 单位：元/月

年份	全国平均		东部平均		中部平均		西部平均	
	城市	农村	城市	农村	城市	农村	城市	农村
2011	279.02	144.05	331.00	203.39	258.32	117.84	235.27	96.42
2012	317.60	171.04	373.65	241.44	294.98	140.14	270.69	114.37
2013	360.68	207.37	414.19	280.73	339.58	170.59	315.45	152.45
2014	402.66	240.44	468.24	327.65	378.89	198.80	345.35	173.28
2015	439.43	273.03	510.37	376.68	411.37	225.84	379.56	191.12
2016	487.26	317.63	570.40	442.54	446.45	262.38	424.23	217.46
2017	536.68	373.42	620.98	505.54	489.86	307.43	477.65	274.26
2018	585.53	421.33	680.30	572.42	524.72	342.77	526.53	310.71
2019	628.71	466.64	733.23	631.00	553.81	381.37	570.68	346.15
2020	673.21	510.56	783.18	681.68	598.20	427.20	608.76	380.25

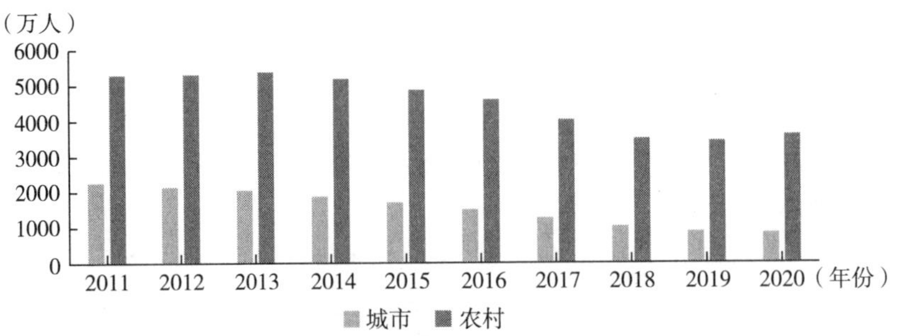

图 4-4　中国城乡居民最低生活保障人数

城乡居民最低生活保障均等化水平越接近于 1，说明城乡分布越均等。如图 4-5 所示，中国整体以及各地区城乡低保水平不均衡。2011～2020 年，中国城乡居民最低生活保障均等化取得了一定的成绩，均等化水平逐渐接近于 1。到 2020 年，东部地区、中部地区和西部地区城乡居民最低生活保障均等化水平分别为 1. 149、1. 400 和 1. 601。由此可以说明区域均等化水平东部地区表现最好，且超过了全国平均均等化水平，西部地区表现最差。东部地区由于地理优势经济发展迅速，因而最低生活保障均等化水平较高；西部地区地处内陆，且地形多为山壑，经济发展缓慢，加之人口布局分散，最低生活保障服务配给较为落后，公共资源匮乏，均等化水平表现更差。

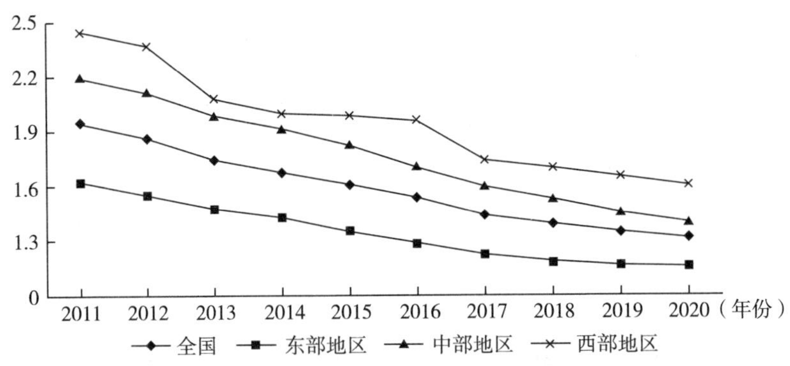

图 4-5　中国整体及分地区城乡居民最低生活保障均等化水平

（2）城乡社会保险现状。

中国城乡居民社会保障福利待遇受益悬殊。虽然近几年中国农村居民基本养老保险参保人数持续增长，但与城市相比，仍有较大差距。如图 4-6 所示，中国城乡居民基本养老保险参保人数均等化水平仍然不足。城镇养老保险的覆盖人群依然有优势，区域表现东部地区优于中、西部地区。中国城乡医疗保险基金收入悬殊。如表 4-5 所示，城镇职工基本医疗保险基金收入均高于城乡居民基本医疗保险基金收

入。虽然两者的差距逐年缩小，但减去学生群体、儿童等无劳动能力人口，城镇职工享受医疗保险比例仍然居高不下。区域表现是，中部地区优于全国平均水平和东、西部地区，东部地区表现最不均等。虽然越来越多的农村居民逐步享受到社会保险福利，但城乡社会保险制度并没有均衡发展，相对于城市，全国农村的社会保险依然处于相对缺失状态，成为城乡公共服务均等化的制约因素。

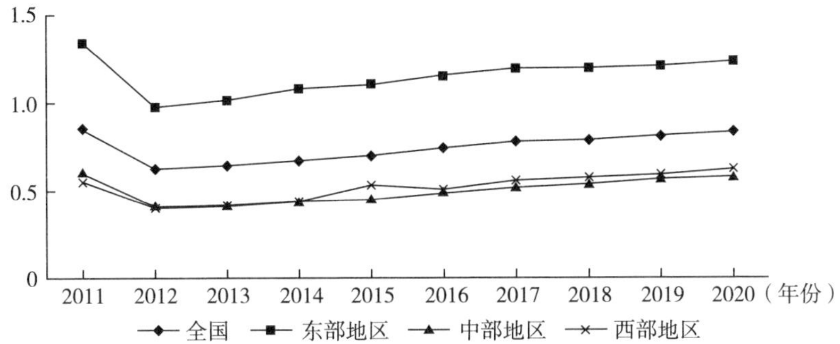

图 4-6　中国整体及分地区城乡基本养老保险参保人数均等化水平

表 4-5　中国整体及分地区城乡基本医疗保险基金收入　　单位：亿元

年份	全国		东部		中部		西部	
	城镇职工	城乡居民	城镇职工	城乡居民	城镇职工	城乡居民	城镇职工	城乡居民
2011	4945.0	594.2	3132.0	307.4	996.1	173.8	816.9	113.0
2012	6061.9	876.8	3897.9	426.1	1196.6	231.1	967.4	219.6
2013	7061.6	1186.6	4493.5	639.0	1411.3	266.0	1156.8	281.6
2014	8037.9	1649.3	5123.6	1006.5	1582.5	301.2	1331.8	341.6
2015	9083.5	2109.4	5774.4	1285.1	1782.8	378.9	1526.3	445.4
2016	10273.7	2810.5	6529.3	1821.9	2027.4	449.0	1717.0	539.6
2017	12278.3	5653.3	7848.7	2525.2	2343.7	2051.3	2085.9	1076.8
2018	13537.8	7846.4	8604.5	3756.2	2627.8	2199.2	2305.5	1891.0
2019	15845.4	8575.5	10163.9	3601.5	3056.4	2899.7	2625.1	2074.3
2020	15731.6	9114.5	9845.3	3836.1	3189.8	3093.1	2696.5	2185.3

4. 城乡文化体育均等化现状

中国农村公共文化体育建设以政府经费投入为主，投资主体单一，且文化体育服务专业人员数量少，缺少相应的专业培训机会。反观城市则拥有更加多元化的文化体育服务资金投入主体及优秀的文化体育人才队伍。如图 4-7 所示，

2011~2020年，中国城市体育系统人员数均高于农村，且超过农村体育系统人员数的2.5倍，近10年来，两者差额并未有较大的变动。体育服务人才大量集中在城市，农村体育服务队伍人才相对缺乏，不足体育系统工作人员总数的30%。

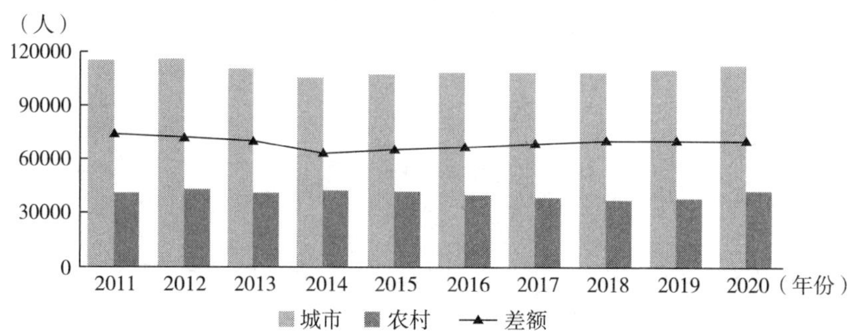

图4-7　中国城乡体育系统人员数

相比于城市多样性的公共文化供给，农村文化设施和文化活动相对缺乏。虽然国家加大了对农村地区公共文化的投入，建设乡镇综合文化站、农家书屋等一系列工程，弱化了城乡公共文化差距，但从供给质量和服务水准上看，农村地区公共文化投入依然不足。如表4-6所示，城市广播节目人口覆盖率从2011年已达到全民覆盖，而农村2020年尚未达到全民覆盖；从区域看，东部地区的广播节目覆盖率超过中、西部地区，整体城乡差距进一步缩小。

表4-6　中国整体及分地区城乡广播节目人口覆盖率（100%）

年份	全国		东部		中部		西部	
	城市	农村	城市	农村	城市	农村	城市	农村
2011	1	0.961	1	0.982	1	0.954	1	0.927
2012	1	0.966	1	0.984	1	0.960	1	0.940
2013	1	0.970	1	0.986	1	0.965	1	0.948
2014	1	0.973	1	0.987	1	0.969	1	0.955
2015	1	0.975	1	0.988	1	0.972	1	0.959
2016	1	0.978	1	0.989	1	0.976	1	0.962
2017	1	0.982	1	0.992	1	0.985	1	0.969
2018	1	0.986	1	0.992	1	0.989	1	0.975
2019	1	0.988	1	0.993	1	0.991	1	0.979
2020	1	0.992	1	0.995	1	0.994	1	0.986

5. 妇女儿童权益均等化现状

（1）妇女权益均等化。

妇女由于社会分工、身体构造等方面的原因相比于男性群体处于社会中的劣势地位，需要更多的关注，尤其是农村地区的妇女。由于城乡经济发展存在一定差距，城乡妇女群体所接受的医疗资源也有所不同。

由图 4-8 可知，城市与农村妇产科医院数存在相当大的差距。2011 年，城市拥有妇产科医院 325 所，而农村只拥有 117 所，城市妇产科医院数是农村的将近 3 倍，截至 2020 年，城市拥有妇产科医院数 604 所，而农村只有 203 所，城市妇产科医院数仍是农村的将近 3 倍。如果将医务人员的知识技能、综合素质、医疗设备的质量、专科专家医生数目等方面考虑在内，城市与农村的妇女群体面对的医疗资源差距将会更大。

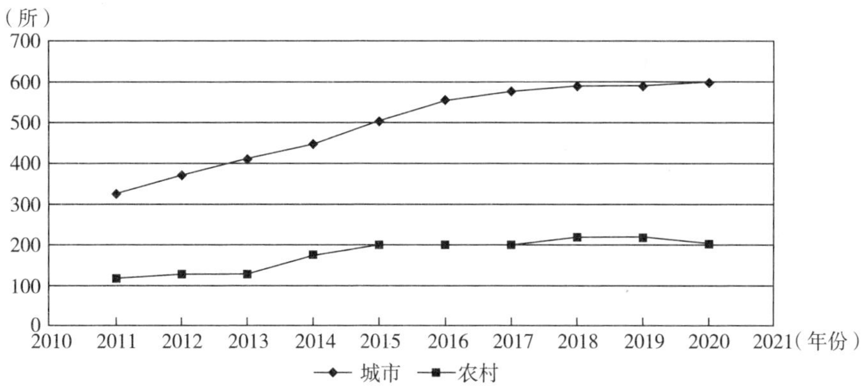

图 4-8　中国城乡妇产科医院数

由表 4-7 可知，总体来看，城市女性居民两周就诊率低于农村女性居民，说明城市女性居民生病率低于农村女性居民。2008 年，城市与农村居民分区域的两周就诊率情况相差不大，甚至出现城市女性居民两周就诊率高于农村女性居民的情况。但到了 2018 年，城市女性居民的两周就诊率整体与分区域都是低于农村女性居民的，差距也在不断扩大。由以上数据可知，城市女性居民生病率逐渐低于农村女性居民，差距还在不断扩大。城市与农村女性居民的权益均等化还有很长的路要走。

表 4-7　中国城乡以及东、中、西部地区城乡女性居民两周就诊率情况

单位：%

中国	东部地区		中部地区		西部地区			
	城市	农村	城市	农村	城市	农村	城市	农村
2008	9.9	10.2	8.8	8.4	9.3	10.9	11.7	11.2
2013	14	16	12	12.8	14.1	17.5	16.6	17.2
2018	24.9	27.2	25.7	28.6	20	25.4	28.5	27.9

（2）儿童权益均等化。

婴幼儿的健康问题是国家和每个家庭关注的重点。由于城市和农村发展情况不同，城市儿童与农村儿童面临的生存环境以及医疗卫生状况存在一定差距。如图 4-9 所示，城市与农村拥有的儿童医院数存在明显的差距。近几年的城乡差距有不断缩小的趋势，但整体来看，城市儿童医院数远远多于农村。因此，政府应注意关注农村地区儿童的生存状况以及面临的医疗卫生资源远少于城市儿童的现状，在制定相关政策时，医疗资源的供给向农村地区有所倾斜，助力农村地区儿童健康成长，这对实现医疗卫生服务均等化有重要意义。

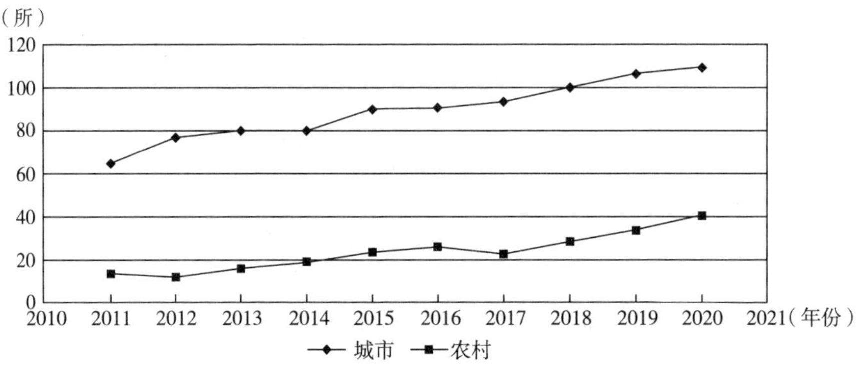

图 4-9　中国城乡儿童医院数

6. 水电气暖等公益事业均等化现状

中国城乡水电气暖等公益事业建设存在不均等情况。在供水方面，从 2011 年到 2020 年，中国城市的供水普及率由 97%增长至 98.99%，而农村则由 86.06%增长至 96.66%，农村地区的供水普及率得到了很大的提升，但始终低于城市。由表 4-8 可知，城市供水综合生产能力近乎是农村的 5 倍，城乡间存在明显差距。而城市供水固定资产投资额大约是农村的 3 倍，城乡间依然差距明显。在供电方面，截至 2020 年，城市供电可靠率高于农村 0.127%，农村年户均停电

时间大约是城市的5倍，城乡供电不均等。在供气方面，截至2020年，中国城市的燃气普及率达到了97.87%，农村仅为89.07%，城乡间燃气供给不均等。在供暖方面，中国存在南北地域差异，仅北方地区供暖。北方地区城乡之间在供暖普及率和清洁供暖等方面在依然存在差距。

表4-8　中国城乡供水综合生产能力、供电可靠率、燃气普及率情况

年份	供水综合生产能力（万立方米/日）		供电可靠率（%）		燃气普及率（%）	
	城市	农村	城市	农村	城市	农村
2011	26668.7	5174.0	99.921	99.665	92.40	67.21
2012	27177.3	5446.0	99.941	99.735	93.20	68.54
2013	28373.4	5239.0	99.956	99.852	94.25	70.91
2014	28673.3	5437.0	99.967	99.878	94.57	73.24
2015	29678.3	5769.0	99.957	99.850	95.30	75.90
2016	30320.7	5421.0	99.960	99.782	95.75	78.19
2017	30475.0	6443.0	99.962	99.784	96.26	81.35
2018	31211.8	7415.0	99.965	99.789	96.70	83.85
2019	30897.8	6304.0	99.966	99.825	97.29	86.47
2020	32072.7	6451.0	99.970	99.843	97.87	89.07

（二）中国城乡公共服务均等化现状评价

1. 评价指标体系构建

本书将中国城乡公共服务均等化分为六部分，分别为义务教育均等化、医疗卫生均等化、社会保险均等化、文化体育均等化、妇女儿童权益均等化和水电气暖等公益事业均等化，并将各部分的具体评价指标处理为城市数据除以农村数据，以此表示各个具体部分的均等化。根据这六部分构建中国城乡公共服务均等化评价框架，对当前中国城乡公共服务均等化水平进行评价，以便更好地发现当前中国城乡公共服务均等化存在的问题，从而提出针对性的政策建议。

本书在遵循科学性、客观性和可获取性原则的基础上，选取了各部分的评价指标。其中，义务教育均等化水平的测度基于人力资源、物质资源、经费资源和教育产出四个方面构建了指标体系（喻登科、周荣等；2011），共有21个评价指标，分为小学部分和初中部分。参考白雪洁和程于思（2019）、辛冲冲和李健（2020）、沈鹏悦和耿蕊等（2018）关于医疗卫生均等化指标的选取，在医疗卫生方面选取了6个指标。参考陈志勇和韩韵格（2021）、李蕾和饶佳艺（2017）

等关于妇女儿童权益均等化指标的选取，在妇女儿童权益方面选取 7 个指标。参考范宏伟等（2009）、牛宏飞和刘一民（2013）、刘亮等（2015）关于文化体育均等化指标的选取，王洛忠和李帆（2013）、高伟华（2010）、顾金喜等（2010）关于文化均等化指标的选取，在文化体育方面选取 11 个指标。参考王新民和南锐（2011）、姜鑫和罗佳（2012）、李智裕和李影（2020）、时涛等（2015）关于社会保险均等化指标的选取，在社会保险方面选取 7 个指标进行实证评估。鉴于数据的可获取性，水电气暖等公益事业均等化这部分共选取了 6 个评价指标，部分难以获取的农村数据由县城数据代替，并且由于南北方供暖存在差异，全国供暖数据难以完整获取，故不包含供暖指标。具体评价指标及其权重如表 4-9 所示。

表 4-9　中国城乡公共服务均等化评价指标及权重

一级指标	二级指标	权重（%）
义务教育均等化（16.67%）	生均公共财政预算公用经费支出均等化（小学）	1.14
	生均公共财政预算教育事业费支出均等化（小学）	0.91
	生均学校占地面积均等化（小学）	0.64
	体育运动场（馆）面积达标校数占总校数的比例均等化（小学）	1.07
	每百名学生拥有计算机数均等化（小学）	0.67
	生均图书册数均等化（小学）	0.56
	平均班级人数均等化（小学）	0.56
	生师比均等化（小学）	0.99
	教师本科及以上学历比例均等化（小学）	0.65
	建立校园网校数占总校数的比例均等化（小学）	0.65
	生均公共财政预算公用经费支出均等化（初中）	0.74
	生均公共财政预算教育事业费支出均等化（初中）	1.71
	生均学校占地面积均等化（初中）	0.61
	体育运动场（馆）面积达标校数占总校数的比例均等化（初中）	0.95
	每百名学生拥有计算机数均等化（初中）	0.62
	生均图书册数均等化（初中）	0.76
	平均班级人数均等化（初中）	0.46
	生师比均等化（初中）	0.75
	建立校园网校数占总校数的比例均等化（初中）	0.67
	教师本科及以上学历比例均等化（初中）	0.68
	高中入学率均等化	0.72

续表

一级指标	二级指标	权重（%）
医疗卫生均等化（16.67%）	每千名卫生技术人员数均等化	3.13
	每千名执业（助理）医师均等化	2.90
	每千人口注册护士均等化	4.85
	医院均等化	1.09
	综合医院均等化	1.15
	中医医院均等化	3.55
文化体育均等化（16.67%）	文化机构数均等化	0.08
	文化机构从业人员数均等化	1.67
	群众文化机构文艺活动次数均等化	1.21
	文化机构举办展览个数均等化	0.79
	艺术表演团演出场次均等化	1.39
	有线广播电视用户数均等化	3.97
	广播节目人口覆盖率均等化	1.55
	电视节目人口覆盖率均等化	1.37
	文化事业费均等化	1.97
	体育系统机构数均等化	1.25
	体育系统人员数均等化	1.42
社会保险均等化（16.67%）	养老保险基金支出均等化	2.94
	养老保险基金收入均等化	2.40
	养老保险参保人数均等化	2.35
	医疗保险基金支出均等化	1.50
	医疗保险基金收入均等化	1.79
	医疗保险参保人数均等化	3.97
	最低生活保障人数均等化	1.72
妇女儿童权益均等化（16.67%）	孕产妇死亡率均等化	3.95
	住院分娩率均等化	1.89
	妇产科医院均等化	1.97
	新生儿死亡率均等化	1.60
	婴儿死亡率均等化	2.71
	5 岁以下儿童死亡率均等化	2.60
	儿童医院均等化	1.95

续表

一级指标	二级指标	权重（%）
水电气暖等公益事业均等化（16.67%）	供水普及率均等化	3.81
	燃气普及率均等化	3.85
	供水综合生产能力均等化	2.73
	供水固定资产投资额均等化	2.62
	年户均停电时间均等化	1.50
	供电可靠率均等化	2.16

2. 评价方法选取

中国城乡公共服务均等化评价涵盖六部分，对其水平评价是涉及多目标的综合评价。为了兼顾主观性和客观性，本书采用主客观组合赋权法来确定指标权重（成华、尹金承，2019），既保证了评价的合理性，又可以减少主观赋值带来的偏差。考虑到中国城乡公共服务均等化所涵盖的六大部分分别从不同方面满足人民的需求。因此，先对每一部分采取等权重赋权（刘德浩，2017），然后对每一部分所包含的具体指标采用熵值法赋予权重，最后根据各部分权重计算得出中国城乡公共服务均等化评价结果。

3. 评价结果及分析

对义务教育均等化、医疗卫生均等化、文化体育均等化、社会保险均等化、妇女儿童权益均等化、水电气暖等公益事业均等化都赋予相同的权重，具体指标的权重情况因指标不同而有所不同。根据各部分权重计算出中国城乡公共服务均等化结果，具体评价结果如表 4-10 和图 4-10 所示。用城市除以农村的数值表示城乡公共服务均等化结果，数值大于 1，说明城市公共服务水平高于农村；数值小于 1，说明城市公共服务水平低于农村；数值越接近于 1，城乡之间就越均等。

表 4-10　2011~2020 年中国城乡公共服务均等化结果

年份	2011	2012	2013	2014	2015	2016	2017	2018	2019	2020
结果	2.451	2.308	2.272	2.195	2.126	2.193	2.161	2.105	2.100	1.986

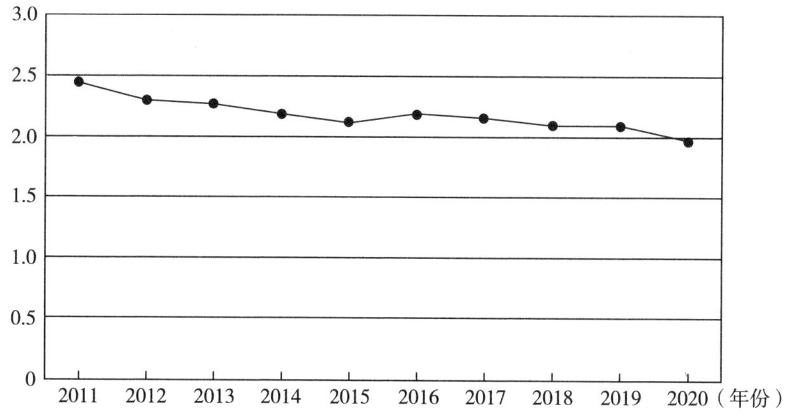

图 4-10　2011~2020 年中国城乡公共服务均等化结果变化趋势

虽然中国城乡公共服务均等化结果的数值与 1 的差距越来越小，但一直高于 1，说明中国城乡公共服务均等化水平虽然不断提升，但农村公共服务水平始终低于城市，城乡之间仍然存在差距。在义务教育方面，城乡教育经费投入虽然逐年增加，但城乡之间的差距并未明显减少，甚至部分呈现增大趋势。师资水平作为重要教学条件，城乡之间依然配备不均等。在医疗卫生方面，城乡卫生技术人员和城乡医院质量都存在明显差距。在社会保险方面，无论是养老保险还是医疗保险都始终处于不均等状态。在文化体育方面，城市有线广播电视用户数一直高于农村，且差距不断增大。在文化事业费的投入上，农村也少于城市。在妇女儿童权益均等化方面，农村婴儿及 5 岁以下儿童死亡率始终高于城市。更需要关注的是农村和城市孕产妇死亡率的差距越来越大。在水电气暖等公益事业方面，城乡普及率和投资力度之间的差距并未消除。虽然城乡公共服务中的各部分都在向着均等化不断努力，但每部分的重点问题均并未得到明显改善，这导致了城乡间始终存在差距。因此，应抓住重点问题，继续加大农村公共服务建设，逐步提高城乡公共服务均等化水平。

二、中国城乡公共服务均等化存在的问题

（一）义务教育均等化中存在的问题

1. 城乡义务教育经费投入不均等

（1）生均公共财政预算教育事业费支出不均等。

如果城市公共财政预算教育事业费支出/农村公共财政预算教育事业费支出=1，说明城乡公共财政预算教育事业费支出均等；如果比值大于 1，说明城市公共财政预算教育事业费支出大于农村公共财政预算教育事业费支出，越接近 1，就越接近均等，反之同理。

从表 4-11 可以看出，从 2011 年到 2020 年，中国城乡小学生均公共财政预算教育事业费支出都在逐年增加，农村的年增长比例在 2012 年、2014 年、2015 年、2018 年和 2020 年大于城市，表明了国家加大农村义务教育投入的力度和决心。城市和农村的生均公共财政预算教育事业费支出比值变化不大，但一直是大于 1 的，也就是说，城市生均公共财政预算教育事业费支出一直大于农村，城乡生均公共财政预算教育事业费支出存在不均等情况。

表 4-11　2011~2020 年中国城乡小学生均公共财政预算教育事业费支出情况

年份	城市（元）	农村（元）	城市/农村	城市增长比例（%）	农村增长比例（%）
2011	5531. 47	4764. 65	1. 16		
2012	6426. 10	6017. 58	1. 07	16. 17	26. 30
2013	7654. 40	6584. 96	1. 16	19. 11	9. 43
2014	8293. 74	7403. 91	1. 12	8. 35	12. 44
2015	9402. 68	8576. 75	1. 10	13. 37	15. 84
2016	10192. 31	9246. 00	1. 10	8. 40	7. 80
2017	11023. 76	9768. 57	1. 13	8. 16	5. 65
2018	11390. 01	10102. 94	1. 13	3. 32	3. 42
2019	12056. 04	10681. 34	1. 13	5. 85	5. 73
2020	12392. 90	11178. 71	1. 11	2. 79	4. 66

从表 4-12 可以看出，中国城乡初中生均公共财政预算教育事业费支出逐年增加，但城乡之间存在一定差距。2020 年城市生均公共财政预算教育事业费支出是 2011 年的将近 2. 6 倍，农村生均公共财政预算教育事业费支出从 6207. 10 元增长至 15112. 10 元，增加了 2. 4 倍。总体上看，初中城乡生均公共财政预算教育事业费支出的比值大于小学城乡生均公共财政预算教育事业费支出的比值，说明初中城乡生均公共财政预算教育事业费支出差异较为显著，需要引起相关部门的重视。

表 4-12　2011~2020 年中国城乡初中生均公共财政预算教育事业费支出情况

年份	城市（元）	农村（元）	城市/农村	城市增长比例（%）	农村增长比例（%）
2011	7387. 94	6207. 10	1. 19		
2012	8668. 12	7906. 61	1. 10	17. 33	27. 38
2013	9390. 14	9195. 77	1. 02	8. 33	16. 30

续表

年份	城市（元）	农村（元）	城市/农村	城市增长比例（%）	农村增长比例（%）
2014	11644.89	9711.82	1.20	24.01	5.61
2015	13611.84	11348.79	1.20	16.89	16.86
2016	15205.74	12477.35	1.22	11.71	9.94
2017	16831.67	13447.08	1.25	10.69	7.77
2018	17450.84	13912.37	1.25	3.68	3.46
2019	18462.03	14542.23	1.27	5.79	4.53
2020	19040.53	15112.10	1.26	3.13	3.92

（2）生均公共财政预算公用经费支出不均等。

首先，从城乡小学生均公共财政预算公用经费支出看，由表 4-13 可以看出，农村生均公共财政预算公用经费支出逐年增加，由 1282.91 元增加到 2586.72 元，增加了 2.02 倍，城市生均公共财政预算公用经费支出在 2017 年和 2020 年出现了负增长。虽然农村生均公共财政预算公用经费支出逐年增加，但城市和农村的生均公共财政预算公用经费支出比值仍一直大于 1。截至 2020 年，城市小学生均公共财政预算公用经费支出依然大于农村，且数额相差 731.62 元，这充分证明城乡之间生均公共财政预算公用经费支出存在较大差距。

表 4-13　2011~2020 年中国城乡小学生均公共财政预算公用经费支出情况

年份	城市（元）	农村（元）	城市/农村	城市增长比例（%）	农村增长比例（%）
2011	1600.85	1282.91	1.25		
2012	2054.54	1743.41	1.18	28.34	35.89
2013	2294.01	1973.53	1.16	11.56	13.20
2014	2550.81	2102.09	1.21	11.19	6.51
2015	2841.69	2245.30	1.27	11.40	6.81
2016	3035.16	2402.18	1.26	6.81	6.99
2017	2694.74	2495.84	1.08	-11.22	3.90
2018	3237.31	2545.54	1.27	20.13	1.91
2019	3334.83	2548.73	1.31	3.01	0.13
2020	3318.34	2586.72	1.28	-0.49	1.49

其次，从城乡初中生均公共财政预算公用经费支出看，从表 4-14 可以看出，从 2011 年至 2020 年的农村初中生均公共财政预算公用经费支出由 1956.66 元增加

到3633.56元，城市初中生均公共财政预算公用经费支出由2268.03元增加到5053.94元，增长幅度比较大。2016~2020年，城乡初中生均公共财政预算公用经费的比值大于2011~2015年，且比值都大于1。从绝对数值上看，每年的城市生均公共财政预算公用经费支出都大于农村。截至2020年，城市的数额为5053.94元，远远高于农村的3633.56元，说明中国城乡初中生均公共财政预算公用经费支出存在着明显差距，这也成为今后为实现城乡义务教育公平着重要解决的问题。

表 4-14　2011~2020年中国城乡初中生均公共财政预算公用经费支出情况

年份	城市（元）	农村（元）	城市/农村	城市增长比例（%）	农村增长比例（%）
2011	2268.03	1956.66	1.16		
2012	2898.39	2502.13	1.16	27.79	27.88
2013	3016.12	2968.37	1.02	4.06	18.63
2014	3528.81	2915.31	1.21	17.00	-1.79
2015	3893.63	3093.82	1.26	10.34	6.12
2016	4143.34	3257.19	1.27	6.41	5.28
2017	4500.30	3406.72	1.32	8.62	4.59
2018	5093.30	3460.77	1.47	13.18	1.59
2019	4845.72	3513.97	1.38	-4.96	1.54
2020	5053.94	3633.56	1.39	4.30	3.40

2. 城乡义务教育教学条件不均等

（1）基础设施建设不均等。

基础设施建设包括占地面积、运动场、图书以及计算机等。首先，先看一下城乡小学基础设施建设情况。从表4-15可以看出，农村小学部分指标高于城市，但基础设施整体质量不高。从数据看，农村小学的生均学校占地面积一直高于城市小学，主要是因为农村相对来说地域辽阔，而城市土地价格高，新建改建比较困难。农村小学生均图书册数、每百名学生拥有的计算机数和体育运动场（馆）面积达标校数比例在后几年逐渐超过城市小学，但这些基础设施较容易得到满足。城市小学建立校园网校数的比例一直高于农村小学，截至2020年，城乡间的比例是1.26，依然高于1，这意味着城市小学可以比农村小学接收到更多资源，城市小学的教学方式更为先进。另外，大部分农村小学没有真正配齐音乐、体育、美术等艺术课程教学设施设备以及语音教室、阅览室、书法练习室等。一些学校体育场所仅仅是简单的水泥地面加上篮球架，整体来说比较简陋，而城市小学设施设备整体上比较全面，城乡小学在基础设施建设方面存在一定差距。

表 4-15　2011~2020 年中国城乡小学基础设施建设均等化情况

年份	生均学校占地面积均等化	生均图书册数均等化	每百名学生拥有计算机数均等化	体育运动场（馆）面积达标校数比例均等化	建立校园网校数比例均等化
2011	0.47	1.17	1.99	1.42	4.31
2012	0.45	1.13	1.81	1.49	3.72
2013	0.44	1.07	1.57	1.43	3.06
2014	0.43	1.05	1.42	1.39	2.15
2015	0.43	1.05	1.31	1.14	1.86
2016	0.44	1.03	1.18	1.13	1.55
2017	0.43	0.99	1.08	1.02	1.36
2018	0.43	0.95	1.02	0.97	1.28
2019	0.42	0.93	0.99	0.96	1.26
2020	0.42	0.90	0.95	0.95	1.26

城乡初中基础设施建设情况，农村初中部分指标高于城市，但基础设施整体质量不高。从表 4-16 可以看出，农村初中生均学校占地面积远远大于城市初中，农村初中生均图书册数略高于城市初中，农村初中体育运动场（馆）面积达标校数比例从 2017 年开始大于城市初中，说明农村具备简单的日常教学设施。而城市初中每百名学生拥有计算机数和建立校园网校数比例均等化情况明显优于农村初中，说明农村初中相比于城市初中更缺乏现代化的教学基础设施，进一步反映了中国城乡义务教育在基础设施建设上的差距。

表 4-16　2011~2020 年中国城乡初中基础设施建设均等化情况

年份	生均学校占地面积均等化	生均图书册数均等化	每百名学生拥有计算机数均等化	体育运动场（馆）面积达标校数比例均等化	建立校园网校数比例均等化
2011	0.62	0.89	1.37	1.16	1.65
2012	0.59	0.88	1.30	1.18	1.55
2013	0.57	0.87	1.22	1.15	1.49
2014	0.57	0.90	1.21	1.15	1.28
2015	0.58	0.93	1.19	1.10	1.26
2016	0.59	0.93	1.15	1.03	1.20

续表

年份	生均学校占地面积均等化	生均图书册数均等化	每百名学生拥有计算机数均等化	体育运动场（馆）面积达标校数比例均等化	建立校园网校数比例均等化
2017	0. 59	0. 93	1. 13	0. 99	1. 17
2018	0. 60	0. 92	1. 11	0. 96	1. 16
2019	0. 60	0. 92	1. 28	0. 95	1. 15
2020	0. 60	0. 91	1. 10	0. 95	1. 17

（2）师资配备不均。

从城乡生师比和教师本科及以上学历比例两方面对师资配备进行分析。由表4-17可以看出，截至2020年，中国小学生师比均等化为1.16，初中生师比均等化为1.04，小学教师本科及以上学历比例均等化为1.07，初中为1.09。从数据可以看出，中国城市义务教育生师比和教师本科及以上学历比例普遍大于农村，说明中国农村教师在数量配比上相比于城市具有优势，但在学历水平上，农村明显劣于城市，城市具有较多的优质教师资源。根据当前中国教育形式，学历越高，接受的文化知识、综合素质和能力越高，教学质量越高。教师学历水平是师资配备中十分重要的一项，除了考虑教师数量均等化，教师学历水平均等化更不容忽视。

表4-17　2011~2020年中国城乡中小学师资配备均等化情况

年份	小学生师比均等化	小学教师本科及以上学历比例均等化	初中生师比均等化	初中教师本科及以上学历比例均等化
2011	1. 11	2. 29	1. 01	1. 30
2012	1. 13	2. 12	1. 05	1. 27
2013	1. 18	1. 95	1. 11	1. 23
2014	1. 18	1. 80	1. 10	1. 20
2015	1. 16	1. 67	1. 07	1. 17
2016	1. 15	1. 58	1. 05	1. 15
2017	1. 14	1. 49	1. 04	1. 13
2018	1. 15	1. 43	1. 03	1. 12
2019	1. 15	1. 39	1. 03	1. 11
2020	1. 16	1. 07	1. 04	1. 09

3. 城乡义务教育教学成果不均等

高中入学率指经过九年义务教育的学生顺利考入高中的比率，可以很好地体现九年义务教育实施的具体成果。从表 4-18 可以看出，2011～2020 年，城乡高中入学率均等化程度总体上不断提高，但数值始终高于 1 且与 1 最小相差 0.64。这说明城市与农村的高中入学率存在差距，城市义务教育实施的具体成果要明显优于农村，城乡之间的义务教育教学成果存在不均等情况。

表 4-18　2011～2020 年中国城乡高中入学率均等化情况

年份	2011	2012	2013	2014	2015	2016	2017	2018	2019	2020
结果	2.16	2.10	2.00	1.80	1.75	1.70	1.70	1.70	1.66	1.64

（二）医疗卫生均等化中存在的问题

1. 城乡卫生技术人员数存在差距

根据卫生部统计数据，2020 年中国卫生人员数达到了 1347.5 万，相比 2019 年的 1292.8 万人，卫生人员增长了 4.3%，约增加 55 万人，其中卫生技术人员 1067.8 万人；乡村医生和卫生员比上年的 842.3 万人减少 46.8 万人，为 795.5 万人，与全国卫生人员的增长有很大的差距。可见，随着社会发展进步，政府对民生高度关注，鼓励与支持医疗卫生人员的培养，使得城市与农村的卫生人员数不断增加，但显而易见的是，农村卫生人员的增幅低于城市。

表 4-19 的数据显示了中国卫生人员严重的城市倾斜倾向，农村卫生人员匮乏。就执业（助理）医师和注册护士而言，平均每千人口医护人员数量城市约为农村的 2 倍。2020 年，中国城市每千人口卫生技术人员数为 11.46，农村为 5.18，不到城市的一半。人才是医疗卫生事业的一个主体，很大程度上决定了中国的医疗卫生服务水平。表 4-19 反映的仅仅是城乡之间卫生技术人员数量上的一个差别，从业人员的专业素养与技术水平很难通过数据体现，如果将更多的因素考虑进去，那么城乡卫生人员差距将远超数据体现的差别。

表 4-19　2011～2020 年中国城乡每千人口卫生技术人员数

年份	每千人口卫生技术人员数（人）		每千人口执业（助理）医师数（人）		每千人口执业（助理）医师数（人）	
	城市	农村	城市	农村	城市	农村
2011	7.9	3.19	3	1.33	3.29	0.97
2012	8.54	3.41	3.19	1.4	3.65	1.08
2013	9.18	3.64	3.39	1.48	4	1.21

续表

年份	每千人口卫生技术人员数（人）		每千人口执业（助理）医师数（人）		每千人口执业（助理）医师数（人）	
	城市	农村	城市	农村	城市	农村
2014	9.7	3.77	3.54	1.51	4.3	1.30
2015	10.21	3.9	3.72	1.55	4.58	1.38
2016	10.42	4.08	3.79	1.61	4.75	1.49
2017	10.87	4.28	3.97	1.68	5.01	1.61
2018	10.91	4.63	4.01	1.82	5.08	1.8
2019	11.1	4.96	4.1	1.96	5.22	1.99
2020	11.46	5.18	4.25	2.06	5.4	2.1

资料来源：历年《中国卫生和计划生育统计年鉴》。

在图4-11的统计数据中，每千人口卫生技术人员、每千人口执业（助理）医师数城市与农村的比值在2011~2015年是上升的，意味着城市与农村的每千人口卫生技术人员数的差距逐年增大，意味着城乡差距进一步扩大，农村卫生人员数匮乏，不利于乡村振兴政策的实施。2017~2020年，该比例逐年减小，但减小幅度很小。

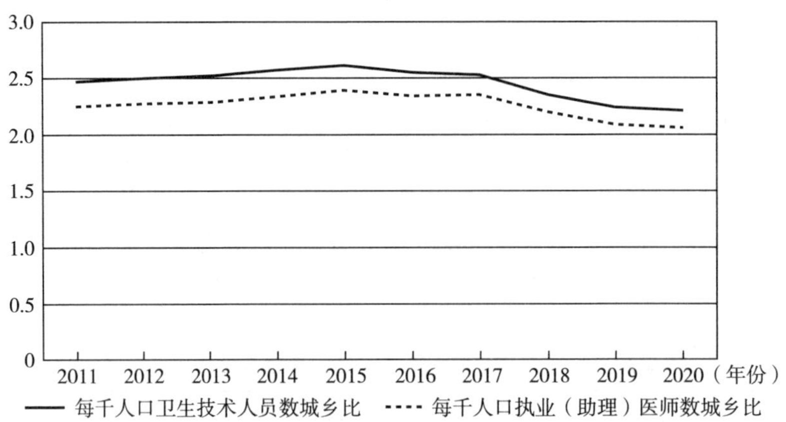

图4-11 2011~2020年中国每千人口卫生技术人员、每千人口执业（助理）医师数城乡比变化趋势

2. 医疗机构床位数存在差距

中国乡镇卫生院的每千农业人口床位数在2009年才突破每千农业人口1张，

统计数据显示，1998～2008 年数量一直不多，但城市每千人口医院和卫生院床位达到了 5 张，可以看到城乡居民所拥有的床位数有差距。再将每千人口医院和卫生院的床位数进行城乡比较，城乡差距也非常明显。

表 4-20　2011～2020 年中国城乡每千人口医疗卫生机构床位数　　单位：张

年份	合计	城市	农村
2011	3. 84	6. 24	2. 8
2012	4. 24	6. 88	3. 11
2013	4. 55	7. 36	3. 35
2014	4. 85	7. 84	3. 54
2015	5. 11	8. 27	3. 71
2016	5. 37	8. 41	3. 91
2017	5. 72	8. 75	4. 19
2018	6. 03	8. 7	4. 56
2019	6. 3	8. 78	4. 81
2020	6. 46	8. 81	4. 95

资料来源：历年《中国卫生和计划生育统计年鉴》。

3. 城乡医院数目存在差距

统计数据显示，农村的医院数目比城市少，虽然农村与城市综合医院数目、中医医院数目近年来差距在缩小，但城市集聚了硬件齐全的大型医院、医疗卫生领域专业技能突出的优秀人才、高新的技术、先进的医疗设备设施，农村却处于缺少医疗卫生人员、医疗设备陈旧、医务环境简陋的资源极度匮乏状态。

表 4-21　2011～2020 年中国城乡医院、综合医院、中医医院数情况

年份	医院		综合医院		中医医院	
	城市	农村	城市	农村	城市	农村
2011	11641	10337	7299	7029	1091	1740
2012	12229	10940	7524	7497	1128	1761
2013	12987	11722	7833	8054	1219	1796
2014	13494	12365	8038	8486	1279	1836
2015	14512	13074	8479	8951	1431	1836
2016	15499	13640	8754	9266	1606	1856
2017	16295	14909	8977	10346	1893	1988

续表

年份	医院		综合医院		中医医院	
	城市	农村	城市	农村	城市	农村
2018	17456	15553	9273	10420	1968	2009
2019	18179	16175	9369	10594	2135	2086
2020	18590	16804	9338	10795	2252	2174

资料来源：历年《中国卫生和计划生育统计年鉴》。

表 4-22 2011~2020 年中国城乡医院、综合医院、中医医院数目比

年份	医院城市比农村	综合医院城市比农村	中医医院城市比农村
2011	1.13	1.04	0.63
2012	1.12	1.00	0.64
2013	1.11	0.97	0.68
2014	1.09	0.95	0.70
2015	1.11	0.95	0.78
2016	1.14	0.94	0.87
2017	1.46	1.35	0.91
2018	1.12	0.89	0.98
2019	1.12	0.88	1.02
2020	1.11	0.87	1.04

（三）社会保险均等化中存在的问题

1. 社会养老保险城乡不均

由于长期以来城乡二元经济结构的现状，中国的社会养老保险制度仍然存在城乡差别。2012 年，城乡居民社会养老保险由城镇居民社会养老保险和新型农村社会养老保险两部分构成，此时没有固定职业的城镇居民和农村居民参加同一个养老保险项目。由于大部分的城镇居民都可以参加城镇职工基本养老保险，故城乡居民养老保险的参保主体是农村居民。

如表 4-23 所示，相较于城镇，中国农村地区的养老保险基金支出、基金收入和人均基金收入都还处于较低水平，城乡差距巨大。以 2020 年为例，城乡居民基本养老保险基金收入为 4852.9 亿元，人均收入为 894.6 元，而城镇职工基本养老保险基金收入为 44375.7 亿元，人均收入达 9727.0 元，是城乡居民养老保险基金人均收入的 10 倍之多。农村地区消费水平较城市低，即使 894.6 元全部发放到每个农村居民手里，也不足以支撑个人一年的消费支出。随着老龄化进

程的加快，中国农村地区存在大量的留守老人，他们无法通过居民基本养老保险服务获得基本的生活保障，只能依靠个人储蓄或子女抚养维持生计。中国社会养老保险城乡差距的鸿沟，不仅对农村老年人的权益产生极大损害，同时对农村地区的稳定和全面乡村振兴的实现产生负面影响。

表 4-23 2012~2020 年中国城乡基本养老保险基金支出及收入情况

年份	基金支出（亿元）		基金收入（亿元）		人均收入（元/人）	
	城镇职工	城乡居民	城镇职工	城乡居民	城镇职工	城乡居民
2012	15561.8	1149.7	20001.0	1829.2	6578.6	378.2
2013	18470.4	1348.3	22680.4	2052.3	7044.8	412.5
2014	21754.7	1571.2	25309.7	2310.2	7422.2	461.0
2015	25812.7	2116.7	29340.9	2854.6	8303.3	588.9
2016	31853.8	2150.5	35057.5	2933.3	9248.9	576.9
2017	38051.5	2372.2	43309.6	3304.2	10755.3	644.7
2018	44644.9	2905.5	51167.6	3837.7	12211.4	732.5
2019	49228.0	3114.3	52918.8	4107.0	12168.6	771.0
2020	51301.4	3355.1	44375.7	4852.9	9727.0	894.6

资料来源：历年《中国统计年鉴》。

2. 社会医疗保险城乡不均

相比于基本养老保险，中国的社会医疗保险表现出更加明显的城乡二元结构。2007~2018 年，绝大部分城镇居民都参加了城镇职工基本医疗保险，城镇居民基本医疗保险的参保主体是城镇无业、待业居民和学生等，而农村居民则是新型农村合作医疗保险的主要参保对象。在此期间，中国的基本医疗保险包含三个项目，不仅有城乡的差别，还有城镇内部职工和居民的差别。

由表 4-24 可以看出，2018 年中国城镇职工基本医疗保险、城乡居民基本医疗保险和新型农村合作医疗保险从基金支出、基金收入和人均基金收入上都具有明显的差距。整体待遇水平城镇职工最高，城镇居民次之，农村居民最低。由于农村居民收入低于城市居民，生活条件和各种医疗卫生服务不及城市，故其面临重大疾病的风险更大，而基本医疗保险基金收入与支出反其道而行之，没有体现社会保险应有的含义，在一定程度上拉大了城乡差距，不利于城乡一体化发展和乡村振兴产业的发展。

表 4-24　2018 年中国城镇职工、城乡居民及新农合医疗保险基金收入及支出情况

	城镇职工基本医疗保险	城乡居民基本医疗保险	新型农村合作医疗保险
基金收入（亿元）	13259. 28	6973. 94	856. 89
基金支出（亿元）	10504. 92	6284. 51	818. 22
人均收入（元/人）	4186. 30	777. 12	657. 22

资料来源：《2018 年医疗保障事业发展统计快报》。

2019 年，中国推行城镇居民医疗保险和新型农村合作医疗并轨运行。截至 2021 年底，中国基本医疗保险参保覆盖率超过 95%，其中职工基本医疗保险参保人数达 3. 5 亿人，城乡居民基本医疗保险参保人数达 10 亿人，是城镇职工参保人数的 2. 8 倍（见表 4-25）。其中，城镇职工基本医疗保险基金（含生育保险）总收入 18968. 0 亿元，人均收入 5354. 9 元；城乡居民基本医疗保险基金（含生育保险）总收入 9742. 3 亿元，人均收入 964. 6 元。城乡居民参保人数是城镇职工参保人数的 2. 8 倍，城镇职工的医疗保险基金总收入反而是城乡居民基金总收入的 1. 9 倍，人均收入更是 5. 5 倍。城镇职工基本医疗保险水平无论是在医疗保险基金总收入上，还是在人均收入上，均远远高于城乡居民基本医疗保险水平，是中国保障水平最高的医疗保险项目。

表 4-25　2017~2021 年中国城乡医疗保险基金收入情况

年份	基金收入（亿元）		人均收入（元/人）	
	城镇职工	城乡居民	城镇职工	城乡居民
2017	12278. 3	5653. 3	4049. 2	647. 1
2018	13537. 8	7846. 4	4273. 2	763. 4
2019	15845. 4	8575. 5	4812. 6	836. 8
2020	15731. 6	9114. 5	4565. 8	896. 4
2021	18968. 0	9742. 3	5354. 9	964. 6

3. 其他社会保险城乡不均

除养老保险和医疗保险两大主体外，社会保险还包括失业保险、工伤保险和生育保险，但自 2019 年起，生育保险基金被纳入基本医疗保险基金。由于只有部分进城务工的农村居民参加了失业保险、工伤保险和生育保险，大部分农村居民并没有参加上述三项保险，致使三项社会保险的城乡差距更大（见表 4-26）。

表 4-26 2021 年中国失业保险、生育保险和工伤保险参保人数

保险项目	参保人员	参保人数（万人）	参保比重（%）
失业保险	企业职工	22958	49.08
生育保险	企业职工	23851	51.00
工伤保险	企业职工	28284	60.48
	其中：农民工	9086	31.06

资料来源：2021 年《中国人力资源和社会保障事业发展统计公报》。

通过表 4-26 可知，中国失业保险、生育保险和工伤保险的整体参保率均较低。城镇职工的失业保险和生育保险参保人数才达到职工总数的一半左右，可想而知，农民工的失业保险和生育保险参保比重将更少；虽然城镇职工的工伤保险参保率达到了 60.48%，但农民工的工伤保险参保率仅有 31.06%，几乎是城镇职工工伤保险参保率的 1/2。大量的农民工由于没有参加工伤保险而在遭受工伤后无法得到应有的物质赔偿和援助，可能使其迅速陷入经济困境，这非常不利于农民工维护自身的合法权益，也不利于城乡一体化的发展和乡村振兴事业的实施。

（四）文化体育均等化中存在的问题

1. 城乡文化体育服务供给不均

城乡文化体育服务无论是资金投入上，还是供给主体上，城市都更具有广泛性，而农村则比较单一化。如图 4-12 所示，从城乡体育系统从业人员数量上看，公共文化体育服务人才大量集中在城市，农村文化体育服务人才相对缺乏；从城乡有线广播电视用户数看，城市有线广播电视用户数一直高于农村，且差距在近十年增大。如图 4-13 所示，从 2011 年开始，农村文化事业费逐年增加。在增长速度上，农村总体快于城市；在所占比重上，2016 年突破 50%，首次超过城市比重；在资金投入上，2011 年之后，城乡文化事业费建设相对平衡。

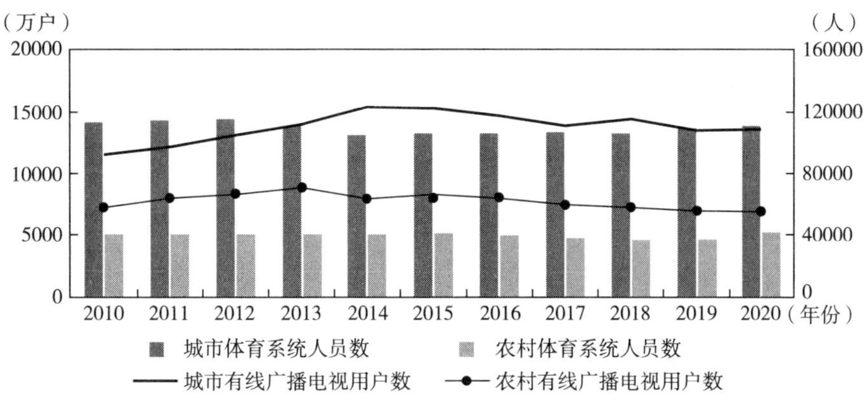

图 4-12 2010~2020 年中国城乡体育系统服务人员数和有线广播电视用户数情况

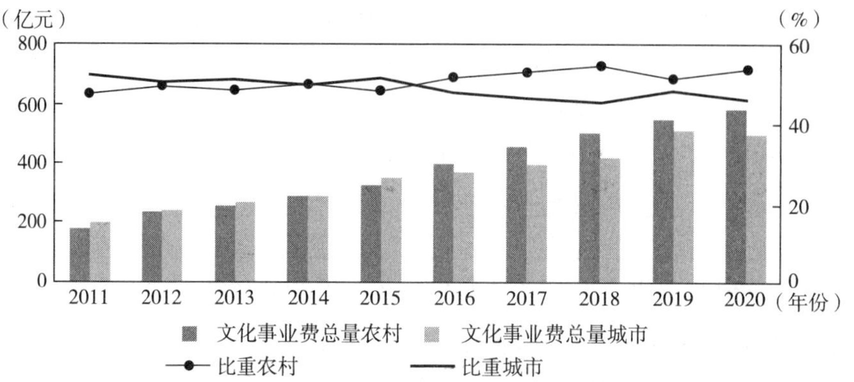

图 4-13　2011~2020 年中国城乡文化事业费投入及所占比重情况

2. 城乡文化体育基础设施供给不均

城乡体育场馆数量和质量分布不均。如表 4-27 所示，截至 2013 年底，中国城镇体育场地数量占比高出农村 17.22%，城镇居民占有的体育场地面积是农村居民体育场地占有面积的 2 倍之多，农村居民的人均体育场地面积不足城镇居民人均体育场地面积的一半。如表 4-28 所示，城镇室内体育场馆数量超过农村室内体育场（馆）数量的 4 倍，场地面积更是超过 10 倍。以 2013 年末城乡人口分布数量计算，农村居民平均每万人拥有的室内体育场（馆）数量不足城镇居民的 1/4，人均占有室内体育场地面积几乎是城镇居民的 1/10。如图 4-14 所示，2018~2021 年，城市体育场地面积远远高于农村体育场地面积，且城乡差距由 2018 年的 17.32 亿平方米增加到 2021 年的 20.55 亿平方米。可见，城乡居民在文化体育基础设施供给上存在较大差距。

表 4-27　2013 年末中国城乡体育场地数量及面积分布情况

	体育场地数（万个）	数量占比（%）	每万人拥有的体育场地数（个）	体育场地面积（亿平方米）	人均体育场地面积（平方米）
城镇	96.27	58.62	13.17	13.37	0.98
农村	67.97	41.38	10.79	6.12	0.45
合计	164.24*	100.00	12.07	19.92	1.43

注：* 该数据不包括军队系统所属体育场地。

资料来源：第六次全国体育场地普查数据公报。

表 4-28　2013 年末中国城乡室内外体育场地分布情况

	数量（万个）		场地面积（亿平方米）	
	城镇	农村	城镇	农村
室内体育场地	12.87	2.73	0.54	0.05
室外体育场地	83.4	65.24	12.83	6.07

资料来源：第六次全国体育场地普查数据公报。

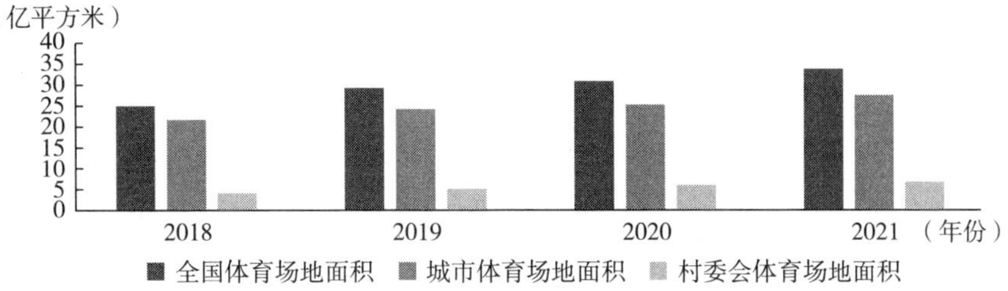

图 4-14　2018~2021 年中国城乡体育场地面积分布情况

（五）妇女儿童权益均等化中存在的问题

1. 城乡孕产妇死亡率存在差距

统计数据显示，城乡间孕产妇及儿童的死亡率还有较大差距，基本医疗卫生均等化发展还有很长的路要走。具体数据如表 4-29 所示，2011 年，农村婴儿死亡率是 14.7%，城市的婴儿死亡率只有 5.8%；农村的新生儿死亡率是 9.4%，城市的新生儿死亡率是 4%；农村的 5 岁以下儿童死亡率是 19.1%，城市的 5 岁以下儿童死亡率是 7.1%。以上三项统计数据中，农村的死亡率均是城市的两倍多。随着经济水平的提高和人们对医疗卫生重视程度的增加，婴幼儿死亡率逐年下降，在相关指标上，统计数据显示，城市比农村有很大的优势，农村整体水平与城市相去甚远，还需要改善。

表 4-29　2011~2020 年中国城乡婴儿、新生儿、5 岁以下儿童死亡率情况

年份	婴儿死亡率（%）			新生儿死亡率（%）			5 岁以下儿童死亡率（%）		
	城市	农村	城市/农村	城市	农村	城市/农村	城市	农村	城市/农村
2011	5.8	14.7	0.39	4	9.4	0.43	7.1	19.1	0.37
2012	5.2	12.4	0.42	3.9	8.1	0.48	5.9	16.2	0.36
2013	5.2	11.3	0.46	3.7	7.3	0.51	6	14.5	0.41
2014	4.8	10.7	0.45	3.5	6.9	0.51	5.9	14.2	0.42

续表

年份	婴儿死亡率（%）			新生儿死亡率（%）			5岁以下儿童死亡率（%）		
	城市	农村	城市/农村	城市	农村	城市/农村	城市	农村	城市/农村
2015	4.7	9.6	0.49	3.3	6.4	0.52	5.8	12.9	0.45
2016	4.2	9	0.47	2.9	5.7	0.51	5.2	12.4	0.42
2017	4.1	7.9	0.52	2.6	5.3	0.49	4.8	10.9	0.44
2018	3.6	7.3	0.49	2.2	4.7	0.47	4.4	10.2	0.43
2019	3.4	6.6	0.52	2	4.1	0.49	4.1	9.4	0.44
2020	3.6	6.2	0.58	2.1	3.9	0.54	4.4	8.9	0.49

资料来源：2021年《中国卫生和计划生育统计年鉴》。

如表4-30所示，2011年农村的孕产妇死亡率是26.5%，城市的孕产妇死亡率是25.2%，相差1%。但是近几年数据显示，2020年农村的孕产妇死亡率是18.5%，城市的孕产妇死亡率是14.1%，相差4.4%，农村和城市孕产妇死亡率的差距越来越大。孕产妇死亡率这一统计数据提示相关部门应该注意农村地区孕产妇的健康状况，在缩小城乡差距方面还有很长的路要走。

表4-30　2011~2020年中国城乡孕产妇死亡率情况　　单位:%

年份	孕产妇死亡率		
	城市	农村	城市/农村
2011	25.2	26.5	0.95
2012	22.2	25.6	0.87
2013	22.4	23.6	0.95
2014	20.5	22.2	0.92
2015	19.8	20.2	0.98
2016	19.5	20.0	0.98
2017	16.6	21.1	0.79
2018	15.5	19.9	0.78
2019	16.5	18.6	0.89
2020	14.1	18.5	0.76

资料来源：历年《中国卫生和计划生育统计年鉴》。

如表4-29和表4-30所示，近年来中国的妇幼工作水准有所提高，城市和农

村的婴幼儿死亡率、孕产妇死亡率都呈现逐步下降趋势，但农村和城市还有很大的改善空间。因此，农村地区的妇幼保健工作需要相关部门提高重视程度，中国城乡妇幼保健工作还需继续努力。

2. 城乡妇女儿童医院数目存在差距

如表4-31所示，近十年来，城市的妇产科医院数和儿童医院数一直是农村的两倍多。2011年，城市妇产科医院有325所，农村有117所，到了2020年，城市妇产科医院有604所，农村有203所，从比值看差距不大，从2011年的208所增加到了2020年的401所。儿童医院数目上，2011年城市拥有儿童医院65所，农村拥有儿童医院14所，相差51所。2020年，城市拥有儿童医院110所，农村拥有儿童医院41所，相差69所，相差越来越大。

表4-31仅反映城乡之间医院数目的差别，医务人员的素质和技术水平，医院设备的质量很难通过数据体现出来，如果将农村的从业人员的素质和设备落后情况考虑进去，城乡之间医疗水平的差距将远超表格所体现的数字。

表4-31　2011~2020年中国城乡妇产科医院、儿童医院数情况　单位：所

年份	妇产科医院			儿童医院		
	城市	农村	城市/农村	城市	农村	城市/农村
2011	325	117	2.78	65	14	4.64
2012	368	127	2.90	77	12	6.42
2013	409	127	3.22	80	16	5.00
2014	448	174	2.57	80	19	4.21
2015	503	200	2.52	90	24	3.75
2016	556	201	2.77	91	26	3.50
2017	576	197	2.92	94	23	4.09
2018	590	217	2.72	100	29	3.45
2019	592	217	2.73	107	34	3.15
2020	604	203	2.98	110	41	2.68

资料来源：历年《中国卫生和计划生育统计年鉴》。

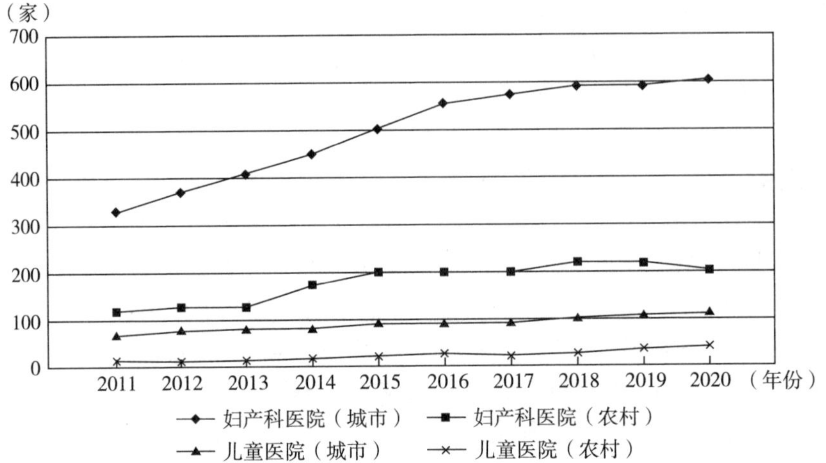

图 4-15　2011~2020 年中国城乡妇产科医院、儿童医院数情况

（六）水电气暖等公益事业均等化中存在的问题

1. 城乡供水情况不均等

在城乡居民生活用水方面，中国政府经历了许多困难。尽管政府加大了对城乡供水的建设，但农村相比于城市依然存在很大差距。

表 4-32　2011~2020 年中国城乡供水均等化情况

年份	供水普及率均等化	供水综合生产能力均等化	供水固定资产投资额均等化
2011	1.13	5.15	3.38
2012	1.12	4.99	2.80
2013	1.11	5.42	3.18
2014	1.10	5.27	2.75
2015	1.09	5.14	3.96
2016	1.09	5.59	3.40
2017	1.06	4.73	2.56
2018	1.05	4.21	3.77
2019	1.04	4.90	3.33
2020	1.02	4.07	3.23

在供水普及率方面，中国城乡供水均等化情况整体呈现上升趋势。2011 年，中国城乡供水普及率差距最大，达到 13%左右。截至 2020 年，中国城乡供水普

及率均等化数值为1.02，城乡间的供水普及率依然存在着差距。在供水综合生产能力方面，城市供水综合生产能力近乎是农村的5倍，说明中国城市的供水设施明显优于农村，城乡间存在着明显差距。在供水固定资产投资额方面，城市与农村的供水固定资产投资额比例始终明显大于1，说明城市的供水固定资产投资额一直高于农村，城乡间差距明显，有必要加大对农村的供水投资。总体上说，城市和农村的供水情况存在不均等情况，有必要进一步加大农村地区的供水设施建设。

2. 城乡供电情况不均等

在供电情况方面，本书选取供电可靠率和年户均停电时间两个指标评价城乡供电均等化情况。由表4-33可知，中国城乡供电可靠率差距较小，城市略高于农村，说明城市供电质量和综合水平略优于农村。2011年，城市供电可靠率高于农村0.256%，截至2020年，城乡间相差0.127%。年户均停电时间在一定程度上反映供电水平。中国城乡年户均停电时间的比值明显小于1，说明城市年户均停电时间明显少于农村。2011~2020年，城乡年户均停电时间最大相差23小时左右，最小将近8小时，说明城市的供电水平要明显优于农村。总体上看，城乡供电存在不均等情况。

表4-33　2011~2020年中国城乡供电均等化情况

年份	供电可靠率均等化	年户均停电时间均等化
2011	1.003	0.24
2012	1.002	0.22
2013	1.001	0.30
2014	1.001	0.27
2015	1.001	0.27
2016	1.002	0.25
2017	1.002	0.24
2018	1.002	0.22
2019	1.001	0.24
2020	1.001	0.17

3. 城乡供气情况不均等

由表4-34可知，2011~2020年中国城乡燃气普及率均等化情况呈上升趋势，但数值一直大于1，说明中国城乡燃气普及率均等化情况有所好转但城市依然高于农村，城乡之间依然存在差距。2011年，中国城乡燃气普及率比值为1.37，

2020 年为 1.10，说明中国农村有越来越多的居民享受到了燃气带来的便利，但城市依然优于农村，中国城乡供气存在不均等情况。

表 4-34　2011~2020 年中国城乡燃气普及率均等化情况

年份	2011	2012	2013	2014	2015	2016	2017	2018	2019	2020
结果	1.37	1.36	1.33	1.29	1.26	1.22	1.18	1.15	1.13	1.10

4. 城乡供暖情况不均等

中国南北方供暖情况存在差异，城乡供暖情况有关数据不易完整获取。随着城市建设的快速发展，人口逐步向大城市聚集，房屋建成面积不断增加，居民采暖需求出现较大幅度的增长。据清洁供热产业委员会（CHIC）不完全统计，中国北方地区建筑供热面积截至 2020 年底达到 218 亿平方米，其中城镇供热面积 148 亿平方米，农村供热面积 70 亿平方米，城市集中供热面积由 2009 年的 37.96 亿平方米增加到 2020 年的 98.8 亿平方米且城市采用清洁供热。

中国农村供热几乎全部为分户式采暖。截至 2019 年底，北方农村地区清洁取暖率约 31%，比 2016 年提高 21.6 个百分点，北方农村地区累计完成散煤替代约 2300 万户。对于北方的农村地区来说，冬季取暖是一个大问题，农村居民选择采暖方式的首要条件是经济性，而农村地区整体上经济较为落后。另外，北方地区冬季取暖属于刚性政策，整体推进已成共识，改造资金绝大多数依靠各级政府的财政补贴。这些巨额补贴，对于经济欠发达地区，会给地方财政造成严重负担，从而导致这些地区供暖不足。

第四节　中国公共服务均等化的建设重点与实现路径

一、义务教育均等化的建设重点与实现路径

（一）加大对农村义务教育经费投入力度

虽然中国教育经费总量的投入逐年增加，但城乡义务教育阶段的财政投入仍然存在不均等情况，各级政府应该加大对农村义务教育资金投入的重视程度。首先，改革经费划拨方式。按“经费基数+在校生数”核定教育经费投入额度，这样可以有效地增加农村学校教育经费额度，提高资金的使用效率。其次，确定义务教育弱势区域，完善财政转移支付制度。根据弱势补偿性原则，增加专项补助

资金，有针对性地帮助弱势区域的学校，促进这些学校教育水平的提升。最后，拓宽义务教育经费来源渠道。义务教育经费多元化是促进义务教育与发展的有效手段。政府应提供充分的优惠政策，鼓励各类企业和其他投资团体增加对义务教育的资金投入，以此扩大农村的教育经费来源。

（二）改善农村义务教育办学条件

良好的办学条件是义务教育发展的必要条件，应该加大对农村义务教育办学条件的改善，缩小城乡义务教育办学条件差距。首先，保证农村学校教学设施的规范化。设定评价标准，客观评价教室、基础校舍、各类数字化及非数字化资源等各项教育资源的使用效果。使用效果较好的学校进一步加大投入，限期整改使用效果不好的学校，有效避免资源浪费和腐败，提高资源投入的效率。其次，推进义务教育规范化学校建设。为了推动农村地区改善办学条件，要建立城乡一元化的学校建设标准，该项标准中除对最基本的校舍及教室建设标准进行规定外，还要加入多元化和信息化等方面的规定，以规范化的标准推动农村办学条件的改善。

（三）加强农村义务教育教师队伍建设

打破长期以来存在的城市义务教育教师资源明显优于农村教师资源的局面，加强农村义务教育教师队伍建设，是实现城乡义务教育均等化发展的重要路径之一。首先，保障和提高农村教师待遇。各级政府应根据现状，结合教师自身的需要，除保证农村教师工资和国家规定的福利待遇足额按时发放以外，还要为教师提供更多的福利待遇，以吸引更多的优秀教师加入农村义务教育的建设。其次，建立城乡教师交流互动机制，以城带乡提高农村教学水平。农村教师定期到城市学校参与对口交流，除完成教学工作外还要进行观摩学习，以提高自身的综合教学能力。另外，建立城市教师定期到农村支教的制度，改善和提高农村学校的师资水平。最后，强化农村教师在岗培训。制定农村教师中长期培训规划，选派农村青年教师定点到城市学校跟教培训，以不断提高教师综合素质。

二、医疗卫生均等化的建设重点与实现路径

（一）调整公共财政支出结构，明确政府责任

由于城乡二元体制的限制，目前政府财政投入仍偏向于城市，农村在财政支出上占比较低，导致农村的医疗卫生服务水平与城市的差距越来越大，并且一直处于发展滞后的状态。党的二十大提出，中国要构建高水平的社会主义市场经济体制，要优化税制结构，完善财政转移支付体系，这样才能全面推进乡村振兴战略朝着更好的方向发展。随着数字经济的快速发展，医疗卫生方面的数字化程度也在不断加深，政府应大力支持农村医疗卫生数字化深化发展，提高农村医疗卫

生水平，缩小城乡医疗卫生水平的差距。明确政府职能后，财政支付应该向农村地区的乡镇卫生院倾斜，满足农村居民最基本的医疗卫生服务需求，提高农村地区的医疗卫生水平，慢慢实现城乡医疗卫生统筹发展。

（二）缩小城乡居民收入差距，优化转移支付制度

就目前的经济发展水平而言，完全由政府承担医疗卫生的资金不太现实，个人和社会也要承担一定的比例，但由于城乡居民收入存在差距，城乡居民在医疗卫生服务承受能力方面存在差距。因此，城乡医疗卫生均等化的前提是缩小城乡收入差距，提高农村居民收入水平，增加农村居民医疗支付能力。随着数字经济的快速发展，农村地区的数字化水平也在不断进步，政府可以引导农村居民借助数字化发展的势头发展农村产业，进而促进农村经济发展，增加农村居民的收入。政府可以增加流向农村地区的资金，为农村地区的医疗卫生服务提供充足资金，提升农村地区医疗卫生水平，缩小城乡医疗卫生支付能力，扭转城市和农村医疗卫生资源配置不均等的现状。

三、社会保险均等化的建设重点与实现路径

（一）消除城乡二元制度结构，逐步走向城乡均衡发展

受制于二元分治的社会结构，中国城市与农村逐渐形成两个差异化明显的社会子系统，体现在思想观念、生存条件、劳动方式等方面。这种由于身份背景不同而产生的社会保险福利待遇非均等化正是中国城乡二元结构所导致的公共服务发展失衡问题。弱化二元分治是一个长期的、循序渐进的过程。一是推行渐进式户籍改革。在城乡间建立统一的户籍管理制度，消除城乡居民两种身份的制度差异，并从医疗、养老、教育等基本公共服务领域消除原有的城乡差距，让农村居民取得和城市居民同等的待遇水平。二是突出农村社会保险建设重要性，增强农村社会稳定性。有必要设置明确的农村居民养老、医疗保险及农民工失业、生育、工伤保险，并进行相应的政策倾斜，缓解城乡差距。

（二）打破农村居民参保壁垒，逐步实现社会保险城乡统一覆盖

一是根据乡村社会发展的需要，补齐农村社会保险项目的短板。逐步建立同新型职业农民相配套的社会保险制度，消除劳动者的后顾之忧，形成乡村现有劳动力的制度保障。二是加强城乡社会保险制度之间的协调性，实现城乡社会保险制度一体化发展。逐步消除城乡劳动者及城乡居民之间的社会保险待遇差异，尽快建立城乡统一的社会保险市场，保证城乡五大社会保险公平覆盖。三是提升社会保险的水平，建立公平公正的社会保险体系助力乡村社会治理。通过增强乡村居民生活的幸福感、获得感和安全感，促进乡村振兴。

（三）完善社会保险信息系统建设，逐步实现城乡参保全流程管理

通过建设全方位的社会保险信息管理系统，不仅能够满足各类社会保险经

办服务高效进行，确保社保信息完整有效，而且方便个人及单位自主经办社保业务、自主持卡就医、领取社保福利待遇等，从而在跨统筹地区和跨制度转移接续中能够保障社会保险权益。一是实现异地社会保险协作办理。通过统一的信息管理系统协助非户口所在地人员养老保险待遇资格认证、医疗保险异地就医报销等服务，方便城乡劳动者的异地工作和生活，尤其是保障农民工的社会保险权益。二是进行实时监管。通过全平台网络化管理各项社保资金信息，实时监管其流向安全，并解决偏远地区线下网点办理不便等问题，全面提高社保服务效率。

四、文化体育均等化的建设重点与实现路径

（一）加大对农村公共文化体育建设的资金支持力度，实现文化体育设施全覆盖

充足的资金保障是构建全面的公共文化体育设施必不可少的条件，因此，为了改善农村地区文化体育设施落后的现状，当务之急是加大对基本公共文化体育服务的财政投入，为城乡文化体育服务均等化建设提供坚实的物质基础。不断推进农家书屋、健身广场、乡镇文化站、村文化室、体育场馆等基础设施入驻农村，在数量和质量上提高农村文化体育设施建设，扩大农村公共文化体育设施建设覆盖面。以农村为重点，深入实施文化体育惠民工程，开展群众性的文化体育活动。加强少数民族地区、边疆地区及偏远贫困地区等的文化交流，做到资源共享。推进城乡公共文化体育设施互联互通，发挥城乡文化体育资源的相互补充、相互促进作用，注重文化体育资源向农村的合理流动，促进文化体育公共服务城乡一体化发展。

（二）完善农村各级网络，实现5G网络全覆盖

借助城市的辐射带动作用，推进农村公共文化体育各级网络全面覆盖；发挥城乡联动机制作用，促进文化体育服务网络城乡一体化发展。同时，充分利用现代数字技术、信息网络技术等不断开拓农村公共文化体育基层服务网络，不断优化网络资源空间配置及综合运用，提高公众服务质量与服务效果，打造农村文化体育网络平台。支持并鼓励主流媒体承办农村频道，服务“三农”、面向农村，并将其打造成为市级、县级媒体，扩大文化体育网络体系对农民群众的有效覆盖。

（三）拓宽公共文化体育服务领域，实现公共文化体育城乡一体化发展

以城带乡，促进城乡公共文化体育服务相向而行是拓宽公共文化体育服务领域的重要手段。要建立健全城乡文化体育帮扶机制，促进城乡文化体育服务并驾齐驱，鼓励城市对农村基础体育设施及文化产品的捐赠与扶持。同时，支持城乡

举办业务往来、人员培训、工作交流等多样性的文化体育建设活动，促进农村地区文化体育服务质量不断提升。加入创新思维，提供符合农村特点、满足农村居民需求的文化体育产品与服务，加强基层新型文化体育建设。

五、妇女儿童权益均等化的建设重点与实现路径

（一）农村基础设施投入资金有待提高，应重视农村资源投入比重，尤其是妇女儿童占有资源

中国于 1992 年 10 月 1 日正式施行了《中华人民共和国妇女权益保障法》，以维护妇女的相关合法权益，保障妇女在家庭、就业、参政等方面的基本权益。党的二十大报告也重点指出，在健全社会保障体系方面要坚持男女平等的基本国策，保障妇女儿童的合法权益不受侵害。由于受传统观念的影响，农村妇女的社会和劳动基本保障没有得到妥善的落实，在农村发展中的主力军作用得不到发挥。许多农村妇女土地承包权得不到落实，特别是离婚妇女和出嫁女在宅基地、责任田的继承方面的权益得不到保障，存在许多历史遗留问题。政府应该重视这些问题，加大妇女的受教育力度，提高妇女的文化素质，增加妇女儿童在日常生活中占据的资源。

（二）加强妇女儿童农村主体意识教育，从而更好地保障农村妇女儿童权益

在农民工大量入城工作后，农村发展建设的主力是留守的妇女儿童。据学者调研分析，农村留守妇女儿童具有“能力”“希望”等方面的优势，但受限于传统观念，不仅他们对自身的优势没有意识，社会也会忽略他们的优势以及他们所做的贡献。这导致留守妇女儿童对于自身权益保护缺乏意识，也很难在村庄建设和农业生产活动中获得自信及权益，主体性地位难以发挥，从而在农村乃至社会处于弱势地位。政府可以借助网络平台对农村妇女儿童开展系列教育讲座，增强他们的农村主体意识，从而可以更好地保障妇女儿童的相关权益。

六、水电气暖等公益事业均等化的建设重点与实现路径

（一）水、电装表到户

户用水表、电表是供水供电系统中的重要配套设施，其安装方式和质量问题会直接影响供水供电管理工作及供用水电双方的利益。随着供水供电事业的发展和居民用水用电要求服务质量的不断提高，装表到户是发展的必然趋势，也是广大居民的强烈愿望。水、电、装表到户实现后，各用户之间不再有任何牵连，从而实现了明明白白消费，也为用户提供了便利性。目前，城市居民基本实现了水、电装表到户，农村居民水、电装表到户依然是目前的建设重点。

（二）加快解决乡村供暖设施，逐步实现绿色供暖

农村供暖问题是居民一直关注的大问题，农村地区现有的取暖方式不仅存在种种安全隐患，也会对生态环境产生各种影响。推动农村居民供暖改革面临重重困难，如农村存在基础设施跟不上、安全性差、规划混乱、电力增容困难多而且燃气管道下乡难度大等问题，这要求我们加快解决农村供暖设施建设，为实现充足供暖提供完善的基础建设条件。并且，为了减轻对生态环境的影响，应尽量采取清洁能源，加快提高清洁供暖比重，逐步实现绿色供暖。

（三）扩大农民燃气比例，大力推广薪炭电气化

农村能源供应保障不足依然是农村燃气普及率较低且发展不平衡的短板和弱项。目前，中国广大农村地区还是以煤炭为主要能源，以薪柴、畜粪、电力、瓶装液化石油气和可再生能源为辅，用能总体上存在效率较低、成本较高且不清洁、不环保等问题。应加大投入沼气池、液化气等用能多种形式，以扩大农民燃气比例，提升农民生活幸福感。应持续开展农网改造升级工程，带动激励地方电网企业加大对农网改造投入。大力推广薪炭电气化，带来便利性的同时减少对环境的污染。

第五节　中国乡村振兴战略下公共服务均等化实现的预测

以2011~2020年中国城乡公共服务均等化程度的数值为基础，运用灰色预测模型，分别预测2035年和2049年中国城乡公共服务均等化发展情况。

一、对2035年公共服务均等化实现的预测

在2011~2020年中国城乡公共服务均等化程度的基础上，运用灰色预测模型预测出2021~2035年中国城乡公共服务均等化结果，以此判断这一阶段公共服务均等化程度，具体预测值如表4-35和表4-36所示。

表4-35　2021~2028年中国城乡公共服务均等化预测值

年份	2021	2022	2023	2024	2025	2026	2027	2028
预测值	2.003	1.973	1.944	1.915	1.886	1.858	1.830	1.803

表 4-36　2029~2035 年中国城乡公共服务均等化预测值

年份	2029	2030	2031	2032	2033	2034	2035
预测值	1.776	1.705	1.724	1.698	1.673	1.648	1.623

在 2021~2035 年这一阶段，各地区各部门积极推进公共服务均等化，公共服务均等化程度越来越高。由表 4-35 和表 4-36 可知，公共服务均等化预测值从 2021 年的 2.003 上升到 2035 年的 1.623，提升了 0.38。从图 4-16 可以看出，2021~2035 年，中国城乡公共服务均等化预测值与 1 的差距越来越小，表明中国城乡公共服务差距在逐步缩小，逐步向均等化靠近。

二、对 2049 年公共服务均等化实现的预测

结合 2021~2035 年的预测结果，进一步预测出 2036~2049 年中国城乡公共服务均等化结果，具体预测值如表 4-37 和表 4-38 所示。

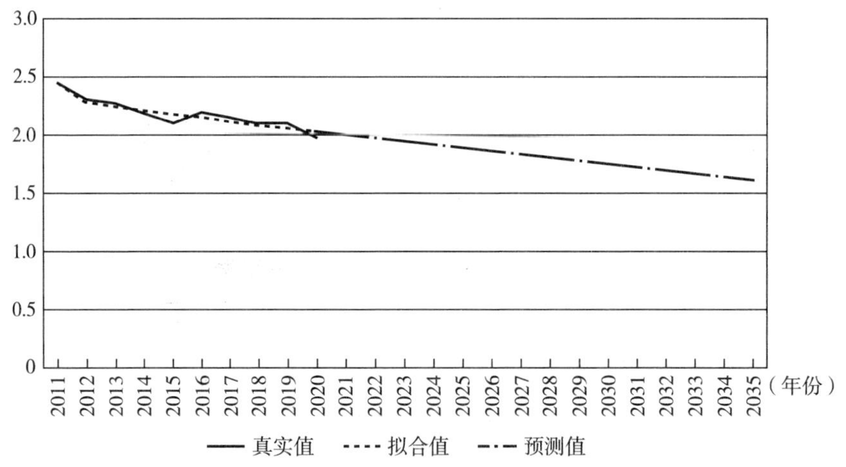

图 4-16　2011~2035 年中国城乡公共服务均等化预测结果

表 4-37　2036~2042 年中国城乡公共服务均等化预测值

年份	2036	2037	2038	2039	2040	2041	2042
预测值	1.599	1.575	1.552	1.529	1.506	1.483	1.461

表 4-38　2043~2049 年中国城乡公共服务均等化预测值

年份	2043	2044	2045	2046	2047	2048	2049
预测值	1.440	1.418	1.397	1.376	1.356	1.336	1.316

根据表 4-37 和表 4-38，从 2036 年到 2049 年，中国城乡公共服务均等化预测结果的数值从 1. 599 发展至 1. 316，增长了 0. 283，数值越来越接近于 1，说明中国公共服务越来越趋于均等。从图 4-17 可以看出，公共服务均等化预测结果一直处于下降趋势，逐步向 1 趋近，说明中国城乡公共服务均等化程度逐步向高水平发展。在 2036~2049 年这一阶段，中国城乡公共服务向均等化目标迈进了一大步，公共服务越来越趋于均等。

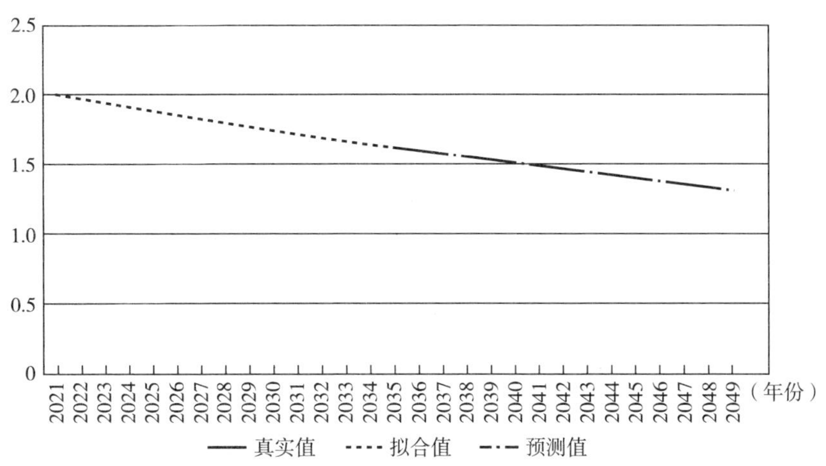

图 4-17　2021~2049 年中国城乡公共服务均等化预测结果

第六节　中国公共服务均等化建设的配套措施和政策建议

一、中国义务教育均等化建设的配套措施和政策建议

（一）建立健全义务教育决策机制

完善的决策机制是连接义务教育需求与供给的关键环节，其直接关系到义务教育均等化的实现程度，需要采取多种措施建立健全义务教育决策机制。

首先，加强义务教育决策信息数据库建设。政府要运用大网络、大数据、大平台加强建设义务教育决策的数据库，充分发挥决策数据库对义务教育需求信息的收集、整合与识别功能，发挥数字对决策系统的赋能作用。

其次，健全义务教育决策咨询机构。不仅从宏观制度层面和微观内部管理层面加强对教育决策咨询机构的建设，而且应在机构设置方面予以完善，有效推动义务教育决策的科学化与民主化。

最后，加强义务教育决策咨询中公民参与的制度化建设，通过规范性的文件加强教育决策的公示制度、听证制度等决策程序的制度化建设，提高决策咨询的民主化程度。积极响应坚持以人民为中心发展教育，加快义务教育优质均衡发展的号召。

（二）完善义务教育供给机制

供给机制是义务教育均等化得以实现的重要制度保障，因此同样需要采取措施予以完善。

首先，完善义务教育经费保障机制。拥有较为充足的财政资金是实现义务教育均等化的重要前提。通过建立义务教育投入持续稳定增长的长效机制以及提高义务教育财政资金的使用效益等多种措施完善义务教育经费保障机制。

其次，构建义务教育的多元供给体系。可以从加强义务教育多元供给的顶层设计和完善义务教育多元供给的制度安排等方面构建义务教育多元供给体系，充分响应党的二十大提出的推进教育数字化战略，以此拓宽教育的供给途径。

最后，加强义务教育的问责制度建设。结合中国的实际情况，加强义务教育的问责制度建设，应该从更新传统问责理念、明晰问责程序、完善制度体系和配套制度建设等方面展开。

（三）构建义务教育公平的有效保障机制

公平的有效保障机制是实现义务教育均等化的重要环节，因此应在构建义务教育公平的有效保障机制方面做出努力。

首先，加大义务教育领域法律的执行力度，将《义务教育法》落到实处。中央政府层面需要添加关于重视农村发展义务教育的条例，通过出台规章制度辅助农村义务教育全面发展。另外，要加强义务教育法制建设，不断完善城乡义务教育管理体制。中央和地方需要出台相关的法律法规，通过法律的强制力保障城乡义务教育在机会、过程和结果方面的公平，为实现义务教育均等化提供强有力的法律保障。

其次，加快义务教育配套立法进程。对于具有滞后性的相关法条，相关立法机关需要结合城乡教育发展现状以及未来趋势对模糊性和落后性的法律条文进行修改，制定配套的相关法律规章制度，提高法律的可操作性。

二、中国医疗卫生均等化建设的配套措施和政策建议

（一）逐步实现城乡医保统一标准，报销比例向农村倾斜

医疗保险作为一种准公共品保障着人民的生命健康权。人人都应当平等地享

有基本医疗服务。各地区应根据自身经济发展状况，选择合适的时机，打破城乡二元结构，实现医疗筹资和服务利用方面的公平，逐渐提高医疗保障水平，促进全体国民健康水平的提高。在走向医疗保险服务均等化过程中，要平衡不同人群的利益，尤其要照顾弱势群体和低收入群体的利益。新型农村合作医疗制度是个人、集体、政府等多方共同筹资，筹资标准逐步提高。经过改革，现有政策针对城镇居民的两种医疗保险的筹资标准明显高于新农合，报销比例也逐渐向农村居民倾斜。城乡居民享有同等待遇的基本医疗卫生服务是统筹全局、促进社会全面发展的必然要求。

（二）三级医院办到县，二级医院到重点镇，医疗诊所到村，实现农民就近就医

由统计数据可知，城乡卫生技术人员数、城乡医疗机构床位数、城乡医院数都存在着不小的差距。一部分收入偏低的群众因为支付不起大医院的医疗服务，在基层医疗机构又得不到有效治疗，造成健康水平持续下降。针对这些问题，建议国家加大对社区医院、农村医疗卫生体系的财政投入。三级医院办到县，二级医院到重点镇，医疗诊所到村，实现低收入人群以及农民群体就近就医。从硬件设施上改善基层医疗机构的诊疗环境，给基层医疗机构配备最基本的医疗设备，最基本要能解决当地群众的多发病、常见病。另外，要运用财政补贴等办法鼓励优秀的医科毕业生到基层医疗卫生机构工作。只有改变了基层缺设备、缺人才的局面，中国医疗卫生体系中的“倒金字塔”结构才会发生改变，实现农村居民就近就医。

（三）建设城市网络医院，开展面向农村的互联网业务，实现远程诊断治疗

中国互联网医疗的实践活动有 20 年左右的历程。从早期单一的网络健康信息发布、网络问诊，到真正意义上的远程医疗、互联网医疗平台及互联网医院，服务内容越来越多样化、多层次，服务供给方式不断创新。在当前中国医疗资源分布不平衡，农村偏远地区尤其匮乏的情况下，互联网医疗业务能有效改善这种状况。政府在优化医疗资源配置，实现城乡医疗服务均等化过程中，可以建设城市网络医院，开展面向农村的互联网业务，实现远程诊断治疗，打破时空的限制，让医疗资源流向农村地区，促进农村居民更好更方便地看病。

三、中国社会保险均等化建设的配套措施和政策建议

（一）完善社会保险制度建设

社会保险均等化要求城乡居民享有社会保险制度的相对公平性，城乡社会保险在制度上达到一致是实现城乡社会保险均等化的首要条件。响应健全覆盖全民、统筹城乡、公平统一、可持续的多层次保障体系号召要打破农村居民参与社会保险的多重壁垒，缩小城乡居民在社会保险参与机会的差异。一方面，要在宏

观层面加强统筹管理。把社会保险制度建设作为地方社会经济发展过程中的一项任务进行统筹安排，并提高统筹层次，统一区域内政策，为城乡社会保险均等化创造条件。另一方面，要在微观层面加强顶层设计。避免管理体制不统一造成各部门沟通交流成本的提高，以及人力、物力等的重复投入，造成资源浪费。乡村振兴战略与公共服务均等化战略两者交汇同行，无论从加快乡村振兴战略，还是从推进城乡公共服务均等化的角度，社会保险城乡一体化都是中国社会保险制度建设的必然趋势。

（二）优化社会保险基金投入

一方面，政府要加强对社会保险的财政投入。为了更好地促进中国公共服务均等化的持续发展，政府应该建立具有中国农村特点的社会保险基金投入机制，增加对社会保险事业发展的财政资金总量。在此基础上，加大政府公共财政对农村社会保险的投入力度，消除农村居民和城市居民在养老、医疗、就业等方面服务的不平衡性，逐步实现城乡均衡发展。

另一方面，要探索多元社会保险资金来源渠道。在社会保险资金筹集上，既要体现政府的主体责任，又要体现多元主体的共同参与，要鼓励并支持除政府之外的基金投入。根据不同区域经济发展水平确定政府、集体和农民个人的筹资比例，并且中央财政更多地向经济欠发达地区和贫困人群倾斜。

（三）加强社会保险体系管理

党的二十大提出，要加快完善全国统一的社会保险公共服务平台，健全社保基金保值增值和安全监督体系。

首先，加强行业规范化管理。将社会保险服务人员的绩效考核标准与社会保险服务是否均等、参保者待遇是否均等、城乡居民之间参保机会是否均等相关联，为政府及其工作人员树立正确的导向。同时，将地方社会保险服务均衡程度与地方政府政绩考核相结合，提高地方政府及其基层部门对城乡社会保险均等化程度及城乡社区服务差距等的关注度。

其次，完善监督管理机制。政府作为社会保险服务发展的宏观调控者，不能从操作层面对社会保险的公平、效率等进行管理。故引入独立于政府之外，且与公众利益具有高度一致性的第三方机构对政府行为进行监督及评估是现实需要，必要时与政府合作解决或缓解社会不公状况。

四、中国文化体育均等化建设的配套措施和政策建议

（一）加强文化体育服务人才队伍建设

文化体育服务人才作为推进公共文化体育建设的重要力量，对农村文化体育建设起着引导、组织与管理的作用。党的二十大明确提出，要提高全社会文明程

度，促进群众体育和竞技体育全面发展，中国农村地区更需要专业素质高的文化体育人才队伍为其注入新的活力。

首先，要吸引和鼓励优秀专业的文化体育人才入驻基层。国家对农村公共文化服务均等化的关注度，以及对农村地区文化体育人才的投资力度直接影响着基层文化体育服务人员的职业生涯规划，尤其是在偏远、贫困地区的工作人员。因此，提升农村地区文化体育服务人员的福利待遇，并给予优惠政策及晋升渠道等是实际需要，从而吸引专业素养高的人才队伍入驻基层。

其次，要健全基层公共文化体育服务人才培养体系。人力资本与其他生产要素相比，具有主观能动性。要建立以人为中心的管理模式，鼓励文化体育从业人员积极投身于农村地区公共文化体育服务建设。还要加强对农村地区文化体育工作人员的培训，提高农村地区文化体育服务人员的技术水平与专业素养，打造农村高素质文化体育服务人才队伍。

（二）构建文化体育服务多元供给模式

中国农村地区公共文化体育服务与产品的供给一直是公共文化体育服务体系建设的薄弱环节，供给主体单一，供给效率低下。党的二十大提出，未来五年是全面建设社会主义现代化国家开局起步的关键时期，并明确指出人民精神文化生活更加丰富，中华民族凝聚力和中华文化影响力不断增强是主要目标任务；同时强调要实施重大文化产业项目带动战略。

其一，培育农村文化体育服务多元供给主体。积极扶持和引导市场力量加入农村公共文化体育领域，提高农村文化体育服务供给质量，缩小城乡文化体育发展差距。

其二，创新公共文化体育服务多元供给方式。充分利用“互联网+”、数字经济等促进城乡文化体育资源共建共享，响应国家文化数字化战略，促使公共文化体育服务供给尽量贴近农村生活。

其三，丰富农村文化体育服务多元供给内容。充分发挥农村居民的主体性，鼓励农村居民充分利用当地文化特色打造专属文化品牌，增强文化自信，培育创新文化。

（三）加强文化体育服务制度建设

政府既是决策者，又是管理者，应制定完善的文化体育服务机制，并建立全面严格的监督机制，选择更合适的工具和主体提供更优质的服务。一方面，要打破城乡分割的惯性思维，改变重城轻乡的文化体育发展思路，坚定城乡文化体育发展一体化的新理念，健全城乡一体化的农村文化体育发展体制。避免城乡组织管理分离，鼓励城市对农村进行文化体育帮扶，以城促乡，勇于创新，合理配置城乡文化体育资源，以实现城乡文化体育联动发展。另一方面，进一步加强内、外部监督，明确政府内部各监督主体职责分工的同时，引入第三方独立主体，并鼓励社会群众等监督。充分发挥政府监督、媒体舆论监督、社会监督作用，加大文化体育公共服务工作透明度。

五、中国妇女儿童权益均等化建设的配套措施和政策建议

（一）加大妇女儿童受教育力度，保护妇女儿童合法权益

实施乡村振兴战略，是决胜全面建成小康社会、全面建设社会主义现代化强国、实现乡村振兴战略的重大历史任务。农村妇女作为农村发展的主力军，在乡村振兴战略中发挥着重要作用，也是衡量中国农村发展的一把标尺。由于社会发展的区域性，农村务工人员所占比例居高不下，尤其是外出务工的成年男性所占比例最大。作为农村日常生活主体人群的妇女儿童，受教育程度大大决定了他们自身的生活质量以及农村发展的面貌。因此，政府应该重视这一情况，在妇女儿童受教育方面加大保护力度，定期组织培训，提高农村妇女的受教育机会。

（二）发展乡村妇幼保健所，解决妇女儿童看病难问题

“看病难”是城市和农村共同面临的问题。由于农村地区经济发展水平较低，医疗卫生资源更匮乏，尤其是针对妇女儿童的专门医疗资源，“看病难”问题更突出。由统计数据可知，城市的妇产科医院和儿童医院远多于农村，导致的结果就是孕妇在生产过程中的死亡率城市远低于农村，在孩子成长过程中，城市地区的孩子接受的医疗资源和医疗服务比农村地区孩子接受的数量更多、质量更好。党的二十大也提出，要及时调整生育政策。因此在医疗资源供给时，政府应该考虑到现有情况，倾斜资源，大力发展建设乡村妇幼保健所，解决妇女儿童“看病难”问题。

（三）不断完善立法、司法，建立健全司法救济机制

要想使妇女儿童权益得到切实保障，就要大力宣传相关法律制度，比如《宪法》《刑法》《劳动法》《教育法》《妇女权益保障法》《未成年人保护法》等的宣传普及。要让社会大众和妇女儿童群体知法、懂法，在日常生活中才能做到用法守法，不违法。同时要加强立法，完善现有法律内容。虽然法律对于妇女儿童的合法权益的保障做出了相关规定，但由于封建残余思想的影响以及妇女儿童的弱势地位，使得保障妇女儿童合法权益的法律难以落实。国家的各级司法部门必须严格执法，使侵害妇女儿童合法权益的行为得到严惩。

六、中国水电气暖等公益事业均等化建设的配套措施和政策建议

（一）以政府为投资主体，加大财政支农力度

党的二十大提出，要统筹乡村基础设施和公共服务布局，建设宜居宜业和美

乡村。水电气暖等公益事业属于公共服务建设中的一部分，虽然政府逐步加大了对农村的投入力度，但政府的投入仍然不能满足农民的需求。农村水电气暖等建设要以中央政府投资为主、地方政府投资为辅。中央政府能从总体上调配投资资金，在全国范围内对水电气暖等公益事业的质量与数量进行统一安排。地方政府在建设过程中可以承担监管和建设任务，政府间的相互配合有利于实现城乡水电气暖等公益事业建设的均等化。另外，要加大城市的支持力度。随着城市化和工业化的发展，中国城市水电气暖等公益事业建设发展很快。在建设城市时，可以通过多种渠道吸引私人资本、金融机构等市场力量进行融资，而节省下来的资金可用于建设农村水电气暖等公益事业。

（二）构建相关法律体系，保障农民合法权益

目前，在农村水电气暖等公益事业建设方面，中国法律是缺失的。造成了中央支农缺乏规划，变动性较大，多表现出资金的临时应对性。另外，中国缺乏可操作的制度来保障民间资本参与建设农村水电气暖等公益事业的权益。针对以上问题，为加快城乡水电气暖等公益事业均等化建设，政府应尽快出台相关法律法规，可以将一些有益于农村水电气暖等公益事业建设的措施法律化，增强其建设的稳定性。以法律划分中央与地方提供基础设施的责任范围，以列举的方式明确中央与地方的责任范围。依据地方政府的财力和责任确定其财权与事权。同时，应制定民间资本参与农村水电气暖等公益事业建设的配套法规，为其作用的发挥提供制度保障。

（三）实施税收优惠政策，促进水电气暖等公益事业建设

目前，农村电力、通信和水利部门已经为农村提供了多种设施。如果在这些部门建设农村设施时，政府能够给予更多的税收优惠政策，就会充分调动他们建设农村设施的积极性。政府可以制定税收优惠政策对待农村水电气暖等公益事业的供给者。具体来说，政府可以增加税收优惠的比例和种类。政府不仅可以在农村水电、有线电视和农村沼气等设施的建设方面提供税收优惠，还可以在自来水普及、燃气普及、供气和供暖等方面采用税收优惠或税收抵免的政策，以促进水电气暖等公益事业部门向农村扩展业务，加快中国农村水电气暖等公益事业的建设。

第五章　基础设施全覆盖之路

乡村基础设施全覆盖是促进农业发展、建设美丽乡村、提升农民收入的重要抓手，更是新时代实现乡村振兴、城乡融合发展以及农业农村现代化的必要条件。经过“十一五”“十二五”“十三五”的建设，我国对乡村基础设施建设的资金投入持续增加，在加快补齐乡村基础设施建设短板的同时，积极推动有关设施提档升级，取得了显著成效。然而，乡村基础设施建设与乡村发展需求间尚未实现匹配性的同步增长，与城市基础设施建设相比尚未实现均等化的平衡发展，尤其在设施质量、后期管理维护上存在体系不完善、管理不到位等问题。2020年，《中共中央关于制定国民经济和社会发展第十四个五年规划和二〇三五年远景目标的建议》明确提出，要把乡村建设摆在社会主义现代化建设的重要位置，更加凸显了乡村基础设施全覆盖的重要性。2022 年 5 月，中共中央办公厅、国务院办公厅印发《乡村建设行动实施方案》，指明了乡村基础设施建设的未来发展方向，为乡村基础设施建设的有序开展提供了政策依据及有力支撑。

第一节　乡村基础设施建设的内涵及特征

一、乡村基础设施建设的内涵

基础设施建设作为支持国民经济的关键因素、保障生活生产的必要条件，有广义和狭义之分。狭义的基础设施建设指用以保证生产生活、具有公共产品性质的物质工程设施，涵盖道路、交通、通信、电力、供排水等。广义的基础设施建设还包括法律、卫生、教育、科技、体育、文化、行政管理等内容。从“二元制”角度出发，基础设施建设可以分为城市基础设施建设和乡村基础设施建设。

乡村基础设施建设是保障农村地区居民生活、促进农村地区经济发展的关键，其定义同样有狭义和广义之分。狭义的乡村基础设施建设指在农村地区建造的、用以保障农村居民日常生产生活的物质性基础设施；广义的乡村基础设施建设指在物质性基础设施之上，还包含用以促进乡村社会发展的服务性基础设施。鉴于本书安排及研究需要，本章主要关注狭义乡村基础设施建设，即用以保障生产生活的乡村基础设施。

二、乡村基础设施建设的特征

基础设施建设具有基础性、公共性和外部性三个特征。首先，基础性指基础设施建设是生活生产活动的必要保障，是其他建设的先行条件，能够为社会经济发展提供根本性支撑。其次，公共性指基础设施建设的是公共产品，由公民集体享有且每位公民都可以享用。最后，外部性指基础设施建设对社会发展具有重要影响，良好且完善的基础设施可以促进并带动当地社会经济发展；反之，基础设施欠缺也会制约并阻碍当地社会经济发展。

乡村基础设施建设主要为农业生产、农民生活提供保障，因而在基础性、公共性和外部性三个特征之外，与城市基础设施建设相比，还具有需求分散、融资难的特征。需求分散指由于农户分布密度较低，甚至呈现零星分布，导致乡村基础设施建设的规模较小、供给成本较高、社会效益较低。融资困难指乡村基础设施建设一般不具备收益性或者收益微薄，呈现出投资大、见效慢的特点，多以政府投资为主，融资渠道狭窄。

三、乡村基础设施建设的分类

由乡村基础设施建设的定义可知，乡村基础设施建设涉及物质性和社会性两大类。如表 5-1 所示，物质性乡村基础设施建设以保障农村居民生产生活的基础性设施为主，包含水利、道路、供水、供气、电网、物流、信息、广播电视等，旨在推动农村生产力发展，改善居民生活水平。社会性乡村基础设施建设以保障农村地区文化、社会发展的基础性设施为主，包含教育、文化、卫生、园林绿化等，旨在满足人们的精神文化需求，推动社会发展。

表 5-1　乡村基础设施分类

分类	内涵	举例
物质性设施	以保障农村居民生产生活的基础性设施为主	水利、道路、供水、供气、电网、物流、信息、广播电视等
社会性设施	以保障农村地区文化、社会发展的基础性设施为主	教育、文化、卫生、园林绿化等

鉴于本书安排及研究需要，本章重点关注用以保障生产生活的物质性乡村基础设施，并且聚焦于农田水利（如水电设施和灌溉、排涝、抗旱设施）、道路交通设施（如公路设施、铁路设施和物流设施）、能源供应设施（如供水设施、电力设施和用气来源）、信息技术设施（如移动电话、广播电视、计算机、互联网和信息服务设施）。

第二节　通过乡村基础设施全覆盖促进乡村振兴的理论分析

乡村振兴是我国实现全面小康、全面社会主义现代化的重要前提，是建设现代化产业体系的重要基础，是建设美好乡村人居环境的关键举措，是继承和发扬乡村优秀历史传统文化的有效途径，是加强农村基层治理体系的固本之策，更是农民实现生活富裕的必然选择。其中，乡村基础设施建设是推进城乡统筹发展、实现社会主义公平公正、保障农民群众权益的关键，更是解放农村生产力、实现农民持续增收、建设美丽乡村及现代化新农村的重要基础，对我国乡村振兴具有重要意义。

一、乡村基础设施全覆盖通过实现“产业兴旺”促进乡村振兴

理论上，乡村基础设施作为一种典型的准公共产品，对乡村经济发展具有明显促进作用，是实现“产业兴旺”的重要保证。尤其是农田水利、道路交通、电力通信等作为社会经济发展的先导性、基础性、战略性、服务性设施，更是提高现代农业生产效率与资源配置效率的关键环节，是促进农业、产业、旅游业等稳定发展、农民持续增收的动力来源，是保障主要农产品基本供给、解决农村民生问题的前提条件。以道路交通设施为例，现有研究不仅表明通畅的交通可以优化农村产业结构、降低物流成本、提高农业机械化程度、提升农业生产效率，成为农产品加工业的基础；而且有助于发展农村旅游业，城乡交通时间缩短为农家乐、民宿等多种经营奠定了基础，成为农村第三产业的必要前提。因此，强化乡村基础设施作为振兴乡村产业的重要基础，可以通过实现“产业兴旺”促进乡村振兴。

实践中，在乡村振兴优秀案例中，河北隆化县政府投资 700 万元用以完善西道村的水、电、路、灯等基础设施。基础设施的完善有效推动了西道村农业发展及产业升级，草莓种植面积达到 1100 亩；同时带动了西道村的旅游发展，2018

年以来，该村累计接待游客10.3万人次，2019年上半年游客接待量达3.7万人次，实现营业收入130万元。不仅如此，浙江安吉县对基础设施建设的年投入资金在3000万元以上，基础设施及接待条件的大幅度改善，促使该县在2020年接待游客1056万人次，休闲农业与乡村旅游总产值46.6亿元，营业收入达21.48亿元。

二、乡村基础设施全覆盖通过实现“生态宜居”促进乡村振兴

可持续发展理论指出，在满足当代人需求的同时，应避免对后代生存发展的危害，以实现社会、经济、生态环境合理、持久的均衡发展。该理论为乡村基础设施建设提供了重要的理论指导，即在基础设施建设中需要重视社会、经济、生态环境各方面持续、协调发展，通过整体规划、科学建设，以最低的环境资源成本，实现较高的社会经济发展，促进社会经济发展与生态环境和谐发展、相互促进。可见，乡村基础设施全覆盖对乡村居住环境、生态环境具有改善作用，是实现“生态宜居”的重要内容。

以道路交通设施为例，现有研究表明，通畅、便捷的交通能够保障居民日常出行的便利性，可显著提升农村居民的幸福感，并间接影响乡村医疗和乡村教育的发展水平，因而人们更愿意定居在交通便利的村庄。此外，建设生态宜居的美丽乡村，既要完善“硬环境”，加强农村道路、供水、供电、供气等基础设施建设，更要改善“软条件”，美化农村生态环境。污水处理、饮水及厕所等基础设施全覆盖是乡村绿色发展的核心内容，也是提升乡村人居环境的重要手段，将成为改善农村居住环境、实现“生态宜居”的主要内容与考核指标。因此，强化乡村基础设施作为改善乡村生态环境的重要基础，可通过实现“生态宜居”促进乡村振兴。

实践中，在乡村振兴优秀案例中，四川成都蒲江县甘溪镇明月村统筹推进乡村基础设施建设，在提升农村居民生活品质的同时，不断创建宜居、宜业、宜游的发展环境。不仅如此，山西长治潞州区南垂村投资1200余万元用于当地污水改造，改造管道总长达18000米，并配套建设化粪池、污水提升泵站等设施，实现了污水管网全覆盖、全收集、全处理，显著改善了村民生活环境，提高了村民生活品质。

三、乡村基础设施全覆盖通过实现“乡风文明”促进乡村振兴

相关研究表明，由于乡村基础设施属于一种准公共产品，需要在底线生存、基本环境、基本安全以及基本发展服务等方面提供均等化的服务，不断缩小城乡差距。可见，乡村基础设施全覆盖对乡村社会和谐发展具有推动作用，是实现乡

风文明的重要载体。

基础设施是乡村文明风尚、传统道德文化等的重要载体，因而加快推进道路交通、电力通信等基础设施建设，有助于提升农村地区的现代化水平，缩短城乡差距，保证农村居民与城市居民享有均等化的生产生活条件，推动乡村社会和谐发展。以道路交通设施为例，现有研究表明，文化产业和交通间具有空间耦合性，随着交通的发达，农村居民可以接收到更多的外界信息，自身眼界得以开拓，也会更加重视对教育的投入，从而间接提升农村居民的文化素养。因此，强化乡村基础设施作为加强乡风文明建设的重要载体，可以通过实现“乡风文明”促进乡村振兴。

实践中，吉林图们市石岘镇水南村以国家专项补贴为契机，对村里的房屋、排水系统、路灯、围栏等进行了改善，通过加强基础设施建设为乡风文明奠定物质基础，并入选首批全国村级“乡风文明建设”优秀典型案例。不仅如此，黑龙江通河县通河镇桦树村的主要道路全部实现了硬化、绿化、亮化，规范整洁美观，改变了村容村貌。同时，该村在1000多平方米的临街房屋上绘制了文化墙，有助于在完善基础设施建设的基础上开展精神文化建设。

四、乡村基础设施全覆盖通过实现“治理有效”促进乡村振兴

新公共管理理论不仅强调政府加强对公共产品与服务投入的同时，倡导在公共领域适当引入市场竞争机制；而且表明乡村基础设施建设应关注村民利益、满足村民根本需求，并且鼓励政府主导、广泛参与的发展模式。可见，完善乡村基础设施作为强化政府的公共服务职能的重要体系，是加强乡风治理、实现乡村有效治理的重要基础。

鉴于乡村基础设施建设涉及农民集体利益，在实施与开展过程中需要征询人民群众意见、深入了解群众需求，并且离不开村民的参与和监督，故人民群众通过参与到乡村基础设施建设之中并建言献策，可促进县乡服务功能向乡村延伸，构建治理有效的民主乡村。以道路交通设施为例，通畅的交通不仅带来了信息及人员间的流动，加强了各村之间、村庄与城市间的人员往来，有助于缩小城乡差距；而且加强了政府与群众间的沟通交流，使政府能够更加及时、准确地为村民提供所需的服务，利于提升乡村治理水平。与此同时，信息网络设施的完善更是实现乡村治理数字化、服务信息化的必要条件。因此，乡村基础设施全覆盖作为乡村有效治理的重要基础，可以通过实现“治理有效”促进乡村振兴。

实践中，在乡村振兴优秀案例中，杭州桐庐县龙峰村为了让村民更好地共享基础设施建设成果，成立了以村两委各领导为组员的工作小组，充分运用村民代

表大会、党员大会、宣传栏、标语等多种方式，积极推进“一事一议”财政补贴项目，大力开展乡村基础设施建设。在项目实施中，为保证监督到位、财务公开，不仅选举村民代表对项目实施过程进行质量监督与把控，定期将财务信息进行公示；而且必要时及时召开村民代表大会，充分征求村民意见并进行深入商讨，切实做到群众参与、民主管理。

五、乡村基础设施全覆盖通过实现“生活富裕”促进乡村振兴

相关研究表明，乡村基础设施建设的投入，有效保障了农民的生产和生活，为乡村企业及产业的有序发展提供了必要的物质基础及先决条件，能够促进农村经济的增长、社会获取收益能力的提升以及农业生产总值的增加，并且缩小城乡居民收入差别，促进国民经济平衡增长。可见，乡村基础设施全覆盖对乡村繁荣发展具有保障作用，是实现“生活富裕”的重要条件。

“生活富裕”的本质是增加农民收入，通过完善道路交通、农田水利等生产生活环境，不仅可以节约成本，改善村民生活条件；而且有助于农村与外界的沟通交流，让更多农产品走出去、更多科技成果涌入农村，并且带动乡村旅游、农村电商等各项产业发展，提升农民生活水平，促进乡村繁荣发展，拓宽农民增收渠道。以道路交通设施为例，现有研究表明，农村居民通过参与道路交通建设可以增加自身收入，同时通畅的交通降低了运输成本，使农村居民可以通过更加低廉的价格享受更加丰富的生活物资，降低了农村的生活成本。与此同时，道路交通带来了更多发展机会，农村居民不仅可以外出务工，乡村也可以引进更多特色产业，同样增加了村民参与非农就业的机会，拓宽了居民的收入来源，有助于农村居民收入的稳定增长。可见，强化乡村基础设施是改善农民经济收入、农村人居环境的重要基础。

实践中，在乡村振兴优秀案例中，河北隆化县七家镇西道村通过完善乡村基础设施建设，建造草莓种植暖棚，推动该村草莓产业及乡村旅游的融合发展。仅草莓种植一项，就带动 9 个种植大户，安置了当地 150 余人；加之通过土地流转，租地打工、规模种植、四季采摘，村民收入明显增加。此外，在乡村旅游方面，该村 2019 年上半年已接待游客 3.7 万人次，营业收入达 130 万元。可见，通过完善乡村基础设施建设，西道村改善了当地居民“种大田、靠天收”的生活现状，拓展了村民的经济收入来源，让村民的日子越过越好。

第三节 中国乡村基础设施覆盖的现状及问题分析

一、中国乡村基础设施覆盖的发展现状

（一）农田水利设施建设的发展现状

农田水利设施旨在通过水利工程技术，如兴修水电、灌溉、排涝、抗旱等，改变农业生产自然条件，保障农田旱涝保收、高产稳定，推动农业生产发展。本节重点对我国水电设施建设及灌溉、排涝、抗旱设施建设的发展现状进行分析。

1. 水电设施基本实现覆盖，但发电效率有待提升

近年来，我国农村地区水电站建设不断完善。根据农业农村部的相关数据，如图 5-1 所示，农村在建电站规模和当年新开工电站规模逐年减少，《水利发展统计公报》也表明农村新增水电站数量逐年减少，2020 年新增水电站仅 69 座（见图 5-2），相关指标从侧面反映了农村水电站的建设已经进入收尾阶段，基本实现全覆盖。

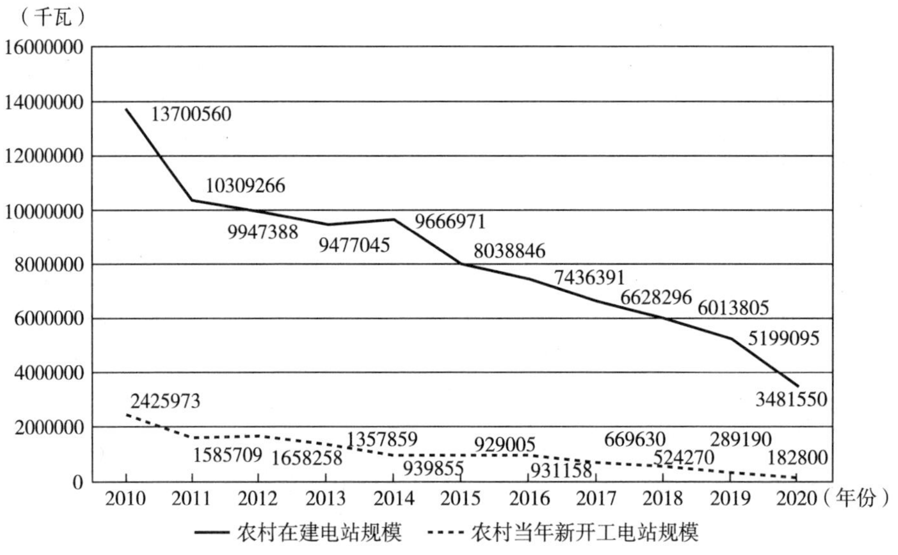

图 5-1　2010~2020 年农村在建电站规模和当年新开工电站规模

资料来源：农业农村部。

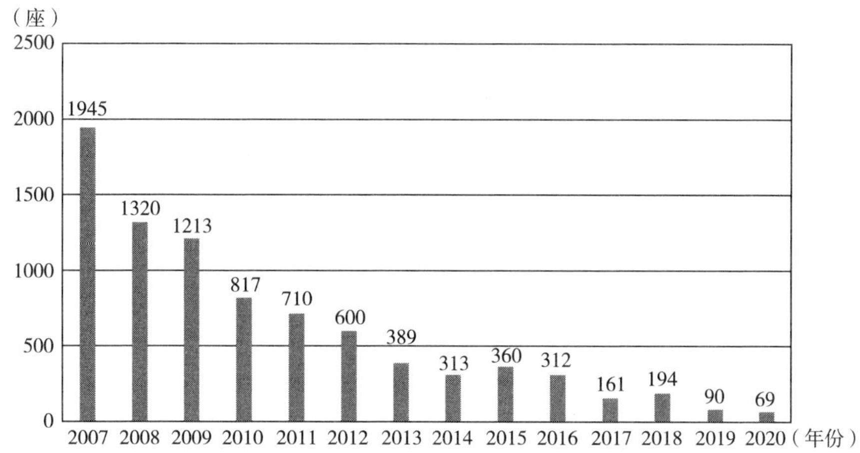

图 5-2 2007~2020 年农村新增水电站

资料来源：《水利发展统计公告》。

进一步地，现阶段农村水电站建设更加突出绿色、安全理念。2016 年，水利部印发实施《关于推进绿色小水电站发展的指导意见》，至今，已有 23 个省份累计创建绿色小水电站 616 座，水电站的综合利用、生态功能和环境效益不断增强。此外，各地积极推进农村水电站安全生产标准化建设，截至 2020 年，全国累计建成安全生产标准化电站 2789 座，电站安全生产管理水平不断提升。

然而，一方面，农村用电量呈增长趋势，2020 年农村用电量增加到 9717.2 亿千瓦时；另一方面，如图 5-3 和图 5-4 所示，农村水电发电量虽保持稳定，但占全国发电量比例持续降低，2020 年农村水电站发电量为 2423.7 亿千瓦时，仅占全国的 17.90%。通过农村用电量和发电量的对比，可以看到农村发电量仍相对不足，农村水电建设的经济效益和社会效益有待更多开发。

图 5-3 2011~2020 年农村水电站发电量和农村用电量

资料来源：《中国农村统计年鉴》。

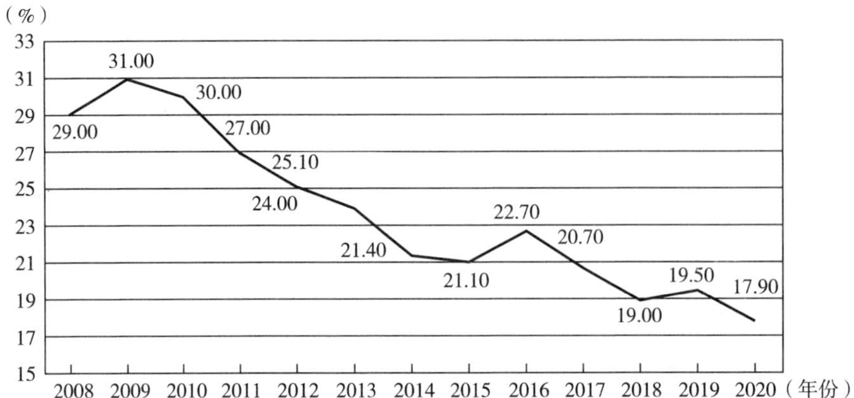

图 5-4　2008~2020 年农村水电站发电量占全国比例

资料来源：《水利发展统计公告》。

通过现状分析可知，尽管我国农村水电设施建设不断完善，但农村水电站发电量占全国水电发电量的比例不断减少，反映出农村水电站发电效率低，一定程度上制约了农村农田水利的发展。

2. 灌溉、排涝、抗旱设施稳步推进，但仍需加强覆盖

（1）对农田灌溉情况进行分析。随着我国水库、水塘和排灌站数量逐渐增多，如图 5-5 所示，我国农田有效灌溉率保持在 50%左右。2020 年，我国耕地面积为 127. 9 万平方千米，农田耕地灌溉面积 69160. 5 千公顷，有效灌溉率达到 54. 07%。此外，“十三五”期间，中央投入大量资金，积极推动大中型灌区续建

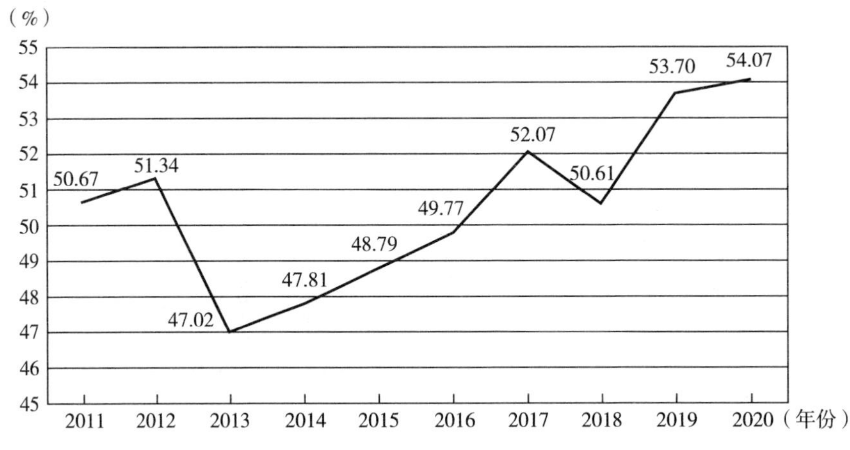

图 5-5　2011~2020 年农田有效灌溉率

资料来源：《中国统计年鉴》。

配套与节水改造、重点中型灌区节水配套改造等项目落地。根据水利部的《农村水利水电工作年度报告》《水利发展统计公告》，2018~2020 年，我国大中型灌区续建配套与节水改造累计 513 处，重点中型灌区节水配套改造累计 813 处，取得明显成效。根据相关数据进行计算，如图 5-6 所示，我国节水灌溉面积逐年增加，到 2020 年已经占到耕地灌溉面积的 54.65%。

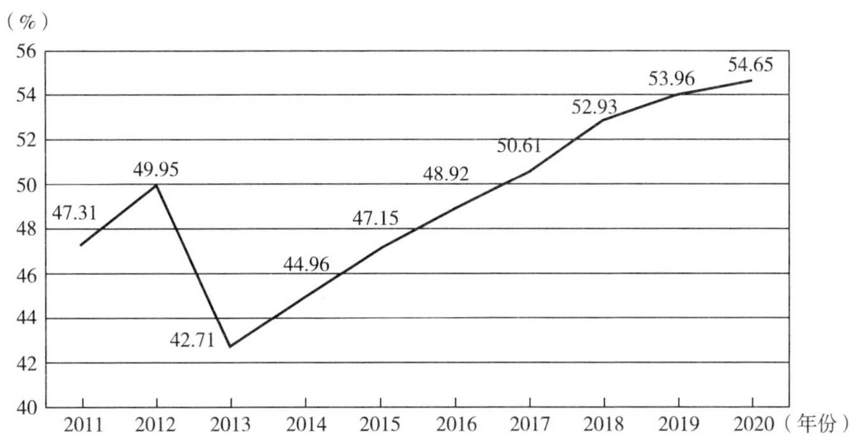

图 5-6　2011~2020 年节水灌溉率

资料来源：《中国统计年鉴》。

（2）除涝面积和水土流失治理情况分析。我国除涝面积和水土流失治理面积逐年增大。如图 5-7 所示，2020 年除涝面积达 245864 百公顷，水土流失治理

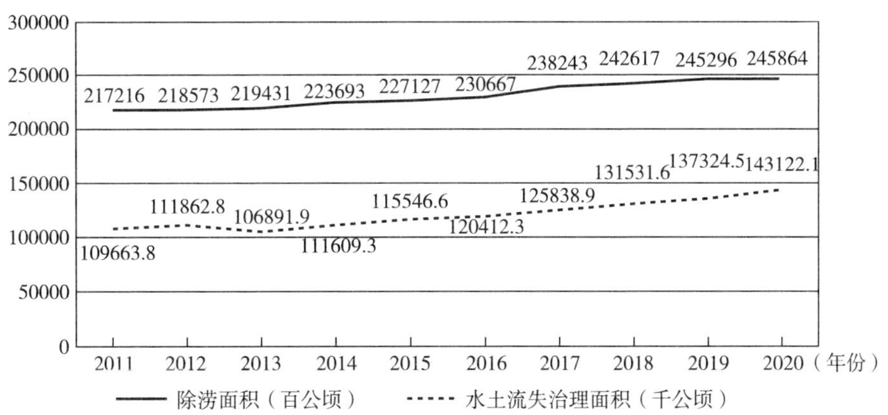

图 5-7　2011~2020 年除涝面积和水土流失治理面积

资料来源：《中国统计年鉴》。

面积达 143122. 1 千公顷，有效维护了人民群众生命财产安全，有力推动了农村社会、经济的持续健康发展。此外，如图 5-8 所示，堤防长度从 2013 年的 27. 5 万千米增长到 2020 年的 32. 8 万千米，堤防保护面积由 2013 年的 84031. 7 万公顷扩大到 2020 年的 4216. 8 万公顷，防洪能力增强，有效地降低了土地灌溉的安全隐患。

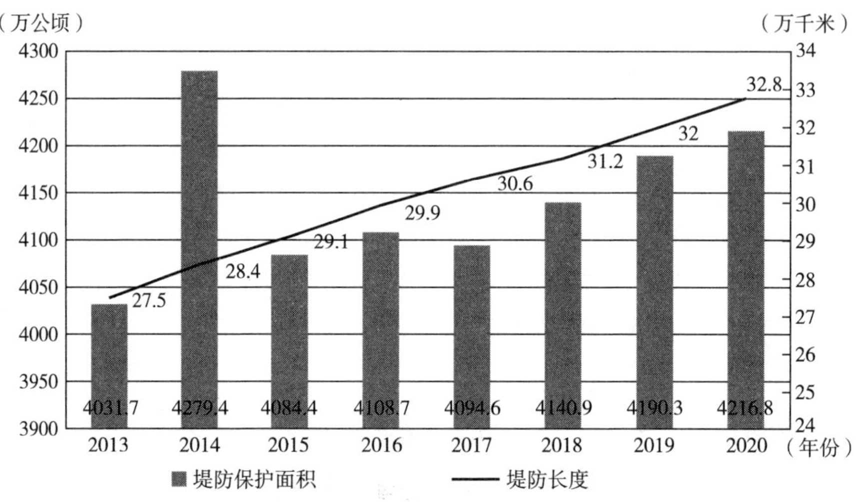

图 5-8　2013~2020 年堤防长度和堤防保护面积

资料来源：《中国统计年鉴》。

（3）抗旱情况分析。2020 年全国共投入抗旱劳动力 1840 万人、297 万眼机电井、3. 8 万处泵站、239 万台机动抗旱设备、80 万辆机动运水车。如图 5-9 所示，我国因旱灾导致的农作物受灾面积整体呈下降趋势，截至 2020 年，因旱灾导致的农作物受灾面积已减少至 5081 千公顷，说明近年来抗旱措施正稳步、有效实施。然而，抗旱情况仍不容乐观，2020 年因旱灾受灾面积仍占农作物受灾面积的 1/4，表明我国抗旱水平仍待提高。

通过现状分析可知，我国灌溉、排涝、抗旱设施建设取得显著成效：第一，水资源配置格局逐步完善，供水能力大幅提升。第二，节水灌溉工程稳步开展，有超过一半的灌溉农田可以通过最低限度的用水量获取最大的产量或收益，顺应现代农业发展趋势。第三，除涝面积和水土流失治理面积不断扩大，堤防长度逐年增加，堤防保护面积不断增大，抗旱措施正稳步推进，降低了土地灌溉安全隐患，减少了自然灾害带来的经济损失。

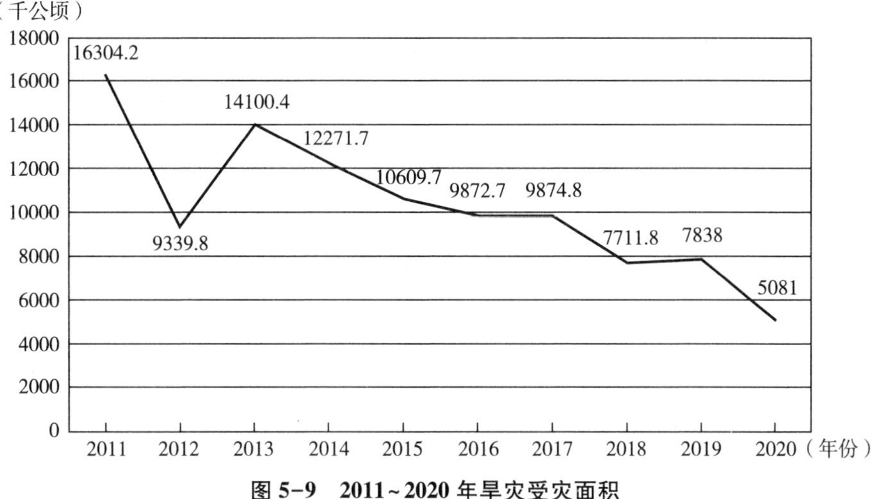

图 5-9　2011~2020 年旱灾受灾面积

资料来源：《中国统计年鉴》。

然而，我国乡村灌溉、排涝、抗旱设施建设仍存在以下问题有待解决：第一，我国灌区数量众多，有效灌溉面积占比不高，节水灌溉工程建设覆盖率不高，并且配套设施不完善，导致利用效率低，灌区节水配套与改造任务艰巨。第二，部分地区的水利设施检修维护缺失，设施设备老化，缺乏有效的安全保障，水库除险加固情况不容乐观。第三，因旱灾导致的农作物受灾面积仍占整体的1/4，抗旱工作依旧艰巨。

综上所述，我国农田水利设施的普及度和覆盖面不断增加，整体发展趋势良好并取得了显著成效，特别是在水电设施建设上基本实现了全面覆盖。未来我国农田灌溉仍可进一步提升，尤其在节能灌溉方面需要加强覆盖，并且需要建立健全相关设施的管护机制，提升设施利用效率，排除安全隐患。

（二）道路交通设施建设的发展现状

道路交通指为满足人们工作、生活等出行需求，连通各个地区，而提供车辆和行人交通使用的道路总称，包括公路、铁路、水路、航空等。本节重点对乡村公路和铁路设施建设的现状进行分析，并且由于道路交通是物流运输的基础与必要保障，本节将进一步分析物流设施的发展现状。

1. 公路设施基本实现覆盖，但质量和养护水平有待加强

（1）乡村公路建设里程数分析。如图 5-10 所示，2014~2020 年，我国乡村公路里程数呈缓慢上升趋势。党的十八大以来，新改建乡村公路 208.6 万千米，贫困地区乡村公路总里程达到 110 万千米。截至 2020 年末，我国乡村公路里程数达到 438.23 万千米，占全国公路总里程的 84.3%。其中，县道里程数为 66.14 万千米、乡道里程数为 123.85 万千米、村道里程数为 248.24 万千米。

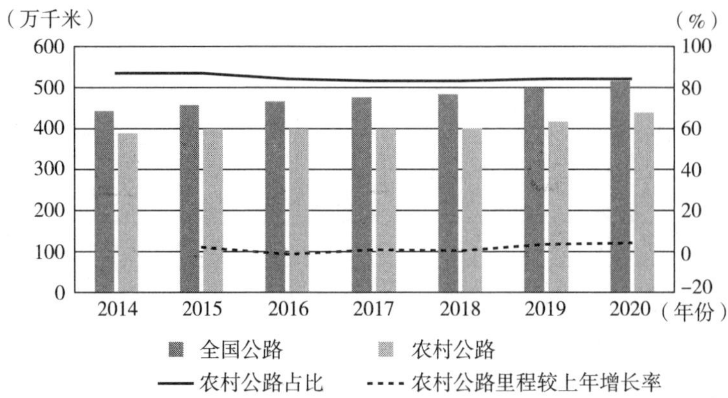

图 5-10　2014~2020 年全国及乡村公路里程与占比

资料来源：交通运输部。

此外，在“十一五”期间，我国通公路的建制村就已占全国建制村总数的99.55%。《第三次全国农业普查主要数据公报》显示，2016 年，我国乡镇地域范围内有 99.3%的村已通公路，村委会到最远自然村、居民定居点距离以 5 千米以内为主。可见，我国正大力发展乡村公路里程的建设，乡村公路里程数持续稳定增长，村通公路基本实现覆盖。

（2）乡村公路投资额分析。如图 5-11 所示，2014~2020 年，我国乡村公路建设投资额不断上升，2015~2017 年投资数额大幅度增加；2018 年开始放缓，2019 年我国乡村公路建设投资额 4663 亿元，2020 年乡村公路完成 4703 亿元。

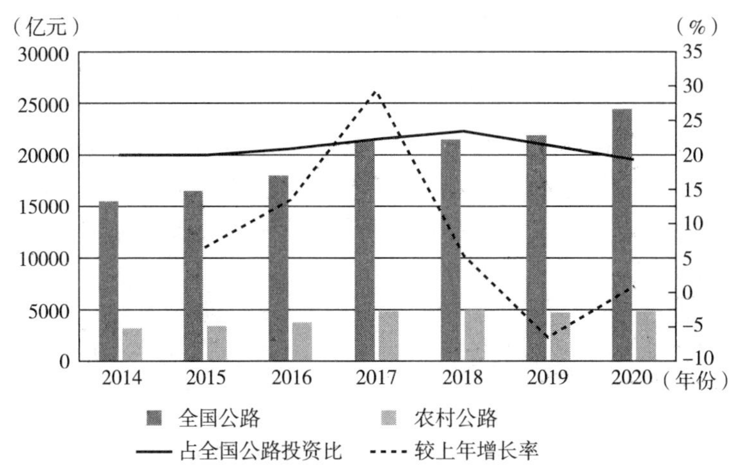

图 5-11　2014~2020 年全国及乡村公路投资额与占比

资料来源：交通运输部。

通过我国乡村公路里程逐年稳定增长的现状，可见我国乡村公路建设的投资效率有所提高。

（3）乡村公路路面建设情况分析。“十二五”期间，我国基本实现“所有乡镇通公路和东中部地区建制村通硬化路、西部地区建制村通硬化路比例约 80%”的目标。2018 年，乡镇和建制村通硬化路比例分别为 99.64%和 99.47%。

进一步对通村道路和村内道路的路面质量进行分析。在通村道路的路面类型上，相比于第二次全国农业普查（见图 5-12），第三次全国农业普查中我国乡镇地域范围内水泥路面的通村道路大幅度增加，达到 76.4%，砂石路面的通村道路占比逐步下降，如图 5-13 所示。

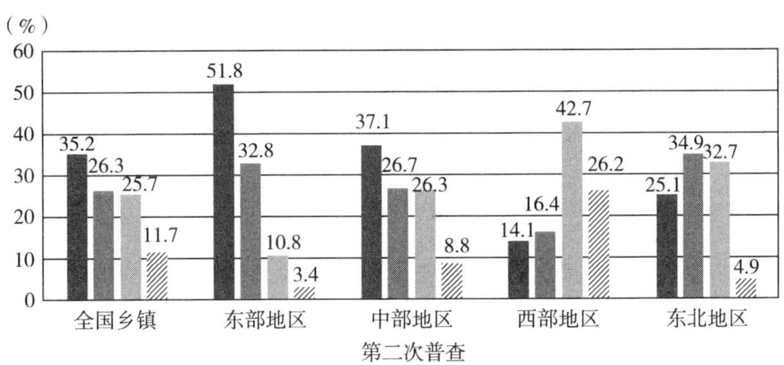

图 5-12　第二次全国农业普查中通村主要道路路面类型占比

资料来源：《第二次全国农业普查主要数据公报》。

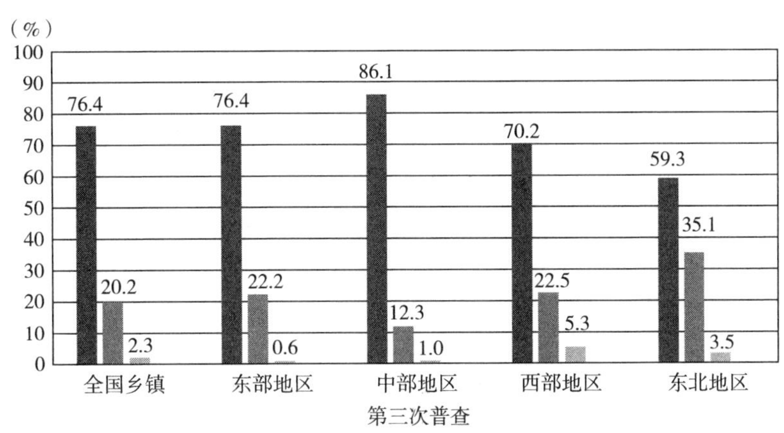

图 5-13　第三次全国农业普查中通村主要道路路面类型占比

资料来源：《第三次全国农业普查主要数据公报》。

在村内道路的路面类型上，第二次全国农业普查时我国村内道路以砂石路面为主，占比达到35.7%（见图5-14）；第三次全国农业普查时以水泥路面为主，占比达到80.9%（见图5-15）。可见，我国乡村公路的路面质量不断提高，硬化路面基本实现全覆盖。

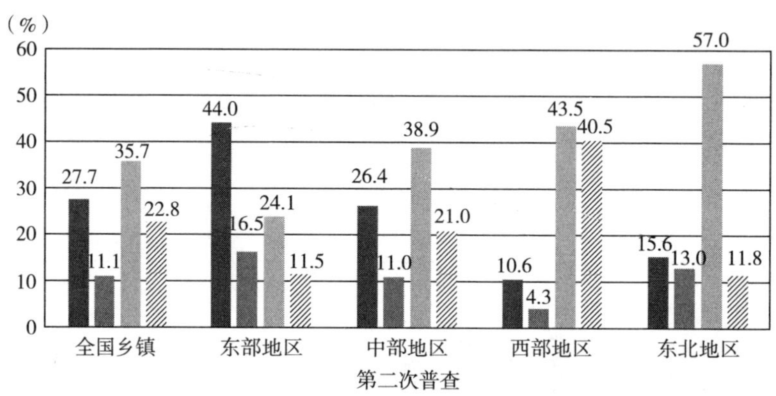

图5-14 第二次全国农业普查中村内主要道路路面类型占比

资料来源：《第二次全国农业普查主要数据公报》。

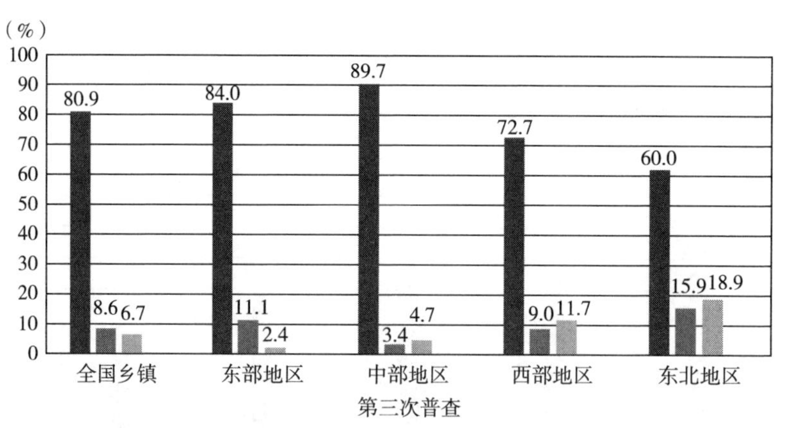

图5-15 第三次全国农业普查中村内主要道路路面类型占比

资料来源：《第三次全国农业普查主要数据公报》。

（4）乡村公路管理养护情况分析。我国高度重视乡村公路管理养护。乡村公路安全生命防护工程完成约45.8万千米，部分地区乡村公路养护情况良好。

如图 5-16 所示，2020 年，贵州省实施乡村公路安全生命防护工程的里程数达 79600 千米。此外，我国危桥改造也取得显著成效，2019 年我国改造危桥 1.5 万座。

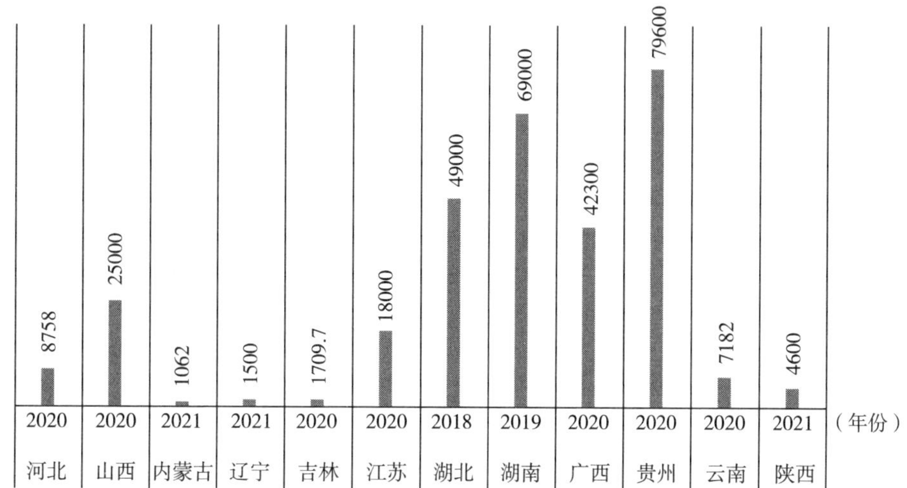

图 5-16 部分地区实施乡村公路安全生命防护工程里程数（单位：千米）

资料来源：根据各大媒体信息汇总。

（5）乡村公路客运通车情况分析。“十二五”期间，我国乡镇、建制村通客运班车率分别超过 99%和 93.2%，建制村通客车率达到 99.37%。截至 2020 年底，我国基本实现了具备条件的乡镇和建制村 100%通客车。

通过现状分析可知，我国乡村公路交通建设取得显著成效：中央和各级政府高度重视乡村公路发展，乡村公路建设里程稳定增长、布局日益完善，投资效率有所提升，具备条件的乡镇和建制村通客车、通硬化路的“两通”目标基本实现。然而，我国乡村公路的质量和养护水平仍有较大提升空间：一方面，乡村公路工程建设往往存在标准低、承载力差、抗灾能力差等问题，并且由于车辆超载频繁发生，路面养护不及时，导致不少乡村公路出现不同程度的裂纹、凹坑等情况，缩短了乡村公路的使用寿命，制约了乡村邮政、物流等行业的发展；另一方面，农村道路安全隐患突出，仍存在无交通标志标线、无防护栏情况，很多地区虽实现了“村村通”，但未能实现“路路安”。

2. 铁路设施稳步推进，城际高速铁路和城际轨道交通有待向农村地区覆盖

（1）铁路里程及投资额情况分析。如图 5-17 所示，2014~2020 年，我国铁路建设持续发展。截至 2020 年底，我国铁路总里程达到 14.6 万千米。如图 5-18

所示，全国铁路投资额于 2015 年达到最高值，为 8238 亿元，以后增长则较为稳定；2020 年，投资额出现降低，达到 7819 亿元。特别地，2013~2020 年，我国新投产铁路覆盖 274 个原国家级贫困县，100 个县结束了不通铁路的历史。2021 年，老少边穷脱贫地区完成铁路基建投资 4006.1 亿元，占全国的 75.4%，新投产 3487 千米，新增覆盖 79 个老少边穷脱贫县，有 27 个县结束了不通铁路的历史。

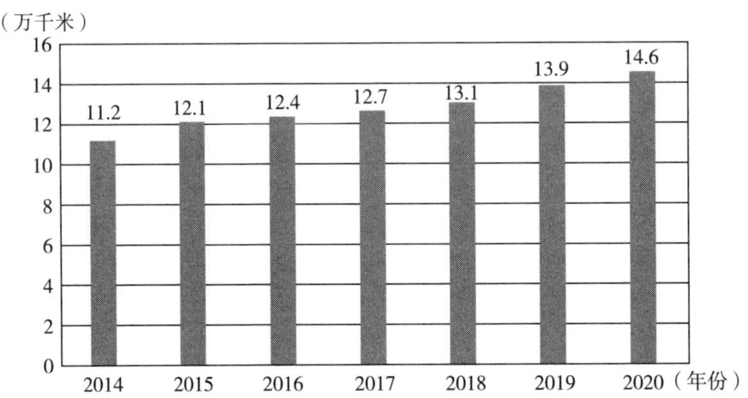

图 5-17　2014~2020 年全国铁路里程

资料来源：交通运输部。

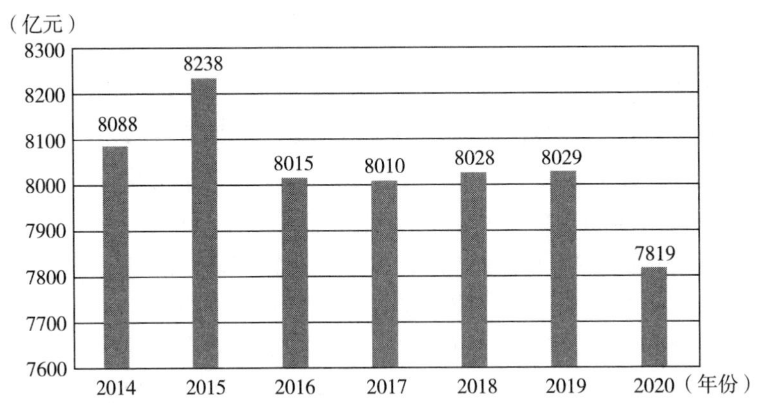

图 5-18　2014~2020 年全国铁路投资额

资料来源：交通运输部。

（2）乡镇火车站建设及运行情况分析。为了加快老少边穷地区的发展，我国常态化开行公益慢火车 81 对，途径 530 个车站，覆盖 21 个省份、35 个少数民

族地区。2021 年，公益慢火车运送 1.7 亿旅客，同比增长 12.2%；运送货物 7.2 亿吨，同比增长 3.8%。此外，截至 2020 年，我国在海南儋州白马井镇、山东栖霞市桃村镇、重庆綦江赶水镇等 15 个镇建设了高铁站，成为串联各省市道路交通的重要接口。

通过现状分析可知，我国乡村铁路交通建设取得显著成效：国家多个贫困县结束了不通铁路的历史，并且铁路扶贫给当地带去了新的发展思路。然而，现阶段我国城际高速铁路和城际轨道交通主要建在人口密集的城市圈及城市带上，农村居民仍需要通过公路达到高铁站点，城际高速铁路和城际轨道交通对农村居民的惠及程度仍待提升。

3. 邮政和快递网点基本实现覆盖，城乡均等化水平有待提升

（1）邮递投递线路分析。2011 年，我国只有 98%的行政村通邮，而到 2017 年我国已通邮的行政村达到了 100%。如图 5-19 所示，我国农村邮递投递线路里程数不断增长，2020 年达到了 4104128 千米，远超城市邮递投递线路。

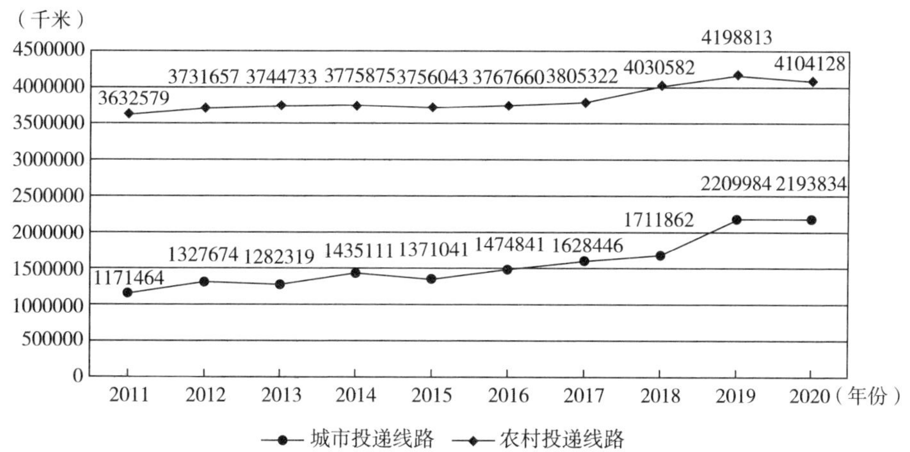

图 5-19　2011~2020 年邮递投递线路里程

资料来源：《中国统计年鉴》。

（2）快递服务营业网点分析。截至 2021 年 6 月，全国乡镇快递网点覆盖率达到 98%，直接投递到村的服务比重超过一半。然而，全国拥有快递服务营业网点 22.7 万处，其中农村快递网点 7.5 万处，仅占 33%；在投递频次上，城区每日平均投递 2 次，农村每周平均投递 5 次，与城市尚存在一定差距。为进一步缩小城乡差距，邮政与快递积极开展业务合作，现已覆盖 31 个省份、23.9 万个建制村，覆盖率达到 48.5%，帮助快递企业代投快件约 4 亿件。

（3）物流运输保障分析。2019 年，我国投入约 9.5 亿元，增设投递道段 3042 条，增配投递车辆 3159 辆，增加乡邮员 5697 人，已经有超过 55 万个行政村可以满足村民在村内收寄邮件、包裹的需求。2022 年第二季度，各地邮政企业已建成县乡村电商仓配中心 2191 处，投递道段 8.5 万条，邮政服务均等化水平不断提高。此外，农村地区邮政投递汽车已达 2 万辆，建制村汽车化投递率达 30%，2022 年底邮政实现 80%的县农村投递汽车化。

通过现状分析可知，近年来我国物流基础设施建设取得显著成效：农村邮政服务体系基本建成，“乡乡设所、村村通邮”的目标基本实现。然而，由于我国乡村地区居民较为分散，农村物流服务呈现出需求多样、线路分散、规模有限的特点，制约了农村物流业的发展并导致城乡差距的存在。

综上所述，现阶段“想致富、先修路”的理念已经深入人心，乡村道路交通设施得到极大改善，农村居民出行更加便利，物流运输更加便捷。未来我国乡村公路的质量和养护水平仍需提升，城际高速铁路和城际轨道交通还需加强向农村地区的覆盖，物流体系也需逐步缩小城乡差距并走向信息化、数字化、智能化。

（三）能源供应设施建设的发展现状

能源供应设施指能源开发和利用过程中使用的物质设施，包括供水、供电、供气等。我国高度重视乡村能源供应设施建设，2016 年全国有农村能源管理推广机构 12332 个，农村能源管理推广人员 34979 人。

1. 供水设施基本实现覆盖，但污水处理设施有待加强

（1）农村居民用水现状分析。如图 5-20 所示，2015~2020 年，我国农村居民人均用水量在逐渐增加，并且在 2020 年有一个较大的跨越，农村居民人均用水量达到 100 升/天。

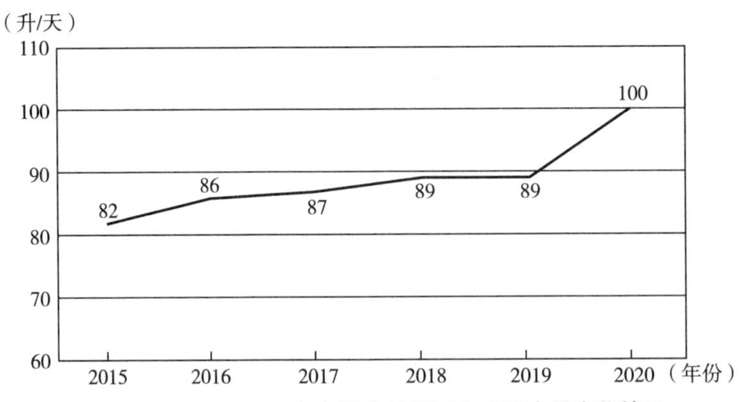

图 5-20　2015~2020 年全国农村居民人均用水量变化情况

资料来源：《水资源公报》。

（2）农村居民饮水现状分析。如图 5-21 所示，2012～2014 年，农村改水累计受益率逐年增加，到 2014 年已经达到 95. 80%，农村改水已经基本实现全覆盖。据《第三次全国农业普查主要数据公报》可知，自 2016 年起，农村集中或部分集中供水的乡镇已达到 91. 30%。其中，如图 5-22 所示，农村居民饮用水的主要来源为经过净水处理的自来水以及受保护的井水和泉水，分别占 47. 70%和 41. 60%。2018 年，全国农村自来水普及率高达 81%，2020 年全面解决贫困人口饮水安全问题。

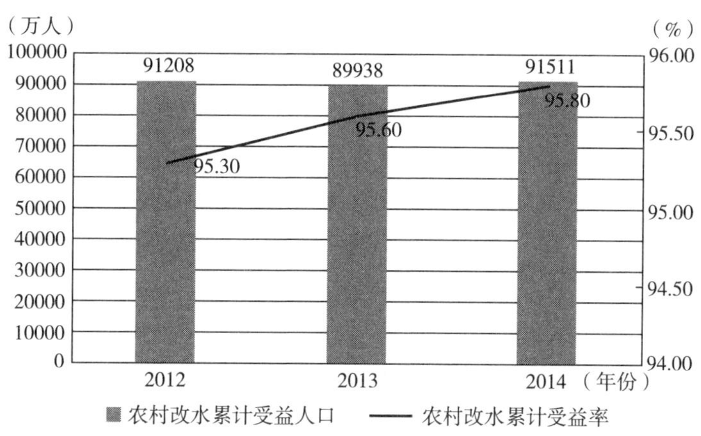

图 5-21　2012～2014 年农村改水受益情况

资料来源：《中国农村统计年鉴》。

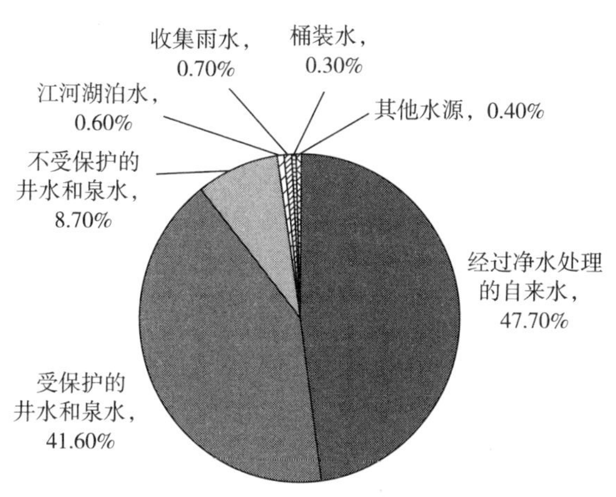

图 5-22　2016 年农村居民饮用水的主要来源

资料来源：《第三次全国农业普查主要数据公报》。

（3）国家贫困县饮水现状分析。2020年以来国家贫困县已基本实现供水入户。如图5-23所示，供水入户的户数比重占93.67%，未实现供水入户但取水方便的户数比重仅占6.33%。同时，国家贫困县已经基本实现全年不缺水，全年不缺水的户数比重高达99.86%，供水有基本保障但有少量天数缺水的户数比重仅占0.14%。

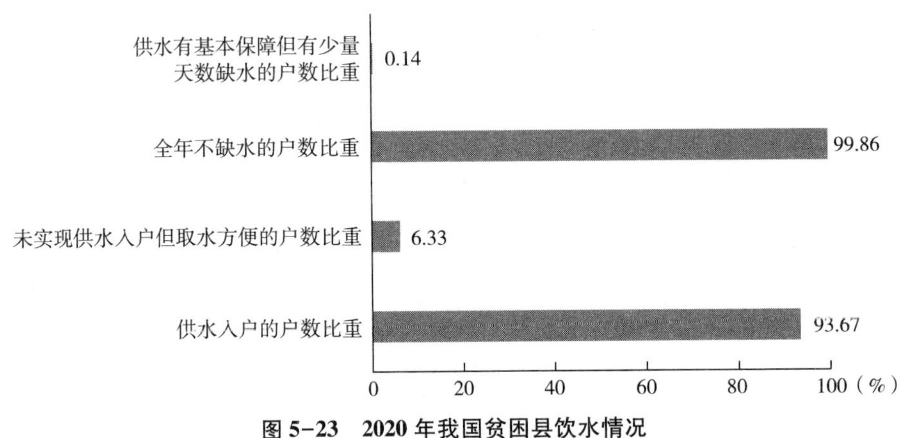

图5-23　2020年我国贫困县饮水情况

资料来源：《中国统计年鉴》。

（4）乡村污水处理设施建设情况分析。我国在乡村"厕所革命"方面取得显著成效。2016年，我国农村使用水冲式卫生厕所有8339万户，占36.20%；使用水冲式非卫生厕所有721万户，占3.10%；使用卫生旱厕有2859万户，占12.40%；使用普通旱厕所有10639万户，占46.20%；无厕所的469万户，占2.00%。如图5-24所示，2012～2017年，我国农村卫生厕所普及率逐年上升。住建部统计显示，截至2020年底，农村厕所污水治理率达到70%以上。然而，2016年全国农村生活污水集中处理或部分集中处理的村占17.4%，农村生活污水处理率为22%。据生态环境部统计，截至2021年，农村污水治理率在28%左右，存在一定的城乡差距。

通过现状分析可知，我国乡村水资源供应取得明显成效：第一，农村居民已基本实现供水全覆盖。2016年，城市供水普及率达到98.4%，农村与城市相比只相差7.1%，城乡差异不断缩小。第二，国家贫困县已经基本实现供水入户。2020年，国家贫困县供水入户的户数比重占93.67%，全年不缺水的户数比重高达99.86%。第三，农村污水处理设施的覆盖面有所增加，尤其是厕所污水处理率显著提升，有效保护了水资源不被污染，提供干净的水资源，保障农村居民饮水安全。

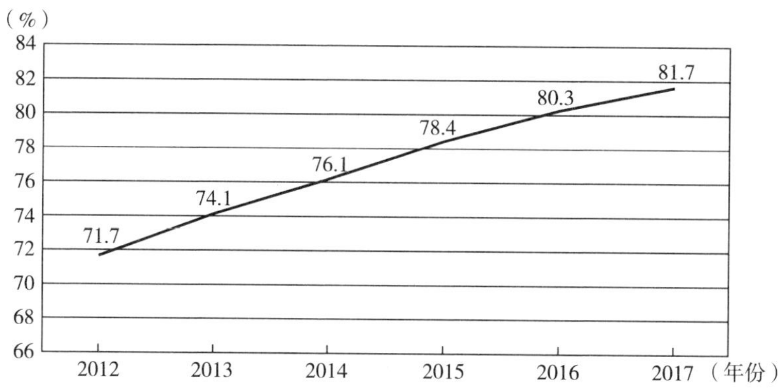

图 5-24 2012~2017 年农村卫生厕所普及率

资料来源:《中国农村统计年鉴》。

然而,与城市居民相比,我国农村居民的饮水安全还有进一步提升的空间:第一,乡村自来水普及率仍可提升,2016 年还有将近 10%的农村居民饮用不受保护的井水和泉水、江河湖泊水或雨水。第二,农村人均用水量与城镇相比差距较大。2020 年,农村居民人均用水量达到 100 升/天,城镇居民人均用水量为 207 升/天,农村居民人均用水量不到城镇的一半。第三,乡村污水处理设施普及率相对较低。尽管农村厕所污水处理率达到 70%以上,但 2020 年农村生活污水处理率不到三成,同年城市生活污水处理率高达 95.05%,污水处理厂集中处理率为 94.42%,两者情况相差甚大。

2. 电力设施基本实现覆盖,但供电压力持续增加

(1)农村发电设施建设情况分析。我国高度重视乡村发电设施建设。2013~2020 年,我国农村发电设施的投资额和在建电站规模逐年增加,到 2020 年农村发电设施完成投资额 585684 万元,在建电站规模 3481550 千瓦,发电量达到 2424 亿千瓦时。此外,2012~2019 年,我国农村办水电站每年达到 45000 个以上,每年发电量达 6500 万千瓦以上。据农村农业部数据可知,2016 年末,我国建设小型光伏发电 367917 处,小型风力发电 107485 处,微型水力发电 28945 处。

(2)农村用电情况分析。随着 2015 年青海最后 3.98 万无电人口通电,我国无电人口用电问题得到全面解决,且城乡同电不同价的现象已基本杜绝。2016 年末,我国农村通电的村已达到 99.7%。进一步地,如图 5-25 所示,东部、中部、西部和东北地区农村通电的村分别为 100%、99.9%、99.2%和 100%,四个地区已经实现电力覆盖。此外,在用电量上,如图 5-26 所示,2014~2020 年,我国农村用电量缓步上升,到 2020 年农村用电量达到 9717.2 亿千瓦时,相比

2014 年增加了 832. 8 亿千瓦时。

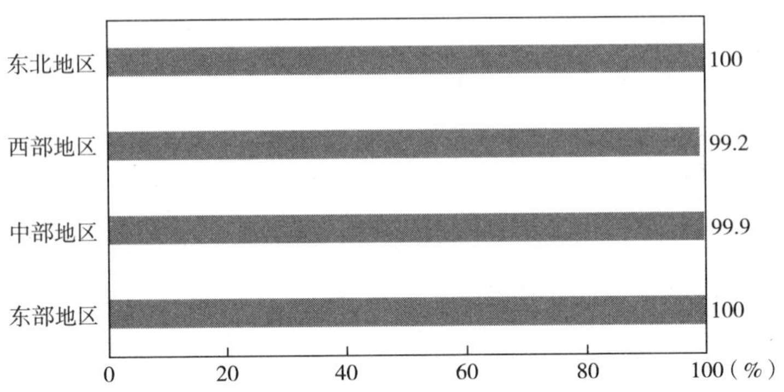

图 5-25　2016 年我国农村通电的村占比

资料来源：《第三次全国农业普查主要数据公报》。

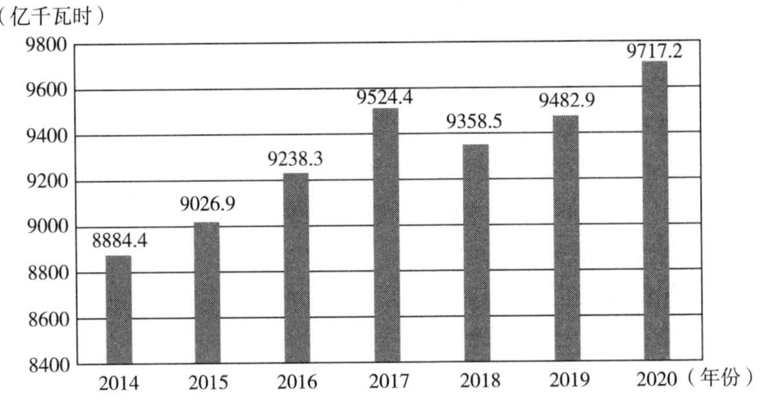

图 5-26　2014~2020 年农村用电情况

资料来源：《中国统计年鉴》。

通过现状分析可知，我国乡村电力资源供应取得明显成效：第一，农村居民已基本实现电力覆盖。2016 年末，我国农村通电的村已达到 99. 7%，基本实现农村家家户户有电用。第二，电力设施不断完善，基本满足农村用电需求。2014~2020 年，农村发电量从 2281 亿千瓦时增长到 2424 亿千瓦时，增长了 1. 062 倍；农村用电量从 8884. 4 亿千瓦时增长到 9717. 2 亿千瓦时，增长了 1. 094 倍。发电量和用电量增长倍数近似相等。

然而，我国乡村电力资源供应仍存在以下问题有待解决：第一，农村电力供应压力大。随着农村居民生活水平的不断提高，乡村用电需求量不断增加，并且

其增速已大于乡村发电量的增速，未来乡村电力供应压力还将增大。第二，电力设备及乡村电网相对陈旧。例如，部分电压器件老化严重，部分电线杆柱破损严重。电力能源基础设备的维护不利，不仅影响能源使用效率，而且存在安全隐患，制约乡村经济绿色持续发展。

3. 传统能源使用量大，清洁能源使用率相对较低且增速放缓

（1）农村传统能源设施使用现状分析。据《第三次全国农业普查主要数据公报》和农业农村部的统计数据可知，2016 年末农村做饭取暖的柴草使用量占 44. 2%，煤的使用量占 23. 9%，电的使用量占 58. 6%，仍以传统能源为主。

（2）乡村清洁能源设施使用现状分析。全国农村沼气发展“十三五”规划表明，农村沼气消费受益人口达 2. 3 亿人以上，沼气工程供气、供暖和提供生物天然气等多元化利用渠道畅通。如图 5-27 所示，全国农村沼气工程从 2013 年的 210252. 6 万立方米增加到 2018 年的 279598. 6 万立方米，增长了 1. 33 倍，沼气工程在不断完善。此外，如图 5-28 所示，2012~2018 年，全国农村拥有太阳能热水器和太阳房的家庭在缓步增加，仅在 2019 年有所下降。截至 2019 年，全国农村有太阳能热水器 8476. 7 万平方米，太阳房 2074. 3 万平方米。

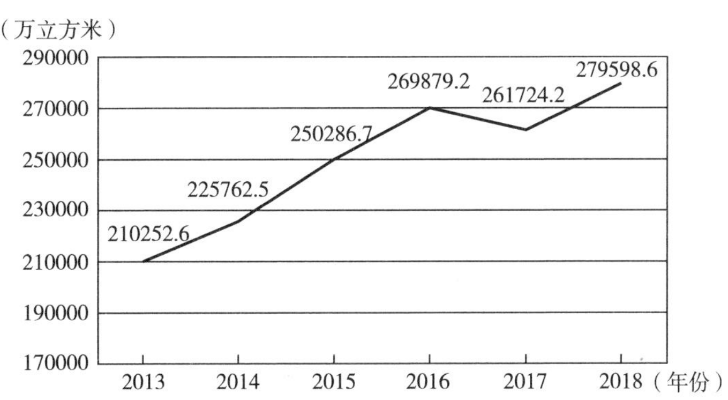

图 5-27　2013~2018 年农村沼气池和沼气工程情况

资料来源：《中国农村统计年鉴》。

通过现状分析可知，我国乡村气能源供应取得明显成效：第一，农村居民沼气工程不断完善，从 2013 年到 2018 年增长了 1. 33 倍。第二，农村使用太阳能热水器、太阳房等清洁能源设施的居民人数不断升高。2012~2018 年，太阳能热水器的使用量增长了 1. 25 倍。然而，我国乡村对电、煤气、天然气、液化石油气和柴草等能源的使用量仍然较大，清洁能源使用率相对较低且增速放缓。

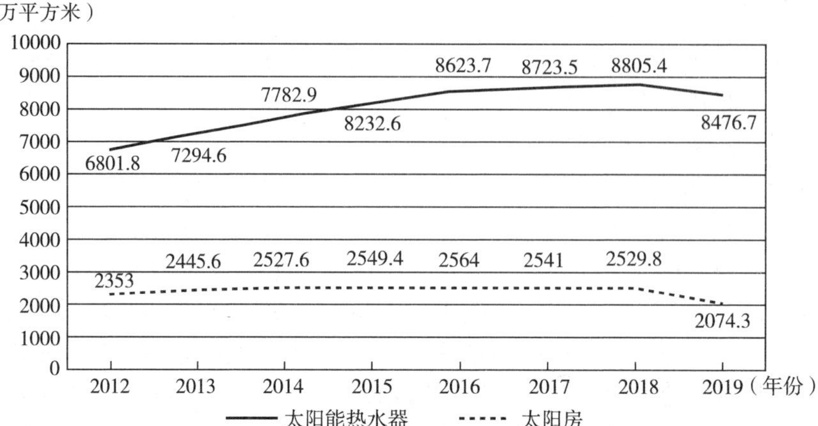

图 5-28 2012~2019 年农村太阳能热水器和太阳房拥有量

资料来源：《中国农村统计年鉴》。

综上所述，乡村能源供应设施得到极大改善，农村居民用水、用电、用气更加便利。未来，我国乡村能源供应设施应进一步加大自来水、污水处理设施的覆盖，加强电力设施的维护与供应，积极推广清洁能源的广泛使用。

（四）信息技术设施建设的发展现状

本节将围绕移动电话、广播电视、互联网分析乡村信息技术设施建设情况。

1. 传统信息基础设施建设不断完善

首先，对我国移动电话拥有量进行分析。我国移动电话普及率从 2012 年的 103.1%增加到 2020 年的 125.8%，其中，移动电话普及率从 82.5%增长至 112.91%。如图 5-29 所示，2020 年，我国农村居民每百户移动电话拥有量为

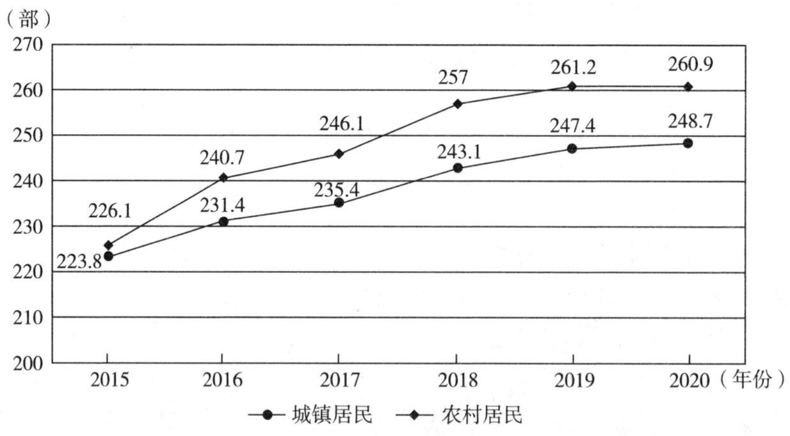

图 5-29 2015~2020 年全国移动电话每百户拥有量

资料来源：《中国统计年鉴》。

260.9部，超过城镇居民。此外，在“十三五”末全国超过98%的行政村接通了光纤和4G网络，并且基本实现了农村与城市同网同速。通过现状分析可知，我国乡村基本实现了移动电话和电信服务的全面覆盖。

其次，对广播电视的覆盖情况进行分析。2020年末，我国的广播节目综合人口覆盖率达到了99.38%，农村地区的覆盖率也达到了99.17%。除此之外，截至2020年，我国电视节目综合人口覆盖率达到了99.59%，农村电视节目综合人口覆盖率达到了99.45%，北京、上海、天津、江苏四省市已经实现了电视节目综合人口100%覆盖。进一步地，对有线广播电视传输干线网络及实际用户情况进行分析。如图5-30所示，我国农村有线电视实际用户数在2013年前呈上升趋势，但随着互联网技术的发展，2013年后有所下降。通过现状分析可知，我国乡村广电设施建设取得显著成效，不仅实现了“村村通”，还实现了“户户通”。此外，随着5G时代、数字时代的到来，未来网络电视将成为农村广播电视的发展方向。

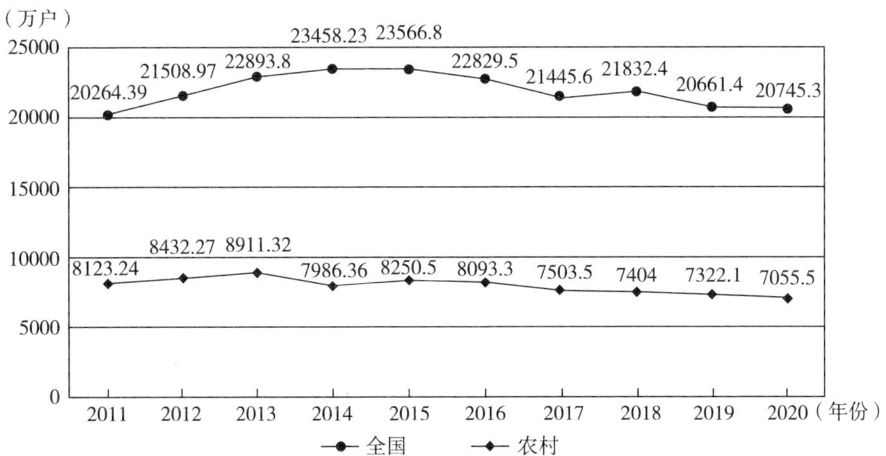

图5-30 2011~2020年有线广播电视实际用户数

资料来源：《中国统计年鉴》。

最后，对网络及计算机设施的覆盖情况进行分析。在宽带接入方面，如图5-31所示，我国接入宽带用户数量逐年攀升，截至2020年底，农村接入宽带用户数为14189.7万户。根据工信部消息，截至2021年11月底，我国100%的行政村实现了接入宽带。在网民规模方面，如图5-32所示，截至2020年12月底，我国网民规模达到9.89亿人，其中，农村网民为3.09亿人，占农村人口的60.59%。在计算机拥有量方面，如图5-33所示，截至2020年末，我国农村居民每百户计算机拥有量为 28.3 台，城市居民每百户计算机拥有量为 72.9 台，尚存在一定的城乡差异。在互联网普及率方面，如图 5-34 所示，自 2019 年 6 月以来，农村互联网普及率增长幅度加快。截至 2020 年底，农村互联网普及率达到 55.9%，但相比我国互联网平均普及率及城镇互联网普及率，仍然存在一定差距。通过现状分析可知，农村网络基础设施明显改善，城乡差距不断缩小。

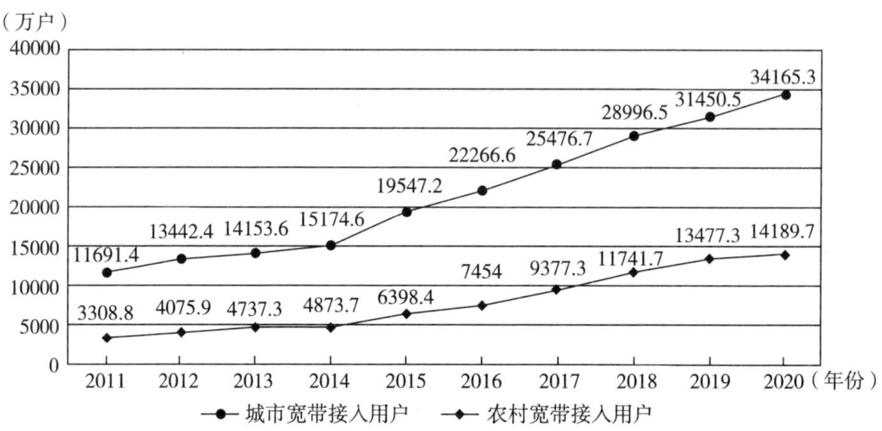

图 5-31　2011~2020 年接入宽带用户数

资料来源：《中国统计年鉴》。

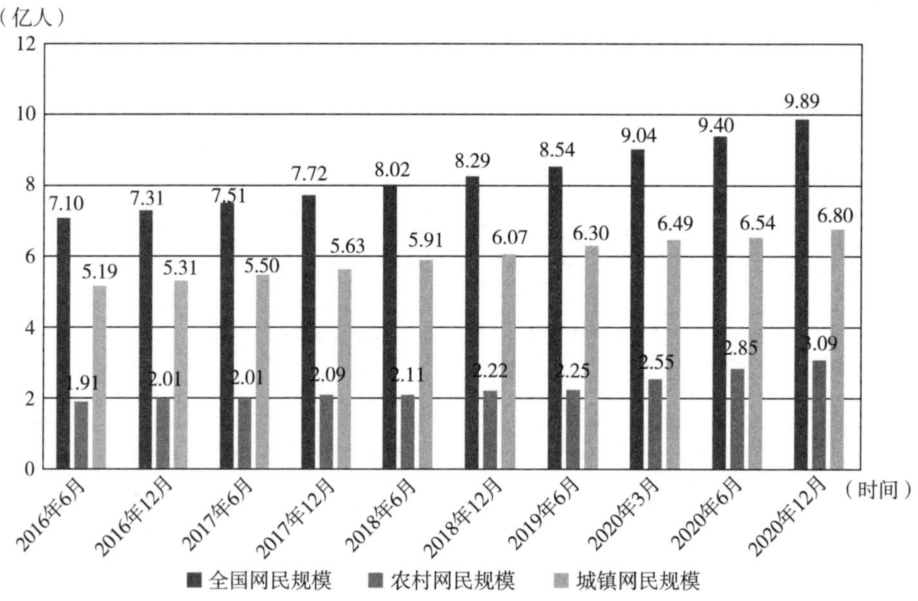

图 5-32　2016~2020 年城乡网民规模

资料来源：《中国互联网络发展状况统计报告》。

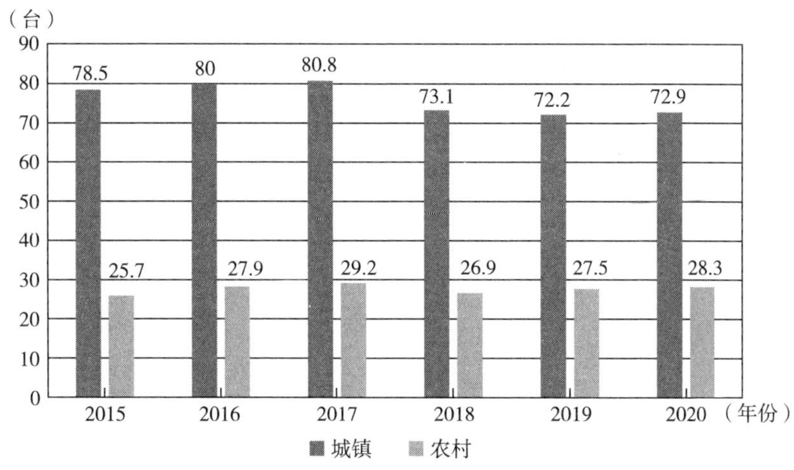

图 5-33 2015~2020 年全国每百户计算机拥有量

资料来源：《中国统计年鉴》。

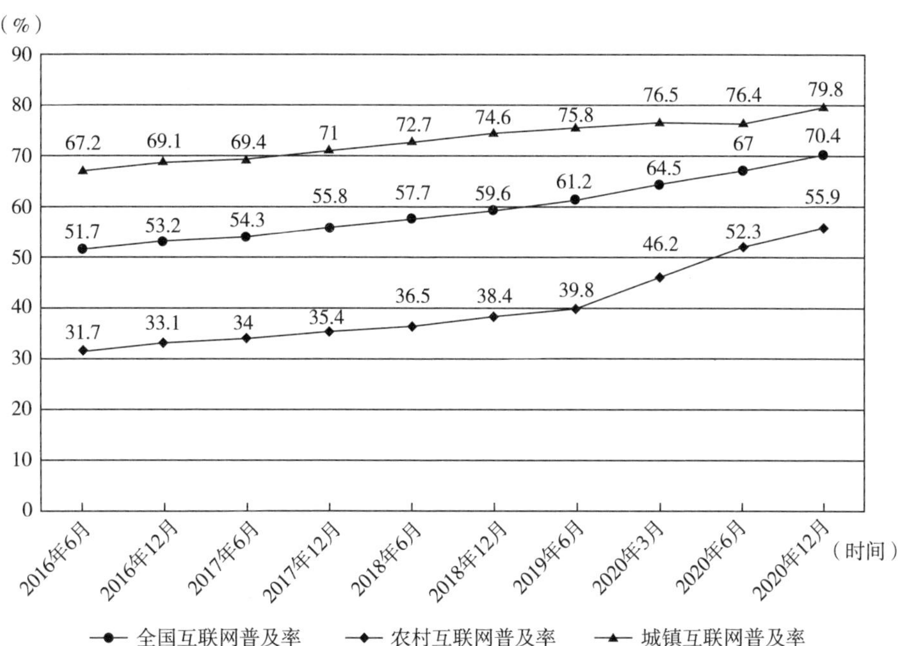

图 5-34 2016~2020 年互联网普及率

资料来源：《中国互联网络发展状况统计报告》。

然而，我国在互联网设施建设上存在一定的城乡差距，具体表现在：第一，城乡居民在上网设备方面存在差异。农村居民的计算机拥有量不及城镇居民的一半，并且通过手机上网的比重仅为47.8%。第二，城乡互联网普及率差异较大。2020年12月，农村地区互联网普及率比全国平均水平低14.5个百分点，比城镇地区低23.9个百分点。

2. 新一代信息技术设施有待持续提升

《“十四五”全国农业农村信息化发展规划》指出，“十三五”末，我国累计投资建设数字农业试点项目81个，认定全国农业农村信息化示范基地210个，推广农业物联网应用成果和模式426项。现阶段，我国5G网络覆盖正处于加速期，河南、福建、广西等省份已经实现乡镇5G网络全覆盖，并不断推进行政村5G网络的覆盖，部分省份实现了农村热点区域的5G网络覆盖。

尽管我国农业农村信息服务设施得到不断完善，但整体水平仍有提升空间，且各细分领域的信息化水平差异较大。2020年，全国县域农业农村信息化发展总体水平达37.9%。其中，农业生产信息化水平为22.5%；农产品质量安全追溯信息化水平为22.1%；行政村通过信息技术实现党务、村务、财务综合公开水平为72.1%；县域政务服务在线办事率为66.4%；行政村电商服务站覆盖率达到78.9%；县级农业农村信息化管理服务机构覆盖率为78.0%。

通过现状分析可知，近年来，我国大力推动农业农村信息化，但由于起步水平低，农村信息设备利用率不高，信息产业成果转化意识不够强，高质量的信息设施服务发展滞后。此外，信息渠道的快速扩展与农村居民意识尚未同步，造成农村部分先进信息基础设施闲置，未被充分利用。未来需要加强农村居民的信息化意识，完善信息化设施，加强大数据平台建设，更好地推进数字化乡村治理，并促使信息服务体系更有效地服务于乡村振兴。

综上所述，我国乡村信息技术设施建设取得显著成效，移动电话覆盖、广播电视覆盖以及宽带入村基本实现，未来我国乡村应积极推广网络电视，加强计算机、互联网的普及以及农业农村信息服务设施的建设，进一步缩小城乡差距。

二、中国乡村基础设施发展的综合评价

（一）评价指标选取

从现状分析可知，在道路交通建设上，2016年，我国99.3%的村已通公路；2018年建制村通硬化路比例达99.47%；2020年，我国基本实现具备条件的乡镇和建制村100%通客车；2017年，我国通邮的行政村达到100%。在能源供应设施建设上，2014年，农村改水累计受益率达到95.8%；2016年，农村集中或部分集中供水的乡镇已达到91.3%，通电的村已达到99.7%；2020年，供水入户

的户数比重占 93.67%，全年不缺水的户数比重达 99.86%。在信息技术设施建设上，2020 年，我国移动电话普及率为 112.91%，我国广播电视节目综合人口覆盖率达到了 99.38%，农村的电视节目综合人口覆盖率达到了 99.45%；2021 年，我国 100%的行政村实现了宽带接入。可以看出，我国在乡村道路交通、能源供应、信息技术建设上取得了显著成效。

鉴于我国在农村灌溉、乡村公路投资及里程、农村用水用电、计算机和互联网普及方面仍有发展空间，并且对尚未实现全面覆盖的乡村基础设施进行综合评价，更有助于发现乡村基础设施全覆盖中的问题。基于此，在遵循科学性、系统性、代表性、可比性的原则下，借鉴已有研究对乡村基础设施建设指标体系的构建与评价，综合考虑历年数据的可获得性及数据的完整性，最终选取以下指标反映乡村基础设施建设情况。具体指标定义如表 5-2 所示。

表 5-2　中国乡村基础设施覆盖评价指标

一级指标	二级指标	指标说明	单位
农田水利设施建设	农田有效灌溉率	耕地灌溉面积占耕地面积的比例	%
	农田节水灌溉率	已采取节水灌溉工程的面积占耕地灌溉面积的比例	%
道路交通设施建设	乡村公路投资额占比	乡村公路建设完成投资额占全国公路建设总投资额的比例	%
	乡村公路里程数占比	乡村公路里程数占全国公路总里程数的比例	%
能源供应设施建设	农村居民人均生活用水量	农村每一个居民每一天的生活用水量	升/天
	农村人均用电量	农村每一个居民一年的用电量	千瓦时/人
信息技术设施建设	农村每百户计算机拥有量	农村每百户居民所拥有的计算机数量	台/百户
	农村互联网普及率	互联网用户数占农村常住人口的比例	%

1. 农田水利设施相关指标

在农田水利设施建设中，重点关注农田有效灌溉率和农田节水灌溉率。其中，农田有效灌溉率指各年度耕地灌溉面积占耕地面积的比例，用各年度耕地灌溉面积除以各年度耕地面积进行计算。农田节水灌溉率指各年度已采取节水灌溉工程的面积占耕地灌溉面积的百分数，用各年度节水灌溉面积除以各年度耕地灌溉面积进行计算。

2. 道路交通设施相关指标

在道路交通设施建设中，重点关注乡村公路投资额占比和乡村公路里程数占比。其中，乡村公路投资额占比指乡村公路建设完成投资额占全国公路建设总投资额的比重，计算方法是各年度乡村公路完成投资额除以各年度全国公路投资额。乡村公路里程数占比指乡村公路里程数占全国公路总里程数的比重，计算方法是用各年度乡村公路里程数除以各年度全国公路总里程数。

3. 能源供应设施相关指标

在能源供应设施建设上，重点关注农村居民人均生活用水量和农村人均用电量。农村居民人均生活用水量指农村每一个居民每一天的生活用水量，计算方法是农村生活用水总量除以农村用水人数和用水天数。农村人均用电量是指农村每一个居民一年的用电量，计算方法是农村用电量除以农村总人口。

4. 信息技术设施相关指标

在信息技术设施建设上，重点关注农村每百户计算机拥有量和农村互联网普及率。其中，农村每百户人均计算机拥有量是用农村计算机总拥有量除以每百户数，反映农村每百户居民所拥有的计算机情况。农村互联网普及率是用农村互联网用户数除以农村常住人口，从而得到互联网用户数占农村常住人口的比例。

（二）评价数据来源

2011~2020 年中国乡村基础设施建设的相关数据如表 5-3 所示。其中，农田有效灌溉率、农田节水灌溉率、农村人均用电量是基于历年《中国统计年鉴》计算得到。乡村公路投资额占比和乡村公路里程数占比来自《交通运输行业发展统计公报》。农村居民人均生活用水量来自历年《水资源公报》。农村每百户人均计算机用量来自历年《中国统计年鉴》。农村互联网普及率来自历年《中国互联网络发展状况统计报告》。

表 5-3　中国乡村基础设施覆盖评价数据

年份	2011	2012	2013	2014	2015	2016	2017	2018	2019	2020
农田有效灌溉率（%）	50.67	51.34	47.02	47.81	48.79	49.77	52.07	50.61	53.70	54.07
农田节水灌溉率（%）	47.31	49.95	42.71	44.96	47.15	48.92	50.61	52.93	53.96	54.65
乡村公路投资额占比（%）	15.96	16.87	18.22	19.60	19.54	20.36	22.26	23.37	21.30	19.34
乡村公路里程数占比（%）	86.79	86.81	86.88	86.96	86.96	84.34	83.99	83.35	83.80	84.31
农村居民人均生活用水量（升/天）	82	79	80	81	82	86	87	89	89	100
农村人均用电量（千瓦时/人）	1087.43	1169.15	1357.90	1436.07	1495.86	1142.83	1651.79	1659.28	1719.10	1905.63

续表

年份	2011	2012	2013	2014	2015	2016	2017	2018	2019	2020
农村人均计算机拥有量（台/百户）	17.96	21.36	20.00	23.50	25.70	27.90	29.20	26.90	27.50	28.30
农村互联网普及率（%）	20.7	24.2	28.1	28.8	31.6	33.1	35.4	38.4	46.2	55.9

注：农村互联网普及率由于 2019 年 12 月的数据缺失，以 2020 年 3 月的数据代表。

（三）评价结果分析

在综合评价中采用熵值法进行权重计算，具体步骤如下：第一，鉴于所有指标都是正向指标，即数字越大越好，故不需要进行数据逆向化处理。第二，为了解决数量量纲不统一的问题，选择归一化的数据标准化处理方式。第三，运用 SPSSAU 熵值法进行权重计算。如表 5-4 所示，权重由高到低的排序依次为：农村居民人均生活用水量（18.49%）、乡村公路里程数占比（14.74%）、农村人均用电量（13.86%）、农村互联网普及率（13.12%）、农田有效灌溉率（11.08%）、乡村公路投资额占比（10.05%）、农田节水灌溉率（9.36%）、农村每百户计算机拥有量（9.30%）。可见，分析数据完整、无缺失，各项指标的权重相对较为均匀，均在 12.5%附近。

表 5-4　2011～2020 年乡村基础设施覆盖评价指标权重

一级指标	二级指标	指标说明	权重（%）
农田水利设施建设（20.44）	农田有效灌溉率	耕地灌溉面积占耕地面积的比例	11.08
	农田节水灌溉率	已采取节水灌溉工程的面积占耕地灌溉面积的比例	9.36
道路交通设施建设（24.79）	乡村公路投资额占比	乡村公路建设完成投资额占全国公路建设总投资额的比例	10.05
	乡村公路里程数占比	乡村公路里程数占全国公路总里程数的比例	14.74
能源供应设施建设（32.35）	农村居民人均生活用水量	农村每一个居民每一天的生活用水量	18.49
	农村人均用电量	农村每一个居民一年的用电量	13.86
信息技术设施建设（22.42）	农村每百户计算机拥有量	农村每百户居民所拥有的计算机数量	9.30
	农村互联网普及率	互联网用户数占农村常住人口的比例	13.12

在此基础上，计算各年度的综合评价得分。如图 5-35 所示，2020 年乡村基

础设施建设表现最优，其次是 2019 年、2017 年、2018 年，而 2011 年乡村基础设施建设表现最差。可见，我国乡村基础设施建设覆盖情况虽有波动，但整体上保持平稳增长。

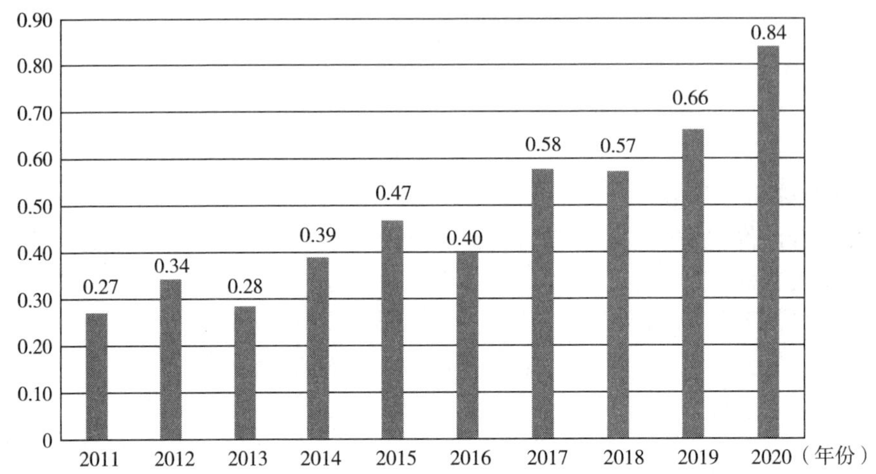

图 5-35　2011~2020 年乡村基础设施建设综合评价情况

三、中国乡村基础设施覆盖的问题分析

依据现状分析可知，我国乡村基础设施建设在取得显著成效的同时，在农田水利、道路交通、能源供应、信息技术等方面仍存在改进空间。进一步对各类基础设施建设的具体问题进行深入分析，发现我国乡村基础设施建设在整体上存在四个方面的问题。

（一）乡村基础设施建设结构有待优化，服务能力有待提升

乡村基础设施建设由于缺乏上下衔接、整体统筹的规划体系，导致部分基础设施布局不够合理，并且存在供应和需求之间的差异。例如，从农田水利设施建设的现状分析中可以看出，农田有效灌溉尤其是节能灌溉设施的覆盖面有待加强。从道路交通设施建设的现状分析中可以看出，农村居民出行主要依赖于公路交通；与城市相比，城际高速铁路及轨道交通的覆盖较少，物流站点同样较少。从对能源供应设施建设的现状分析中可以看出，农村电力设备落后、电力供给存在压力，自来水及生活污水处理的覆盖率相对较低，并且在用气上主要依赖于电、煤气、天然气、液化石油气和柴草等传统能源，新能源的使用率相对较低。从信息技术设施建设的现状分析中可以看出，与城市相比，互联网、计算机等基础设施普及度相对较低。此外，尽管乡村基础设施数量明显增加，但其质量及服

务能力有待提升。例如：农村水电站发电效率低；乡村公路出现不同程度的裂纹、凹坑等。

（二）乡村基础设施管理水平有待提升，运营维护有待加强

近些年，我国对乡村基础设施建设高度重视，投入了大量的人力、物力与财力。然而，乡村基础设施建设完成后，却由于对基础设施运营、管理及维护的重视程度不高，缺乏相应人员和资金的投入，存在“重建设、轻运营”的现象，大大缩短了有关设施的使用寿命，不得不被迫重建，造成不必要的资源浪费。例如：部分农田水利设施由于无人维修而降低使用效率并存在安全隐患；部分乡村公路路面因无人养护而缩短使用寿命。

（三）乡村基础设施投融资体系有待健全

乡村基础设施全覆盖离不开资金的支持，尤其是随着乡村基础设施要求的不断提高，建设及管理资金的需求持续增长，投融资问题更加凸显。现阶段，乡村基础设施建设的资金主要来源于政府拨款，但由于法律制度的不完善，不仅各级政府对基础设施建设的投资缺乏稳定性以及系统的规划与管理，导致部门之间责任不清、职权不明，制约资金的投入总量及使用效率；而且乡村基础设施具有建设投资大、周期长、高风险、低回报的特点，同样难以吸引其他资本参与，仅有少量的社会资本通过捐赠、帮扶等形式参与其中，造成了乡村基础设施建设的资金投入有限、渠道单一，制约着乡村基础设施建设的持续发展。

（四）村民参与乡村基础设施建设的主动性有待提升

由于宣传动员、合理建议的体制机制不完善，以及对组织施工、材料采购、财务管理等专业知识的欠缺，村民自主建设和管理乡村基础设施的意识、能力和水平都存在明显不足。不仅很多村民没有意识到乡村基础设施建设的重要性，缺乏相关知识与经验，使村民不愿参与乡村基础设施建设；而且乡村基础设施建设往往采用政府代建的方式，有限的沟通反馈渠道及巨大的信息不对称，同样限制了村民的参与度，从而导致基础设施建设供需间存在较大差异。

第四节　中国乡村基础设施全覆盖的建设重点与实现路径

一、中国乡村基础设施全覆盖的建设目标

依据《中共中央　国务院关于实施乡村振兴战略的意见》《中共中央　国务

院关于全面推进乡村振兴加快农业农村现代化的意见》《中华人民共和国国民经济和社会发展第十四个五年规划和2035年远景目标纲要》《乡村建设行动实施方案》，乡村基础设施建设应在“统筹规划、循序渐进；因地制宜、突出重点；尊重民意、民办公助；整合投资、创新机制；加强领导、落实责任”的原则下，持续发展农田水利、道路交通、能源供应等传统乡村基础设施建设，积极倡导智慧农业、数字乡村等“新基建”工程，并实现如下目标：到2025年，乡村建设取得实质性进展，乡村基础设施实现往村覆盖、往户延伸，农村互联网普及率增加，农业基础设施现代化迈上新台阶，农村生活设施便利化初步实现；到2035年，乡村水、电、路、气、通信、广播电视、物流等基础设施进一步完善，助力乡村振兴取得决定性进展，农业农村现代化基本实现。

二、中国乡村基础设施全覆盖的建设重点

（一）加强道路交通的覆盖质量

1. 巩固“四好”路建设和管理

“四好”路建设指建好、管好、护好、运营好乡村道路。《乡村振兴战略规划（2018—2022年）》指出，以示范县为载体全面推进“四好”农村路建设，深化乡村公路管理养护体制改革，健全管理养护长效机制，完善安全防护设施，保障农村地区基本出行条件。2022年中央一号文件提出，有序推进乡镇通三级及以上等级公路、较大人口规模自然村（组）通硬化路；扎实开展乡村公路管理养护体制改革试点。因此，首先，需要在路域资源、沿线产业、景区景点等协同发展的需求下，完善农村产业路、旅游路、资源路建设，推动乡村公路与产业深度融合发展。其次，要加强对道路桥梁、邻水邻崖和切坡填方路段的安全隐患排查与治理，加快危桥、危隧等改建或重建，推进乡村公路“安全生命防护工程”，并进一步推动村通双车道公路改造、窄路基路面拓宽改造及错车道建设。再次，积极梳理“四好”路建设的示范项目，构建乡村道路交通全生命周期管理体系，从而保证道路建设质量、提高道路管养水平、创新道路养护模式。最后，乡村道路交通设施要通过材料再生利用等技术创新，积极助力实现碳达峰、碳中和的环境保护目标。

2. 铁路站点覆盖到县

铁路密度增加不仅有助于农村居民的流动，而且可以提升农产品的运输效率。然而，在中西部地区，由于地域广阔，居民居住地较为分散，更加需要密集的铁路网来打通区域间的阻隔，以更好地助力于乡村振兴。《乡村振兴战略规划（2018—2022年）》指出，加大对革命老区、民族地区、边疆地区、贫困地区铁路公益性运输的支持力度，继续开好“慢火车”。因此，未来需要不断构建“布

局合理、覆盖广泛、层次分明、安全高效”的铁路网络，加快实现铁路站点覆盖到县，尤其要加强高速铁路、城际铁路和城际轨道交通等站点在乡村的覆盖，让更多的农村居民能够享受到便捷的铁路交通和物流资源。

3. 公共交通到乡镇和重点社区

尽管现阶段我国基本实现具备条件的乡镇和建制村100%通客车，但城乡客运往往由不同经营主体进行分散运营，存在发车间隔时间长、发车不准时、车辆状况不一、运行不规范、服务质量不高等问题，与城市公交系统相比仍存在一定差距，农村居民出行便利性有待提升，出行成本有待降低。《乡村振兴战略规划（2018—2022年）》指出，推动城市公共交通线路向城市周边延伸，鼓励发展镇村公交。2022年，我国印发《乡村建设行动实施方案》，将“积极推进具备条件的地区城市公交线路向周边重点村镇延伸，有序实施班线客运公交化改造，开展城乡交通运输一体化示范创建”作为重点工作任务之一。因此，未来可通过财政补贴并鼓励城市公交运输企业进行业务重组，推行移动支付、城乡公交一卡通，增加公共交通覆盖范围，改善乡村公交服务条件，提升农村居民出行的便利性，降低出行成本。

（二）完善乡村物流基础设施建设

乡村物流是农业产业发展、改善农民收入、繁荣农村经济的重要基础。《乡村振兴战略规划（2018—2022年）》指出，加快构建农村物流基础设施骨干网络，鼓励商贸、邮政、快递、供销、运输等企业扩大在农村地区的设施网络布局；加快完善农村物流基础设施末端网络，鼓励有条件的地区建设面向农村地区的共同配送中心。2019年中央一号文件提出，完善县乡村物流基础设施网络，加强农产品物流骨干网络和冷链物流体系建设。因此，首先，要加强包装、仓储、运输车辆、冷链等基础性、配套性设备，尤其是农产品仓储保鲜冷链物流设施建设。其次，加强信息化、智能化等新技术在物流领域的应用，面向农产品优势产区、重要集散地和主要销区，科学规划建设乡村物流中心，实现城乡物流基础设施互联互通。再次，要通过合理、适当的补贴，并在充分利用现有设施的基础上，建设村级寄递物流综合服务站，完善县、乡、村三级物流网点结构。最后，健全乡村物流技能培训体系，拓宽培训渠道，优化快递员的作业流程与服务水平，提升物流配送效率。

（三）加强新一代信息技术设施覆盖，实现数字化乡村治理

1. 完善乡村互联网基础设施建设

《乡村振兴战略规划（2018—2022年）》指出，推动农村千兆光网、5G、移动物联网与城市同步规划建设，提升农村宽带网络水平，推动农业生产加工和农村基础设施数字化、智能化升级。农业农村部印发《2019年农业农村市场与

信息化工作要点》，将全面实施信息进村入户工程、强化网络安全能力建设作为工作重点之一。2019 年，《数字乡村发展战略纲要》同样对全国行政村 4G 覆盖率、农村互联网普及率提出明确要求，旨在推动信息化建设在乡村振兴中的重要作用。

2. 加快建设数字化乡村

《2019 年农业农村市场与信息化工作要点》中将加快数字农业农村建设作为工作重点之一。2020 年，《关于抓好“三农”领域重点工作确保如期实现全面小康的意见》中明确提出：要以大数据为背景，加快现代信息技术在农业领域的应用，开展数字乡村试点。因此，未来需要加强乡村新一代信息技术基础设施建设，推动光纤网络、移动网络、网络电视、新一代互联网更加全面、更高质量地覆盖。

3. 推进管理服务数字化、通信到人

《乡村振兴战略规划（2018—2022 年）》指出，推动信息通信基础设施建设，实施数字乡村建设发展工程。实施村级综合服务设施提升工程，方便群众办事，让广大农民最多跑一次、最多跑一地，少走或不走路就能办成事。因此，未来在持续推进数字技术与农村生产生活深度融合的基础上，应重点提升乡村集体经济、集体资产、农村产权流转交易等涉农事项管理服务的数字化，实现乡村数字化管理。

三、中国乡村基础设施全覆盖的实现路径

通过对日本、美国、韩国以及浙江长兴县、浙江安吉县、河南开封西姜寨乡等国内外典型乡村基础设施建设的回顾，可以发现，相关地区在乡村基础设施建设过程中，不仅采取了“政府主导，多方参与”的发展模式，而且强调突出“地方特色”“体制机制创新”，通过充分调动村民积极性及社会的广泛参与，探索出一条兼具地方特色与区域特点的发展道路。因此，借鉴国内外乡村基础设施建设的相关经验，我国在实现乡村基础设施全面覆盖的过程中，应坚持以政府为主导、以民生为根本，通过创新体制机制，加强政策引领，鼓励广泛参与，推动投融资多元化，从而实现乡村基础设施建设的全面覆盖及高质量发展。

（一）以政府为主导

乡村基础设施建设周期长、任务重，地方政府具有直接责任并发挥关键性作用，承担着基础设施规划制定、资源整合、立项审批、实施组织、项目验证、监督管理、体制机制创新等重要角色。因此，地方政府需要深入调研，发掘乡村基础设施建设中的要点，充分发挥当地特色，做好整体规划及政策制定，加强项目管理，因地制宜推动乡村基础设施建设。

未来乡村基础设施建设需要精确识别建设短板，充分发挥地方政府的关键作用，实现从“有”向“优”、由“少”到“多”的路径演进，从而构建良好的基础营商环境，吸引劳动力、资本、人才、技术等要素回流，推动农业农村现代化发展。具体地，当地政府要结合市场导向及农业供给侧结构性改革，着眼乡村新经济发展的重点需求，通过深入调研，发掘乡村基础设施建设中的要点及当地特色；做好整体规划、政策制定及项目管理，明确乡村基础设施供给的主次，优先补齐关键短板；坚持普惠性、基础性、兜底性民生建设，重点改善交通物流、水利网络、现代能源体系、信息化基础等条件，因地制宜推动乡村基础设施建设。

（二）以民生为根本

农村居民不仅是乡村基础设施的使用者，更是需求提供者、建设者。2022年中央一号文件明确指出，乡村基础设施建设要坚持“为农民而建”“自下而上、村民自治、农民参与”的原则。未来乡村基础设施建设需要逐步从“政府决定”走向“需求导向”。一方面，需要注重农民主体及乡村产业发展的迫切需求，提高村民参与决策的主动性、积极性；另一方面，在供给决策中更多地体现农民及市场的需求，提升基础设施的民主化、科学化治理水平。因此，在乡村基础设施建设中，政府相关职能部门不仅应深入调研当地村民的生产生活需求，尊重村民意愿，广泛听取村民的意见建议；而且应通过以奖代补、项目补助等方式，积极引导、鼓励村民参与到乡村基础设施的建设、管理、监督和维护中。

进一步地，为了更好地服务村民，乡村基础设施建设中需要注重科学规划，聚焦功能片区的规划、土地利用的总体规划、美丽乡村建设规划及彼此间的相互协调。这就要求各级政府在深入了解村民需求的基础上，通过“政府组织、专家领衔、部门合作、村民参与、科学决策”的方式，调研分析每个乡村的基本情况，凝练乡村特色，进而结合区域经济和社会发展规划，科学制定乡村基础设施建设的长远规划以及目标实施步骤，在尊重自然发展规律、经济发展规律和社会发展规律的前提下，实现统一规划、目标明确、分步推进。

（三）创新体制机制，加强政策引领

乡村基础设施建设需要各级政府各个部门相互协助与配合，因此完善管理体制及相关政策是实现乡村基础设施建设全覆盖的必要保障。在体制机制方面，各级政府首先应该根据实际情况，建立健全乡村基础设施建设工作的引导机制。通过财政协调、资金管理，统筹开展基础设施建设工作，构建政府、农民、社会共同参与的乡村基础设施建设体系。此外，应注重建立健全有效的沟通机制。各级政府各个部门在履行自身职能分工的基础上，要注意加强上下级及平级部门间的沟通与交流，加强县乡合作与协调，形成整体联动的工作氛围。

在政策制定方面，首先，各级政府要建立健全各项基础设施管理政策。通过制定相关的法律规章，为乡村基础设施建设提供根本性的规范及保障，明确责任划分及资金来源，保证乡村基础设施建设能够持续、稳定的开展。不仅要重视对项目前期规划、中期建设的过程管理，而且要关注对项目后期运营维护的管理，避免“重建设、轻管护”情况出现。在实际管理中要明确管理责任并落实到人。其次，应积极出台相应企业投资的保护措施、建设用地和政策保障等政策，通过广泛宣传、开发相关项目等手段吸引更多社会力量参与。最后，应加快完善村民参与政策，充分调动村民参与基础设施建设的积极性。通过构建有效的建言机制及激励机制，不仅鼓励村民表达自身需求，监督乡村基础设施建设；而且鼓励村民投资、投工，积极参与到乡村基础设施建设以及运营与维护之中。

（四）鼓励社会参与，推动投融资多元化

乡村基础设施建设在依靠财政支持的同时，可鼓励社会各界广泛参与，适度吸纳社会资本，为乡村基础设施建设提供资金支持，走出一条符合中国特色的可持续性发展道路。新公共管理理论指出，提供公共服务和公共产品的主体可以是多元化的，乡村基础设施作为一种准公共产品，在建设中，坚持政府主导的同时，应该积极倡导社会力量及民众广泛参与。例如，在一些建设周期长、资金回收慢、工程量较大的项目上，由政府各部门联合社会各团体共同参与，并且广泛听取民众的意见和建议；在一些较为简单的工程上，推广以工代赈，从而提高村民收入，便利村民生活，增强村民的获得感和成就感。

在此基础上，为顺应经济社会发展变化和建设社会主义新农村的要求，在资金投入方面应该推动投资主体的多元化。一方面，需要不断增加中央和地方政府的固定资产投入，重视并解决各种政府支农投资协调整合问题，提高资金使用效率，为乡村基础设施建设提供长期、稳定、可靠的来源及资金保障；另一方面，乡村基础设施建设在依靠财政支持的同时，应通过体制机制创新，深化农业投融资改革，适度吸纳银行资金、企业资金及其他社会资金，形成多元投融资渠道。

第五节　中国乡村振兴战略下乡村基础设施全覆盖情况预测

一、预测指标选取

如前文所述，我国在乡村道路交通、能源供应、信息技术等基础设施建设方

面取得了显著成效，尤其是在村通公路、通客车、通邮、通硬化路、通电、改水、集中或部分集中供水、供水入户、移动电话普及、广播电视节目综合人口覆盖、宽带接入等方面已经基本实现乡村基础设施全覆盖。尽管如此，我国在农村灌溉、乡村公路投资及里程、农村用水用电、计算机和互联网普及方面仍有发展空间。因此，在遵循科学性、系统性、代表性、可比性的原则下，借鉴已有研究对乡村基础设施建设指标体系的构建与评价，综合考虑历年数据的可获得性及数据的完整性，最终围绕农田水利设施、道路交通设施、能源供应设施、信息技术设施四个方面，选取农田有效灌溉率、农田节水灌溉率、乡村公路投资额占比、乡村公路里程数占比、农村居民人均生活用水量、农村人均用电量、农村每百户计算机拥有量、农村互联网普及率反映乡村基础设施建设情况进行趋势预测。

二、预测数据来源

选取2011~2020年乡村基础设施建设相关数据，其中，农田有效灌溉率、农田节水灌溉率、农村人均用电量是基于历年《中国统计年鉴》的数据加以计算得到。乡村公路投资额占比和乡村公路里程数占比来自历年《交通运输行业发展统计公报》。农村居民人均生活用水量来自历年《水资源公报》。农村每百户人均计算机用量来自历年《中国统计年鉴》。农村互联网普及率来自历年《中国互联网络发展状况统计报告》。

三、预测方法选择

统计预测方法包括回归预测法、趋势外推法、移动平均法、指数平滑法、灰色预测法等。其中，灰色预测法认为随机量是在一定范围、时间内变化的灰色过程，适用于数量少、规律不明显的样本预测。在灰色预测法中，GM（1，1）模型以灰色模块为基础，通过收集历史数据对未来发展趋势进行预测，广泛应用于预测城乡收入、城乡差异、城乡融合发展等领域。因此，选择灰色预测法中的GM（1，1）对相关指标进行趋势预测。

四、预测结果分析

（一）各项指标的预测结果分析

1. 农田水利设施预测结果分析

由图5-36可知，2011~2020年，农田有效灌溉率和农田节水灌溉率虽呈现出一定波动，但整体上稳步增加。在此基础上，针对农田有效灌溉率和农田节水灌溉率构建了GM（1，1）模型，检验值表明适合构建该模型，后验差比值和小误差概率值表明模型精度符合要求。

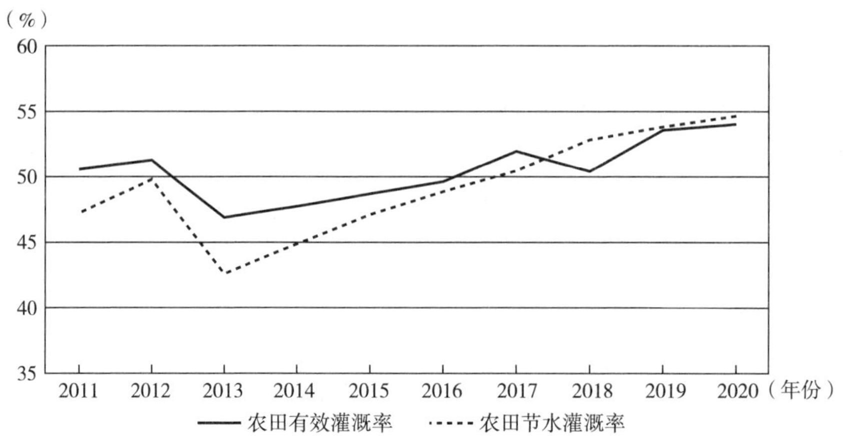

图 5-36　2011~2020 年农田有效灌溉率和农田节水灌溉率

农田有效灌溉率和农田节水灌溉率的趋势预测如图 5-37 所示。总体来说，未来农田有效灌溉率和农田节水灌溉率继续保持平稳较快增长，并且农田节水灌溉率增幅较快。具体地，农田有效灌溉率将在 2035 年增长到 65. 14%，在 2049 年增长到 78. 54%。农田节水灌溉率将在 2035 年增长到 79. 00%，在 2044 年增长到 98. 64%，基本实现全面覆盖。

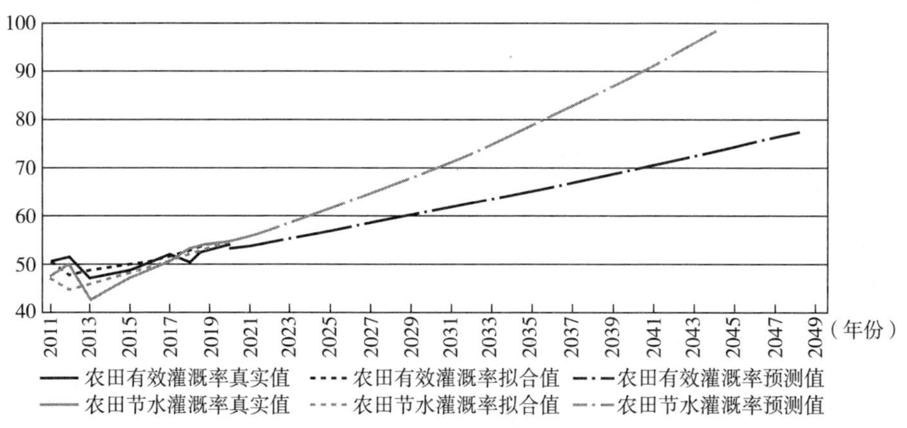

图 5-37　农田有效灌溉率和农田节水灌溉率的趋势预测

2. 道路交通设施预测结果分析

由图 5-38 可知，2011~2020 年，乡村公路投资额占比虽有波动，但整体上呈现增长趋势；2011~2020 年，乡村公路里程数占比则呈现出较大波动，2011~

2015 年较为平稳，2016～2018 年呈现出明显下降趋势，2019～2020 年逐步回升。鉴于乡村公路里程数占比存在一定波动，故以 2016～2020 年的数据作为该指标的基准进行预测。在此基础上，针对乡村公路投资额占比和乡村公路里程数占比，分别构建了 GM（1，1）模型。其中，乡村公路投资额占比的检验值表明适合构建该模型，后验差比值和小误差概率值表明模型精度基本合格；乡村公路里程数占比的检验值表明适合构建该模型，后验差比值表明模型精度等级基本合格。

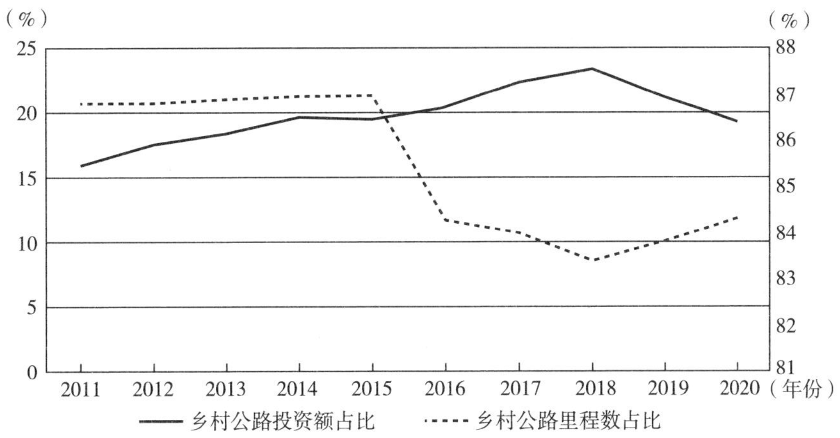

图 5-38 2011～2020 年乡村公路投资额占比和乡村公路里程数占比

乡村公路投资额占比和乡村公路里程数占比的趋势预测如图 5-39 所示。总体来说，未来乡村公路投资额占比和乡村公路里程数占比将继续保持平稳增长。具体地，乡村公路投资额占比将在 2035 年增长到 31.19%，在 2049 年增长到 43.17%。乡村公路里程数占比将在 2035 年增长到 86.23%，在 2049 年增长到 88.29%。

3. 能源供应设施预测结果分析

由图 5-40 可知，2011～2020 年，农村人均生活用水量平稳上升，农村人均用电量则呈现出波动上升趋势。在此基础上，针对农村人均生活用水量和农村人均用电量构建了 GM（1，1）模型。其中，农村人均生活用水量的级比检验值表明适合构建该模型，后验差比值和小误差概率值表明模型精度符合要求；农村人均用电量经过平移转换后的结果表明适合构建该模型，后验差比值和小误差概率值表明模型精度符合要求。

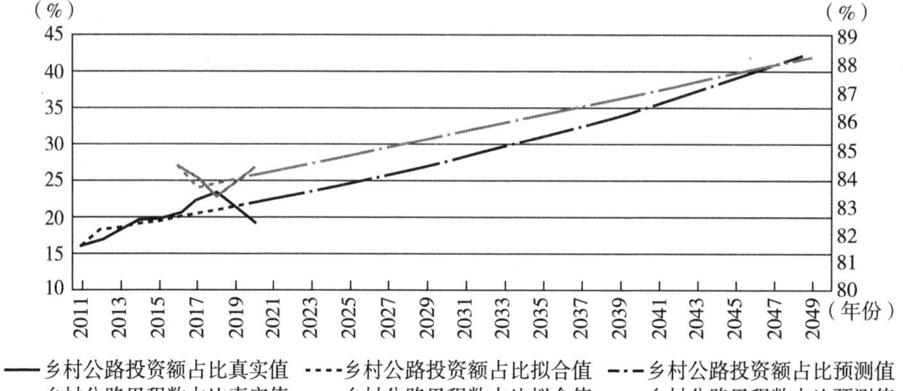

图 5-39　乡村公路投资额占比和乡村公路里程数占比的趋势预测

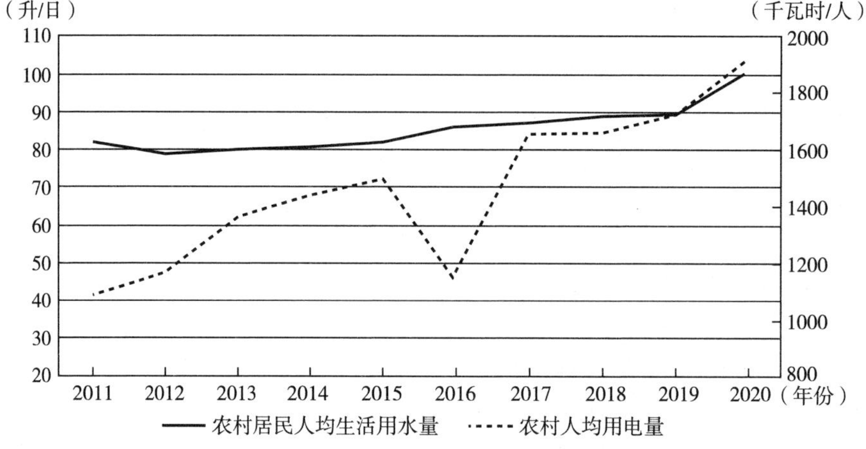

图 5-40　2011~2020 年农村人均生活用水量和农村人均用电量

农村人均生活用水量和农村人均用电量的趋势预测如图 5-41 所示。总体来说，未来农村人均生活用水量和农村人均用电量将继续保持平稳增长。具体地，农村人均生活用水量将在 2035 年增长到 140.43 升/日，在 2049 年增长到 202.09 升/日。农村人均用电量将在 2035 年增长到 3350.10 千瓦时/人，在 2049 年增长到 5333.21 千瓦时/人。

4. 信息技术设施预测结果分析

由图 5-42 可知，2011~2020 年，农村每百户计算机拥有量稳中有升，农村互联网普及率在 2018 年后呈现出较快增长趋势。在此基础上，针对农村每百户

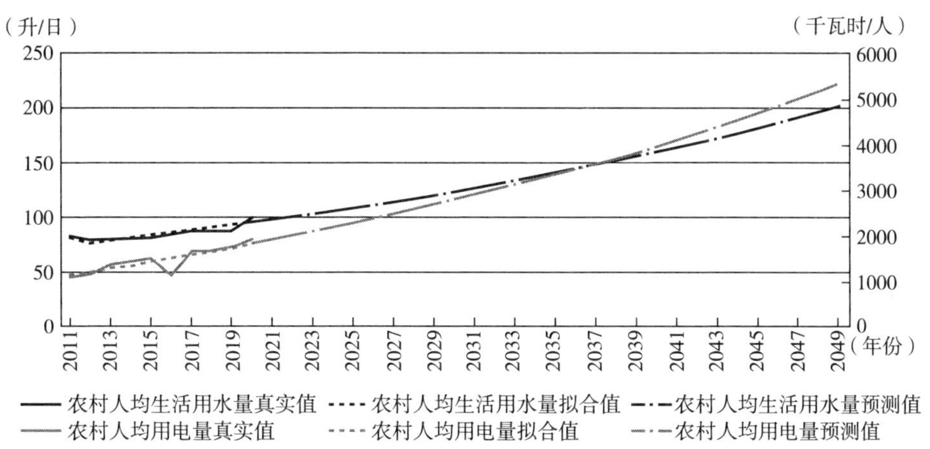

图 5-41　农村人均生活用水量和农村人均用电量的趋势预测

计算机拥有量和农村互联网普及率构建了 GM（1，1）模型。其中，农村每百户计算机拥有量的级比检验值表明适合构建该模型，后验差比值和小误差概率值表明模型精度符合要求；农村互联网普及率经过平移转换后的结果表明适合构建该模型，后验差比值和小误差概率值表明模型精度良好。

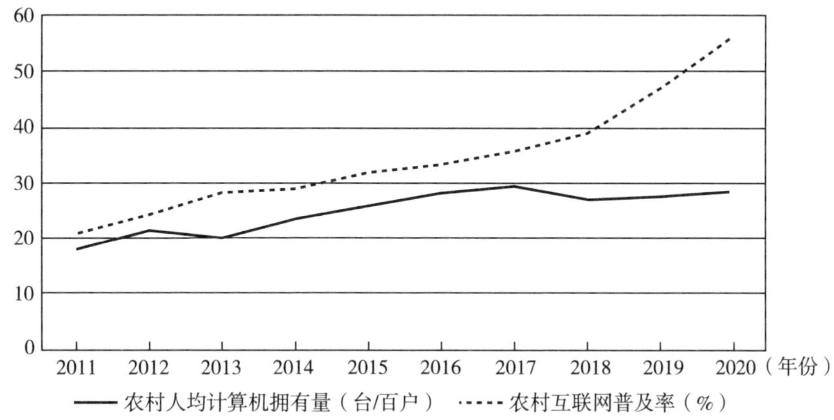

图 5-42　2011~2020 年农村每百户计算机拥有量和农村互联网普及率

注：农村互联网普及率由于 2019 年 12 月的数据缺失，以 2020 年 3 月的数据代表。

农村每百户计算机拥有量和农村互联网普及率的趋势预测如图 5-43 所示。总体来说，未来农村每百户计算机拥有量和农村互联网普及率将继续保持平稳增长，其中农村互联网普及率的增幅较快。具体地，农村每百户计算机拥有量在

2035 年增长到 652. 36 台/百户，在 2049 年增长到 109. 02 台/百户。农村互联网普及率将在 2030 年达到 99. 35%，基本实现全面覆盖。预测结果符合《2022 年数字乡村发展工作要点》中“到 2022 年底农村地区互联网普及率超过 60%”的要求，以及《数字乡村发展行动计划（2022—2025 年）》中“到 2023 年农村互联网普及率和网络质量明显提高”的目标。

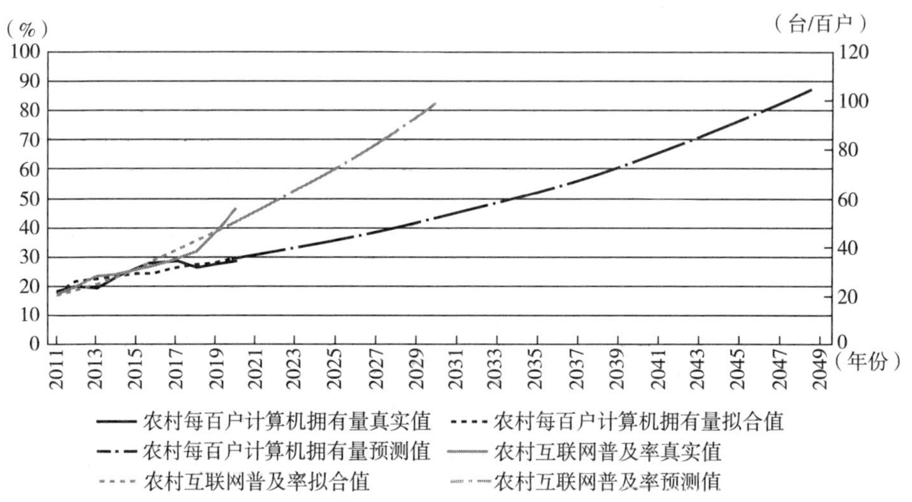

图 5-43　农村每百户计算机拥有量和农村互联网普及率的趋势预测

注：农村互联网普及率由于 2019 年 12 月的数据缺失，以 2020 年 3 月的数据代表。

（二）乡村基础设施综合评价预测结果分析

在 2011~2020 年乡村基础设施建设综合评价的基础上，结合上述趋势预测结果，对 2011~2049 年乡村基础设施建设情况再次进行评价。其中，鉴于互联网普及率、农田节水灌溉率分别在 2030 年和 2044 年接近全面覆盖，故假定上述两项指标在后续年份将保持相应水平。

对指标进行归一化处理并采用熵值法计算权重。如表 5-5 所示，权重由高到低的排序依此为：农村居民人均生活用水量（17. 52%）、农村人均用电量（14. 24%）、农村每百户计算机拥有量（13. 91%）、农田节水灌溉率（12. 83%）、农田有效灌溉率（12. 39%）、乡村公路投资额占比（11. 11%）、农村互联网普及率（9. 63%）、乡村公路里程数占比（8. 36%）。其中，农田水利设施建设的权重为 25. 22%，相较于 2011 ~ 2020 年增加 4. 78%；道路交通设施建设的权重为 19. 47%，相较于 2011 ~ 2020 年下降 5. 32%；能源供应设施建设的权重为 31. 76%，相较于 2011 ~ 2020 年下降 0. 59%；信息技术设施建设的权重为

23.54%，相较于2011~2020年增加1.12%。上述结果表明农田水利设施和信息技术设施建设发展较快。

表5-5 2011~2049年乡村基础设施覆盖评价指标权重

一级指标	二级指标	权重	较2010~2020年指标权重的变化值（%）
农田水利设施建设（25.22）	农田有效灌溉率	12.39	1.31
	农田节水灌溉率	12.83	3.47
道路交通设施建设（19.47）	乡村公路投资额占比	11.11	1.06
	乡村公路里程数占比	8.36	-6.38
能源供应设施建设（31.76）	农村居民人均生活用水量	17.52	-0.97
	农村人均用电量	14.24	0.38
信息技术设施建设（23.54）	农村每百户计算机拥有量	13.91	4.61
	农村互联网普及率	9.63	-3.49

进一步地，计算各年度的综合得分。如图5-44所示，2011~2020年，乡村基础设施建设增长率为1.22，2021~2035年为1.62，发展速率逐步提升。之后，随着乡村基础设施建设覆盖逐渐完善，2036~2049年增速放缓为0.61。可见，我国乡村基础设施建设覆盖情况在不断完善中，并且保持平稳增长。

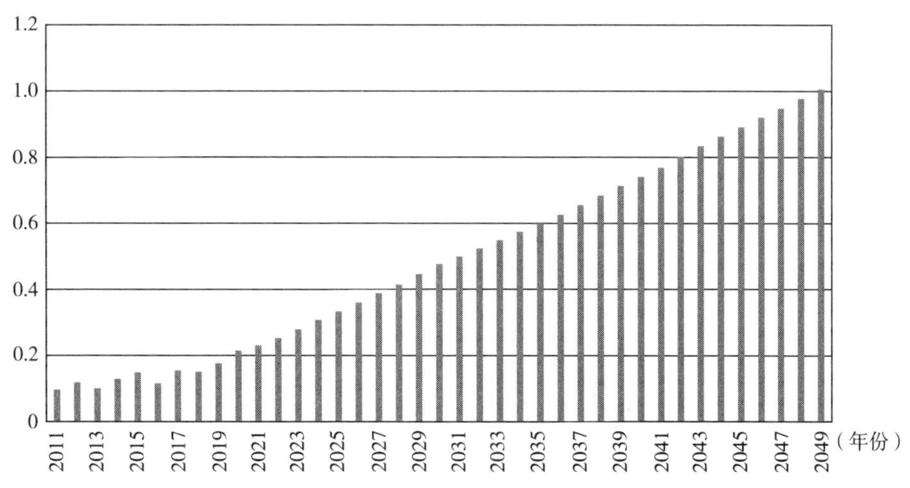

图5-44 2011~2049年我国乡村基础设施建设覆盖综合水平评价

第六节　中国乡村基础设施全覆盖的配套措施和政策建议

一、配套措施

（一）组织保障

不断提高基层组织能力，强化基层党组织队伍建设。首先，加强各部门各机构间的组织协作，建立有效的部门沟通与磋商机制，将部门间的协同制度常规化，提高部门间合作效率及效果，保障乡村基础设施建设顺利推进。其次，建立农村基础设施建设的责任领导小组，落实乡村基础设施建设的主体责任。最后，加强政府的监督管理。通过对资金的使用状况、基础设施的建设状况、工程验收状况以及村民的满意度等进行监督，保障乡村基础设施建设质量。

（二）制度保障

在国家乡村振兴战略以及相关政策法规的指导下，提出既符合当地民情，又严谨合法的基础设施管理规章办法。一方面，为保障各政府部门间的相互协作，应建立协调保障制度，提高各部门在用地审批、规划管理、项目推进及资金划拨中的协作水平，保障乡村基础设施建设的高效运行；另一方面，通过建立村委会责任明细制度、出台相应的村规民约或行动章程、严格落实各项条款等，加强乡村基础设施建设的监管，提高乡村基础设施建设质量。

（三）技术保障

现阶段，乡村基础设施建设亟须提升质量标准，这要求在现有技术的基础上，遵循分类思考、统筹规划的指导思想，结合不同地区、类型及建设阶段的乡村基础设施建设任务，明确并优化农田水利、道路交通、能源供应、信息技术等基础设施建设的关键技术，研制新建及改造乡村基础设施的整体方案。在此基础上，要鼓励企业、科研机构等围绕乡村基础设施建设开展有针对性的技术及产品研发，分类制定并完善乡村基础设施建设标准、服务标准及管护标准，编制技术指南及技术导则。

（四）资金保障

乡村基础设施建设投入大、回报周期长，并且后期维护仍需要大量资金。现阶段，乡村基础设施建设的资金投入及后期运营维护费用主要依靠国家财政划拨和地方财政资金投入。随着乡村基础设施建设的快速发展，政府不仅需要扩大公共财政覆盖农村的范围，积极调整财政支出结构，持续加大对乡村基础设施建设的资金投入；同时要积极构建新农村建设投资稳定增长机制，调整优化乡村基础设施项目投资和预算管理制度，鼓励社会各界共同参与并广泛吸纳社会资金投入，加快建立以政府为主导的多元化融资模式。

（五）人员保障

乡村基础设施建设要充分体现村民的主体性，充分尊重村民的知情权、参与权、管理权以及监督权。首先，乡村基础设施建设应紧紧围绕村民需求展开，突出建设重点和优先次序，因此在前期规划和建设过程中不仅要充分尊重村民意愿，了解村民需求；而且要通过宣讲等活动，提高村民对基础建设任务及概况的了解程度以及相关工程对乡村发展和自身生活的重要性。其次，坚持把国家支持和村民投工投劳相结合，在建设中要积极发挥基层干部的示范作用，充分调动广大村民的积极性、主动性和创造性。最后，加强村民作为建设主体的监督意识，鼓励村民提出乡村基础设施建设相关意见与建议，并且在工程评估中增加村民对乡村基础设施的满意度调查，为日后基础设施建设提供改进方向。

二、政策建议

（一）优化资金保障机制

在加大财政资金优先投入乡村基础设施的同时，健全利益分享机制，充分调动市场主体积极性，鼓励和引导更多社会资本参与乡村基础设施建设，构建“财政优先保障、金融重点倾斜、社会积极参与”的资金保障机制。首先，加大乡村基础设施建设的支出占比，对符合条件的公益性项目可适当纳入地方债券支持，并且允许县级按规定统筹使用相关资金推进乡村建设。其次，引导金融机构将乡村基础设施建设作为工作重点之一，鼓励其扩大贷款投放，推出定制化金融产品，适当拓宽农业农村抵质押物范围，并且持续探索并深化银行、保险、担保、基金、企业的合作模式，拓宽融资渠道，加强服务监管和风险防范。最后，引导社会力量参与乡村基础设施建设，有序、规范地探索并推广政府和社会资本的合作模式，发挥运营企业作用。

（二）完善村民参与监督机制

乡村基础设施建设不仅需要保证广大村民的需求，而且离不开村民的参与，因此，要在明确村民责任的基础上，充分保障村民权益，推动乡村基础设施建设质量和水平。这要求当地政府在健全党组织领导下村民自治机制的基础上，制定并完善乡村基础设施主体参与、监督、收益分配等制度，改进村民参与乡村建设的程序和方法。此外，可依托村民小组、村民会议、村民代表会议、村民议事会、村民理事会、村民监事会等集体组织，切实保障村民的参与权和监督权。具体地，在基础设施规划中，广泛调查并深入讨论乡村基础设施建设需求，建立村民表达自身诉求的合理渠道；在基础设施建设中，鼓励村民以工代赈、投工投劳，帮助更多低收入村民就地就近就业；在基础设施管护中，通过推行“门前三包”、受益村民认领、组建使用者协会等方式实现村民自管。

（三）健全乡村基础设施管护运营机制

构建村民义务履行机制，引导村民全过程参与乡村基础设施建设、管理、维护和运营等工作。首先，在“尊重历史、兼顾现实、程序规范、群众认可”的原则下，建立健全“村有、村管、村使用”的管理体系，明确村庄乡村基础设施管护的主体、责任、方式及经费来源等，为具备条件的基础设施进入市场化、社会化运营创造条件。其次，成立领导机构，负责乡村基础设施管护的指导、监督、协调和常态化考核工作以及具体实施工作，并将日常工作落实到岗，建立管护台账、清单，实现“物有人管、事有人办、责有人担”。最后，建立健全乡村基础设施管护标准，并依据相关标准制定管护人员的工作职责，实现乡村基础设施管护的规范化、常态化。

第六章　人与自然和谐共生之路

“人与自然和谐共生”是习近平新时代中国特色社会主义思想的重要内容。党的二十大报告明确指出“中国式现代化是人与自然和谐共生的现代化”。人与自然和谐共生是生态文明建设的核心内容，也是乡村振兴发展的重要抓手。发展经济、乡村致富不能以牺牲环境为代价。走好人与自然和谐共生的乡村振兴之路是中国生态文明建设的必然要求。

第一节　人与自然和谐共生的内涵及特征

一、人与自然和谐共生的内涵

党的二十大报告提出“尊重自然、顺应自然、保护自然，是全面建设社会主义现代化国家的内在要求”，人与自然和谐共生是对新时代人与自然关系的最新理解和阐释。“人与自然和谐共生”蕴含了三层含义：第一层含义是人与自然是生命共同体。人应当敬畏自然、顺应自然，合理定位人类在自然界中的位置。第二层含义是人与自然是利益共同体。在人与自然的关系上，自然是为人类提供利益的载体，有了自然生态的利益，才能实现人类利益。自然界是人类生存和发展重要的物质基础，自然生态系统的稳定运行和高质量发展为人类发展提供生态支撑。第三层含义是人与自然是发展共同体。人与自然的和谐发展实质是将生态保护放至首位，力争实现经济与生态双赢局面。人与自然和谐共生的发展道路不仅要讲速度、讲效益，更要在发展与保护、局部与整体、眼前与长远之间找到最佳的平衡点。走人与自然和谐共生之路，要坚持节约优先、保护优先、自然恢复为主的方针，而且要形成节约资源和保护环境的空间格局、产业结构、生产方式、生活方式。

二、人与自然和谐共生的特征

生产、生活、生态是中国式现代化发展的核心要素，是人与自然和谐共生现代化的主要表征。人与自然和谐共生的现代化是人类文明的新形态，为生态文明建设做出了重要贡献，在推进人类文明新形态的过程中形成了一系列鲜明特征。

（一）遵循自然与人类发展的统一性

实现人与自然和谐共生，保持生态系统的良性循环，要求人类尊重、顺应和保护自然。地理环境是人类社会生存与发展的根基，是人类生产生活的载体。人类依靠自然界获取生产生活所需要的物质条件。劳动是人类与自然界的中介，促成两者产生实践关系。人与自然在实践过程中的转变，实质是人的自然化和自然的人化相互作用的辩证统一过程，决定了人的自然属性，决定了人类在面对自然界时的整体性、统一性、共同性。

（二）树立以人为本、生态惠民的价值观

人与自然和谐共生，关乎人民福祉，关系民族未来。人与自然和谐共生现代化的根本价值追求就是以人民为中心。建设人与自然和谐共生现代化是坚持以人民为中心的根本要求，也是适应新时代社会主要矛盾转化的必然选择。人与自然和谐共生促进了乡村振兴建设，核心在人。人的本性是人与自然和谐共生的核心特性，以人为本的核心是尊重人的意愿与需求，这也是乡村振兴建设过程中必须遵循的原则。以人为本、生态惠民的价值观是人与自然和谐共生现代化建设的基本遵循。为民、利民、惠民是生态文明建设的最终目的，保障人民群众的生态福祉是最终诉求，体现了以人民为中心的根本价值追求。

（三）坚持总体布局的科学性和系统性

生态文明建设是一项贯穿于社会发展始终的系统工程，以改善人类生存环境、生产环境和生活环境为目的。生态文明是中国特色社会主义“五位一体”总体布局和社会主义“五个文明”的有机组成部分，是写入我国宪法的人类新文明，核心是实现人与自然和谐共生。生态文明建设要求生态与经济、政治、文件、社会等要素的协调性，并强调五要素间的系统性和科学性，站在国家战略层面厘定生态文明建设的重要战略意义，更加突出生态文明建设的战略地位，有利于把生态文明建设融入经济、政治、文化、社会的全过程。

（四）推进生态实践治理方法的辩证性

辩证方法贯穿于生态文明建设理念的始终。生态环境的特殊性决定了它的自身性质，因此要用辩证法分析生态环境的特性，认清生态文明建设的本质和发展规律。以经济建设为中心全面发展，必然不能缺少生态文明建设的发展。经济建

设和生态文明建设间并不矛盾，必须毫不动摇坚持经济建设的中心地位，但经济建设要以生态环境为依托。正是在这种辩证统一的关系中，生态文明建设的地位更加凸显，成为国家总体布局的重要内容。由于中国地域辽阔，自然环境复杂，各地生态环境有其特殊性，生态环境问题存在地域差异。因此，在生态环境保护、修复和治理方面要严格遵循生态规律，实施科学规划，因地制宜，打造多元共生生态系统。在生态文明建设过程中要持唯物辩证法的系统观，要统筹兼顾、多措并举，实施全程、全方位、全地域的生态文明建设，达到综合治理的最佳效果。

（五）凸显生态文明发展的战略创新性

为缓解我国人口、资源和环境之间的矛盾及问题，要提升生态文明水平成为人与自然和谐共生的源源动力。创新驱动是我国生态文明建设向更高质量转变的关键，通过创新能有效缓解人与自然的矛盾，走出一条中国特色人与自然和谐共生的可持续发展之路。人与自然和谐共生的现代化，指在人与自然和谐的基础上达到共生，是一种战略性的创新，利用科技与制度创新，结合新一代通信信息技术提高全要素生产率，加强节能生产、资源回收、新能源和可再生资源的开发，攻克关键领域的技术，强化生态修复功能，推进生态文明建设的科技成果有效转化，加快实现绿色发展，实现人与自然和谐共生的现代化。

第二节 人与自然和谐共生实现乡村振兴的理论基础

一、中国式现代化是人与自然和谐共生的现代化

中国传统文化在处理人与自然的关系问题时，坚持人与自然密不可分，人与自然之间以互惠互利、共存共生的关系相连。要从传统文化中感悟人与自然的关系，站在人与自然和谐共生的高度谋划发展。中国优秀的传统文化对理解人与自然和谐共生的现代化有重要启示。党的二十大报告指出，要坚持可持续发展，坚持节约优先、保护优先、自然恢复为主的方针，像保护眼睛一样保护自然和生态环境，坚定不移走生产发展、生活富裕、生态良好的文明发展道路，实现中华民族永续发展。人与自然和谐共生紧扣可持续发展的目的与宗旨，与可持续发展一脉相承。早在20世纪中期，人们就注意到由经济快速增长带来的人口、能源、环境等问题。《中国21世纪议程》中指出，“走可持续发展之路，是中国在未来

和下一世纪发展的自身需要和必然选择”。可持续发展既能满足当代人的生活需求，又能为人类提供创造需求的能力，是为解决全球资源危机和生态环境危机所产生的一种新发展模式，已经成为人类生存和生活的理想目标。“发展—协调—持续”构建了可持续发展的三个维度，三个维度紧密相连，从数量、质量和时间上涵盖了可持续发展的特征，可持续发展的基本要求，为建设生态文明理念奠定了坚实的理论基础。中国式现代化应通过经济高质量发展和绿色可持续发展实现人与自然和谐共生。以推动绿色低碳发展、持续改善生态环境质量、守住自然生态安全边界、深化生态文明制度改革、践行绿色低碳生活方式为基本守则，加快形成人与自然和谐共生现代化的新格局。

二、改善人居环境是推进乡村生态文明建设的重要内容

改善人居环境不但是实现乡村生态振兴的必然要求，而且是推进乡村生态文明建设的重要内容。农村人居环境直接影响我国整体的人居环境水平和农民的生活福祉。乡村振兴战略以保护生态环境为要义，以当地的环境条件和自然资源为基础，旨在扎实农业产业，保护农村建设，保证农民权益，解决农业现代化。乡村生态关注乡村要素之间的关系，如农业农地与土地资源，农业用水与废水排弃，农业、经济与科技三者关系等，促使各要素间达到平衡协调发展。当前乡村生态环境问题突出，成为实现乡村振兴的短板，生态经济学为解决该类问题提供了新的途径。要实现乡村振兴战略，不仅要实现人与自然的和谐共生，更要发展生态经济，降低生态成本、减轻经济增长对资源和环境的压力，促进生态乡村的形成。中国的基本国情决定了同其他国家生态环境目标的差异。由于各国农村的形态、定位、发展以及农业发展水平存在差异，每个国家间的治理目标以及期望成果也大不相同。中国乡村振兴战略是党的十九大作出的重大决策部署，是基于中国国情对农村可持续发展的重视。乡村振兴战略可以更好地处理人与自然的关系，在保证生态系统稳定的基础上使乡村发展模式更加完善、人居环境更加适宜。

三、人与自然和谐共生是实现乡村振兴的必由之路

人与自然和谐共生是实现乡村振兴的重要抓手。人与自然和谐共生与乡村振兴有着内在逻辑且紧密联系，两者相互作用、相互促进。可持续发展理论和生态学理论为中国式现代化生态文明建设提供了值得借鉴的理论精髓。人与自然和谐共生是促进乡村振兴的前提和基础。走好中国特色社会主义乡村振兴道路，不仅要大力振兴乡村产业，更要注重对生态系统的保护，结合乡村所在地的自然条件，通过平衡乡村产业振兴与乡村环境保护之间的关系，统筹二者之间的有机衔

接，走出一条生态美、产业兴、百姓富的可持续发展之路。

乡村是生态涵养的主体，乡村最大的发展优势是生态。乡村生态的优势体现在乡村拥有丰富的生产要素，可以优先进行绿色转型，通过提高乡村自然资源的定价巩固农村产业资源的地位。因地制宜培育具有市场竞争力的乡村优势特色产业体系，形成覆盖一二三产业的全产业链，推动乡村产业的提档升级，为乡村振兴发展注入强大活力，缓解乡村产业发展与环境保护之间的矛盾，提高产业科技水平驱动乡村振兴的能力。推动绿色发展为乡村发展赋能，打破农村经济边缘化到生态保护赤字化的恶性循环，强化资源的节约集约利用，推动城乡的融合发展，坚持生态优先，推动绿色发展，促进人与自然和谐共生，实现乡村振兴。

第三节　人与自然和谐共生现状及存在问题分析

党的十九大首次提出乡村振兴战略，为实现生态文明建设提供理论指导。良好的生态环境是农村的最大优势和宝贵财富，更是实现产业兴旺、打造宜居环境的前提。实现乡村振兴战略，必须坚持人与自然和谐共生，走乡村绿色发展之路。有效实施乡村振兴战略与改善乡村生态环境联系紧密。当前，乡村环境治理受到社会各界的关注。解决乡村生态环境问题，需要处理好人与自然的关系。推进绿色发展和整治人居环境是实现人与自然和谐共生的重要举措。只有走乡村绿色发展之路，才能实现人与自然的和谐共生。因此，在乡村振兴战略背景下，乡村生态环境正是人与自然和谐共生之路发展现状的最直接表现。

一、现状分析

（一）生态文明建设理念演变历程

生态文明建设是我国社会发展的必然选择。全面推进国家生态治理体系和治理能力现代化，不断升华生态文明建设的内涵，实现人与自然和谐共生已成为重要任务。我国生态文明建设主要经历了五个时期，分别是生态环境保护萌芽期、生态环境保护起步期、生态环境保护推进期、生态文明思想深化期以及生态文明思想成熟期（见表 6-1）。从中华人民共和国成立到改革开放前期，是中国共产党生态文明建设的萌芽探索期。毛泽东提出要开展江河治理、建设水库的设想，开启了四大水利工程，并高度重视环境绿化和林业建设。1973 年，我国筹备召开了第一次全国环境保护工作会议，制定了《关于环境保护和改善环境的若干规定（试行草案）》，标志着环境保护的起步。改革开放初期，我国以经济建设为中心，开始了对环境保护法律的初步摸索，逐步将保护环境上升为基本国策，奠定了我国环境保护法制化的基础。1979 年 9 月，第五届全国人民代表大会常务委员会第十一次会议审议通过了《中华人民共和国环境保护法》，这是新中国第一部环境保护的基本法。我国环境保护工作在此时期已有雏形，环境保护制度建设进入起步阶段，相关政策体系初步形成。在第四次全国环境保护会议上，将经济增长与环境保护关系作为治理战略的切入点，强调了实施可持续发展战略的重要性。党的十五大确认可持续发展战略为我国现代化建设必须实施的重大战略。这一时期，环境保护的立法进程不断加速，我国环境保护的法制化、系统化、科学化不断完善。21 世纪初期，党的十六届三中全会明确提出科学发展观，强调统筹人与自然的和谐发展。党的十六届五中全会提出“两型社会”战略目标，是我国生态文明建设的重要理论基石和思想基础，对社会主义的人与自然和谐有了全新的理解和实践。党的十七大首次将生态文明写入党代会报告，标志着社会主义生态文明理念的正式确立，中国共产党生态文明理念发展进入深化期。党的十八大将生态文明建设纳入“五位一体”总体布局，首次提出“美丽中国”奋斗目标。党的十九大报告中首次提出乡村振兴战略，并指出“坚持人与自然和谐共生”。党的十九届五中全会明确提出 2035 年“美丽中国建设目标基本实现”的社会主义现代化远景目标和“十四五”时期“生态文明建设实现新进步”。党的二十大提出中国式现代化是人与自然和谐共生的现代化，标志着中国共产党生态文明思想的成熟。

表 6-1　新中国成立以来中国生态文明建设的阶段特征与代表性事件

阶段	代表性事件
第一阶段：1949~1978 年，萌芽期	1973 年，第一次全国环境保护工作会议
	1973 年，《关于环境保护和改善环境的若干规定（试行草案）》，提出“32 字环保方针”
	1974 年，成立了环境保护领导小组
	1974 年，下发《环境保护规划要点》《关于环境保护的十年规划意见》等
第二阶段：1978 年至 20 世纪 90 年代初期，起步期	1979 年，通过《中华人民共和国森林法（试行）》，确定 3 月 12 日为国家植树节
	1979 年，通过《中华人民共和国环境保护法》
	1983 年，第二次全国环境保护工作会议，确定环境保护为我国的基本国策
	1989 年，第三次全国环境保护工作会议
	1989 年，《1989—1992 年环境保护目标和任务》《全国 2000 年环境保护规划纲要》

续表

阶段	代表性事件
第三阶段：20 世纪 90 年代初期至 90 年代末，推进期	1994 年，发布《中国 21 世纪议程——中国 21 世纪人口、环境与发展白皮书》
	1995 年，将可持续发展战略写入《关于制定国民经济和社会发展“九五”计划和 2010 年远景目标的建议》
	1996 年，第四次全国环境保护会议
	1997 年，党的十五大确认可持续发展战略为我国现代化建设必须实施的重大战略
	1997 年，党的十五大报告提出实施科教兴国和可持续发展战略，可持续发展作为战略思想首次写入党代会报告
第四阶段：21 世纪初至 2012 年，深化期	2002 年，党的十六大报告将“可持续发展能力不断增强，生态环境得到改善，资源利用效率明显提高，促进人与自然的和谐，推动整个社会走上生产发展、生活富裕、生态良好的文明发展之路”列为全面建设小康社会的四大目标之一
	2003 年，党的十六届三中全会明确提出科学发展观
	2004 年，党的十六届四中全会提出了和谐社会建设理念
	2005 年，党的十六届五中全会提出“两型社会”战略目标
	2007 年，党的十七大首次将生态文明写入党代会报告
	2012 年，党的十八大，“美丽中国”作为生态文明建设目标之一
	2012 年，党的十八大，生态文明建设纳入中国特色社会主义事业“五位一体”总布局
第五阶段：2013 年至今，成熟期	2015 年，党的十八届五中全会提出了“创新、协调、绿色、开放、共享”的五大发展理念
	2017 年，党的十九大报告中明确提出实施乡村振兴战略
	2017 年，党的十九大报告把“坚持人与自然和谐共生”作为新时代坚持和发展中国特色社会主义的基本方略之一
	2018 年，全国生态环境保护大会，明确提出习近平生态文明思想，提出了新时代推进生态文明建设的“六项基本原则”
	2020 年，党的十九届五中全会明确提出 2035 年“美丽中国建设目标基本实现”的社会主义现代化远景目标和“十四五”时期“生态文明建设实现新进步”
	2022 年，党的二十大报告指出，中国式现代化是人与自然和谐共生的现代化

（二）乡村生态环境现状分析

党的十八大以来，党中央高度关注乡村生态环境的保护，为推进生态文明建设稳步发展陆续出台相关政策，生态环境和人居环境保护取得显著成效。“十三五”以来，我国推进土壤治理、水治理、大气治理等，坚持改善环境质量，生态环境明显改善，污染物排放呈下降趋势，生态安全稳中向好。

我国 2012~2020 年乡村生态环境现状主要通过水环境、耕地质量、水土流失治理和环境工作治理进行论述（见表 6-2）。在水环境质量方面，2020 年，全国地表水优良（Ⅰ~Ⅲ）水质断面比例同比上升 8.5 个百分点，劣Ⅴ类断面比例同比下降 2.8 个百分点；农村地区水质较以往不断改善，良好级别的地下水占总量的 1/5。2020 年公布的《第二次全国污染源普查公报》显示，2020 年农业用水量 3612.4 亿立方米，农业源水污染排放量中化学需氧量、氨氮、总氮、总磷分别占污染物排放总量的 49.8%、21.9%、46.4%和 66.6%，均占污染物排放总量首位。在耕地质量方面，全国耕地质量平均等级 4.76。2021 年，我国耕地面积 19.18 亿亩，与 2009 年第二次全国国土调查相比耕地总量减少 1.13 亿亩，守住 18 亿亩耕地保护红线。2020 年底，我国受污染耕地安全利用率达 90%左右。"十三五"期间全国林业重点生态工程完成造林面积累计 1266.67 万公顷。在水土流失治理方面，2021 年我国水土流失呈现面积与强度的双降趋势，全国水土流失面积 267.42 万平方千米，比 2011 年下降 27.49 万平方千米，强烈及以上等级占比下降到 18.93%。在碳排放减排方面，与 2015 年相比，2020 年的二氧化硫、氮氧化物、化学需氧量、氨氮排放总量同比分别下降 25.5%、19.7%、13.8%、15%，超额完成"十三五"规划目标。在完善农村环境治理工作中，2021 年发布的《中国生态环境状况报告》中提到，我国新增完成 1.6 万个行政村环境整治和 400 余个较大面积农村黑臭水体整治，农村生活污水治理率达 40%。2020 年，农用塑料薄膜使用量、农用化肥施用量、农药使用量均有下降趋势，农用塑料薄膜使用量 238.9 万吨，与 2019 年相比略有降低但差距不大，农用化肥施用量 5250.7 万吨，同比下降 2.8%，农药使用量 131.3 万吨，同比下降 0.08%。

表 6-2 2012~2020 年乡村生态环境现状

年份	化肥施用量（万吨）	农药使用量（万吨）	塑料薄膜使用量（万吨）	全国总用水量（亿立方米）	农业用水量（亿立方米）	耕地面积（亿亩）
2012	5838.8	180.6	238.3	6131.2	3902.5	20.27
2013	5911.9	180.1	249.3	6183.4	3921.5	20.27
2014	5995.9	180.6	258	6094.9	3869	20.26
2015	6022.6	178.2	260.3	6103.2	3852.2	20.25
2016	5984.4	174	260.3	6040.2	3768	20.24
2017	5859.4	165.5	252.8	6043.4	3766.4	20.23
2018	5653.4	150.4	246.7	6015.5	3693.1	20
2019	5403.6	139.2	240.8	6021.2	3682.3	19.18
2020	5250.7	131.3	238.9	5813.9	3612.4	19.18

资料来源：《中国统计年鉴 2021》《中国环境统计年鉴 2021》。

（三）乡村人居环境现状分析

农村人居环境是农民生存和发展的基本条件，是创造经济的载体。良好的人居环境是农民生活水平的直接体现，提高乡村人居环境是增强农民幸福感的有效途径。国家一直重视农村人居环境改善（见表6-3），特别是2018年农村人居环境整治三年行动实施以来，地方政府认真贯彻党中央对农村人居环境治理的要求，坚持以农民为主体，为农民谋福利，出台相关政策、规划及要求数十条，中国农村人居环境整治经历了起步探索阶段、快速发展阶段和全面转型升级阶段，缓解了农村长期以来存在的环境问题，村庄环境得到改善，农民生活得以转变。2021年底，中共中央办公厅、国务院办公厅印发了《农村人居环境整治提升五年行动方案（2021—2025年）》，要求创新完善相关支持政策，为未来五年进一步改善农村人居环境、加快建设生态宜居、美丽乡村描绘了清晰的路线图。从2018年农村人居环境整治三年行动方案提出，到如今农村人居环境整治提升五年行动正式启动，中国的农村人居环境整治工作取得了明显成效。

表6-3 1978年以来中国乡村人居环境改善阶段

阶段	代表性事件
第一阶段： 1978~2002年， 起步探索阶段， 注重建设、 完善制度	1978年，第一次全国农村房屋建设工作会议
	1981年，第二次全国农村房屋建设工作会议
	1982年，出台《村镇建设用地管理条例》，加强村镇建设管理
	1993年，颁发《村庄和集镇规划建设管理条例》，提出“加强绿化和村容村貌、环境卫生建设”，农村生活环境得到关注
	1994年，实施《村镇规划标准（GB50188-93）》
	1998年，国家环保总局成立农村处，负责农村环保
第二阶段： 2003~2012年， 快速发展阶段， 侧重整治、 建立规范	2003年，浙江启动“千村示范、万村整治”工程，重点开展垃圾处理、污水治理、卫生改厕、道路硬化、绿化亮化等整治
	2005年，开展社会主义新农村建设，召开“全国村庄整治工作会议”，规范村庄整治，并将其作为新农村建设的先导性、基础性工作
	2006年，开展城乡建设用地增减挂钩试点，形成空心村整治的重要政策途径
	2008年，出台《村庄整治技术规范（GB50445-2008）》，启动农村土地综合整治重大工程
	2010年，出台《全国农村环境连片整治工作指南（试行）》

续表

阶段	代表性事件
第三阶段：2013 年至今，转型升级阶段，综合整治、全面推进	2013 年，中央农村工作会议强调要继续推进社会主义新农村建设
	2014 年，出台农村人居环境整治首个国家级文件《关于改善农村人居环境的指导意见》
	2015 年，国家标准《美丽乡村建设指南》（GBT32000-2015）正式发布
	2017 年，党的十九大首次提出实施乡村振兴战略，农村人居环境整治成为第一仗
	2018 年，实施《农村人居环境整治三年行动方案》
	2021 年，启动《农村人居环境整治提升五年行动方案（2021—2025 年）》

在农村生活垃圾治理方面，2021 年末，96.3%的村生活垃圾集中处理或部分集中处理。全国行政村生活垃圾处置体系覆盖率达到 90%以上，农村垃圾山、垃圾围村、垃圾围坝等现象明显改善。2018 年，村庄垃圾处理公用设施总投入 289.4 亿元，村均投资强度达到 5.5 万元，人均投资强度为 41.9 元。与 2017 年相比，均大幅增加，切实缓解了农村环保投资不足问题。在农村生活污水治理方面，三年整治行动以来，基本建立了污水排放标准和县域规划体系。截至 2020 年底，全国村庄污水处理公用设施投资 352.4 亿元，较 2018 年增加 55.8%；村均污水处理公用设施投入 7.1 万元，较 2018 年增加了 66.5%，农村资金投入不断增加。2021 年，农村生活污水治理率达到 28%左右，比 2020 年提高约 3.5 个百分点，农村污水处理能力不断加强。近 10 年来，中国农村饮水安全问题实现历史性解决。农村自来水普及率达到 84%，比 2012 年提高了 19 个百分点。2.8 亿农村居民饮水安全问题、975 万农村人口饮水型氟超标和 120 万苦咸水改水问题得到有效解决，农村居民告别了引用高氟水、苦咸水的历史。我国累计完成农村供水工程投资 4667 亿元，建立了完备的供水工程体系。2021 年底，全国共建成农村供水工程 827 万处，可服务人口达到 9 亿人。

在农村厕所改造和粪污治理方面，农村厕所革命扎实推进，农村改厕工作质量持续提升。中央财政加大治理投入力度，普及不同水平的卫生厕所（见表 6-4）。截至 2017 年，农村累计使用卫生厕所户数达 21701 万户，相较于 2000 年提高 55.8%，卫生厕所普及率已达 81.7%，2018 年以来累计改造农村户厕 4000 多万个，农村厕所革命取得显著成效，有效改善了农村人居环境。2018 年，农村沼气池产气量较 2000 年翻至近 5 倍，由 2000 年 25.9 亿立方米涨至 112.2 亿立方米；2020 年，太阳能热水器较 2000 年翻至 8 倍，由 2000 年的 1107.8 万平方米涨至 8420.7 万平方米，粪便环境有效改善，减少对柴草的利用，保护森林资源，提供了便利、清洁、干净的生活环境。

表 6-4 2000~2020 年乡村人居环境情况

年份	农村改水累计收益率（%）	乡村（农村）办水电站（个）	累计使用卫生厕所户数（万户）	卫生厕所普及率（%）	农村沼气池产气量（亿立方米）	太阳能热水器（万平方米）	太阳灶（万台）
2000	92.4	29962	9572	44.8	25.9	1107.8	33.24
2001	91.0	29183	11405	46.1	29.8	1319.4	38.86
2002	91.7	27633	12062	48.7	37.0	1621.7	47.84
2003	92.7	26696	12624	50.9	47.5	2464.8	52.61
2004	93.8	27115	13192	53.1	55.7	2845.9	57.76
2005	94.1	26726	13740	55.3	72.9	3205.6	68.56
2006	91.1	27493	13873	55.0	83.6	3941.0	86.52
2007	92.1	27664	14442	57.0	101.7	4286.4	111.88
2008	93.6	44433	15166	59.7	118.4	4758.7	135.68
2009	94.3	44804	16056	63.2	130.8	4997.1	148.43
2010	94.9	44815	17138	67.4	139.6	5488.9	161.72
2011	94.2	45151	18019	69.2	152.8	6231.9	213.95
2012	95.3	45799	18628	71.7	157.6	6801.8	220.72
2013	95.6	46849	19401	74.1	157.8	7294.6	226.44
2014	95.8	47073	19939	76.1	155.0	7782.9	229.96
2015	—	47340	20684	78.4	153.9	8232.6	232.59
2016	—	47529	21460	80.3	144.9	8623.7	227.94
2017	—	47498	21701	81.7	123.8	8723.5	222.27
2018	—	46515	—	—	112.2	8805.4	213.58
2019	—	45445	—	—	—	8476.7	183.57
2020	—	43957	—	—	—	8420.7	170.62

资料来源：《中国环境统计年鉴 2021》。

在乡村人居环境基础设施方面，乡村的基础设施和公共服务取得了长足进步，使村民生活更加便利。农村基本实现全面通电、通公路和通电话，村内道路质量不断升级。2021 年末，87.3%的村通公共交通；99.1%的村进村主要道路路面为水泥或柏油；97.4%的村村内主要道路路面为水泥或柏油。农村信息化建设持续推进，99.0%的村通宽带互联网，94.2%的村安装了有线电视。农村基础设施的不断完善，有力推动了农业生产发展，有电子商务配送站点的村超过 33 万个，开展休闲农业和乡村旅游接待的村落近 5 万个，农村生产生活条件显著改善。我国现有的乡村人居环境的治理模式主要有政府主导模式、社区主导模式、乡贤治理模式、服务外包模式、多元共治模式，分别以不同的主体形式参与人居环境的治理，以政府为主导，多方主体共同参与丰富了乡村人居环境治理的多元治理的格局，拓宽了乡村治理的资金来源，形成基层社会治理的重要力量，可有效解决农户的差异化诉求，提高乡村人居环境治理的专业化、标准化程度。

二、存在问题分析

由于传统工农业生产方式的粗放，农民生活污染物的乱排放以及农村环保设施建设的薄弱，导致农村环境问题突出。农村地区因其特殊的地理环境和养殖环境，污染类型复杂多样，点源和面源污染难以控制、生产生活污染叠加、外源性污染不断转移等，这些严重地威胁农村生态环境和社会经济发展。

（一）农村环境污染严重

1. 农业面源污染

面源污染是农业污染排放的主要来源之一，以农业生产和农村生活所排放的污染物为主。面源污染主要包括超量施用农业化肥的污染，大量使用农膜的污染，大量使用农药的污染和规模化畜禽养殖排放的污染。化肥、化学农药、农膜等在农业生产中被大量使用，对耕地土壤健康造成了严重的负面影响。我国耕地面积占全球耕地的7%，但化肥施用量却占世界的30%，每公顷0.728吨的化肥施用量远超发达国家设定的0.225吨的安全使用量标准。在农业化肥施用量中（见图6-1），2012~2021年，我国农业化肥施用量由5838.8万吨降至5191.26万吨，2015年化肥施用量高达6022.6万吨，呈现出“先增长后下降”的趋势，虽与2012年相比化肥施用量减少了10%，但总体施用量仍然偏多，化肥利用率仅有30%~40%，造成的面源污染形势依然严峻。在农药使用方面（见图6-2），2012~2020年，我国农药使用量由180.6万吨降至131.3万吨，下降27%。近年来，我国每年农药使用量虽然持续降低，但有效利用率仅为30%，农村生态环境保护存在治理难度。2020年塑料薄膜使用量较2012年使用量持平，自2016年后略有降低，但总体差距不大，使用量较为稳定，我国塑料薄膜回收水平较低，回收率不足60%。化肥的过量施撒、农药的不当使用、不可降解农膜的随意丢弃，不仅危害了农产品质量安全，而且导致土壤板结，质量退化。2017年，水污染物化学需氧排放量1000.53万吨，氨氮11.09万吨，总氮59.63万吨，总磷11.97万吨。其中，畜禽规模养殖场水污染物化学需氧量604.83万吨，氨氮7.50万吨，总氮37.00万吨，总磷8.04万吨。畜禽养殖业的化学需氧量、氨氮、总氮、总磷的排放量分别占农业面源排放的93.76%、51.30%、42.14%、56.46%，由此可见，畜禽规模养殖场水污染是农业农村领域的重要污染源。在

畜禽养殖过程中，受养殖模式、养殖成本等因素影响，农村基本没有配套处理设施，堆积污水、粪便、饲料残渣等污染物无法迅速处理，对周边水体、土壤和空气等造成严重污染，威胁畜禽生长、居民健康，甚至还会引发民事纠纷等社会问题，亟须提高畜禽规模养殖的污染处理能力。

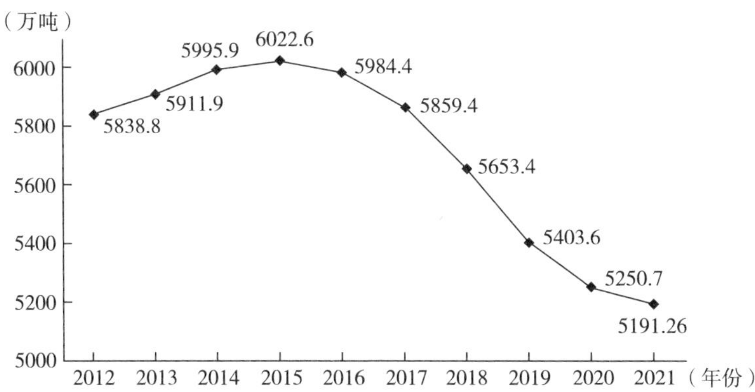

图 6-1　2012~2021 年中国农村农用化肥施用量

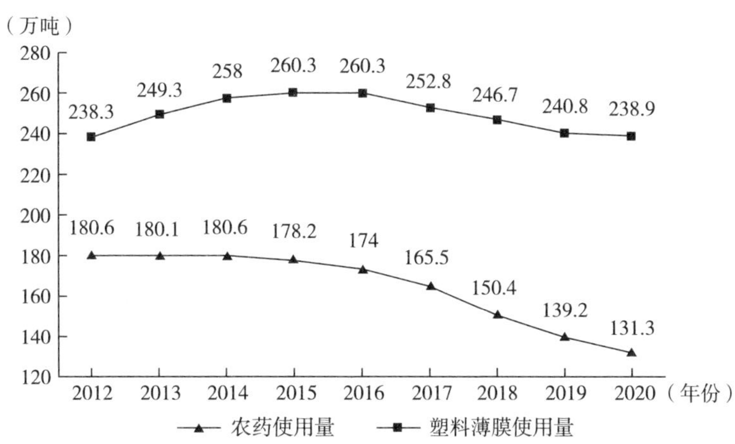

图 6-2　2012~2020 年中国农村农药使用量、塑料薄膜使用量

2. 农业气体污染

农业碳排放指在农业生产过程中人为因素导致直接或间接的温室气体排放，主要包括农业面源污染中化肥、农药和塑料薄膜等使用后排放的温室气体。实现“碳达峰、碳中和”的目标，农业减排固碳是重要手段。从中国农业碳排放的总量、结构及强度可知（见图 6-3），其中中国农业碳排放总量是 30 个省份的汇总，不含西藏。据相关数据统计，2019 年，中国农业碳排放总量相比 2005 年减少了 6.85%。其中，农业能源利用碳排放为 13366.81 万吨，占比 14.21%；农用物资投入碳排放 24815.51 万吨，占比 26.38%；水稻种植碳排放 24414.02 万吨，占比 25.95%；畜禽养殖碳排放 31470.87 万吨，占比 33.46%，畜禽养殖碳排放占比最高。2019 年，中国农业碳排放强度为 2.31 吨/万元，较 2005 年下降了 47.38%，提前完成 2020 年的碳减排目标。从整体看，不同类别碳排放平均值可以反映农业碳排放总量，不同类别碳排放平均值趋势波动平稳，总体呈“下降—上升—下降”的趋势。第一阶段（2005~2008 年）：下降趋势，2006 年后下降明显，畜禽养殖碳排放在 2006 年断崖式下降，说明规模畜禽养殖规模的缩减及控制排放是该阶段碳排放下降的主要原因。第二阶段（2008~2015 年）：不同类别碳排放平均值总体呈上升趋势，农业能源利用碳排放在此期间呈波动上升，农用物资碳排放呈持续上升，说明农业能源利用、农用物资投入的持续增加是第二阶段碳排放增加的主要原因。第三阶段（2015~2019 年）：不同类别碳排放平均值持续下降，2019 年为 94067.21 万吨，与 2015 年相比减少了 9.42%。该阶段的减排成效主要得益于国家推动、畜禽养殖的规模缩减、农业能源水平提升和农用物资利用效率的提升。

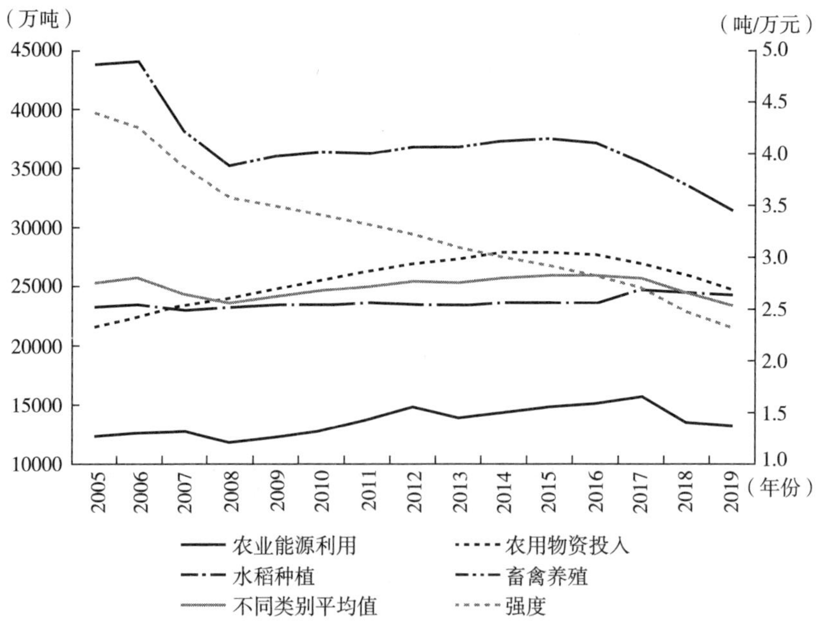

图 6-3　2005~2019 年中国农业类别碳排放、结构以及强度

3. 农村工业污染

农村工业污染也是农村环境污染的主要来源之一。乡镇企业工业固体废物未经处理外排，对当地农村环境造成严重威胁。全国一般工业固体废物产生量不断增加（见图6-4），从2005年的134000万吨增加到2020年的367546万吨，增加了233546万吨，增长174.3%。2005~2020年，我国一般工业固体废物产生量总体呈波动上升趋势，尤其到2011年后，由于统计口径发生变化，数据大幅度增加，2011~2016年缓慢下降，至2019年达到峰值440810万吨后出现回落。乡村工业企业的快速发展为农村经济注入了新的活力，但受限于资金、技术等因素，企业生产设施简陋、工艺落后，导致排放的固体废物迅速增加。另外，为规避城市固体废物污染防治法律制度带来的治理成本，城市固体废物有向农村扩散的趋势。我国工业用水总量不断增加，工业水污染逐渐加重，但农村地区缺乏相应的污水处理系统，污水处理率较低。水污染治理的重点是工业集中区域和人口密集城市，农村水污染问题并未得到足够重视和有效解决。乡村工业企业污染排放、城市工业污染转移、农村居民生活污水均对农村居民的饮水安全造成了严重威胁。由于农村地区缺乏相应的污水处理系统，乡村工业企业生产过程中排放大量的工业废水以及城镇和乡村生活中排放的大量生活污水，大部分未经处理而直接外排，造成农村水环境污染。

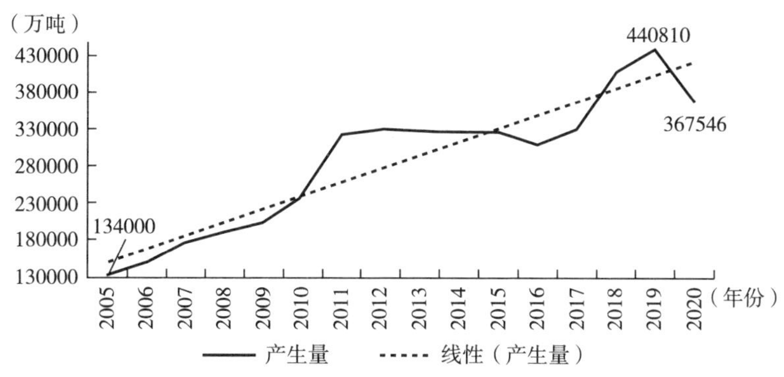

图6-4 2005~2020年全国一般工业固体废物产生量

4. 农村生活污染

近年来，农村生活垃圾产量仍不断增加。2018年，我国农村生活垃圾产生量约为1.647亿吨，近1/4的生活垃圾没有得到收集和处理，只有48.91%的生活垃圾进行了无害化处理。2019年，中国工程院发布的报告显示，我国每年来自各类经济活动和生活过程的固体废物近120亿吨，其中，农村固体废物产生量每年超过53亿吨，接近固体废物总量的一半，未经处理的垃圾污染了农村生态环境。

（二）乡村产业发展受限

1. 水土资源制约发展

一是耕地面积持续减少。耕地是实现农业可持续发展、维护国家粮食安全的禀赋基础和物质载体，18亿亩耕地红线是14亿中国人的粮食安全底线。当前，我国优质耕地数量持续减少，1957~1996年，我国耕地年均净减少超过600万亩；1996~2008年，年均净减少超过1000万亩；2009~2019年，年均净减少超过1100万亩。人均耕地面积是这一现象的最直接表现。在第一次全国土地调查结果中，人均耕地面积为1.59亩，“二调”中降为1.52亩，“三调”结果甚至仅有1.36亩。部分省份耕地保有量已突破耕地红线，甚至低于划定的永久基本农田面积。2021年公布的第三次全国国土调查显示，在过去十年的地类转换中，我国耕地净流向林地1.12亿亩，净流向园地0.63亿亩，有6200多万亩坡度2度以下的平地被用来种树，耕地保护形势越发严峻。受生态保护的制约，耕地后备资源严重不足。2022年发布的研究报告《从粮食安全到食物安全：战略考量与政策逻辑》指出，2025~2030年，保障口粮和肉、蛋、奶、植物油等食物消费需求需要42亿~43亿亩的种植面积，而我国现有耕地面积为19.18亿亩，保障粮食安全的资源压力将进一步加大。

二是水资源严重污染。由于农村缺乏垃圾处理设施，生活垃圾被随意丢弃在河塘或低洼地，经过雨水的冲洗进入地下水系统，造成河道淤积，污染水体。我国约有70%的人口以地下水为主要饮用水源，全国95%以上的农村人口饮用地下水，全国40%的耕地使用地下水灌溉。从地下水水质情况看，目前地下水水质整体较差。2020年，全国10171个国家级地下水水质监测点中，Ⅰ~Ⅲ类水质监测点占13.6%，Ⅳ类占68.8%，Ⅴ类占17.6%；水利部门10242个地下水水质监测点（以浅层地下水为主），Ⅰ~Ⅲ类水质监测点占22.7%，Ⅳ类占33.7%，Ⅴ类占43.6%，主要超标指标为锰、总硬度和溶解性总固体。《2021年中国城市建设状况公报》显示，2021年末，全国城市排水管道总长度为87.2万千米，污水处理厂处理能力为2.1亿立方米/日，污水处理率达97.89%。而我国农村生活污水治理率仅有28%左右。水污染目前治理的重点是工业集中区域和人口密集城市，农村水污染问题并未得到足够重视和有效解决。

2. 基础设施及技术限制

党的二十大报告中提到“强化农业科技和装备支撑”。强化科技支撑是农业可持续发展的关键。尽管农村基础设施建设在不断完善，但供给总量不足与供给过剩并存、供需结构失衡问题突出、综合效益明显偏低、基础设施建设效率低，

阻碍了农村发展和农民生活水平的提高。我国农业基础设施建设薄弱，农业技术水平受限，缺乏高科技的绿色技术，农业绿色产业发展缓慢。从农田水利基础设施建设看，农田基本设施防汛抗旱能力有限，旱涝灾害频发，全国农作物受灾面积严重。2015~2020 年全国农作物受灾面积（洪涝灾害）起伏较为明显，在 2016~2018 年出现下降后，从 2019 年开始急剧上升（见图 6-5）。水利基础设施功能发挥不正常，水灾旱灾连年发生，农田产出效益和粮食综合生产能力受到制约。尽管政府加大了对水利设施建设的投入力度，但问题依然严重，制约了农业生产的发展空间。2016~2019 年水库兴建数量增幅较缓，小型水库数量占比最大，大型水库占比则最小（见图 6-6）。

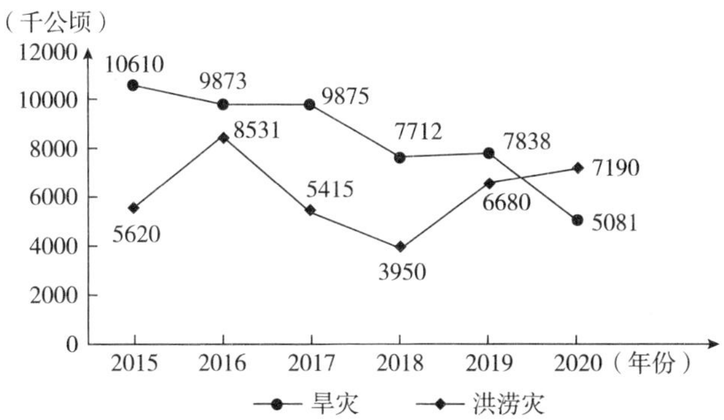

图 6-5 2015~2020 年全国农作物受灾面积

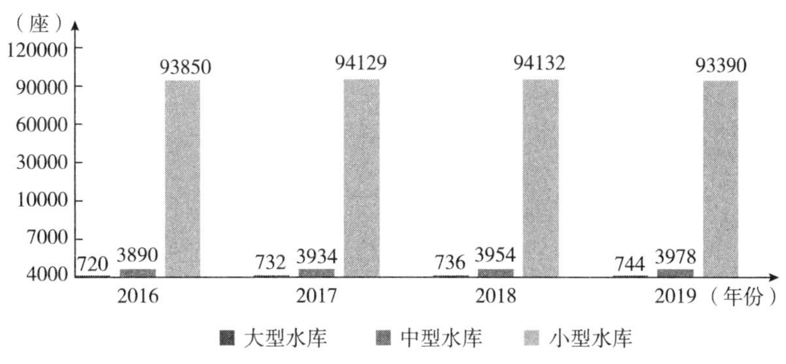

图 6-6 2016~2019 年水库兴建数量

城乡差距大还主要表现在交通、通信、水电网络等方面，基础设施和公共服务设施差距大。乡村道路的建设有待加强。目前，农村道路的建设依然存在很多问题不能满足实际需求，农村有大量的耕地和植被，需综合考虑方案，任务复杂，路线规划失衡会破坏农村生态环境。农村道路前期建设不扎实，大卡车反复压踩或大雨冲击等发生后需反复修补，难度高，费用大，且道路建设资金投入不足，资金管理不到位，这些因素导致道路建设存在困难，影响村民日常生活出行。交通、水利、网络、物流等基础设施建设仍显滞后。整体来看，农村的水电气网、污水治理等设备较为陈旧，卫生厕所普及率有待提升，互联网、物联网等基础设施仍没有大面积普及，城乡差距较为明显。深度落后地区基础设施建设滞后、资金不足，电网改造升级和配电网建设落后。

3. 乡村规划不合理

城乡现代化要立足中国实际探索中国特色的城乡现代化。推进乡村振兴战略，必须做好村庄建设规划。目前，我国村庄总体规划和村庄建设规划层次不清，造成村庄建设集约化程度低、布局混乱。国家统计局数据显示，2020 年我国常住人口城镇化率为 63.89%，农村常住人口数量为 50979 万人，农民工的数量为 28560 万人，其中，外出农民工 16959 万人，占农村户籍人口数量的比例达到了 26.5%，农村空心化水平较高。在农村“空心化”背景下，我国部分地区存在过快推进农村社区建设的现象，缺乏详细周全完善的规划，规划成果往往与实际情况脱节，仅为争取项目资金和应付工作，同时缺乏对当地传统特色文化的传承与保护，使部分地区出现了新房新村却无人亮灯的现象。在农村人居环境整治三年行动期间，所取得的重大阶段性成效离不开国家的大力投入，但相比之下，农村居民参与度普遍较低。调查发现，近三年来，实际参与过村庄环境治理的农民仅占半数，明显低于村两委换届选举和红白喜事的参与度。在卫生厕所改造方面，“一刀切”式的推进在部分地区出现了“水土不服”，甚至致使农村居民产生抵触情绪，出现了因缺水、无法上水导致的改而不用、用后更不卫生等情况。

（三）乡村人居环境质量较低

1. 农民生态环保意识薄弱

当前，受传统观念的影响和缺乏系统的生态教育，农民的生态环保意识薄弱，不少农民对短期利益较为看重，大量施用化肥农药等催产，实则对环境造成破坏。另外，家庭散户养殖存在小、乱、差的问题，污染分散，难以集中控制环境污染。农民垃圾分类与回收的意识较差，参与度不高，导致农村垃圾乱丢乱扔现象频发。

2. 乡村生态建设人才匮乏

“乡贤文化”是中华传统文化在乡村的一种表现形式。对于长期扎根于乡村基层的乡贤来说，无疑能对乡村生态建设提供专业指导和技术支持，解决乡村生态建设中出现的实际问题。也有不少与研究所、科研机构及高校的合作模式，由

具备专业技术的教授、老师亲临指导。我国现阶段乡村建设的驻地人员大多为本村干部，缺乏专业的知识和技术，农村的生态环境宣传普及工作难以开展。

（四）乡村环保制度不健全

1. 乡村生态文明法律规范不健全

生态文明法律规范是生态文明建设实施的保障。现行法律以《中华人民共和国环境保护法》为核心，陆续出台《水污染防治法》《大气污染防治法》《环境噪声污染防治法》等针对不同污染物的法律法规，但涉及面相对较集中，立法内容不完善，在生态污染防治法规、乡村生态建设等方面存在空白。农村生态文明建设问题较为严重，特定于农村的环境保护法律规范体系暂未出台，对农村医疗、教育、科技等方面涉及甚少。

2. 乡村人居环境整治长效机制未建立

建立农村人居环境整治长效机制是提升农村人居环境的重要保障。虽然国家对乡村人居环境非常重视，但具体到各个乡村并未全部真正落实，缺乏环境整治的监督机制。人居环境长效机制的建立需要多部门协同执行，现阶段，农村人居环境整治缺乏上下联动、部门协作、高效有力的工作推进机制。应完善协调联动机制，细化责任清单，强化管理标准，形成制度强、标准高、队伍大、经费足、督查密的人居环境整治长效机制。

三、成因分析

（一）工业化发展速度迅猛

工业化与农业现代化是协调发展的。一方面，工业化推动了农村社会经济的转型，促进农民转移聚集，缓解了农村劳动力就业问题；另一方面，工业化实现现代农业机械化，大大提升了农业生产效率。与此同时，工业化也为现代农业发展带来威胁。中国农村地区的生态环境污染情况严峻，以农业面源污染、工业污染和生活污染为主要来源，水资源、大气资源和土壤资源均受到不同程度的破坏。我国耕地面积缺稀，农业用地紧张，随着工业化的发展，非农用地不断增加，给农业发展带来威胁。工业化发展模式较为粗放，传统企业占比大，高新绿色企业占比小，村镇政府为发展本地 GDP 不惜引进高耗能、高污染企业，企业聚集对农村土壤、大气和水造成严重污染。

（二）乡村产业转型困难

由于资源、地形、经济、技术等水平受限，农村产业发展受到制约。虽然乡村产业现已形成了产业聚集，产业业态也较以前不断丰富，出现了一批新产业模式，但总体不够成熟。乡村产业发展仍存在不少问题而制约乡村产业转型。首先，乡村产业发展的质量不高且效率较低。农产品加工业以传统企业为主，缺乏新型绿色技术企业，产业集群规模小、技术传统、效率低下和竞争力不足是传统企业普遍存在的弊端。其次，产业要素缺乏活力。人力、土地和资金三大资本是产业要素的核心，乡村产业缺乏对人才的激励，导致出现“留不住人”的现象，土地面积紧缺，人地矛盾突出，土地供给失衡，资金投入不稳定，乡村产业发展缺少资金。产业转型升级要突出当地的历史文化和地域特色，村镇政府对农村发展未形成系统全面的策略，容易发生“照搬”模式，缺乏活力。最后，产业链断节现象存在。一些供应链上游企业无法在乡村驻地，导致产业链容易出现断链，还容易加长产品周期。农村三产融合程度低，一二三产业基础程度不同，融合难度大。

（三）乡村建设经费不足

农村环境治理资金投入有所增加，但农村污染治理资金来源单一、融资少仍是缺乏经费的主要原因。长期以来，政府的资金投入负担较重，公共服务和基础设施建设的投入总量有限，投向农村的资源优先用于灌溉设施、道路设施等农村居民生产生活所亟须的基础设施建设，而对生活垃圾处理服务和基础设施的投入不足。根据《中国城乡建设统计年鉴 2020》的数据，2020 年，中国村庄建设投入为 11503.416 亿元，其中用于垃圾处理的投入为 277.666 亿元，仅占村庄建设总投入的 2.414%，难以满足当前农村生活垃圾处理的资金需求。相对于城镇污水处理厂，农村污水处理站的财政投资较少，缺乏运行费用和专业管理，运行管理不够规范。与城市不同，农村社区建设主要服务于农民生产生活，并不能带来巨大的商业利益，资金投入不足已成为中国长期有效治理农村环境问题的瓶颈。

（四）乡村环境治理水平落后

农村生态环境保护与治理是当前环境保护工作的薄弱点和难点，在城市环境不断改善的同时，农村环境的污染问题日益严重。《全国第二次污染源普查》数据显示，农业污染源排放的 COD、氨氮等主要污染物，已远超工业与生活源，成为我国污染源之首。我国环保整体设计主要围绕工业和城市展开，治污实践重点集中在工业生产和城市生活，农村环境污染治理问题往往被忽视。目前，农村环境治理中存在排污主体责任不明确、治污主体缺失、监管能力不足、排污标准与政策法规不完善等诸多问题，导致乡村环境治理水平落后。

（五）生态环境保障体制不健全

农村生态文明建设作为乡村振兴的软性约束，重点在于农民生态文明素养的提高。农村生态环境缺乏有效保护监管和治理，法律法规和管理体制不完善。针对农村生态环境的法律法规、地方监管体系、治理措施和能力建设不到位，也没有对当地土壤、水质、空气等做到监测监管。农村“空心化”现象严重，中青年农村劳动力流失严重影响农村生态文明建设的进程，不利于农民生态文明意识

的学习与普及。我国 90%以上的文盲、半文盲在农村，具有初中文化程度的中年人中，77%是农村人口，其中，高中及以上文化水平的占 12%，小学及以下的占 11%。农村人口文化程度偏低，生态文明意识淡薄，部分农民缺乏生态环保意识，资源利用意识薄弱。

第四节　人与自然和谐共生推动乡村振兴的目标与重点任务

乡村振兴以产业振兴、人才振兴、文化振兴、生态振兴、组织振兴为目标，以农业农村优先发展、全面深化农村改革、推动农村各项发展为方针，以乡村振兴战略目标为方向，通过产业、人才、文化、生态、组织建设形成绿色高效的农村产业体系，提高农民收入，为乡村振兴提供持续的精神动力，促使乡村发展始终走绿色发展之路。国家始终将推进城乡环境保护、建立美丽乡村作为重点任务，加大农村生态环境治理力度，对提升农村生态环境质量将起到重大作用。

一、到 2035 年和 2049 年的目标

农村环境问题是推进乡村振兴亟待解决的重点。2020 年 9 月，习近平总书记在第七十五届联合国大会一般性辩论上提出，“碳排放问题是当前世界环境污染面临的严重问题，我国力争 2030 年前实现碳达峰，2060 年前实现碳中和，将碳达峰、碳中和纳入经济社会发展和生态文明建设整体布局，要把碳达峰、碳中和纳入生态省建设布局，建设人与自然和谐共生的现代化”。2018 年 5 月，全国生态环境保护大会强调，“确保到 2035 年，生态环境质量实现根本好转，美丽中国目标基本实现；到本世纪中叶，物质文明、政治文明、精神文明、社会文明、生态文明全面提升，绿色发展方式和生活方式全面形成，人与自然和谐共生，生态环境领域国家治理体系和治理能力现代化全面实现，建成美丽中国”。《第十四个五年规划和 2035 年远景目标纲要》提出，推动绿色发展，促进人与自然和谐共生。到 2025 年，生态文明建设实现新进步，生态环境持续改善。到 2035 年，生态环境根本好转，美丽中国建设目标基本实现。《乡村振兴战略规划（2018—2022 年）》提出，到 2035 年，乡村振兴取得决定性进展，农业农村现代化基本实现；到 2050 年，乡村全面振兴，农业强、农村美、农民富全面实现。

二、实现原则

遵循人与自然和谐共生理念的原则是要准确把握新时代中国特色社会主义思

想的科学内涵。人与自然和谐共生的现代化是建立在人与自然的和谐关系之上的共生关系。坚持农业农村优先发展，坚持城乡融合发展，畅通城乡要素流动。《乡村振兴战略规划（2018—2022年）》《第十四个五年规划和2035年远景目标纲要》指出，坚持农业农村优先发展，坚持农民主体地位，坚持乡村全面振兴，扎实推动乡村产业、人才、文化、生态、组织振兴。党的二十大报告指出“推动乡村振兴战略是建设美丽中国的关键举措，是实现人与自然和谐共生的必经之路”。《乡村振兴战略规划（2018—2022年）》提出，全面实施乡村振兴战略，首次提出五个振兴，即扎实推动乡村产业振兴、人才振兴、文化振兴、生态振兴、组织振兴，要坚定不移地坚持中国共产党的领导，贯彻创新、协调、绿色、开放、共享的新发展理念，走中国特色社会主义乡村振兴道路，最终实现共同富裕。

树立大食物观，发展设施农业，构建多元化食物供给体系。党的二十大报告指出“大食物观是推动农业供给侧结构性改革的重要内容，要求全方位多途径开发食物资源”。党的二十大报告要求“构建多元化食物供给体系”。党的十八大以来，以习近平同志为核心的党中央把解决好十几亿人的吃饭问题作为治国理政的头等大事，提出了新粮食安全观，确立了国家粮食安全战略，走出了一条中国特色粮食安全之路。

强化农业科技和装备支撑，健全农民收益保障机制和主产区利益补偿机制。质量兴农、绿色兴农、品牌强农，强化科技支撑是关键。党的二十大报告中提出，“从吃得饱到吃得健康，树立大食物观关键靠科技创新”。“十四五”规划纲要强调“加强农业机械研发应用，加强种质资源保护利用和种子库建设，加强农业良种技术攻关，完善农业科技创新体系，创新农技推广服务方式，建设智慧农业”。农业农村部提出，要推动健全农民种粮收益保障机制，强化责任落实，保障收益，强化农业科技基础支撑。发展乡村特色产业，拓宽农民增收致富渠道。党的二十大报告指出，“促进农民增收是农业农村工作的一个中心任务”。因地制宜地发展多样性特色农业，大力发展农业现代化，深入推进“互联网+农业”，促进农村劳动力就业，支持农民创新创业，拓宽农民增收渠道。统筹乡村基础设施和公共服务布局，建设宜居宜业乡村，进一步加强农村基础设施和公共服务体系建设，发展乡村新型服务业，让农村不仅宜居宜业，而且更加美丽，走出一条特色乡村振兴的新路。

三、重点任务

中国式现代化是人与自然和谐共生的现代化，要加快构建新发展格局，着力推动高质量发展，就要全面推进乡村振兴，全方位、全地域、全过程开展生态环境保护，建设实现中国式现代化。

（一）坚持推动绿色发展，深入推进创新驱动

生态环境面临的直观问题是污染物排放，而追溯污染源头其实是生产方式的问题。只有从源头上将污染物排放大幅降下来，生态环境质量才能明显好上去。推动绿色发展的重点是调结构、优布局、强产业、全链条，要把实现减污降碳协同增效作为促进经济社会发展全面绿色转型的总抓手，加快推动产业结构、能源结构、交通运输结构、用地结构调整。要抓住调整产业结构，对新兴产业、高技术产业等提供资金和技术支持，为绿色低碳技术寻找科技支撑，强化创新科技转化成果，提升现代服务业水平，推动能源清洁可持续利用。

实现人与自然和谐共生的重点任务是，要推动绿色发展，促进人与自然和谐共生。党的二十大提出，“要推动绿色发展，促进人与自然和谐共生，要加快发展方式绿色转型，深入推进环境污染防治，提升生态系统多样性、稳定性、持续性，积极稳妥推进碳达峰碳中和”。《第十四个五年规划和 2035 年远景目标纲要》提出，要做到提升生态系统质量和稳定性，完善生态安全屏障体系，构建自然保护地体系，加强乡村生态保护与修复；深入开展污染防治行动，全面提升环境基础设施水平，严密防控环境风险，积极应对气候变化，健全现代环境治理体系；要加快发展方式绿色转型，全面提高资源利用效率，构建资源循环利用体系，大力发展绿色经济，构建绿色发展政策体系。

实现人与自然和谐共生的重点任务，要推进创新驱动发展，深入推进农业科技创新。《“十四五”推进农业农村现代化规划》提出，要提升农业科技创新水平，打造品质优势和品牌效益双渠道，提升农业质量效益和竞争力。《乡村振兴战略规划（2018—2022）》提出，要提升农业装备和信息化水平，打造农业科技创新平台基地，加快农业科技成果转化应用。

（二）保护蓝天、碧水、净土，深入打好污染防治攻坚战

生态资源是最天然的物质财富。保护生态资源不能只关注眼前，更要做好攻坚战的准备。打好污染防治攻坚战，既是生态文明建设的当务之急，也是改善人居环境的必要要求。保持攻坚力度和势头，坚决治理“散乱污”企业，继续推进重点区域大气环境综合整治，加快城镇、开发区、工业园区污水处理设施建设，深入推进农村牧区人居环境整治。

生态资源是大自然得天独厚的财富，应注重节约资源，循环利用，把解决突出生态环境问题作为优先领域，必须着力践行创新、协调、绿色、开放、共享五大发展理念，以法律为保障，采用科学的方法精准治污，从力度、深度拓宽治污的广度，强化多污染物协同控制和区域协同治理。坚决打好打赢蓝天保卫战是重中之重，以空气质量明显改善为刚性要求，强化联防联控；深入实施水污染防治行动计划，加强江河湖库的污染防治，综合整治水生态治理，保护水资源和居民

用水，坚决治理城市黑臭水体；全面落实土壤污染防治行动计划，推进土壤污染防治，突出重点区域、行业和污染物，强化土壤污染管控和修复，有效防范风险。大力推进资源节约和循环利用，保持加强生态文明建设的战略定力，严守红色底线，牢固树立生态优先、绿色发展的导向，持续打好蓝天、碧水、净土保卫战。

（三）坚持农业农村优先发展，加快推进城乡融合发展步伐

实现人与自然和谐共生的重点任务是，要坚持农业农村优先发展，发展壮大乡村产业。党的二十大对全面推进乡村振兴提出了五点要求，其中以坚持农业农村优先发展为首，要全方位夯实粮食安全根基，牢牢守住 18 亿亩耕地红线。《第十四个五年规划和 2035 年远景目标纲要》提出，推进乡村振兴战略，提高农业综合生产能力，深化农业结构调整，丰富乡村经济业态。《乡村振兴战略规划（2018—2022）》《“十四五”推进农业农村现代化规划》提出，要构建现代乡村产业体系，推动农村产业深度融合，加快农村一二三产业融合发展，把产业链主体留在县域。

实现人与自然和谐共生的重点任务，要实施乡村建设行动，强化乡村建设的规划治理。《乡村振兴战略规划（2018—2022）》要求，扎实推动乡村产业、人才、文化、生态、组织振兴，加强和改进乡村治理，加快构建党组织领导的自治法治德治相结合的乡村治理体系，建设宜居宜业文明和谐乡村。《“十四五”推进农业农村现代化规划》提出，提升乡村基础设施和公共服务水平，改善农村人居环境，聚焦交通便捷、生活便利、服务提质、环境美好，建设宜居宜业乡村。

实现人与自然和谐共生的重点任务，要坚持城乡融合发展，构建乡村振兴新格局。党的二十大报告指出“要坚持城乡融合发展，畅通城乡要素流动”。《乡村振兴战略规划（2018—2022）》提出，坚持乡村振兴和新型城镇化双轮驱动，统筹城乡国土空间开发格局，优化乡村生产生活生态空间，分类推进乡村振兴。

（四）保障农民自身权益，持续改善农村人居环境

要深化农村土地制度改革，保障农民权益。党的二十大报告强调，要赋予农民更加充分的财产权益，确保农村转移人口合法权益，鼓励农民依法自愿有偿转让；为农民提供广泛的就业机会，将产业链增值的收益留给广大农民，实现农民增收，推进产业链、供应链的现代化。《乡村振兴战略规划（2018—2022）》提出，提高农民的参与程度，创新收益分享模式，激发农村农民的创新创业活力。要保障和改善农村民生，持续改善农村人居环境。《乡村振兴战略规划（2018—2022）》还提出，加强农村基础设施建设，改善基础设施条件，提升劳动力就业质量，提升农村教育事业、健康乡村、乡村养老等服务功能，完善制度保障体系，建立健全整治长效机制。实现人与自然和谐共生的重点任务是，要巩固和扩

大脱贫攻坚成果，有效衔接乡村振兴。坚决打精准扶贫攻坚战，增强落后地区内生发展能力。

（五）建设人与自然和谐共生的现代化，提高生态环境治理能力

建设人与自然和谐共生的中国式现代化，国家要优化完善生态政策与制度布局，建立资源高效利用制度、健全生态保护和修复制度、严明生态环境保护责任等；以政府为主导引领人民的行动方向，提高生态环境领域国家治理体系和治理能力现代化水平。建设人与自然和谐共生的现代化要坚定不移地实施乡村振兴战略，加快发展方式绿色转型，深入推进环境污染防治，提升生态系统多样性、稳定性、持续性，积极稳妥推进“碳达峰、碳中和”目标，协调推进降碳、减污、扩绿、增长，逐步转向碳排放总量和强度“双控”制度，调动人们参与环境治理的积极性与主动性，持续提升人民群众的获得感、幸福感、安全感。

（六）提升生态系统稳定性，积极推动可持续发展

提升生态系统质量、保持生态系统稳定是保证生态系统可持续性的重要内容。良好生态环境为人类提供了自然的生存条件，同时也蕴含着丰富的经济社会价值。生态环境质量越高，人们生活的品质越能得到提升；生态系统越稳定，人与自然的和谐度会越高，人们的生活幸福感与满足感会越趋于平衡。从生态系统整体性出发，要坚持系统观念，着力提升生态系统质量和稳定性，坚持正确的生态观、发展观，共同维护山水生态完整性和整体性，把山水、森林、田野、湖泊、草地、沙地综合保护和修复作为一项重要任务；重视综合、系统和源头治理，进一步推进生态修复和环境污染治理，杜绝乱采滥挖，持续推进改善、优化生态环境，提高流域整体功能，最终实现生态系统稳定和可持续发展。

第五节　人与自然和谐共生之路推动乡村振兴的实现路径

一、完善生态文明顶层设计，全面推动生态制度建设

加强生态文明法治建设。生态文明法治建设应有完备的法律体系作为基础，要完善生态文明顶层设计，必须依靠法律手段来约束和监督社会主体的行为。通过修订我国生态环境保护法律法规，让生态文明法治具备可操作性、针对性和灵活性。因此，要加强科学立法、严格执法，维护人民群众的切身利益，保证生态文明建设的权威性、稳定性和公信力。

建立生态环境责任追究制度，是能够有效实现生态环境考核制度的必要条件。党委及其组织部门在地方党政领导班子成员选拔任用工作中，应当按规定将资源消耗、环境保护、生态效益等情况作为考核评价的重要内容，对在生态环境和资源方面造成严重破坏负有责任的干部不得提拔使用或者转任重要职务。由于生态环境责任追究制度不完善，一些主要负责人为了追求眼前的经济利益而忽视了生态环境保护的长远利益，造成了严重的资源浪费和环境污染。要落实领导干部任期生态文明建设责任制，明确各级领导干部责任追究情形，对造成生态环境损害负有责任的领导干部，一旦发现需要追责的情形，必须追责到底。

建立生态环境责任追究的结果评估和信息公开机制。通过结果评估能够保证责任追求制度的公平、公开和公正，提高生态环境责任追究制度的效率；通过信息公开机制能够提高生态环境责任追究的威慑力，坚持“生态补偿”制度和“生态监督”原则，坚持“谁污染、谁付费”的原则性保护机制。

二、继承乡土文化，留住乡愁，分类推进乡村建设

风俗、理念、价值、精神等乡土文化决定着中国城乡建设乡愁的独特性。新时代城乡现代化实践要走中国道路，关键之一是重视城市和乡村的乡愁记忆，在传承历史文化基因中建设现代化的人文城乡、生态城乡和生活城乡。生态是乡愁的主题，乡愁与生态文明建设紧密联系。“留住乡愁”的前提是加强文化保护。不仅要保护传统村镇文化遗产和风貌、保留文化基因，更要注重对生态文化的延续。要保护传统村落、民族村寨和乡村风貌，特别要重视古迹和革命历史遗迹的保护。传统村落大都具有物质形态和非物质文化遗产上的独特性，使传统村落成为地方政府振兴传统村落发展绿色产业的首选。企业商业化需要增强文化支撑，促进传统生态文化转型发展，同时企业在促成生态文化产业化时，不仅要注重创新，更需要重视环保理念的传播，为传统文化注入新元素新内涵。

三、坚持绿色低碳节能高效原则，构建绿色产业体系

促进以绿色为核心的发展，发展经济不应以牺牲环境为代价。加强生态环境保护能够为农村发展提供良好的基础条件。将发展简单地理解为发展经济、提高GDP是一种片面的看法，必须要将发展看作经济、政治、文化、社会、生态多方面的综合，构建绿色产业体系和空间格局。我国农业机械化程度低，抵御风险能力低。在服务业方面，结构不合理，效益低。为此，要提高农业科技水平，推动农村产业结构朝着能源消耗低、碳排放低等方向转变，发展清洁能源、新材料等新型产业；要提高机械化水平，发展绿色生态农业，发展第三产业，推动农业创业。

四、珍惜现有的山水林田湖草，增强“保护蓝天、碧水、净土”价值观

近几年来，随着我国持续加大生态文明建设力度，公民的环保意识显著增强，迫切需要增强公民“保护蓝天、碧水、净土”的生态环境保护意识。

第一，加强宣传教育，创新活动形式。公民生态环境保护意识不是自己直接生成的，而是外界通过一定的形式灌输到公民头脑中的，宣传教育是提升公民生态环境保护意识的重要途径。加强公民守法意识。通过开展法制宣传教育，加强公民的守法意识，用生态文明理念规范自身行为，在生态文明法律领域内进行实践，在全社会形成自觉履行环境保护义务、依法维护环境权的氛围，使社会主义法治精神和生态文明理念真正深入人心。

第二，把珍惜生态、保护资源、爱护环境等内容纳入国民教育和培训体系，纳入群众性精神文明创建活动。推动形成节约适度、绿色低碳、文明健康的生活方式和消费模式。绿色生活方式和消费模式是以节能、降耗、减污为目标的生活方式，要求杜绝浪费、勤俭节约，有效强化各方面节约管理，从源头上减少对自然的损害，对环境的破坏。形成绿色的生活方式有助于实现绿色发展、低碳发展和循环发展，促使公民不断在行动上自觉践行绿色发展理念，形成良好的生活习惯，积极参与到生态文明建设中去，满足了人民群众对美好生活的向往，更好地促进人与自然和谐共生。坚持绿色低碳。践行绿色生活方式就是做到耗能少、污染小、排放低，在衣食住行方面真正做到绿色低碳。

五、严格保护农业生产空间和乡村生态空间，构建多元主体参与机制

严格保护农业生产空间和乡村生态空间。优化布局乡村生活空间是构建多元主体参与共同治理机制的基础，对提升农业生产质量、农村生活环境和综合管理水平具有重要的意义。要开展乡村全域土地综合整治试点，优化农业、农村生产和乡村生态空间布局，科学划定养殖业适养、限养、禁养区域，要科学地利用污水灌溉农田，合理使用农药，提高公众的土壤保护意识。

要构建多元主体参与的绿色发展机制，创新基层治理，打造共建共治共享的绿色治理格局。地方政府应结合地方特色对当地的试行策略进行地方化处理。重视基层干部队伍建设，增强基层组织治理权威；确保干部的政治素养，加强村干部队伍的建设，加强基层党组织建设；完善村党组织在农村治理中的领导，加强村干部队伍建设，推动乡贤回归；创建与村庄环境整治、村庄美化和农民增收结合起来的机制，并通过建立财政补助、农民个人种植、村集体补贴相结合的资金筹集机制来激发村民主观能动性，引导村民成为保护农村生态环境的主要力量。同时，引导社会力量加入建设绿色村庄。鼓励社会各界以捐资助绿、认建认养等

方式支持绿色村庄建设；建立长效机制，结合冠名植树、营造纪念林等方式开展义务植树活动，支持共青团、学校等团体单位积极参与到村庄绿化中，构建多元主体参与机制，打造共建共治共享的治理格局。

六、推进开放合作共赢的模式，促进生态文明建设

加强区域合作的共同价值观念。区域合作已成为促进区域发展的新模式，区域合作的实践已不局限于经济合作，生态治理同样需要用协同的视角关注。各区域要对我国生态治理承担责任，共同推进我国生态治理工作。东部地区要利用先进的科学技术治理生态环境，加大对中西部地区的技术援助，积极主动承担自身责任；中西部地区要加大科技投入，提高资源利用率。各区域推进生态治理时要做到权责对等、公平公正，协商解决好利益再分配，树立创新、平等、合作、共赢的新思维，形成共同价值观。在共同价值观的引导下，推进中国生态环境进程，为解决当前生态治理的困境指引方向，为生态文明建设打开新局面。

建立普遍认同的环境治理体制机制。将生态文明建设纳入制度化、法制化轨道，强化规范，形成一个具有机制约束力和道德规范力的社会环境。当前，亟待建立系统的生态治理评估体系，在对不同治理领域进行评估时，坚持定性与定量相结合的原则，保证评估的客观性、科学性、透明性、可靠性。推动构建区域生态环境领导机构，拥有健全的体制机制和明确的部门分工，加强非政府间组织的领导力。

加强区域生态治理。区域生态治理与全球生态治理是一个非常重要的相互转化的因果链条，要通过开展区域合作，积极探索并开展区域内普遍认同的生态治理实践，保证区域生态平衡，进而开展区域生态治理合作，由点及面、从少到多地实现生态系统的稳定和生态环境的良性发展。

第六节　对策与建议

一、开展农村人居环境整治提升行动，持续推进生态文明建设

（一）建立健全生态目标责任体系

建立生态目标责任体系和环保督察工作机制是建设生态文明的重要抓手，同时要严格落实环境保护主体责任、完善领导干部目标责任考核制度、追究领导责任和监管责任。国务院发布的《国务院办公厅关于改善农村人居环境的指导意

见》提出，对于绿色村庄的基本要求，要结合本地自然气候、地形地貌和经济条件等因素分类而确定最终适合当地绿色村庄的实施方案；明确实施绿色生态建设主体责任单位，明确各级人民政府及村委会各级主要职责及主要工作内容。各级政府应负责对政策实施过程进行监督引导，确保政策实施遵循科学的规则，确保改善农村人居环境工作总体要求；开展日常检查、对基层工作成果进行验收，吸引社会团体单位或个体广泛关注，使其参与进来。其他相关责任单位，村委会、社会单位团体及村民个体都有主要责任划分，村委会应该动员村民投工投劳，确保政策落地实施；社会单位团体应积极参与到绿色村庄建设的活动中来；村民参与绿色村庄建设活动，不仅能推进村庄绿化工作，切实改善农村人居环境，还能通过绿色村庄增收创益。要尽可能地动员社会力量和农民群众广泛参与，并在此基础上建立财政补助、村集体补贴、农民个人种植、社会捐赠相结合的资金筹集机制，才能大力推进村庄绿化工作，切实改善农村人居环境。

（二）完善生态管理绩效考核体系

生态管理绩效考核制度是针对政府在生态环境保护领域行政能力制定的衡量标准，对生态目标责任单位团体、个体的行为及工作进行评定与考核也是生态监管工作的重要环节。明确生态环境考核评价内容，建立切实可行的考核机制，并对固定时间周期内的工作成果进行数据化，根据结果对各级政府的工作成果进行判定。要将资源消耗程度、环境破坏程度、生态效益、生态文明意识等指标纳入生态环境考核评价体系，充分发挥其约束和规范作用。以生态效益为导向，采取经济效益和生态效益相结合的方式，针对不同区域、不同部门、不同环境设置考核评价原则，坚持多维度、多角度和多层次的考核内容。要明确生态环境考核评价的主体。生态环境考核评价制度不仅涉及政府行为，还涉及企业、个体等主体的自身利益。

资源利用程度主要评价在使用资源时产生的排放物是否较之前有降低，主要检测项目包括单位 GDP 能源消耗降低量、单位 GDP 二氧化碳排放降低、耕地保有量和新增建设用地规模等。生态环境保护程度主要通过城市污染程度及水污染物、大气污染物等的排放量增减进行判定，主要检测项目包括地级及以上城市空气质量优良天数比例，地表水达到或好于Ⅲ类水体比例，化学需氧量排放减少总量、氨氮排放减少总量、二氧化硫排放减少总量、森林覆盖率、森林蓄积量等。年度评价结果指各地区生态文明建设年度评价的综合情况，是对当地各级政府生态管理绩效考核的基础信息。公众满意程度指居民对本地区生态文明建设、生态环境改善的满意程度，是否发生生态环境事件、地区重特大突发环境事件、造成恶劣社会影响的其他环境污染责任事件、严重生态破坏责任事件，由于居民身处其中，对于城市生态文明建设程度感受最直观，因此公众评价也应该纳入生态管理绩效考核体系中。完善生态管理绩效考核体系，对当地的生态文明建设进行客观评价，将生态文明的建设成果进行数字化处理，并对政策细则和实施过程进行科学有效的评价及分析，有利于生态目标责任体系的落实和发展。

（三）建立环境准入和责任监管制度

要坚持农业农村优先发展，坚持城乡融合发展，畅通城乡要素流动，但在城乡要素流动、推动农村现代化发展的同时，随着城市污染治理和环境保护技术成熟，应该促使其改进技术，突破垃圾减量化、循环再利用的无污染技术，为农村可持续发展留好后路。

要统筹监测评估，推进防治一体化，在乡村生态文明建设的过程中应该建立环保督察和责任监管制度。第一，统筹城乡环境监测预警体系建设。遵循“预防为主、保护优先”的工作方针，完善环境监测预警制度，健全完善工程环保验收制度、监测和通告制度等监测预警制度，争取从源头上遏止生态环境恶化；建立覆盖城乡的环境监测和预警网络，实现全覆盖的环境监测预警，推进环境监测站的标准化建设，提升应急处置能力。第二，统筹生态环境质量评估。构建一套符合当地乡村实际的生态环境质量评估体系，通过对乡村的生态质量进行分类评估，合理确定生态环境质量监测指标，以此为基础完善评估技术，提高生态环境质量评估水平。第三，统筹生态环境政策评估。建立健全环境影响评价“一票否决制”、审批责任“终身制”、绿色 GDP 核算体系等适应国情的防范体系，使环境治理由“末端控制”向“前期预防”延伸。第四，推进环境监察标准化建设。按照环境监察标准化建设的要求，加大投入完善配备环境监察设施设备。除设备外，业务人员能力也是重要一环，应该强化业务培训，提高环境监测人员业务素质和预警执法能力。

二、健全生态系统保护和补偿机制，实施生态系统保护和修复工程

（一）健全生态系统保护和生态补偿机制

健全生态红线制度。坚定不移遵循功能区的引导和协调作用，合理规划城乡生态保护统筹工作。严格遵守生态保护红线，严禁出现在生态保护红线内进行狩猎、复垦、焚烧、采矿等破坏生态功能和生态环境的利己活动。

建立生态补偿基金。通过中央财政统一划拨、地方财政预算安排、直接受益单位经营收入提取、社会资本投资等多种渠道筹措建立生态补偿基金。在基金中设立专项资金并加以分类，适用于环境与资源保护、农村污染治理、可持续利用、生态补偿及生计替代产业扶持、自然保护区及生态功能区的管理能力建设等，探索市场化生态补偿模式。推进垃圾、污水集中处理和环保设施的市场化运营，为具有规模的社会化、专业化的环境污染治理企业提供水权、排污权、矿产

资源开采权、森林资源使用权的有偿交易等支持，充分发挥市场机制的资源配置功能。推进污水处理厂、垃圾处理厂、危险废物厂的企业招标工作，完善污水治理和垃圾处理的收费制度，对污染治理建设与运营、设备折旧等予以税收扶持政策等。

完善生态保护补偿机制。以政府采购服务为主，完善乡村生态环境管理和保护机制，设立基于生态环境的补偿条件和动态计量，采取市场化补偿方式，利用先进技术衡量和保护森林碳储蓄率；持续实施农牧区重点公益林的建设、管理、养护和运输的生态权补偿。探索具有市场化功能的生态补偿方式，建立健全水权和碳排放交易制度。整合生态补偿政策，建立以区域补偿为主体、中央和省级财政为支撑的生态保护补偿机制。完善生态脆弱农牧区的生态恢复机制，侧重对重点生态功能区的转移支付，完善生态保护和资金有效配置的激励约束机制。

（二）建立健全生态产品价值实现机制

建立自然资源资产产权制度，建立健全自然资源资产管理和产业运营制度，探索建立生态产品外部性内部化机制，形成能反映生态产品价值的执行制度和实施路径。加强生态修复、系统治理和综合开发，恢复自然生态系统功能的真实性和完整性。根据近年来生态产品价值实现试点及实践探索，结合因地制宜、重点突出、探索差异化的模式，提高农村生态产品供给能力。在此基础上，针对私人属性较强的生态产品，通过发展生态农业、生态养殖业、生态精深加工业、生态文化旅游产业，促进一二三产业融合发展，探索特色生态产品的经营、销售和生态产业化模式。

大力发展现代特色高效生态农业。坚持农业生产有机绿色导向，强化优质绿色农产品供给。深入实施农业绿色生产行动，采用原生态种养模式，提高生态产品价值。加快做大做强农业特色优势产业，促进特色产业由资源变产品、产品变商品、商品变名品，提高重要农产品标准化、规模化、品牌化水平。深入实施绿色制造专项行动和绿色经济倍增计划。依托优良生态资源禀赋，适度发展数字经济、洁净医药、电子信息制造等环境敏感型产业。依托良好生态资源，发展生态乡村旅游产业，在最大限度地减少人为扰动的前提下，积极发展民族、乡村特色文化产业和旅游产业，丰富旅游业生态和人文内涵。持续推进春夏秋冬四季旅游均衡发展，打造一批特色生态旅游带。加快培育壮大生态旅游市场经营开发主体，鼓励盘活废弃矿山、工业遗址、古旧村落等存量资源。

（三）加强实施生态系统保护和修复工程

遵循自然生态系统演替规律，充分发挥大自然的自我修复能力，强化科技支撑作用，因地制宜、实事求是，采取科学配置保护和修复、自然和人工、生物和工程等措施，推进一体化保护修复，避免修复过程中造成新的生态破坏。

确保生态保护与修复工程部署的区域整体性。生态保护修复工程的设计要将各种生态要素有机融合，进行整体保护、系统修复、综合治理，维护区域生态安全。按照生态系统本身的自然属性，把区域和流域作为一个整体进行保护及修复，依据生态要素逐一明确治理技术的重难点，打破行政界限，实现整体设计和分项治理。针对区域主导生态功能和突出生态问题设计工程项目，全面梳理乡村生态系统存在的主要问题和重要矛盾，明确乡村生态保护成效与生态功能定位的差距，调查评估乡村生态系统质量和存在的问题。根据生态环境问题与生态功能定位，确定生态保护与修复的部署区域。选用地理信息系统技术，采取分区域、分类别的保护手段对环境治理、保护生物多样性、生态补偿等环节重点布局。建立资金筹措的长效管理机制。生态保护与修复是一项周期长、难度高、复杂的系统工程，要加强国家和地方政府管理行为，建立长效机制保障工程实施。一方面要积极鼓励社会资金投资，另一方面要统筹分类原有的财政资金，保证治理资金渠道畅通、资金规范、按块分类、管理严密、公开透明。生态系统保护和修复工程要不断革新，增加试点积累经验模式。在原有技术和治理模式上进行改进及创新，强化对先进生态保护修复技术的探索和应用。建立多层次、大范围的立体推进格局，提升生态环境安全水平。重点关注问题突出、区域单元鲜明、流域完整的综合性生态保护修复示范工程，加强区域合作，打造上下联动、全员参与的生态保护修复长效机制。

三、统筹生产生活生态空间，开展村庄清洁和绿化工程

（一）加强村庄布局规划和基础设施建设

乡村振兴要按照现代化的标准和要求对乡村进行规划、重塑和建构，以中国乡村的“底板”为基础，探索和实现“中国版本”的农村现代化。中国乡村的“底板”是历史延续下来的、有悠久农耕文明史。在村庄布局规划方面，要坚持县域规划建设一盘棋。

首先，明确村庄布局分类，细化分类标准。根据村庄目前的发展情况进行合理分类，将大规模、人口密集的村庄确定为“集聚提升类村庄”，邻近城镇郊区的村庄确定为“城郊融合类村庄”，特色资源比较丰富的村庄确定为“特色保护类村庄”，人口流失特别严重或自然灾害多发，生存条件恶劣的村庄确定为“搬迁撤并类村庄”等。

其次，推动国家出台政策保护耕地使用权，通过对基本农田的划分，实施强有力的乡村土地保护，确保国家粮食安全底线。

最后，村庄空间布局规划要以生命为核心，以人为中心，以可持续发展为原则，着眼于人与自然的和谐，体现乡村自身的文化特色。每个村庄不仅有不同的

生态自然风景，还有其不同的历史故事和文化特色，要充分打造特色村庄，针对特色进行合理的空间布局。要加强农业农村基础设施建设措施，持续加大对农村公路建设、农田水利建设、农村人居环境建设的工作，在城镇公共设施向乡村延伸的基础上，将村庄与城镇的交通等公共设施、信息化服务等现代服务体系对接起来。

（二）推进农村生活垃圾分类和资源化利用

推进农村生活垃圾分类和资源化利用，第一，要制定垃圾分类管理办法，确保垃圾分类过程更加规范化。要明确垃圾分类的标准和奖惩措施，促使管理办法落到实处。强化对企业垃圾处理工作的监督，保证政府充分发挥自身的引导和监管职能。第二，定期开展垃圾分类宣传教育，提高村民的垃圾分类和环境保护意识。提高村民参与垃圾分类工作的积极性，宣传垃圾分类的重要性和垃圾分类的基本知识，强化人与自然和谐相处的环境保护理念。号召政府、环保部门、企业和村民共同参与，引导村民树立良好的环境保护意识，养成环保的生活方式。第三，完善垃圾分类的基础设施建设，为推进垃圾分类提供保障。增加垃圾分类基础建设数量，如垃圾桶、垃圾回收站点、垃圾车、垃圾分类收集池等。应大力引进推广先进的垃圾分类和垃圾处理技术，从而提升垃圾分类的准确度以及垃圾处理、资源回收再利用的效率，减少垃圾的数量及其对生态环境的消极影响。第四，多渠道增加垃圾分类处理资金投入。从多渠道引进社会资本，拓宽农村基础设施建设的融资渠道，加大垃圾处理的资金投入力度。对垃圾分类治理专项资金，要严格划分使用途径，做好预算。第五，建立垃圾分类数据平台。利用数据平台掌握实时的垃圾分类和处理情况，实现对垃圾分类投放、收集、运输、处理全流程的监督和管理，从而保证垃圾分类回收体系的有效运行。

（三）以乡镇和中心村为重点梯次推进农村污水处理

实现城镇农村经济建设以及可持续化发展，必须落实对农村污水处理有效的整治工作。一是完善农村排水规划，排水规划既要满足近期使用需求，也要满足长期生态原则，合理确定污水处理目标，因地制宜地制定相应的污水排放规划方案。二是选择适合的分流或合流排水体制，选取正确的排水体制以达到实用且节约成本的目的。三是合理地选择分散式处理和集中式污水处理模式。分散式处理主要是在地形不平坦且对应的污水在收集方面不利于开展的地区进行；集中式处理是针对靠近城市的农村，可以最大限度地利用污水处理资源，将农村及城市同时进行相应的污水处理覆盖。四是选择适合的污水处理工艺。对农村污水处理技术的选择，应按照国家对污水废物的排放指标、标准以及相应污染物来源进行有效的分析，确保污水处理系统具有抗冲击的能力，并合理安排投资建设费用以及确保运营维护保养费用最低。农村污水处理工艺技术的选择应结合地区特点，以实现农村污水处理、生态保护、农业灌溉等基本的需求为主选择对应的污水处理工艺。

（四）加快因地制宜、形式多样的农村改厕工程

农村改厕工程要遵循整体推进原则，突出人性化。第一，建立农村厕所实施与管理考核机制。将农村厕所改造纳入地方政府城乡发展与规划的工作考核，通过考核制度落实农村厕所改革工作。加强各部门间的沟通与协作，共同建立可推进农村厕改工作稳步运行改革机制。第二，设置专项资金通道，整合可用资源与资金，确保农村厕所改造平稳运行。注重维护与保养工作的落实。建立厕所管理查验制度，积极落实“以政府为主导，以乡镇落实到位为立足点，通过乡村村组具体执行”制度，落实到人。第三，注重质量与数量双管齐下。农村厕所革命是实现农业现代化的基础条件，但“厕所革命”也并非一蹴而就，在落实模式上需结合实地考察。第四，遵循民意。将农民意愿融入“厕所革命”是实施过程的重要环节，调动农民参与厕所改造的积极性，听取农民意见，认真做民调，加快因地制宜、形式多样的农村改厕工程进程。

（五）加强绿化美化乡村生态环境

乡村拥有最独特、最美丽的自然生态环境，新时期的美丽乡村要将生态优先作为首要原则，持续推进乡村生态环境整治，实现乡村绿色发展和永续发展。首先，科学规划合理绿化树种。在村镇绿化美化中，要选择优良绿化树种，尽量采用当地优良乡土树种，栽植一些珍贵的稀有树种，提倡果树进村、果树进户、果树进庭院，种植传统的杏树、石榴等群众喜爱且又有传统种植经验的树种。在绿化美化过程中，要科学规划，既要追求绿化覆盖面积，又要考虑观赏景观效果，才能达到事半功倍的乡村绿化作用。因地制宜科学栽植，结合实际多策并举，强化管理。对于集体经济条件较好的村或财政实力较强的乡镇，应成立专门养护队伍，聘请专业园林技术人员进行指导，走专业化管理的路子。对于经济条件较差的乡村，可以探索由乡村公益岗位人员分包管理。

（六）提升村镇无障碍环境建设

无障碍环境建设是一项人居环境优化的基础工程，与村镇相关的美丽乡村建设、农村人居环境整治、厕所革命、老旧小区改造等项目中都应涉及无障碍环境建设。无障碍环境建设包含物质环境、信息交流环境和人文制度环境建设的系统性工程，仅靠碎片化、修补式的无障碍环境建设难以全面系统推进，尤其是在村镇的无障碍环境意识、物质基础、治理机制等方面通常逊于城市的情况下，需要将无障碍环境纳入美丽中国、乡村振兴战略体系，以全龄友好无障碍理念对村镇无障碍环境建设进行顶层设计。全国无障碍创建工作较好地推进了我国无障碍环境建设水平，但对于广大农村地区的无障碍环境建设，全国性的创建工作显得杯

水车薪。为此，有必要拓展省级或市级的村镇无障碍环境创建工作，有序引导和推进无障碍环境在乡村的普及。通过创建工作可以搭建县、乡镇、村三级联动、分工协同的村镇无障碍环境建设工作平台，县级成立住建、残联、民政、老龄办、交通、广电、通信、信息办等相关部门参与的联席会议，负责无障碍环境建设规划、培训、技术指导、工作协调等；乡镇一级成立相应的工作组，负责配合落实无障碍规划、设计、施工、验收等工作；村级作为无障碍环境建设的主体，应将无障碍环境作为提升乡村品质的基础工程，加强无障碍环境建设宣传，鼓励村民共同关注无障碍环境建设。

四、加快绿色产业融合发展，推进生态循环农业进程

（一）提高废弃物资源化利用水平

坚持生态优先的发展理念，推进绿色生产，构建绿色生产方式，形成绿色农业体系，提高农业废弃物资源化利用率，有利于生态农业和环保农业发展。

一是农膜资源化利用。首先，加大财政对购买高强度农膜的农户的补贴力度。农户对低强度农膜购买量最大，原因是其使用成本低、价格便宜且经济性好。在不影响实际生产的情况下，农户更倾向以同样的价格购买更薄、使用更长的农膜，但厚度薄的农膜易风化，风化后易碎，致使捡拾难度大。因此，地方政府通过对购买高强度农膜的农户进行差价补贴，可以引导农户购买厚度更大的农膜，以提高捡拾率。其次，加大对废旧农膜回收的补贴。提高农膜回收终端的收购价，并根据废旧物资收购农膜的实际情况，给予收购站适当的运输补贴，并增设村级固定回收点，可以提高农户的捡拾积极性和收购站的收购积极性。

二是畜禽粪污资源化利用。针对大型养殖场，粪污通过三级沉淀池或沼气工程进行能源化利用，处理后的污水、沼液、沼渣用于生产有机肥或还田利用，同时采取 PPP 模式，对畜禽养殖废弃物进行集中收集，采取固液分离，对干粪进行集中堆沤发酵，生产有机肥，污水进行还田利用。对于集中养殖和区域养殖小区，以养殖小区所在村镇、合作社为单位，集中进行收集处理。区域内养殖户只需建设粪污储蓄池，由集中处理企业定期进行收集，集中处理后粪污进行达标排放或肥料化、沼气化利用。对于无配套农田的规模养殖场，养殖污水固液分离后，通过好氧和厌氧发酵进行深度处理，处理后污水进行达标排放或消毒回用。对于小规模畜禽养殖户，可以通过畜禽“三改两分”工程措施、改厨改厕改舍以及沼气池等“一池三改”工程，利用沼气池和化粪池发酵产生肥水，直接就近就地还田利用。

三是秸秆综合利用。通过科技研发创新扶持以及财政补贴，对从事农作物秸秆回收及利用的企业给予税收政策上的倾斜，加大对秸秆综合利用价值的宣传，

从而扩大参与秸秆综合利用的格局。加快引导构建农作物秸秆回收点，加宽农作物秸秆回收的面积范围，完善收储体系，在秸秆的运输、回收以及利用上，形成可复制性的体系机制，之后在对秸秆的收获、粉碎、打捆等环节提高全程机械化水平，通过过腹还田的方式充分发挥出农作物秸秆的肥料及饲料价值。秸秆综合利用应作为农业生产中的重要环节，应当在农业主管部门及政府牵头下，激励动员农民，以市场和科技作为依托，开展产业化经营，如通过秸秆气化站、秸秆饲料加工企业等，加快秸秆产业化布局。

四是农药废弃包装物资源化利用。首先，应加强对农药废弃包装物回收的监管，定期考核农药废弃包装物的回收记录，建立并完善"政府主导，供销合作社牵头，相关部门协调监督，经营单位折价回收，农资公司集中存放运输，专业环保单位集中销毁、财政经费保障"的运行管理机制。其次，国家应健全相应的补贴机制支持农药废弃包装物的有偿回收，并通过减免税收、财政补贴等措施，对开展农药废弃包装物资源化利用工作的企事业单位予以一定奖励。贯彻落实农药减量控害政策，加强源头控制，减少农药使用量，推进病虫害绿色防控示范区建设，引导农户使用杀虫灯、性诱装置、天敌昆虫等绿色防控产品和高效施药器械，实施病虫害专业化联防联治和统防统治，从农业生产的源头减少农药废弃包装物。

（二）大力推广绿色清洁技术

一是加快建设以绿色生态为导向的财政金融制度。政府部门可以通过优化公共财政的支出结构，提高农业科技投入在公共财政支出中的占比，同时注重优化资金的使用效率，强化基础性研究的公共财政支出；建立农业绿色发展稳定投入机制，强化粮食主产区耕地保护补偿、利益补偿、金融激励、生态补偿等政策支持，发挥好金融和保险作用，创新绿色信贷、保险产品；制定有利于绿色技术的科技研发与应用的财政、税收政策；完善金融支持政策，通过保险产品、绿色金融等撬动更多社会资本支持农业绿色技术创新。农村不仅要依托现代技术，同时需要依托地方政府的政策和资金支持，探索垃圾无害化处理的基础设施建设，积极发展清洁生产，将污染物排放的源头控制和末端处理相结合，提升防御污染转移的能力。

二是推进农村清洁能源建设。在供能方面，推动乡村清洁能源的转化和开发。通过积极引进先进技术，攻关前沿重点技术，建立多种能源以及多轮驱动的清洁供应体系，在此基础上发展关联产业。在用能方面，探索与清洁能源相契合的新业态，鼓励乡村居民使用清洁电力，促进清洁能源民用化。推进水电、风电、光伏电、核电等清洁电力建设，提升新能源消纳能力，提高电网智能化水平，降低清洁电力价格。打造"光伏+"产业，发展供暖、新能源汽车、农业、

渔业等多种衍生业态，同时推进北方清洁取暖改造，以天然气、电、地热、太阳能、工业余热和清洁化燃煤等清洁能源，逐步推进乡村煤炭清洁化利用和散煤替代。

三是研发应用农业绿色数字技术。农业绿色数字技术是以多产业、多学科交叉创新为支撑的数字与农业深度融合的创新技术。发挥政产学研农协同创新优势，组织开展农业绿色数字技术研发应用。加强国家农业绿色发展先行区建设和长期观测试验站建设，为农业绿色数字技术及其标准制定积累大数据，提供技术基础平台。同时，建立以企业为主体、各类科研机构共同参与的高效推进体制，培养农业科技人才。以转基因重大专项、现代农业产业技术体系等重大项目吸引优秀农业人才参与其中，通过相关科研项目锻炼农业科研人员的创新能力，培养农业科研领军人才，引导农业高校毕业生到基层农技推广机构工作。

（三）推行生态农业循环模式

生态农业循环模式可以为减少农业污染、优化产业结构、节约农业资源等提供更多的方案，并打造一种新型的多层次循环农业生态系统，成就出一种良性的生态循环环境。近年来，我国生态循环农业已初步建立了生态循环农业发展的制度框架，实施了一批重点工程，初步构建了生态循环农业示范带动体系，探索推广了一批技术模式。

发展生态农业循环模式，第一，优化农业区域布局，优化调整种养结构，大力发展草食畜牧业，开展种养和粮改饲结合型循环农业试点。开展稻田综合种养技术示范，推广鱼菜共生、稻鱼共生等新模式。通过借力互联网，开发农业多种功能，促进产业融合发展。第二，推广节水农业技术，推进测土配方施肥，改进施肥方式，开展畜禽规模养殖场改造，推进清洁养殖。推广节电节油等机械技术，降低农业装备耗能，因地制宜发展沼气工程。第三，推进农业资源养护，实施京津风沙源草地治理、三江源生态保护与建设等工程，稳步推进退耕还林还草工作，开展草原自然保护区建设和南方草地综合治理。加强水生生物自然保护区和水产种质资源保护区建设，推进水产养殖生态系统修复。加强野生动植物自然保护区建设，开展濒危动植物物种专项救护，丰富野生动植物资源和完善农业外来入侵生物监测预警体系。第四，学习国外先进农业循环模式。例如：日本爱东町地区通过开发循环农业物质再利用模式，有效促进了资源在农业经济系统中的高效再生，减少了农业废弃物排放，实现了资源合理循环再利用。英国的“永久农业”、德国的“绿色能源”农业、美国的精准减量化循环农业以及以色列节水农业模式都是在节约资源和不破坏环境的基础上实现农产品的循环再利用。应结合我国本土农村农业的发展实际探讨农业循环模式。

五、合理规划土地资源，推进土地整治与耕地休养协同

（一）严格监管农业土地用地和污染防治措施

2018年8月31日，《中华人民共和国土壤污染防治法》明确了各级政府和有关部门的职责，要求地方政府落实有关法律法规，加强对土壤污染防治的监督。中国土壤污染是农业面源污染的主要问题之一，不仅要“防污”，还要“治污”。首先，要科学利用污水灌溉农田，符合《不同灌溉水质标准》要求才可利用处理污水灌溉农田。合理且科学地使用农药，积极发展高效低残留农药，积极推广生物防治病虫害的方法，利用益鸟、益虫和某些病原微生物来防治农林病虫害。其次，严格按照《农药管理条例》的各项规定进行保存、运输和使用，提高工作人员的专业性。最后，科学采用土壤的生物修复方法，如土壤治理的化学方法，增施有机肥料，调控土壤氧化还原条件，改变轮作制度，采用换土和翻土等针对性措施对土壤污染进行控制，消除土壤污染源，清除土壤中的污染物，改良土壤，防止污染物在土壤中的迁移转化。

（二）将土地整治与耕地休养列入土地利用规划

耕地休养生息侧重依靠耕地的自我修复功能恢复地力，土地整治则是人类主动干预，依靠工程技术手段提升地力，二者的核心目标一致，完全可以统筹推进。第一，应当在规划层面将二者统筹。在规模、布局及时序方面进行协同，如在土地利用总体规划中，明确“养”“退”“休”“轮”“控”的重点区域，将该区域纳入土地整治重点区域；研究制定耕地休耕专项规划，明确休耕耕地的规模、分布和休耕时限，实现对休耕定量、定位、定序的调控，并与土地整治规划和高标准农田建设规划等规划相衔接。第二，推进宏观层面长期计划统筹。我国的《耕地草原河湖休养生息规划（2016—2030年）》与美国开展的大规模农业资源与环境保护计划类似，均为宏观长远的土地整治与耕地休养项目。第三，推进土地整治与耕地休养项目协同，推进土地整治与耕地休养项目统筹。将土地整治和休耕时间重叠，在同一个时间段内同时开展休耕和完成土地整治，加强对农田基础设施的建设，在高标准农田建设、土地平整等工程任务重的区域结合休耕实施。

（三）强化土地整治与耕地休养的资金投入

耕地休养和土地整治项目实施均需投入大量资金，耕地休耕的费用主要用于农户因放弃农作物种植而导致收益损失的补偿，解决休耕区域农户的生计问题。土地整治的资金投入主要用于整治项目土地平整、规划设计、农田水利建设等工程费用以及农户的相关补偿费用，避免耕地休耕中仅有收益损失补偿，无人关心休耕地的管护与利用，从而导致耕地地力下降、功能降低的风险。

（四）协同实施耕地休养的差异化土地整治

针对不同区域土地资源禀赋、土地利用特点以及面临的土地利用问题，设计差异化的统筹模式。采取生态保护式休耕、耕地治理式休耕、耕地产能储备式休耕等方式，实现耕地修复与生态保护、提高耕地地力以及调控农产品供需等目标。结合长期休耕即退耕还林、还草，短期休耕即治理、休闲与改良等耕地休养生息途径，应统筹推进“养”“休”“控”为重点的区域差异化的土地整治。针对我国缺水地区，应重点加强田间道路、农田水利设施等农业基础设施建设，探索节水保水型休耕模式，推广既能肥地需水量又少的作物，发展节水型农业；针对重金属污染区，探索清洁去污型治理式，重点研发土壤修复技术，降低土壤中重金属含量，通过实施休耕减少或切断土壤污染来源，使土壤逐渐恢复健康，杜绝重金属含量超标的农产品进入市场；针对生态严重退化区，要探索生态修复型休耕模式，重点推行水土保持、坡改梯工程，减少石漠化、荒漠化、水土流失等生态问题的发生频率和强度。结合农地流转，对农业人口大量外迁的区域以及耕地撂荒严重的区域，开展规模化的耕地产能储备式休耕，同时开展高标准农田建设，提升耕地的产能和功能。

六、树立科学的生态价值观，创建生态文明建设的良好社会氛围

（一）大力推进生态文化产业化

为了生态文化产业的良好发展，国家必须出台政策，做好顶层设计和长远规划，对于环保和文化方面的企业给予税收优惠，支持文化生态产业的发展；建立产权保护机制，鼓励创新企业；加强政策引导，做好政策宣传并且把政策落到实处。高校可通过开设文化生态产业的相关专业，加强对人才的培养。文化产业作为市场经济的重要主体，是生态文化产品供给的具体承担者，生态文化企业要将中华民族传统文化发扬光大。要充分发挥互联网优势，构建生态文化产业链，创造品牌效应，促进产业融合；要开展交流与讨论，建立与高校产学研相结合的发展体系，确保人才来源，形成互助氛围，提高供给侧生态文化产品的质量。

（二）强化宣传生态文明教育

通过长期的宣传和教育，推动价值认同，整合资源。要注重整合用好行政、社会组织、新闻媒体三个方面的力量。发挥好党政机关主导作用，发挥好社会组织带动作用。根据公众身心特点和文化认知定制产品，打造品牌，充分调动公众的参与积极性、激发其参与的内生动力。一方面，以问题导向提升保护生态环境的实践能力。以人民为中心，为公众代言，坚决捍卫生态环境权益，充分提供普惠的生态环境民生福祉；另一方面，用丰富的活动培育生态环境认知素养，充分挖掘地方特色文化，与生态文明思想普及通俗化紧密结合起来。精准施策，解决

部分重点群体针对性不强的问题。以绿色学校为载体，探索和制定综合考核评价体系，开展绿色社区、绿色家庭创建评比活动，激励企业主动参与生态环境保护志愿服务等活动，鼓励环保企业开展环保基础设施开放。

（三）促进公众参与生态活动

倡导绿色消费文化。要加强科学消费观的宣传与教育，倡导绿色且适度消费理念，推动形成绿色消费自觉、控制能源消费总量。第一，建立信息公开制度，鼓励群众参与政府决策。在邻避设施选址及建设过程中，政府应及时发布邻避项目的计划、筹建、实施进度等信息，确保城乡居民对邻避项目的全程知悉，一方面，要畅通农村居民表达环境利益诉求的信息沟通渠道，鼓励群众参与政府决策；另一方面，通过宣传普及环境科学常识，提高农村居民理性认知，减少邻避设施落地的群众阻力。第二，提高原住村民的参与感，保护传统村落，不能只保护村落的物质形态，更要重视对原住民的物质保证和精神满足。不少原住村民是维系整个村落的纽带，还不乏有对村落遗留文化和手艺的传承，是村落及其文化天然的传承者、继承者。要充分挖掘原住村民的个人价值，调动原住民的保护积极性，使其自觉地保护维护村落的物质形态，提升原住村民的获得感、满足感、幸福感、参与感。第三，建立针对环境弱势群体的利益补偿机制，调节利益分配格局。以国家和生态受益者为给付主体，应开征生态环境补偿费，补偿利益受损群体的环境利益。既要追踪和落实污染预防治理及生态恢复重建的主体责任，以征收生态补偿费的形式抵偿污染转移行为的环境负外部性，又要设立城乡生态补偿的财政转移支付的专项资金，调节城乡居民与生态环境的损益关系，保证生态环境这一公共资源在城乡之间分配的公平性。

（四）形成绿色发展方式

鼓励重点行业以及关键领域的大型企业延伸产业链，精加工、深加工增加产品附加值，提高资源利用效益，推进可再生能源产业、节能环保产业、资源循环使用产业等绿色产业的快速发展。倡导广大企业改变落后的生产消费方式，逐渐形成健康化、科学化、循环化、生态化的生产消费结构。地方政府要推进和鼓励绿色消费，特别是要采取优先采购通过环境标志认证和经过 ISO14000 认证企业产品的实际行动，实行绿色消费。企业应加大绿色科技研发和使用的力度，勇于创新绿色企业模式，建设以绿色意识为主题的企业文化，建立符合历史发展趋势的绿色企业。要突出重点，分类指导促进其快速发展，加快发展金融财务、会计保险、科技、法律服务等先进服务行业运用现代信息技术和经营方式推进现代物流配送、在线旅游、在线房产、互联网金融等新业态的发展，充分利用互联网、物联网、大数据、云计算等实现跨界融合和产业创新。

第七章　制度、规范、政策的完善之路

与乡村有关的制度、规范及政策，在实施乡村振兴战略中发挥着管全局、管长远、管根本的重要作用，长期的制度、规范及政策保证也是全面推进乡村振兴的重要基石。党的十九大报告提出实施乡村振兴战略以来，党中央、国务院和各级政府及部委等先后出台了一系列文件，已经形成了较为完整的制度、规范及政策保障体系。但随着我国社会发展进入新时期，乡村振兴战略的具体实施策略也发生着相应的变化，以往的部分制度、规范及政策模式已经不能满足当下社会发展的新需求，如存在农村集体经济改革不完善、农业支持保护体系不合理等问题。这些新问题呼吁着乡村制度、规范及政策的不断改进。2018 年中央一号文件《中共中央　国务院关于实施乡村振兴战略的意见》强调指出：实施乡村振兴战略，必须把制度建设贯穿其中。《乡村振兴战略规划（2018—2022 年）》进一步规定：到 2020 年，乡村振兴的制度框架和政策体系基本形成；到 2022 年，乡村振兴的制度框架和政策体系初步健全。由此可见，在积极探索乡村振兴路径的过程中，必须发挥制度、规范及政策的“稳压器”作用，将制度、规范及政策的建设贯穿其中，充分发挥制度、规范及政策的带领与保障作用。

第一节　乡村振兴的现有制度、规范与政策

党的十九大报告首次提出实施乡村振兴战略。乡村振兴战略是为解决当前中国农村面临的突出问题而提出的新战略，是一个开放的长远发展战略。为了实现这个伟大的战略，2017 年，中央农村工作会议阐述了实现中国特色社会主义乡村振兴的“七条道路”，各级政府及部委也相应出台了一系列制度、规范与政策。本章依据乡村振兴五大总要求，并从实现乡村振兴的“七条道路”出发，汇总新中国成立以来我国现有的制度、规范与政策，归纳为城乡一体化、农村集

体经济、农业支持保护、乡村绿色发展、乡村文化振兴、农村民主管理和农村金融七个方面。并围绕这七个方面，对相关概念进行界定，分析梳理其历史演变历程及相关制度政策文件，以期更好地理解现有制度、规范与政策在推动乡村振兴中发挥的作用成效。

一、城乡一体化方面的现有制度、规范与政策

（一）城乡一体化的内涵

2002年，党的十六大报告提出统筹城乡发展的战略思想。2012年，党的十八大又提出“推动城乡发展一体化”。2017年，党的十九大报告正式提出“建立健全城乡融合发展体制机制和政策体系，加快推进农业农村现代化”的政策方针。“城乡发展一体化”“城乡融合发展”并不是对“城乡统筹发展”概念的替代，而是对新形势下城乡关系进行再认识之后制定的政策，三者均把城市与乡村看成一个有机的整体，城乡二者不可分割，充分体现了新发展理念。综上所述，城乡统筹是重要手段，城乡融合是一种状态和过程，城乡一体化是最终目标。因此，本节将针对城乡一体化现有制度、规范与政策的改革历程进行梳理。

城乡一体化的实现是一个长期的发展过程，不同阶段会表现出不同特点。改革开放初期，为解决城乡经济差距问题，国家将城乡经济一体化确定为总体目标，力求通过城乡经济一体化来缩小城乡经济差距达到城乡一体化。随着改革开放的深入，城乡二元制度产生的社会问题日趋严重。这时，不单单解决经济问题，寻求经济社会协调发展的城乡经济社会一体化成为主题，它指城乡之间通过生产要素自由流动和公共资源均衡配置，以城带乡，以乡促城，城乡互动互促，实现城乡经济、社会持续协调发展。

本章中的城乡一体化，指从整体的角度审视城市和乡村发展，进行统筹谋划，通过改革和一系列政策调整，使城乡在政治、经济、社会、文化、生态等各方面一体化，使城乡公民平等共享发展成果，形成城乡互补、互惠、共赢的可持续发展局面。从构成要素看，可以分为城乡政治一体化、城乡经济一体化、城乡社会一体化、城乡文化一体化以及城乡生态一体化。

（二）城乡一体化方面现有制度、规范与政策的改革历程

以城乡一体化在我国不同时期所表现出的不同特点以及党和国家不同的应对政策作为划分依据，可以将我国城乡政策的演进过程划分为两个阶段（见表7-1），分别是城乡对立阶段（1949~1977年），城乡经济一体化阶段（1978~2001年）和城乡经济社会一体化阶段（2002年至今）。

1. 城乡对立阶段（1949~1977年）

新中国成立初期，我国经济基础薄弱，是一个农业大国，但我国确定了单靠

农业和农村积累支持重工业发展的战略方向，此时，大量固定的农民和廉价的生产资料两个基本要件必不可少。首先，我国实行了以计划经济制度，同时为使大量的农民留在土地上，国家实施了城乡二元户籍制度，就此农民和市民被分割开来。其次，为持续给工业提供廉价生产资料，我国进行了人民公社运动，并依靠工农业产品价格“剪刀差”实现工业的快速积累。

2. 城乡经济一体化阶段（1978~2001 年）

改革开放后，国家为解决城乡经济发展中的问题，缩小城乡经济差距，确立了农户生产经营的主体地位，实施了家庭联产承包责任制，释放了生产力，打破了计划经济时期城乡的封闭格局，为要素流动和资源优化组合提供了条件。同时，在市场经济的推动下，20 世纪 80 年代中期进行了统购统销制度改革，开放了农产品市场，农产品价格由市场决定，解决了粮价倒挂的问题，农民生活得到了一定改善。90 年代初，为了更好地实现城乡经济一体化，农村劳动力大规模向城市流动，此时城市化速度逐步加快。但由于城市偏向，大量资源倾斜到了城市，城乡二元经济结构反而扩大，同时由于城市化和“民工潮”的加速，城乡二元社会结构的矛盾逐渐暴露出来。

3. 城乡经济社会一体化阶段（2002 年至今）

即便前一阶段城乡经济一体化取得一定成果，但城乡二元结构却越发巩固，因此缩小城乡经济差距依旧是该阶段的主流。与此同时，解决城乡经济一体化阶段影响社会稳定和谐的问题也是重中之重。因此，国家对城乡一体化的推进从经济领域扩展和延续到社会生活领域即城乡经济社会一体化，这种一体化要求城乡经济社会从协调发展到和谐发展，最终形成城乡融合。自此，城乡经济社会一体化进程正式开启。2002 年，党中央提出统筹城乡经济社会发展的总体方针。2006 年，农业领域，为促进农民增收，全部取消了农业税；教育领域，为公平发展城乡教育，在农村开展农村义务教育的“两免一补”；医疗保障领域，为推进农村医疗和社保改革，推出新型农村合作医疗和农村最低生活保障。2012 年，在党的十八大上，党和国家正式提出了城乡经济社会一体化的概念。

表 7-1　城乡经济社会发展一体化制度改革历程

阶段	城乡对立阶段	城乡一体化阶段	
		城乡经济一体化阶段	城乡经济社会一体化阶段
时间	1949~1977 年	1978~2001 年	2002 年至今
战略	重工业发展	城乡经济发展	城乡经济社会融合
目标	赶超英美	缩小城乡差距	城乡经济社会一体化新格局

续表

阶段	城乡对立阶段	城乡一体化阶段	
		城乡经济一体化阶段	城乡经济社会一体化阶段
方式	所有产业支持重工业	农业产业化初级阶段	城市带动农村，工业带动农业，现代农业产业化、共享经济发展的文明成果
发展状况	重工业畸形发展，农村经济受到严重伤害，设置城乡二元结构城乡差异化被拉大	农村经济得到提升和发展，城镇化速度加快，城乡社会问题和矛盾出现	城乡经济共同发展，大力支持农业现代化，逐步打破城乡二元结构，逐步实现城乡经济和社会和谐发展

（三）实施乡村振兴中城乡经济社会一体化方面的具体内容

我国在乡村振兴战略中关于城乡经济社会一体化方面制度、规范与政策的改革内容如表 7-2 所示。

表 7-2　经济社会一体化阶段主要文件及主要内容

阶段	政策文件	主要内容
城乡经济一体化阶段	1981 年农业农村部关于《积极发展农村多种经营的报告》	国家开始重视农村经济
	1985 年国务院关于《进一步活跃农村经济的十项政策》	进一步促进农村经济发展
	1991 年国务院颁布了《城镇集体所有制企业条例》	完善城镇集体所有制企业
	1994 年挂牌成立农业发展银行	专门服务农业和农村经济
城乡经济社会一体化阶段	2002 年党的十六大提出了“统筹城乡经济社会发展”的方针	首次提出统筹城乡发展的方针
	2005 年党的十六届五中全会提出建设社会主义新农村是统筹城乡发展重大战略	首次提出新农村建设在城乡社会一体化中的作用与配套措施
	2007 年党的十七大报告再次强调“形成城乡一体化的新格局”，并批准重庆和成都为全国统筹城乡综合配套改革试验区	国家确立城乡经济社会一体化的未来格局，开始试点城乡一体化发展模式
	2008 年党的十七届三中全会通过了《中共中央关于推进农村改革发展若干重大问题的决定》	国家从制度层面全面推行城乡经济社会一体化
	2009 年中央一号文件指出要把城乡经济社会一体化作为全面建设小康社会的根本要求	城乡经济一体化进入全面推行阶段

续表

阶段	政策文件	主要内容
城乡经济社会一体化阶段	2010年中央一号文件具体部署了城乡经济社会一体化的工作内容	提出城乡一体化发展与新型城乡关系
	2012年党的十八大报告指出“城乡发展一体化是解决‘三农’问题的根本途径”	
	2018年中央一号文件关于实施乡村振兴战略的总体要求中提出建立健全城乡融合发展体制机制和政策体系	城乡融合发展与乡村振兴的结合
	全面建成小康社会的决胜期，中央一号文件提出必须坚持把解决好“三农”问题作为全党工作重中之重不动摇，坚决打赢脱贫攻坚战	城乡经济社会一体化发展与全面建成小康社会相结合
	2021年中央一号文件指出解决好发展不平衡不充分问题，迫切需要补齐农业农村短板弱项，推动城乡协调发展	城乡经济社会一体化与全面建成小康社会相结合

二、农村集体经济方面的现有制度、规范与政策

（一）农村集体经济内涵

农村集体经济指通过市场机制的制约，结合劳动和要素资源的分配，以结合家庭为单位与集体统一经营的方式，采取多种形式的互助合作，将农村全体成员共同所有、使用和支配的集体资产保值增值，并且有益集体和农民个人的一种经济形式。由农村集体经济内涵可知，农村集体经济强调农村集体成员的共同所有，故下文将主要归纳强调农村集体的农村基本经营制度和农村产权制度的相关制度、规范与政策。

农村基本经营制度指农业经营主体在社会制度和宏观经济约束的大环境下，以土地这一生产要素为中心，环绕其占有、使用、收益、处分等权力所演变的各种经济关系的总和，并且包括一系列以农村土地经济关系为基石，落实与其他农村生产资源合理优化相配套的制度及与其农业经营方式互相协作的制度安排。构成农村基本经营制度的关键要素包含三种：农地产权制度、农业经营主体和农业经营方式。农地产权制度是基本经营制度的基础；农业经营主体是基本经营制度的核心，主要解决“由谁来经营农业”的问题；农业经营方式是基本经营制度的关键，主要解决经营主体“怎样经营农业”的问题。

我国的农村产权指围绕农村土地为核心的一系列权力，“产”的范围可以包含农用地（如耕地、园地等）、建设用地（如农村居民住宅用地、集体经营性建

设用地等）及农民房屋、田地水利设施等。农村产权制度指关于农村集体资产的一系列组织制度，不但包括农村集体资产权属问题的制度，并且包含与农村集体资产占有、经营、管理以及分配收益等权力相适应的制度。我国农村产权制度的总体特征是农村土地等各类生产资料集体所有制。

（二）农村集体经济方面现有制度、规范与政策的改革历程

按照上文所写的农村集体经济内涵，其改革的历程主要围绕农村基本经营制度和农村产权制度进行归纳总结。

1. 农村基本经营制度改革的历程

我国农村基本经营制度改革的历程可分为农村土地小农私有，家庭经营、互助经营和合作经营阶段；农村土地集体所有，集体统一经营阶段；农村土地集体所有，家庭承包经营为基础，统分结合的双层经营阶段；农村土地集体所有，家庭承包经营为基础，多种经营主体发展的现代农业经营体系阶段。

（1）农村土地小农私有，家庭经营、互助经营和合作经营阶段（1949~1955年）。新中国成立后继续进行土地改革。截至1952年底，全国基本上完成了土地改革任务。随后为了克服小农经济存在的先天弱势及更好地发展农村的生产力，1953年，中共中央印发《关于发展农业生产合作社的决议》，农业生产合作社从试办时期开始进入初级发展阶段。农户通过农业生产合作社这一集体协作生产的方式，不断扩大经营规模，联合分散各地的资金、劳动力、土地等要素资源，实现农民持续增收的目的。这一时期，我国经济处于逐步恢复和初步发展阶段，农村土地改革逐渐完成，初级农业生产合作社不断壮大发展。这一阶段，农村基本经营制度尚处于探索阶段。农地产权制度主要是土地私有制，农业经营主体主要是小农户，农业经营方式由以家庭为单位的一家一户小农经济经营方式过渡为互助经营模式，最后变为初级合作社合作经营模式。

（2）农村土地集体所有，集体统一经营阶段（1956~1978年）。截至1956年底，我国三大改造基本完成。1958年，中共中央政治局发布了《中共中央关于在农村建立人民公社问题的决议》后，全国迅速掀起了推动人民公社化运动的热潮。1966~1976年，我国农村基本经营制度的发展一直处于停滞不前的状态。此后随着党的十一届三中全会的开展，开创了社会主义现代化建设新局面。从这之后，我国农村基本经营制度发展重新走入正轨。这一时期，我国经济一度受到严重破坏，农村基本经营制度的发展处于曲折发展状态。此时，我国农村农地产权制度主要是土地集体制；土地所有权转移到农村集体组织手中，小农户不再是农业的经营主体；农业经营方式变为集体统一经营模式。这一阶段，农村基本经营制度过于强调集体，剥夺了农户个体生产自主性和积极性，形成“只统不分”的局面。

（3）统分结合的双层经营阶段（1979～2011 年）。1979～1984 年，农村经营制度由生产责任制向家庭联产承包责任制转型。以安徽凤阳县小岗村为起点，农村普遍实行家庭联产承包责任制。在中央政策的支持下，包产到户、包干到户的规模逐步扩大，农业双层经营体制日益完善。这一时期我国农村基本经营制度正式确立为以家庭承包经营为基础、统分结合的双层经营体制。这一阶段的农地产权制度仍然是土地集体制，但此时我国集体土地使用权和农民土地使用权分离；农业的经营主体以小农户为主，并逐渐呈现多种经营主体，如专业大户、农民专业合作社、农业龙头企业等；农业经营方式重新回归为家庭单位，并以家庭经营为核心。但此阶段的农村基本经营制下也有着“分仍需要统”的问题：小农户独立经营分散、经营规模狭小，生产技术水平较低，农业竞争力不足。再加上城镇化的快速推进给农村带来的一系列问题，我国农村基本经营制度迫切需要进一步发展完善。

（4）多种经营主体发展的现代农业经营体系阶段（2012 年至今）。2012 年以来，针对我国农村出现的农民老龄化、农村空心化、农业边缘化等一系列问题，我国出台一系列文件完善农村基本经营制度。党的二十大也着重强调要巩固和完善农村基本经营制度，发展新型农业经营主体和社会化服务。这一时期，我国经济发展进入新常态，我国农村基本经营制度进入新发展阶段。此时我国农村基本经营制度仍是以家庭承包经营为主、统分结合的双层经营体制，但进入“三权分置”改革的新阶段。农地产权制度仍然是土地集体制；农业的经营主体逐渐呈现多种经营主体，如专业大户、农民专业合作社、农业龙头企业等；农业经营方式重新回归为家庭单位，并以家庭经营为核心。未来我国将继续推进完善承包地“三权分置”制度，不断发展完善农村基本经营制度，更加强调统分的相互协调统一。

2. 农村产权制度改革的历程

新中国成立以来，我国农村产权制度改革可分为四个不同的发展阶段，分别是以集体化和家庭联产承包制改革为重点的阶段、以推进乡镇企业产权制度改革为重点的阶段、以完善农村集体资产和财务管理为重点的阶段、以推进农村集体产权改革为重点的阶段。

（1）以集体化和家庭联产承包制改革为重点的阶段（1949～1983 年）。新中国成立后到 1952 年底，全国基本上完成了土地改革任务。随后中共中央不断发出相关政策文件，推动农村发展互助合作，引导农民走集体化道路。截至 1956 年底，我国三大改造基本完成之前，农村建立和发展各种互助合作组织，逐渐过渡为初级社，最终转变为高级社。1962 年，中央发布了相关文件，规定了人民公社的性质、组织、规模、管理等事项，全国迅速形成了人民公社化运动的热潮。此后直到 1978 年，我国农村延续着“三级所有，队为基础”的农业集体经营制度。此后随着十一届三中全会的开展，农村产权制度的改革重点也开始朝着家庭联产承包责任制方向转变。农村普遍实行家庭联产承包责任制，国家陆续出台相关政策支持该制度。这一阶段的农村产权制度改革侧重于集体化和家庭联产承包制改革。农村集体资产从最开始的农民私有转变为集体化，经营者由个体农户转变为以家庭为单位经营。

（2）以推进乡镇企业产权制度改革为重点的阶段（1984~1994 年）。我国乡镇集体企业成长于农村的集体经济，形成于 20 世纪 50 年代。随着党的十一届三中全会的开展，乡镇企业迎来全新发展契机。1982 年后的五年时间里，租赁经营被少数地方和企业试行，此时乡镇企业出现股份合作制雏形，并且乡镇企业此时的变革已经涉及产权制度。1987 年，经国务院批准，全国陆续建立农村改革试验区，其中安徽阜阳地区、山东淄博市周村区和浙江温州市承担乡镇企业制度建设试验任务。1993 年 11 月，党的十四届三中全会通过了《关于建立社会主义市场经济体制若干问题的决议》，第一次把现代企业制度的基本特征概括为“产权清晰、权责明确、政企分开、管理科学”16 个字，并提出建立现代企业制度的重要性。这一阶段的产权改革侧重于乡镇企业领域，其关于明晰产权关系、促进政企分开和调整所有制结构等要求及措施，不仅促进了乡镇企业的优化升级，也推动了农村产权制度改革的不断完善。

（3）以完善农村集体资产和财务管理为重点的阶段（1995~2005 年）。到了 20 世纪 90 年代中期，我国农村集体资产的规模已经相当可观，但由于集体资产和财务管理工作在某些方面存在相对薄弱环节，多数地方先后出现了一些问题。这一时期，解决这些问题、完善农村集体资产和财务管理成为农村产权制度改革的重点。农村集体资产管理方面，国务院和农业部等发布相关文件，对农村集体资产清查核资、集体资产评估管理和农村集体经济审计等方面提出了明确要求。财务管理方面，为解决“合乡并村”过程中乱批乱占集体土地、不良债务蔓延等现象，国家出台相应政策聚焦在集体财务管理和债务管理上。这一阶段农村产权改革主要以完善农村集体资产和财务管理为重点，并且不断规范和完善相关工作，保障集体资产不流失以及财务管理的规范化，总体来说，这一时期改革措施比较温和。全国层面清产核资工作也在陆续开展，有利于农村产权制度改革的不断完善。

（4）以推进农村集体产权改革为重点的阶段（2006 年至今）。从 2006 年开始，农村产权制度改革侧重点转为稳步推进农村集体产权改革。“十一五”期间，中央出台多个文件，主要涉及两个方面：一方面，加强农村集体资产管理制度的完善，严防集体资产的流失；另一方面，逐步推进农村集体资源产权改革，将农村的集体资产从土地产权逐步扩大为渔民水域滩涂养殖使用权、水权制度和草原承包经营制度等。从 2011 年开始，中央更加重视农村产权制度改革工作，

将改革农村集体产权制度作为全面深化农村改革的重要组成部分。在连续五年对农村集体产权制度改革试点进行部署的基础上，我国开始在全国范围内精心部署农村产权制度的改革试点。党的二十大也着重提出，要完善产权保护这一市场经济基础制度、发展新型农村集体经济。这一阶段，农村集体产权制度改革成为农村产权制度改革的重点。这一改革以建立股份合作制为中心，从清产核资、界定成员、设置股权及设立组织等方面入手。直至今日，农村集体产权制度改革仍在不断进行和完善。

（三）实施乡村振兴中农村集体经济方面的具体内容

按照上文所写的农村集体经济内涵，其实施乡村振兴中农村集体经济方面的具体内容主要围绕农村基本经营制度和农村产权制度进行归纳总结。

1. 实施乡村振兴中农村基本经营制度的具体内容

我国农村基本经营制度改革的历程可分为农村土地小农私有，家庭经营、互助经营和合作经营阶段；农村土地集体所有，集体统一经营阶段；农村土地集体所有，家庭承包经营为基础，统分结合的双层经营阶段；农村土地集体所有，家庭承包经营为基础，多种经营主体发展的现代农业经营体系阶段。在各个阶段中，中央和农业农村部出台了相应政策，不断完善我国农村基本经营制度。各个阶段的主要文件梳理如表 7-3 所示。

表 7-3　各个阶段主要文件及主要内容

阶段	政策文件	主要内容
农村土地小农私有，家庭经营、互助经营和合作经营阶段	1950 年《中华人民共和国土地改革法》	从法律角度正式实行农民土地所有制
	1951 年《关于农业生产互助合作的决议》	为了克服劳动力、畜力和农具不足对农业发展的影响，中共中央明确提出了发展农业生产互助合作的基本方针、政策和指导原则
	1953 年《关于发展农业生产合作社的决议》；1955 年《关于农业合作化问题的决议》	文件指出要引导个体农民从互助组过渡到初级社，再进入高级社阶段。文件发出后，农业生产合作社从试办进入发展时期
农村土地集体所有，集体统一经营阶段	1958 年《中共中央关于在农村建立人民公社问题的决议》	决定在农村建立人民公社
	1962 年《农村人民公社工作条例修正草案》	该草案指出：农村人民公社一般分为公社、生产大队和生产队三级，土地集体所有制实际确立
	1982 年《全国农村工作会议纪要》	该文件第一次明确肯定农村实行的包产到户等各种生产责任制都是社会主义集体经济的生产责任制

续表

阶段	政策文件	主要内容
农村土地集体所有，家庭承包经营为基础，统分结合的双层经营阶段	1986年中央一号文件	正式提出我国农村基本经营制度是以家庭承包经营为主，统分结合的双层经营体制
	1999年《中华人民共和国宪法修正案》	第一次从根本上确立了我国农村基本经营制度是以家庭承包经营为主，统分结合的双层经营体制的法律地位
	2008年《中共中央关于推进农村改革发展若干重大问题的决定》	文件指出要推进农业经营体制机制创新，加快农业经营方式转变
农村土地集体所有，家庭承包经营为基础，多种经营主体发展的现代农业经营体系阶段	2015年《深化农村改革综合性实施方案》	文件指出要坚持和完善农村基本经营制度，深化农村土地制度改革，实行“三权分置”
	2019年农业农村部一号文件	要深化农村承包地“三权分置”改革以及要以家庭农场、农民合作社为重点培育各类新型经营主体
	2020年中央一号文件	完善农村基本经营制度，开展第二轮土地承包到期后再延长30年试点
	2022年党的二十大报告	文件提出要巩固和完善农村基本经营制度，发展新型农业经营主体和社会化服务，并且要深化农村土地制度改革

2. 实施乡村振兴中农村产权制度的具体内容

我国农村产权制度改革的历程自新中国成立以来可分为以集体化和家庭联产承包制改革为重点的阶段、以推进乡镇企业产权制度改革为重点的阶段、以完善农村集体资产和财务管理为重点的阶段以及以推进农村集体产权改革为重点的阶段。在各个阶段，中央及农业农村部出台了相应政策，不断完善我国农村产权制度改革。各个阶段的主要文件梳理如表7-4所示。

表7-4　各个阶段主要文件及主要内容

阶段	政策文件	主要内容
以集体化和家庭联产承包制改革为重点的阶段	1950年《中华人民共和国土地改革法》	从法律角度正式实行农民土地所有制
	1951年《关于农业生产互助合作的决议》；1953年《关于发展农业生产合作社的决议》	文件指出要引导个体农民从互助组过渡到初级社，再进入高级社阶段。农业生产合作社从试办进入发展时期
	1958年《中共中央关于在农村建立人民公社问题的决议》；1962年中央发布《农村人民公社工作条例修正草案》	决定在农村建立人民公社，并且正式确立人民公社的性质、管理等相关规定，也标志着我国的农村产权制度确定为集体所有形式

续表

阶段	政策文件	主要内容
以推进乡镇企业产权制度改革为重点的阶段	1984年中共中央、国务院转发农牧渔业部《关于开创社队企业新局面的报告》	该文件同意将社队企业改称乡镇企业，充分肯定了乡镇企业的地位和作用，促使乡镇企业进入高速发展时期
	1990年农业部发布了《农民股份合作制企业暂行规定》《农民股份合作制企业示范章程》	第一次以政府部门规章的形式界定了农民股份合作企业的概念
	1996年国家颁布了《乡镇企业法》	第一次国家赋予了乡镇企业法律地位，意味着乡镇企业的管理有了法制约束，乡镇企业开始推进“两个根本转变”
以完善农村集体资产和财务管理为重点的阶段	1995年国务院印发了《关于加强农村集体资产管理工作的通知》	文件提出要加强全国农村集体资产的管理，并且要有计划、有组织地开展农村集体资产清产核资工作
	2003年农业部等四部门联合印发《关于推动农村集体财务管理和监督经常化规范化制度化的意见》	提出要明确农村集体资产性质、加强农村集体财务的管理和监督，推动农村集体财务管理和监督规范化、制度化发展
	2004年农业部办公厅下发《关于开展农村集体财务管理规范化建设和产权制度改革试点工作的通知》	制定了农村集体财务管理规范化建设和产权制度改革试点工作方案，并在全国范围内确定试点村进行实践
以推进农村集体产权改革为重点的阶段	2007年、2008年、2009年和2010年中央一号文件；2010年农业部颁布《水域滩涂养殖发证登记办法》	对渔民的水域滩涂养殖使用权、水权制度改革和草原家庭承包经营制度改革都作出了详细规定
	2016年中共中央和国务院发布《关于稳步推进农村集体产权制度改革的意见》	文件指出要全面加强农村集体资产管理及由点及面开展集体经营性资产产权制度改革等
	2020年中共中央、国务院发布《关于抓好“三农”领域重点工作确保如期实现全面小康的意见》	文件指出要全面推开农村集体产权制度改革试点，有序开展集体成员身份确认、股份合作制改革等工作。探索拓宽农村集体经济发展路径，强化集体资产管理
	2022年党的二十大报告	文件指出要完善产权保护这一市场经济基础制度、发展新型农村集体经济

三、农业支持保护方面的现有制度、规范与政策

（一）农业支持保护的内涵

农业支持保护指政府为保护和支持农业的发展而采取的一系列政策、制度等的总和。农业支持保护可以分为农业保护和农业支持，农业保护指政府为了促进农业助力经济有效、稳定、协调地发展，为保障农业的正常生产和提供良好的市场、生态环境，以保护农户的根本利益为出发点，而从政策和资源上给予农户的保护；农业支持指政府通过加大投入支持、改善农业的生产和生态环境等手段以促进农业的发展。目前，我国通过加大财政投入、做大优势产业、健全支撑体系、落实相关惠农政策、开展农业保险等开展农业支持保护。

（二）农业支持保护改革的历程

我国农业支持保护改革的历程，大致可分为五个阶段，分别是以恢复农业为核心的阶段、以发展农用工业为核心的阶段、以调动农民生产积极性为核心的阶段、以深化农村改革和统筹城乡发展为核心的阶段、以支持“三农”和可持续发展为核心的阶段。

1. 以恢复农业为核心的阶段（1949~1957 年）

新中国成立初期，为了恢复国民经济和实现工业化，我国在这一阶段大力发展农业。这一时期主要通过四个方法促进农业的发展。①土地改革：1950 年，颁布了《中华人民共和国土地改革法》，实行农民的土地所有制，解放农村的生产力，发展农业生产。②农产品自由贸易：政府对农产品实行自由购销制度，基本上靠市场调节，价格随行就市。③互助合作运动：组织农民协作互助，走合作化道路，实行土地入股按股分红，加以按劳分配，深受社员欢迎。④政府实行低农税政策，减轻了农民的负担。这个时期，我国农业生产得到迅速恢复和较快的增长，农业支持保护政策处于起步阶段。

2. 以发展农用工业为核心的阶段（1958~1978 年）

1962 年召开的中共八届九中全会正式批准对国民经济实行“调整、巩固、充实、提高”八字方针，会议号召要集中全国力量促进农业发展，强调工农业比例关系，要增加对农业的投资，兴修水利、完善基础设施、推广新技术等。但 1953 年我国开始实施粮食统购统销制度，由国家严格控制粮食市场，对农产品实行低价收购政策遏制了农民的生产积极性，以及当时大力发展重工业，出现了重工业轻农业的现象，同时受到社会因素和河堤失修、水患频繁等自然因素的影响，农业生产活动没有得到良好发展，农业支持保护政策处于曲折发展时期。

3. 以调动农民生产积极性为核心的阶段（1979~1996 年）

改革开放前，长期实行的是政府定价、统购统销的政策使得农民处于不利的

地位，生产积极性也被抑制，实行家庭联产承包责任制后，将经营权下放给农户进行自主经营，极大地调动了农民的生产积极性，有利于发挥农民和土地的潜力。1985 年中央一号文件改革农产品的统销统购政策，粮食可以在市场上进行自主交易，极大地保护了农民的权益，同时我国农产品的收购价格也在不断提高，还建立了专粮储备机制。这一时期，通过调整粮食购销和对农业生产资料补贴两种手段，对农产品从“统”到“放”调动了农民劳动的积极性，农业生产力得到大大提升。

4. 以深化农村改革和统筹城乡发展为核心的阶段（1997~2013 年）

2003 年召开的中央农村会议提出，要想全面建成小康社会，需要统筹城乡发展情况，将工作重点放在农村，着重研究农业增收、支持农业、提高农业综合生产能力、深化农村改革，以此调动农民的生产积极性。统筹城乡发展时，城市带领农村，坚持多予、少取、放活的方阵，促进城乡协调发展。可采取以下措施深化农村改革：推进农村税费改革、深化粮食流通体制、探索完善对农民的生产补贴等。

5. 以支持“三农”和可持续发展为核心的阶段（2014 年至今）

从 2013 年起，我国逐渐重视农业的可持续发展，党的十八大以来，党的工作重点高度关注农业、农村的发展，坚持“三农”重要的战略地位，实施乡村振兴，加快实现农村现代化。目前，我国环境污染情况加剧、耕地质量恶化，这不利于农业的可持续发展。因此，我国坚持以绿色生态为导向以此完善农业支持保护制度，助力农业可持续发展的实现。党的二十大提出，要大力发展设施农业，构建多元化食物供给体系。

（三）实施乡村振兴中农业支持保护制度的具体内容

我国农业支持保护制度的具体政策内容如表 7-5 所示。

表 7-5　各个阶段主要文件及主要内容

阶段	政策文件		主要内容
恢复农业阶段	1950 年《中华人民共和国土地改革法》		实行农民的土地所有制，发展农业生产
	1952 年《关于农业税收工作的指示》		取消全国各地农业税的地方附加，对农业只征收由中央统一的农业税，不再附加
农用工业阶段	1953 年中共中央《关于粮食统购统销的决议》		开始实施的粮食统购统销制度，对粮食实行定量配售，由国家严格控制粮食市场
	粮食	1979 年《关于加快农业发展若干问题的决定》	开展粮食议购议销，恢复粮食集市贸易。提高 18 种农产品的收购价
	购销	1985 年中央一号文件	取消对农产品实行的统购统销制度

续表

阶段	政策文件		主要内容
调动农民生产积极性阶段	农业生产资料	1986 年中央一号文件	改善农业生产条件，增加对农业基础建设等的投资
		1993 年《关于建立粮食收购保护价格制度的通知》	执行粮食收购保护价格，并建立粮食风险基金制度
	取消农业税	2004 年财政部	除烟叶以外取消其他农业品的农业特产税
		2005 年全国人大常委会	废止《中华人民共和国农业税条例》
	实行最低收购价和临时收储政策	2004 年	粮食最低收购价政策取代了实行多年的保护价收购政策
		2006 年《农业和农村经济发展第十一个五年规划》	实行主要粮食品种最低收购价政策和产粮大县奖励政策
	实行生产补贴	2004 年中央一号文件	农机购置补贴列入中央财政支持政策范畴
		2004 年《关于进一步深化粮食流通体制改革的意见》	提出建立直接补贴机制，保护种粮农民利益
深化农村改革和统筹城乡发展阶段	农业政策性保险	2003 年党的十六届三中全会	明确提出要探索建立政策农业保险制度
		2007 年《中央财政农业保险保费补贴试点管理办法》	中央财政对农业保险的补贴品种仅限于 6 个试点省份的玉米、水稻、小麦、大豆、棉花共 5 种农作物
支持“三农”和可持续发展阶段	推进农业供给侧改革	2015 年中央农村工作会议	强调着力加强农业供给侧结构性改革，此概念首度进入公众视野
		2022 年党的二十大	发展设施农业，构建多元化食物供给体系
	绿色发展导向	2016 年中央全面深化改革小组会议	在农业补贴制度中首次提出“绿色生态为导向”并提出“改革路径图”

四、乡村绿色发展方面的现有制度、规范与政策

（一）乡村绿色发展内涵

绿色发展是推进乡村生态振兴的关键所在，也是解决生态与发展矛盾、促进乡村经济高质稳健发展的必由之路。2018 年党中央一号文件深刻揭示了绿色发展与乡村振兴的内在逻辑——乡村振兴要坚持走人与自然和谐共生的绿色发展之路。乡村振兴关键是生态宜居，而乡村绿色发展又是实现生态宜居的关键，主要是农村人居环境整治，以农村垃圾、污水、厕所治理为主要内容，包含资源利用节约高效、产地环境清洁、生态系统稳定和绿色供给能力提升四个部分。

（二）乡村绿色发展方面现有制度、规范与政策的改革历程

中国乡村绿色发展方面，现有制度、政策与规范的改革主要经历了以下四个历史阶段：

1. 法律制度建立阶段（1979~1989 年）

1979 年，第五届全国人大常务委员会会议通过《环境保护法试行》，结束了中国环境保护无法可依的局面。从此，国家明确了环境保护的对象和任务，确定了基本方针和“谁污染，谁治理”的政策，规定了环境保护管理机构的设置和职责。

该阶段，我国乡村环境保护的政策建设主要致力于建立环境标准、加强环境监测和统计、乡村环境综合整治定量考核、污染集中控制、污染源限制治理等。

2. 可持续发展阶段（1990~1999 年）

1992 年后，在现代化战略的基础上，我国形成了强调环境经济同步协调的可持续发展战略。

该阶段，中国环境保护领域的法律手段得到了深化完善。在可持续发展原则的指导下，各地开展大气排污交易政策试点工作，试点建立环保投资公司，全面推行排污许可证制度，推行使用环境标志制度等。

3. 生态环境建设阶段（2000~2005 年）

1998 年，国务院印发的《关于全国生态环境建设规划的通知》指出，“保护和建设好生态环境，实现可持续发展，是我国现代化建设中必须始终坚持的一项基本方针”。该通知从我国生态环境保护和建设的实际出发，对天然林等自然资源的保护、草原建设、生态农业等方面进行了规划。

该阶段，农村生态环境建设取得的成果包括绿化造林、草原保护、水土保持、防沙治沙、自然保护区、生态功能保护区、风景名胜区建设等。

4. “资源节约型、环境友好型”社会建设阶段（2006 年至今）

2005 年，党的十六届五中全会提出“加快建设资源节约型、环境友好型社会”，并将其确定为国民经济和社会发展规划的一项战略任务。该阶段，国家指出，要以环境承载能力为基础，遵循自然规律为核心，绿色科技为动力，倡导环境文化和生态文明，构建经济、社会、环境协调发展的社会体系。

（三）实施乡村振兴中乡村绿色发展方面的具体内容

我国在乡村振兴战略中关于乡村绿色发展方面制度、规范与政策的改革内容具体如表 7-6 所示。

表 7-6 乡村振兴中绿色发展各个阶段主要文件和主要内容

阶段	政策文件	主要内容
法律制度建立阶段	1979 年第五届全国人大通过《中华人民共和国环境保护法试行》	结束了中国环境保护无法可依的局面
	1981 年国务院作出《加强环境保护工作的决定》	对工业企业、城市、自然资源和环境都要加强环境管理和监督
	1989 年第七届全国人大通过修改后的《中华人民共和国环境保护法》	确立了“环境保护与经济、社会发展相协调”的原则，成为环境保护领域的基本法律
可持续发展阶段	1994 年国务院常务会议通过《中国世纪议程》	把可持续发展原则贯穿到了中国城乡环境与发展的各个领域
	2000 年发布《全国环境保护工作纲要》	要求加快环境保护立法步伐，建立与社会主义市场经济体制相适应的环境法体系
生态环境建设阶段	1998 年国务院印发《关于全国生态环境建设规划的通知》	该通知对自然资源保护、植树种草、水土保持、生态农业等方面进行规划
“资源节约型、环境友好型”社会建设阶段	2005 年党的十六届五中全会明确提出“加快建设资源节约型、环境友好型社会”	首次把建设资源节约型、环境友好型社会确定为国民经济和社会发展规划的战略任务
	2007 年党的十七大报告首次提出“建设生态文明，基本形成节约能源资源和保护生态环境的产业结构、消费模式”	这是我国在生态文明建设方面具有建设性的积极尝试
	2017 年“必须树立和践行绿水青山就是金山银山的理念”被写进党的十九大报告	“两山论”成为我们党的重要执政理念之一
	2018 年党中央一号文件指出乡村振兴要坚持走人与自然和谐共生的绿色发展之路	明确提出绿色发展战略可以成为助力乡村振兴的有力抓手
	2020 年农业农村部部长韩长赋在中国农业绿色发展研究会上进一步强调推进农业绿色发展，重点要做到“四个突出”	进一步认识绿色发展对纾解资源承载压力、治理农业农村环境污染、促进农业可持续发展的重大现实意义

五、乡村文化振兴方面的现有制度、规范与政策

（一）乡村文化振兴的内涵

“乡村文化”是相对于“城市文化”而言的，从狭义角度讲，乡村文化是在乡村所处的地理范围内，依赖其独特的自然环境和人文环境，在村民数千年的生产生活中产生的具有当地特色的规则、意识形态、精神风貌和艺术文化等；从广

义角度讲，乡村文化是当地村民在数千年的生产生活中形成的、受到统一认可和接受的物质财富及精神财富的总和，其中包括物质文化、精神文化、制度文化、艺术文化等。

农村文化具有三点特征：农民是农村文化的主体，是农民在数千年的生产生活中创造出来的；农村地理范围是农村文化的载体；农村社会生产方式是农村文化的特色，不同的生产方式会产生不同的农村文化。

（二）乡村文化振兴的改革历程

纵观我国乡村文化振兴的改革历程，大致可分为五个阶段：以社会主义教育与爱国主义教育为核心、以改造农村传统文化和加强农村教育为核心、以精神文明和思想文化为核心、以"以人为本"为核心、以扶志和"乡风文明"为核心。

1. 以社会主义教育与爱国主义教育为核心的文化建设（1949~1955年）

在新中国成立初期这一阶段，我国农村文化建设的核心是加强对村民社会主义和爱国主义的教育。在教育方面，我国政府加强对学校的基础建设，积极开展扫盲运动；在文化教育方面，我国为了扫除封建的旧习俗，丰富人们的精神文化活动，大力修建图书馆、电影院、少年宫等文化场所，用先进科学的社会主义思想武装农民，同时积极通过各种途径宣传爱国主义思想。

2. 以改造农村传统文化和加强农村教育为核心的文化建设（1956~1977年）

在教育方面，农村地区的学校数量和质量均得到提升，教育方式和内容较为丰富；在文化教育方面，虽然之前在一定程度上扫除了封建思想文化，但在农村地区仍然存在腐朽落后的思想。在这一时期，党和国家也意识到文化素质的重要性，因此提出"双百"方针，助力乡村文化的进一步发展。

3. 以精神文明和思想文化为核心的文化建设（1978~2001年）

改革开放以来，农村文化建设进入了新的发展阶段，党的十一届三中全会指出，要将社会主义精神文明建设放在首位，将精神文明建设作为农村文化建设的主线，党的十三届四中全会将农村文化建设的重点进行扩充，我国要加强对农村精神文明和思想文化的双重建设。这一阶段，我国在农村地区普及义务教育，提高文化素养，并且逐渐完善农村地区的文化服务基础设施，以丰富农村地区的文化活动。

4. 以"以人为本"为核心的文化建设（2002~2014年）

党的十六届三中全会提出"以人为本"思想，这是科学发展观的核心。在这一阶段，农村文化建设除继续加强对精神文化、思想文化的建设，还逐渐凸显出"以人为本"的特征。胡锦涛强调，加强社会建设，必须以保障和改善民生为重点，要尊重农民的主体地位，保障农民民主的权益，这在乡村文化建设的过程中具有重要意义。加强农村的民主建设，提高村民的参与意识。

5. 以扶志和“乡风文明”为核心的文化建设（2015年至今）

进入中国特色社会主义新时代，中国共产党致力于打造美丽富裕的新型农村。要完成全面脱贫攻坚的任务，并巩固脱贫攻坚成果，我国应始终坚持扶贫和扶志双管齐下，除给予物质上的帮助，也要通过思想教育等手段，进行思想扶贫“扶志”，努力提高其文化素质，培养一技之长等，避免出现返贫现象。2017年，中央农村工作会议明确提出乡村振兴的战略目标，把“乡风文明”建设明确为乡村文化建设和发展工作的重要方向。

（三）实施乡村振兴中农村文化制度的具体内容

纵观我国乡村文化振兴的历程，大致可分为五个阶段：以社会主义教育与爱国主义教育为核心、以改造农村传统文化和加强农村教育为核心、以精神文明和思想文化为核心、以“以人为本”为核心、以扶志和“乡风文明”为核心。如表7-7所示。

表7-7　各个阶段主要文件及主要内容

阶段	政策文件	主要内容
以社会主义教育与爱国主义教育为核心	1949年中央人民政府教育部	要求在全国农村普遍推行冬学形式，冬学主要包括政治和文化两个方面
	1951年《关于加强理论教育的决定》	全国上下开始全面展开马克思主义基本理论的普及活动，各级学校相应地开设了政治理论课，对学生进行马克思主义基本原理的常识性教育
以改造农村传统文化和加强农村教育为核心	1957年《关于正确处理人民内部的矛盾》	指出在科学文化上的问题，应采取“百花齐放，百家争鸣”的方针
	1958年《关于教育工作的指示》	要求各大协作区建立起一个完整的教育体系，并提出在三到五年内，基本扫除文盲，普及小学教育
以精神文明和思想文化为核心	1986年党的十二届六中全会	指出了社会主义精神文明建设是推动改革开放以及推进社会主义现代化建设的精神文明建设
	1989年党的十三届四中全会	将农村文化建设的重点放在农村精神文明与农村思想文化上，积极推进对农民的思想政治教育
以“以人为本”为核心	2002年党的十六大	提出科学发展观，并且从“以人为本”的角度丰富了中国共产党的文化政策内涵
	2012年党的十八大	让人民享有健康丰富的精神文化生活是全面建成小康社会的重要内容

续表

阶段	政策文件	主要内容
以扶志和“乡风文明”为核心	2017年党的十九大	提出“实施乡村振兴战略，按照产业兴旺、生态宜居、乡风文明、治理有效、生活富裕的总要求”
	2018年中央一号文件	围绕乡村文化发展和乡风文明建设作出具体的工作部署

六、农村民主管理方面的现有制度、规范与政策

（一）农村民主管理的内涵

党的十七大首次指出：要发展基层民主，保障人民享有更多更切实的民主权利。党的十八大报告再次提出，要完善基层民主管理制度，即在城乡社区治理、基层公共事务和公益事业中实行群众自我管理、自我教育、自我服务。农村基层民主制度主要指以村民自治为核心的基层民主建设。村民自治的基本原则是自我管理、自我教育、自我服务，“三自”原则在实践中发展为村民的民主选举、民主决策、民主管理和民主监督等权利，进而逐步形成了农村的基层民主制度。基层民主是社会主义民主的核心内容，是建设社会主义新农村政治建设的发展方向，农村基层组织实行上述四项民主权利及村务和政务公开，即“四个民主、两个公开”。

（二）农村民主管理方面现有制度、规范与政策的改革历程

新中国成立以来，从计划经济到市场经济，从城乡二元体制到统筹城乡发展，这些为农民权益的保障和实现创造了条件。从20世纪80年代开始，家庭联产承包责任制开启了我国从传统社会向现代社会转型的进程，乡村的经济体制和经济社会状况发生了重大变革，一系列农村改革先后围绕农民权益展开，是对农民合法权益重新确立和保障。

中国农村民主管理方面现有制度、政策与规范的改革经历了以下阶段，如表7-8所示。

表7-8 农村民主管理制度改革历程

阶段	村民自治组织萌芽	村民委员会建立	村民自治法律制度框架形成	村民自治活动规范化和法制化
时间	1980~1981年	1982~1986年	1987~1989年	1990年至今
发展状况	村委会对生产大队的取代	新宪法确立了村委会的法律地位	法律上正式确立村民自治这项新型的群众自治制度和民主制度	村民自治活动深入发展和基层民主逐步走向规范化和法制化时期

1. 村民自治组织萌芽时期（1980~1981年）

1980年，广西河池地区的宜山、罗城两县一些村落自发组建了一种全新的组织——村民委员会，以取代生产大队。建立之初，村委会负责集体的水利设施和治安的维护工作，后来逐步演变为村民对农村基层生活中诸多事务的自我管理。

2. 村民委员会建立时期（1982~1986年）

1982年，第五届全国人大第五次会议通过新宪法。通过对各地农村实践经验的总结，确立了村民委员会的合法地位，明确规定村民委员会是我国农村基层社会的群众自治组织，指出了农村社会管理中实行村民自治的基本方向。自此，各地根据宪法要求，进行了建立村民委员会的试点工作。

3. 村民自治法律制度框架形成时期（1987~1989年）

1987年，人大常委会通过《中华人民共和国村民委员会组织法（试行）》。该法依据宪法对村委会及村民会议的权利和组织形式做了全面规定，使村民自治作为一项新型的群众自治制度和民主制度在法律上正式确立。

4. 村民自治活动规范化和法制化时期（1990年至今）

1990年9月26日，民政部发出《关于在全国农村开展村民自治示范活动的通知》，全国各地普遍开展了村民自治示范活动。

（三）实施乡村振兴中农村民主管理方面的具体内容

我国在乡村振兴战略中关于农村民主管理方面制度、规范与政策的改革内容如表7-9所示。

表7-9　各个阶段主要文件及主要内容

阶段	政策文件	主要内容
村民自治组织萌芽	萌芽探索阶段还没有相关政策规定	1980年，广西河池部分村落自发组建了村民委员会这种全新组织
村民委员会建立	1982年第五届全国人大第五次会议通过新宪法	确立村委会的法律地位，指出实行村民自治的基本方向
	1983年中共中央发布《关于实行行政社的通知》	对建立村民委员会提出具体要求
村民自治法律制度框架形成	1987年颁布《村委会组织法（试行）》	对村委会及村民会议的权利和组织形式做了全面的规定
	1988年各地开始贯彻《村民委员会组织法》	实践中逐步完善村民自治的各项制度

续表

阶段	政策文件	主要内容
村民自治活动规范化和法制化	1990年民政部关于《在全国农村开展村民自治示范活动的通知》	加强对《村委会组织法》实施工作的指导，有组织、有计划、有步骤地在农村基层逐步实现村民自治
	1994年民政部关于《农村村民自治示范活动指导纲要》	力求做到点与面的有机结合，推进农村基层民主政治建设
	2002年第九届人大会议通过《中华人民共和国村委会组织法》	保障农村村民实行自治，促进农村基层社会主义民主和农村社会主义物质文明、精神文明建设的发展
	2004年《关于在农村普遍实行村务公开和民主管理制度的意见》	对完善四项民主制度提出具体的要求
	2010年第十一届人大会议对《村组法》进行修订	此次修订旨在有效发挥群众在自我管理监督中的作用
	2015年中央一号文件专设“围绕做好‘三农’工作，加强农村法治建设”部分	明确指出“要加快完善农业农村法律体系，同步推进城乡法治建设”
	2019年中共中央印发《中国共产党农村基层组织工作条例》	强调党要全面领导实施乡村振兴战略，农村基层治理既是国家治理体系的重要构成，也是实现乡村振兴的基石

七、农村金融方面的现有制度、规范与政策

（一）农村金融的内涵

“农村金融”是相对于“城市金融”而言的。农村金融指在农村区域内，与农村经济活动有关的资金流通和信用活动的总称。包括为农村经济服务的金融机构、金融工具、金融制度和金融活动的综合。农村金融具有以下特点：第一，涉及的范围较广，既涉及农业也涉及农村地区的工商业。第二，面临的风险较高，由于农村金融具有“农村区域性”，服务的主要内容是与“三农”有关的，而我国农业具有收益不确定性、投资周期长、效益低、风险高等特点，因此农村金融的风险也较高。第三，管理难度较大，由于农村农户较为分散，可抵押资产较少，并且在进行信用调查时需要付出较高的成本，这给农村金融管理带来了较大困难。

（二）农村金融方面现有制度、规范与政策的改革历程

新中国成立以后，我国进入全面推行农村金融改革的阶段，不断建立和完善农村金融结构和制度，但整个改革的过程较为曲折。纵观我国农业金融方面的现

有制度、规范与政策的改革历程，大致分为以下六个阶段：以恢复农村金融体系为重点的阶段、以集中管理为重点的阶段、以多元化发展为重点的阶段、以市场为导向改革的阶段、以缓解农村金融问题为重点的阶段、以支持“三农”为重点的阶段。

1. 以恢复农村金融体系为重点的阶段（1949~1955 年）

刚成立的新中国处于百废待兴的状态，再加上我国是农业大国，因此新中国成立初期的建设重点便放在了农业和农村，并且我国 1950 年颁布的《中华人民共和国土地改革法》，废除了封建剥削的土地所有制，实行农民的土地所有制，农民纷纷拥有了土地，这使农民的生产力得到极大的释放，生产积极性提高，因此人们对于金融的需求增加。这一阶段农业银行和农村信用社是农村金融体系框架的双核，农村金融体系初具雏形。

2. 以集中管理为重点的阶段（1956~1977 年）

1958 年，农户不再是独立的经营主体，农村信用化的管理体制开始不断走向集中管理体制。这一阶段农业银行几次被反复撤立，只有人民银行和农村信用合作社服务农村地区。在这个时期，农村信用合作社处于农村金融体系的主导位置，农业银行为辅。虽然其是农村资金的主要渠道来源，但在服务结构上还存在“两重两轻”的问题。

3. 以多元化发展为重点的阶段（1978~1992 年）

1978 年党的十一届三中全会提出，将工作重点转移到经济建设上，次年国务院发布通知宣布恢复农业银行，同年我国改革开放后成立了第一家城市信用合作社。1984 年中央一号文件明确指出，允许农民和集体的资金自由或有组织的流动，同年我国第一家农村合作基金会正式诞生。1985 年中央一号文件提出要放活农村金融政策，非正规金融开始快速发展，在一定程度上促进了农村经济发展。这一时期农村金融机构呈现多样化发展趋势，多元农村金融主体的涌现构成了农村金融制度的重塑。

4. 以市场为导向改革的阶段（1993~2002 年）

1992 年召开的党的十四大明确提出，我国经济体制改革的目标是建立社会主义市场经济体制，农村金融的发展要以市场为导向，农业和农村沿市场经济方向深化的速度加快。1994 年 4 月，为了提高资源的利用效率，国家将政策性业务从中国农业银行中剥离出来，成立了中国农业发展银行，同时对农业银行进行商业化改革，逐渐脱离与农信行的行政隶属关系，助力农村地区中小金融机构的发展；还成立了中国邮政储蓄银行，并改革农业保险制度，形成了由政府扶持、商业运作的农业保险制度。在这一阶段，农村金融逐渐朝着市场化方向发展。

5. 以缓解农村金融问题为重点的阶段（2003~2012 年）

2003 年以前，农村地区“三元共振”的金融体系，在一定程度上缓解了农

村金融的供求矛盾，但在其发展过程中也出现了一些问题，如银行的不良率持续上升、空心化等问题，这不利于农村金融的持续发展。为了缓解存在的问题，自2003年开始，国家明确了农村金融朝着存量改革和增量改革并重的方向继续推进。为了促进农村经济的发展，自2006年开始银监会发布一系列新规定，放松外资金融机构进入农村市场的准入政策，外资银行开始在农村建立网点，国有银行开始逐渐回归农村金融市场，同时以村镇银行、小额贷款公司、农村资金互助社为代表的新型农村金融机构的出现，丰富和完善了既有的农村金融体系，农业保险开始取得快速推进，邮储银行作为一个新兴代表登上了历史舞台。在这一阶段，各种金融机构涌入农村区域，呈多元化发展趋势。

6. 以支持“三农”为重点的阶段（2013年至今）

党的十八大对全面建成小康社会具有重要的意义，提出要将解决农村农民问题放在工作的首位，为增强金融对“三农”的支持力度，提出推动金融改革创新。这一阶段，首先深化农村金融体制改革，推进农村金融机构的改革，培育发展村镇银行对“三农”的支持力度；其次大力发展普惠金融，为农村地区提供更加便捷、优惠的金融服务，2015年颁布的《推进普惠金融发展规划》明确了我国普惠金融的服务对象，农村普惠金融也越发成熟；最后不断创新农村金融产品，农业保险产品更加丰富。多元共存、各司其职的农村金融生态基本形成，助力乡村振兴的实现。

（三）实施乡村振兴中农村金融方面的具体内容

我国在乡村振兴战略中关于农村金融方面的制度、规范与政策的改革内容如表7-10所示。

表7-10 各个阶段主要文件及主要内容

阶段	政策文件	主要内容
以恢复农村金融体系为重点的阶段	1950年中共中央《关于建立国家金融体系的决定草案》	从整体上规划了农村金融的体系框架，提出农村信用社和农业银行是我国农村金融机构的重要组成部分
	1955年国务院批准	成立中国农业银行，并设立分支机构
以集中管理为重点的阶段	1957年《关于撤销中国农业银行的通知》	宣布撤销农业银行，农村金融工作统一由人民银行负责
	1958年《关于适应人民公社化的形势，改进农村财政贸易管理体制的决定》	国家将农村地区金融机构的管理权限下放给人民公社
	1963年国务院	再次决定成立中国农业银行

续表

阶段	政策文件	主要内容
以多元化发展为重点的阶段	1979年国务院《关于恢复中国农业银行的通知》	恢复成立中国农业银行
	1982年中共中央	恢复农村信用社的三性，农村信用合作社由农业银行领导，同时也受农业银行监督
以市场为导向改革的阶段	1993年国务院《关于金融体制改革的决定》	明确金融体制改革的目标，建立有序竞争的金融市场体系
	1993年《建立社会主义市场经济体制若干问题的决定》	农村信用合作社脱离中国农业银行的管理，成为独立的金融机构，逐步推进了改革试点
	1996年《关于农村金融体制改革的决定》	在农村地区形成商业性、政策性金融机构互相协作的现代金融体系
以缓解农村金融问题为重点的阶段	2003年国务院《深化农村信用社改革试点方案》	先进行试点，总结试点改革的经验，将深化农村信用社的试点方案扩大到21个省
	2004年中央一号文件	提出建立健全金融机构服务于农村的体制
	2007年《关于扩大调整放宽农村地区银行业金融机构准入政策试点工作的通知》	调整和放宽农村银行业金融机构的准入政策，由原来的六个省扩大到全国31个省。新型农村金融机构开始建立和发展
以支持“三农”为重点的阶段	2013年党的十八届三中全会	首次提出要发展普惠金融
	2014年中央一号文件	对加快农村金融制度创新做出详尽规定，要求发展新型农村合作金融组织、加大农业保险支持力度，切实发挥金融“支农”功能
	2015年中央一号文件	最大亮点在于提出推动农村金融立法
	2018年《乡村振兴战略规划（2018—2022年）》	提出加大金融支农力度。健全适合农业农村特点的农村金融体系

第二节　乡村振兴制度、规范与政策的评估

前文梳理了乡村振兴制度、规范与政策七个方面的内涵、改革历程以及在乡村振兴过程中发挥的作用。本节对乡村振兴制度、规范与政策进行评估，主要包括三个方面的内容：一是分析制度、规范与政策本身取得的效果；二是分析制

度、规范与政策如何促进乡村振兴以及在其赋能下，乡村振兴取得了哪些成就；三是分析制度、规范与政策在促进乡村振兴过程中的不足之处，为进一步优化制度、规范与不足提供依据。

一、评价框架

构建评价框架，对乡村振兴制度、规范与政策七个方面的效果进行评价，了解制度、规范与政策的效果，发现它们本身存在的不足之处，通过取长补短，使制度、规范与政策更好地服务乡村发展，为乡村振兴奠定坚实的基础。

（一）评价指标体系构建

通过前文对制度、规范与政策的梳理，总结出关于其七个方面的内容。立足于各个方面的内涵以及要达到的目标，综合考虑数据的可得性，构建有关政策的指标体系，共 11 项指标（见表 7-11）。城乡经济社会发展一体化，就是要改变城乡二元经济结构，缩小城乡差异，促进要素双向流动，所以选取城乡居民人均可支配收入比衡量城乡差异，比值越小，城乡收入差距越小；用农村非农就业人口占农村总人口比衡量要素流动，比值越大，要素流动性越强。农业支持保护分为农业支持、农业保护两个方面。农业支持离不开国家财政支农，所以选取财政支农支出作为指标；农业保护则选取农业保费收入为指标。乡村绿色发展方面，参考陈黎明等的做法，将乡村绿色发展合成一个指数，并用其统计结果进行分析。乡村文化振兴方面，乡镇文化站对乡村文化振兴起着至关重要的作用，对乡村文化站的支持和支出决定了乡村文化站的水平，所以选取乡村文化站的数量和乡村文化站的支出衡量乡村文化振兴水平。农村民主管理方面，基层党组织是基层管理的最后一道防线，也是基层民主管理的典范，基层党组织的党内民主可以有效带动党外民主，所以基层党组织数量至关重要。另外，民主管理还需要有效的民主监督才能更好地发挥它的作用和价值，所以农村监委会的设置比例也是重要方面。农村金融发展是为了解决农业金融资源问题，首先选择农业贷款作为对农村金融发展的衡量，其次对数据进行综合评价，根据评价结果，分析政策带来的效果。

表 7-11　公共政策评价指标体系

一级指标	二级指标			
	序号	指标名称	单位	指标属性
城乡经济社会发展一体化	1	城乡居民人均可支配收入比	比值	-
	2	农村非农就业人口占农村总人口比	比值	+
农村集体经济	3	农业总产值	亿元	+

续表

一级指标	二级指标			
	序号	指标名称	单位	指标属性
农业支持保护	4	财政支农支出	亿元	+
	5	农业保费收入	亿元	+
乡村绿色发展	6	乡村绿色发展指数	指数	+
乡村文化振兴	7	乡镇文化站数量	个	-
	8	乡镇文化站支出	万元	+
农村民主管理	9	党的基层组织数量	万个	+
	10	农村监委会覆盖比例	%	+
农村金融	11	农业贷款余额	亿元	+

（二）数据来源与评价方法

选取全国范围2010~2020年的各指标相关数据，每两年做一次统计。数据主要来源于历年《中国统计年鉴》《中国农业统计年鉴》以及农业农村部相关统计数据，其中缺失值采用相邻值平均法与指数平滑法进行补齐。

因为乡村振兴制度、规范与政策涵盖七大方面，所以对其效果的评价需要考虑多目标、多维度的综合评价方法。目前，主要的综合评价方法有主成分分析法、层次分析法、模糊综合评价法、TOPSIS法、熵权-TOPSIS法。综合考虑各方法的优缺点和本书研究特点，选择用熵权-TOPSIS法进行后续研究与分析。首先，熵值法作为确定指标权重的一种方法被广泛地应用于经济政策综合评价中。通过判断不同指标之间的差异程度，可以确定指标权重进而测算经济政策综合评价得分。熵值法确定指标权重有效地避免了人为赋值的主观性，提高了综合评价体系建立的实用性和准确性，因而被广泛地应用于经济政策的综合评价中。TOPSIS法是一种理想目标相似性的顺序选优技术，在多目标决策分析中是一种非常有效的方法。它通过归一化后的数据规范化矩阵，找出多个目标中最优目标和最劣目标（分别用理想解和反理想解表示），分别计算各评价目标与理想解和反理想解的距离，获得各目标与理想解的贴近度，按理想解贴近度的大小排序，以此作为评价目标优劣的依据。贴近度取值在0~1，该值越接近1，表示相应的评价目标越接近最优水平；反之，该值越接近0，表示评价目标越接近最劣水平。

（三）评价结果及分析

由熵权-TOPSIS法得出各指标权重（见表7-12）。乡村振兴制度、规范与政策七个方面的权重分别为：城乡经济社会发展一体化方面为17.13%，农村集体经济方面为8.20%，农业支持保护方面为19.24%，乡村绿色发展方面为

12.94%，乡村文化振兴方面为14.18%，农村民主管理方面为20.01%，农村金融方面为8.30%。

表7-12　熵值法计算权重结果汇总

项目	信息熵值 e	信息效用值 d	权重系数 w（%）
城乡居民人居可支配收入比	0.8562	0.1438	8.27
农村非农就业人口占农村总人口比	0.8461	0.1539	8.86
农业总产值	0.8575	0.1425	8.20
财政支农	0.8512	0.1488	8.56
农业保费收入	0.8145	0.1855	10.68
乡镇绿色发展	0.7751	0.2249	12.94
乡镇文化站数量	0.8996	0.1004	5.78
乡镇文化站支出	0.8540	0.1460	8.40
党的基层组织数量	0.7816	0.2184	12.57
农村监委会覆盖比例	0.8708	0.1292	7.44
农业贷款余额	0.8559	0.1441	8.30

2010~2020年，在七个方面的共同推动下，我国乡村振兴制度、规范与政策效果水平不断提升。2010年综合水平最低，原因在于有些方面未开始实施或者刚开始实施，效果不明显。2020年，综合水平达到0.832（见表7-13），为历年最高。从增长率上看，乡村振兴发展水平呈现不断下降的趋势。2010年，政策效果尚处于起步阶段，2012年其增长率达到77.94%，此后便连续下降，2020年增长率为8.33%，如图7-1所示。

表7-13　TOPSIS评价计算结果

年份	正理想解距离 D+	负理想解距离 D-	相对接近度 C	排序结果
2010	0.304	0.046	0.131	6
2012	0.249	0.075	0.231	5
2014	0.200	0.140	0.411	4
2016	0.135	0.187	0.581	3
2018	0.075	0.247	0.768	2
2020	0.060	0.299	0.832	1

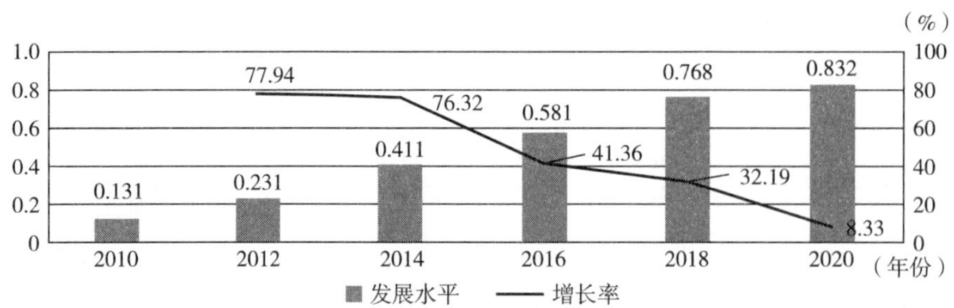

图 7-1　2010~2020 年乡村振兴发展水平与增长率

具体来看，乡村振兴七大方面发展又各具特点，具体如下：

1. 城乡经济社会发展一体化不断推进，城乡差距逐渐缩小

城乡经济社会发展一体化是党中央、国务院推进农村城市化、农业现代化，缩小城乡差别、实现城乡共同富裕的重要战略举措。

农村的问题千头万绪，最突出的问题是农民增收问题。随着农村相关改革不断深化，农民收入渠道逐渐多元化，收入不断增加。因此，城乡经济社会发展一体化的应有之义是增加农民收入，缩小城乡收入差距。1978 年，实施了家庭联产承包责任制以后，农业生产效率提升，大大增加了农民收入，城乡可支配收入差距逐步缩小；1990 年后，城市化速度加快，资源向城市集聚，城乡收入差距持续扩大，一直持续到 2010 年左右（见图 7-2）。2012 年，党的十八大正式提出了城乡经济社会一体化的概念。用城市带动农村，工业带动农业的方式，使农民共享经济发展的成果。所以，城乡可支配收入比逐渐缩小，到 2020 年达到 2. 56。

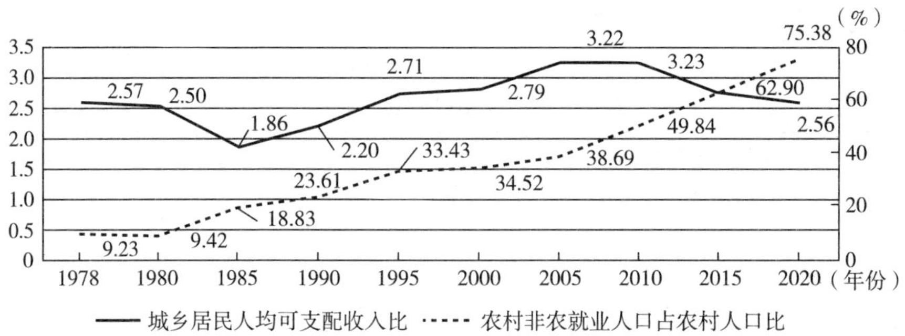

图 7-2　城乡经济社会一体化发展状况

城乡一体化发展，还在于要打破原有限制，使更多农村居民参与到二三产业发展中来，共享产业发展成果。通过引导他们向非农产业转移，增加农民收入。

1978~1990 年，我国非农就业人口稳步增加。1990 年以后，农村劳动力大规模向城市流动，非农就业人口占比快速增加。2002 年，我国开始实施土地流转政策，释放了大量农村劳动力，开始大规模从事二三产业，非农就业人口进一步攀升。2020 年，农村非农就业人口占农村总人口比重达到 75.38%，比 2010 年增加 25.54%。城乡经济社会一体化发展，破解城乡二元结构，构筑起农民增收的长效机制，使更多农民向城镇集聚，逐步过上高品质的生活。

2. 农村集体经济不断发展，土地流转加剧了新型农业经营组织兴起

土地基本经营制度与土地产权是农村集体经济的一个核心问题，土地归属决定土地制度的基本社会性质。1952~1955 年，我国农村土地小农私有，家庭经营，农业总产值处于较低水平且比较稳定。1956~1978 年，农村土地集体所有，采取统一经营的方式，在这期间，农业总产值有了提升，但增加不多。1979~2011 年，我国实行统分结合的双层经营体制，农业发展效率大大提升，农业总产值大幅增加。2012 年至今，土地流转加速，多种经营主体不断涌现，包括家庭农场、农民专业合作社的出现与持续增加，释放了农业生产力，使农业总产值出现跃升的局面（见图 7-3）。

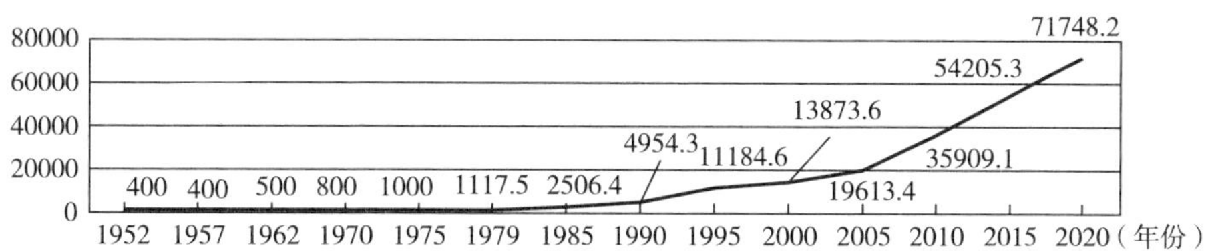

图 7-3　我国农业总产值变化趋势

3. 农业支持保护措施持续健全，多方面维护农民发展利益

农业要发展，投入是关键。为了发展现代农业、保障我国粮食等主要农产品供给，要把农业农村作为财政支出的优先保障领域，确保农业农村投入只增不减。1978~1996 年，为了充分调动农民生产积极性，财政支农水平稳步提升，农业保费收入也处于较低水平，变化幅度不大。1997~2013 年，国家提出要全面建成小康社会，着重关注农民增收，保障农民权益，支持“三农”发展。所以在此期间，财政支农和农业保费收入提升幅度较大（见图 7-4）。2014 年至今，国家将“三农”问题放在了史无前例的位置，同时坚持农业可持续发展，实施乡村振兴，最终实现农业现代化。所以，农业支持保护迎来了质的飞跃，财政支农和农业保费快速跃升，农业支持保护驶向了质和量双重发展的车道。

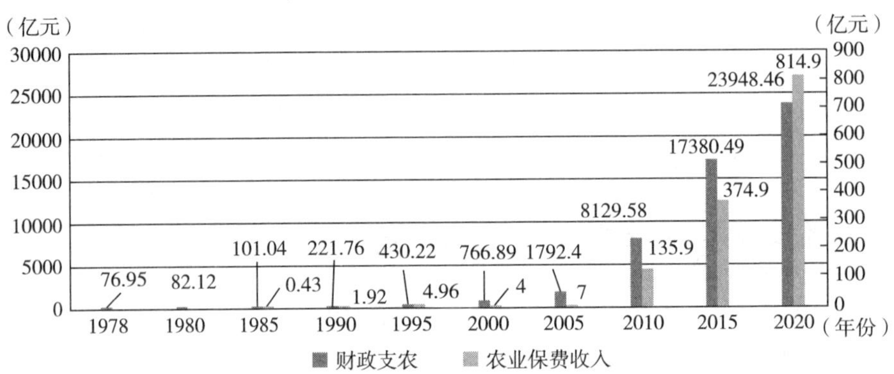

图 7-4　我国财政支农、农业保费变化趋势

实施农业支持保护措施，形成对要素投入的正向激励，有效促进了农业生产要素的必要集聚与有效积累，推动了农业现代化的可持续发展，进一步助推乡村振兴。

4. 乡村绿色发展成果显著，乡村发展观出现革新

乡村绿色发展与乡村振兴是紧密关联的，乡村振兴要坚持走人与自然和谐共生的绿色发展之路。绿色发展是对乡村发展观的巨大革新，其强调尊重、顺应并保护生态，牢固树立和践行“两山论”，响应乡村振兴战略对乡村“产业兴旺、生态宜居、乡风文明、治理有效、生活富裕”的总体要求。1978 年，我国开始对环境保护立法，不断完善的法律制度使乡村环境问题有法可依。但乡村仍然注重向环境要效益，环境保护意识淡薄、水平不高，绿色发展也处于初级阶段。2005 年，我国进入“资源节约型、环境友好型”社会建设阶段，乡村绿色发展有了实质性突破。乡村绿色发展指数从 2005 年的 0. 219 上涨到 2020 年的 0. 374，上涨趋势明显（见图 7-5）。尤其是 2017 年“两山论”以及 2018 年党中央关于“坚持走人与自然和谐共生的绿色发展之路”的提出，使乡村绿色发展速度更上一个台阶。

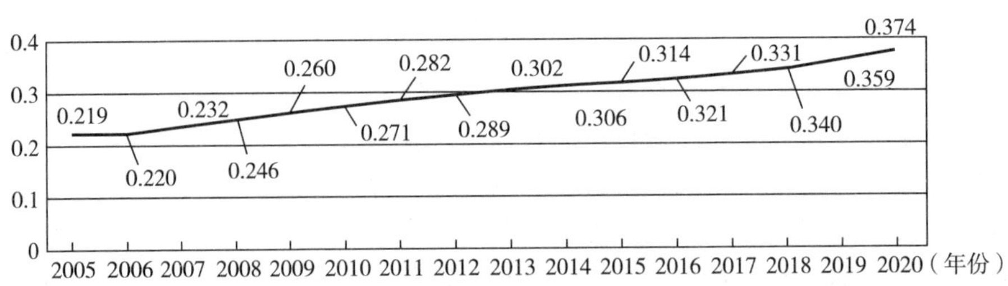

图 7-5　乡村绿色发展情况

5. 乡村文化振兴不断推进，乡村文化事业蒸蒸日上

乡村文化振兴是实施乡村振兴战略的内生动力和智慧源泉，是重构乡土文明价值的重要体现。为乡村文化注入文创活力，是基于当下我国乡村文化日趋衰落现实的自我觉醒与积极应对，有利于激活乡村文化的生命力，提升民众的文化自信。

乡镇文化站主要服务于乡镇群众的文化生活，在社会群体中有着很高的知名度，广受社会群体所喜爱，是基层文化建设的重要组成部分，其自身的显著性和广泛性对群众的影响十分明显，在基层文化建设中发挥着重要的推动作用。

1978~1995 年，乡村文化站数量稳步提升。1995~2000 年，乡镇文化站数量出现巨大的变化，原因在于国家对农村地区文化服务基础设施的完善、不断丰富农村地区的文化活动。2000 年后，乡村文化振兴开始进入“以人为本”的文化建设时期，文化站数量虽然有所减少，但基本稳定在 40000 个左右（见图 7-6）。同时，国家加大了对文化站的财政支持力度，乡镇文化站总体发展形势十分乐观。乡镇文化站充分发挥了乡村文化振兴的桥梁和纽带作用，有效地推动了文化建设，对加快基层精神文明建设，对推动乡村文化振兴发挥了巨大作用。

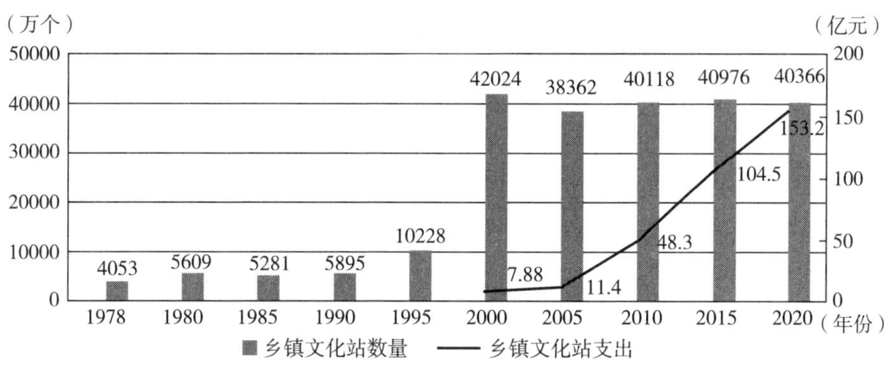

图 7-6 乡镇文化站数量与支出

6. 民主管理理念不断深入，形成了和谐有序的农村管理形式

农村民主管理是一项长期的、渐进的，需要不断探索和完善的工作。做好村级民主管理工作能有效激发农村广大群众的民主热情，对于提高基层党组织的执政能力和执政水平，增强构建社会主义和谐农村的能力，推动农村经济社会的协调发展，具有十分重要的作用。

建立并完善农村民主管理机制，推进美好乡村建设，必须要有一支政治素质过硬、素质能力过强的基层班子队伍。应不断扩大基层党组织数量、吸纳越来越多的农村党员参与到民主管理中来，从而夯实村级事务民主管理中坚力量。从1980年开始，村民自治组织逐渐萌芽，村民委员会逐步建立，村民自治法律制度基本形成。从2010年开始，村民自治活动更加规范、法制化程度更高。党的基层组织数量不断增加，截至2020年，党基层组织数量达到481万个（见图7-7），在基层民主管理中发挥了重要作用。党基层组织数量发展如火如荼，需要有效的监督管理，农村监委会在这一过程中扮演了重要角色。农村监委会的覆盖比例不断扩大，直至接近于全覆盖，使农村管理工作越来越民主化、法制化。在民主管理中，严格规范村干部的从政行为，建立基层党组织、吸纳农村居民入党，有利于加强农村居民的外部监督与自我监督，从而确保农村基层组织和党员的先进性及纯洁性，实现农村居民民主管理的价值与意义。

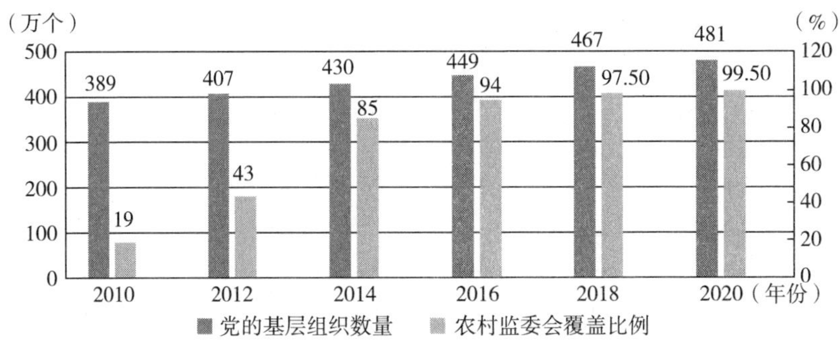

图7-7　民主管理发展状况

7. 农村金融持续完善，不断满足农民多样化金融需求

农村金融制度改革，就是要扩大农村金融服务规模和覆盖面，创新农村金融服务模式，全面提升农村金融服务水平，用金融解决农村发展问题，促进普惠金融发展。1978~1990年，是我国农村金融第一次多元化发展时期，农业贷款不断增加，促进了农村经济发展（见图7-8）。1990~2002年，农村金融发展开始以市场为导向，多方面助推农村经济发展。2003~2012年，农村继续改革，各种金融机构开始进入农村地区，农村金融第二次进入多元化发展轨道，农业贷款余额持续增加。2013年至今，农村金融深入推进“三农”发展，农村普惠金融越发成熟，农业贷款余额达到历史性高度。面对乡村振兴新形势和新要求，农村金融通过深化改革，探索多种服务模式，创新金融产品，不断创设农村金融机构，以此满足农村地区多元化金融需求。

金融服务乡村振兴不仅把信贷业务送到薄弱的地区，更盘活了乡村各种资源，充分调动了农民主体的积极性，激发了农村发展活力。

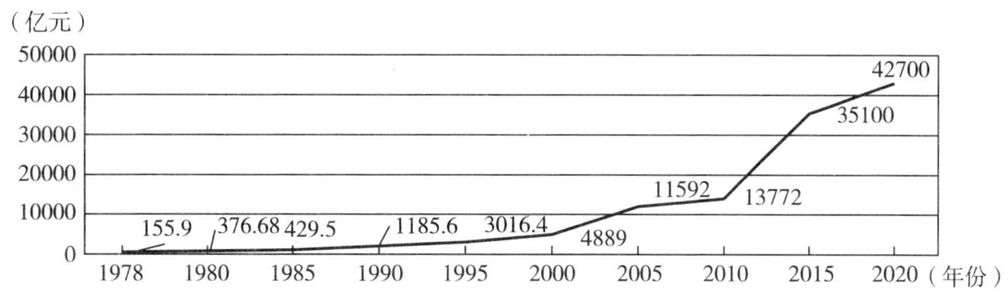

图 7-8　农村金融发展状况

二、成效与积极作用

乡村振兴战略是实现农业农村现代化的必然途径，也是促进农民农村共同富裕和实现全体人民共同富裕的强力助推剂。乡村振兴的目标包括产业兴旺、生态宜居、乡风文明、治理有效、生活富裕五个方面。经过不断发展，农业现代化得到提升，乡村振兴五个方面也取得成效。农业现代化，一方面是通过农业改革，使政策越来越适应农业发展；另一方面表现为农业产量增加，农业机械化水平越来越高。产业兴旺是根本，是乡村振兴的重点，是实现农业农村现代化的基本前提，用非农劳动力占比和非农收入占总收入比重来衡量，比例越高，表明农民从事的非农产业的比例越大，产业发展越具有多元性。生态宜居是基础，是打造舒适、宜居、美丽家园的保障，用乡村公路里程数和基层医疗机构数量反映。乡风文明是关键，要求提高农民群众思想、文化、道德水平，用农村平均受教育年限衡量。治理有效是保障，要求依靠自治、德治、法治实现乡村善治，努力营造“风清气正”的农村发展氛围，用乡村治理综合指数反映乡村有效治理水平。生活富裕是目标，要求保持农民收入增长，优化农村居民收入结构，不断满足人民日益增长的美好生活需要。

（一）农业现代化得到提升

农业现代化指从传统农业向现代农业发展的过程。在这个过程中，用现代工业、现代科学技术和现代经济管理方法将农业生产武装起来，使农业生产由落后的传统农业逐渐转化为具有当代先进水平的现代化农业，这一过程就是农业现代化。

农业现代化的主要内容包括农业生产手段（条件）现代化、农业生产技术现代化和农业生产管理现代化。通过不断进行农业改革，使之越来越接近科学的农业生产管理模式，同时不断促进农业发展。另外，农业现代化离不开生产手段和技术的革新，更高级的生产手段和技术有助于推进农业更好更快发展。

过去的政策着重聚焦于三个方面：一是围绕做强农业、稳固提质粮食生产、保障国家粮食安全。二是持续加快推进农业现代化的要求，改变单家独户几亩地几分地的低效耕作经营方式，构建起以家庭农场经营为主体、以股份合作或合作经营为纽带、以社会化服务为支撑的立体式、复合型现代农业经营体系。三是有序推行适宜现代化大农业发展的农业生产结构。通过适度规模经营提高单位种粮比较收益和种粮的总体效益，为满足现代化城乡居民生活需要的绿色、安全、健康、可靠、高品质农副商品提供有效供给。通过政策保障，我国农业与农村发展在总体上有了向现代化快速迈进的扎实基础，并取得了以下成就：

1. 农业改革取得新进展

自实行家庭承包经营为基础、统分结合的双层经营体制以后，农村土地承包经营制度改革进一步深化。一方面，土地确权颁证工作持续推进，截至 2020 年 11 月底，已完成确权面积 15 亿亩；另一方面，土地流转加快，适度规模经营已成趋势。农村集体产权制度改革稳步开展。通过明晰农村产权归属，对农村集体资产进行清产核资，清查核实农村集体资产 7.7 万亿元，集体土地等资源 65.5 亿亩；全面确认农村集体经济组织成员身份，共确认集体成员 9 亿人。稳步推进经营性资产股份合作制改革。农村金融服务综合改革不断深化，农村金融服务水平得到改善。我国金融服务体系包括政策性金融、商业性金融和合作性金融相结合的多形式、多层次的金融服务布局。如图 7-9 所示，我国涉农贷款余额从 2007 年末的 6.10 万亿元增至 2021 年末的 43.21 万亿元。农村金融机构为了支持农业适度规模经营、绿色生态等农业发展新变化，不断创新抵押贷款业务，进一步完善了农村金融服务体系。

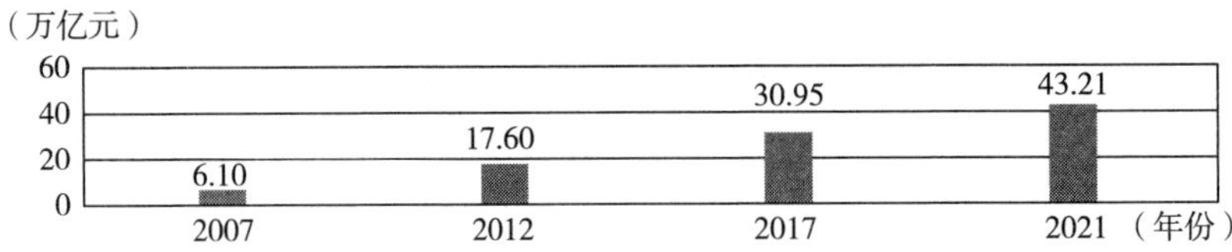

图 7-9　2007~2021 年涉农贷款金额

2. 农业综合生产能力不断提升

农业综合生产能力指在一定地区、一定时期和一定经济技术条件下，由农业生产诸要素综合投入形成的、可以相对稳定实现的农业综合产出水平。产出水平是结果，要素投入是过程，农业综合生产能力的提升，既体现为农业综合产出水平（产量）的提升，也表现为要素投入的增加与升级。在要素投入中，土地水资源等要素变化不明显，而以机械代替人力的要素投入变化大大增加了农业综合生产能力。

改革开放40年来，我国农业综合生产能力不断提升。一方面，粮食产量不断增加，我国粮食总产量的增长趋势如图7-10所示，2020年，全国粮食总产量达到66900万吨，是1978年粮食总产量的两倍多；另一方面，其他主要粮食品种稻谷、小麦、玉米以及肉类、禽蛋、水果、蔬菜等农产品稳定增长，市场供应充足，农产品质量安全水平不断提升。

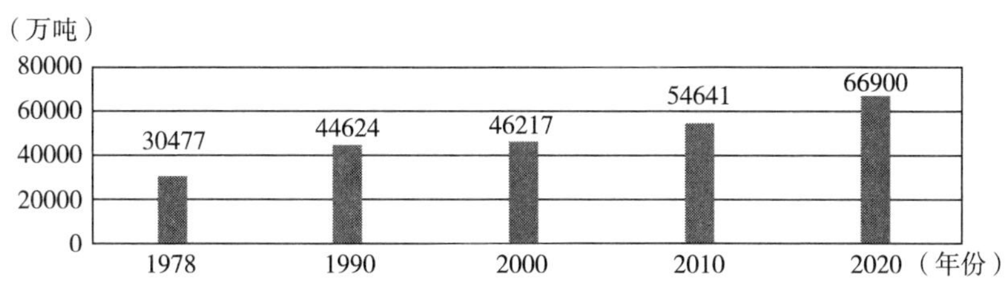

图7-10　1978~2020年我国粮食总产量

另外，农业综合生产能力的提升离不开农业技术装备水平的提高。以农业机械总动力表示机械化水平的提升，变化趋势如图7-11所示。数据显示，1978年末，全国农业机械总动力为11750万千瓦，2000年末为52573万千瓦，增加了347.4%；2020年末，农业机械总动力达到105622万千瓦，比2000年增加了100%。要素投入的升级，大大提升了我国农业生产综合能力，也增加了我国农业生产效率，提高了农产品产出水平。

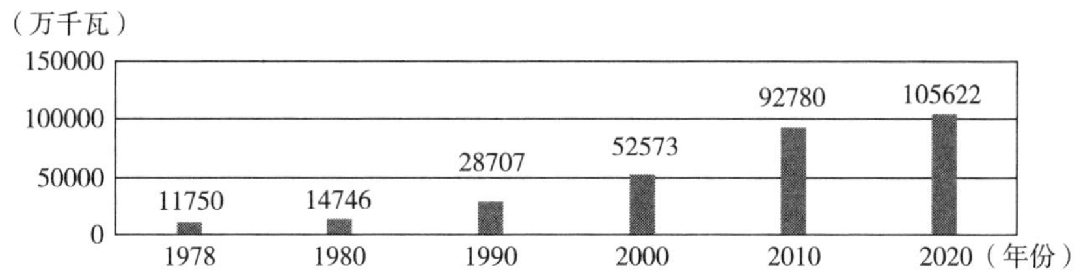

图7-11　1978~2020年我国农业机械总动力

此外，2020年喷灌面积和滴灌渗灌面积占耕地面积的比重分别为9.2%和7.4%。机播面积占播种面积的比重为70.5%，比1996年提高了54.3个百分点。2020年末，全国灌溉耕地面积69160.5千公顷，其中，有喷灌、滴灌、渗灌设施的耕地面积37796千公顷，占比达到54.64%。

（二）农村产业实现多元化

实施乡村振兴战略，产业兴旺是重点。农业除了产品经济功能外，还具有文化、生态等诸方面的功能，通过开发和拓展农业产品经济功能，释放出文化、生态功能，围绕农业的多种功能实现产业多元化发展，也要实现与一二三产业的融合发展。

实施乡村振兴战略，必须促进乡村产业发展。一直以来，国家和政府为了推进产业发展持续关注以下几个方面：健全财政投入机制，创新乡村金融服务，通过政策引导县域金融机构多途径将吸收的存款用于当地，重点支持乡村产业；不断完善用地保障政策，加大对乡村产业发展用地的倾斜支持力度；健全人才保障机制，使人才留得住，用得上；突出地区资源优势，各地区充分发挥资源禀赋，重点发展现代种养业、乡土特色产业、乡村休闲旅游业等新型产业。

改革开放之初，我国乡村非农就业人口占比较少、非农收入占人均总收入的比例也很小（见图 7-12），就业人口集中在农业领域，农民收入大部分来源于农业经营收入。经过 40 多年的发展，农业产业已经突破了传统意义上的农业概念，随着非农就业人口数量的增加，涌现出农业新产业、新业态，同时农民收入不断增加，收入来源逐渐多样化。1978~2000 年，我国农业以小农户生产为主。在此期间，我国几乎还没有设施农业，农业产业结构单一，农产品加工业和休闲农业产值很小，非农就业人口维持在较低比例，农民收入来源不稳定，大多数时期主要依靠简单农业。2000~2015 年，我国进入农业与第二产业融合发展的阶段，农产品加工业发展十分迅猛。随之而来的是非农就业人口比例不断增加，非农收入占比不断攀升。2016 年，我国正式提出农业与二三产业融合发展理念，农业与第二产业融合发展的同时，与第三产业的融合发展逐渐兴起，非农就业人口占比和非农收入进一步增加。经过多年的发展，结合我国农业产业发展现状，我国乡村非农就业人口比例和非农收入占比达到历史性高度，说明我国现代农业已呈现多元化产业格局。

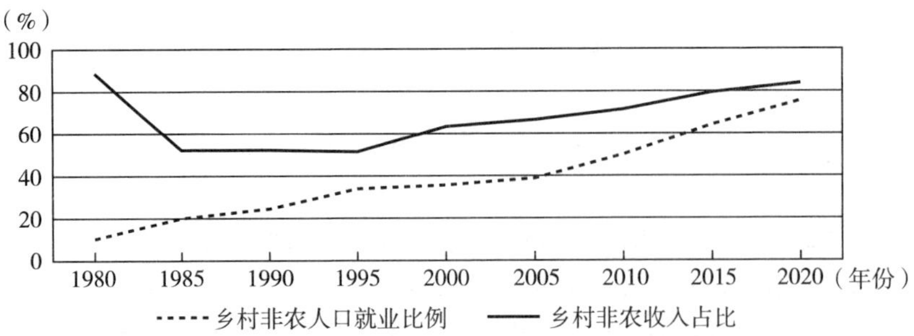

图 7-12　1980~2020 年我国乡村非农就业人口及非农收入占比情况

（三）农村公共服务体系基本建立

建立农村基本公共服务体系，实现城乡公共资源均衡配置，让农村公共服务供给满足农村发展的需要。这项工作涵盖基础设施、农村医疗卫生服务、农村教育水平、农村养老服务等领域。

农村公共服务水平的高低，是衡量一个国家和地区农村经济社会发展及城乡协调发展水平的重要标志，也是乡村振兴的关键所在。近年来，各级政府采取了一系列有效的政策措施，扩大了公共财政覆盖农村的范围，继续加大对农村基础设施建设、文化教育、医疗卫生和社会保障等公共产品的供给，通过改革创新，积极探索农村公共服务多元化投入机制，有效地推动了新农村建设和农村公共服务体系建设。

1978 年以前，农村基础设施较少，农业生产严重依靠自然环境，农民生活水平低下，农村基本公共服务缺失。改革开放后，我国农村发展有了新的突破。我国乡村公路里程数的变化趋势如图 7-13 所示，可以看出，1978 年，乡村公路里程数仅为 58. 60 万千米；2020 年末，乡村公路里程数实现新的突破，总里程数达到 438. 23 万千米，比 2012 年增加 70. 39 万千米，乡村公路里程数的增加，意味着我国农村地区不断接近村村通公路的目标。

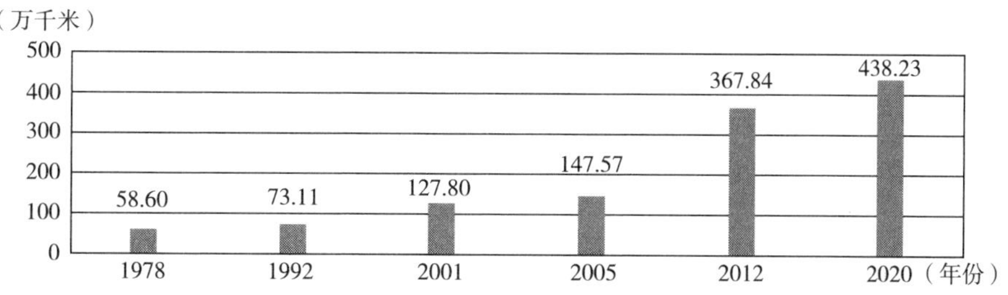

图 7-13　1978~2020 年我国乡村公路里程数

基层医疗机构担负着国家公共服务的重任。一方面，基层人口众多，必须配备数量足够多的基层医疗机构，以解决基层人民的医疗需求；另一方面，基层医疗机构的建立，有效缓解了大城市医疗资源供给不足的情况。我国基层医疗机构数量发展趋势如图 7-14 所示，实现了从 1978 年的 16. 11 万所到 2020 年的 97 万所的巨大飞跃，补齐了我国基础医疗服务短板。

另外，自九年义务教育实施以来，农村地区人口受教育年限不断增加（见图 7-15），乡村教育水平不断提升，农村地区人口素质及人力资本水平普遍提高，乡风文明水平逐步提升。2020 年，全国农村学前教育毛入学率为 85. 2%，九年义务教育巩固率为 95. 2%，高中阶段毛入学率为 91. 2%。通过不断扩大普惠性资源供给，提升保育教育质量，已基本建成广覆盖、保基本、有质量的农村教育公共服务体系。

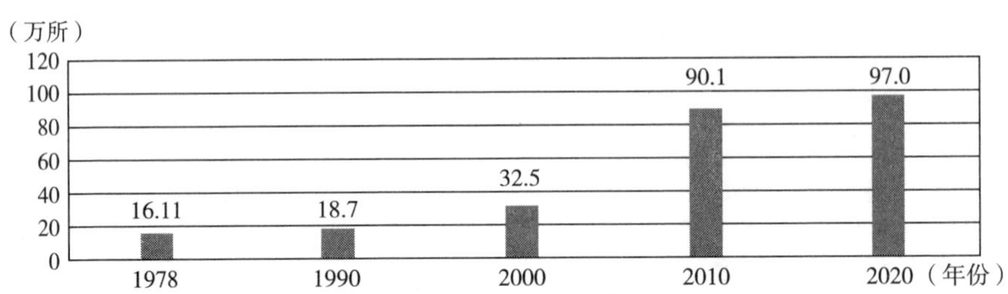

图 7-14　1978~2020 年我国基层医疗机构数量

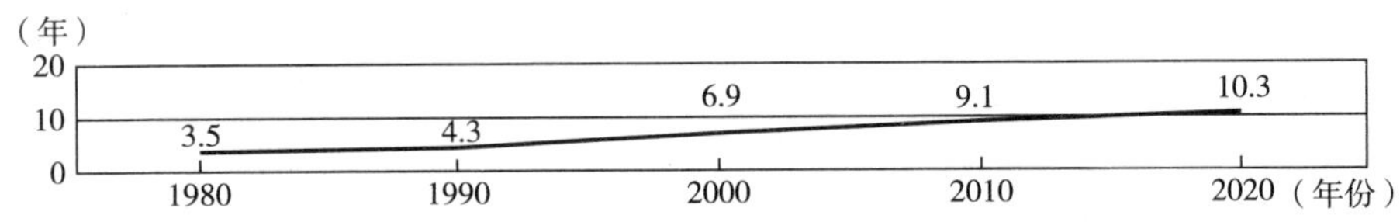

图 7-15　1980~2020 年我国农村地区平均受教育年限

我国农村社会保障体系虽然起步晚，但发展迅速，农村社会保障体系正在初步形成。截至 2021 年，31 个省、区、市实施了农村低保制度，农村低保对象达到 3443 万人；2679 个县开展新型农村合作医疗，参加合作医疗的人口达到 8. 35 亿，参合率达到 95%。新型农村合作医疗实行个人缴费、集体扶持和政府资助相结合的筹资机制，政府出资占筹资额的 70%~80%，大大减轻了农村居民负担。

为统筹城乡发展、建设和谐社会，农村社会保障将迅速发展，覆盖范围越来越广，保障水平也进一步提高。

通过几十年的发展，政府各部门立足农民身边的事，加快补齐农村公共服务的短板，推进优质公共服务资源下沉，让百姓从加强农村公共服务建设中受益，使农村公共服务更便利、农民生活更有希望。由此，农村公共服务体系基本建立。

（四）乡村治理水平改善

乡村治理是通过对村镇布局、生态环境、基础设施、公共服务等资源进行合理配置和生产，以促进当地经济、社会的发展以及环境状况的改善。同时，提高农村居民的物质生活水平和精神文明状况，改变“脏乱差”的农村现状，助力基层治理。

乡村治理形式包括自治、德治与法治。坚持以自治为根本，德治为基础，法治为保障的理念，将三治融合一起，以提升基层社会治理水平。我国乡村治理综

合发展水平整体上呈现上升态势，只在 2015～2016 年出现短暂回落，2020 年上升至最高水平。起初出现的治理水平短暂提升现象，可能是由于乡村治理有关措施初见成效，但治理体系尚不完善，导致治理成果不明显。党的十九大明确提出，要大力实施乡村振兴战略，将“三农”问题列为全党工作的重中之重，所以乡村综合治理指数在 2017～2018 年大幅度提升，如图 7-16 所示。

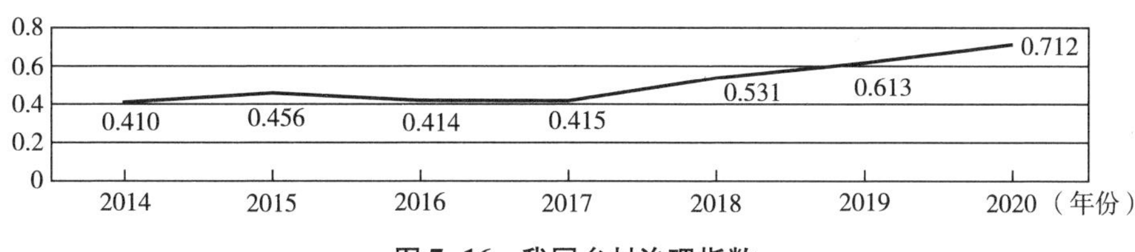

图 7-16　我国乡村治理指数

（五）农民收入增加，消费结构升级

随着家庭联产承包责任制开始实施，土地创造财富的功能被激活，包产到户、包干到户的政策使农民生产积极性大大提升。40 多年来，得益于农业结构调整、粮食价格放开、劳动力转移加快、财政支农支出增加等政策的共同作用，我国农民增收渠道多元化，收入不断增加。同时，政府致力于深化改革、完善政策，为农民增收创造了良好的环境和条件。全国农村地区居民收入持续增加，生活质量不断改善。2021 年，全国农村居民可支配收入为 18931 元，比 2020 年增加了 1799.7 元，增长率为 10.5%。1978 年，农村居民人均可支配收入仅为 133.57 元，在 43 年的时间内，翻了接近 142 倍，年平均增长率达到 12.2%（见图 7-17）。收入增加，必然使消费水平提升。2021 年，农村居民人均消费支出 15916 元，1978 年只有 116.06 元。同时，消费结构也不断升级，表现为农村居民食物消费占比不断减少，服务型消费占比不断增加。1978 年，食品消费占人均可支配收入的 67.72%，服务型消费几乎为零；2020 年，食品消费占人均可支配收入的 26.14%，而服务型消费占比达到 7.6%。

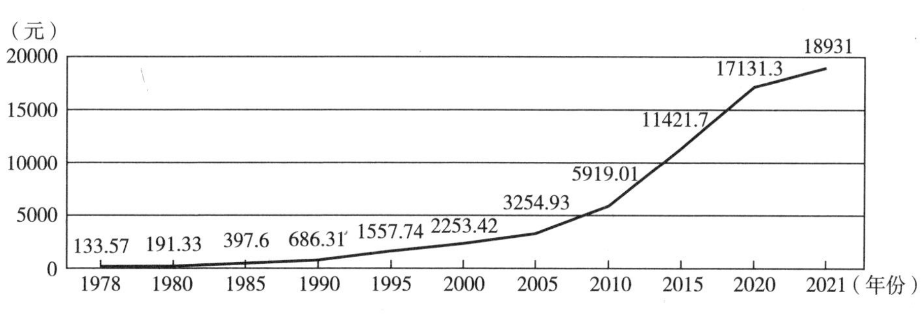

图 7-17　1978～2021 年农村居民人均可支配收入

随着涉农制度不断完善，政策不断落实，农村居民普遍受惠，具体反映为农村居民可支配收入结构发生显著变化（见表 7-14）。农村居民可支配收入数据总体上体现了收入的不断增加，如果把可支配收入细分，可以发现农村居民收入来源的变化。2014 年，农村居民工资性收入、经营净收入、财产净收入、转移净收入占收入比重分别为 66%、26.8%、2.7%、4.5%；而到 2020 年，这一比重分别为 40.7%、35.5%、2.4%、21.4%。从 1978 年到 2020 年，经营净收入和转移净收入增速明显，两者占可支配收入的比重不断增加，收入结构变化带来的是收入来源的多样化。经营净收入对可支配收入增长的贡献率为 35.5%，是农村居民人均可支配收入的重要组成部分，也是拉动人均可支配收入增长的主要动力。随着社会保障体系的日益完善，农村居民转移净收入快速增长。转移净收入增长较快的原因主要有：新型农村基础养老金标准和离退休人员工资标准的上调，加之 60 岁以上老人数量逐年增加；被征地农民养老保障金标准的提高；社会救济和补助、政策性惠农补贴等进一步完善落实。

表 7-14　1978~2020 年我国农村地区人均可支配收入及结构变化　单位：元

年份	1978	1990	2000	2010	2020	年均增长（%）
人均可支配收入	133.57	686.31	2253.42	5919.01	17131.5	12.25
其中：工资性收入	88.26	138.80	702.30	2431.05	6973.9	10.96
经营净收入	35.79	518.55	1427.27	2832.80	6077.4	13.00
财产净收入	3.67	12.45	45.04	202.25	418.8	11.94
转移净收入	5.85	16.51	78.81	452.92	3661.3	16.56

三、短板与不足之处

乡村振兴制度、规范、政策的实施初见成效，但同时也要看到发展过程中存在的问题。农业现代化得到提升，但农业政策仍然不健全，不能助推农业现代化更上一个台阶。制度、规范、政策助力乡村振兴取得历史性进步，但仍存在很多问题，下面对这些问题与不足进行说明。

（一）城乡经济社会一体化发展改革不到位，城乡融合机制不健全

1. 城乡规划统筹融合机制有待健全

一方面，体现为城乡规划管理过程中的人为割裂。城乡规划有关单位各自为政、各部门权责不明确情况严重，规划安排难以合理统筹城市和村镇建设、产业发展和资源环境保护、城乡基础设施和公共设施建设布局等几方面，不符合城乡经济社会一体化发展的要求。另一方面，城乡空间对接不畅。各措施融合尚在试

点阶段，城乡空间布局仍比较散乱，重整难度突出，新型城镇化、新农村建设都面临融合发展的瓶颈制约；乡村合理规划意识不足，政策与保障缺位，地方规划片面注重县城及周边区域的规划发展，对镇（乡）村发展缺乏统筹考虑，城乡规划脱节、重城市轻农村问题突出。

2. 户籍制度改革亟待深化

户籍制度是政府对辖区民户进行登记和管理的一项管理制度。随着时代的发展，户籍与许多社会福利和公共服务绑定，因而加剧了城乡差距，成为城乡一体化发展的制度障碍。改革开放以来，我国户籍制度进行了一系列改革，深入突破了户籍制度困境，也在一定程度上实现了城乡劳动力的自由流动。但是，城乡二元户籍壁垒尚未根本消除，城乡之间诸多生产要素的流动仍然存在着制度性障碍，制约着城乡一体化发展。

3. 城乡要素单向流动现状尚未改变

一是乡村人才大量外流。乡村劳动力和人才处于净流出状态，城市资金、技术和人才等要素注入乡村的途径并不通畅。

二是农业农村资金流入不足。农村金融机构存贷比严重偏低，农村金融资金外流严重，大量农村资本流出农村，进入城市，而社会资本进入农村存在障碍。

三是农村缺少建设用地。集体经营性资产闲置的现象普遍，农村承包地、宅基地、集体建设用地未有效盘活，乡村产权流转业务系统运转不规范、机制不健全。

（二）农村集体经济改革不完善，实际结果与改革目标相差较远

1. 土地产权制度不完善

现实中，我国农村土地产权不清楚，农民对土地只有承包经营权，没有实际交易权；但集体跟地方政府却能够用低廉的价格征用土地，导致很多土地资源利用率都不高，浪费严重；再加上户籍制度的约束，农民不能够也没办法真正离开土地，最终造成规模化的土地使用受阻，土地抛荒情况严重。同时，土地制度在城乡之间存在严重的不平等性和不公平性，城镇国有土地可依法相对自由交易，而农村土地在处置时要受非所有者的干预、制约。这些都严重制约了农村经济的发展，影响了城乡一体化建设的进程。

2. 土地法律制度面临困境

目前，城乡一体化建设中的农村土地法律制度正面临着以下困境：一是农村土地法律制度与集体土地权能之间的困境。当前含糊不清且不完整的集体土地权利划分模式已严重影响了农民开发利用土地的积极性，不利于耕地的保护。二是农村土地法律制度与土地资源配置方式的困境。当前农村集体土地流转制度的不健全致使农村土地利用的低效率。三是农村土地法律制度与农民权益保障之间的

困境。长期忽视对农民权益的保护必将最终导致对社会经济持续发展的严重制约。

3. 农村土地确权登记有待加强

土地确权登记发证是土地管理和利用最核心的环节及最基础的支撑。农村土地确权登记对建立产权明晰、权能明确、权益保障、流转顺畅、分配合理的农村集体土地产权制度，促进农村经济社会发展具有重要意义。当前农村土地确权进展比较缓慢，仅基本完成了土地承包经营权、集体林权确权工作；尚未完成养殖水面承包经营权、“四荒地”使用权等确权工作；对农村集体土地所有权、农村集体建设用地、农村宅基地使用权的确权以及房屋所有权的登记工作才刚刚起步。同时，确权登记质量还不够高，没有完善而系统的农村土地地籍档案支撑，承包地、林地、建设用地还未实现统一登记、一张图管理。

（三）农业支持保护体系不合理，农业补贴精准性不足

1. 农业补贴政策存在漏洞

自实施农业补贴政策后，提高了农民积极性，大大地增加了粮食产量。然而，农业补贴政策在实施过程中也存在一些问题，主要表现为：第一，补贴金额仍然较低。农业生产所需要的生产资料越来越多，农业生产成本越来越高，但农业补贴金额如杯水车薪，无法进一步解决农业生产的资金问题。第二，可能存在着种粮补贴面积申报不实的情况。粮食补贴需根据实际面积来申报，但由于基层工作人员数量有限，无法对非粮食作物或撂荒土地进行核查，基本上按照农民自行申报的承包地面积补贴，违背了补贴的初衷。第三，种粮面积和主体的审核或把关存在缺陷。由于土地流转，土地承包者与实际种粮户并不一致，若把关不严，容易将粮食补贴发给承包户而不是实际的种粮户，这将严重影响进行粮食适度规模经营农户的种粮积极性。第四，补贴未能突出重点且创新性不够。现有补贴基本上实行普惠式收入性补贴，而对于能自觉提升耕地地力、有利于保护生态环境等行为，未能加大补贴力度或新增补贴。因此，进一步完善农业补贴政策这一农业支持保护制度，显得尤为紧迫与重要。

2. 粮食等主要农产品价格支持政策不合理

粮食等主要农产品价格支持政策指粮食最低收购价及粮油临时收储政策等。最低收购价及政策性收储价有利于粮食安全和农民增收，有效避免了“谷贱伤农”，但其显然缺乏弹性，滞后的市场价格以及不合时宜的市场供应，会造成供求结构的失衡，致使整个粮食产业链缺乏活力与效益。实际运行与政策初衷渐行渐远，最低收购价不再是“最低价”，临时收储也不再“临时”，市场机制难以发挥作用，带来诸多问题，比如粮食库存巨大、市场竞争力下降、加工企业亏损、财政不堪重负等。所以，迫切需要改革与完善粮食等主要农产品价格支持政

策，以保护农民利益，稳定粮食生产。

3. 农业保险政策不到位

我国因为土地面积广阔，气候条件复杂，所以农业经常受到自然环境的影响，但长期以来农业保险发展滞后。近年来，我国已经开始运用农业保险为农业支持保护提供保障，尤其是自2007年启动农业保险保费补贴试点以来，我国初步形成了多功能的农业保险体系。然而，我国农业具有“大国小农、人多地少”的特点，加之农业需要补贴的领域和环节较多，国家无法形成全面、大规模补贴农业的局面。农业保险无法为农业保驾护航还在于：地方财政配套资金困难，拖期现象严重；农民参保积极性不高，“赌性”严重，保险源不稳定；保险公司存在一定程度的“惧农”心理等。因此，加快构建适合我国国情的农业保险体系，既是完善农业支持保护制度的必要选择，也是实施乡村振兴战略的必然选择。

（四）乡村绿色发展改革不到位，政策支持力度不足

1. 农业绿色生产支撑体系不健全

农业绿色生产需要一系列的支撑与保障，才能构建起完整的农业绿色生产过程，包括绿色农业技术体系、绿色农业产业体系、绿色农业经营体系等，但目前，我国在这些方面还有很多问题。首先，从事农业经营的优质劳动力流失，剩余劳动力绿色生产理念淡薄、文化程度不高，直接影响了绿色农业经营与发展。其次，绿色农业技术体系不完善，一方面，农户风险厌恶是导致绿色农业技术难以顺利推广的重要因素；另一方面，商业性绿色农业技术推广过程中出现过度盈利以及推广产品与农户实际需求不符的情况，不仅导致农户对商业性绿色农业技术推广的抵触，也逐渐增加了农户对公益性农业绿色技术推广的不信任。最后，绿色农业产业体系不完美，为了维持平稳有序的绿色农业产业体系，不仅需要绿色农产品的生产，还需要消费者接受绿色农产品。但目前，消费者对绿色农产品消费的接受度低。很多消费者对农产品的品质要求不高，所以拒绝购买价格高昂的绿色农产品。绿色农产品消费不足与高昂的生产成本之间存在巨大差距，打击了其进行绿色生产的积极性，严重阻碍农业生产绿色转型。

2. 乡村生态资源利用缺乏规范管理

乡村忽视了生态资源利用价值，生态资源利用缺乏规范管理，对乡村的生态资源环境管理也缺乏健全的规章制度和专业人才。首先，体现在乡村生态资源管理责任划分不明确。比如，乡村对水资源、森林资源、土地资源等部门权责未进行明确划分，管理松散，监督缺失。其次，对乡村地区的绿色发展技术支持不到位。绿色发展是为了协调各方发展不均衡问题，然而没有解决“谁付出，谁受益”的问题，导致绿色发展落后。同时，缺乏一套乡村生态资源环境绿色发展的标准参考体系。比如在什么标准下对绿色资源进行开发与利用，绿色农产品的标

准与衡量问题都有待商榷。

3. 绿色发展不能因地施策，生态资源利用效率不高

我国绿色发展程度与各地区经济发展水平密切相关。东部地区因为经济发达，对生态优先、绿色发展理念的践行力度较大，向高质量发展阶段的转型程度较高，绿色发展指数得分较高，达到 73.12。中西部地区由于政策支持有限，推进高质量发展尚未取得实质性进展，仍然在很大程度上采取传统发展方式，严重依靠资源环境，绿色发展指数得分也较低，其中，中部地区绿色发展指数为 61.7，西部地区为 51.21。虽然中西部地区绿色发展指数低，但其生态资源丰富，不合理的利用方式导致资源并未充分利用，生态资源环境价值有待进一步挖掘。

（五）乡村文化振兴体系构建不健全，文化振兴速度缓慢

1. 乡村人才保护政策不健全，文化振兴力量不足

农民作为乡村文化振兴的主体，起着创建与传播乡村文化的重要作用，主要包括儿童群体、农民青年群体和农民老年群体，其中，青年群体是乡村文化振兴的中坚力量，肩负着振兴乡村文化的重要任务。但面对城市经济的强大吸引力，加之没有让乡村青年人口留下来的政策与保障，乡村文化振兴缺乏吸引人才的长效机制，所以乡村文化振兴的核心主体不断由农村逐渐流向城市。仅剩下的老年农民群体，身体羸弱，创新能力不强，对新事物接受程度不足，即使乡村文化振兴愿望强烈，也无法改变乡村文化日渐衰落的局面。因此，现有政策留不下乡村人才，青年人口大量外流，乡村人力资本短缺，削弱了乡村文化传承发展的内生动力，乡村文化振兴面临严峻考验。

2. 乡村文化宣传不到位，群众文化自觉性低

乡村文化振兴应十分重视农民参与。但由于缺乏宣传与教育，民众未能形成文化信心与文化自豪感，自然表现出对乡村优秀文化的漠视，在乡村文化发展的整体设计与规划上群策群力不够。文化自觉性不够，各种乡村文化建设资源难以有效整合，造成文化资源严重浪费，甚至造成乡村文化资源流失。乡民是乡村文化的主体，乡民的文化自觉不够，就会导致乡村文化振兴的团结力量不够。文化自觉性不够也打击了乡村文化的积极建设者，消灭了乡村中文化爱好者的热情。

3. 乡村文化设施供给不平衡

乡村公共文化基础设施建设是推进乡村文化振兴的物质前提与必要手段。为了实施乡村振兴战略，各级政府增加了对乡村公共文化基础设施建设投入，一定程度上改善了乡村公共文化基础设施的供给水平，但总体而言，乡村公共文化基础设施的供给存在地区之间的不平衡与不充分问题。例如，东部地区对乡村文化站的补贴为 555799 万元，乡村公共文化基础设施供给得到了极大改善，所提供的服务次数高达 45561 万次；而中西部地区的乡村文化站补贴分别为 265815 万

元、282934万元，与东部地区差距明显，服务次数仅有26324万次、31198万次。财政有限，投入不足，致使文化设施配备落后、供给不足，不能有效发挥其满足农民精神文化需求的功用。因此，乡村公共文化基础设施供给不均衡，导致中西部地区的乡村文化发展缺乏了相应的物质基础，进一步制约了乡村文化振兴的实现。

（六）农村民主管理体系不完善，民主管理参与率低

1. 民主管理的参与主体未发挥有效作用

由于城乡二元结构的存在，使得农村科教文卫事业的发展受到不同程度的干扰，结果是农民的政治文化素质不高，影响村民对于基层民主管理的理解及参与。

伴随社会发展，农民的民主意识和民主素养得到大幅度提升，但我国农村地区受传统政治文化观念影响较深，导致广大农民缺乏更深层次的主体意识和民主观念，表现为实用主义和政治上的盲从性，这也扼杀了农民政治参与意识，其对于农民进行自治中的影响仍然不容忽视。

2. 民主管理的法规及制度建设薄弱

在农村，一些相关涉农工作落实无法真正体现民主性。在村民选举过程中，体现出现场秩序混乱、人数庞杂、程序简单的特点，很容易导致选民虚假投票，这说明村委会的选举组织工作不到位，选举结果不能体现大部分群众意图，影响部分村民参与村委会的选举积极性。另外，村民对村委会权力的监督、村务信息覆盖面等方面的民主管理制度需要进一步完善，特别是涉及法律责任方面的问题时，暴露出更大的隐患。同时，乡村熟人社会之下，对违反村规民约的处理力度不够大，致使有违于民主管理的侵权违法事件屡禁不止。

3. 民主监督机制缺失

在推进以“民主选举民主决策、民主管理、民主监督”为核心的村民自治的进程中，为确保其正常运行，无论在理论上还是在实践中，都应该形成一套完备的监督体系，然而目前这套民主监督体系还存在严重的缺失。相对于城市来说，农村社会的监督体系是残缺不全的，在城市，社团组织、公民、舆论等已经构成了一个相对完备的监督体系，而农村由于这些民主监督条件的缺失，民主监督显得孤立无援。同时，农村社会的监督手段与方法也不如城市那样丰富与齐全，由于自身文化知识与认识能力的缺乏，村民不能更好地运用行政手段、法律手段、经济手段维护自身的合法权益。农村社会的监督信息是零散的、有限的。信息是行为的先导，没有信息储备的行为是盲目的、无效率的。正由于农村社会民主监督机制严重缺失，才使民主发展进程缓慢，从而阻碍了村民自治的良性发展。

（七）农村金融改革落实不到位，政策异化特征明显

1. 农村金融政策规定不明确，执行过程象征性特征明显

农村金融政策在具体执行时，部分执行者并没有严格根据具体的政策执行措施，实施农村金融政策。在相关文件要求下农村信用社发挥出其合作金融组织作用，增加农村贷款与存款之间的比值。但具体社员在农信社中并没有具体的控制权，许多农村存款通过农信社大量地流出农村。2019 年底发布的《中国农村金融服务供给与需求研究报告》显示，我国约 31%的样本农户存在正规信贷需求，仅有 18%左右的农户获得足额信贷。目前，农村信用社、农商行只把存款的 60%~80%向本地区农户发放贷款，剩余部分被调往城市金融部门，用于满足城市经济需要。对于涉农企业来说，农村金融服务的“错位”现象严重。运营良好的企业不需要向银行等外部金融机构贷款，依靠内源融资就可以解决资金问题；而需要进行银行贷款的企业，却往往因为企业资质、发展前景等因素无法充分融资。涉农企业因缺乏资金供给，限制了企业发展，成为阻碍农村经济发展的重要因素。

2. 农村金融监管不足，民间金融存在潜在风险

民间金融内生于民间，是农村正规金融的替代，是基层民众金融需求的表达。2016~2020 年，我国民间借贷总量不断增加。2019 年达到 8.6 万亿元、2020 年为 8.2 万亿元，民间借贷规模基本上逐渐扩大，民间借贷总量大约占银行贷款总量的 10%~20%。民间借贷或民间金融是农村金融供给的重要补充，但由于民间借贷操作不规范，利率高，借贷前提一般依靠地缘、亲缘，往往对个人资信状况评估不准确，加之法律监管难以触及，所以民间金融经营管理仍存在借贷程序不完善、发展不同步、抗风险能力差等诸多问题，存在较大风险，对个人、对社会都有较大隐患，需要制定相关法律法规，促进民间金融的规范化、合法化。

3. 农村金融法律制度构建不完整

从目前农村金融政策执行的诸多表现看，当前我国的农村金融政策执行存在操作性较弱的问题。因此，需要构建起完整性、实用性的农村金融法律制度对相关执行工作进行约束。因为没有农村金融法律制度保障，缺乏基础性法律概念，政策执行过程体现出随意性，无法确保整个执行活动让农村金融政策具有完整性及可操作性。此外，农村金融法律制度不完整，执行过程中经常出现“再制定”的问题，出现执行者以自身利益为重而替换执行或选择性执行的问题。在农村金融法律制度缺失的情况下，难以避免政策执行过程中出现的异化现象，也无法弥补农村金融政策存在的局限性。

第三节　乡村振兴制度、规范与政策的改进方向及举措

一、完善缩小城乡发展差距的政策

（一）建立要素双向流动政策体系

长期以来，劳动力、资本等生产要素都是从乡村到城市的单向流动，这种城乡要素不均衡流动是制约我国城乡一体化发展的关键障碍。党的十九大强调，将建立健全城乡融合发展体制机制和政策体系作为党的一项重大决策部署，强调畅通城乡要素双向流动通道，改变农村要素单向流出格局，引导要素向农村流动是加快推进社会主义现代化国家治理的当务之急。

1. 畅通城乡人口自由双向流动渠道

改革开放以来，我国城乡人口流动规模显著扩大，但城乡间实现双向自由流动仍有一定障碍。在城市，相当一部分有落户意愿的农业转移人口无法落户，也无法充分享有城市基本公共服务。在乡村，因农村集体经济组织的封闭性，导致乡村人才匮乏，缺乏生机和人气。“十四五”时期，继续深化户籍制度改革，不断破除农民进城和人才入乡的体制机制障碍，以畅通的人口流动为城乡协同高质量发展提供持续动力。一方面，加快健全农业转移人口市民化配套政策体系，确保农业转移人口在城市落得下、稳得住；另一方面，加快健全城市人口向乡村流动的政策通道，持续完善乡村地区的人才引进和激励机制，并允许入乡就业创业人员在原籍地或就业创业地落户，保障其享受相关权益。

2. 深化农村产权制度改革

为更好盘活农村土地资源、增强农业农村发展活力，“十四五”时期，优化城乡土地资源的配置，建立城乡之间统一的建设用地市场。在农民自愿的前提下，农村集体依法把有偿从农民手中收回的闲置宅基地、废弃的集体公益性建设用地等转变为集体经营性建设用地入市，完善集体经济组织内部的收益分配制度。同时，要保障进城落户农民土地合法权益，积极稳妥盘活利用农村闲置宅基地和闲置住宅，使农村土地资源能够在城乡之间流动起来。

3. 建立工商资本入乡促进机制

当前，我国农村发展面临的资金不足问题较为突出，这其中既有金融服务供给不足的原因，也有财政资金支持不足、社会资本入乡面临障碍等因素的影响。

在加强财政资金支持的基础上，应注重以制度改革引导工商资本投入“三农”领域，实现政府积极引导工商资本与村集体合作的模式，实现工业反哺农业、城市带动乡村，有效带动资金流入“三农”领域，进而促进城乡一体化发展。

4. 大力推进农业科技创新和成果推广应用

农业的发展离不开科技进步，而农业技术推广应用是促进农业科技成果转化、推动农业科技进步的动力，是实现农业工业化、产业化、现代化的基本保证。首先，持续加快产学研融合平台建设，开通科研人员到乡村兼职及创业的制度性通道，并创新科研人员以技术入股、兼职兼薪的机制。其次，发挥政府引导推动作用，建立有利于涉农科研成果转化推广的激励机制与利益分享机制。最后，注重培养高素质农民，根据不同学历教育，加强农业人员的短期技能培训与职业技能培训。

5. 推进城乡基础建设和公共服务一体化

农村基础设施建设和公共服务能够有效推动农业农村发展。我国农村基础设施建设和公共服务供给与城市相比，数量和质量方面仍存在较大差距。亟待推进城乡基础设施统一规划和统一管护，基本公共服务标准统一。在基础建设方面，重点完善农村饮水、物流、燃气、网络等传统基础设施，开展农村厕所革命、农村污水治理、农村生活垃圾治理等重点工程建设，实现城乡居民生活基本设施大体相当。在公共服务方面，多渠道、大力度增加农村教育、文化、医疗、养老等公共服务供给，推进城乡公共服务资源开放共享，提高农村基本公共服务水平。

6. 强化信息基础建设力度，缩短农村数字鸿沟

信息技术的推广和信息活动的开展，有助于解决信息贫乏者的信息贫困以及由此导致的经济贫困问题。当前互联网技术正在加速向农业农村延伸和渗透，远程办公、在线教育、在线医疗等信息技术的应用有效拉近了城乡公共服务配置差距，为乡村群众提供了更多工作、医疗教育机会。首先，政府应加快农村信息基础设施建设速度，加速缩短束缚农村发展的数字鸿沟，将数字化基础设施转变为拉近城乡距离、缩小城乡差距、促进城乡要素双向流动的乡村振兴新动能。其次，应加强农民数字素养与技能培训，实现新一代信息技术与农业农村生产、生活的融合，达到助农富农的目标。

（二）建设农村改革示范区

农村综合改革试验区或示范区一般指县级、市级单位以上，尤其是在农村人口众多的县级单位，划定出若干个以农业产业为主、农民收入贫困的乡镇为规划重点区域，改革试验农业农村发展的新模式，是全面深化农村改革的探路者。在全面推进乡村振兴、加快农业农村现代化的关键时期，各地区应利用农村改革试验区改革创新，破除制约高质量发展的体制机制障碍，促进农业农村发展。

1. 不断拓展试验的广度和深度

准确把握全面深化农村改革要突破的重点领域和关键环节，扩大试验范围，集成试验项目，推动农村改革试验区工作。同时，更加注重改革试验的前瞻性，要紧盯一些农业农村领域发展的前沿性问题，加大探索力度。如关于智慧农业和现代信息技术在农业生产中的应用，以及通过互联网和大数据等信息技术手段，破解农村普惠金融发展的难题。

2. 强化试验成果的提炼和转化

应持续推进农村改革试验区在农村土地制度改革、农村集体产权制度改革、农业支持保护制度改革、农村金融制度改革、完善乡村治理机制改革等方面探索出一系列可推广、可复制的改革经验，并有效转化为相关文件政策举措。

3. 鼓励地方大胆探索，尊重地方自主权

采取自上而下和自下而上相结合的方式拓展改革试验的任务，鼓励农村改革试验区根据各地的实际提出改革试验的方案，支持农村改革试验区省级主管部门自行选择适合的县市区开展对比试验，适度扩大改革试验的范围。

二、完善促进农村集体经济发展的政策

（一）巩固完善农村基本经营制度

1. 落实第二轮土地承包到期后再延长30年政策，完善农村承包地所有权、承包权、经营权分置制度

第一，先试点后拓展。为保障落实农村土地承包关系稳定并长久不变政策，以及农村积极稳定生产，在各省部分县先行试点后拓展；根据实际情况确定2023年土地到期时土地的“增人不增地，减人不减地”政策，通过村民同意实施，尽量减少政府干预。

第二，明晰农村集体所有权的概念。协调承包农户与经营主体间的利益，进一步规范农村土地流转过程，以保障农村土地用途的规范性与科学性。

2. 培育家庭农场、农民合作社等新型农业经营主体，通过培育新型农业经营主体来促进农村产业现代化、产业化接轨

第一，支持农产品初加工。例如，对合作社、农业先进技术应用，绿色和标准化生产项目建设，农产品产地初加工等提供支持，同时要支持清洗、包装、冷藏、仓储烘干等产品加工设施的建设。支持农业产业龙头企业带动农民，开展技术研发、集成中试、加工设施建设和技术装备改造升级。

第二，提升产品质量安全水平。支持开展绿色食品、有机食品和地理标志农产品创建，建立完善投入品管理、档案记录、产品检测、合格证准出和质量追溯等制度，并建设相关质检设施和管理链条。协助龙头企业引领农民开展质检体系

和产品追溯体系的建设。

第三，加强优质特色品牌创建。支持农民合作社、家庭农场、农业产业化联合体等新型农业经营主体加快培育优势特色农业，加强绿色优质特色农产品品牌创建，创响一批地方特色农产品品牌。

3. 健全农业专业化、社会化服务体系，实现小农户和现代农业有效衔接

第一，进一步提高农民的组织化水平。把农民和各类新型经营主体高度组织起来，才能实现社会化服务基础上的规模化水平，特别是农民专业合作社。同时，发挥专业户农村能人的主力军作用、发挥村干部的作用，进而提高规模化经营水平。

第二，进一步从政府层面推广农业技术体系。支持构建区域性农业技术推广中心，为农民提供社会化公益服务，如小型农田水利设施建设、农村道路建设、农业技术培训等。政府可以从一些社会力量购买服务，如鲁豫一带对于机械化耕、种、收等环节都采取政府购买服务的试点，效果同样好。

第三，充分发挥社会组织的作用，为农民提高全方位的社会化服务。例如，通过农民专业合作社为其农民内部提供服务，通过龙头企业为其基地农户提供服务，通过社会化服务机构为目前有需求的用户提供耕收等服务。

（二）稳步落实农村集体经营性建设用地入市制度

1. 允许农村集体在农民自愿前提下依法把有偿收回的闲置宅基地、废弃的集体公益性建设用地转变为集体经营性建设用地入市

第一，按规划严格实行土地用途管制的原则不能突破。对于入市制度，要统一地价做到城乡同权同价，规范入市程序，明确入市范围，构建服务圈，即构建起配套的中介机构、平台、信息服务机构等，并且完善监督管理机制及法律制度。

第二，入市将带来各类市场风险，必须加强制度管理，防范各类风险，以法律制度形式借助统一平台严格管理。例如，不能将土地所有权、宅基地等集体所有土地的使用权、学校等公益设施、乡镇村企业的建设用地使用权这五类农村集体资产用于抵押等。

2. 循序渐进地推进农村宅基地制度改革，通过试点加快房地一体的基地确权颁证，探索宅基地所有权、资格权、使用权分置实现形式

明晰宅基地产权与权能，保证宅基地对农民带来的财产职能。例如，有偿退出机制、使用权流转机制、宅基地置换、宅基地资本化补偿等多样化模式（重庆市“地票交易”、天津市“宅基地换房”和“余江宅改”等），并创新设立了与之相适应的宅基地组织制度和管理制度等，保证农民的最大权益。

（三）深化农村集体产权制度改革

完善产权，将经营性资产量化到集体经济组织成员，发展壮大新型农村集体

经济，充分发挥民营优势。例如，集体资产清产核资、集体成员身份确认、股份量化、建立农村集体经济组织。后期重点开展农村集体产权制度改革“回头看”工作，对清产核资、成员身份确认、集体经济组织规范建立等改革重点工作进行查漏补缺，巩固提升改革质量。加强农村集体资产财务管理，健全农村集体经济的要素保障制度，健全农村集体经济的项目管理制度。

此外，在党的带领方面：第一，强化组织领导，细化工作措施，明确要求。第二，精心组织实施，加强调查研究，做好基层干部培训和群众宣传，强化政策解读。第三，加大政策支持力度，税收政策做减法，财政政策做加法。第四，法治建设。畅通农村产权纠纷法制化，出台法律管理和赋予农村集体经济组织法人资格，针对集体土地征收、集体经营性建设用地入市、宅基地管理进行法律制度完善。

（四）深化农村供销社合作制度改革

适应乡村振兴的需求，为农业发展提供更为完善的供销需求。

第一，提升服务能力。拓展农业生产服务，如开办资源整合平台。提升农产品流通服务水平，构建现代化流通体系，以数字化技术改造经营网络，推进农产品由线下展销向线上推广延伸，网点售卖与平台经营互通，传统物流与冷链物流结合。稳妥开展信用合作服务，为金融服务下乡搭建平台。创新城乡社区综合服务，着眼城乡融合和环境服务一体化。

第二，带动合作。引领农村合作经济组织发展。加强联合合作。推动供销合作社、新型农业经营主体、各类涉农企业之间股权、业务等联结，推进社有企业跨区域横向联合和跨层级纵向整合，完善利益联结机制。

第三，深化企业改革。搞活经营管理机制，优化重组社有企业，发挥社有资本投资运营公司的作用，清理退出一批、重组整合一批、创新发展一批社有企业。着力做大做强农资、日用品、再生资源回收利用等传统优势产业，大力发展农机服务、农产品电商、冷链物流等新兴产业和现代服务业，构建为农服务产业新体系，健全风险防控体系。

第四，创新治理机制，优化改革环境。健全运行机制，理顺社企关系，坚持社企分开，厘清社企职责边界，加强社有资产监管。切实加强领导，从严治社。营造良好宣传氛围。加强督导考核，加大支持力度，防范政府债务风险，坚决遏制政府隐性债务增量，各市、县政府加快组织处理供销合作社财务挂账、金融债务、社有企业职工社会保障等历史遗留问题。

三、完善农业支持保护方面的政策

（一）完善粮食生产区利益补偿制度

完善粮食生产区利益补偿机制，构建新型农业补贴政策体系，完善粮食收购价政策，稳定粮食生产，实现中国的饭碗装国产粮。

第一，建立国家投入为主，主粮食主销区投入为辅的国家粮食安全保障基金。按照“谁受益、谁补偿”原则，在确定主产区种粮亩均收益标准的基础上，明确国家财政和粮食主销区补偿金支付标准，建立国家粮食安全保障基金。并以省为单位采取梯次累进制确定主销区补偿金额，即以国际粮食安全标准人均400千克为底线，按偏离底线程度确定累进征收系数，偏离越大，征收比例系数越大，防止主销区粮食自给率下滑。

第二，建立确保主产区种粮积极性的财力奖补体系。统筹建立粮食专项财政补偿体系，强化向粮食主产区转移支付。要根据粮食净流出量、粮食生产资源消耗，对标全国人均GDP水平、农民人均可支配收入，科学估算补偿产粮大省或大县的转移支付规模，确保粮食主产区财政收入达到全国平均水平。

第三，强化补贴粮食主产区整体的生产以及完善建设。加大高标准农田、农田水利、土地整理和农业综合开发等建设项目的补贴力度，整体规划使用项目资金，避免各行其是碎片化，确保各类农业基础工程项目高标准、高质量实施。完善产粮奖励资金稳定增长机制，确保产粮奖励和转移支付年增幅不低于财政收入增幅。

（二）完善粮食生产和重要农产品服务保障改革

1. 加强国家粮食安全保障

第一，加大乡村产业金融投入。加大现代农业产业体系建设的资金支持，从而改善产品安全度。对此，可以增加信贷产品、放宽信贷产品期限与改善农业生产周期的匹配性等。

第二，提升创新水平，抓住乡村产业增长新机遇。除了质量安全，也需要保证“数量安全”。应支持高标准农田、关键核心技术攻关、农产品增产技术保障产品供给等关键领域建设。

第三，确保涉农信贷投放的长期性、连续性和可持续性，避免出现限贷、抽贷、断贷，对市场前景好的特殊困难行业企业给予更快捷的续贷等。

2. 加强乡村产业服务投入

第一，打通“三农”痛点堵点。特别是在推动农村金融普惠、农业现代化、公共服务便利化、建设数字化等维度加大支持力度。坚持服务做精、总量做大新思路，为乡村振兴提供新的解决方案。加大对乡村产业和新型经营主体的金融支持。引导金融机构加大中长期信贷投入，积极投入乡村建设行动。

第二，推进农村金融数字化发展。积极推动农村农业相关的统一信用信息数据平台建设，加强各级各部信用数据共享。完善涉农主体增信机制和涉农贷款风险分担补偿机制，更好发挥政府性融资担保体系作用，竭力解决涉农主体筹资问题；同时，建立健全涉农主体间产权流转市场体系，进一步拓宽涉农贷款抵质押物范围。作为未来农业金融发展的新方向，这一切的实现离不开农村农业金融数字化建设的支持。

四、完善促进乡村绿色发展的政策

（一）完善农村产业绿色发展改革

1. 加快农业生产绿色发展改革

第一，发展生态循环农业。主要从改善粪污资源化利用率、秸秆综合利用率、农膜污染治理率等方面入手。

第二，强化耕地质量保护与提升，推进退化耕地综合治理。

第三，推广高效节水技术。推行水产健康养殖。

第四，实施各类农用药的使用减量和产地环境净化行动。统一规划养殖水域滩涂和完善水域禁渔管理制度。

2. 加快产业融合以及绿色转型改革

第一，鼓励发展生态种植、生态养殖，加强绿色食品、有机农产品认证和管理。

第二，创建一批特色生态旅游示范村镇和精品线路，打造绿色生态环保的乡村生态旅游产业链。

第三，推进农业与文旅、教育医疗等产业深度融合，加快产业融合发展。从以前的产量导向对资源生态造成破坏中吸取教训，推进农业由增产导向转向提质导向，增加优质绿色农产品供给，走一条绿色可持续的高质量发展道路。

（二）完善人居环境和资源回收利用绿色改革

1. 加强乡村人居环境持续绿色发展改革

第一，健全针对乡村各方面建设的综合整体评价体系，从而协助各地区农村针对性地补齐其短板。

第二，进一步整治乡村人居环境，结合实际情况，开展农村改厕、生活垃圾和污水治理、村容村貌提升、乡村绿化美化、清洁供暖改造、老旧危房改造等项目。

2. 加强再生资源回收利用

第一，发展林业循环经济，实施森林生态标志产品建设工程。

第二，推进垃圾分类回收与再生资源回收系统的互联互通。例如，建立再生资源区域交易中心。

第三，在企业层面，加快实施生产者责任延伸制度和建立逆向物流回收体系。鼓励企业采用现代信息技术构建在云端与实际线下站点相结合的回收平台，并构建以这种新模式经营的龙头企业，提升行业整体竞争力。

第四，在居民层面，完善废旧家电回收处理体系，推广回收模式，宣传典型案例并予以表彰。加强废旧的纸、塑料、轮胎、金属、玻璃等再生资源的回收利用。加强建设废弃物资源化、农作物秸秆综合利用、废弃农业用品回收等项目，以提高各类资源利用率。

（三）完善乡村绿色发展相关法律法规政策体系

1. 健全法律法规

第一，完善促进绿色设计、强化清洁生产、提高资源利用效率、发展循环经济、严格污染治理、推动绿色产业发展、扩大绿色消费、实行环境信息公开、应对气候变化等方面的法律法规制度。

第二，强化执法监督，加大对违法行为的查处和问责力度，加强行政执法机关与监察机关、司法机关的工作衔接配合。

2. 健全绿色收费价格机制并加大财税扶持力度

第一，污水处理方面。按照覆盖污水处理设施运营和污泥处理处置成本并合理盈利的原则，合理制定污水处理收费标准，健全标准动态调整机制。

第二，生活垃圾处理方面。应按照产生者付费原则，因地制宜地实行分类计价、计量收费等差别化管理。

第三，水电气基本资源费用方面。要完善节能环保水电价政策等改革，继续落实好居民阶梯电价、气价、水价制度。

第四，基础设施方面。保持财政资金和预算内投资对支持环境基础设施的建设支持。特别针对补短板强弱项、绿色环保产业发展、能源高效利用、资源循环等方面的基础设施建设。

第五，税收方面。加强或维持节能节水环保、资源综合利用、合同能源管理、环境污染第三方治理等方面的所得税、增值税等优惠政策。做好资源税征收和水资源费改税试点工作。

3. 完善绿色标准、绿色认证体系和统计监测制度

第一，开展绿色标准体系顶层设计和系统规划，形成全面、系统的绿色标准体系，加快标准化支撑机构建设。

第二，加快绿色产品认证制度，专业绿色认证机构建设，以及节能环保、生产和能源清洁等方面的监测，强化统计信息共享和管理制度。

4. 培育绿色交易市场机制

第一，健全排污权、用能权、用水权、碳排放权等交易机制，降低交易成本，提高运转效率。

第二，加快建立初始分配、有偿使用、市场交易、纠纷解决、配套服务等制

度，做好绿色权属交易与相关目标指标的对接协调。

五、完善促进乡村文化振兴的政策

脱贫攻坚取得胜利解决了阻碍农村发展的绝对贫困问题，但农民一直以来在精神上的贫困问题并未同步解决，如一些封建迷信、乡土陋习等腐蚀着农民的精神内心，阻碍科学在乡村的传播，以及农民对乡村文化的不了解与不自信等。为解决农民的精神贫困问题，应持续加强乡村文化建设，促进乡村文化振兴，使农民在物质上与精神上达到双重富足。

（一）引导村民形成正确文化价值观念

将社会主义价值观作为农民文化价值观的价值引领，将社会主义核心价值观与乡村优秀传统文化以农民喜闻乐见的方式融入村民的日常生产生活，如短视频、精美日历和画册等，有助于引导农民对是非、善恶、美丑的文化内容做出正确的价值判断与价值选择。通过短视频等传播媒介，大力宣扬传承至今的乡村优秀传统文化，如传达乡村生态美景，颂扬乡村以劳动为美和自强不息的奋斗精神，宣扬家庭和睦、尊老爱幼的优秀思想内容等，以提升乡风文明，增强村民文化价值认同。

（二）重视乡村文化保护与延续

1. 加强乡村物质文化遗产保护

近年来，新农村建设快速发展，具有历史人文价值的物质文化遗产，如传统村落、宗族祠堂、文物古迹等，成为了承载和延续乡村文化的重要载体。对于乡村物质文化遗产要进行科学系统的修缮与保护，并保留其历史文化底蕴，避免出现物质文化遗产千篇一律的现代化。

2. 加强乡村非物质文化遗产保护

首先，一些乡村非物质文化遗产不再具备明显经济效益，正渐渐被人们遗忘，对于这类文化属性极强但缺乏经济效益的非物质文化遗产，应该由政府或公益组织提供一定的资金用以招募从业人员或传承人，保留并传承乡村非物质文化遗产。其次，拥有非物质文化遗产的乡村地区应积极开展有关活动、竞赛，重新焕发乡村传统的手工技艺、节日习俗等非物质文化遗产。

3. 将乡村特色文化与乡村旅游、乡村文创等产业结合

各乡村地区要将本地特色文化同乡村旅游、乡村文创等产业结合起来，如将剪纸、刺绣等注册特色品牌，由特色文化变为特色文化产品，使乡村文化带动乡村文化产业的发展。同时，乡村文化产业的发展能够创造更多的就业创业机会，吸引农民返乡，从而保障了乡村文化的保护与传承。

（三）提升乡村公共文化基础设施供给数量与质量

1. 加大政府资金投入力度

项目少、种类单一、数量不足，是当前农村公共文化设施的普遍状况，甚至存在一些公共文化设施使用率低，逐渐成为摆设的局面。对此，作为公共品的文化基础设施，应由政府加大投资不断完善其建设，严厉打击利用修建、完善公共文化基础设施的名义贪污、挪用公共资产的行为。

2. 加强公共文化基础设施创新

农村公共文化基础设施应该以满足村民实际需求为目标，并非千篇一律，应根据当地居民的突出需求，加强文化基础设施创新。比如，面对农村留守儿童问题，可以考虑修建儿童乐园；面对留守妇女与老人问题，可以考虑加强手工业培训、定期免费体检以及有关生活健康方面的知识普及等活动。

六、健全自治、法治与德治相结合的乡村治理体系

（一）加强农民法治教育与德治教育

1. 提升法治教育的实用性和针对性

乡村法治教育是提高农民法治素养的重要方式，法治素养是法治国家的公民必备的素养。乡村法治教育不能仅仅停留在守法教育和法律的权威教育，应该将法治与农民生活息息相关的利益紧密结合在一起，满足农民对婚姻、家庭、继承、权益保护、纠纷解决等实际问题的法律诉求。同时，丰富教育形式，采取媒体宣传法、案例教育法、理论教育法、实践锻炼法等多种方式，以适应不同农民特点，满足不同农民需求，使农民相信法律，愿意用法治的方法解决生活和工作中遇到的法律问题，让法治观念深入农民心中。

2. 重视乡村道德建设、文明建设以及文化建设

在道德建设方面，应在中华优秀传统文化的基础上深入引导人们讲道德、守道德，有理想、有信念，积极深入开展爱国主义、集体主义和社会主义的教育，引导村民树立起正确的世界观、人生观、价值观和道德观，从而不断转变思想观念。在文明建设方面，持续深化文明村镇、文明家庭等创建活动，选树乡村德治先进典型，持续开展道德模范评选宣传活动，弘扬尊老爱幼、邻里和睦、勤劳致富的文明风尚。在文化建设方面，注重丰富农民群众的精神文化生活，通过送戏下乡、文艺演出等多种形式开展社会主义核心价值观和优秀传统文化宣传教育，并通过推进村文化活动室类似的农村文化阵地建设，提高农村公共文化服务均等化水平。

（二）强化农民民主自治、法治与德治相结合

当前，乡村社会结构、利益格局、文化生态发生了重大变化，党的十九大报

告的"健全自治、法治、德治相结合的乡村治理体系"为乡村振兴和乡村治理指明了方向。要从乡村的实际情况出发，坚持"三治"相结合的治理道路，完善乡村治理体系。

1. 积极搭建多元主体合作共治的平台和渠道

内部治理主体、外部治理主体以及内外联合型治理主体是乡村治理主体的三种类型。乡村内部治理主体包括村党支部、村民委员会、村民小组、村民议事会以及普通村民等。乡村内部治理主体直接参与乡村治理，同时制定和实施乡村治理规范制度。乡村外部治理主体包括外来的企业、公益性社会组织等。外部型主体虽然不是乡村治理的直接参与者，但由于这些主体可以通过行政管理、投资、社会服务等方式作用于乡村治理，很大程度上已经成为乡村治理中的重要力量。内外联合型主体主要指通过资本、自然资源等媒介联结乡村内、外主体而形成的共同治理力量，其中以"企业+农户"性质的专业合作社为典型。多元主体合作共治是健全乡村治理体系的主体路径，基本要求是分工明确、权责分明、有机融合。应加强农村基层党组织建设，大力培育服务性、公益性、互助性农村社会组织。各类主体之间相互配合，构建出合作共治的治理格局。这也是党的十九大报告中"打造共建共治共享的社会治理格局、实现政府治理和社会调节、居民自治良性互动"在乡村治理领域中的具体体现。

2. 多措并举实现对参与主体的长效激励

建立长效激励机制是维持农民参与热情，确保治理主体不缺位的必要之举。应创新灵活的激励机制，以实现农民的长效参与。首先，可以借鉴"参与积分"的激励机制，调动农民参与治理的积极性，即农民通过参与乡村治理达到规定积分时可兑换相应的物质奖品。其次，对获得乡村文明称号的农户可以在贷款利率、额度、流程等方面给予政策倾斜，丰富文明评选的物质奖励，并在乡村中营造良好的诚信环境。最后，在乡村振兴背景下，放大乡村治理对乡村的积极效应，创造宜居农村人居环境、增加农民增收渠道，是激励农民参与乡村治理的长效激励。

七、完善农村金融方面政策

（一）加大中央与地方财政政策支持

1. 加大中央财政转移支付投向乡村振兴

应充分发挥一般性转移支付在平衡地区差距发展方面的作用，将财力进一步向经济欠发达地区、向农业农村地区、向农业发展条件不利地区或环境受限制地区倾斜，提升基层政府基本公共服务提供能力，促进中央对地方财政转移支持结构合理化，建立常态化财政资金直达机制，提高资金下达速度和准确度。并对各类转移支付办法进行定期评估，清理不合时宜的专项补助等，为推进乡村振兴战略，解决好不平衡、不充分发展的矛盾提供制度支撑。

2. 推进土地出让收入优先支持乡村振兴

土地出让收入是地方政府性基金预算收入的重要组成部分。长期以来，土地增值收益取之于农，但直接用于农业农村的比例偏低。随着实施乡村振兴战略的全面推进，更需要大量资金投入，仅靠财政一般公共预算远远不能满足需求，必须拓宽资金来源渠道，建立健全乡村振兴投入稳定增长的长效机制。应积极落实中央文件《关于调整完善土地出让收入使用范围优先支持乡村振兴的实施意见》，在“十四五”期间，各省（自治区、直辖市）分年度稳步提高土地出让收入用于农业农村比例；到“十四五”期末，以省（自治区、直辖市）为单位核算，土地出让收益用于农业农村比例达到50%以上。同时，通过完善土地出让收入和支出核算方法，加强对土地出让收入优先用于乡村振兴的监督管理。

3. 积极运用地方政府债券

依靠地方政府债券扩大农业农村有效投资，为乡村振兴注入金融活水。发行政府专项债是弥补农业农村投资不足的重要渠道，也是财政撬动金融和社会资本投资农业农村的创新模式，有利于形成财政优先保障支持、金融资源重点倾斜、社会资本积极参与的多元投入格局。应围绕农业农村发展规划，综合确定粮食生产基地建设、农村人居环境整治等专项债券重点投资领域。并明确要求债券资金优先用于符合条件的现代农业设施建设和乡村建设项目，完善专项债资金投向统计口径，科学评价乡村振兴绩效，激发各地安排专项债资金支持乡村振兴的积极性。

（二）促进金融助力乡村振兴

1. 强化金融政策工具支持力度

强化各种金融政策工具对农村金融的资金供给，以此为乡村振兴提供稳定的资金投入。一是建立健全金融服务机构补贴政策体系。政府向农村金融机构补贴的数量、金额要适当扩大、提高，并逐步降低金融机构“三农”有关贷款的成本。尤其对证券、保险、担保、基金、期货、租赁、信托等金融机构下乡提供补贴，支持其开展涉农服务。二是完善涉农金融机构奖励体系。对贯彻落实涉农业务的农村金融机构进行表彰和奖励，在农村金融机构中形成帮农的良好氛围。

2. 优化金融服务乡村振兴环境

农村金融环境还处于初级发展阶段，而良好的金融生态环境是金融助力乡村振兴的重要基础。首先，加大对农村金融科技的投入力度。政策支持和资金投入力度是影响农村金融科技发展的最重要因素。要在地方政府的主导下，重视农村金融发展政策和资金倾斜力度，加快农村网络建设、基站搭建等基础设施建设，加大对各类新兴产品和服务的宣传、推广力度，重视科技人才的培育和安置。其次，加强农村信用体系的建设。要加强新型农业经营主体信息共享，如健全新型农业经营主体名单发布制度，农村金融机构可通过新型农业经营主体信息直报系统减少信息不对称，为新型农业经营主体提供信贷、保险等服务；针对广大农村居民缺乏生产经营数据，可以利用基础自治评价体系补全信用缺失，作为社会信用体系的补充，增加金融机构下沉的可能性。

第八章　数字化转型之路

第一节　数字化的内涵及特征

党的十九大报告明确提出实施乡村振兴战略，党的二十大报告提出要全面推进乡村振兴战略。伴随数字信息科技的发展变革，数字化成为时代发展主流。同时，数字化技术在农业农村的应用，为助力农业农村的全面发展提供了新思路。而数字化转型并非一蹴而就，需要综合考虑乡村经济社会发展的各个方面，同时整合跨学科资源和全社会力量。通过数字化建设，推动农业农村进行数字化改造，进而实现“三农”领域的数字化转型，既有利于农业农村现代化的实现，也能加速推进乡村振兴进程。

一、数字化的内涵

乡村数字化指以数字技术为外生动力激发乡村的内源发展动力，进而实现数字技术与乡村经济、治理、文化、社会、生态等方面深度融合的乡村转型发展过程。乡村振兴战略推进过程中，数字化表现为以下方面：①加速农村基础信息设施建设；②城乡资源和基本公共服务效能提高；③农村现代治理体系构建；④农业农村智慧化水平提升，从而激发乡村的内源发展动力，使静态、平面、封闭、孤立的传统乡村转变为动态、立体、开放、互联的数字乡村，促进城乡融合并加速农业农村现代化发展进程。

二、数字化的特征

乡村振兴战略推进过程中，数字化在不同维度呈现的特征如下：

一是数字化在系统维度呈现融合性的特征。数字技术与乡村系统的经济、

治理、文化、社会、生态等方面实现广度融合。同时，智慧农业、电子政务、智慧物流与生态保护信息化等全方位的数字化也会促进乡村系统内部协调发展。

二是数字化在价值维度呈现包容性的特征。乡村借助于网络平台，不仅能够输出传统物质消费产品，还能向消费者提供特色文化等非物质消费产品，通过满足消费者多元个性化消费需求，增强乡村在市场中的主体性地位并发挥乡村的经济、文化与生态等多元化价值。

三是数字化在技术维度呈现动态性的特征。乡村数字化发展水平会随着数字技术的突破创新与推广应用而不断提高。

第二节　通过数字化转型助力乡村振兴的理论分析

一、加强农村信息基础设施建设，弥合城乡“数字鸿沟”

农村信息基础设施是推动乡村地区数字化转型，弥合城乡“数字鸿沟”的必要前提和保障。而当前，较大部分农村地区在数字化转型过程中暴露出以下问题：①信息基础设施建设数量少、质量低；②农村居民互联网使用率较低；③农业农村大数据库建设进度滞后。但大数据、物联网等数字科技与农业农村领域的结合运用，深远长久地改变了农业农村的发展方向和具体途径，在乡村振兴的各个维度均有创造性启示，为推进乡村振兴提供了新思路。一是可以提高农村信息基础设施水平，加快偏远地区通信基础建设，实现农村地区信息基础设施的全覆盖。二是有利于农村信息化服务平台建设，进而开发出能够适应农业农村发展的应用，提高服务供给质量。三是可以加快农村水利、消防等基础设施数字化转型，推动各类智慧应用设施发展，发挥除字技术在农村基础设施建设中的效用。

二、提高农村基本公共服务效能，促进城乡基本服务均等化

数字化有利于提高农村基本公共服务效能。农村基本公共服务供给数字化能够促进城乡基本公共服务均等化，是实现乡村振兴的重要途径。当前，农村基本公共服务供给存在一定的结构失衡和精准度不足问题。应用数字化技术，能够提升农村基本公共服务效能，缩小城乡差距。一是提高乡村各项基本公共服务供给效能，通过数字技术应用，优化农村基本公共服务流程，实现基本公共服务数据共建共享、互联互通。二是提升农村基本公共服务管理效能，通过线上线下融合

互动及数字化服务普惠应用，强化涉农服务数据共享。三是提高农村基本公共服务供给的精准度，充分利用数字化技术精准匹配农村居民基本公共服务的供需信息，保障农村基本公共服务的精准供给。

三、促进乡村治理的数字化技术应用，推动构建现代乡村治理体系

数字技术对农村现代化管理系统的建设起到了积极的促进作用。乡村治理是乡村振兴战略的一个重要组成部分，而数字化是乡村治理的一种重要手段，它强调了数字技术在乡村治理过程中、在乡村治理手段上的运用。从本质上说，它不仅是一种对乡村治理流程的再造，同时是一种对现代乡村治理体系的重塑。一是在推进“互联网+党建”的基础上，进一步充实和完善农村基层党组织的信息平台，运用数字媒介提高农村基层党组织的影响力。二是以数字为基础，以自治为核心，以法治为保障，以德治为导向，以数字技术为支撑，以数字为导向，推动乡村“自治”“法治”“德治”三治融合，形成“自治”“法治”相结合的新型乡村治理模式。三是可以对各方面的数据信息进行聚合与整合，突破数据与制度的障碍，让更多的农村主体加入农村治理，形成农村治理全民参与的新型社会格局，努力构建农村治理社区，达到农村共建共治共享的目的。

四、提升农业农村智慧化水平，推进农业现代化和产业高质量发展

农业农村朝向智慧化发展有助于推动农业现代化，是实现乡村产业高质量发展的关键路径，也是乡村振兴战略实施过程中的关键任务。农业的智慧化发展水平欠佳、农产品流通供应链条过长、农业农村信息化人才缺乏等问题，始终是制约乡村振兴的主要因素。数字技术与农业农村的融合，推动了农业转型升级、农村物流数字化改革、农村信息化人才水平的提升，给农业农村的发展和其组织形态带来了新的机遇。

一是运用数字技术推进农业的智能化转型升级，使农业信息感知、智能控制、量化决策、精准投入，在生产领域上达到智能化，在经营领域上达到差异化，在服务领域上提供全面的信息服务，从而推进数字技术和农业发展的深度融合，有助于带动农业产业链的升级。

二是以数字、信息技术为依托，以更快的速度推进现代农村流通业的发展，使农产品进城、工业品下乡的双向流通体系更加健全。与此同时，要促进共享物流的创新，从而达到产销之间的精准对接，提高农产品流通的效率。加速推进农产品批发市场的数字化升级进程，将智慧农批、电子商务等新模式新业态推广应用促进农业全产业链的升级。

三是加强对农业和农村的管理。充分发挥数字化技术对农业农村人才信息化水平的促进作用，加强农村干部、新型农业经营主体、广大农民数字化技能和知识的培训，实施农业农村数字技术人才培育提升工程，为涉农企业、科研机构、涉农院校等提供数字基础设施和数字应用服务。通过对一批对农业生产经营数字化有一定了解的新知识、新技能、新方法的专业人才队伍进行培养，培养一批以数字技术创新和数字经济发展为目标的领军人才和高层次的创新创业团队，帮助乡村人才振兴。

第三节　中国乡村振兴战略下数字化转型的现状及问题

一、现状分析

（一）农村信息化基础设施建设不断完善

农村信息化基础设施是开发和利用信息技术应用的各类设备及装备，将农村和信息基础设施链接在一起。农村信息化基础建设的内容包括网络基础设施、信息服务基础设施和传统基础设施数字化升级等。目前，我国农村信息化基础建设进展明显。

1. 农村网络基础设施水平不断完善

在网络基础设施建设方面，《中国互联网络发展状况统计报告》显示，截至2022年6月，我国农村地区互联网普及率达67.7%。中国城镇、农村地区的互联网普及率逐年增加，虽然城镇地区的互联网普及率远超过农村地区的普及率，但农村地区互联网普及率的增长速度大于城镇地区，城乡地区互联网普及率差异在逐渐缩小（见图8-1）。我国现有行政村已全面实现“村村通宽带”，超过99%的县城城区和40%的乡镇镇区实现5G网络覆盖，实现与城市同网同速，贫困地区通信难的问题也得到解决。

2. 农村信息服务基础水平不断提高

在信息服务基础设施建设方面，主要是利用信息技术为农村居民提供政务、生产、生活等领域信息服务的站点和设施，包括村级政务服务代办站、农村电商服务站等。在政务平台上，近几年我国利用互联网办公的水平不断增长。2020年，我国县域政务服务在线办事率达到66.4%。在农村生活上，利用互联网代缴生活费用等便民服务也取得快速发展。在生产信息上，最突出的就是利用互联网

销售农产品并进行特色推广。2021 年，我国拥有 7023 个淘宝村，农产品销售额也屡创新高。

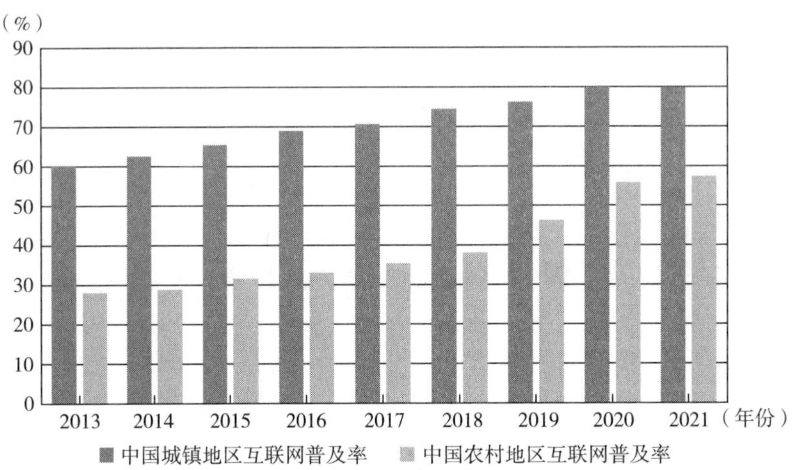

图 8-1　中国城镇、农村地区互联网普及率

3. 农村传统基础设施水平不断完善

在传统基础设施方面，乡村的电网、卫生事业、教育和农业生产等基础设施数字化升级改造也在不断增加。在农村电网数字化建设上。2021 年底，国家电网公司经营范围内的乡村电网智能电表安装率达到 99.75%，通过数字化改造，具备数据储存、通信等更多的功能。在农村卫生医疗数字化建设上。2021 年，我国已经实现所有贫困县远程医疗 100%覆盖，并逐步向乡村延伸，初步建立国家基层医疗卫生综合管理平台，并实现 23 个省份网络联通和数据传输。在农业生产数字化建设上。2022 年，我国农业整体数字化水平达 23.8%。在农村教育数字化建设上，农村教育信息化经费投入近四年不断增加。2021 年达到 1634 亿元，同比增长 9.1%。教育信息化经费投入的不断增加，完善了农村中小学教育信息化基础设施，农村地区多媒体教学设备全覆盖率得到全面提升，2021 年覆盖率达到 87.2%（见图 8-2）。

（二）农业农村信息化智慧化水平不断提升

农业农村信息化智慧化发展是以信息和知识为核心要素，通过互联网、大数据和人工智能等现代信息技术与农业农村跨界融合，努力推动信息化与农产品质量安全监管、农村业态创新和农业生产发展等的深度融合。

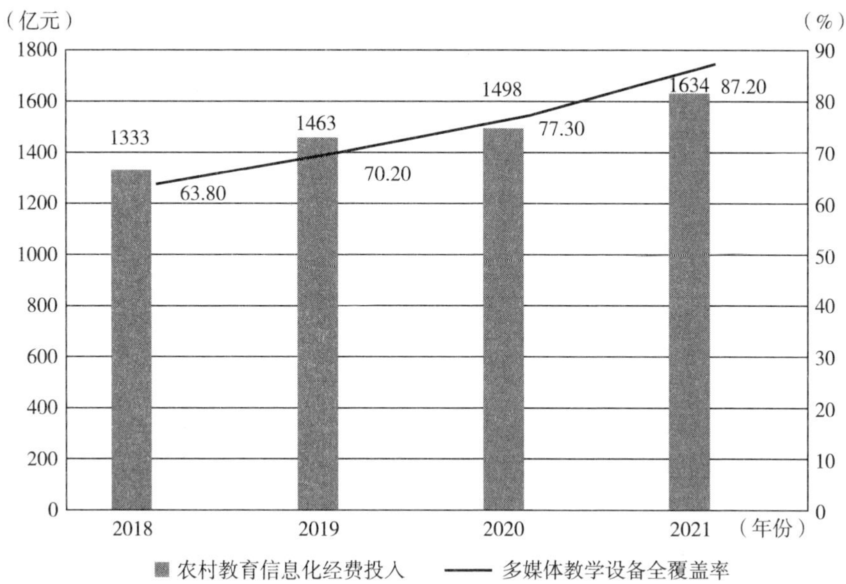

图 8-2 教育信息化经费投入与多媒体教学设备全覆盖率

首先，我国近三年在县域农业农村信息化建设上的财政投入不断增加（见图 8-3），2020 年的财政投入增幅达到 65. 3%，反映出国家对于农村区域信息化建设越来越重视。随着财政投入的增加，我国县域数字农业农村的信息化发展水平在不断提高，2020 年达到 37. 9%的水平。

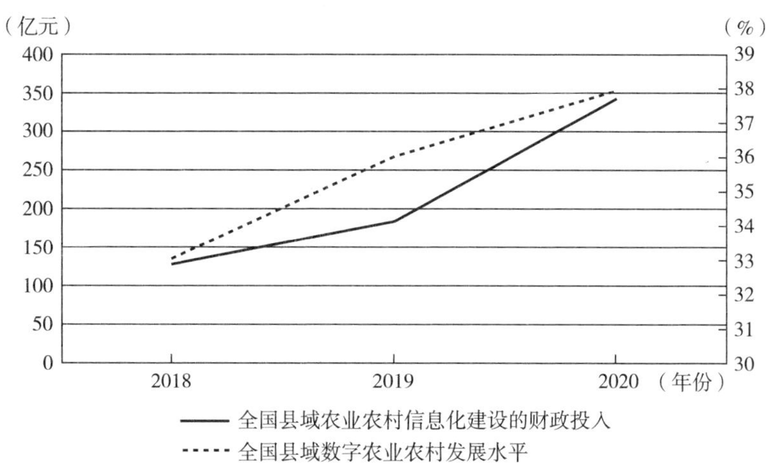

图 8-3 全国县域农业农村信息化建设的财政投入和发展水平

1\. 农村信息化与农产品质量安全监管融合水平逐年增加

信息化与农产品质量安全监管的融合程度不断增加。我国农产品质量安全追溯管理信息平台于 2019 年完工，这两年，其追溯的信息化水平不断提高（见表 8-1），2021 年达到 22.1%。整体来看，我国农产品质量安全形势整体向好，基本覆盖了农产品生产、加工、包装、冷藏、运输、仓储、销售等整个供应链。

表 8-1　农产品质量安全追溯信息化水平

项目 年份	农产品质量安全追溯信息化水平（%）
2020	17.2
2021	22.1

2\. 农村信息化与农村业态融合水平逐年提升

信息化与农村业态创新的融合水平不断增加。随着“互联网+”农产品出村进城、电商扶贫、数字乡村建设等工作的深入推进，创新休闲农业网上营销和交易模式，我国农村电商保持着高速的发展态势。我国的淘宝村数量近 8 年呈上涨趋势。2021 年，全国已有 7023 个淘宝村（见图 8-4），建立电商服务站点的行政村有 40.1 万个。依托于直播电商、拼团等新兴业态使农货能够接触更大规模的消费者，加上政策助力，国家对于乡村振兴的扶持，我国农村网络零售市场规模和农产品上行规模在不断扩大。通过电商销售农产品的销售额不断创新高。2020 年农产品电商销售额达到 7893 亿元（见图 8-5），占农产品总销售额的比重也在不断增加（见图 8-6），反映出网络销售的不断发展。在农村以拼多多等为代表的电商平台的兴起，为农业农村现代化和乡村振兴贡献了力量。

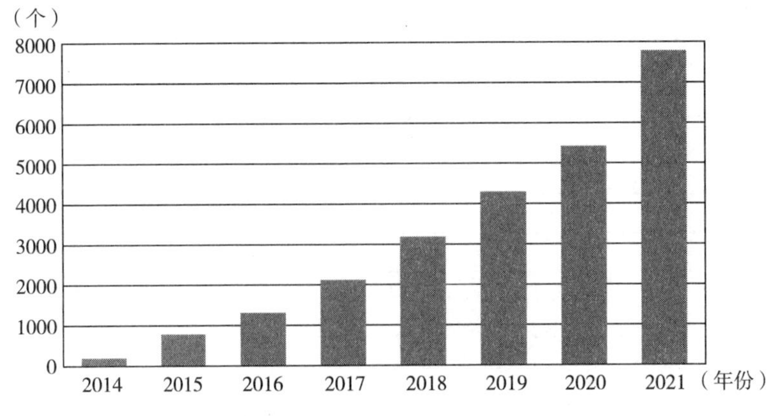

图 8-4　淘宝村数量

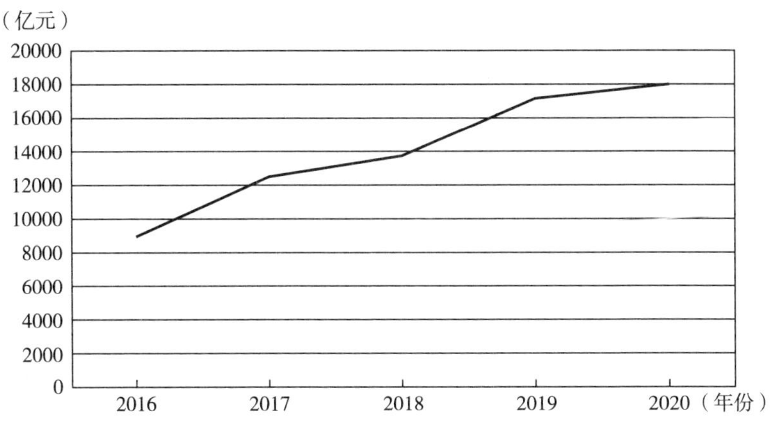

图 8-5　全国农村网络零售额

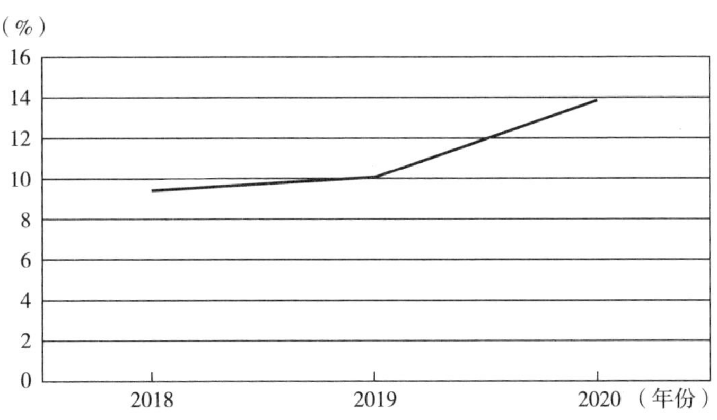

图 8-6　全国县域农产品网络零售额占农产品交易总额的比重

3. 农村信息化与农业生产发展的融合水平不断增加

信息化与农业生产发展的融合水平也在不断增加。数字技术推动农业智慧化转型升级，助力智慧农业的发展。近三年，我国农业生产的数字化水平快速起步并不断增加，2020 年达到 25.4%（见图 8-7）。通过提升数字化水平，推进农业生产、加工、销售和物流等各环节的数字化水平，农业生产中信息化、数字化程度逐渐提高，农业生产必需的劳动力逐渐解放，相应机械动力数逐渐增加，2021 年已经达到 10.71 亿千瓦（见图 8-8），提高了农业生产的效率。

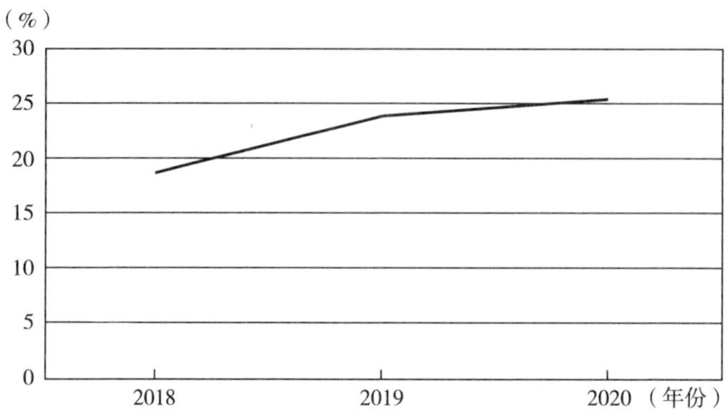

图 8-7　农业生产数字化水平

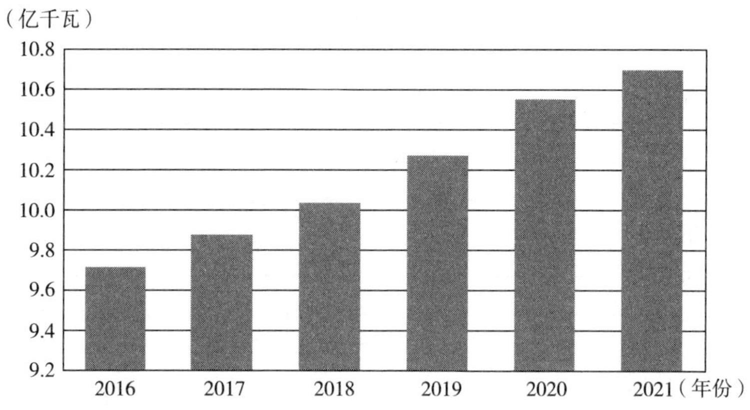

图 8-8　农业机械动力数

（三）农村数字治理水平不断提高

农村数字治理指在农村运用现代信息技术，将农村的管理和服务进行集成，以数字技术为支撑，为农村治理提供快捷的、便利的、全方位的服务过程。

1. 农村政务数字治理水平逐年提升

数字治理是运用数字技术打通乡村治理的“最后一公里”。深耕“互联网+政务服务”，实现服务“网上办、掌上办、快捷办”，及时通过互联网平台发布消息、公开村务、财务和党务，以此提高村民参与乡村治理的积极性。2020 年，我国各省应用信息技术实现行政村“三务”综合公开水平都较上年增加（见图 8-9），全国应用信息技术实现行政村“三务”综合公开水平达到 72.1%，较上年提升了 6.8%。并且村务公开率和党务公开率也在不断增加（见图 8-10），

2021 年我国村务公开率达到 72. 8%。

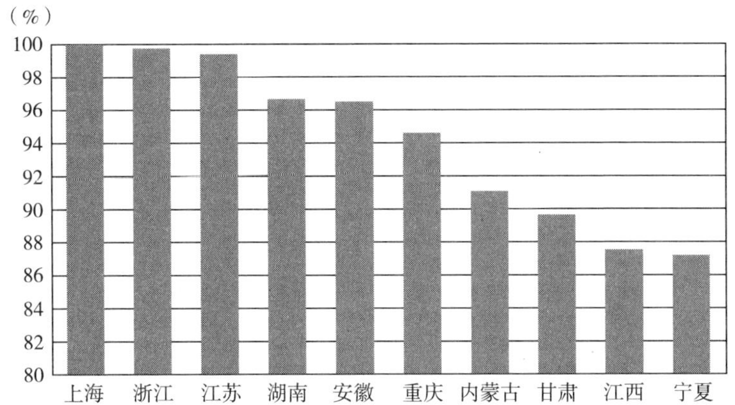

图 8-9　应用信息技术实现行政村“三务”综合公开水平

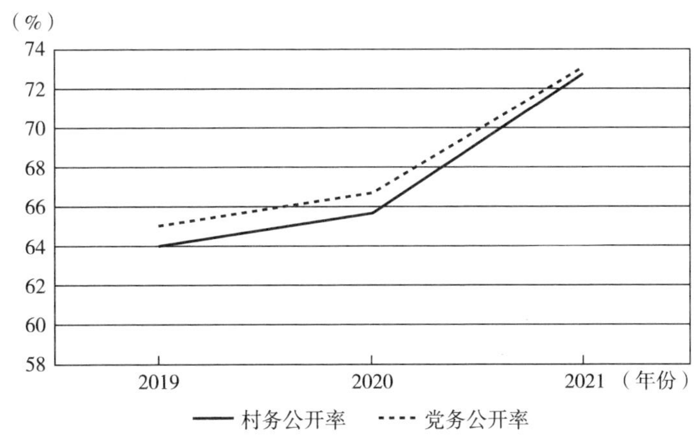

图 8-10　我国村务和党务公开率

2. 农村生态数字治理水平不断提高

生态方面依托“互联网+监管”平台，例如，我国目前深入推行的农村“雪亮工程”建设，实现智能化防控全覆盖，加强对人居环境和生态环境的实时动态监测，引导村民利用互联网积极参与农村环境监督。近三年，我国“雪亮工程”行政村的覆盖率不断增加，2020 年已经达到 77%，如图 8-11 所示。

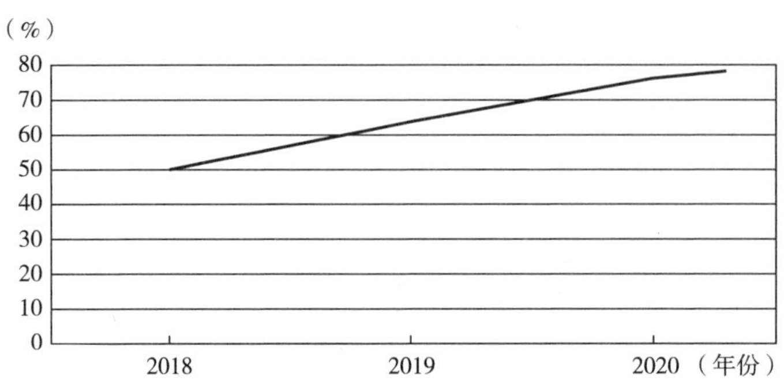

图 8-11 “雪亮工程”行政村覆盖率

（四）农村公共服务的数字化水平不断提升

乡村公共服务数字化指将乡村地区的公共服务信息化和数字化，使之更加便捷、高效，主要包括政务服务领域、社会服务领域和数字生活领域。

1. 农村政务服务水平不断完善

在政务服务领域，借助互联网平台，大力推广“一网通办”，信息化提升农村基层党务、村务、财务透明度的作用不断凸显。2020 年，全国应用信息技术实现行政村“三务”综合公开水平达到 72.1%，较上年提升了 6.8%，并且村务公开率和党务公开率也在不断增加。

2. 农村社会服务水平有所提升

在社会服务领域，农村地区在资金获取方面存在弊端，普惠金融的发展很好地解决了这个问题。根据《中国县域数字普惠金融发展指数研究报告》可知，近年来中国县域数字普惠金融总体发展水平得到快速提升。2017~2021 年，全国县域数字普惠金融发展总指数得分的中位数呈增长的趋势，从 2017 年的 47.61 增长到 2021 年的 97.33（见图 8-12）。但增长速度从高速增长转向常态化增长，其中，县域的数字贷款和数字授信的增长最为显著。2020 年，数字贷款在服务广度较 2017 年增加了 8 倍以上。政府通过给金融行业引入新技术，强化了金融行业的线上功能，便于农户获得低价高效的金融资源。

3. 农村数字生活服务水平不断提高

在数字生活领域，为提升农村基本公共服务管理的效能，农村地区的基层服务中心数量不断增加。2020 年，农村社区服务站数量达到 293787 个。农村地区的社区综合服务设施覆盖率也在逐年增加，2020 年达到 65.7%的水平（见图 8-13），但与城市地区还存在明显差异。通过提升公共服务数字化智能化的水平，将数字化嵌入民生服务，除个别必须现场办理的环节外，其他环节实现在线办理。2021 年，我国农村社会保险业务在线办理率达到 82.6%，如表 8-2 所示。

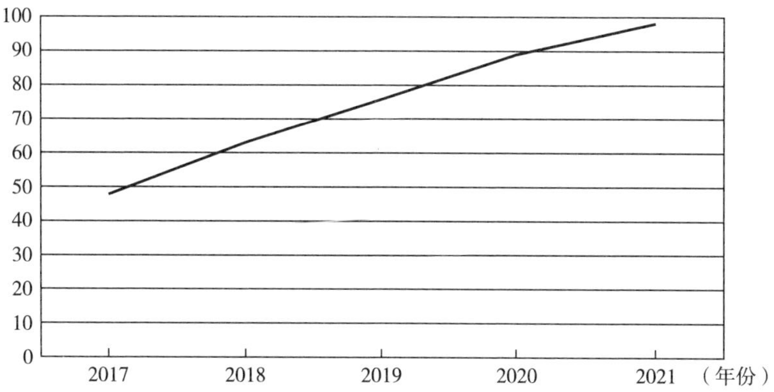

图 8-12　全国县域数字普惠金融发展总指数得分的中位数

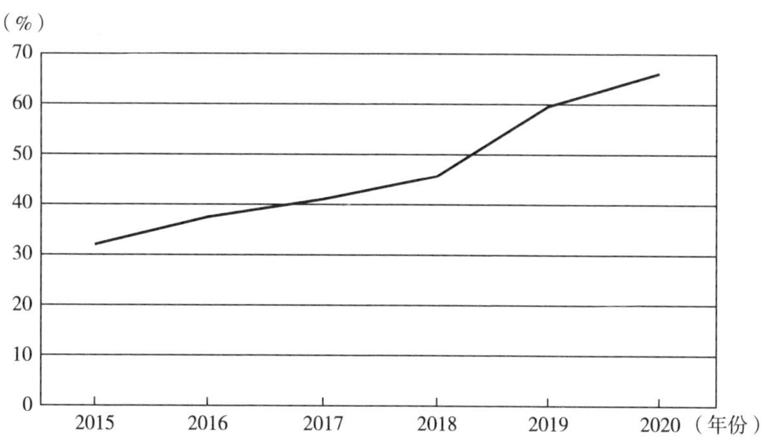

图 8-13　我国农村社区综合服务设施覆盖率

表 8-2　2021 年我国重要民生保障业务在线办理情况

重要民生保障业务在线办理情况	占比（%）
社会保险业务	82.6
新型农村合作医疗业务	80.1
劳动就业业务	70.9
涉农补贴业务	60.6
社会救助义务	63.5

二、问题分析

(一) 农业农村信息化建设在区域发展上存在不均衡的问题

农业农村信息化的建设发展需要大量的资金支持，需要财政投入和社会资金的高效协同。虽然近三年国家对农业农村信息化建设的财政投入不断增加，但在东西部地区的分配上仍存在不均衡的情况，东部地区所占比例明显高于中西部地区（见图 8-14），并且这种投入差距还在不断扩大，截至 2021 年，东西部地区在农业农村信息化建设上的财政投入差距已达到 1272.5 万元。财政投入不均衡导致东西部地区的农业农村信息化发展水平也存在较大差异（见图 8-15）。2021 年，我国东部地区农业农村信息化发展水平为 41%，西部地区的发展水平为 34.1%。并且据有关数据统计，2020 年，全国有 535 个县基本没有用于农业农村信息化建设的财政投入，有 668 个县的财政投入不足 10 万元，财政投入超过 1000 万元的县仅占全国县域的 18.5%。一方面说明国家对于农业农村信息化建设过程中的资金投入不足，另一方面说明我国不同区域农业农村的信息化建设存在明显的差异。

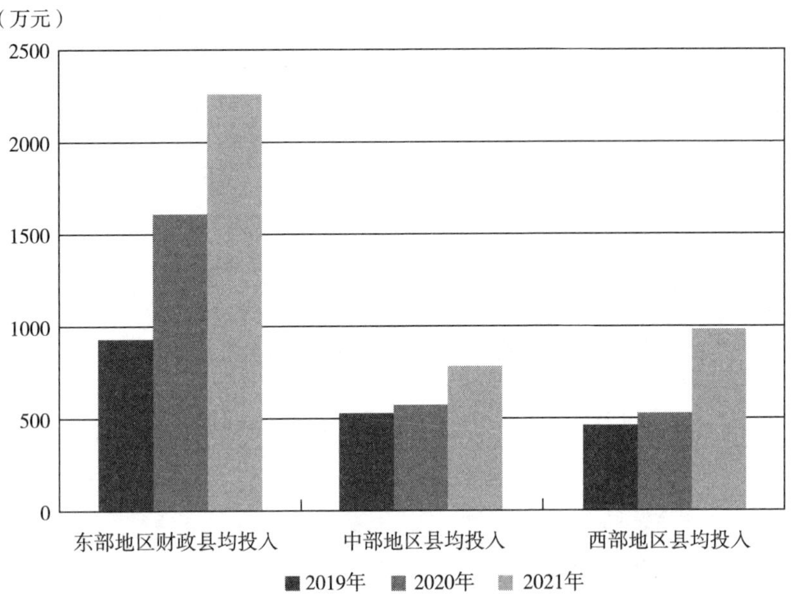

图 8-14　我国东西部地区农业农村信息化建设财政县均投入

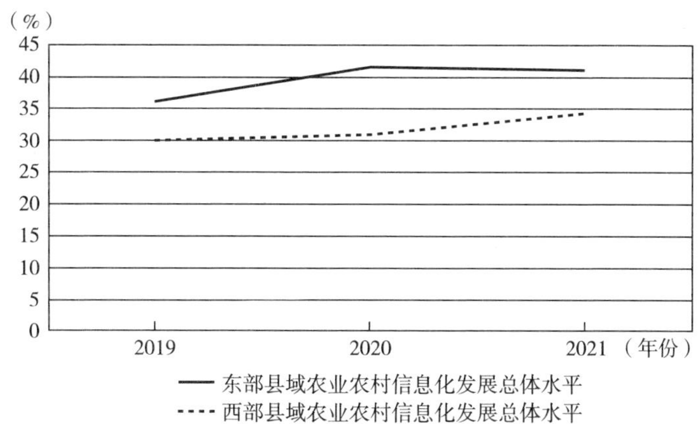

图 8-15　我国东西部县域农业农村信息化发展总体水平

（二）农业数字化水平和发达国家相比发展缓慢、水平较低

农业数字化指将数字化技术和农业生产结合起来，实现对农作物生长、病虫害、收获等信息的获取，以此达到合理利用农业资源、降低生产成本和提高农作物产量质量的目的。我国农业数字化水平近三年总体呈现上升趋势，2020 年我国农业数字化水平为 22.5%（见图 8-16），但和发达国家相比仍处于起步阶段。经过测算，美国 80%的大农场实现了大田生产全程数字化，平均每个农场拥有约 50 台连接物联网的设备；日本在 20 世纪 70 年代就全面实现了农业机械化。截至目前，日本的农业机械化应用到了农业生产的各个领域和环节，在世界居领先地位。我国数字技术在农业上的应用和发达国家差距在 10 年以上。

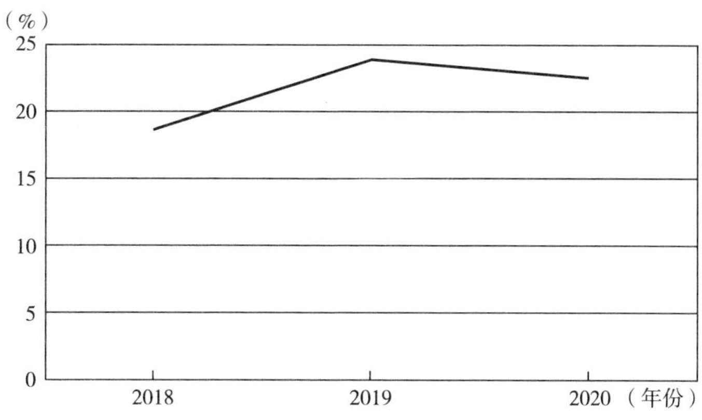

图 8-16　我国农业数字化水平

（三）农产品质量安全追溯信息化发展水平较低且存在区域间的不均衡

近年来，我国各地陆续接入自建或公共农产品质量安全追溯平台，根据这两年数据可知，农产品质量安全追溯信息化水平不断增加，2021 年达到 22.1%的水平（见表 8-3），但这与发达国家相比，水平还是较低。美国自 2003 年颁布食品安全跟踪条例，截至目前已经建立成完善的食品安全追溯体系，但我国于 2019 年开始执行，在法律条款、追溯流程等方面存在不足。并且我国农产品质量安全追溯水平存在发展不均衡的问题，2021 年我国东部地区农产品质量安全追溯占比为 28.9%，但西部地区仅为 15.6%。

表 8-3　我国农产品质量安全追溯信息化水平

项目 年份	农产品质量安全追溯信息化水平（%）
2021	22.1
2020	17.2

（四）农民数字化素质较为薄弱，缺乏农村信息化方面的专业人才

农民作为农业农村数字化发展的主体，大多面临教育水平低、培训力度低、青壮年人才缺乏的现实困境。2021 年 3 月，中国社会科学院信息化研究中心发布的《乡村振兴战略背景下中国乡村数字素养调查分析报告》显示，我国农村居民数字素养与城市居民相差较大，且农民的数字素养远低于其他职业。虽然智能手机、电脑等数字化设备已在农村普及，但农民数字化增收能力非常低，使其忽视数字技术所带来的经济效益。主要原因在于：第一，农民对新事物的学习能力弱，仅把智能手机当作娱乐消遣的工具，没有用它学习农业专业知识以及数字化操作技能（见表 8-4）；第二，农村“空心化”问题严重，大量年轻人口流入城市，留下的农民习惯于传统的种植方式，造成专业型技术人才短缺的局面，无法满足农业农村数字化人才需要。并且农村地区的经济发展水平较低，使大部分专业的信息人才对参加农村信息化建设的积极性不足，且现有的信息人才队伍存在诸多不稳定的因素，难以为信息化建设提供可靠的指导。同时，由于农村的科学教育水平落后、经济基础较薄弱，难以满足信息人才需要的生活条件，再加上农业科学的投入有限，使农村在信息人才培训上面临较大的困难。

表 8-4　2021 年网络应用的使用率

应用类型	网民使用率（%）
即时通信	97.3

续表

应用类型	网民使用率（%）
网络视频	93.4
短视频	87.8
网络购物	80.3
网络游戏	50.4
在线办公	10.1
在线教育	32.1

第四节 数字化转型的建设重点与实现路径

一、数字化转型的建设重点

（一）加快普及乡村网络服务

在当今信息化时代的背景下，网络服务已经成为人们跨时空高效获取信息的主要渠道，日益渗透进人们生活的方方面面，对经济社会快速发展起着重要作用。互联网在中国迅速发展和普及，但目前农村网络发展建设仍存在一定滞后性，与城镇存在一定差距，城乡之间数字鸿沟仍然巨大。这种不平衡，不仅成为当前农村数字化发展的瓶颈，而且影响城乡经济的协调一体化发展。一方面，可以通过5G、物联网、大数据等先进的网络服务，为乡村呈现一张数字化网络的崭新图景；另一方面，通过全面加强农村的信息基础设施，打造服务“三农”的综合信息平台，为村民便捷获取外部世界信息提供渠道。通过加快普及网络服务，能把乡村中的人与人、人与物，甚至将物与物全面互联，进而缩小城乡间的数字鸿沟，能够让广大村民通过网络服务发展获得实实在在的收益。乡村网络服务是乡村数字化转型的发展前提，同时发展乡村网络服务将催生农村新经济，也可以促进农业现代化和城乡公共服务的均等化。故而加快普及乡村网络服务成为全面推进乡村数字化转型的重要突破口。

加快普及乡村网络服务，就是让高速、广泛、安全的信息网络在乡村深入发展，使农村与城市的网络同质同价同服务。以加快普及乡村网络服务为建设重点的主要内容包括以下几个方面：

1. 加强农村信息基础设施的建设

推动乡村千兆光网、5G、移动物联网等的建设，要与城市同步规划实施发展。提高农村宽带网络的高质量发展，大力提升农产品价格和农村网络设施的数字化和智能化水平。完善网络服务供给体系的提升能力，鼓励更多与“三农”有关的技术、软件、终端的研发及应用。例如，为了更好地服务少数民族人民，可以积极推动带有民族语言的技术研发应用。另外，要进一步推进网络服务进村入户工程，构建村级信息综合服务平台，为农民和新型农业经营主体提供便利高效服务。

2. 持续提升农村网络覆盖水平

在行政村光纤通达和4G覆盖的基础上，全面加强乡村千兆光网、5G、移动物联网等的覆盖范围。并且对部分偏远地区的手机信号弱、移动网络覆盖不到位等问题进行全面检测和排查，不断补齐农村网络覆盖短板，持续推进网络服务的覆盖范围。持续提升农村网络覆盖水平，让每村每户都能实现通宽带的现实愿景，为实现乡村振兴的美好愿景提供坚实基础。

3. 大力推进乡村设施的数字化水平

深入提高电信普遍服务试点地区运营水平，保障农村每家每户都能用上高速畅通的宽带服务。以水利、电力、公路、冷链物流等乡村基础设施为切入点，加快推进这些传统基础设施数字化、智能化的转型发展，促进智慧水利、智能电网、智慧交通、智慧物流等的建设。另外，推进农业农村大数据中心建设。利用互联网技术，不断强化自然资源遥感监测技术和综合监管平台建设，对基本农田信息、土地区块、作物类型、作物生长状况等信息进行监测监管，实现动态掌握乡村土地发展信息。同时，深入推进苹果、棉花、糖料等重要农产品产业链大数据建设，打造农产品流通数据库的共建共享。

（二）深度渗透乡村数字经济

在互联网、大数据、物联网等新技术的快速应用下，经济社会各个领域都发生了重大变化。随着数字技术在乡村经济领域的广泛运用，数字农业成为中国乡村数字化转型的重要推手。一方面，发展数字农业是实现农业现代化的必经之路。数字农业依托现代信息技术，将信息作为农业生产的要素之一，不仅能实现农业生产各环节的智能监测功能，提高农业生产的精细化，还能借助数字技术拓宽农产品销售渠道，探索多种农业新业态，助力传统农业向现代化农业的转型发展。另一方面，发展数字农业是助推乡村振兴战略的重要突破口。随着乡村数字技术的深入渗透，越来越多的农户、合作社、农业企业等经营主体通过多渠道的网络平台，将自家农产品卖到全国各地，从而带动乡村产业的发展，促进乡村产业振兴。此外，发展数字农业还能降低生态污染、改善农村人居环境，促进乡村生态文明。

深度渗透乡村数字经济，就是要推进现代信息技术与农业农村各领域各环节深度融合应用，推动农业生产智能化、经营网络化。以深度渗透乡村数字经济为建设重点的主要内容包括以下几个方面：

1. 有效结合信息技术与农业

要将数字技术运用于农业生产、加工、销售等经营管理各个环节，让智慧农田、智慧牧场、智慧渔场等新型农业生产载体大力发展并成为主流。将物联网、大数据、人工智能、区块链等数字技术深入应用到农产品产销中，使农产品借助这些新技术实现品牌化、品质化、价值化。同时，借助现代信息技术在电商领域的深度应用，让电子商务带动农产品出村及工业品下乡，促进农民的增收。具体可将物联网技术、通信技术、互联网技术结合，利用传感器设备、视频监控系统、网关、控制器实现物物相连，在农业生产、经营、管理和服务中具体应用，实现对生产环境信息、作物生长态势信息的智能感知和采集，并参照作物或养殖标准数据调整生长过程所需条件，达到自动科学生产，预防灾害，及时提醒，帮助经营主体管理农业生产高质量产出，节本增效。

2. 搭建农产品产销平台

运用现代信息化集成技术和智能加工设施，建设智能农产品加工产业园，提高农产品加工的质效。同时，对农产品产地市场进行数字化变革，强化农产品进出库、运输等全程数字化管理。运用多个网络销售平台，促进农产品网络的零售销售。

3. 抓好数字技术应用领域

依托于农村大数据平台，按照各地实际需求因地制宜，定制开发符合本地的应用场景。重点强调生物育种、粮食生产、生猪养殖、油料产能等重点领域的数字化应用，确保粮食安全，保障重要农产品有效供给。

4. 推进数据信息共享

根据全国统一的数据目录、分类体系、数据标准接口等，大力拓展物联网、互联网等在线采集新方式，加快构建一体化数字采集资源体系，推动县域公共数据归集整合及有序共享。建立县级涉农大数据应用体系，便于打通县域内各个涉农部门之间的系统数据对接。

（三）提升乡村数字治理水平

随着中国社会主要矛盾发生转化，人民美好生活的需求不断宽泛。不仅对物质文化需求提出更高的层次要求，而且在民主、正义、法治、公平等精神诉求方面的要求不断增长。在这样的时代背景下，对社会治理同样提出了新的更高要求。党的二十大报告提出：要完善社会治理体系，健全共建共治共享的社会治理制度，提升社会治理效能。乡村治理作为社会治理的重要组成部分，为打造国家治理体系现代化奠定重要基石。将互联网、人工智能、云计算等数字技术深度嵌入乡村治理，有利于解决传统乡村治理中存在的信息不对称、村民参与村务事务积极性不高等不足，可实现跨地域和跨领域的数据交换及跨时空的交流沟通。这些优势都有利于扩展乡村治理覆盖范围，拓宽村民参与乡村治理的途径，提高村民自治的积极性。将数字技术与乡村治理体系建设深度融合，不仅运用科技手段的支持有效提升了乡村治理效能，而且提供了一种新型模式解决传统乡村治理发展的难题，从而让推进乡村治理数字化成为乡村数字化转型的社会基础保障。

提升乡村治理数字化水平，要在乡村治理的每个适合的具体场景深度应用数字技术，使各方面工作相互协作配合并高效运转，多措并行，加快形成推进乡村治理数字化的整体合力。以提升乡村治理数字化水平为建设重点的主要内容包括以下几个方面：

1. 加强“互联网+党建”工作

大力推广“互联网+党建”的新模式，充分发挥组织优势，为广大农民提供更好的指导引领。不断完善农村的智慧党建体系，发挥基层党组织的先锋模范作用。运用数字技术推动综合化党建线上平台的建设，把与村民利益相关的党务村务公开于网上平台，打造多样线上党员活动等，在这些新方式上多做探索。具体地，例如，推广“人民党建云”等类似智慧党建平台在农村的广泛推广及运用，提升党建工作效率；推进党务、村务、财务等信息在网上公开，提升村务透明度；通过智慧综合平台等数字技术探索“线上+线下”党员活动，提升党员联系群众、服务群众新模式。这些新型党建方式，使乡村治理更接地气，更能见实效。

2. 不断深化信息惠农服务

一方面，加快推进“互联网+政务服务”的新型服务模式，推动其不断向乡镇、村延伸覆盖。搭建便民惠民服务综合性平台，将与村民生产生活密切相关且事务庞杂的相关行政审批、便民服务等事项放入线上平台，让农民办事少跑腿并享受更多便利，同时让办理流程全公开，使服务质量更高效快捷。另一方面，针对农村转移人口，提供更多符合实际的个性化服务。完善城乡公共服务协调能力，加快实现城乡居民基本医疗保险异地就医直接结算制度及社会保险关系网上转移接续等服务的线上办理新模式。不断深化信息惠农服务，是要多运用智慧数字技术，让村民少跑腿。通过数字技术不仅能满足农民的现实需求，也能提高乡村治理数字化的效能。

3. 建立健全村民自治机制

应用数字化的手段，开辟了村民运用手中民主权利的广阔空间，更好地让农民群众当家作主。村级干部可以通过微信群、线上智慧平台等新渠道，把所有村民组织起来共同参与讨论村里的重大事务，充分考虑到每一位村民的合理诉求，

实现线上线下议事的结合方式，提高村内事务决策的公开性和民主性。另外，可以借助数字技术驱动乡村治理迈向更加精细化和现代化的阶段。比如，将互联网技术与农村社区管理相融合，进一步提高乡村建设和规划管理的精细化、信息化；还可将互联网技术与农村的公共法律服务相结合，提升乡村法治元素，加快建设法治乡村。运用先进的数字技术手段建立健全党领导组织下的村民自治机制，有利于形成共建共治共享的现代基层乡村治理新格局。

（四）助推智慧绿色乡村建设

良好的生态环境是人类持续生存和发展的根基，生态兴则文明兴，生态衰则文明衰。乡村优良的生态环境是其宝贵的物质财富，也蕴含着经济层面的巨大潜力和无限价值。推进农村生产生活的绿色发展是农业发展的必经之路，也是推进农业供给侧结构性改革的主线之一。经过多年的不懈努力，中国农业发展成就显著，但同时也面临严峻挑战，发展与环境的双重压力、资源要素的不合理利用等问题日益突出。如何实现乡村生态环保和资源的合理利用，是当前乡村发展的难题。绿色发展是实现农村生产发展、农民生活富裕与环境生态良好的新路径，是打开村生态振兴与乡村经济高质量发展大门的“金钥匙”。近年来，绿色能源元素不断在中国各地乡村渗透，绿色项目在各地陆续投入建设，推动着乡村实现低碳绿色发展。将农业生产与大数据、云计算、区块链等数字技术进行有机融合，能极大促进农业生产向标准化、绿色化、智能化方向发展。故而利用数字技术不断推进农村绿色建设成为乡村数字化转型的建设重点之一。

助推智慧绿色乡村建设，就是从乡村实际出发，因地制宜、因村制宜，不断探索乡村绿色发展领域中数字技术可给予支持的应用场景，推动数字技术深度嵌入新能源开发、清洁技术、绿色制造等领域，提升乡村发展的绿色水平。以助推智慧绿色乡村建设为重点，主要包括以下几个方面：

1. 加快形成农业绿色生产方式

运用数字技术，建立健全农业投入品追溯体系和农产品质量追溯体系，加快实现一物一码、扫码后全程可追溯系统，从而保证农产品质量及有效抵制造假。加大智慧农业基础设施的建设力度，推动减少施（使）用化肥农药运动。运用大数据技术收集耕肥、节水、农机作业等农业各环节的相关数据，达到实时监测和数据分析的目的，运用数据的支撑不断提升农业生产经营效率。多措并举打造现代设施农业园区，推进每个农业投入品的电子追溯监管体系，对农产品实现数字化管理。加快农村物联网建设，可实现实时监测土地功能并可促进农田水量的节约使用。这些措施都有利于各地农业生产数据的资源共享，助推农业绿色发展。

2. 提高乡村环境保护数字化水平

加快建立农村生态系统监测综合性平台，收集农村山水林田湖草等自然资源的各方面数据。以此为基础，各地联合协作，共同建立健全一个涵盖自然资源、水利、气象等方面的数据共享系统，以便更高效地助力农村绿色发展。针对农村已经存在的环境污染问题，设置监测农产品产地环境、农业面源污染等方面的系统平台。针对农村生态环境的脆弱区和敏感区，各地可利用卫星遥感技术、无人机等技术实施监控，强化重点区域的监测与保护，从而全面提高绿色乡村建设水平。

3. 积极提倡绿色环保生活方式

运用数字技术，提高对农村生活垃圾污水治理、厕所脏乱等现象的整治力度。建设健全针对农村人居环境的综合监测平台体系，推进对农村污染的全面数字化监测。针对农村饮用水水源，要持续对其水质进行监测，对水源地实现数字化保护。广泛宣传绿色发展知识，调动村民积极性，引导其积极参与并监督农村人居环境整治工作，让村民们共同维护其居住环境的绿色整洁。

（五）丰富充实乡村网络文化

随着以计算机和网络为代表的信息时代的迅速发展，网络文化已经渗透到人们生活中的方方面面，人们的工作、学习和生活都因其有了新的模式。互联网更是因其方便快捷的信息渠道，渗透到人们的文化娱乐、商务交易等，极大地丰富了人们的物质和精神文明。与此同时，互联网因为具有信息全面、查询方便等优点，成为广大农村中最方便、快捷的信息获取渠道。很多农民利用互联网技术，探索致富新路径，带动农村创业热情，从而涌现出一大批依靠网络致富的新农民。将互联网的众多优势应用到农业及农民的生活中，不仅提高了农业生产效率，而且培养了许多懂技术、会经营、准确捕捉市场需求的高素质农民。另外，信息时代的到来，极大地充实了农民的精神生活并且拓宽了农民的视野。借助互联网技术，农民可以居家或在社区电子阅览室等文化娱乐场所方便快捷地享受到文化娱乐生活，充实精神世界。丰富乡村网络文化是乡村振兴战略的应有之义，也有利于让农村精神风貌焕然一新，使农民精神文化生活丰富多彩，进一步推进城乡文化资源领域的一体化。

丰富充实乡村网络文化，需要以数字技术为支持，在农村打造支撑乡村网络文化的文娱基地，为进一步宣传乡村优质传统文化资源及吸收外来的优秀网络文化提供稳定安全的环境。打破过去老旧乡村网络文化的旧观念、手段等，为农民提供新型、更符合时代背景的乡村网络文化。以丰富充实乡村网络文化为建设重点，主要包括以下几个方面：

1. 加强网络优质内容供给

用好县级融媒体中心功能，不断提升融媒体中心积极传播县域文化的功能。大力鼓励与“三农”题材相关的网络优质内容作品，鼓励各地以本地文化为基

础，鼓励符合本土风俗习惯的优质网络文化内容作品。积极打造网上图书馆、网上课堂、数字化展览、文化内容的直播平台等丰富多彩的文娱活动。网络文化的具体内容，除了要丰富多彩，还要雅俗共赏。丰富的网络文化不是只追求高雅的文化，追求对普通民众来说艰涩难懂的文化内容，而是要与本地特色文化相结合，提供符合传统文化的网络文娱作品。

2. 加强网络巡查监督

在丰富网络文化的同时，要做好监察工作，防止低俗文化的侵入。加强网络原创视频内容的管理，组织开展宗教政策知识的宣传工作，防止非法宗教内容的渗入。抵制宣传封建迷信、攀比低俗等消极文化的网络作品的传播。针对未成年人，网络平台需要采取措施，预防农村未成年人沉迷网络，让不良有害的网络内容远离农村未成年人。

3. 推进乡村传统文化数字化

因地制宜，结合本地原有的传统文化，制定并实施符合本地且具有可行性的本地文化数字化实施方案。有效保护和传承当地具有特点的乡土文化，让其魅力持续照耀时代。同时，鼓励广大农民借助微博、微信、短视频、直播平台等多种线上平台宣传本地乡土文化，为网络社会输入积极有趣的文化作品，以多方面、立体化地传播当地文化并汲取外来的有益文化。当地政府也可为农民发展本地传统特色文化或当地文化资源的数字化提供一定的培训及技术支持，从而促进本地传统文化的传承发扬。

二、数字化转型的实现路径

（一）强化数字化整体战略谋划，深化乡村数字化布局

随着中国进入新的发展阶段，人民美好生活需求日益增长。广大农村地区的发展成为中国新阶段的重要战略目标之一。随着农村物质生活水平的日益改善，农村群众对于美好生活有了更高层次的期待与需求。这便对乡村发展提出了新要求，与时代接轨推进乡村数字化转型显得更为重要而紧迫。乡村数字化转型是一项包含了多方面立体化的系统工程。提升乡村数字化转型水平，必须抓好顶层设计、加强统筹协调、做好总体布局、强化整体推进。针对乡村基层民主、文化充实、治理管理、社会保障等各方面，要加强数字技术在其中的关键作用，并对这些作用的发挥落实做好整体统筹协调。拓展数字技术应用于乡村的具体场景，并对应用场景各方面的工作做好谋划，使各部门间的工作可以协调配合、有效运作，从而为加快推动乡村数字化转型实现注入强大力量。所以，在乡村振兴的战略下，中国推进乡村数字化转型要不断强化数字化的战略谋划，深化推进乡村数字化的战略布局，加强政策协调配合，强化措施落实。

在中国经济发展向新模式转换及乡村振兴战略深入实施的时代背景下，乡村数字化转型升级的战略需求越来越迫切。所以，在以上的宏观背景下，在制订具体计划、确立阶段目标前，需要加强中国数字化转型的总体谋划，即需要对明确乡村数字化转型愿景、明确支持该愿景所具备何种能力、实现该愿景所需要的核心原则和其他基本支撑体系等做出具体指导谋划。以强化数字化整体战略谋划为实现路径，主要从以下几个方面具体实施：

1. 提出数字化转型任务重点

当前是开启中国农业农村数字化转型的重要战略新征程，要不断强调强化数字化战略谋划的重要作用。针对“三农”的各个方面，加强数字技术与农民生产生活的深入融合，增强数字化提高农业生产力的能力。由此实现农业的高质量发展和乡村振兴的全面覆盖，并且最终落实到让广大农民享受数字经济带来的红利上。针对农业生产方面，可以对农业产业链、农产品进行数字产业化、产业数字化方面的指导谋划。具体任务目标上，可以提出构建农业基础数据库、推进农业生产经营数字化改革、加快村务管理数字化、强化关键技术信息化等方面的任务指导规划。

2. 加强数字农业布局

在乡村振兴战略的指引下，近年来中国加大农业数字化的规划，深化农业数字化的布局谋划。强调农业数字化过程中最急迫、最重要、最脆弱的环节和领域，加大对其的支持布局力度，许多相关农业数字化建设项目逐步落实。同时，推进以增加农民收入及振兴乡村为目的的相关农业产业的发展规划，加快推进补齐乡村数字信息基础设施及远程公共服务的短板及不足的规划谋略。

3. 探索新型资金支持方式

资金是支持乡村数字化转型的重要因素之一。为了实现乡村数字化转型的远大愿景，需要对资金的来源与持续供给做好谋划布局。可以探索加大数字化设施及技术的政府购买资金，政府与私营企业、民营资本等社会资本协作支持乡村数字化发展，金融机构加大对乡村数字化项目建设的贷款贴息等新方式，从而提供牢固可靠的资金来源。各地要运用自身的特色广泛吸引社会各种力量的支持，让更多的外来投资资金及金融支持加入到当地乡村数字化的建设中。另外，政府可以优先安排和审批带有乡村数字化建设因素的建设项目落地，同时对符合乡村数字化建设相关条件的专用设备和专用技术进行一定的政策补贴。

（二）加强数字信息基础设施建设，夯实乡村发展根基

数字信息基础设施不仅包含以5G、大数据、人工智能等新型信息技术创造驱动出的新型基础设施，而且包含将新型信息技术深度嵌入传统基础设施中，使其具有数字化、信息化、智能化等特点的融合基础设施，其具备的高速共享、安

全可控、方便智能等能力，能为乡村打破信息屏障、成功实现乡村数字化转型提供关键支撑和可靠底气。可以说，数字信息基础设施是推进乡村数字化转型发展行稳致远的基石。数字信息基础设施运用数字信息的巨大优势，发挥传统基础设施改造后的巨大潜力，进一步打通经济社会发展一体化的信息桥梁，为乡村经济社会数字化转型提供有力支撑和驱动力量。所以，数字信息基础设施是乡村数字经济发展的重要载体，也是新型基础设施的核心。在乡村振兴的战略背景下，加快数字信息基础设施建设成为中国乡村数字化转型发展的重要驱动力，对中国乡村经济社会转型发展至关重要。

近年来，中国各地电信服务试点不断增加，广大农村地区光纤宽带等数字信息基础设施建设持续推进实施，但与城市相比，农村地区的数字信息基础设施建设成效仍然存在较大差距，并且正面临着更新改造升级的问题。因此，需要重点推进农村数字信息基础设施建设。以加强数字信息基础设施建设为实现路径，主要从以下几个方面具体实施：

1. 推进农村数字信息基础设施建设

加强农村地区5G、移动物联网、数字化平台和千兆光网等数字信息基础设施建设，持续开展农村地区的电信普遍服务补偿工作。针对农村地区网络的诸多问题，持续提升农村地区网络的速率、稳定性及覆盖广度和深度，持续优化农村通信网络服务。为数字技术与传统基础设施深度融合提供良好的应用场景，防止数字技术的应用因为网络的缺陷导致效率低下的问题。针对各地区不同情况，因地制宜，选择适合各地区环境的网络接入方式。同时，不能忽略偏远地区的网络接入问题，要让数字信息基础设施覆盖每一位村民的家。

2. 加强农村基础设施的共建共享

农村地区网络还面临着较多难题，如建设成本高、业务量小、维护管理难度大等。针对这些障碍，可以加强农村通信网络基础设施的共建共享活动。全力推动行业内5G、千兆光网等通信基础设施的集约高效建设，持续开展一系列数字信息基础设施的共建共享活动，并且扩大活动的范围。从而有效减轻相关设施运营企业的生产建设成本及经营压力，让数字信息基础设施更多更好地成为乡村高质量发展的新引擎。

3. 有序推进农村资源整合力度

加大农村各地区整合社会资源的能力，建立健全农村各类信息化服务站点。加快综合性服务平台新模式的运用，让群众少跑腿，享受实现一站式服务的方便快捷。各地要对本地各类资源服务站点的地址、人员、功能等信息全面掌握，时刻更新服务站点的信息，对于长期闲置浪费资源的服务站点应进行撤并。并对现有的服务站点的资源进行统筹协调，加快农村信息化建设的步伐，让农村居民时刻可以获得高效的服务。

（三）融合数字技术与乡村治理，助力乡村治理精细化

随着移动互联网、大数据和人工智能等新型数字技术的不断发展，适应现代社会的新型治理模式需要重新建立。党的二十大报告着重强调：完善社会治理体系，健全共建共治共享的社会治理制度，提升社会治理效能。乡村治理是国家治理的重要组成部分，是实现乡村振兴战略的必经之路。当前乡村治理体系存在一定缺陷，成为中国实施乡村振兴战略的突出短板和薄弱环节。随着互联网、人工智能和物联网等新信息技术的快速发展，与乡村治理相融合的数字技术不断涌现，为推进乡村数字化转型中的治理更加精细化创造了前所未有的机遇。将数字技术与乡村治理相结合可以激发乡村数字化转型发展的内生动力，丰富与拓展乡村治理内涵，助力乡村治理更精更细更有效。从而满足农村居民对于村务治理的更高层次需求，加快实现乡村振兴战略的步伐。

通过大数据、云计算、人工智能、区块链等数字化新技术和乡村治理深度融合，有利于解决旧模式下乡村治理存在的信息难获取、办理业务困难等不足，从而将乡村治理中产生的矛盾与冲突遏制在萌芽状态，为村民们争取安宁、高效快捷的生活环境。以融合数字技术与乡村治理为实现路径，主要从以下几个方面具体实施：

1. 村民生活服务的数字化

通过为村民们普及数字技术的相关知识，加强数字技术进村入户的应用。同时，开展远程教育和远程医疗的平台建设，打造和城市同价同质同服务的医疗及教育资源的共享平台。提供多个博物馆、图书馆和综合性文娱服务站点等资源的数字化转型升级，以达到每个村民都可以方便快捷地获取自己所需的基本公共服务资源。另外，要让互联网技术和村务事务相结合，实现服务线上线下平台相结合，从而方便村民少跑路就能方便办理事务，提高村民的幸福度。

2. 村庄事务管理的数字化

将乡村治理与数字技术相融合，提高村干部村务管理的效率及质量。建立网上村务信息公开平台，让农村居民提高对村级重大事务监督的积极性。也可以通过建立微信群、村级官方公众号等线上平台，拓宽农村居民参与村级事务的方式和手段。同时，可以利用数字积分制，开展丰富多彩的积分制活动，提高农村居民参与乡村治理的积极性与主动性。

3. 信息安全的数字化

深入推进农村社区治安的数字化建设，加强农村治安防控工作。建立村级智能化防控体系，实现监控全覆盖无死角。同时，推动村里相关安全信息数据的收集与保护，建立数字化应急管理系统。各地区的数据信息平台应建立联动，以快

速应对紧急情况，能快速协作并保障人民人身和财产安全。考虑不同地区、不同人群的实际情况，因地制宜、因人制宜，持续推进农村“雪亮工程”建设，进一步提高农村居民的安全感。

（四）推动农产品产销精准对接，赋能农业数字化发展

中国是农业大国，“三农”问题是全党工作重点，乡村经济的重点主要聚焦在农业上。乡村数字化转型不能忽视乡村经济，即需要通过农业数字化的路径促进乡村的数字化。在这样的宏观背景下，需要大力实施改善农村生产生活条件的战略安排，同时促进农业现代化进程，加快农村经济的发展，从而通过多渠道增加农民收入并推动乡村振兴战略实现的步伐。随着农业的相应技术与生产设备的迅速发展，农业的生产方式及效率都取得了惊人的发展。数字技术与农业的结合可以推进农产品产销精准对接，提高生产与消费两端的适配度，进而提升相应信息获取和处理的效率。同时，对于传统农业的各个领域，应加速各个环节生产技术和设备的数字化改造，推动农业生产过程不断的专业化和规模化。促进农业生产数字化的同时，也可以推广农业教育、科研和推广“三位一体”的农业发展新模式，从而实现农业效率的提升及农业现代化的美好远景。因此，农业数字化的发展为乡村数字化转型提供了一条新渠道。

推动农业数字化发展是将数字信息作为全新的农业生产要素，将数字技术与农业生产各个环节相结合，克服传统农业存在的不足、创新新农业生产方式等，从而提高农业生产效率，增加农业经营收入。以推动农业数字化发展为实现路径，主要从以下几个方面具体实施：

1. 推进数字技术与农业生产深度融合

将数字技术与农业的各个领域各个环节全方位立体化地融合，提高农业生产的效率。同时，可以建立标准化的农业物联网标准化试点，建设一批智慧农牧业特色示范区，推广宣传相关有效经验做法。针对农产品的质量问题，可以开展基于农产品生命周期的质量安全管控和建立疫病监测预警系统综合性平台。促进农业生产各环节的数据收集，对数据进行分析应用，从而提高农业经营的数字化和智能化水平。依托本地特色环境及文化等，利用各个网络平台对本地农业进行宣传推广，多开发本地文化相关文娱产品，促进本地品牌农产品销售渠道的畅通。

2. 创新数字化农业新方式

鼓励互联网巨头企业与农业大户等的协作合作，统筹协调建立综合性产销一体化的服务平台。不断完善农业大数据相关平台的功能，提升相关平台之间的共建共享体系，促进农业相关信息的快速畅通。加强大数据、互联网和人工智能等新型信息技术在农业各方面的应用，比如推广大数据、物联网等在农地施肥、虫

害防治等方面的应用，提升农业生产的质量与效率。同时，为了推动农业数字化的高质量发展，当地政府可以多展开组织交流活动，多去数字农业示范试点学习经验。支持本地数字农业的试点建设，并且对相应环节给予一定的政策补贴支持。

3. 建立农产品电商平台

各地农村应以移动互联网技术为基础，结合微信公众平台、微信小程序等移动平台，建立多样的农产品电商平台，实现各种以本地精品农产品为特色的精准营销活动。同时，应用互联网的思维并运用大数据技术，建立相应农产品的监管和质量安全保障体系，以便更好地为农产品质量安全保驾护航。让农业的数字经济在乡村真正发展起来。

（五）深化数字化惠民服务质效，推进农民生活数字化

乡村数字化转型的重点不止于基础设施和农业生产上，还应落实在每一位农民实实在在的生活上。农民是乡村的主人、农业生产的主体，自然也应当是乡村数字化转型发展战略的受益者。为了让越来越多的人享有方便快捷的数字化生活，加快实现乡村数字化转型的美好愿景，需要数字技术不仅能实现外源产品走进来，即将农民需要的产品高效便捷地送到农村，增加农村产品的多样供给且提升农民生活的方便快捷；而且能让本地产品走出去，即让优质本地农产品走出农村，拓宽特色农产品销售渠道，增加农民生产收入。通过数字技术的应用，让农民的生活更便捷、更美好，让每一位农民在信息化发展中有更多获得感、幸福感、安全感，从而加快乡村数字化转型的建设。

深化数字化惠民服务质效，就是要通过数条“网线”连接城乡居民，让更多优质消费品走进农民的生活，让医疗、教育等优质公共资源进村入户，让农民生活更便捷、更美好。以深化数字化惠民服务质效为实现路径，主要从以下几个方面具体实施：

1. 远程教育和医疗的全覆盖

教育方面，在农村中小学建立远程教育所需基础设施，建设互联网多媒体教室，实现农村中小学互联网的全面接入，不断探索并完善互联网教学机制，将城市优质教育资源引入农村。另外，对现有乡村教师进行远程数字化的相关培训，提升乡村教师职业素质。创新授课模式，运用慕课、微课、翻转课堂等新方式创新乡村传统的教育模式，并通过互联网引入外部优质教育资源，逐渐缩小城乡教育资源存在的差距。医疗方面，医院可与政府联合开展项目合作，通过培训赋能村医、建设远程视频门诊、投放智能药柜、开通健康服务一号通、建设急救转运平台、进村体检、赠送检后医疗保险等一系列完整措施，实现方便快捷的云端看病，真正将优质医疗服务和健康管理延伸到农村。

2. 电商和快递的入户进村

促进农村电商物流的发展，政府部门可以加大对农村电商物流的政策补贴及保证相关项目的落地，促进适合农村电商运营的应用场景，将农村电商物流的巨大潜力发挥出来。同时，从城乡协调一体化的角度出发，加强电商物流城乡一体化的建设，不断健全农村电商物流的基础设施。构建农村电商物流的共建共享体系，让电商物流行业内各个企业通力合作，降低在农村建设电商物流的成本，让电商企业看到在农村市场拥有发挥的空间，从而让农村电商物流畅通无阻。

3. 发展数字电视入户

电视作为农村居民获得外界信息的重要传播渠道之一，是农村居民更好地跟上时代发展的重要路径之一。要不断加强数字技术与电视的结合，各地政府对于智慧广电固边工程和数字电视乡村工程的项目落地应给予一定的政策补贴。加大对农民普及数字电视的相关知识，推广普及有线高清交互数字电视机顶盒的应用。完善各地的基层应急广播体系，确保紧急信息能够及时有效地通知到农村居民。另外，通过线上平台知识的学习，也能够满足农民参与基层治理、线上学习、获取知识等多样化需求。

（六）加大数字化专业人才培养，打造专业数字化队伍

一个地区的发展离不开人才的引进。乡村数字化转型中，人才是核心，更是驱动数字经济不断发展的中坚力量。提升乡村的数字化转型水平，重要的渠道之一是提高乡村数字化人才的引进及培养，打造一批适合各地实际情况的专业数字化队伍。除引进外部人才外，各地还可以提升本地村民的数字化技能。依托本地打造一支熟练运用数字技术的专业规模化数字化人才队伍，可以全面促进乡村振兴战略并加快本地乡村的建设发展。因此，专业化的数字人才培养是乡村数字化转型的重要加持要素。在中国新的经济发展阶段下，了解并跟上时代的发展，依托本地拥有的优势，运用科学的方法加以应用与开发，再在这些的基础上培养一大批优秀的数字化专业人才，才能使农村数字化转型发展更为持久。

加大数字化专业人才培养就是要牢牢抓住数字信息的优势，结合本地经济发展与乡村治理的需要，培养强化一批具有专业数字技术素养的专业数字化队伍。以加大数字化专业人才培养为实现路径，主要从以下几个方面具体实施：

1. 引进外部数字化专业人才

在引进外部人才队伍的甄选和培育上，要结合本地的实际情况进行筛选。了解当地农村的实际情况、具有敏锐的数字化建设意识并且熟练掌握数字技术的人才要优先引进。同时，要注重健全引进人才的培养机制，培养出适合当地的专业数字化人才。具体实施方面，各地政府可以从落实人才吸引政策入手，吸引本地大学生、外地务工人员返乡创业、就业，并提高对新型农业经营主体、返乡创业

人员、农村青年、返乡大学生等“新农人”的数字培训力度，包括数字的运用能力与数字的意识能力。另外，不断完善和落实对乡村创业金融信贷等方面的政策支持。

2. 加强本地农民数字素养培训

充分发挥驻村干部和相关工作人员在网络、信息、技术等方面数字技术知识与资源的充分优势，不断引导、指导和培训有积极学习意愿的农村居民，进而提升本地居民在数字技术方面的知识与技能。另外，组织相关高校、各行政学院等教学培训平台加强对乡村有意愿学习的农村居民的数字农业、数字技术等相关培训。各地政府利用手头资源，收集汇整各大网络平台上的优质数字资源，引导当地农业龙头企业培养适合的实用型数字技术人才。同时，可引导社会上的公益组织进村入户，为农民数字技能培训工作增添一分力量。

3. 助力本地企业培养数字人才

在利用具有丰富数字技术知识及资源的外部企业的同时，各地政府要积极助力致力于乡村数字发展的本地企业。助力本地企业与本地的网络基础设施、农村电商发展、乡村商贸流通以及乡村教育医疗等方面进行广泛的村企合作，加大对企业数字化人才的财政投入，并协助其培养本土化的数字化人才，培养出本地的农村数字化带头人才，涵养本土人才的数字竞争力。另外，注重数字人才队伍的协同能力。在培养出一批符合当地且熟练运用数字技术的人才队伍的同时，人才队伍的管理协作同样值得重视。要科学且智慧地运用不同人才的优势，重视每位人才的优缺点，运用人才的数字化思维的巨大潜力。各地相互合作，以数字化人才作为依托，实现人才队伍的跨专业、跨领域协同合作。要不断补充数字化人才队伍，优化数字化人才队伍梯度构成。注重后续数字化人才的培养，持续壮大数字化人才队伍。

第五节　中国乡村振兴战略下数字化转型实现的预测

一、预测方法选择

本部分以 2016~2021 年中国乡村数字化转型的评价数据为基础，运用灰色预测模型，预测 2021~2049 年中国乡村数字化转型发展情况，并根据预测结果，分别作各指标与综合指数的预测。

二、预测结果分析

（一）各项指标的预测结果分析

1. 农村信息化基础设施预测结果及分析

运用灰色预测模型计算出2021~2049年农村基础设施数字化相关数据。总体来说，未来三十年，农村数字基础设施仍然延续2011~2021年的快速增长趋势。分指标看，根据预测数据，农村互联网普及率平稳增长，经过六年的发展，从2021年的55.85%增加到2027年的100%（见图8-17）；相较于2010~2020年，我国农村数字基础设施取得明显进步，农村互联网覆盖率、普及率水平显著提升。数字基础设施为现代农业农村装上“数字引擎”，有力助推乡村振兴水平持续提升。

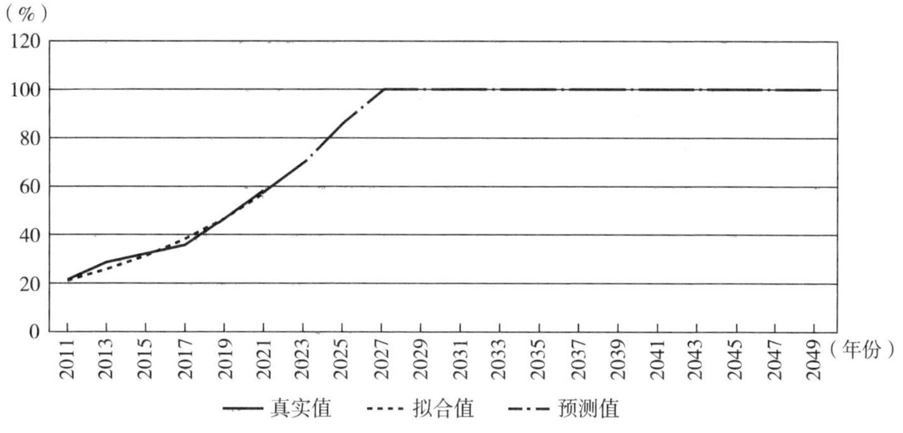

图8-17 2021~2049年我国互联网普及率预测结果

在农村教育数字化建设上，农村教育信息化经费投入一直维持快速增长趋势，2035年，农村中小学信息化经费投入将达到4333亿元，是2021年的2.6倍；到2049年，预计经费投入达到11493亿元。同时，伴随着信息化经费投入，农村中小学多媒体教学全覆盖率也持续提升，2023年实现全覆盖（见图8-18）。以信息化手段提升班级数字化教学，提高了教育教学质量，减轻了教师和学生负担；以信息化促进教育均衡发展，实现了城乡教学一体化，实现了农村学校共享城区优质课堂教学资源。

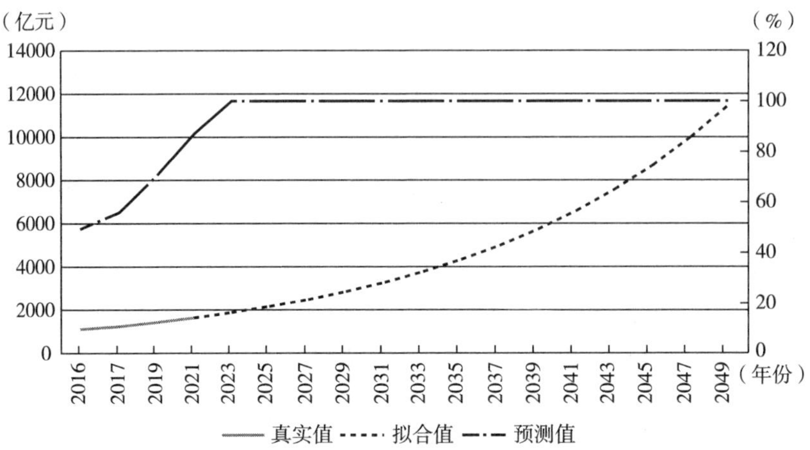

图 8-18　农村中小学教育信息化经费投入和多媒体教学全覆盖率

注：农村中小学教育信息化经费投入相关数据以左坐标轴为准；农村中小学多媒体教学全覆盖率相关数据以右坐标轴为准。

2. 农业农村信息化智慧化水平预测结果及分析

运用灰色预测模型计算出 2021～2049 年农业农村信息化水平相关数据。总体来说，2021～2049 年，农业农村信息化水平发展势头迅猛，逐渐进入强盛期。分指标看，根据预测数据，全国县域农业农村发展水平稳步提升，2021 年发展水平为 20.1%，到 2035 年发展水平达到 100%；与此同时，全国县域农业农村信息化建设财政投入也持续增加，2021 年，财政投入为 20452 亿元，到 2049 年，农业农村信息化建设投入预计达到 170000 亿元（见图 8-19），年增长率达到 17.6%。

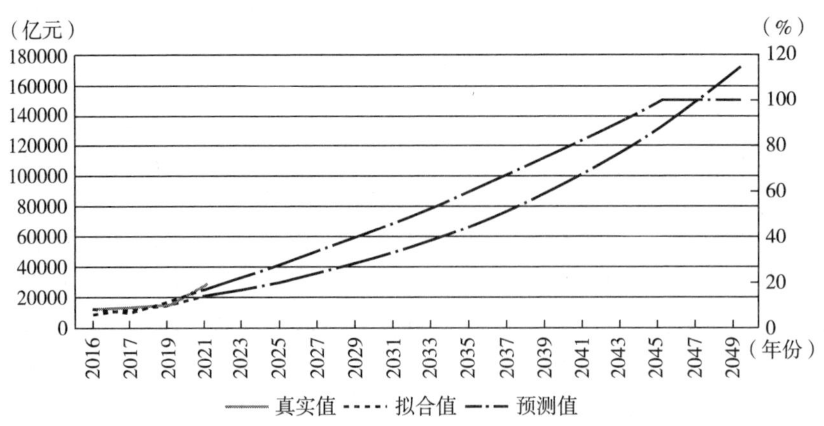

图 8-19　全国县域农业农村信息化建设的财政投入和发展水平

注：县域农业农村信息化建设财政投入相关数据以左坐标轴为准；县域农业农村发展水平相关数据以右坐标轴为准。

全国农村网络零售额与农产品网络零售额占农产品交易总额的比重预测见图 8-20。总体来说，全国乡村网络零售额和农产品网络零售额占农产品交易总额的比重继续保持平稳增长。具体来看，乡村网络零售额将在 2035 年增长到 68128 亿元，在 2049 年增长到 171198 亿元；农产品网络零售额占农产品交易总额比重将在 2035 年增长 60.33%，2045 年增长 100%，并一直持续到 2049 年。

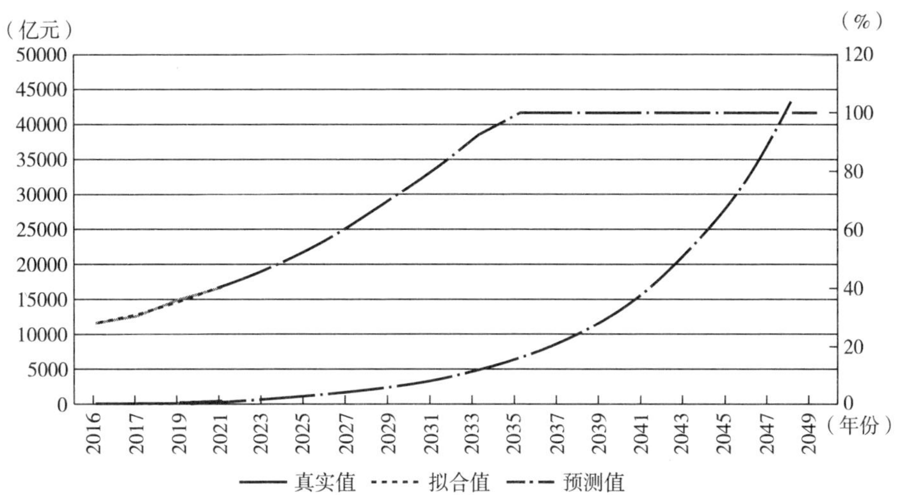

图 8-20　全国农村网络零售额与农产品网络零售额占农产品交易总额的比重

注：全国农村网络零售额相关数据以左坐标轴为准；农产品网络零售额占农产品交易总额比重相关数据以右坐标轴为准。

应用数字技术，能够使数字化农业生产得到有效推进，使数字化农业发展获得更加多元的发展动力。2016 年以来，我国农业数字化程度不断提升，解决了社会发展过程中有关“三农”的诸多问题。2021 年，我国农业生产数字化水平仅为 28.4%，预计到 2031 年，农业生产数字化水平将达到 100%（见图 8-21）。数字化农业生产平台的建设，使得农村数字化农业生产的效率及水平大幅度提升。同时，农业数字化、机械化发展提升了我国农业机械总动力水平，预计 2035 年农业机械总动力水平达到 14 亿千瓦，而到了 2049 年将达到 19.4 亿千瓦的历史最高值。农业机械总动力的提升提高了科技服务能力，扩大了农业生产规模，提高了所获得的利益，从而全面提高了农业现代化水平。

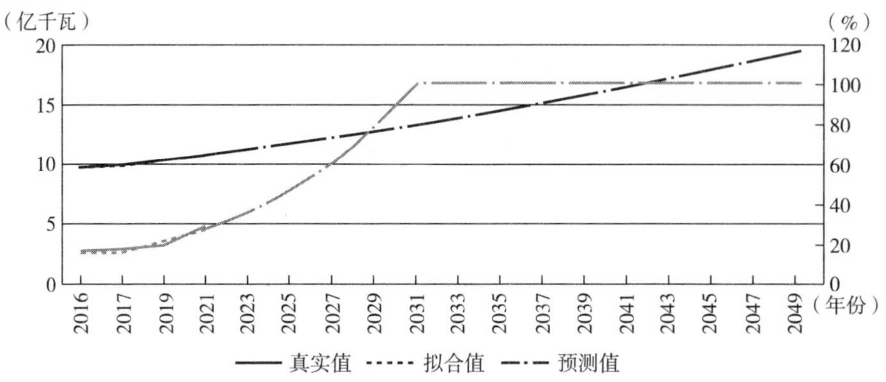

图 8-21　农业生产数字化水平和农业机械总动力

注：农业机械总动力相关数据以左坐标轴为准；农业生产数字化水平相关数据以右坐标轴为准。

3. 农村数字治理预测结果及分析

数字技术对于构建完善现代乡村治理体系，发挥着越来越重要的作用。近几年，我国行政村“三务”综合公开水平和“雪亮工程”行政村覆盖率持续提升，预计 2023 年两者都将达到 100%的水平（见图 8-22）。运用互联网、移动终端 App 等信息化手段，运用交互式理念打造数字界面，促进信息公示公开透明，提升了农村人居环境治理水平。

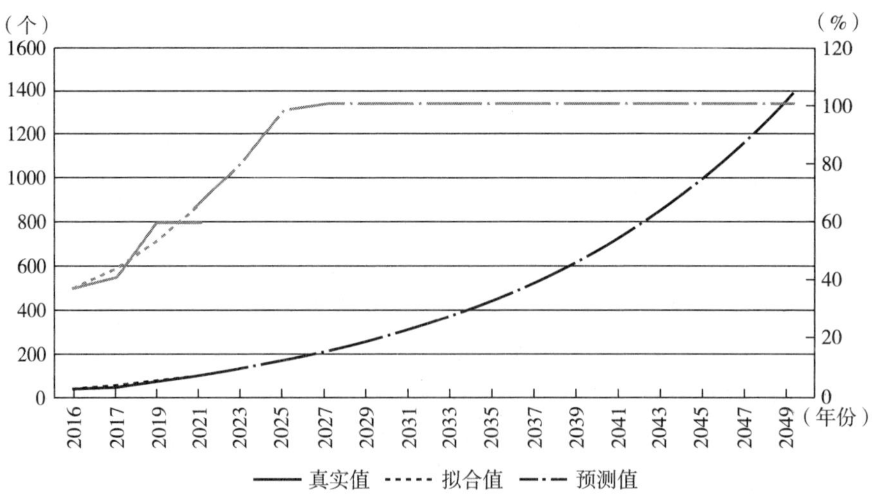

图 8-22　行政村“三务”综合公开水平和“雪亮工程”行政村覆盖率

注：农业机械总动力相关数据以左坐标轴为准；农业生产数字化水平相关数据以右坐标轴为准。

4. 农村公共服务数字化预测结果及分析

乡村公共服务数字化包括社会服务领域和数字生活领域。

在社会服务领域方面，互联网、移动通信和移动互联的广覆盖，改进了全国农村地区，尤其是农村边远地区、边缘地带的通信基础设施，使我国县域数字普惠金融总体发展水平持续提升，发展动力充足。根据数据，2016~2021年，全国县域数字普惠金融发展总指数得分的中位数呈现持续上升的趋势，总指数得分的中位数从2016年的45.3分增长至2021年的87.33分（见图8-23），增长175.57%；根据预测，得益于金融科技的广泛发展，县域数字普惠金融总体发展指数将维持高位增长态势，2035年其得分将达到100；2049年，县域数字普惠金融总体发展指数实现巨大飞跃，其得分为1401。县域数字普惠金融总体发展指数的不断发展，提升了金融服务百姓民生水平，有利于推进走向共同富裕的道路。

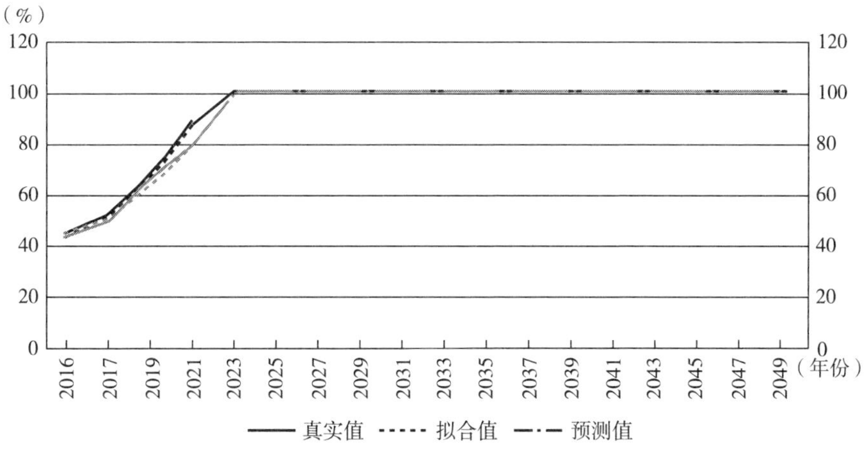

图8-23 农村社区综合服务设施覆盖率和县域数字普惠金融发展总指数得分的中位数

注：农业机械总动力相关数据以左坐标轴为准；农业生产数字化水平相关数据以右坐标轴为准。

在数字生活领域方面，数字基础设施不断提升农村基本公共服务管理的效能。近年来，社区服务数字化建设不断加快，农村社区综合服务设施覆盖率逐步提升，充分发挥一体化政务服务平台作用。2021年，我国农村社区综合服务设施覆盖率达到69.7%，到2025年，其覆盖率将达到100%。农村地区村级综合服务保障持续改善，完善了村级综合服务事项，推进了基本公共服务均等化，有利于加强多样化生活服务供给，农民生产生活需求得到进一步满足，农村居民获得感、幸福感和安全感不断增强。

（二）数字化转型综合评价的预测结果及分析

利用前文统计的2016~2021年各指标的数据，将各指标做归一化处理，然后用熵值法计算各指标权重，进一步地，计算各年度综合指数。借助2016~2021年的综合指数，运用灰色预测模型计算出2021~2049年我国数字化转型综合指数（见表8-5）。2017年，我国数字化转型综合指数仅为0.29，处于起步阶段；2021年，其结果为1。根据预测结果，2035年，我国数字化转型综合指数得分将达到8.24；2049年，将达到41.69。数字化转型与数字经济的兴起将为农业农村发展带来更大的变革，数字基础设施与服务不断向农村延伸，数字技术逐步渗入农业生产和流通等环节、公共服务与乡村治理等领域，不仅促进了农业的转型与升级，而且推进了公共服务均等化和乡村治理效能提升，为实现乡村振兴与农业农村现代化保驾护航。

表8-5　数字化转型综合评价的预测结果

项目＼年份	2017	2019	2021	2023	2025	2027	2029	2031	2033
预测值	0.29	0.68	1.00	1.50	2.10	2.86	3.80	5.00	6.43
项目＼年份	2035	2037	2039	2041	2043	2045	2047	2049	
预测值	8.24	10.5	13.31	16.81	21.16	26.57	33.31	41.69	

第六节　数字化转型的政策建议和配套措施

一、数字化转型的政策建议

（一）加速农村网络建设

大力推进农村网络建设，可以有效缩小甚至逐步消除城乡之间的差别，也是当前深化改革和加快发展的现实需要。加速推进农村网络建设，提高5G网络覆盖率，并整合信息资源，提高基层数字化治理水平，推进面向“三农”的信息化服务，实现电商入户、快递进村，有利于促进城乡一体化发展，推动农村经济发展和社会进步。具体来看，要做到以下三个方面：

1. 推进5G网络全覆盖

一是督促各通信运营商继续加强农村区域的网络覆盖，加大力度向所属公司争取资源，对网络覆盖差或有故障的设备进行检修更换，提高网络覆盖面和

质量。

二是加强顶层设计，建议对于盲区检测和基站建设由发改委牵头建立沟通协调机制，定期会商解决，以便持续推进农村和偏远地区网络建设，并与财政部建立健全电信普遍服务补偿机制，加强与通信管理局沟通，形成对偏远地区的5G网络建设资源倾斜，给予政策支持，解决和改善深度贫困地区农村网络覆盖。

三是建议运营商和铁塔公司建设方加强与镇街的沟通，加快5G基站的建设，由点及面，优先覆盖重点区域，逐步推进5G基站建设，及时协调解决基站建设和农村网络覆盖方面的问题。

四是推动5G手机在农村地区的普及。要求各通信企业针对农村地区推出适合当地消费水平的5G手机及资费套餐，同时加大宣传力度，推动5G手机的普及。运用通信企业数据资源对消费者进行精准降费，切实降低农村用户上网门槛，推动基础电信企业持续向农村贫困户提供基础电信业务资费优惠。

五是拓展网络应用，提高农村宽带网络效率，利用互联网+教育互联网+医疗有效促进民生保障、电商、直播，大大拓宽农产品销售渠道，形成农户致富增收新方式、新途径。

2. 加速实现基层数字化治理

充盈基础数据，是基层数字化治理的基础。同时，完善人口基础数据，基层治理要把农村每个人都纳入服务范围。完善农村人口常住地址登记体系，实现区域内所有人口动态监测，动态了解所有居民（尤其是困难人群）的情况与需求。消除部门间基础数据壁垒，实现互联互通。构建符合农村居民常态化需求的平台，将公安、卫生、疾控、教育、住建委等部门各领域数据进行关系、集合、衔接，在纵向、横向上实现循环，并与住址动态链接，夯实农村基层“智治”能力。基层可按需调用、共享基础数据。“智治”能力关键在基层和一线。对基层工作人员设置专门接入端口，将各个系统的数据集合合理开放给一线基层规范使用，了解居民实时情况，方便生活服务的开展。高度注重居民信息的安全性和保密性，“智治”但人性化，才能赢得广大市民的拥护与支持。

增强基层数字基础设施，提升基层数字治理体系。以基层人民群众为出发点，做好基层应对各种极端情形的预案。不仅要面向日常生产生活，而且要充分考虑城市突发事件的冲击。尤其是在公共突发事件应急处置、供应链稳定、生活物资保障、数字化办公等方面，要设计合理的应急方案，并搭建相应的区域监测预警和联动应急指挥平台及工作机制。在村庄层面，建立能够抵御疫情等各种极端情形的基础性数字设施。搭建村庄数字平台，加强对工作人员包括基层工作人员的数字化能力培训，全面走向依托数字技术赋能的基层治理。提高通过数字平台及时了解村民的基础信息和实时需求信息的能力，增强基层的反应效率。借助数字平台实现物资的精准发放和公开透明分配，让有关部门及时获得基层的一手实时动态数据，基于透明基础信息加强网络上社会舆情的引导能力。

3. 推进电商入户、快递进村，实现农民生活数字化

一是要深化电商快递协同发展，扶持“一地一品”、电商扶贫示范项目，支持快递服务企业与大型农产品商贸企业合作，鼓励开通特色农产品直配专线，减少中转环节，大幅缩短快件在途时间。

二是培养乡村物流人才。物流专业是新兴专业，对于物流特别是村寨物流的专业化研究较为薄弱，村寨物流人才极为缺乏。可以通过举办乡村电商物流培训班，举办乡村物流发展论坛，到发达乡村物流、发达地区考察等形式促进乡村物流人才的培养。

三是探索快递进村新型发展模式。积极探索构建以村委会、农村政务服务代办点、农村综合服务站等为载体的乡村快递服务平台，并对所有快递企业开放，实现“一店多家”经营；整合乡村各种运输资源、充分利用村寨客运班线、货运车辆搭载快件，促进村寨快递与交通运输部门合作；研究推广“快递智能箱”等提供收发快递自助服务，从而降低经营成本，实现多方互利共赢。

四是加大政府扶持引导。全面落实国家快递下乡有关政策，营造良好的政策环境，广泛发动民营快递企业向村庄发展，研究探索符合乡镇实际情况的发展模式，整合各方资源、减少资源浪费，降低快递企业经营成本；不断完善乡村网络基础建设和金融服务体系，保障乡镇乡村居民有条件享受便捷的网购服务。

加强快递进村物流体系建设，全力推进村级快递网点布局，提升农村快递服务覆盖面，能有效助力脱贫攻坚和乡村振兴。

（二）推进农村数字化转型，着力打造智慧农业

新兴技术可以渗透农产品产业链的各个环节，并“赋能”传统的农业，打破传统的粗放发展模式，有效利用大数据的精准决策，以实现农业发展智能化。把互联网技术、云计算、大数据、物联网等新一代信息技术和现代生物技术运用到农业发展全过程，包括生产、经营、运输、管理、服务等，为农业发展供给提供充足的技术支持，以此增强农业的技术水平以及农业信息化水平，催生出新业态、新模式，重塑农村产业空间格局，实现先进科技与农村产业的融合发展。

在农产品生产前，可以利用大数据进行精确的订单匹配，也就是先找订单，再找农户，这样的精确“订单农业”可以有效地防止由于信息不对称而导致的农产品有产无市问题。在农业生产中，利用大数据、物联网等信息技术，实现对农业的精准培育、节水灌溉、智能温室、精准养殖等多方面的应用。还可以利用大数据和人工智能，在作物产量控制、测土配方施肥、动植物疫病控制等方面，进行“数字化”的生产决策，使农业生产决策更加准确、智能化，从而使成本

效益最大化。在农产品的销售中，可以通过网络的方式，通过电子商务，使消费者和产品的供应得到有效联系，从而扩大农产品的销售渠道。工业融合源于技术的发展，随着现代科学技术的不断深入，农业生产的各个方面都得到了极大提高，加速了农村产业的融合发展。

（三）大力推进农产品加工业互联网建设

利用工业互联网加快推进农业农村现代化是行之有效的方法，并且也是当务之急。构建农村工业互联网体系，可以夯实数字农业发展的基础，并且为农业持续发展提供原动力；工业互联网在农业生产领域的全面渗透，为农产品销售提供了长足的发展，作为数字农业发展的关键领域，工业互联网为农业生产的数字化转型提供了助力支撑；利用工业互联网提升农业产业链数字化水平，建立农业领域的工业互联网平台，可以带动周边农业中小企业提升数字化水平，形成数字农业生态。

1. 加强农村工业互联网建设

完善网络体系建设。网络体系的完善与否，体现出农村数字化的水平。一方面，要在集中管理、统一规范和高效利用的原则下，建设统一兼容、资源共享、高效利用的各级网络服务平台，构成规范、畅通、共享的网络体系。各级政府要在现有的农村数字化设施建设的基础上，进一步加大资金投入，健全和完善农村数字化发展所必需的基础设施。另一方面，要加强信息网络建设，村里的联络点和市、乡（镇）信息网点都要积极配合信息服务工作，做到能将当地各类农业信息实时地在网络上发布出去，建立以上行下达的网络体系为依靠的信息采集发布平台。

加强平台体系建设。第一，着力解决平台建设突出问题，完善平台支持政策。工业互联网在农业发展过程中发挥着重要作用，如果技术研发支持政策不完善，就会制约农业发展，所以要积极探索农业前沿技术在工业互联网的应用研究，应给予加大科研立项支持力度，使平台企业有意愿、有能力加大对农业数字化研发投入；工业互联网平台发展离不开金融支持，应完善相关政策，对服务能力强、覆盖范围广、生态及经济效益显著的工业互联网平台企业给予上市融资支持与便利；要在培养各类高层次人才和专业技术人才的基础上，将工业互联网领军人才、农业智能化专业人才等也纳入乡村人才培养和培训计划。第二，以拓展“智能+”为重点，促进融合应用。一方面，加快工业企业智能化研发，将研发成果运用于农业生产全过程，并不断完善流程，努力做到工业反哺农业；另一方面，着力打造信息共享平台，促进设备、系统互联互通和数据集成共享。以工业互联网平台为依托，鼓励乡村龙头企业进行数字化转型，提升农业发展全过程数字化能力，加强企业内部、上下游企业之间、企业与消费者之间的互联互通。

建立健全安全体系平台。安全建设是核心，是营造健康发展环境的重要保障。所以，必须重视工业互联网平台的信息安全建设，主要落实好三方主体责任：政府部门需持续加强工业互联网平台信息安全立法与管理，明确相关法律责任，保障平台各方合法权益。平台企业需强化安全主体责任，建立健全安全和应急管理制度及机制，加强平台日常网络安全监测，及时排除隐患，不断完善信息技术防御手段。平台其他相关主要保障好系统使用时的安全性。与此同时，对于平台数据的治理与使用，利益相关方要共同行动，促进数据合理流动、确权、安全交易、共享和使用，全面促进乡村工业互联网发展。

2. 推动工业互联网在农产品全过程全面渗透

通过工业互联网的发展优势，积极探索其在农业产业融合发展中的作用，利用产业融合发展将农业与文化观光、乡村旅游、数字普惠金融等多方面相结合，替代以养殖种植为主的单一产业形态，形成多维度、多层次的农业产业形态。通过工业互联网将消费者与客户之间紧密联系起来，实现消费者的需求直接传达给生产者，生产者满足消费者对于产品质量及样式的需求，构建起直接联系平台产生定制化农产品，进而解决传统农产品的流通及信息不对称问题。通过工业互联网的优势，在精准和智慧农业方面促进发展，包括大数据平台、智能化产品、互联网技术等在种植、养殖、生产、管理等方面助力农业发展。在生产种植环节，智能化设施在种植及灌溉等方面发挥重要作用。在产品流通环节，利用智能识别机器遥控感应等对农产品进行分类、挑拣、整理，节省人工成本且有降低误差标准，促进农业更高效地产出。在销售环节，工业互联网不仅在宣传推广方面扩大了范围，克服了传统农业的缺陷，并且在物流方面实现了高效配送，保障产品在配送过程中的安全，有效降低农产品流通成本。为了推动实现农机精准管理，农机生产企业应该积极探究如何利用互联网优势改进农机设备，通过精准定位、智能调配、高效维修，实现农机高精度自动作业。

以工业互联网为农业生产提供安全保障。工业互联网能够将农产品唯一码、相关视频监控等信息与上下游供应链系统进行集成和连接，从而实现农产品从田间到餐桌的无缝、可视化追溯，为农产品质量安全提供了有力的保障。农场主可以利用各种监测设备，对作物的生长环境和生命周期进行全方位的监控，从而达到精准播种、精准施肥、智能灌溉的目的。

3. 利用工业互联网提升农业产业链数字化水平

大力发展“互联网+”农业，加快农产品流通领域的发展。平台农业的目标是实现资源整合，利用平台将土地、劳动力、农业生产资源等进行整合，农业从业者再以自身资源的供求情况为依据，实现供需对接或资源共享。通过工业互联网，可以将农村地区的农资、种子和农机等资源整合起来，形成统一的农资采购平台。牵涉重大的农业机械设备，可以联合金融机构推广融资租赁模式，解决农户资金短缺的问题，让规模农业得到更大发展。农超对接作为农业产业链中最重要的环节，其本质是对农产品供应链进行优化，其核心问题在于“通道”中的交易费用高、物流周期长。通过工业互联网建立农超对接平台，拉近了超市与农户的距离，稳定了流通渠道和价格，避免了生产的盲目性，既为农户带来了实惠，又增强了超市的竞争力，实现了供需方的共赢。

通过“工业互联网”“数字农业”，提升农业生产力。在互联网时代，数据是最重要的资源，建立工业互联网数据采集平台，对数据进行采集、挖掘、链接、分析和应用，能够为农业生产和管理提供有力的支持。数据农业利用大数据的分析，可以让农业生产者对原料生产、产品加工、市场交易、消费反馈等信息有更多的了解，进而可以对农业从业人员进行生产经营及指导。

（四）逐步实现远程教育、远程医疗全覆盖

一方面，充分运用远程教育手段，加快探索适合不同地区、不同经济发展水平的培育方式和制度，围绕农民生产经营、专业技能提升和社会服务的培育目标，积极构建教育培训、组织管理和持续发展的教育理念，为中国的农业远程教育创造崭新的发展格局，为现代农业发展提供强劲的新引擎；另一方面，我国现阶段医疗资源配置不均衡，优质医疗资源大多数集中在东部发达地区，中西部和农村医疗资源依然不足。远程医疗可以克服时间与空间给求医问诊者造成的障碍，也是调整资源分布失衡的重要抓手。加快基层医疗服务体系建设，推进城乡医疗卫生服务均等化，是解决患者医疗问题的有效方式。

1. 利用远程教育平台，助推乡村振兴发展

利用远程教育实现农户素质提升。根据全国各地产业发展需求，实施远程教育助力“新农人”，大力培育有文化、懂技术、善经营、会管理的高素质农民和农村实用人才、创新创业带头人。不定期开展“田间课堂”培训，讲解现代农业实用技术及惠农政策，助力提升生产技术，培育更多“乡土人才”。鼓励农民开手机微店，上网学习技术、销售农特产品，充分发挥区域优势，结合个人特长促进农户素质提升，为乡村振兴奠定基础。

利用远程教育助力基层组织能力提升。建立农村党员干部现代远程教育站，组建专兼职操作管理、设备维修及信息员队伍。管理、学习、运用齐头并进，把远程教育作为培养锻炼干部、推进组织振兴的重要阵地，使远程教育工作和基层干部队伍建设相辅相成，互动互促，为兴村富民培育“领头雁”。结合党史学习教育、“三会一课”、主题党日活动等，向广大党员群众宣传巩固拓展脱贫攻坚成果同乡村振兴有效衔接，促进党在农村各项方针政策的贯彻落实，全力培养造就一支懂农业、爱农村、爱农民的“三农”工作队伍。

利用远程教育实现乡村产业振兴。充分发挥远程教育站点优势，以实现乡村产业振兴为主线，坚持把远程教育工作与乡村产业项目深度融合，不断激发乡村振兴新动能。通过远程教育等方式有针对性地进行新技术、新品种的推广，帮助群众解决种养殖过程中遇到的一系列问题，邀请创业能人、种养大户等具有丰富经验的“土教授”“田秀才”，定期到远程教育站点开展理论讲座和实践教学活动，帮助农村居民提升技能、增收致富。积极探索远程教育与“互联网+”的契合点，充分发挥远程教育点多面广，信息量大、生动直观的资源优势，向农村党员群众推广电子商务，不断提升远程教育的学用转化成效。开启“直播+电商”新模式，联合中国惠农网、淘宝、抖音等平台，积极拓展销售渠道，助力解决农产品滞销难题。

利用远程教育繁荣乡村文化。利用远程教育站点平台，播放先进红色党课、人物事迹、农业技术、乡村文艺节目等宣传片，丰富党员干部群众的文化生活。结合远程教育，开展乡土特色文化艺术人才技能培训，提高文化艺术人才能力素质，繁荣乡村特色文化。整合农家书屋、文化广场、远教大课堂现有资源，提升远程教育站点规范化建设水平，提高村级远教站点综合利用率，对部分远程教育站点进行提档升级，打造出文化展示馆、非遗传承工作室、书画室等多个教学场地。

2. 实施乡村远程医疗，实现健康乡村建设

利用现代化的信息技术，完善农村卫生服务体系。改善农村卫生状况，强化卫生服务，是促进乡村振兴的一项重大任务。在我国农村地区，由于卫生管理不力而引起的疾病呈迅速增长趋势。利用现代信息技术，将健康知识更快更好地深入农户的家中，向村民们提供接地气的健康教育，比如用药常识、日常慢性病管理、自我健康监测和检测、常用急救技术培训等。针对老年群体，通过对乡村医生的远程医学训练，提升乡村医生的卫生教育水平，使每个乡村医生都成为移动卫生教育点。扩大远程医疗服务范围，减少城乡卫生服务不平等。为了缩短城乡之间的医疗水平差异，在农村地区大力推行远程超声、远程听诊器、远程心电等较为成熟的远程医学模式，将农村地区的患者和偏远地区的高级医院的专家迅速地联系在一起，从而降低农民的就医成本，同时提高诊断的准确性。同时，利用远程医学技术，强化对农村医师的培训与指导，提升其诊疗水平。

（五）加快推进农村数字电视入户

农村数字电视入户，能够加强人与人之间的交流，提高资源有效利用率。同时，农民能够通过广播电视获取先进的技术支持，为农业技术的发展提供便捷、有效的途径。另外，数字电视还可以为农民提供不同种类的娱乐节目，大大丰富农民的闲暇时光。数字电视还可以为农民提供灾害预警提示，为农民安全保驾护

航。因此，通过加快推进农村数字电视入户能够为农民致富、娱乐、安全提供一个平台，也是农村数字化转型又一重要举措，具体来看，可从以下四个方面着手推进：

1. 全面实现数字广播电视覆盖接收

根据“技术先进、安全可靠、经济可行、保证长效”的原则，全国各地因地制宜、因户制宜推进数字广播电视覆盖和入户。基础条件好的农村积极采取有线光缆联网方式，在未连接有线电视的农村地区应拓展多样化方式，群众可以自愿选择直播卫星、地面数字电视或“直播卫星+地面数字电视”等方式，全力推进“广电扶贫、宽带乡村”建设，确保实现全国贫困乡村有线网络数字化全覆盖。

2. 数字广播电视节目兼顾农户娱乐与致富需求

数字广播电视节目应积极满足农村地区基本公共文化服务。在充分了解用户需求基础上提供相应套数的电视、广播节目，有线广播电视正经历由模拟向数字转换的过程，但仍要保留一定数量的模拟电视节目供用户选择观看。要加快地面无线模拟电视向数字化转换，加快地面数字音频广播的试点与应用推广，为广大农村居民提供高质量的无线广播电视公共服务。各级广播电视播出机构要加强与政府相关部门的合作，在满足居民娱乐性需求的同时，努力开办或者合办科技致富、农林养殖、知识普及等贴近基层群众需要的服务性广播电视栏目节目，并逐步增加播出时间，满足群众对数字广播电视节目的多样化需求。

3. 应急广播体系建设与数字电视结合

积极推进应急广播建设，合理规划，各地各部门要尽快落实建设方案和资金，加紧建设应急广播制作播发和调度控制平台，与国家突发事件预警信息发布系统连接，形成中央、省、市、县四级统一协调、上下贯通、可管可控、综合覆盖的应急广播体系。向农村居民提供灾害预警应急广播和政务信息发布、政策宣讲服务。

4. 深入推进长效机制建设

加快建立政府主导、社会化发展的农村广播电视公共服务长效机制，逐步形成“县级及以上有机构管理、乡镇有网点支撑、村组有专人负责、用户合理负担”的公共服务长效运行维护体系。采取政府购买、项目补贴、定向资助、贷款贴息等政策措施，支持各类社会组织和机构参与广播电视公共服务。依托基层综合性文化服务中心，推进广播电视户户通，提供应急广播、广播电视器材设备维修等服务。

二、数字化转型的配套措施

（一）统筹数字资源，持续更新数字化平台技术

加快建立省市村统一的底层数据库，协调各板块资源库接口服务资源，大力推进和优化乡村数字化体系架构，全面提升数字承载和运营能力。持续更新与完善“数字乡村建设”匹配的乡村信息基础设施建设，实施5G网络全覆盖建设，实时更新软硬件设备，以智能云系统架构数字化大数据平台，计算、分析与协同平台应用，实现农业农村业务数字化和可视化，增强各层级数据获取能力和精准水平，建立更多的特色应用场景，实现数据数字资源的应用获取、场景创新和灵活应用，大大提升数字资源的有效性。大力整合省市村各级系统平台资源，从顶层设计至乡村前台应用，实现线上线下相互联动，大大提升平台信息衔接效率，缩减行政服务程序，提高服务水平。

（二）优化管理机制，构建新型乡村数字化治理服务体系

加快建立标准化管理服务机制，统一基层管理人员数据使用的标准规范，建设完善的政务、党建、社区信息和政务服务平台，提高农村治理的现代化水平。出台相应的乡村数字化管理政策，形成省市村各级统一的管理政策和制度保障机制。以标准化流程和服务标准推进管理制度长效施行，平台服务下行，产品质量上行。统一标准的服务如农业投入品使用与指导服务、供应链服务、农业技术服务、涉农政策服务、组织管理服务、金融服务，达到管理有效、监管全面、决策科学。

（三）完善资金支持，保障乡村数字化转型之路

在很长一段时间内，我国农村产业发展的资金供求关系一直存在巨大的差距，其中最突出的表现是社会资本的投入不足。要想实现乡村数字化的可持续发展，就必须建立起以政府资金为导向、以社会多方主体为主体的资金支持体系，将资金在收益和风险可控的条件下，合理地分配到有需求的多元化主体之中。首先，通过发行农村数字化专项债券等方式，对农村地区的数字化发展进行融资，对农村地区的数字装备进行补助，并通过电商平台和数字应用服务公司等方式，对农村地区的数字经济发展给予一定的支持。其次，鼓励政策性、商业性金融机构开展金融服务，促进农村地区金融服务向移动终端延伸，促进农村地区金融服务向农村地区延伸。创新发展基于大数据风险分析的小额贷款、农业新型保险等金融服务，促进线上线下相结合的数字金融服务体系的形成。最后，以贴息、奖补等形式，鼓励社会资本与农村土地进行合作，并在此基础上，建立与农村数字经济发展相适应的风险补偿和退出机制。

（四）加强人才管理，筑牢乡村数字化发展复合人才保障体系

一是开展新时代数字化农民培训项目。利用数字化线上平台和线下平台培

训，培养与时俱进的新职业农民，吸引新青年投入乡村数字化建设。数字乡村建设要高度重视人才的作用，以多重政策吸引和培养人才，争取留住人才并积极服务于数字乡村建设，建立薪资、教育和医疗等多方面且具有高度竞争力的待遇体系，为引入的人才分配与其专业能力高度契合的岗位，确定合理的人才晋升渠道。二是与本地大中院校建立人才培育基地，共同培育乡村数字化专门人才，为人才培育积蓄后备力量。

（五）建立数字乡村产业发展联盟，创新乡村发展新路径

数字乡村产业发展联盟以数字产业联合的形式推动“互联网+大数据+数字经济+乡村实体经济”深度融合，加强数字乡村产学研合作，借助高端智库，联合攻关数字乡村建设中的重大难题，搭建学术交流、创新乡村数字发展模式，为数字乡村建设提供示范和服务，赋能乡村振兴。

数字乡村产业联盟发展可以增强乡村数字化建设试点的普及和宣传，推广创新路径。共同建设乡村数字化建设理念和意识是发展乡村振兴战略的基础。平湖市乡村数字化建设试点为普及乡村数字化建设提供了经验，在做好乡村数字化建设试点经验普及的基础上，共享试点成果及创新方案，逐步辐射全部乡村，整体提升乡村数字化建设水平。

（六）提升数字治理能力，接续实现乡村数字化转型

传统乡村治理存在信息不对称、效率低下、自治动力不足等问题。数字治理需要打造政府、村民共治的数字空间，实现传统治理向敏捷治理的转型。首先，完善“数字+政务”一体化治理平台建设。建立治理领域的数据信息收集与发布时限，增强数字治理平台信息实时共享，打破各部门间的信息壁垒，提高各级部门的对接效率。其次，增强基层政府在乡村数字治理平台中的主体性地位。基层政府要善用数字平台设计多样化的治理与服务模块，通过收集并分析村民在后台的信息反馈，提高对公共需求的精准识别，并及时同上级部门交流以实现敏捷治理，真正做到基层政府由被动治理到主动回应。最后，激发村民参与治理的动力，在数字平台中打造“协同共治”格局。建立村民监督与意见板块，并显示相关处理措施及效果，增加村民与政府的有效互动。

参考文献

［1］杜志，肖卫东．中国“兴”字型农业现代化的演化与趋势［M］．北京：中国社会科学出版社，2019.

［2］朱道华．略论农业现代化、农村现代化和农民现代化［J］．沈阳农业大学学报（社会科学版），2002（3）．

［3］周加来．城市化、城镇化、农村城市化、城乡一体化——城市化概念辨析［J］．中国农村经济，2001（5）．

［4］李周，温铁军，魏后凯，等．加快推进农业农村现代化：“三农”专家深度解读中共中央一号文件精神［J］．中国农村经济，2021（4）．

［5］杜志雄．农业农村现代化：内涵辨析、问题挑战与实现路径［J］．南京农业大学学报（社会科学版），2021，21（5）．

［6］孔祥智，赵昶．农村现代化的内涵及实现路径［J］．中国国情国力，2021（1）．

［7］叶兴庆．我国农业支持政策转型：从增产导向到竞争力导向［J］．改革，2017（1）．

［8］温铁军．农民现代化是三农现代化的基础［N］．新京报，2022-07-04（1）．

［9］陆益龙．乡村振兴中的农业农村现代化问题［J］．中国农业大学学报（社会科学版），2018（1）．

［10］魏后凯，苑鹏，芦千文．中国农业农村发展研究的历史演变与理论创新［J］．改革，2020（4）．

［11］高强，曾恒源．“十四五”时期农业农村现代化的战略重点与政策取向［J］．中州学刊，2020（5）．

［12］曹俊杰．新中国成立 70 年农业现代化理论政策和实践的演变［J］．中州学刊，2019（3）．

［13］魏后凯．深刻把握农业农村现代化的科学内涵［J］．农村工作通讯，

2019（1）.

［14］蒋和平．改革开放四十年来我国农业农村现代化发展与未来发展思路［J］．农业经济问题，2018（7）.

［15］贾立政，陈阳波等．习近平“三农”思想［J］．人民论坛，2015（30）.

［16］程郁．全面发力乡村产业振兴［N］．中国经济时报，2019-08-09（3）.

［17］陈新．国外乡村建设对我国欠发达地区乡村振兴的若干启示［J］．乡村科技，2019（11）.

［18］陈强．乡村振兴背景下的乡村治理研究综述——基于国内对国外乡村治理的研究［J］．劳动保障世界，2020（5）.

［19］王林龙，余洋婷，吴水荣．国外乡村振兴发展经验与启示［J］．世界农业，2018（10）.

［20］蒋永穆．基于社会主要矛盾变化的乡村振兴战略：内涵及路径［J］．社会科学辑刊，2018（7）.

［21］蒋永穆，赵苏丹．坚持与完善农村基本经营制度：现实挑战与基本路径［J］．经济研究参考，2021（4）.

［22］燕连福，李晓利．习近平乡村振兴重要论述的丰富内涵与理论贡献探析［J］．北京工业大学学报（社会科学版），2020（7）.

［23］韦家华，连漪．乡村振兴评价指标体系研究［J］．价格理论与实践，2018（9）.

［24］毛锦凰，王林涛．乡村振兴评价指标体系的构建——基于省域层面的实证［J］．统计与决策，2020（1）.

［25］张挺，李闽榕，徐艳梅．乡村振兴评价指标体系构建与实证研究［J］．管理世界，2018，34（8）.

［26］沈科杰，沈最意．交通运输发展对产业结构影响的灰色关联分析［J］．特区经济，2022（3）.

［27］周立．乡村振兴战略与中国的百年乡村振兴实践［J］．人民论坛·学术前沿，2018（1）.

［28］吕方．乡村振兴与中国式现代化道路：内涵、特征、挑战及关键议题［J］．杭州师范大学学报（社会科学版），2021（1）.

［29］高强．脱贫攻坚与乡村振兴有机衔接的逻辑关系及政策安排［J］．南京农业大学学报（社会科学版），2019（7）.

［30］于同申．发展经济学［M］．北京：中国人民大学出版社，2011.

［31］张宇，卢荻．当代中国经济［M］．北京：中国人民大学出版社，2016.

［32］简新华．发展经济学研究——中国工业化和城市化专题［M］．北京：经济科学出版社，2007.

［33］国家发展改革委．2021年新型城市化和城乡融合发展重点任务［Z］．〔2021〕493号，2021.

［34］国家发展改革委．2022年新型城市化建设和城乡融合发展重点任务［Z］．〔2022〕532号，2022.

［35］李强．多元城市化与中国发展：战略及推进模式研究［M］．北京：中国社会科学文献出版社，2013.

［36］高国力，刘宝奎．论中国新型城市化空间布局的优化方略［M］．北京：中国社会科学出版社，2021.

［37］尹稚．城市化改变中国新型城市化的未来［C］．中国城市群可持续性研究，2022.

［38］［英］A. P. 瑟尔沃．发展经济学［M］．郭熙保，翠文俊，译．北京：中国人民大学出版社，2020.

［39］白雪秋，聂志红．乡村振兴与中国特色城乡融合发展［M］．北京：国家行政出版社，2021.

［40］中国政府网．国家新型城市化规划（2014~2020年）［EB/OL］. www. gov. cn.

［41］中国政府网．乡村振兴战略规划（2018~2022年）［EB/OL］．http：//www. gov. cn.

［42］中国政府网．胡锦涛在十六届四中全会上的讲话［EB/OL］．http：//www. gov. cn.

［43］向晶，王博雅．“十四五”时期我国农村人口转移的思路与建议［J］．发展研究，2020（7）.

［44］李红梅．走出“三农”困境的城市化之路［M］．北京：知识出版社，2013.

［45］黄祖辉，马彦丽．再论以城市化带动乡村振兴［J］．农业经济问题，2020（9）.

［46］厉以宁，艾丰，石军．中国城市化概论［M］．北京：中国工人出版社，2014.

［47］李红梅．走出“三农”困境的城市化之路［M］．北京：知识出版社，2013.

［48］王莉．中国新型城市化区域评价研究［M］．北京：中国经济出版社，2021.

［49］贺三维，邵玺．京津冀地区人口—土地—经济城市化空间聚集及耦合协调发展研究［J］．经济地理，2018，38（1）．

［50］彭云飞，沈曦．经济管理中常用数量方法［M］．北京：经济管理出版社，2011.

［51］何晓群．现代统计分析方法与应用［M］．北京：中国人民大学出版社，2007.

［52］朱纪广，侯智星等．中国城市化对乡村振兴的影响效应［J］．经济地理，2022（3）．

［53］朱钢，张海鹏等．中国城乡一体化指数（2014）［M］．北京：中国社会科学出版社，2016.

［54］白永秀，吴丰华等．中国城乡发展报告（2017）［M］．北京：中国经济出版社，2017.

［55］郭晓鸣，张克俊等．城乡经济社会一体化新格局战略研究［M］．北京：科学出版社，2013.

［56］陈方猛等．推进城乡融合发展研究［M］．北京：中国财政经济出版社，2020.

［57］朱鹏华．中国新型城市化道路［M］．北京：经济科学出版社，2017.

［58］白雪秋，聂志红等．乡村振兴与中国特色城乡融合发展［M］．北京：国家行政管理出版社，2021.

［59］高国力，刘宝奎等．论中国新型城市化空间布局的优化方略［M］．北京：中国社会科学出版社，2021.

［60］冯奎．城市化是乡村振兴的重要推手［N］．经济日报，2018-08-21（1）．

［61］高国力，刘保奎．中国新型城镇化空间布局调整优化的战略思路研究［J］．宏观经济研究，2020（5）．

［62］从发展特色经济和优势产业入手加快西部发展［J］．宏观经济管理，2002（6）．

［63］徐峰．论大都市郊区的城市化道路［J］．江汉论坛，2011（12）．

［64］曹昌智，文爱平．曹昌智：深根固本留住“乡愁”［J］．北京规划建设，2021（2）．

［65］赵淼．试论中国农业现代化内涵的发展及实施中存在的问题［J］．农技服务，2015，32（4）．

［66］刘丽艳．探究新时期农业推广的内涵及其与农业现代化的关系［J］．农业开发与装备，2019（2）．

［67］苗绘，翟玉．习近平农业现代化思想的内涵及其意义［J］．理论观察，2018（12）．

［68］许志发．福建省农业现代化发展水平评价研究［D］．福建农林大学博士学位论文，2017.

［69］王欣阳．黑龙江垦区农业现代化水平演变过程及提升对策研究［D］．东北农业大学博士学位论文，2021.

［70］王敏．山东省农业现代化发展水平评价研究［D］．北京林业大学博士学位论文，2020.

［71］陆忠虎，韩旭峰．乡村振兴背景下甘肃省农业现代化水平测度［J］．生产力研究，2021（12）．

［72］国务院发展研究中心农村经济研究部课题组，叶兴庆，程郁．新发展阶段农业农村现代化的内涵特征和评价体系［J］．改革，2021（9）．

［73］杨艳．中国农业现代化发展水平的测度及路径研究［D］．辽宁大学博士学位论文，2019.

［74］周娜．乡村振兴视角下实现农业现代化的路径探析［J］．理论探讨，2022（2）．

［75］刘养卉，刘路国．乡村振兴背景下的区域农业现代化综合水平评价——基于省级面板数据的实证分析［J］．开发研究，2021（6）．

［76］李璐．山东省耕地地力保护补贴改革问题研究［D］．山东大学博士学位论文，2020.

［77］韦锋，徐源琴．农业税减免与农业全要素生产率——来自中国全面取消农业税的证据［J］．世界农业，2020（12）．

［78］顾益康．关于中国特色农业现代化道路内涵、特征与思路的新思考［J］．世界农业，2013（8）．

［79］杨鑫，海新权，赵瑞婷．甘肃省农业现代化水平评价及影响因素分析［J］．国土与自然资源研究，2022（2）．

［80］夏梦．安徽省农业现代化发展水平地区差异性研究［D］．淮北师范大学博士学位论文，2021.

［81］朱江．贵州省农业现代化实现路径研究［J］．安顺学院学报，2022，24（1）．

［82］上官彩霞，田明津，孟俊杰．新型农业现代化的内涵及测评研究——以河南省为例［J］．中国农学通报，2015，31（24）．

［83］胡志全，辛岭，朱晓峰，杨敬华，李超，黄德林，杨婷婷．中国农业现代化发展评价分析［J］．民主与科学，2022（1）．

［84］丁可妍．海南省农业现代化水平评价与测算分析［J］．农业技术与装备，2021（12）．

［85］姚燕青．河南省新型农业现代化内涵、特征及推进措施研究［J］．智慧农业导刊，2021，1（3）．

［86］杨松楠．乡村振兴背景下山东省现代农业经营体系构建研究［D］．齐鲁工业大学博士学位论文，2021.

［87］杨涛．乡村振兴战略视域下的我国农业现代化问题研究［D］．延安大学博士学位论文，2020.

［88］蒋永穆，卢洋，张晓磊．新中国成立70年来中国特色农业现代化内涵演进特征探析［J］．当代经济研究，2019（8）．

［89］曹俊杰．新中国成立70年农业现代化理论政策和实践的演变［J］．中州学刊，2019（7）．

［90］黄鑫权．新时代乡村振兴问题研究［D］．贵州师范大学博士学位论文，2020.

［91］吴宁，陈涛，陈奕如．新时代中国粮食安全问题的挑战与对策［J］．福州大学学报（哲学社会科学版），2022，36（4）．

［92］陆益龙．乡村振兴中的农业农村现代化问题［J］．中国农业大学学报（社会科学版），2018，35（3）．

［93］孙中艮，贾永飞，黄莉．农业现代化内涵、特征及评估指标体系的建立［J］．价格月刊，2009（1）．

［94］陈燕．农业农村现代化与乡村振兴：内在逻辑与机制建构［J］．学习与探索，2021（10）．

［95］钟水映，李强谊，徐飞．中国农业现代化发展水平的空间非均衡及动态演进［J］．中国人口·资源与环境，2016（7）．

［96］刘国斌，方圆．吉林省率先实现农业现代化发展研究［J］．农业现代化研究，2021，42（3）．

［97］李刚，李双元．青海省农业农村现代化发展水平研究［J］．农业现代化研究，2020，41（1）．

［98］张航，李标．中国省域农业现代化水平的综合评价研究［J］．农村经济，2016（12）．

［99］刘锐，李涛，邓辉．甘肃省农业现代化水平时空格局与影响因素［J］．中国农业大学学报，2020，25（3）．

［100］辛岭，蒋和平．我国农业现代化发展水平评价指标体系的构建和测算［J］．农业现代化研究，2010，31（6）．

［101］张莎，王滨．乡村振兴背景下农村产业问题与发展新视角探析［J］．山西农经，2022（3）．

［102］姜长云．推进产业兴旺是实施乡村振兴战略的首要任务［J］．学术界，2018（7）．

［103］农业农村部．全国乡村产业发展规划（2020—2025年）［R］．2020.

［104］尹昌斌，程磊磊，杨晓梅，赵俊伟．生态文明型的农业可持续发展路径选择［J］．中国农业资源与区划，2015，36（1）．

［105］文丰安，王星．新时代城乡融合高质量发展：科学内涵、理论基础与推动路径［J］．新视野，2020（3）．

［106］栾晓飞．数字普惠金融对乡村振兴的影响研究［D］．贵州财经大学博士学位论文，2021.

［107］严宇珺，龚晓莺．新发展格局助推乡村振兴：内涵、依据与路径［J］．当代经济管理，2022（5）．

［108］叶林．基于乡村产业振兴的防返贫路径研究［D］．四川师范大学博士学位论文，2019.

［109］张小贤．乡村振兴（产业振兴）的实践探索——以哈密国家农业科技园区为例［J］．智慧农业导刊，2022，2（9）．

［110］陆林，任以胜，朱道才，程久苗，杨兴柱，杨钊，姚国荣．乡村旅游引导乡村振兴的研究框架与展望［J］．地理研究，2019，38（1）．

［111］陈湘满，喻科．农村产业融合对农村居民收入的影响——基于空间杜宾模型实证分析［J］．湘潭大学学报（哲学社会科学版），2022，46（2）．

［112］陈红霞，雷佳．农村一二三产业融合水平测度及时空耦合特征分析［J］．中国软科学，2021（S1）．

［113］曲顺兰，王雪薇．乡村振兴战略背景下农村养老服务研究新趋势［J］．经济与管理评论，2020，36（2）．

［114］庞爱玲．乡村振兴战略下农村电商产业发展困境与路径［J］．农业经济，2019（7）．

［115］齐鹏．论农村养老服务体系的完善［J］．西北人口，2019，40（6）．

［116］崔树义，田杨．养老机构发展“瓶颈”及其破解——基于山东省45家养老机构的调查［J］．中国人口科学，2017（2）．

［117］谢水清．论农村物流的内涵与特点［J］．重庆交通学院学报（社会

科学版)，2006 (3) .

[118] 朱理，陶其东，张聃，郑瑞峰．“双循环”发展格局下金融支持乡村振兴战略的路径选择 [J] . 河北金融，2021 (9) .

[119] 张润清，李崇光．中国农产品加工业优先发展的经济学分析 [J] . 农业经济问题，2004 (10) .

[120] 杨佩文．基于三产融合的农村现代农产品加工业发展问题研究 [J] . 农家参谋，2020 (18) .

[121] 黄震方，陆林，苏勤，章锦河，孙九霞，万绪才，靳诚．新型城镇化背景下的乡村旅游发展——理论反思与困境突破 [J] . 地理研究，2015，34 (8) .

[122] 陈瑾．乡村旅游转型升级下我国民宿经济高质量创新 [J] . 企业经济，2020，39 (12) .

[123] 张林，温涛．农村金融高质量服务乡村振兴的现实问题与破解路径 [J] . 现代经济探讨，2021 (5) .

[124] Costa-Font J. , Pons- Novell J. Public Health Expenditure and Spatial Interactions in a Decentralized National Health System [J] . Health Economics, 2007, 16 (3): 291-306.

[125] Dagum, C. A new Decomposition of the Gini Income Inequality Ratio [J] . Empirical Economics, 1997, 22 (4): 515-531.

[126] Huifang Wu, Jingzhong Ye. Hollow Lives: Women Left Behind in Rural China [J] . Journal of Agrarian Change, 2016, 1 (16): 50-69.

[127] Jamie Mcevoy et al. Gendered Mobility and Moralityina South Eastern Mexican Community: Impacts of Male Labour Migration on the Women Left Behind [J] . Mobilities, 2012, 3 (7): 369-388.

[128] R Aisa, F Pueyo. Government Health Spending and Growth in a Model of Endogenous Longevity [J] . Economics Letters, 2006, 90 (2): 249-253.

[129] 邴龙飞，余兰，孙玉凤．基于门限效应模型的我国西部地区政府医疗卫生支出城乡差异分析 [J] . 中国卫生经济，2022，41 (9) .

[130] 白雪洁，程于思．医疗资源配置的城乡区域差异与中老年人个体健康 [J] . 西安交通大学学报 (社会科学版)，2019，39 (2) .

[131] 陈海威，田侃．我国基本公共服务均等化问题探讨 [J] . 中共福建省委党校学报，2007 (5) .

[132] 成华，尹金承．省域农村基本公共服务水平的测度及区域差异分析 [J] . 统计与决策，2019，35 (19) .

［133］陈志勇，韩韵格．基本医疗卫生服务供给的动态演进及空间差异［J］．中南财经政法大学学报，2021（2）．

［134］董明涛，孙钰，高明，王佳欣．城乡义务教育均等化水平实证研究——以河北省为例［J］．经济与社会发展，2012，10（10）．

［135］丁元竹．界定基本社会保障均等化的几个问题［J］．行政管理改革，2010（3）．

［136］丁忠毅，谭雅丹．基本医疗卫生服务均等化的政府间事权与支出责任划分之维［J］．经济问题探索，2019（8）．

［137］范宏伟，靳厚忠，秦椿林，刘晚玲．中国都市公共体育服务均等化发展的实证研究［J］．武汉体育学院学报，2009，43（9）．

［138］冯国有．体育公共服务均等化及其财政政策选择［J］．上海体育学院学报，2007（6）．

［139］国家基本公共服务体系“十二五”规划［N］．光明日报，2012-07-20（009）．

［140］耿晨，刘建波，刘殿武，闫纯锴，齐先国，张晓琳，李曼．河北省石家庄市平山县西柏坡镇居民卫生需求调查报告［J］．中国循证医学杂志，2010，10（10）．

［141］高健，丁静．新农合大病保险能缓解农村长期贫困吗？——来自贫困脆弱性视角的检验［J］．兰州学刊，2021（4）．

［142］高萍．区域基本医疗卫生服务均等化现状、成因及对策——基于全国各省面板数据的分析［J］．宏观经济研究，2015（4）．

［143］高伟华．我国基本公共文化服务的地区差异分析［J］．福建行政学院学报，2010（2）．

［144］顾金喜，宋先龙，于萍．基本公共文化服务均等化问题研究——以区域间对比为视角［J］．中共杭州市委党校学报，2010（5）．

［145］黄粹．农村留守妇女生存困境：身份认同与组织化发展［J］．华南农业大学学报（社会科学版），2018，17（5）．

［146］和立道．医疗卫生基本公共服务的城乡差距及均等化路径［J］．财经科学，2011（12）．

［147］胡税根，叶安丽．浙江省公共基础设施均等化的实证研究［J］．中共浙江省委党校学报，2011，27（4）．

［148］霍松涛．乡村振兴背景下美丽乡村建设的困境和突破［J］．中国农业资源与区划，2022，43（4）．

［149］何义珠，李露芳．公民参与视角下的城乡公共文化服务均等化研究

[J]．图书馆杂志，2013，32（6）．

［150］何馗馗．城乡一体化进程中公共文化服务的均等化［J］．党政干部学刊，2014（3）．

［151］蒋建国．加快城乡文化一体化发展［J］．求是，2011（23）．

［152］姜晓萍，郭宁．我国基本公共服务均等化的政策目标与演化规律——基于党的十八大以来中央政策的文本分析［J］．公共管理与政策评论，2020，9（6）．

［153］姜鑫，罗佳．我国城乡社会保障均等化的评价与对策研究［J］．当代经济管理，2012，34（4）．

［154］刘德浩．区域基本公共服务均等化发展水平的实证研究［J］．统计与决策，2017（5）．

［155］卢洪友，祁毓．中国教育基本公共服务均等化进程研究报告［J］．学习与实践，2013（2）．

［156］李蕾，饶佳艺，何乐平，乔晗．城乡医疗卫生资源配置公平与效率研究［J］．科技促进发展，2017，13（7）．

［157］李静，常媛媛．中国省域医疗服务分布失衡性及治理效率研究［J］．安徽大学学报（哲学社会科学版），2021，45（2）．

［158］李智裕，李影．中国基本公共服务均等化的空间差异——以十九个城市群为样本［J］．地方财政研究，2020（8）．

［159］刘灵辉．“三权分置”法律政策下农村妇女土地权益保护研究［J］．兰州学刊，2020（5）．

［160］刘艺．妇女权益保障领域检察公益诉讼机制的理论基础与实现路径［J］．重庆大学学报（社会科学版），2022，28（2）．

［161］刘亮，刘元元，王鹤，冯守东．我国体育公共服务均等化的评价模型及指标体系构建研究［J］．武汉体育学院学报，2015，49（5）．

［162］李艳．公共基础设施服务均等化问题实证研究——以安徽省为例［J］．开封教育学院学报，2016，36（7）．

［163］聂建亮，吴玉锋．社会保障助力乡村振兴：基础、路径与提升策略［J］．农村经济，2021（12）．

［164］牛宏飞，刘一民．山东省体育公共服务水平现状分析［J］．中国体育科技，2013，49（1）．

［165］欧阳红兵，张支南．我国省域医疗卫生资源配置的均等化水平分析［J］．中国卫生经济，2016，35（11）．

［166］申曙光，彭浩然．全民医保的实现路径——基于公平视角的思考

［J］．中国人民大学学报，2009，23（2）．

［167］孙慧哲，刘永功．以分级诊疗破解“看病难看病贵”困局——基于供给—需求视角［J］．理论探索，2017（4）．

［168］宋艺颖．关于城乡义务教育均等化的几点思考［J］．西部素质教育，2020，6（9）．

［169］时涛，赵二影，刘德鑫．我国城镇社会保障均等化的省域差异及空间格局［J］．人口与经济，2015（2）．

［170］沈鹏悦，耿蕊，寿文静，班鄰涓，李瑞锋．我国中医类医院医疗卫生资源区域配置分析［J］．中国卫生统计，2018，35（3）．

［171］谭英．妇女儿童权益保障的现实问题与对策探讨［J］．天津大学学报（社会科学版），2011，13（1）．

［172］吴存玉．打工经济背景下农村婚姻脆弱性与留守家庭困境［J］．中国农业大学学报（社会科学版），2020，37（4）．

［173］韦心勤，陈捷，李祥．农村留守儿童教育支持的政策工具变迁及其优化［J］．社会科学家，2022（3）．

［174］王广飞，符琳蓉．城乡教育一体化推进义务教育均衡发展的困境与对策［J］．农村经济，2018（3）．

［175］王延中．社会保障概论［D］．中国人民大学博士学位论文，2017.

［176］王军．乡村振兴视阈下城乡体育融合发展的动因、条件与对策［J］．西安体育学院学报，2019，36（1）．

［177］王洛忠，李帆．我国基本公共文化服务：指标体系构建与地区差距测量［J］．经济社会体制比较，2013（1）．

［178］王新民，南锐．基本公共服务均等化水平评价体系构建及应用——基于我国 31 个省域的实证研究［J］．软科学，2011，25（7）．

［179］习近平．把乡村振兴战略作为新时代“三农”工作总抓手［J］．求是，2019（11）．

［180］辛冲冲，李健，杨春飞．中国医疗卫生服务供给水平的地区差异及空间收敛性研究［J］．中国人口科学，2020（1）．

［181］熊景维．新农合参保者福利收益的竞争性分配［J］．农业技术经济，2002（9）．

［182］颜建军，徐雷，谭伊舒．我国公共卫生支出水平的空间格局及动态演变［J］．经济地理，2017，37（10）．

［183］杨林，陈书全．青岛市城乡基本公共服务供给均等化实证研究［J］．山东社会科学，2010（1）．

［184］杨斯媛，李雪．城乡优质义务教育资源配置均衡性研究［J］．教育观察，2020，9（23）．

［185］姚瑶，崔宇杰，赵汗青，潘惊萍．基层医疗卫生服务供给影响因素及其区域差异实证分析［J］．中国卫生经济，2019，38（1）．

［186］闫平．城乡文化一体化发展的内涵、重点及对策［J］．山东社会科学，2014（11）．

［187］喻登科，周荣，郎益夫．我国区域基础教育资源配置均等化指数测量的实证——基于 2000—2009 年面板数据的分析［J］．情报杂志，2011，30（12）．

［188］俞丽萍．我国体育公共服务均等化问题的研究［J］．武汉体育学院学报，2011，45（7）．

［189］郑志彬，董雪莹．我国城乡体育公共服务的均等化目标及实现路径［J］．沈阳体育学院学报，2017，36（4）．

［190］郑秉文．社会保障分析导论［M］．北京：法律出版社，2001.

［191］赵静．推进农村经济发展留守妇女素质教育要先行［J］．农业经济，2015（9）．

［192］赵建国，温馨．城乡居民基本医疗保险对儿童健康的影响——基于中国家庭追踪调查数据的实证研究［J］．社会保障研究，2021（4）．

［193］张雷宝．公共基础设施服务均等化的理论辨析与实证考察［J］．财贸经济，2009（2）．

［194］周楠．共享、共培、共育：推动城乡义务教育优质均衡发展［J］．人民教育，2022（2）．

［195］张启春，胡继亮．浅析城乡基本公共服务均等化［J］．学习与实践，2008（8）．

［196］张瑞利，王刚．“互联网”医疗服务供给：模式比较及优化路径［J］．卫生经济研究，2022，39（3）．

［197］张宇微，陈家应，张兵，邱鹏，王萱萱，石金楼．城乡居民医保整合后医疗服务利用和费用负担变化研究［J］．卫生经济研究，2022，39（7）．

［198］郑真真．20 世纪 70 年代妇女在生育转变中的作用——基于妇女地位、劳动参与和家庭角度的考察［J］．妇女研究论丛，2019（3）．

［199］巢红欣．交通基础设施对乡村振兴的影响研究［D］．江西财经大学博士学位论文，2022.

［200］陈炳杰．浙江省瑞安市农村基础设施建设问题及对策研究［D］．长安大学博士学位论文，2020.

［201］陈兆红．美国乡村振兴的运行机制与实现路径［J］．中国国情国力，2019（3）．

［202］陈宗胜，朱琳．论完善传统基础设施与乡村振兴的关系［J］．兰州大学学报（社会科学版），2021，49（5）．

［203］董红丽．乡村振兴背景下枞阳县农村基础设施建设存在的问题及对策研究［D］．安徽大学博士学位论文，2021.

［204］董祥龙．农村基础设施建设市场化中政府监管体系研究［D］．曲阜师范大学博士学位论文，2019.

［205］黄伟佳．广州萝岗区政府在农村基础设施建设中的作用研究［D］．华南理工大学博士学位论文，2013.

［206］黄正尧，朱俊琳．云南农村基础设施建设现状及问题浅析——以云南宝山镇为例［J］．山西农经，2021（22）．

［207］蒋辉．江苏省农村基础设施建设保障机制研究［D］．南京农业大学博士学位论文，2009.

［208］李洪兵，何廷平．乡村振兴视角下农村基础建设质量监督博弈分析［J］．工程建设，2019，51（5）．

［209］李佳樾．四川省农村基础设施建设农户满意度实证研究［D］．成都理工大学博士学位论文，2018.

［210］李蕊．乡村振兴视角下农村基础设施建设质量评价研究［D］．浙江海洋大学博士学位论文，2019.

［211］李拓．基本公共服务均等化与区域城乡差距研究［D］．湖南大学博士学位论文，2017.

［212］李忠富，徐淑红，王永华．借鉴韩国新村运动经验提升我国新农村基础设施建设水平研究［J］．建筑管理现代化，2008（6）．

［213］刘清源．乡村振兴背景下安徽省皖中地区乡村基础设施建设指标体系优化研究［D］．合肥工业大学博士学位论文，2020.

［214］饶培元．新农村建设中基础设施建设机制探析［J］．湖南农业科学，2009（3）．

［215］史萌．新型城镇化进程中农村基础设施建设的地方政府支持研究［D］．湘潭大学博士学位论文，2016.

［216］涂波．韩国新村运动对中国建设社会主义新农村的启示［D］．西南大学博士学位论文，2008.

［217］吴文正．新基建视域下，探寻乡村振兴发展新路径——基于“腾讯为村”调查数据［J］．农村经济与科技，2020，31（16）．

［218］肖乐．乡村振兴战略背景下农村基础设施建设规划的公众参与研究［D］．湘潭大学博士学位论文，2018.

［219］严磊．乡村振兴背景下湛江市农村公路建设管理问题研究［D］．广东海洋大学博士学位论文，2021.

［220］杨丰语．五大连池市龙泉村农村基础设施建设问题及对策研究［D］．东北农业大学博士学位论文，2019.

［221］郁建兴．新农村建设：从基础设施建设到农民主体建设——与浙江省长兴县委书记刘国富的对话［J］．中共浙江省委党校学报，2007（3）．

［222］张晶晶．齐家务乡农村基础设施建设村民满意度研究［D］．天津大学博士学位论文，2020.

［223］张薇．韩国新村运动研究［D］．吉林大学博士学位论文，2014.

［224］周建华，何婷，孙艳飞．新发展阶段农业农村基础设施建设逻辑与路径［J］．长沙理工大学学报（社会科学版），2021，36（6）．

［225］中华人民共和国中央人民政府．高举中国特色社会主义伟大旗帜为全面建设社会主义现代化国家而团结奋斗——在中国共产党第二十次全国代表大会上的报告［EB/OL］．http：//www.news.cn/politics/cpc20/2022-10/25/c_1129079429.htm，2022-10-25.

［226］人民网．如何理解人与自然是生命共同体［EB/OL］．http：//theory.people.com.cn/n1/2018/0409/c40531-29913540.html，2018-04-09.

［227］中华人民共和国中央人民政府．决胜全面建成小康社会夺取新时代中国特色社会主义伟大胜利——在中国共产党第十九次全国代表大会上的报告［EB/OL］．http：//www.gov.cn/zhuanti/2017-10/27/content_5234876.htm，2017-10-27.

［228］光明网．人与自然和谐共生现代化的鲜明特征［EB/OL］．https：//m.gmw.cn/baijia/2021-09/23/35184218.html，2021-09-23.

［229］人民网．山水林田湖生命共同体［EB/OL］．http：//theory.people.com.cn/n1/2017/0906/c413700-29519543.html，2017-09-06.

［230］习近平．推动我国生态文明建设迈上新台阶［J］．求是，2019（3）．

［231］十九大以来重要文献选编（上）［M］．北京：中央文献出版社，2019.

［232］马克思恩格斯文集．第1卷［M］．北京：人民出版社，2009.

［233］人民网．习近平：推动我国生态文明建设迈上新台阶［EB/OL］．http：//cpc.people.com.cn/n1/2019/0131/c64094-30603656.html，2019-01-31.

［234］习近平．习近平谈治国理政（第 3 卷）［M］．北京：外文出版社，2022.

［235］孙慧明．唯物辩证法：贯穿习近平生态文明思想的一条红线［J］．哈尔滨工业大学学报（社会科学版），2022，24（3）．

［236］周宏春，江晓军．习近平生态文明思想的主要来源、组成部分与实践指引［J］．中国人口·资源与环境，2019，29（1）．

［237］国家计委等．中国 21 世纪议程——中国 21 世纪人口、环境与发展白皮书［M］．北京：中国环境科学出版社，1994.

［238］人民网．建设人与自然和谐共生的现代化［EB/OL］．http：//gs. people. com. cn/n2/2022/0928/c183343-40142192. html，2022-09-28.

［239］光明网．让良好生态成为乡村振兴的支撑点［EB/OL］．https：//m. gmw. cn/baijia/2022-07/09/35871651. html，2022-07-09.

［240］黄承梁．中国共产党领导新中国 70 年生态文明建设历程［EB/OL］．http：//theory. people. com. cn/n1/2019/0930/c40531 - 31381902. html，2021 - 08 - 08.

［241］央视网．中国共产党第十五次全国代表大会报告［EB/OL］．https：//www. cctv. com/special/777/1/51883. html，1997-09-19.

［242］中华人民共和国中央人民政府．党的十八大以来经济社会发展成就系列报告：生态文明建设深入推进美丽中国引领绿色转型［EB/OL］．http：//www. gov. cn/xinwen/2022-10/09/content_ 5716870. htm，2022-10-09.

［243］中华人民共和国生态环境部．《2021 中国生态环境状况公报》［EB/OL］．https：//www. mee. gov. cn/hjzl/sthjzk/zghjzkgb/202205/P020220608338202870777. pdf，2022-05-27.

［244］中华人民共和国生态环境部，国家统计局，中华人民共和国农业农村部．第二次全国污染源普查公报［EB/OL］．https//www. mee. gov. cn/home/ztbd/rdzl/wrypc/zlxz/202006/t20200616_ 784745. html，2020-06-16.

［245］人民网．2019 年全国耕地质量情况［EB/OL］．http：//society. people. com. cn/n1/2020/0514/c1008-31708361. html，2020-05-14.

［246］国家统计局．中国统计年鉴 2021［M］．北京：中国统计出版社，2021.

［247］国家统计局．中国环境统计年鉴 2021［M］．北京：中国统计出版社，2021.

［248］中华人民共和国中央人民政府．中共中央办公厅国务院办公厅印发《农村人居环境整治提升五年行动方案（2021—2025 年）》［EB/OL］．http：//

www. gov. cn/zhengce/2021-12/05/content_ 5655984. htm，2021-12-05.

［249］中国经济网．接续推进农村人居环境整治行动［EB/OL］．https：//baijiahao. baidu. com/s？id = 1732662729750338327&wfr = spider&for = pc，2022-05-13.

［250］中华人民共和国水利部．新时代水利事业的历史性成就和历史性变革［EB/OL］．http：//www. mwr. gov. cn/xw/slyw/202210/t20221012_ 1600207. html，2022-10-12.

［251］国家统计局．中国农村统计年鉴 2021［M］．北京：中国统计出版社，2021.

［252］乡村振兴网．乡村建设持续推进，农村面貌和人居环境显著改善［EB/OL］．http：//www. zgxczx. cn/content_49541. html. 2022-09-14.

［253］董红，王有强．我国耕地土壤污染防治立法探析［J］．西北农林科技大学学报（社会科学版），2022，22（2）．

［254］张园园，吴强，孙世民．生猪养殖规模化程度的影响因素及其空间效应：基于 13 个生猪养殖优势省份的研究［J］．中国农村经济，2019（1）．

［255］张诩，乔娟，沈鑫琪．养殖废弃物治理经济绩效及其影响因素：基于北京市养殖场（户）视角［J］．资源科学，2019，41（7）．

［256］周珂，高晨笑．循环经济在农村固体废物污染防治中的法律规制［J］．环境保护，2017，45（23）．

［257］张铁亮，郑向群，师荣光，蔡彦明，姚秀荣，王跃华．农村生态环境现状与保护对策探讨［J］．安徽农业科学，2009，37（28）．

［258］贾亚娟．社会资本、环境关心与农户参与生活垃圾分类治理的选择偏好研究［D］．西北农林科技大学博士学位论文，2021.

［259］曲延春，赵广健．农村生活垃圾分类为何难以落地？——基于政策执行视角的分析［J］．长白学刊，2022（5）．

［260］中国青年网．耕地问题调查：耕地数量正在减少局部质量也在变差［EB/OL］．https：//baijiahao. baidu. com/s？id = 1724690393878884689&wfr = spider&for=pc，2022-02-14.

［261］程国强，张红宇，金文成，等．从粮食安全到食物安全：战略考量与政策逻辑［EB/OL］．http：//ier. ruc. edu. cn/docs/2022-05/714d6066ccbf49a69b4aa5fc12fb7d81. pdf.

［262］赵立，张振文，盛耘．农村水污染防治存在的问题与对策研究［J］．人民黄河，2020，42（S1）．

［263］尹国勋，李振山．地下水污染与防治［M］．北京：中国环境科学出

版社，2005.

［264］中华人民共和国生态环境部．2020 中国生态环境状况公报［EB/OL］．https：//www. mee. gov. cn/hjzl/sthjzk/zghjzkgb/202105/P020210526572756184785. pdf.

［265］央视网．全国农村生活污水如何提高处理率？地下水环境质量如何保证？生态环境部回应［EB/OL］．http：//news. cctv. com/2022/04/23/ARTIzkCXDn8qABRZMn86MvUo220423. shtml，2022-04-23.

［266］廖家勤．财政紧约束下有效促进农村基础设施建设的政策选择［J］．农村经济，2006（3）．

［267］林万龙．中国农村公共服务供求的结构性失衡：表现及成因［J］．管理世界，2007（9）．

［268］李燕凌．农村公共产品供给侧结构性改革：模式选择与绩效提升——基于 5 省 93 个样本村调查的实证分析［J］．管理世界，2016（11）．

［269］黄少安．改革开放 40 年中国农村发展战略的阶段性演变及其理论总结［J］．经济研究，2018，53（12）．

［270］中华人民共和国中央人民政府．乡村建设行动实施方案［EB/OL］．http：//www. gov. cn/gongbao/content/2022/content_ 5695035. htm，2022-05-23.

［271］张瑞红．新农村建设中村庄规划存在的问题及对策建议［J］．农村经济，2011（12）．

［272］中华人民共和国中央人民政府．2020 年农民工监测调查报告［EB/OL］．http：//www. gov. cn/xinwen/2021 - 04/30/content _ 5604232. htm，2021 - 04-30.

［273］冯娟．农村“空心化”背景下农村社区建设存在的问题与对策［J］．农业经济，2022（9）．

［274］光明网．破解农村人居环境整治难题［EB/OL］．https：//m. gmw. cn/baijia/2022-04/06/35637267. html，2022-04-06.

［275］新华日报．建立农村人居环境整治长效机制［EB/OL］．http：//xhv5. xhby. net/mp3/pc/c/202005/26/c779740. html，2020-05-26.

［276］王宾，于法稳．“十四五”时期推进农村人居环境整治提升的战略任务［J］．改革，2021（3）．

［277］郭小聪，代凯．国内近五年基本公共服务均等化研究：综述与评估［J］．中国人民大学学报，2013，27（1）．

［278］罗仁福，张林秀，赵启然，黄季焜．从农村公共基础设施变迁看未来农村公共投资方向［J］．中国软科学，2011（9）．

［279］国家统计局．中国城乡建设统计年鉴2020［J］．北京：中国统计出版社，2020.

［280］孙慧波，赵霞．农村生活垃圾处理农户付费制度的理论基础和实践逻辑——基于政社互动视角的审视［J］．中国农村观察，2022（4）．

［281］王晓君，吴敬学，蒋和平．中国农村生态环境质量动态评价及未来发展趋势预测［J］．自然资源学报，2017，32（5）．

［282］文丰安．新时代加强农村生态治理的现实困境及可行途径［J］．经济体制改革，2019（6）．

［283］张雪瑞．新农村建设中农村生态文明建设路径探析［J］．农业经济，2016（7）．

［284］中华人民共和国中央人民政府．“双碳”工作开局良好实现目标须久久为功［EB/OL］．http：//www.gov.cn/xinwen/2022-09/22/content_5711174.htm，2022-09-22.

［285］习近平．坚决打好污染防治攻坚战推动生态文明建设迈上新台阶［N］．人民日报，2018-05-20（1）．

［286］中华人民共和国中央人民政府．中华人民共和国国民经济和社会发展第十四个五年规划和2035年远景目标纲要［EB/OL］．http：//www.gov.cn/xinwen/2021-03/13/content_5592681.htm，2021-03-13.

［287］中华人民共和国中央人民政府．中共中央　国务院印发《乡村振兴战略规划（2018—2022年）》［EB/OL］．http：//www.gov.cn/zhengce/2018-09/26/content_5325534.htm，2018-09-26.

［288］人民网．深入学习贯彻习近平生态文明思想［EB/OL］．https：//baijiahao.baidu.com/s?id=1741447549556918029&wfr=spider&for=pc，2022-08-18.

［289］中华人民共和国农业农村部．中华人民共和国乡村振兴促进法［EB/OL］．http：www.moa.gov.cn/gk/zcfg/fl/202105/t20210507_6367254.htm，2021-05-07.

［290］中华人民共和国中央人民政府．把饭碗牢牢端在自己手上——党的十八大以来全面实施国家粮食安全战略综述［EB/OL］．http：//www.gov.cn/xinwen/2016-03/01/content_5047577.htm，2016-03-01.

［291］中华人民共和国中央人民政府．农业农村部关于印发《“十四五”全国农业农村科技发展规划》的通知［EB/OL］．http：//www.gov.cn/zhengce/zhengceku/2022-01/07/content_5666862.htm，2021-12-24.

［292］中华人民共和国农业农村部．发展壮大乡村产业，拓宽农民增收渠道

[EB/OL]. https://www.moa.gov.cn/ztzl/jj2019zyyhwj/2019zyyhwj/201902/t20190220_6172162.htm, 2019-02-20.

[293] 中华人民共和国中央人民政府. 习近平主持中央政治局第二十九次集体学习并讲话 [EB/OL]. http://www.gov.cn/xinwen/2021-05/01/content_5604364.htm, 2021-05-01.

[294] 中华人民共和国中央人民政府. 国务院正式发布《"十四五"推进农业农村现代化规划》——农业农村现代化按下"快进键" [EB/OL]. http://www.gov.cn/xinwen/2022-02/15/content_5673545.htm, 2022-02-15.

[295] 习近平. 习近平谈治国理政(第1卷)[M]. 北京: 外文出版社, 2014.

[296] 习近平. 习近平新时代中国特色社会主义思想三十讲 [M]. 北京: 学习出版社, 2018.

[297] 习近平. 习近平关于社会主义生态文明建设论述摘编 [M]. 北京: 中央文献出版社, 2017.

[298] 习近平. 论坚持人与自然和谐共生 [M]. 北京: 中央文献出版社, 2022.

[299] 刘海霞, 周亚金. 全球生态治理的困境与中国方案的构建 [J]. 西南交通大学学报(社会科学版), 2022 (11).

[300] 吴佳欣. 乡村振兴战略背景下的农牧区生态文明体制机制创新研究 [J]. 广西质量监督导报, 2019 (3).

[301] 张惠远, 郝海广, 舒昶, 王一超. 科学实施生态系统保护修复切实维护生命共同体 [J]. 环境保护, 2017, 45 (6).

[302] 李俊开. 农用地膜回收利用方式研究 [J]. 云南农业, 2022 (1).

[303] 沈洪学, 张明海, 田彦孜, 许俊涛, 朱德江, 熊雄, 马晔, 彭炳翔. 宜昌市畜禽粪污资源化利用对策 [J]. 中国畜牧业, 2018 (20).

[304] 陆献. 龙州县农作物秸秆综合利用现状、途径及对策 [J]. 农村实用技术, 2022 (5).

[305] 瞿康洁. 农药废弃包装物资源化利用研究 [J]. 合作经济与科技, 2019 (18).

[306] 光明网. 加强农业绿色技术研发助力乡村产业振兴 [EB/OL]. https://m.gmw.cn/baijia/2020-12/24/34489918.html, 2020-12-24.

[307] 人民网. 清洁能源助力绿色发展(新时代新步伐)[EB/OL]. https://baijiahao.baidu.com/s?id=1706388563812680689&wfr=spider&for=pc. 2021-07-27.

［308］罗凯．加强乡村清洁能源建设推进农业农村现代化［J］．中国果树，2022（9）．

［309］崔健，王丹．乡村振兴背景下农村绿色发展问题研究［J］．农业经济，2021（2）．

［310］中华人民共和国国家发展和改革委员会．大力发展生态循环农业［EB/OL］．https：//www.ndrc.gov.cn/xwdt/gdzt/znzcls/201511/t20151130_1201242.html？code=&state=123，2015-11-30.

［311］李瑞斌．耕地土壤重金属污染探讨［J］．现代农业科技，2022（5）．

［312］杨庆媛．协同推进土地整治与耕地休养生息［J］．中国土地，2017（5）．

［313］贾广惠．论习近平生态文明思想传播中的责任主体［J］．南京林业大学学报（人文社会科学版），2021，21（1）．

［314］钟君．创新马克思主义大众化宣传［J］．红旗文稿，2018（23）．

［315］曹小佳，杨浩，陈继春．习近平生态文明思想普及宣传的探索与思考［J］．环境保护，2022，50（9）．

［316］赵津津．城市污染向农村转移的现状、原因与对策［J］．人民论坛·学术前沿，2018（10）．

［317］禹怀亮，王梅梅，杨晓娟．由统筹到融合：中国城乡融合发展政策流变与规划响应［J］．规划师，2021，37（5）．

［318］魏后凯．深刻把握城乡融合发展的本质内涵［J］．中国农村经济，2020（6）．

［319］周清香，何爱平．中国城乡融合发展的历史演进及其实现路径——马克思主义城乡关系理论的视角［J］．西安财经大学学报，2022，35（2）．

［320］苗智慧，余文华．乡村振兴背景下城乡融合发展的四个维度［J］．南都学坛，2022，42（2）．

［321］倪楠．中国城乡经济社会一体化的历史演进研究［D］．西北大学博士学位论文，2013.

［322］沈秋彤，赵德起．我国农村集体经济高质量发展区域差异研究［J］．数量经济技术经济研究，2022，39（2）．

［323］杨少垒，赵苏丹，蒋永穆．“农业共营制”：农村基本经营制度实现形式的创新探索［J］．农村经济，2018（11）．

［324］蒋永穆，赵苏丹．我国农村基本经营制度：科学内涵、质规定性及演变逻辑［J］．当代经济研究，2018（1）．

［325］左臣明．关于深化农村产权制度改革的研究与思考［J］．当代农村财经，2016（9）．

［326］高强，孔祥智．新中国70年的农村产权制度：演进脉络与改革思路［J］．理论探索，2019（6）．

［327］杜丙辰．健全农业支持保护制度应当注重的几个问题［J］．农业经济，2015（8）．

［328］张媛．中国农业支持保护制度建设研究［D］．四川大学博士学位论文，2007.

［329］陈绍军．创新农业支持保护制度［J］．人民政坛，2009（1）．

［330］李辰．新时代乡村文化振兴研究［D］．浙江农林大学博士学位论文，2021.

［331］胡锦涛文选．第2卷［M］．北京：人民出版社，2016.

［332］程泓钦．当代中国农村基层民主管理制度研究［D］．河南大学博士学位论文，2016.

［333］陈荣卓，唐鸣．农村基层治理能力与农村民主管理［J］．华中师范大学学报（人文社会科学版），2014，53（2）．

［334］温涛，王煜宇．改革开放40周年中国农村金融制度的演进逻辑与未来展望［J］．农业技术经济，2018（1）．

［335］洪艳．中国共产党农村金融制度的百年演进与展望［J］．湖南行政学院学报，2022（2）．

［336］田庆刚，车四方，江源，刘禹涵．重庆市乡村振兴发展水平测度与评价［J］．重庆理工大学学报（社会科学版），2022，36（5）．

［337］贺刚，余慧．农业产业组织结构演进与趋势：大集体、小农户与多元化［J］．新农业，2022（2）．

［338］周素萍，赵京华，张亦明，杨斌．我国农村公共服务体系的建立及完善［J］．农业经济，2010（8）．

［339］关晓宇．坚持巩固和完善农村基本经营制度［J］．经营管理，2020（10）．

［340］潘洪相．农村集体经营性建设用地入市政策执行问题研究——以广西田东县为例［D］．广西民族大学博士学位论文，2020.

［341］王文景．常州市武进区农村集体经营性建设用地入市问题及对策研究［D］．中国矿业大学博士学位论文，2020.

［342］王莉．美国的粮食生产利益补偿制度［J］．乡村振兴，2022（1）．

［343］唐皇凤，汪燕．新时代自治、法治、德治相结合的乡村治理模式：生

成逻辑与优化路径［J］．河南社会科学，2020，28（6）．

［344］白永秀，张佳，王泽润．乡村数字化的内涵特征、理论机制与推进策略［J］．宁夏社会科学，2022（5）．

［345］吴雪．数字化助力乡村振兴［N］．中国社会科学报，2022-03-23（7）．

［346］夏涌博，王承武．数字乡村战略背景下农村信息基础设施建设存在的问题和对策研究［J］．甘肃农业，2022（11）．

［347］王继．农村数字治理问题研究［D］．贵州师范大学博士学位论文，2022.

［348］林洁，吕韦岑，秦娜．“乡村振兴”战略背景下的数字乡村建设与发展路径研究［J］．国际公关，2022（21）．

［349］赵欣．基层社会治理数字化转型的现状及优化策略［J］．湖南社会科学，2022（5）．

［350］赵燕．乡村振兴背景下平湖市乡村数字化建设推进措施及创新路径［J］．中阿科技论坛（中英文），2022（2）．